Peggy Sommer

Umweltfokussiertes Supply Chain Management

GABLER EDITION WISSENSCHAFT
Studien zum internationalen Innovationsmanagement
Herausgegeben von
Univ.-Professor Dr. Matthias Kramer
Internationales Hochschulinstitut Zittau

Die zunehmende Globalisierung stellt neue Herausforderungen an die strategische Unternehmensführung. Zukünftig werden die europäischen Integrationsprozesse die Innovations- und damit die Wettbewerbsfähigkeit von Unternehmen wesentlich prägen. Vor diesem Hintergrund werden in der Reihe sowohl Beiträge zur Innovationsforschung als auch zu Innovationsprozessen im internationalen Kontext präsentiert. Die konsequente Ausrichtung auf innovative und dynamische Marktentwicklungen, wie beispielsweise den Umweltmanagement- und -technikmarkt, liefert die Basis für eine Diskussion zwischen Wirtschaft, Politik, Verwaltung und Wissenschaft in einem interdisziplinären Umfeld.

Peggy Sommer

Umweltfokussiertes Supply Chain Management

Am Beispiel des Lebensmittelsektors

Mit einem Geleitwort von Prof. Dr. Matthias Kramer

Deutscher Universitäts-Verlag

Bibliografische Information Der Deutschen Nationalbibliothek
Die Deutsche Nationalbibliothek verzeichnet diese Publikation in der
Deutschen Nationalbibliografie; detaillierte bibliografische Daten sind im Internet über
<http://dnb.d-nb.de> abrufbar.

Dissertation Internationales Hochschulinstitut (IHI) Zittau, 2007 u.d.T.: Sommer, Peggy: Umweltfokussiertes Management der Supply Chain am Beispiel des Lebensmittelsektors

1. Auflage April 2007

Alle Rechte vorbehalten
© Deutscher Universitäts-Verlag | GWV Fachverlage GmbH, Wiesbaden 2007

Lektorat: Brigitte Siegel / Stefanie Loyal

Der Deutsche Universitäts-Verlag ist ein Unternehmen von Springer Science+Business Media.
www.duv.de

Das Werk einschließlich aller seiner Teile ist urheberrechtlich geschützt. Jede Verwertung außerhalb der engen Grenzen des Urheberrechtsgesetzes ist ohne Zustimmung des Verlags unzulässig und strafbar. Das gilt insbesondere für Vervielfältigungen, Übersetzungen, Mikroverfilmungen und die Einspeicherung und Verarbeitung in elektronischen Systemen.

Die Wiedergabe von Gebrauchsnamen, Handelsnamen, Warenbezeichnungen usw. in diesem Werk berechtigt auch ohne besondere Kennzeichnung nicht zu der Annahme, dass solche Namen im Sinne der Warenzeichen- und Markenschutz-Gesetzgebung als frei zu betrachten wären und daher von jedermann benutzt werden dürften.

Umschlaggestaltung: Regine Zimmer, Dipl.-Designerin, Frankfurt/Main
Gedruckt auf säurefreiem und chlorfrei gebleichtem Papier
Printed in Germany

ISBN 978-3-8350-0769-7

Geleitwort

Internationalisierung und Globalisierung wirken unmittelbar auf Gestaltungs- und Anpassungsprozesse in Wertschöpfungsketten. Die weltweite Verflechtung der Rohstoffmärkte, die internationale Orientierung von Kunden im Investitions- und Konsumgüterbereich sowie Regionalisierungs- versus Globalisierungstendenzen stellen neue Herausforderungen an das Management von Unternehmen. Die Entscheidung für Spezialisierungs- oder Differenzierungsstrategien von Produktions- und Dienstleistungsprozessen führen zu aktiven und passiven Abhängigkeiten zwischen den Wertschöpfungsakteuren. Die Existenzsicherung von Unternehmen als wichtigste strategische Zielgröße ist somit auch stark von deren Kooperationsfähigkeit geprägt. Wichtige externe Einflussfaktoren zur Gestaltung der zwischen- und überbetrieblichen Kooperationsprozesse sind dabei die nationale und internationale Wirtschafts- sowie Umweltpolitik.

Unternehmen stehen demnach vor Herausforderungen, die ein erhebliches Chancen-, aber auch Risikopotenzial beinhalten. Die Integration dieses Themas in die betriebswirtschaftliche Forschung ist somit obligatorisch. Ausgehend von der betrieblichen Wertkette nach Porter verfolgt ein Netzwerk von kooperierenden Unternehmen das Ziel, den Endkunden über die möglichst effiziente Gestaltung und Organisation sämtlicher Wertschöpfungsstufen durch ein ausgewogenes Preis-/Leistungsverhältnis der angebotenen Produkte und Dienstleistungen zu überzeugen. Das Management zur Gestaltung dieser kundenorientierten und ganzheitlichen Wertschöpfungsstufen ist mittlerweile als Supply Chain Management (SCM) in der Literatur etabliert.

Gleichwohl stellen sich durch die Dynamik im Wirtschaftssystem und die interdisziplinäre Gestaltung durch ökonomische, ökologische und soziale Zielstellungen neue Herausforderungen, die neben der Kooperations- auch die Innovationsfähigkeit von Unternehmen fordern. Die diesbezügliche Analyse hat differenziert unter Beachtung der Ausgangsparameter zu erfolgen, die z. B. in Abhängigkeit von Unternehmensgröße und Branche stark voneinander abweichen können. Das SCM ist daher durch Kopplungs- und Rückkopplungsprozesse zwischen den einzelnen Wertschöpfungspartnern gekennzeichnet, die es ganzheitlich und systemorientiert abzubilden und zu gestalten gilt.

Dieser Herausforderung nimmt sich Frau Sommer in ihrer Dissertation an. Ihre umfassende Literaturanalyse vermittelt zunächst einen vollständigen und kritischen Überblick über aktuelle Entwicklungen des SCM. Am Beispiel der Lebensmittelbranche untersucht sie die Verbreitung und speziellen Einsatzmöglichkeiten des SCM mit dem Ziel, die Integrationsfähigkeit umweltrelevanter Aspekte in das SCM empirisch begründen zu können. Speziell bei der Organisation internationaler Wertschöpfungsketten, aber auch im regionalen Kontext, macht der Umweltschutz mittlerweile einen wesentlichen Gestaltungsfaktor für das Prozessmanagement zwischen kooperierenden Unternehmen aus. Die kritische und analytische Auseinandersetzung mit SCM-Theorie und -Empirie ermöglicht es Frau Sommer schließlich, ihre wissenschaftlichen Zielstellungen in den Ansatz für die Implementierung eines Holistic Environmental-SCM (HE-

SCM) zu überführen. Dadurch steht dem Leser dieser Publikation ein Instrument zur Verfügung, um vergleichbare Fragestellungen in Theorie und Praxis systemorientiert und ganzheitlich beantworten zu können.

Das Buch bietet somit eine Fülle von Grundlagen, Vorschlägen und Erkenntnissen für unterschiedliche Zielgruppen. Es richtet sich an Interessenten, die sich entweder einen Überblick über den Implementierungsstand des SCM verschaffen, oder auch theoretischen und praxisorientierten Forschungsbedarf für innovative SCM-Anwendungen ableiten wollen. Das von Frau Sommer entwickelte Konzept einer HE-SCM liefert exzellente Anhaltspunkte für Entscheidungsträger in Wirtschaft, Politik und Verwaltung zur künftigen aktiven Gestaltung eines diesbezüglichen Wissenstransfers.

Zusammenfassend wird in der Publikation von Frau Sommer ein äußerst anspruchsvolles Themenfeld bearbeitet, das sich durch den Innovationsgehalt hervorragend in die Studienreihe zum internationalen Innovationsmanagement eingliedert und daher einen wesentlichen Impuls für die weitere Entwicklung der Reihe geben wird.

Matthias Kramer

VORWORT

Die Verfolgung des Leitbildes der Nachhaltigen Entwicklung in der Wirtschaft und in diesem Kontext die Auseinandersetzung mit der wichtigen Schnittstelle zwischen der Ökonomie und der Ökologie ist bereits seit einigen Jahren ein sehr bedeutsames Thema. Auch die vorliegende Arbeit setzt hier an und stellt sich dabei den gegenwärtigen Entwicklungstendenzen der verstärkten Bildung von vertikalen Kooperationen. Das heißt, sie geht weg von der einzelbetrieblichen Betrachtungsweise hin zur Beschäftigung mit dem Thema im Verbund der Unternehmen aufeinander folgender Wertschöpfungsstufen. Ferner fordern Stakeholder vermehrt ganzheitlichen Umweltschutz, der die Umweltrelevanz auf der Standort-, Prozess- und Produktebene zugleich im Blickfeld hat. Ein weiterer Anspruch liegt darin, dass entsprechende Lösungen heutzutage nicht nur praktisch anwendbar, sondern mehr denn je effektiv und effizient sein müssen. Redundanzen und Doppelarbeiten stellen Wettbewerbsnachteile dar, die es aufzudecken und zu reduzieren gilt. Dabei ist ein Ansatz zu bevorzugen, welcher auf bestehenden Konzepten und Entwicklungstrends aufbaut. Zur Handhabung der komplexen Geschäftsprozesse und Organisationsstrukturen innerhalb eines Wertschöpfungssystems hat sich in den letzten Jahren das sog. Supply Chain Management (SCM) entwickelt. Es erfährt in der Praxis zunehmende Akzeptanz und Verbreitung. Das Zielsystem des klassischen SCM kann dazu um freiwillige Umweltzielstellungen erweitert und diese in integrativer Form verfolgt werden. Ein umweltfokussiertes Management der Supply Chain kann ganzheitlichen Umweltschutz sehr gut forcieren.

Die vorliegende Arbeit leistet auf konzeptionellem und empirischem Wege einen Beitrag zur Weiterentwicklung der Philosophie des SCM bezüglich der Integration des Umweltschutzes. Der Schwerpunkt der Betrachtungen liegt dabei auf der kritischen Bestandsaufnahme und Systematisierung der Formen der Verfolgung des Umweltschutzes im Rahmen des SCM sowie der exemplarischen Ermittlung deren praktischen Relevanz. Im Anwendungsfokus steht dabei der Lebensmittelsektor.

Aufgrund der inhaltlichen Ausrichtung auf die Bearbeitung einer praktisch relevanten Problemstellung sollen auf diesem Wege vor allem Entscheider und Mitarbeiter von Unternehmen – hier in erster Linie des Lebensmittelsektors – angesprochen werden. Die wissenschaftliche Betrachtung des aktuellen Forschungsstandes, deren Diskussion und die methodische Herangehensweise zur Problemlösung liefern überdies einen Beitrag zur wissenschaftlichen Forschung in den Bereichen „Supply Chain Management" und „vertikal-kooperativer Umweltschutz". Diese Dissertationsarbeit richtet sich somit als Ganzes als auch in Teilen an Wissenschaftler, an Entscheider in Wirtschaft und Politik, an Unternehmen sowie an Studenten der Wirtschafts- und Ingenieurwissenschaften gleichsam.

Die vorliegende Arbeit entstand während meiner Tätigkeit am Lehrstuhl für Allgemeine Betriebswirtschaftslehre, insbesondere Controlling und Umweltmanagement des Internationalen

Hochschulinstituts (IHI) Zittau. Im Laufe deren Anfertigung ist mir in verschiedener Hinsicht deutlich geworden, dass sie ohne die hilfreiche Unterstützung verschiedener Personen kaum realisierbar ist. Deshalb bedanke ich mich bei allen, die mir von der Erstellung bis zur Abgabe der Arbeit in irgendeiner Form hilfreich zur Seite standen und mich auf dem eingeschlagenen Weg immer wieder ermutigt haben.

Besonderer Dank gilt meinen Promotionsbetreuern, Herrn Univ.-Prof. Dr. Matthias Kramer, Leiter des Studiengangs Betriebswirtschaftslehre und des Lehrstuhls für Allgemeine Betriebswirtschaftslehre, insbesondere Controlling und Umweltmanagement des IHI Zittau, und Herrn Univ.-Prof. Dr. Thorsten Claus vom Studiengang Wirtschaftsingenieurwesen, Lehrstuhl für Produktionswirtschaft und Informationstechnik des IHI Zittau sowie Herrn Prof. Dr. Bernd Delakowitz, Professor für Umweltrecht und Ökobilanzierung im Fachbereich Mathematik/ Naturwissenschaften an der Hochschule Zittau/Görlitz (FH). Herr Univ.-Prof. Dr. Matthias Kramer eröffnete mir über die Beschäftigung an seinem Lehrstuhl und seine Promotionsbetreuung die Möglichkeit, die vorliegende Arbeit am IHI Zittau zu erstellen und förderte ihr Entstehen maßgeblich. Ich danke allen drei Betreuern vielmals für ihre konstruktiven Anmerkungen und Anregungen.

Darüber hinaus nahmen weitere Personen in unterschiedlichem Maße Anteil an meiner Arbeit und stellten sich unter anderem zum Gedankenaustausch in Form vielseitiger Hinweise und steter Diskussionsbereitschaft bis hin zum Korrekturlesen und mentaler Unterstützung zur Verfügung. In diesem Zusammenhang bedanke ich mich vor allem ganz herzlich bei meinen derzeitigen bzw. ehemaligen KollegInnen am IHI Zittau, an erster und gebührender Stelle Frau Dr. Jana Brauweiler sowie weiterhin auch Herrn Prof. Dr. Hans-Christian Brauweiler, Herrn Prof. Dr. Wolfgang Gerstlberger, Frau Dr. Liane Möller, Dipl.-Phys., Dipl.-Wirt.-Ing. Valeria Jana Schwanitz.

Nicht zuletzt gebührt ganz besonders meinen Eltern, Heidemarie und Walter Eifler, und vor allem meinem liebevollen Ehemann und Kollegen, Dipl.-Ing. (FH) Andreas Sommer, größter Dank für ihr stets entgegengebrachtes Verständnis, ihre Geduld und ihren unermüdlichen Rückhalt. Ihnen widme ich diese Arbeit.

Peggy Sommer

Inhaltsverzeichnis

Geleitwort V
Vorwort VII
Inhaltsverzeichnis IX
Abbildungsverzeichnis XIII
Tabellenverzeichnis XV
Abkürzungsverzeichnis XVII
Formel-, Symbol- und Parameterverzeichnis XXII

1 Problemstellung und Intention der Arbeit 1
   1.1   Herausforderungen in der Produktion und im Umweltschutz von Unternehmen in globalisierten Märkten 1
      1.1.1 Charakterisierung historischen und gegenwärtigen Wirtschaftens – Regionalisierung und Globalisierung 1
      1.1.2 Umweltfokussiertes Management von Supply Chains im Zielfokus der Arbeit 7
   1.2   Zielsetzung und Abgrenzung der Arbeit 8
   1.3   Methodisches Vorgehen und struktureller Aufbau der Arbeit 10

2 Interorganisationale Arbeitsteilung und Kooperation in globalisierten Märkten 15
   2.1   Wesen interorganisationaler Arbeitsteilung und der Bildung von Kooperationen 15
      2.1.1 Entwicklung zunehmender Spezialisierung 15
      2.1.2 Entstehung und Effekte von interorganisationalen Kooperationen 17
      2.1.3 Der Terminus Supply Chain 25
         2.1.3.1 Systemtheoretische Grundlagen und Beschreibung der Supply Chain 25
         2.1.3.2 Charakterisierung des Supply Chain-Begriffs 29
   2.2   Das Management der Supply Chain 32
      2.2.1 Auf dem Weg zur Beherrschung des Wertschöpfungssystems in globalen Märkten – Entwicklungsstufen der Logistik in Produktionsunternehmen 32
      2.2.2 Begriff und Gegenstand des Supply Chain Managements 35
      2.2.3 Strukturelle Weiterentwicklungen im Supply Chain Management-Verständnis und Supply Chain-Design 37
      2.2.4 Prinzipien, Ziele und Aufgaben des Supply Chain Managements 40
      2.2.5 Nutzen und Probleme im Einsatz des Supply Chain Managements ... 44
   2.3   Fazit zu vertikalen Kooperationen und Supply Chain Management 47

3 Verfolgung des Umweltschutzes auf intra- und interorganisationaler Ebene 49
   3.1   Das Leitbild der Nachhaltigen Entwicklung 49
   3.2   Umweltschutz als regionale Aufgabe und globale Herausforderung 53
   3.3   Verfolgung des Umweltschutzes innerhalb von Wertschöpfungssystemen 59
      3.3.1 Einzelbetrieblicher Umweltschutz durch umweltorientierte Unternehmensführung 60
         3.3.1.1 Betriebliches Umweltmanagement 60
         3.3.1.2 Stoffstrommanagement 66
         3.3.1.3 Zum Verhältnis zwischen Umweltmanagement und Stoffstrommanagement 69
      3.3.2 Kooperativer Umweltschutz zwischen umweltorientierten Unternehmen 70
         3.3.2.1 Formen und Effekte kooperativen Umweltschutzes 71
         3.3.2.2 Kooperation im produktbezogenen Umweltschutz 78
   3.4   Fazit zur Verfolgung des Umweltschutzes in und zwischen Unternehmen 80

Inhaltsverzeichnis

4 Konzeptioneller Stand der Integration des Umweltschutzes in das Management der Supply Chain 83
4.1 Umweltrelevanz von Supply Chains 83
4.2 Wege und Motive der systematischen Verankerung des Umweltschutzes in Supply Chains 85
    4.2.1 Ausweitung der Umweltschutzaktivitäten von der intra- auf die interorganisationale Ebene 88
    4.2.2 Verankerung von Umweltaspekten im Zielsystem des Supply Chain Managements im Sinne eines Integrierten Managementsystems 89
4.3 Systemvergleich zwischen Supply Chain Management und Stoffstrommanagement als Basis der Integration 94
    4.3.1 Wesentliche Gemeinsamkeiten und Unterschiede zwischen Supply Chain Management und Stoffstrommanagement 94
    4.3.2 Bedeutende Überschneidungen zwischen Supply Chain Management und Stoffstrommanagement 95
    4.3.3 Potenzielle Vorteilhaftigkeit der integrativen Verankerung des Umweltschutzes im Supply Chain Management 97
4.4 Status quo der Umweltfokussierung des Supply Chain Managements 98
    4.4.1 Green Supply Chain Management 99
    4.4.2 Reverse Supply Chain Management 100
    4.4.3 Closed-loop-Supply Chain Management 103
    4.4.4 Einschätzung des Entwicklungsstandes umweltfokussierter Supply Chain Management-Ansätze 104
    4.4.5 Konzeptioneller Vorschlag für einen ganzheitlich umweltfokussierten Supply Chain Management-Ansatz 110
        4.4.5.1 Prinzipien des Holistic Environmental-Supply Chain Managements 111
        4.4.5.2 Anforderungen an das Holistic Environmental-Supply Chain Management 112
        4.4.5.3 Design einer idealtypischen Holistic Environmental-Supply Chain 115
        4.4.5.4 Definition des Holistic Environmental-Supply Chain Managements 118
4.5 Zusammenfassung und Ableitung empirischen Forschungsbedarfs 119

5 Empirische Analyse der Integration des Umweltschutzes in das Supply Chain Management am Beispiel des Lebensmittelsektors 123
5.1 Forschungsgegenstand und -methodik der empirischen Analyse 123
5.2 Struktur und Entwicklung der Lebensmittelerzeugung in Deutschland 126
    5.2.1 Grundstruktur von Lebensmittel-Wertschöpfungssystemen 126
    5.2.2 Wettbewerbssituation und strukturelle Entwicklungstendenzen im Lebensmittelsektor in Deutschland 129
        5.2.2.1 Entwicklung der landwirtschaftlichen Produktion 129
        5.2.2.2 Entwicklung der Lebensmittelproduktion und -verarbeitung 130
        5.2.2.3 Entwicklung des Lebensmittelhandels und des Gastgewerbes 132
        5.2.2.4 Identifikation und Diskussion der Auslöser der aktuellen Entwicklungstendenzen 133
5.3 Hygiene- und Qualitätsanforderungen in der Lebensmittelerzeugung 136
5.4 Besonderheiten des Umgangs mit Lebensmitteln aus der Produktions- und Logistikperspektive 144
    5.4.1 Spezifika der Produktion und Logistik von Lebensmitteln 144
    5.4.2 Anwendung des Supply Chain Managements in Lebensmittel-Wertschöpfungssystemen 148

5.4.2.1 Grundsätzliches zur Supply Chain Management-Bedeutung in
Lebensmittel-Wertschöpfungssystemen ... 148
5.4.2.2 Die Supply Chain Management-Konzepte "Efficient Consumer
Response" und "Collaborative Planning, Forecasting and
Replenishment" ... 150
5.4.2.3 Entwicklungsrichtungen in der Produktion und Logistik ... 153
5.5 Besonderheiten des Umgangs mit Lebensmitteln aus der ökologischen
Perspektive ... 154
5.5.1 Typische Umweltaspekte entlang des Lebensweges eines Lebensmittels ... 154
5.5.2 Engagement im Umweltschutz ... 159
5.5.2.1 Verbreitung des betrieblichen Umweltmanagements ... 159
5.5.2.2 Status quo des Umweltschutzes entlang des Lebensmittel-
Wertschöpfungssystems und ökologisches Produktlabeling ... 163
5.5.2.3 Stoffstrom- und Ökoeffizienz-Analysen in Lebensmittel-
Wertschöpfungssystemen ... 167
5.6 Stand der Umsetzung des Environmental-Supply Chain Managements im
Lebensmittelsektor ... 170
5.7 Zusammenfassung zum Umsetzungspotenzial, Stellenwert und Verbreitung des
Environmental-Supply Chain Managements im Lebensmittelsektor ... 171

6 **Unternehmensbefragung zur integrativen Verknüpfung des Supply Chain
Managements und Umweltengagements in der Ernährungsindustrie ... 175**
6.1 Forschungsdesign der Befragung ... 175
6.1.1 Zielstellung und Analysemethodik ... 175
6.1.2 Vorgehensweise bei der Vorbereitung und Durchführung der Befragung ... 178
6.1.3 Rücklauf und Diskussion deren Beeinflussbarkeit ... 179
6.1.4 Branchenstruktur und Unternehmensgröße der Stichprobe ... 184
6.1.5 Einsatz statistischer Methoden und Verfahren ... 186
6.2 Analyse des vertikalen Kooperationsniveaus ... 188
6.2.1 Verbreitung vertikaler Kooperation ... 188
6.2.2 Inhalte der Kooperation ... 192
6.2.3 Existenz des Supply Chain Managements ... 193
6.2.4 Akzeptanz des Supply Chain Managements: Nutzen und Hemmnisse ... 195
6.3 Analyse des vertikalen Umweltkooperationsniveaus ... 199
6.3.1 Kategorisierung des betrieblichen Umweltengagements ... 199
6.3.2 Akzeptanz des Umweltengagements: Nutzen und Hemmnisse ... 201
6.3.3 Vertikale Umweltkooperation im Wertschöpfungssystem ... 204
6.4 Betriebliche Verankerung des Supply Chain Managements und
Umweltengagements ... 207
6.4.1 Einsatz von Konzepten und Standards ... 208
6.4.2 Einsatz von Instrumenten ... 212
6.5 Analyse des Environmental-Supply Chain Management-Niveaus ... 217
6.5.1 Zweckmäßigkeit und Praktikabilität der integrativen Verknüpfung ... 217
6.5.2 Verfolgung von Zielstellungen (pro)aktiven Umweltschutzes im Supply
Chain Management ... 219
6.5.3 Überschneidungen in der Verbreitung des Supply Chain Managements und
des Umweltengagements ... 222
6.5.4 Identifikation von Unternehmenstypen zum Stellenwert des
Environmental-Supply Chain Managements ... 224
6.6 Zusammenfassung der Ergebnisse der empirischen Analyse, Abgleich mit den
Hypothesen sowie Identifikation weiteren Handlungsbedarfs ... 226

7 Gestaltungsempfehlungen für die Umsetzung eines Holistic Environmental-Supply Chain Managements im Lebensmittelsektor ... 235

7.1 Eingrenzung der weiteren Betrachtungen ... 235
7.2 Konkretisierung des Holistic Environmental-Supply Chain Management-Ansatzes für die Umsetzung im Lebensmittelsektor ... 236
7.3 Ableitung von Empfehlungen für die Realisierung eines Holistic Environmental-Supply Chain Management-Systems im Lebensmittelsektor ... 240
    7.3.1 Empfehlungen zur Know-how-Verbesserung und zum effizienten Ressourceneinsatz ... 241
    7.3.2 Empfehlungen zur Mobilisierung weiterer Akteure zur Mitwirkung in der Lebensmittel-Holistic Environmental-Supply Chain ... 245
    7.3.3 Empfehlungen zur Verzahnung der Anforderungen in und zwischen den einzelnen betrieblichen Holistic Environmental-Supply Chain Management-Systemen ... 250
        7.3.3.1 Vorschläge zur inhaltlichen Ausrichtung der Holistic Environmental-Supply Chain Management-Systeme ... 250
        7.3.3.2 Vorschläge zur Organisation der Holistic Environmental-Supply Chain-Kooperation ... 253
    7.3.4 Empfehlungen zur Stärkung der betrieblichen Anbindung des Holistic Environmental-Supply Chain Management-Systems ... 257
    7.3.5 Empfehlungen zur Kommunikation der Vorteilhaftigkeit von Supply Chain Management und Umweltschutz ... 258
    7.3.6 Empfehlungen zur Schaffung adäquater externer Rahmenbedingungen ... 259
    7.3.7 Systematisierung und Zusammenfassung der Empfehlungen zur Umsetzung eines Holistic Environmental-Supply Chain Managements im Lebensmittelsektor ... 262
7.4 Potenzielle Effekte der Umsetzung des Holistic Environmental-Supply Chain Managements im Lebensmittelsektor ... 262

8 Resümee und Ausblick ... 267

8.1 Zusammenfassende Betrachtung und Würdigung der Ergebnisse ... 267
8.2 Kritische Würdigung des gewählten methodischen Vorgehens, der Verallgemeinerungsfähigkeit der Ergebnisse und weiterer Forschungsbedarf ... 273

Anhangsverzeichnis ... **279**

Literaturverzeichnis ... **317**

ABBILDUNGSVERZEICHNIS

Abbildung 1.1:	Schematische Darstellung des Aufbaus der Arbeit	13
Abbildung 2.1:	Organisationsformen zwischen Markt und Hierarchie	22
Abbildung 2.2:	Kooperationstypologisierung und Darstellung der möglichen Merkmalsausprägung einer globalen SC (Schattierung)	23
Abbildung 2.3:	Systemtheoretische Darstellung und Abgrenzung der SC	27
Abbildung 2.4:	Vereinfachtes Modell einer SC	30
Abbildung 2.5:	Entwicklungsstufen der Logistik	33
Abbildung 3.1:	Historische Entwicklung der betrieblichen Materialmanagementstrategien im Überblick	64
Abbildung 3.2:	Klassifizierung des Stoffstrommanagements	68
Abbildung 4.1:	Varianten der systematischen Verankerung des Umweltschutzes in SC	88
Abbildung 4.2:	Typologisierung typischer Ansätze zweidimensionaler Integration und Einordnung des E-SCM	93
Abbildung 4.3:	Haupteinzugsbereiche der E-SC-Formen (vereinfacht abgebildet am Produktlebensweg)	105
Abbildung 4.4:	Idealtypisches Modell einer HE-SC	117
Abbildung 4.5:	Hypothesensystem für eine empirische Analyse zur praktischen Relevanz von E-SCM-Systemen	121
Abbildung 5.1:	Zweistufiges empirisches Untersuchungsverfahren	124
Abbildung 5.2:	Vereinfachtes Strukturmodell eines Lebensmittel-WS	127
Abbildung 5.3:	Logistiksichtweisen in der Praxis im Vergleich verschiedener Branchen	149
Abbildung 6.1:	Analyseschema der zweiten Analysestufe	176
Abbildung 6.2:	Aufteilung der Stichprobe nach Subbranchen	184
Abbildung 6.3:	Aufteilung der Stichprobe nach der Unternehmensgröße anhand der Beschäftigtenzahl	185
Abbildung 6.4:	Beispielhaftes Skalendiagramm („Intensität der Lieferantenkooperation")	187
Abbildung 6.5:	Vertikale Kooperationen in der ERI	189
Abbildung 6.6:	Typische Kooperationsfelder in Lebensmittel-WS	192
Abbildung 6.7:	Verbreitung von SCM-Systemen in der ERI	194
Abbildung 6.8:	Nutzen des SCM	196
Abbildung 6.9:	Hemmnisse bei der Realisierung des SCM	198
Abbildung 6.10:	Nutzen des Umweltengagements	202
Abbildung 6.11:	Hemmnisse bei der Verfolgung von Umweltzielstellungen	203
Abbildung 6.12:	Intensität der Umweltkooperation mit Wertschöpfungsakteuren	205
Abbildung 6.13:	Verbreitung von QS- und UM-Konzepten	208

Abbildung 6.14:	Verbreitung von Arbeitssicherheits- und Logistikkonzepten	211
Abbildung 6.15:	Verwendung von Instrumenten in verschiedenen Kontexten	215
Abbildung 6.16:	Verfolgung von Umweltzielstellungen per SCM	220
Abbildung 6.17:	Prozentuale Verteilung der Unternehmenscluster in der Stichprobe	225
Abbildung 7.1:	Idealtypische Struktur einer regionalen Lebensmittel-HE-SC	237
Abbildung 7.2:	Konzepte und Aufgaben einer regionalen Lebensmittel-HE-SC am Beispiel von Öko-Brot	239
Abbildung 7.3:	Vorgehensmodell zur Initiierung einer HE-SC-Kooperation und zur Implementierung eines HE-SCM-Systems	242
Abbildung 7.4:	Soll-Ist-Abgleich in der Lebensmittel-HE-SC über die einzelnen Stufen und ihre Akteure	244
Abbildung 7.5:	Ökonomisches Effekteprofil einer Lebensmittel-HE-SC-Kooperation	265
Abbildung 7.5:	Ökologisches Effekteprofil einer Lebensmittel-HE-SC-Kooperation	266
Abbildung 7.7:	Regionales Effekteprofil einer Lebensmittel-HE-SC-Kooperation	266
Abbildung 8.1:	Zusammensetzung des HE-SC-Erfolgs	276

TABELLENVERZEICHNIS

Tabelle 1.1: Ökonomische und ökologische Effekte der Globalisierung 5
Tabelle 2.1: Typische Ziele und Aufgaben des SCM 43
Tabelle 3.1: Relevante Umwelteinwirkungen und Umweltprobleme nach räumlichen Betrachtungsebenen 55
Tabelle 3.2: Ursachen möglicher Umweltwirkungen im Kontext der Globalisierung 58
Tabelle 3.3: Verbreitung von UM-Konzepten in Deutschland 62
Tabelle 3.4: Synopse der umweltorientierten Materialwirtschaftsstrategien Abfallwirtschaft, Kreislaufwirtschaft und SSM 66
Tabelle 3.5: Synopse von UM und SSM 69
Tabelle 3.6: Vier-Phasen-Modell des betrieblichen UM im Kontext des Übergangs zum Management von SC 74
Tabelle 4.1: Umwelt-Problemfelder und Ansatzpunkte sowie Maßnahmenvorschläge für eine Umweltorientierung in SC 86
Tabelle 4.2: Vor- und Nachteile der Umsetzung eines IM-Systems 92
Tabelle 4.3: Synopse von SCM und vertikalem SSM 95
Tabelle 4.4: Klassifizierung möglicher Forschungsfelder im Bereich Reverse Logistics 102
Tabelle 4.5: Mögliche Reorganisationsstrategien bzw. -konzepte im Rahmen eines E-SCM 106
Tabelle 4.6: Synopse verschiedener SC-Erscheinungsformen 109
Tabelle 4.7: Matrix der Beachtung der Umweltrelevanzfelder von SC durch die verschiedenen E-SCM-Ansatzgruppen 110
Tabelle 4.8: Prinzipien des SCM, des Umweltschutzes und des HE-SCM 111
Tabelle 5.1: Ausgewählte volkswirtschaftliche Kenndaten von bedeutenden Branchen der Lebensmittel-WS in Deutschland 128
Tabelle 5.2: Einflussfaktoren auf die wirtschaftliche Entwicklung der Lebensmittel-WS 135
Tabelle 5.3: Entwicklung der Anzahl der im Qualitätsmanagement gemäß DIN EN ISO 9001 zertifizierten Organisationen des Lebensmittelsektors 142
Tabelle 5.4: Aktivitäten im Rahmen eines CPFR 152
Tabelle 5.5: Aktionsfelder des SCM in ausgewählten Sektoren des Lebensmittelbereichs 155
Tabelle 5.6: Umweltaspekte entlang des Lebensmittellebensweges 156
Tabelle 5.7: Anzahl an Zertifizierungen und Validierungen von UM-Systemen nach deutschen Branchen des Lebensmittelsektors 160
Tabelle 5.8: Verbreitung von „niederschwelligen" UM-Ansätzen nach Branchen des deutschen Lebensmittelsektors 162
Tabelle 5.9: Aggregierte Erkenntnisse der literaturbasierten Analyse des deutschen Lebensmittelsektors für die ausgewählten Untersuchungskriterien 172
Tabelle 6.1: Rücklauf differenziert nach Subbranchen 183

Tabelle 6.2: Anteil der Unternehmen der ERI nach Beschäftigungsgrößenklassen 186

Tabelle 6.3: SCM-Implementierungsgrad in der ERI differenziert nach der Unternehmensgröße 195

Tabelle 6.4: Umweltengagement der Unternehmen der ERI differenziert nach der Unternehmensgröße 200

Tabelle 6.5: Korrelation zwischen der Beurteilung der Nutzeffekte und der Umweltkooperationsintensität mit den Wertschöpfungsakteuren nach SPEARMAN 206

Tabelle 6.6: Durchschnittliche Anzahl eingesetzter Konzepte und Instrumente pro Unternehmen differenziert nach der Unternehmensgröße 216

Tabelle 6.7: Meinung der Unternehmen der ERI zur Verknüpfbarkeit von Umwelt- und SCM-Zielstellungen differenziert nach der Unternehmensgröße 218

Tabelle 6.8: Ergebnisse der empirischen Analyse, Abgleich mit den Hypothesen sowie weiterer Handlungsbedarf 232

Tabelle 7.1: Mögliche Anreizmechanismen für die Kooperationsbeteiligung in einer Lebensmittel-HE-SC 247

Tabelle 7.2: Anforderungen an typische (Teil-)Managementsysteme in der ERI zur Beachtung bei der Integration in einem HE-SCM-System 252

Tabelle 7.3: Empfehlungskatalog zur Unterstützung der Initiierung einer HE-SC-Kooperation und zur Implementierung eines HE-SCM-Systems im Lebensmittelsektor 263

ABKÜRZUNGSVERZEICHNIS

AA	Arbeitsanweisung(en)
Abs.	Absatz
aid	Aktueller Informationsdienst
akt.	aktualisierte
ALB-HNI	Anwendungszentrum für Logistikorientierte Betriebswirtschaft – Heinz Nixdorf Institut
AoeL	Assoziation ökologischer Lebensmittelhersteller e. V.
APO	Advanced Planner and Optimizer
APS	Advanced Planing Systems/Solutions
Art.	Artikel
AS	Arbeitssicherheit/-schutz
ASM	Arbeitssicherheits-/-schutzmanagement
B2B	Business to Business
BASF	Badische Anilin- und Soda-Fabrik
BDE	Bundesverband Materialwirtschaft, Einkauf und Logistik e. V.
BDI	Bundesverband der Deutschen Industrie
BGBl.	Bürgerliches Gesetzblatt
BImSchG	Bundesimmissionsschutzgesetz
BJU	Bundesverband Junger Unternehmer e. V.
BLE	Bundesanstalt für Landwirtschaft und Ernährung
BMI	Buyer Managed Inventory
BMU	Bundesministerium für Umwelt, Naturschutz und Reaktorsicherheit
BMVEL	Bundesministerium für Verbraucherschutz, Ernährung und Landwirtschaft
BÖLW	Bund Ökologische Lebensmittelwirtschaft e. V.
BRC	British Retail Consortium
BSC	Balanced Scorecard
BSE	Bovine Spongiforme Enzephalopathie
BUIS	Betriebliche(s) Umweltinformationssystem(e)
BUND	Bund für Umwelt und Naturschutz Deutschland
BVE	Bundesvereinigung der Deutschen Ernährungsindustrie e. V.
bzgl.	bezüglich
CD	Cross Docking (bzw. Compact Disk)
CM	Category Management
CMA	Centrale Marketing-Gesellschaft der deutschen Agrarwirtschaft
CSR	Corporate Social Responsibility

CPFR	Collaborative Planning, Forecasting and Replenishment
CR	Continuous Replenishment
CRM	Customer Relationship Management
DLG	Deutsche Landwirtschaftsgesellschaft
DIK	Dokumentation, Information und Kommunikation
DNR	Deutscher Naturschutzring e. V.
DS	Danske Slagterier
DSD	Duales System Deutschland
DUV	Deutscher Universitätsverlag (Verlag)
EAN	Europäische Artikelnummer
ECR	Efficient Consumer Response
Ed(s).	Editor(s)
EDI	Electronic Data Interchange
EFQM	European Foundation for Quality Management
EFSIS	European Food Safety Inspection Service Standard
EGV	Europäischer Gemeinschaftsvertrag (Vertrag zur Gründung der Europäischen Gemeinschaft)
EH	Ernährungshandwerk
EMAS	Environmental Management and Audit Scheme
EN	Europäische Norm
ERI	Ernährungsindustrie
ERP	Enterprise Resource Planning
erw.	erweiterte
E-SC	Environmental-Supply Chain(s)
E-SCM	Environmental-Supply Chain Management
EW	Ernährungswirtschaft
EZG	Erzeugergemeinschaft
EZO	Erzeugerorganisation
EZZ	Erzeugerzusammenschlüsse
f./ff.	folgende(n) (Seiten)
F&E	Forschung und Entwicklung
FB	Fachbericht
FMEA	Failure Mode and Effects Analysis
Gäa	Vereinigung ökologischer Landbau e. V.
(g)GmbH	(gemeinnützige) Gesellschaft mit beschränkter Haftung
GHP	Good Hygienic Practise
GIL	Gesellschaft für Informatik in der Land-, Forst- und Ernährungswirtschaft e. V.

GMP	Good Manufacturing Practise
GUC	Gesellschaft für Unternehmensrechnung und Controlling
HACCP	Hazard Analysis and Critical Control Point
HE-SC	Holistic Environmental-Supply Chain(s)
HE-SCM	Holistic Environmental-Supply Chain Management
i. d. R.	in der Regel
IFS	International Food Standard
IKB	Integrale Keten Beheersing (holländisch für „Integrierte Kettenüberwachung")
ILB	Institut für Landwirtschaft und Botanik
IM	Integriertes Management
imug	Institut für Markt-Umwelt-Gesellschaft e. V.
IO	Industrielle Organisation
IÖW	Institut für ökologische Wirtschaftensforschung gGmbH
IPP	Integrierte Produktpolitik
I.S.	Irish System
IT	Informationstechnologie
IuK	Information und Kommunikation
IW	Institut der deutschen Wirtschaft (Köln)
iwd	Informationsdienst des Instituts der deutschen Wirtschaft
IWÖ-HSG	Institut für Wirtschaft und Ökologie an der Universität St. Gallen
JfB	Journal für Betriebswirtschaft
JiS	Just-in-Sequence
JiT	Just-in-Time
k. A.	keine Angabe
KMU	kleine und mittelständische Unternehmen
KNI	Klaus Novy Institut e. V. (Verlag)
krp	Kostenrechnungspraxis (Zeitschrift)
KrW-/AbfG	Kreislaufwirtschafts- und Abfallgesetz
LCA	Life Cycle Analysis
LDL	Logistikdienstleister
LF	Landwirtschaftlich genutzte Fläche
LFGB	Lebensmittel- und Futtermittelgesetzbuch
LMHV	Lebensmittelhygiene-Verordnung
LNI	Lecture Notes in Informatics
LS	Lebensmittelsicherheit
Ltd.	Limited

MA	Mitarbeiter
MKS	Maul- und Klauenseuche
MSG	Marktstrukturgesetz
NACE	„Nomenclature statistique des Activités économiques dans la Communauté Européenne" – Statistische Systematik der Wirtschaftszweige in der Europäischen Gemeinschaft
NGOs	Non-governmental organization(s))
No.	Number
Nr.	Nummer
OECD	Organisation for Economic Co-operation and Development (Organisation für wirtschaftliche Zusammenarbeit und Entwicklung)
OHSAS	Occupational Health and Safety Assessment Series
Ökoprofit	**Ök**ologisches **Pro**jekt **F**ür **I**ntegrierte Umwelt**T**echnik
o. O.	ohne Ort
OPUS	Organisationsmodelle und Informationssysteme für einen produktionsintegrierten Umweltschutz (Projektakronym)
o. V.	ohne Verfasser
OWiG	Ordnungswidrigkeitengesetz
ÖW	Ökologisches Wirtschaften (Zeitschrift)
p./pp.	page(s)
PC	Personal Computer
PCB	Polychlorierte Biphenyle
PDCA	Plan-Do-Check-Act
PIUS	Produktionsintegrierter Umweltschutz
POS	Point of Sales
PPS	Produktionsplanung und -steuerung
ProdHaftG	Produkthaftungsgesetz
ProdSG	Produktsicherheitsgesetz
PSM	Pflanzenschutzmittel
PSS	Produkt-Service-System(e)
QFD	Quality Function Deployment
QM	Qualitätsmanagement
QR	Quick Response
QS	Qualitätssicherung
QuH	Qualitätsverbund umweltbewusster Handwerksbetriebe
QuS	Qualität und Sicherheit (Prüfzeichenabkürzung; im Oktober 2005 geändert in „geprüfte Qualitätssicherung")

QZ	Qualität und Zuverlässigkeit (Zeitschrift)
REACH	Registrierung, Evaluierung und Autorisierung von Chemikalien
RFID	Radio Frequency Identification
RHB	Roh-, Hilfs- und Betriebsstoffe
RL	Richtlinie
S.	Seite
SAI	Sustainable Agriculture Initiative
SAP	Systeme, Anwendungen und Produkte in der Datenverarbeitung
SBR	Schmalenbach Business Review (Zeitschrift)
SC	Supply Chain(s)
SCM	Supply Chain Management
SCOR	Supply Chain Operations Reference(-Modell)
SMI	Supplier Managed Inventory
SMUL	Sächsisches Staatsministerium für Umwelt und Landwirtschaft
SPSS	Statistical Product and Service Solutions
SRM	Supplier Relationship Management
SSA	Stoffstromanalyse
SSM	Stoffstrommanagement
St.	Saint
TCW	Transfer-Centrum GmbH & Co. KG
TR	Technischer Report
TUL	Transport, Umschlag, Lagerung
UBA	Umweltbundesamt
überarb.	überarbeitete(n)
UGA	Umweltgutachterausschuss
UM	Umweltmanagement
UWF	UmweltWirtschaftsForum (Zeitschrift)
VA	Verfahrensanweisung(en)
VMI	Vendor Managed Inventory
VO	Verordnung
Vol.	Volume
WBCSD	World Business Council for Sustainable Development
WiSt	Wirtschaftswissenschaftliches Studium (Zeitschrift)
WS	Wertschöpfungssystem(e)
ZA	Zentralarchiv für empirische Sozialforschung (Universität Köln)

ZfB	Zeitschrift für Betriebswirtschaft (Zeitschrift)
zfo	Zeitschrift für Führung und Organisation (Zeitschrift)
ZfU	Zeitschrift für Umweltpolitik und Umweltrecht (Zeitschrift)
zit.	zitiert (in)
ZMP	Zentrale Markt- und Preisberichtstelle für Erzeugnisse der Land-, Forst- und Ernährungswirtschaft
ZP	Zeitschrift für Planung & Unternehmenssteuerung (neu: Zeitschrift für Planung und Unternehmensführung) (Zeitschrift)
ZUMA	Zentrum für Umfragen, Methoden und Analysen

FORMEL-, SYMBOL- UND PARAMETERVERZEICHNIS

*	signifikant ($p \leq 0{,}05$)
**	sehr signifikant ($p \leq 0{,}01$)
***	höchst signifikant ($p \leq 0{,}001$)
CO_2	Kohlendioxid
H	Hypothese
L	Logistikdienstleistungsprozesse
n	(An)Zahl ($n \geq 1$)
N	Stichprobenumfang
NOx	Stickoxide
ns	nicht signifikant
p	Irrtumswahrscheinlichkeit
r	Korrelationskoeffizient bzw. Assoziationsmaß
R	Results (Ergebnisse)
S	Sachziel
SO_2	Schwefeldioxid
W	Wertziel
Z	Prüfgröße (beim Wilcoxon-Test)

1 PROBLEMSTELLUNG UND INTENTION DER ARBEIT

Das wirtschaftliche Handeln unterliegt einem permanenten Wandel bzw. Entwicklungs- und Erneuerungsprozess. Er wird ausgelöst durch stetige Veränderungen im Umfeld von Märkten, die nicht nur einzelne Unternehmen, sondern ganze Wertschöpfungssysteme (WS) beeinflussen. Ein deutlicher Beeinflussungsdruck geht von der zunehmenden Internationalisierung der Wirtschaftsbeziehungen aus. In diesem Kontext liefert der Abschnitt 1.1 mittels eines groben historischen Abrisses zur Entwicklung und Bedeutung der Internationalisierung einen Einstieg und ersten Überblick über die Thematik bis hin zur Ableitung sich daraus ergebender ökonomischer und ökologischer Folgeerscheinungen. Daran schließt sich eine Extraktion und Abgrenzung des weiteren Untersuchungsfeldes auf die Betrachtung von WS bzw. Supply Chains und sich in diesem Kontext ergebender Problemstellungen an. Daraufhin werden die Zielstellungen abgeleitet (Abschnitt 1.2) und das methodische Vorgehen zur Erreichung der Zielstellungen sowie der Aufbau der Arbeit (Abschnitt 1.3) vorgestellt.

1.1 Herausforderungen in der Produktion und im Umweltschutz von Unternehmen in globalisierten Märkten

1.1.1 Charakterisierung historischen und gegenwärtigen Wirtschaftens – Regionalisierung und Globalisierung

Lokales bzw. regionales Wirtschaften ist die historisch-ursprüngliche Form des wirtschaftlichen Agierens. Wurden früher (insbesondere vor dem Mittelalter) Kunden hauptsächlich in unmittelbarer Nähe des Produktionsstandortes (lokal) versorgt, konnte das Verbreitungsgebiet durch wandernde Handelsleute bald auf die regionale Ebene ausgeweitet werden. Unter **Region** wird dabei ein durch bestimmte strukturelle Merkmale gekennzeichneter geografischer Raum verstanden.[1] Regionales Wirtschaften war damals und bildet noch heute eine wichtige Existenzgrundlage für v. a. kleine und mittlere Unternehmen (KMU[2]).[3]

---

[1] Vgl. STERR (2000, S. 2); WIRTH (2001, S. 15); EU-VERORDNUNG 2081/92 (Art. 4). Aufgrund der sehr vielfältigen Verwendung des Begriffs „Region" ist dieser kaum eindeutig fixierbar. Vgl. DEIMLING/VETTER (2003, S. 52). Die erwähnten Merkmale der Region können bspw. technischer, wirtschaftlicher, politischer, sprachlicher, ökologischer, religiöser oder kultureller Natur sein. Vgl. näher hierzu WIRTH (2001, S. 15); BRAUWEILER (2002a, S. 13). Eine allgemeingültige quantitative Abgrenzung des Regionsbegriffs ist demnach kaum möglich. Lediglich in der Abgrenzung von Nah- und Fernverkehr existiert ein sog. Entfernungsgrenzwert für Region als Umkreis von 75 km. Vgl. UBA (Hrsg.) (2002a, S. 2).

[2] Zur Definition der KMU kann auf die Abgrenzung der Kleinst-, Klein- und Mittelunternehmen gemäß der Europäischen Kommission zurückgegriffen werden, wonach KMU Unternehmen mit weniger als 250 Mitarbeitern und einem Jahresumsatz bzw. einer Jahresbilanzsumme von höchstens 50 Mio. Euro bzw. 43 Mio. Euro darstellen. Vgl. EU-EMPFEHLUNG (2003, Anhang I Art. 2 Abs. 3). Die Unterscheidung in Großunternehmen und KMU wird neben der visuellen Größe (= quantitative Merkmale, z. B. Umsatz, Beschäftigtenzahl, Bilanzsumme) insbesondere durch qualitative Beschreibungen (z. B. Selbstständigkeit, Finanzierungsmöglichkeiten) bestimmt. Vgl. weiterführend hierzu u. a. HAMER (1990); MUGLER (1998); ARNOLD/FREIMANN/KURZ (2001, S. 76); MÜLLER (2004, S. 8-10).

[3] Dennoch weisen auch KMU durch die Produktion hochspezieller Produkte und die Nischenmarktbelieferung ein bedeutendes Exportpotenzial auf, das sie zum Auf-/Ausbau grenzüberschreitender Aktivitäten befähigt. Vgl. EDEN (1997, S. 44-45).

Parallel dazu gestatteten die Entwicklung der Infrastruktur und neuer technischer Möglichkeiten der IT (v. a. Computer, Internet) und im Transportwesen, politische Entwicklungen (z. B. EU-Osterweiterung) usw. in den letzten Jahrhunderten bis heute die Ausweitung des Aktionsfeldes der Unternehmen auf internationales Terrain. Mit zunehmender technischer Entwicklung konnten nicht nur für den Vertrieb, sondern auch den Einkauf neue bzw. alternative und größere, v. a. weiter entfernte Märkte erschlossen werden. Neben regionalen sind so auch nationale Märkte und im Weiteren auch grenzüberschreitend internationale (bis hin zu multinationalen bzw. globalen) Märkte entstanden.[4] Vor diesem Hintergrund wuchsen vormals kleine Unternehmen zu großen, multinationalen Konzernen heran, die zur Sicherung ihrer Existenz und in Abhängigkeit des infrastrukturell Machbaren weiter expandier(t)en. Das Betätigungsfeld der großen Unternehmen sind heute v. a. die **internationalen und globalen Märkte**, wohingegen die regionalen Märkte von diesen i. d. R. als weniger bedeutend angesehen werden.[5] Aufgrund ihrer Größe und globalen Macht wird den multinationalen Unternehmen neben den politischen Institutionen/Gremien gegenwärtig verstärkt die Übernahme zukunftsorientierter Verantwortung für verschiedene politisch und gesellschaftlich bedeutsame Themen im globalen Kontext auferlegt.[6]

Der Prozess der grenzüberschreitenden Ausweitung der (wirtschaftlichen) Tätigkeiten wird im weitesten Sinne als **Internationalisierung** bezeichnet.[7] Da regionales Handeln nicht auf ein Land beschränkt sein muss (z. B. Euroregion), kann grenzüberschreitende Regionalisierung als eine besondere Form und damit als Schnittstelle zur Internationalisierung gedeutet werden. Die umfassendste (d. h. weiträumigste) Form von Internationalisierung wird dagegen als **Globalisierung** bezeichnet.[8] Sie ist idealerweise dadurch gekennzeichnet, dass die Produktionsfaktoren global zu beschaffen und einzusetzen sind, die Erzeugnisse überall hergestellt und abgesetzt werden können, die Informationsbeschaffung schnell und problemlos stattfindet und Kosten-/Standortvorteile erzielt werden, wodurch zugleich neue Beschaffungs- und Absatzmärkte erschlossen werden können.[9] Auslöser der Globalisierung sind demnach die Allokation knapper Ressourcen und das Streben nach neuen und größeren Märkten. Eine Ausweitung des wirtschaftlichen Handelns auf globale Märkte ist insbesondere dann festzustellen, wenn welt-

---

[4] Vgl. für einen zusammenfassenden historischen Abriss der Entwicklung globaler Märkte KRAMER (2005a, S. 91-93).
[5] Vgl. UBA (Hrsg.) (2002a, S. 238); MEIßNER (2002, S. 129). Großunternehmen zeigen eindeutig eine größere Exportorientierung.
[6] Vgl. HARDTKE/PREHN (2001, S. 20-21); KOPLIN/SEURING/BESKE (2005, S. 50). Dies ist v. a. dadurch bedingt, dass multinationale Unternehmen öffentlich sehr exponiert sind und Endkunden und Nichtregierungsorganisationen (NGOs) immer mehr Informationen von ihnen erwarten. Daher „bewegen sie sich [stets] zwischen den durch ihre Geschäftstätigkeit entstandenen Risikozwängen und ihrer zugewiesenen gesellschaftlichen Verantwortung". KOPLIN/SEURING/BESKE (2005, S. 50). Vgl. ausführlicher hierzu auch ROLOFF (2006).
[7] Vgl. KRYSTEK/ZUR (1997, S. 5, 11).
[8] Vgl. WRONA/SCHELL (2003, S. 307); KRYSTEK/ZUR (1997, S. 3).
[9] Vgl. BULLINGER et al. (2002, S. 17); HARDTKE/PREHN (2001, S. 21). Auf die besondere Relevanz der Internationalisierung der Unternehmenstätigkeit zur Erhaltung der Wettbewerbsfähigkeit verweist ECKERT. Vgl. ECKERT (1997, S. 1-2).

1. Problemstellung und Intention der Arbeit

weit homogene Kundenbedürfnisse für das anzubietende Produkt bestehen.[10] Durch globales Agieren können Unternehmen dabei folgende Vorteile erzielen:[11]

- Produktionsfaktorenvorteile: Nutzung anderer und/oder kostengünstigerer Produktionsfaktoren, günstigere Steuer-, Finanzierungsbedingungen;
- Größenvorteile: Nutzung von Erfahrungskostenpotenzialen („economies of scale");
- Programmvorteile: Nutzung von Synergieeffekten aus einem breiteren und/oder tieferen Produktionsprogramm („economies of scope");
- Handelshemmnisvorteile: Vermeidung von Handelshemmniskosten;
- Marktpräsenzvorteile: rechtzeitige Anpassung an Veränderungen in der qualitativen und geografischen Nachfragestruktur.

Die Weltwirtschaft unterliegt aber zugleich der steigenden Globalisierung des Wettbewerbs, was zu einer verschärften Konkurrenz der Unternehmen führt.[12] Neben der Globalisierung der Märkte und der zunehmenden Intensivierung und Dynamisierung des Wettbewerbs lassen sich die derzeit weltweit herrschenden wirtschaftlichen **Entwicklungstendenzen** aus Sicht der marktbeteiligten Unternehmen wie folgt zusammenfassen:

- eine zunehmende Konzentration auf die eigenen Kernkompetenzen,[13] die sinkende Fertigungstiefen, eine steigende interorganisationale Arbeitsteilung sowie eine höhere Anzahl an Schnittstellen induzieren;
- immer kürzer werdende Produktlebenszyklen sowie eine steigende Anzahl an Produktvarianten;[14]
- kürzere Reaktionszeiten auf die globalen Marktveränderungen sowie wachsende Markttransparenz;

---

[10] Vgl. PFOHL (2004, S. 384).
[11] Vgl. PFOHL (2004, S. 384-385). Einzelne der genannten Vorteile werden in der Literatur zugleich auch als Herausforderungen angesehen. Als weitere Herausforderungen werden (1) die zunehmende Geschwindigkeit des Wandels von Märkten, Unternehmensstrukturen, Produkten („economies of speed") sowie (2) interkulturelles Management genannt. Vgl. BMU/UBA (Hrsg.) (2001, S. 136).
[12] Vgl. DIEZ (1998, S. 44-45); HARDTKE/PREHN (2001, S. 22); KOPLIN/SEURING/BESKE (2005, S. 49). PORTER definiert aus dem Umfeld eines Unternehmens fünf grundlegende Wettbewerbskräfte: Verhandlungsstärke der Lieferanten, Verhandlungsmacht der Abnehmer, Bedrohung durch neue Konkurrenten, Bedrohung durch Ersatzprodukte sowie Rivalität unter den bestehenden Unternehmen. Vgl. PORTER (1999b, S. 33 ff.).
[13] Vgl. u. a. ARNOLD/WARZOG (2005, S. 4); weiterführend auch Abschnitt 2.1.1.
[14] Der ökonomische Produktlebenszyklus dient der tendenziellen Darstellung der mit einer Produktart verbundenen Kosten und Umsätze im Zeitablauf. Vgl. STREBEL (2003, S. 15). Die Produktlebenszyklus-Theorie geht davon aus, dass ein Produkt am Markt einem zyklischen Verhalten unterliegt. Sie bildet die Basis für die Auswahl geeigneter Strategien für die zeitgerechte Einführung und Eliminierung eines Produktes am Markt. Der Produktlebenszyklus lässt sich u. a. in die Beobachtungs-, Entstehungs- und Marktphase unterteilen, wobei in diesen drei Phasen auch weitere Unterteilungen anzutreffen sind. Vgl. PLÜMER (2003, S. 13-14); GÜNTHER/TEMPELMEIER (2003, S. 45). Der *ökonomische* Produktlebenszyklus darf allerdings nicht mit dem stofflichen bzw. *ökologischen* Produktlebenszyklus bzw. -weg verwechselt werden, welcher alle Stufen von der Rohstoffgewinnung bis zur Entsorgung des Produktes inkl. der Rückführung der Stoffe in den Wirtschaftskreislauf oder in die Natur umfasst. Vgl. HOPFENBECK/JASCH/JASCH (1996, S. 317-318). Um Verwechslungen auszuschließen wird im Rahmen der Arbeit im Kontext des *ökologischen* Produktlebenszyklus immer der Begriff „Produktlebensweg" verwendet.

- ein Überangebot an Produkten auf vielen Märkten (z. B. Marktsättigung im Lebensmittel- und anderen Konsumgütersektoren in Europa[15]) bei gleichzeitig bestehenden (z. T. globalen) Überkapazitäten der Unternehmen;
- eine stärkere Nutzung des stetigen IT-Fortschritts bis hin zur elektronischen Vernetzung;
- ein laufender Wandel vom Verkäufer- zum stark differenzierten Käufermarkt mit zunehmend höheren bzw. veränderten und individuelleren Anforderungen der Endkunden.[16]

Diese aktuellen Tendenzen bzw. Merkmale wirtschaftlichen Handelns haben – sowohl allein für sich als auch in Wechselwirkung miteinander betrachtet – zur Folge, dass das Marktvolumen und -potenzial z. T. stark schwanken und in den einzelnen Unternehmen die Komplexität und Dynamik und damit die Unsicherheit und der Kostendruck stetig zunehmen.[17] Das stellt Unternehmen stets vor neue Herausforderungen. Dennoch hat sich die Tendenz zur globalen wirtschaftlichen Betätigung von Unternehmen in den letzten Jahrzehnten zusehends durchsetzen können. Dies ist in erster Linie mit der Entstehung von globalen Märkten verbundenen positiven Effekten erklärbar (vgl. Tabelle 1.1). Daneben sind mit der Globalisierung aus ökonomischer und ökologischer Sicht auch eine Reihe negativer Effekte verbunden: Wenngleich die Globalisierung Unternehmen zwar neue Beschaffungs- und Absatzwege ermöglicht, erfordert sie gleichzeitig allerdings eine komplexere Organisationsstruktur u. a. aufgrund zusätzlicher Prozesse (z. B. Zollabwicklung) und einer möglicherweise gestiegenen Lieferantenanzahl als Absicherung bei Lieferengpässen. Weiterhin können die aus der Globalisierung der Produktion bedingte, zunehmende Transportentfernung und hohe Komplexität bspw. zu höheren Transferkosten, längeren Lieferzeiten, geringerer terminlicher Liefergenauigkeit, höherer Störanfälligkeit der Prozesse[18] sowie höheren transportbedingten Umweltbelastungen führen.

---

[15] Vgl. EBERLE et al. (2004, S. 52).
[16] Vgl. WILDEMANN (2005, S. 22).
[17] Vgl. WESTHAUS/SEURING (2002, S. 1, 3-4); HESSENBERGER/BRUNS (1997, S. 13); BENNINGER/GRANDJOT (2001, S. 75); STRAUBE et al. (2005, S. 8).
[18] Vgl. KROG/JUNG (2001, S. 172). Auch mit der informatorischen Raumüberwindung in globalen Logistiknetzen können höhere Kosten verbunden sein, insbesondere dann, wenn unterschiedliche Systeme und Standards aufeinander treffen.

Tabelle 1.1: Ökonomische und ökologische Effekte der Globalisierung

	Ökonomie	Ökologie

Potenziell positive Effekte	• Geringere betriebliche Gesamtkosten bzw. höhere Erlöse durch:
	  • Größere Vielfalt auf Beschaffungs- und Absatzmärkten sowie Erschließung neuer Märkte,
	  • Schnelle und problemlose Beschaffung von Informationen sowie Abwicklung von Geldgeschäften (v. a. mittels IT, Internet),
	  • Standortverlagerung arbeitsintensiver Produktionsprozesse in Transformations-, Schwellen-, Entwicklungsländer,
	• Zunahme der Spezialisierung der Unternehmen und hohe Dynamik auf den Märkten eröffnen neue Innovationspotenziale,
		• Transfer von umweltorientiertem Wissen zu Umweltstandards (z. B. Umwelttechnologien, Effizienzdenken, UM-Systeme und -Instrumente),

Potenziell negative Effekte	• Differenzierte und komplexere Beschaffungs- und Absatzstrukturen führen zu einer Zunahme der Abhängigkeit der Unternehmen,
	• Zunahme der Schnittstellen zwischen den Unternehmen mit der Folge der Segmentierung von WS mit erhöhtem Informationsbedarf, erhöhter Störanfälligkeit usw.,
	• Beeinträchtigung der Zuverlässigkeit, Flexibilität und Kostenstruktur der Unternehmen durch Überwindung größerer Entfernungen mit der Folge längerer Lieferzeiten, höherer Transferkosten, geringerer terminlicher Liefergenauigkeit,
	• Zunehmender Wettbewerbsdruck,
	• Höhere Kosten und Wartenzeiten an Grenzgebieten durch Beachtung finanz- und zollrechtlicher Vorgaben,
	• Erschwerung des Setzens von Rahmenbedingungen für den Handel auf internationaler und nationaler Ebene,
	• Hohe Arbeitslosigkeit in den Industrienationen (aufgrund von Standortverlagerungen).
		• Erhöhte Transportintensität bewirkt Zunahme der Umweltbelastungen:
		  • Erhöhter Verbrauch knapper, nicht erneuerbarer Energieträger,
		  • Höhere Luft- (z. B. CO_2) und Schadstoffemissionen (z. B. Staub, Ozon, SO_2, NO_x),
		  • Zunehmender Lärm, Bodenversiegelung, Biotopzerstörung,
		• Beeinträchtigung der verursachergerechten Rückführung bzw. ordnungsgemäßen Entsorgung der weltweit vertriebenen Produkte,
		• Schlechtere Lokalisierbarkeit und Verursacherzuordenbarkeit von ökologischen Schäden,
		• Räumliche Verlagerung und Zerstreuung der Entstehung von Umweltbelastungen (z. B. Produktion in Schwellen-/Entwicklungsländern, grenzüberschreitende Abfallentsorgung),
		• Erschwerung des Setzens von Rahmenbedingungen für den Umweltschutz auf internationaler und nationaler Ebene.

Quelle: Eigene Darstellung, in Anlehnung an BMU/UBA (Hrsg.) (2001, S. 134-135, 138); HANSEN (1999, S. 372-378); HEISERICH (2002, S. 16); SCHRÖDER/SCHULZ (2001, S. 27); BULLINGER ET AL. (2002, S. 17); SCHÜTZ/MOLL/BRINGEZU (2003, S. 3, 36-37, 59-61); TROGE (2000, S. 15); ROLOFF (2006, S. 68-72).

Weitere Argumente und Beispiele für Effekte der Globalisierung sowie zugleich einen aggregierenden Überblick liefert Tabelle 1.1.[19] Aufgrund des Umfangs an Effekten vermittelt Tabelle 1.1 auf den ersten Blick den Eindruck, dass die potenziell negativen die positiven **Effekte der Globalisierung** sowohl aus ökonomischer als auch ökologischer Sicht übertreffen. Mithin dürfte die Globalisierung für Unternehmen gar nicht von Interesse sein. Dies ist jedoch nicht der Fall. Das wird auch bei der Interpretation der Tabelle 1.1 deutlich, wenn man aus Unternehmenssicht folgende zwei Aspekte beachtet: Zum ersten enthält die Auflistung der negativen

---

[19] Für eine ausführlichere Darstellung und Diskussion der verschiedenen wettbewerbsbezogenen Effekte der Globalisierung für Unternehmen sei v. a. auf PORTER verwiesen. Vgl. PORTER (1993).

Effekte auch sog. externe Effekte (z. B. zunehmender Lärm), die externe Kosten[20] hervorrufen, welche jedoch nicht vom einzelnen Unternehmen, sondern von der Allgemeinheit zu tragen sind. Sie sind für die Entscheidungen der Unternehmen demnach zunächst nicht relevant, wenngleich sie im Gesamtverständnis der Globalisierung in jedem Fall beachtenswert sind. Zum zweiten sind für Unternehmen i. d. R. reine Kosten-Erlös-Betrachtungen von entscheidender Bedeutung. So können wenige positive Effekte ein hohes Ausmaß (z. B. geringe Kosten, hohe Erlöse) annehmen und die Menge negativer Effekte mit jeweils geringem Ausmaß wenigstens ausgleichen oder absolut sogar übertreffen. Demnach spielt die Gewichtung zwischen den positiven und negativen Effekten der Globalisierung eine nicht unbedeutende Rolle.

Im Zuge der Wahrnehmung der negativen Effekte und der Begrenztheit[21] der Globalisierung hat ab ca. dem Jahr 2000 eine **Re-Regionalisierung** der Wirtschaftsräume eingesetzt. Die Re-Regionalisierung bildet gemäß QUELCH nach der Regionalität (Phase 1) und der Globalisierung (Phase 2) die 3. Entwicklungsphase wirtschaftlichen Handelns und zeichnet sich durch die Beachtung regionaler Besonderheiten, den Kauf regionaler Marken und eine hohe (regionale) Identifikation des Endkunden mit dem Produkt aus.[22] So belegen mikroökonomische Untersuchungen, dass spezifische Zusammenballungen von wettbewerbsfähigen Branchen an Standorten – insbesondere in prosperierenden Regionen – nach wie vor bzw. wieder verstärkt eine zentrale Rolle spielen.[23]

Unter der Re-Regionalisierung des Wirtschaftens ist aber keinesfalls eine grundsätzliche Gegensteuerung, sondern durchaus eine Ergänzungsstrategie zur Globalisierung zu verstehen.[24] Schließlich können je nach Situation beide Entwicklungskonzepte zweckdienlich sein. Während bspw. aus Transportsicht regionales Wirtschaften effizienter ist, gehen mit der Globalisierung Entwicklungsprozesse, wie z. B. das Internet einher, die aus dem heutigen Wirtschaftsleben nicht mehr wegzudenken sind. Kombinationen aus beiden Konzepten sind bereits wahrnehmbar: So werden aktuell immer häufiger Ausgangserzeugnisse zunächst zentral in der Welt

---

[20] Externe Kosten treten in verschiedenen Bereichen auf, z. B. im Umweltschutz, im Verkehrsbereich. Ausgangspunkt ist, dass die bspw. durch Umwelteinwirkungen entstehenden Schäden durch ökonomische Bewertung in Kosten ausgedrückt werden können. Einen Teil dieser Umweltkosten muss das verursachende Unternehmen selbst bezahlen (interne Umweltkosten, z. B. Entsorgungskosten oder -gebühren). Der andere Teil im Zusammenhang mit den (negativen) externen Effekten ausgelösten Kosten ist nicht vom Verursacher, sondern von Externen – also i. d. R. von der Gesellschaft bzw. Allgemeinheit – zu tragen (= externe Umweltkosten, z. B. Entfernung von Pestiziden aus dem Trinkwasser). Vgl. UBA (Hrsg.) (2003, S. 183); BEER (2001, p. 27).

[21] Eine globale Verteilung und Übergabe von Produkten oder Dienstleistungen an die Endkunden ist nur in begrenztem Umfang möglich. Der Wunsch nach möglichst großen Beschaffungs- und Absatzmärkten trifft dann an seine Grenzen, wenn es an technischen und infrastrukturellen Voraussetzungen zur Erfüllung mangelt oder an zu hohen Kosten scheitert.

[22] Aufgrund der Entwicklung in aufstrebenden Ländern, wie China, rechnet QUELCH mit einer Re-Globalisierung als 4. Entwicklungsphase. Vgl. QUELCH (2004, S. 98). Für einen vergleichbaren historischen Abriss im Kontext der Globalisierung speziell aus Sicht des Lebensmittelsektors vgl. BOURLAKIS/BOURLAKIS (2004, pp. 221-222); BEER (2001, p. 24).

[23] Vgl. ZIMMERMANN (2000, S. 1-2). Standortverbünde im Sinne einer geografischen Konzentration von miteinander verbundenen Unternehmen gleicher und verschiedener Branchen nennt man auch Cluster. Vgl. ZIMMERMANN (2000, S. 1-2); PORTER (1993, S. 172). Zu Rolle und Kennzeichen von Clustern vgl. PORTER (1993, S. 172-199); PORTER (1999a).

[24] Vgl. BAIER/BENNHOLDT-THOMSON (2003, S. 12); EDEN (1997, S. 72-73). Auch WISKERKE/ROEP sprechen parallel zur Globalisierungstendenz auch von einer Re-Regionalisierung im Lebensmittelsektor. Vgl. WISKERKE/ROEP (2006, p. 9).

produziert und die finale Wertschöpfung dann kundennah regional oder lokal realisiert, in deren Folge zunehmend wertschöpfungsstufenübergreifende Verbundstrukturen entstehen.[25] Es ist daher im Einzelfall zu untersuchen, ob sich Globalisierung und Regionalisierung unter Beachtung gesellschaftlicher und existentieller Ansprüche ausschließen oder ergänzen. Letzteres ist möglich, da der globale Markt im Prinzip aus vielen regionalen Märkten besteht. Damit ist gemeint, dass der globale und die regionalen Märkte nebeneinander existent sind, so dass das räumliche Betätigungsfeld eines Unternehmens je nach betrieblicher Situation und strategischer Ausrichtung ausgewählt und auch im Zeitverlauf gewechselt werden kann.[26]

Der grobe Überblick über die vielfältigen positiven und negativen Effekte der Globalisierung bildet die Ausgangsbasis für die Extraktion der Problemstellung und die Ableitung der Zielsetzung der vorliegenden Arbeit im nachfolgenden Abschnitt.

1.1.2 Umweltfokussiertes Management von Supply Chains im Zielfokus der Arbeit

Im Zuge der Globalisierung der Märkte und des Wettbewerbs zeigt sich in der Wirtschaft in Konsequenz einer verstärkten Spezialisierung der Unternehmen eine stetige Zunahme der Bildung von kooperativen Geschäftsbeziehungen. Um die Marktposition zu erhalten bzw. Wettbewerbsvorteile zu erlangen, werden zunehmend Kooperationen mit den Akteuren vor- und nachgelagerter Wertschöpfungsstufen eingegangen (vgl. weiterführend hierzu Abschnitt 2.1.2). Dadurch verlagert sich der Betrachtungsfokus vom Einzelunternehmen verstärkt auf das gesamte WS. Es entstehen stark segmentierte und interorganisational sehr arbeitsteilige WS. Zur möglichst effektiven und effizienten Handhabung derartiger WS kann ein Unternehmen auf das sog. **Supply Chain Management** (SCM)-Konzept zurückgreifen. In diesem Fall wird das zugrunde liegende WS als Supply Chain (SC) bezeichnet. Das SCM hat die bestmögliche Planung, Steuerung und Kontrolle der Ströme und Geschäftsprozesse in der SC im Blick, um die Wünsche des Endkunden und die Ansprüche/Ziele der Akteure der SC zu befriedigen und in Einklang zu bringen.

Andererseits ist wirtschaftliches Agieren – egal ob durch ein einzelnes Unternehmen oder ein ganzes WS – durch seine Wechselwirkungen mit der natürlichen Umwelt unweigerlich mit vielfältigen Einwirkungen auf diese verbunden, die von Standort- über Prozess- bis Produktfragen reichen und durch die Globalisierungstendenz modifiziert bzw. sogar noch verstärkt werden können. Zum Schutz und Erhalt der Umwelt beizutragen, ist vor dem Hintergrund der eigenen langfristigen Existenzsicherung für ein Unternehmen unabdingbar. Hierin spielen nicht nur Fragen der langfristigen Verfügbarkeit von Ressourcen, sondern auch die vermehrte Forderung von Stakeholdern nach ganzheitlichem Umweltschutz, der möglichst alle drei o. g.

---

[25] Vgl. KLAPPER (2001, S. 11); WILDEMANN (2005, S. 22). KMU bilden in derartigen Verbundstrukturen im Rahmen der regionalen Wertschöpfung i. d. R. einen bedeutenden Bestandteil.
[26] Dieser Sichtweise liegt das Handeln entsprechend dem sog. Subsidiaritätsprinzip zugrunde. Das Subsidiaritätsprinzip differenziert zwischen einer kleineren Einheit (hier: regionales Wirtschaften; auch: EU-Mitgliedsstaat) und einer größeren Einheit (hier: globales Wirtschaften, auch: Europäische Union). Die Zuständigkeit wird der Einheit zugesprochen, die ein Problem selbstständig bzw. am besten lösen kann. Vgl. zur Definition des Subsidiaritätsprinzips EGV (1957, Art. 5, Abs. 2).

Umwelteinflussfelder angemessen berücksichtigt. Umweltschutz gliedert sich in das Leitbild der Nachhaltigen Entwicklung ein, das von den Unternehmen die Übernahme gesellschaftlicher Verantwortung in sozialer und ökologischer Hinsicht fordert. Die vorliegende Arbeit orientiert sich an diesem Leitbild, konzentriert sich aber auf die Verzahnung zwischen den ökonomischen und ökologischen Aspekten in SC. Erfolgt die Verfolgung des Umweltschutzes entlang einer SC bzw. im WS in separater Form, wird von **vertikaler Umweltkooperation bzw. vertikalem Umweltmanagement** (UM) oder – wenn speziell die physischen Ströme entlang der SC im Mittelpunkt stehen – von **vertikalem Stoffstrommanagement** (SSM) gesprochen. Es handelt sich hierbei um die Erweiterung des Fokus des UM bzw. SSM von der einzelbetrieblichen Betrachtung auf die diesbezügliche Zusammenarbeit mit den Akteuren der vor- und/oder nachgelagerten Wertschöpfungsstufen.

Vor dem Hintergrund abnehmender betrieblicher Fertigungstiefen und steigenden Wettbewerbs- und Kostendrucks (z. B. steigende Rohstoff- und Entsorgungskosten) einerseits und der mittel- bis langfristigen Endlichkeit von natürlichen, nicht erneuerbaren Ressourcen, begrenzter Aufnahme- und Abbaukapazitäten der Umwelt, umweltbewusster Endkundenwünsche usw. andererseits, ist einem umweltverträglichen Management der Geschäftsprozesse von SC eine sehr große Relevanz beizumessen. In diesem Kontext rückt die Beschäftigung mit der erst ansatzweise ausgeschöpften **Schnittmenge** zwischen dem SCM und vertikal-kooperativen Umweltschutz in der Forschung und Praxis immer mehr in den Vordergrund. Dies impliziert zugleich die Notwendigkeit bzw. Potenziale der Entwicklung und Anwendung von Ansätzen zur Realisierung eines integrativ-umweltfokussierten bzw. Environmental Supply Chain Managements (E-SCM), die im Rahmen der vorliegenden Arbeit thematisiert werden. Wenngleich vereinzelte Beiträge zu diesem Themenfeld vorliegen, bestehen noch vielfältige Forschungslücken. Aus konzeptioneller Sicht fehlt u. a. eine Systematisierung und Beurteilung des Entwicklungsstandes zum Umweltschutz im Rahmen des Managements von WS bzw. SC. Überdies mangelt es an empirischen Erkenntnissen zum Status quo der Akzeptanz und Verbreitung des E-SCM in der Praxis.

Die nähere Durchdringung der betroffenen Themenfelder legt zugleich immanente definitorische Abgrenzungsprobleme offen: Wann spricht man von einer herkömmlichen (guten) Geschäftsbeziehung zwischen Akteuren aufeinander folgender Wertschöpfungsstufen und wann von einer vertikalen Kooperation? Woran erkennt man, ob der Steuerung der Kooperation in der SC ein SCM-System zugrunde liegt? Wann kann ein SCM-System als umweltfokussiert bezeichnet werden?

1.2 Zielsetzung und Abgrenzung der Arbeit

Aus dem geschilderten Themenfeld leitet sich der Untersuchungsgegenstand der vorliegenden Arbeit ab. **Gegenstand** ist der Wandel der Betrachtung von der einzelbetrieblichen Ebene auf ganze WS bzw. SC und deren Managements in Verbindung mit der Übernahme der Verantwortung für den Umweltschutz. **Ziel** ist eine kritische Bestandsaufnahme des konzeptionellen

1. Problemstellung und Intention der Arbeit

Entwicklungsstandes und der Praxisrelevanz der Verfolgung des Umweltschutzes in WS. Forschungszweck ist demnach die Aufhellung, Strukturierung und Beschreibung des Themenfeldes des E-SCM sowie das Thematisieren und Auflösen identifizierten Handlungs- und Forschungsbedarfs.

Aus der Zielstellung ergeben sich im Weiteren folgende **Forschungsfragen**:
- In welcher Form kann der Umweltschutz in SC realisiert werden?
- Welche konzeptionellen Ansätze zur Integration des Umweltschutzes in das SCM existieren?
- Werden die bestehenden Ansätze des E-SCM den Ansprüchen des Umweltschutzes in SC in vollem Umfang gerecht?
- Wie positioniert sich die betriebliche Praxis zur Integration des Umweltschutzes in das SCM?
- Welcher Handlungsbedarf zur stärkeren Etablierung des E-SCM in der Praxis besteht?

Über die Untersuchung der Vereinbarkeit von SCM und Umweltschutz soll ein Beitrag zur **Konsolidierung des Verhältnisses zwischen Ökonomie und Ökologie** und zur Fokussierung der zweidimensional-integrierten Betrachtungsweise unter der Maßgabe der Erhaltung bzw. Stärkung der Wettbewerbsfähigkeit der Akteure des WS bzw. der SC geleistet werden. Die Ausgrenzung der sozialen Aspekte erscheint vor dem Hintergrund akzeptabel, dass auf dem Weg einer sukzessiven Integration und Verbreitung des Nachhaltigkeitsgedankens in der Wirtschaft von der einzelbetrieblichen auf die SC-Ebene der nächste wichtige Schritt gesehen wird. Die Aufmerksamkeit wird prioritär dem **integrierten Umweltschutz** im Fokus der Verfolgung einzelbetrieblicher, aber v. a. SC-weiter Zielstellungen zur Erzielung eines Gesamtoptimums anstatt einzelbetrieblicher Suboptima gewidmet.

Die Auseinandersetzung mit dem Umweltschutz in der Wirtschaft tangiert dabei zwangsläufig die Betrachtung und Differenzierung zwischen internen und externen Umweltkosten.[27] **Externe Umweltkosten** sind von den Unternehmen nicht zu tragende Kosten, stellen mithin keinen direkten ökonomischen Anreiz für Verbesserungen dar und spielen daher für die betrieblichen Entscheidungen derzeit keine hervorhebenswerte Rolle. Wenngleich deren mögliche betriebliche Internalisierung[28] gelegentlich thematisiert wird,[29] werden die externen Um-

---

[27] Vgl. Fußnote 20.
[28] Bei der Internalisierung der externen Kosten geht es darum, einem Unternehmen bzw. dessen erzeugten Produkten durch die Hinzuziehung der externen Kosten die „wahren Kosten" der Produktion in ihrer Gesamtheit aufzuerlegen bzw. anzulasten. Vgl. UBA (Hrsg.) (2003, S. 186).
[29] Problematisch in Hinblick auf eine Internalisierung der externen Kosten ist, dass die quantitative Ermittlung der externen Effekte und die anschließende monetäre Bewertung methodisch noch nicht ausgereift sind und daher die externen Kosten z. T. nicht exakt und in vollem Umfang ausweisbar sind (z. B. Artenverlust). Weiterführend zu den Grenzen der Monetarisierung der natürlichen Umwelt vgl. HAMPICKE (1998). Gleichwohl gibt es zunehmende Beispiele erfolgreicher, verursacherbezogener Internalisierung, wie der europäische Emissionszertifikatehandel oder der EU-Verordnungsentwurf zur Registrierung, Evaluierung und Autorisierung von Chemikalien (REACH). Zum Emissionszertifikatehandel vgl. u. a. MÖLLER (2003a, S. 238-240) und bzgl. REACH vgl. DELAKOWITZ (2006, p. 9-21).

welteffekte und die damit verbundenen Umweltkosten in die weiteren Betrachtungen nicht mit einbezogen.

Die oben genannten Entwicklungstendenzen sind in vielen produzierenden Wirtschaftsbereichen, v. a. in der Automobil- und Zulieferindustrie, der Elektronikindustrie oder auch im Lebensmittelsektor, gegenwärtig anzutreffen. Das Hauptaugenmerk liegt daher in erster Linie auf der Herstellung von Produkten (primärer und sekundärer Sektor) und weniger dem Anbieten von Dienstleistungen (tertiärer Sektor), wenngleich ein völliger Ausschluss letzterer nicht möglich und auch nicht zweckmäßig ist. Der empirische Teil der Untersuchungen wird speziell auf den **Lebensmittelsektor** in Deutschland ausgerichtet und das Untersuchungsfeld damit weiter eingegrenzt. Wenngleich die uneingeschränkte Übertragbarkeit der Ergebnisse auf andere Sektoren nicht gegeben sein und auch nicht praktisch geprüft werden kann, erscheint die Begrenzung auf ein möglichst homogenes Untersuchungsfeld zweckmäßig, um eine möglichst hohe Tiefe der Forschung (d. h. so konkrete Aussagen und Ergebnisse wie möglich) zu erreichen und um für Verallgemeinerungen und die Vermeidung von „Verwaschungseffekten" die Vergleichbarkeit der Unternehmen sicherzustellen. Schließlich erfordern spezielle Ansprüche und Entwicklungstendenzen entsprechende Reaktionen und spezifische Konzepte sowie spezielle Handlungsempfehlungen.

Die vorliegende Arbeit will einen Beitrag zur Ermittlung des aktuellen Standes der Forschung zum SCM und Umweltschutz liefern. Das Hauptaugenmerk liegt auf der Identifikation der Schwerpunkte bisheriger Forschung sowie bestehender Forschungslücken. Dies erfordert zunächst eine breite interdisziplinäre Literaturdurchdringung in den Themenfeldern SCM und Umweltschutz. Der Schwerpunkt liegt konzeptionell demnach auf der **vergangenheitsorientierten,** objektiven Darstellung der Ist-Situation. Dabei spielt die Identifikation von Schwachstellen und die Ableitung von Entwicklungspotenzialen eine zentrale Rolle. Planungsbezogene Untersuchungen oder Simulationen, wie sie im SCM verbreitet sind, sind hier nicht Untersuchungsgegenstand. Durch die ausgeprägte Berücksichtigung empirischer Befunde und Analysen wird ein zeitgemäßer Beitrag zur **praxisnahen Forschung** geleistet.

1.3 Methodisches Vorgehen und struktureller Aufbau der Arbeit

Zur Erreichung der Zielstellung wird ein **deduktives Vorgehen** gewählt, d. h. ausgehend von der literaturbasierten Aufarbeitung des allgemeinen theoretischen Wissensstandes mit stetem Praxisbezug wird die spezielle Situation im Lebensmittelsektor anschließend mittels primärer und sekundärer Daten unterlegt und konkretisiert. Die Praxisergebnisse dienen im Weiteren als Basis für die Aufdeckung von Handlungsbedarf und die Ableitung praxisorientierter Handlungsempfehlungen für die Umsetzung des entwickelten Ansatzes eines HE-SCM im Lebensmittelsektor. Die Arbeit umfasst dabei insgesamt acht Kapitel und lässt sich, wie in Abbildung 1.1 dargestellt, in drei Teile strukturieren.

Im ersten Kapitel wurden bereits die Ausgangsbedingungen, der Untersuchungsgegenstand und das Ziel der Arbeit beschrieben. Dazu wurde zunächst die Entwicklung wirtschaftlichen Handelns aufgezeigt. Im Zusammenhang mit der Globalisierung wurden ökonomische und ökologische Konsequenzen abgeleitet und durch Eingrenzung des Themas der Ausgangspunkt für die nachfolgenden Betrachtungen gelegt. Im **I. Teil** wird weiterhin eine Bestandsaufnahme zum konzeptionellen Forschungsstand im SCM und der Integration des Leitbildes der Nachhaltigen Entwicklung und speziell von Umweltbelangen in die betriebliche Unternehmensführung sowie deren Verknüpfbarkeit vorgenommen. Dazu stellt das zweite Kapitel die Vor- und Nachteile der interorganisationalen Arbeitsteilung und der Bildung kooperativer Geschäftsbeziehungen zur langfristigen Existenzsicherung heraus. Daraufhin werden die SC und das SCM als Ergebnis dieses Entwicklungsprozesses definiert und umfassend charakterisiert. Im dritten Kapitel wird im Rahmen der Umsetzung des Leitbildes der Nachhaltigen Entwicklung in der Wirtschaft v. a. die Schnittmenge zwischen Ökonomie und Ökologie in den Vordergrund der Betrachtungen gerückt. Es werden dazu die Notwendigkeit und die Formen des einzelbetrieblichen und kooperativen Umweltschutzes aufgezeigt. Im Zentrum des vierten Kapitels steht die Untersuchung der Verfolgung des Umweltschutzes in WS. Dazu werden die Umweltrelevanz von WS ermittelt, Formen des vertikalen Umweltschutzes aufgezeigt, die Vereinbarkeit von Umweltschutz und SCM geprüft und schließlich konzeptionelle Ansätze des E-SCM identifiziert. Auf Basis eines Abgleichs zwischen den SC-Umweltaspekten und den Intentionen der einzelnen E-SCM-Ansätze werden Defizite aufgedeckt und ein Vorschlag für einen Ansatz eines sog. Holistic Environmental-Supply Chain Managements (HE-SCM) unterbreitet. Die Kapitel 2 bis 4 zeigen dabei in Form von Hypothesen weiteren Forschungsbedarf auf, der im anschließenden II. und empirischen Teil aufgegriffen wird.

Zur Eruierung der Praxispotenziale, -relevanz und -problembereiche des E-SCM wird im **II. Teil** am Beispiel des Lebensmittelsektors eine zweistufige empirische Analyse durchgeführt, die sich in der ersten Stufe aus einer Bestandsaufnahme in Form eines Literaturreviews (Kapitel 5) und in der zweiten Stufe aus einer quantitativ-empirischen Querschnittsanalyse im Sinne einer standardisierten Unternehmensbefragung (Kapitel 6) zusammensetzt. Das Literaturstudium dient der Schaffung eines Überblicks über den Status quo innerhalb des thematischen Untersuchungsfeldes bezogen auf den Lebensmittelsektor. Das fünfte Kapitel liefert demnach eine umfassende Darlegung der wirtschaftlichen und strukturellen Situation, der vielfältigen Anforderungen und der zu deren Handhabung genutzten Methoden/Instrumente in diesem bedeutenden Wirtschaftssektor. Die Untersuchung wird anschließend in der zweiten Analysestufe im sechsten Kapitel durch eine Unternehmensbefragung in der deutschen Ernährungsindustrie (ERI) zur Gewinnung und Analyse von Primärdaten unterlegt. In diesem Rahmen werden zunächst das Forschungsdesign und methodische Vorgehen bei der Befragung vorgestellt, die gewonnenen Primärdaten interpretiert und Schlussfolgerungen sowie weitergehender Handlungsbedarf abgeleitet. Im Mittelpunkt des Empirieteils stehen aus Umweltsicht die Verkettung zwischen betrieblichem und zwischenbetrieblichem Umweltschutz in der SC und schließlich seine integrative Einbindung in das SCM. Durch die gleichzeitige, aber separate Betrachtung der Einzelthemen kann die jeweilige aktuelle Situation eruiert und über einen Vergleich mit Ergebnissen analoger Studien tendenzielle Entwicklungen erkannt werden. Dieses

Vorgehen erlaubt eine Abschätzung des Potenzials und Umsetzungsstandes des E-SCM im Lebensmittelsektor.

Die Ergebnisse der empirischen Analyse legen hinsichtlich des Einsatzes eines E-SCM Handlungsbedarf offen, der die Ableitung von Gestaltungsempfehlungen zur Implementierung und Anwendung eines HE-SCM-Systems anregt. Die Grundlage für die Ableitung der Empfehlungen für die Ausgestaltung eines HE-SCM im Lebensmittelsektor im **III. Teil** bilden wichtige Erkenntnisse aus dem theoretischen (I.) und dem empirischen (II.) Teil der Arbeit – v. a. zu Handlungsbedarfsfeldern zusammengefasste, aus der empirischen Analyse erkannte Schwachstellen. In diesem Kontext wird ein Vorschlagskatalog bestehend aus vielfältigen inhaltlichen und organisatorischen sowie rahmensetzenden Empfehlungen zur Unterstützung bei der Initiierung einer HE-SC-Kooperation und der Realisierung eines HE-SCM-Systems in Unternehmen des Lebensmittelsektors zusammengestellt (Kapitel 7). Die Arbeit schließt im achten Kapitel mit einer Zusammenfassung der Ergebnisse und einem Ausblick auf weiteren Forschungsbedarf im Kontext des Themenbereichs dieser Arbeit ab.

Abbildung 1.1: Schematische Darstellung des Aufbaus der Arbeit

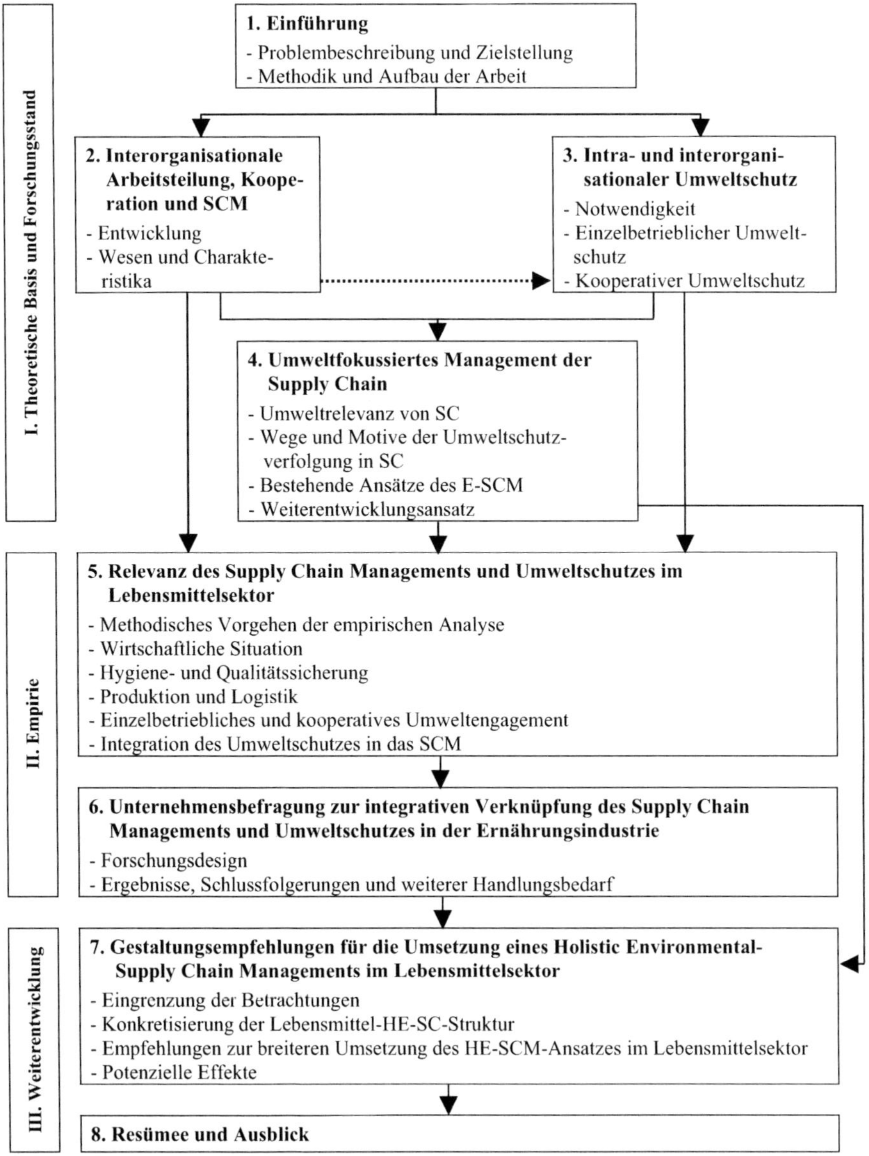

I. Theoretische Basis und Forschungsstand

1. Einführung
- Problembeschreibung und Zielstellung
- Methodik und Aufbau der Arbeit

2. Interorganisationale Arbeitsteilung, Kooperation und SCM
- Entwicklung
- Wesen und Charakteristika

3. Intra- und interorganisationaler Umweltschutz
- Notwendigkeit
- Einzelbetrieblicher Umweltschutz
- Kooperativer Umweltschutz

4. Umweltfokussiertes Management der Supply Chain
- Umweltrelevanz von SC
- Wege und Motive der Umweltschutzverfolgung in SC
- Bestehende Ansätze des E-SCM
- Weiterentwicklungsansatz

II. Empirie

5. Relevanz des Supply Chain Managements und Umweltschutzes im Lebensmittelsektor
- Methodisches Vorgehen der empirischen Analyse
- Wirtschaftliche Situation
- Hygiene- und Qualitätssicherung
- Produktion und Logistik
- Einzelbetriebliches und kooperatives Umweltengagement
- Integration des Umweltschutzes in das SCM

6. Unternehmensbefragung zur integrativen Verknüpfung des Supply Chain Managements und Umweltschutzes in der Ernährungsindustrie
- Forschungsdesign
- Ergebnisse, Schlussfolgerungen und weiterer Handlungsbedarf

III. Weiterentwicklung

7. Gestaltungsempfehlungen für die Umsetzung eines Holistic Environmental-Supply Chain Managements im Lebensmittelsektor
- Eingrenzung der Betrachtungen
- Konkretisierung der Lebensmittel-HE-SC-Struktur
- Empfehlungen zur breiteren Umsetzung des HE-SCM-Ansatzes im Lebensmittelsektor
- Potenzielle Effekte

8. Resümee und Ausblick

Quelle: Eigene Darstellung.

2 INTERORGANISATIONALE ARBEITSTEILUNG UND KOOPERATION IN GLOBALISIERTEN MÄRKTEN

Der grobe Überblick zur Globalisierung in Abschnitt 1.1 hat gezeigt, dass mit dem Wandlungsprozess eine Reihe ökonomischer als auch ökologischer Effekte verbunden sind, die sich v. a. aus den aufgezeigten Merkmalen (z. B. bessere IT) ableiten lassen. Eine detaillierte Untersuchung der ökologischen Effekte dieser Entwicklung wird an dieser Stelle zurückgestellt und in Abschnitt 3.2 aufgegriffen. Im Mittelpunkt dieses Kapitels steht in erster Linie die Auseinandersetzung mit einzelnen ökonomischen Folgen der Globalisierung speziell aus der Perspektive der Unternehmen. So zeigt sich aus ökonomischer Sicht eine zunehmende betriebliche Spezialisierung und interorganisationale Arbeitsteilung, die im Zusammenhang mit dem steigenden internationalen Wettbewerbsdruck verstärkt zur Bildung von kooperativen Beziehungen zwischen zwei oder mehreren Unternehmen und darüber hinaus ggf. auch anderen Institutionen führt. Der Abschnitt 2.1 setzt sich mit dieser Tendenz intensiv auseinander und widmet sich im Weiteren der Klärung des Begriffsverständnisses der SC. Aus dem Anspruch der Verbesserung der Handhabung der SC heraus hat sich das sog. SCM entwickelt, welches in Abschnitt 2.2 insbesondere hinsichtlich seiner Entstehung und permanenten Weiterentwicklung, aber auch seiner Prinzipien, Ziele, Aufgaben sowie Vor- und Nachteile ausführlich diskutiert wird. Das Kapitel endet mit einer kritischen Würdigung des SCM-Konzeptes aus konzeptioneller und praxisbezogener Sicht (Abschnitt 2.3).

2.1 Wesen interorganisationaler Arbeitsteilung und der Bildung von Kooperationen

2.1.1 Entwicklung zunehmender Spezialisierung

Abschnitt 1.1.1 hat die Internationalisierung bzw. Globalisierung als Auslöser für vielfältige Entwicklungstrends, denen sich die Unternehmen aktuell stellen müssen, identifiziert. In Reaktion auf die steigende Komplexität und Dynamik im Rahmen der Globalisierung setzte in vielen Unternehmen eine zunehmende Differenzierung sowie Spezialisierung ein.[30] Eine globalisierte Unternehmensumwelt erzwingt von den Marktteilnehmern eine erhöhte Anpassungsgeschwindigkeit und „Schlagkraft", die nach SCHNEIDER durch Beschränkung auf das Kerngeschäft bzw. -kompetenz eines Unternehmens zu erreichen ist.[31] Durch eine Abgabe von **Kompetenzen** wird ein Abbau komplexer Strukturen und Kostensenkung möglich.[32] Betriebliche Konzentration auf Kernkompetenzen und Spezialisierung führen in globalen Märkten zu

---

[30] Vgl. WESTHAUS/SEURING (2002, S. 30). Die Reaktionen beruhen auf der Auseinandersetzung mit den Wettbewerbskräften, in deren Folge grundsätzlich drei Erfolg versprechende Wettbewerbsstrategietypen in Betracht kommen: (1) Strategie der Kosten- bzw. Preisführerschaft, (2) Strategie der Differenzierung des eigenen Leistungsangebotes bzw. der Qualitätsführerschaft und (3) Strategie der Konzentration auf Schwerpunkte bzw. Nischenbedürfnisse. Vgl. SEIFERT (2001, S. 13-15); MEFFERT/KIRCHGEORG (1998, S. 222-232).
[31] Vgl. SCHNEIDER (2000, S. 166).
[32] Vgl. WILDEMANN (1998, S. 11).

zunehmend transnationaler, interorganisationaler **Arbeitsteilung**.[33] Bspw. stellt der Logistikbereich für produzierende Unternehmen keine unmittelbare Kernkompetenz[34] dar, so dass diese Aufgaben gern auf Spezialisten (sog. Logistikdienstleister (LDL)) übertragen bzw. fremdvergeben werden.[35] Für den Fall des Outsourcings[36] der Logistik sprechen PLÖTZ/ TEUSCHER von einer Senkung der Logistikkosten um 10-15 %,[37] wobei betont wird, dass die gesamten Logistikkosten je nach Branche ca. 10 % des Umsatzes bzw. ca. 5-8 % der Gesamtkosten eines Unternehmens, in Einzelfällen (z. B. bei stark global verteilter Produktion) durchaus auch bis zu 80 % der Kosten ausmachen können.[38]

Unternehmen stehen regelmäßig vor der Aufgabe, die eigene Wertschöpfungstiefe[39] und den Umfang des Outsourcings festzulegen.[40] Bei einer Wertschöpfungstiefenverringerung erfolgt eine Verlagerung bestimmter Produktionsschritte, welche nicht als Kernkompetenzen des Unternehmens eingestuft wurden, auf vor- oder nachgelagerte Wertschöpfungsstufen.[41] Infolge der Veränderung der Produktionsorganisation entfallen zunehmend innerbetriebliche Zwischenlager, wodurch der Koordinationsaufwand auf niedrigerem Niveau gehalten und die

---

[33] Arbeitsteilung steht für eine aneinander gereihte Schrittfolge vom Menschen ausgeführte(r) Arbeitsprozesse(n) zur Herstellung eines Gutes. Vgl. PALUPSKI (2002, S. 22). Sie bringt Rationalisierungsvorteile mit sich. Vgl. PFOHL (2004, S. 336-337). Aber nicht nur in der Industrie ist Arbeitsteilung üblich, „sondern bei explosiv steigendem Wissensfortschritt auch in der Wissenschaft unvermeidlich." CHMIELEWICZ (1994, S. 21).

[34] Kompetenz ist die Fähigkeit ein Problem zu lösen. Vgl. PALUPSKI (2002, S. 96). Kernkompetenz ist ein Bündel aus Leistungsfähigkeit(en), das ein Unternehmen besser beherrscht als andere Akteure des Marktes. Sie ergibt sich aus der spezifischen Ressourcenausstattung der Unternehmen. Typische Merkmale von Kernkompetenzen sind Nicht-Imitierbarkeit, Unternehmensspezifität, Fähigkeit zur Nutzenstiftung, Nicht-Substituierbarkeit, Dauerhaftigkeit, Übertragbarkeit auf andere Tätigkeitsfelder. Vgl. PALUPSKI (2002, S. 28, 64); MÖLLER/ROLF (2003, S. 166).

[35] Vgl. MANDL (2001, S. 101); BOURLAKIS/BOURLAKIS (2004, pp. 222-223).

[36] Outsourcing (Outside Resource Using) steht allgemein für die Auslagerung eines Bündels von Aktivitäten auf einen Dritten. Vgl. PALUPSKI (2002, S. 197); MUGLER (1999, S. 259); HEISERICH (2002, S. 30). Empirische Untersuchungen zeigen, dass im Logistikbereich v. a. Transport- und Lagerhaltungsprozesse vom Hersteller an Logistikunternehmen ausgelagert werden. Vgl. PFOHL (2004, S. 64, 317, 321-322); PLÜMER (2003, S. 125, 251-256). In den USA werden bspw. bereits 60 % der Logistikleistungen fremdvergeben. Vgl. SUCKY (2006, S. 133). Der zweite bedeutende Outsourcingbereich betrifft die Entscheidung zwischen den beiden Extremalternativen Eigenfertigung und Fremdbezug von fertigen Produkten und Teilen (make-or-buy). Vgl. PLÜMER (2003, S. 125); ZIMMERMANN (2000, S. 8) und weiterführend zum Outsourcing v. a. PALUPSKI (2002, S. 201-207); HEISERICH (2002, S. 30-34).

[37] Die Kostenreduktionen ergeben sich v. a. aus dem Abbau von Bestands-, Lohn-, Fixkosten, verbesserten Einkaufskonditionen usw. Vgl. PLÖTZ/TEUSCHER (2001, S. 23); auch UBA (Hrsg.) (2002a, S. 55); PLÜMER (2003, S. 252-253). Andererseits kann Outsourcing zu zunehmenden Transaktionskosten, steigenden Abhängigkeit usw. führen. Vgl. PLÜMER (2003, S. 252) sowie ausführlicher zu den Chancen und Risiken des Outsourcings BECKMANN (2004, S. 26-33); auch Anhang A.

[38] Vgl. PLÖTZ/TEUSCHER (2001, S. 23); STRAUBE et al. (2005, S. 8); MCKINSEY (Hrsg.) (2006, S. 84, 86-87).

[39] Die Wertschöpfungs- bzw. Fertigungstiefe entspricht der Anzahl der Wertsteigerungsstufen eines Erzeugnisses in einem Unternehmen. Vgl. GÜNTHER/TEMPELMEIER (2003, S. 8). Sie stellt den Anteil der zugekauften Leistung im Vergleich zum Eigenanteil dar. Vgl. BLEIS/HELLING (2002, S. 41). Sie wird durch die Anzahl der Produktionsschritte bestimmt. Vgl. RIEKEN (1995, S. 226-227). Eine Fertigungstiefe von bspw. 60 % entspricht 60 % Eigenleistung und 40 % Zukaufleistung. Vgl. BLEIS/HELLING (2002, S. 41). Die zunehmende Spezialisierung in den letzten Jahren führte zu einer Abnahme der Fertigungstiefe. Vgl. SEURING (2001, S. 18). Lag die Fertigungstiefe in Deutschland im Jahr 1981 bei 71 %, beträgt sie derzeit durchschnittlich nur noch etwa 43 %. Vgl. WILDEMANN (1998, S. 3); PLÜMER (2003, S. 125); BOGASCHEWSKY (2004, S. 175); WILDEMANN (2005, S. 17).

[40] Vgl. BOUTELLIER/GIRSCHIK (2001, S. 18); PLÜMER (2003, S. 90); WALTHER (2001, S. 7).

[41] Vgl. KALUZA/BLECKER (1998b, S. 28-29). Eine Wertschöpfungsstufe umfasst eine Menge von Unternehmen, die gleichartige Wertschöpfungsprozesse realisieren. Vgl. SUCKY (2006, S. 135).

Komplexität reduziert wird.⁴² Eine verringerte Wertschöpfungstiefe kann im Falle der Berücksichtigung einer Vielzahl von Lieferanten aber wiederum zu einem Anstieg der Komplexität der Beschaffungsstruktur führen.⁴³ Reduzierte Wertschöpfungstiefen bedeuten aber auch eine zunehmende Segmentierung des gesamten WS und damit eine steigende Anzahl unternehmensübergreifender Schnittstellen.⁴⁴ Dies hat für Unternehmen erhöhte Informationsasymmetrien, verstärkte externe Abhängigkeiten und Planungsunsicherheiten, die einen höheren Aufwand zur Koordination zu produzierender Mengen und von Lieferzeiten und der Synchronisation der Produktionsstrukturen bedingen, zur Folge.⁴⁵ Ausdifferenzierte Lieferantenstrukturen in stark segmentierten WS bewirken zudem eine steigende Komplexität bei der Umsetzung von Stakeholder⁴⁶-Anforderungen.⁴⁷ Die zunehmende Abhängigkeit in der Wertschöpfung der Unternehmen kann im Weiteren zu Einschränkungen in der wirtschaftlichen Selbstständigkeit bzw. eigenständigen Handlungsfähigkeit des einzelnen Unternehmens führen. Durch Outsourcing können demnach (neue) Probleme (z. B. Koordinations-, Abstimmungs-, Kommunikationsprobleme) entstehen, die die gewonnenen Vorteile wieder abschwächen oder sogar kompensieren.

Zur Bewältigung bzw. Handhabung derartiger Probleme bzw. zur gezielten Ergänzung des begrenzten Kompetenz- und Leistungsspektrums bedarf es geeigneter Koordinationskonzepte, die bspw. auf dem Aufbau enger partnerschaftlicher Beziehungen zu den Wertschöpfungsakteuren beruhen können. Unter **Wertschöpfungsakteuren** werden alle Unternehmen auf den verschiedenen vor- und nachgelagerten Wertschöpfungsstufen eines WS subsumiert. Dazu gehören neben den Lieferanten und Kunden eines Unternehmens bspw. auch (Logistik)Dienstleister.

2.1.2 *Entstehung und Effekte von interorganisationalen Kooperationen*

Behandelt man die Konzentration auf die Kernkompetenzen, die sich verringernde Wertschöpfungstiefe und die wachsende Inanspruchnahme von Fremdleistungen als Kennzeichen der Globalisierung,⁴⁸ so bedeutet der „Prozess der Globalisierung ... zunächst nichts anderes als die Zunahme ... (der) Vernetzung ... wirtschaftlicher Aktivitäten, (was) Rückwirkungen auf alle hieran Beteiligten (hat)".⁴⁹ Dies deutet daraufhin, dass der Globalisierungsprozess Unternehmen vermehrt dazu bewegt, strategische Allianzen, partnerschaftliche Verbindungen bzw. Kooperationen einzugehen.⁵⁰ Die langfristige Existenzsicherung wird nicht länger durch defensives, opportunistisches (also auf die alleinig eigene Nutzen- und Gewinnmaximierung aus-

---

[42] Vgl. RIEKEN (1995, S. 227).
[43] Vgl. SCHIMMELPFENG/GRANTHIEN/HÖFT (2000, S. 33); KOPLIN/SEURING/BESKE (2005, S. 49).
[44] Vgl. PFOHL (2004, S. 64).
[45] Vgl. MEIER/HAHNENKAMP/SCHALLNER (2002, S. 28); SEURING/MÜLLER (2004, S. 142).
[46] Stakeholder sind Gruppen, die verschiedenste Ansprüche an Organisationen aussprechen, wie Shareholder, Mitarbeiter, Kunden, Lieferanten und die Gesellschaft. Vgl. WADE (2001, pp. 112-113).
[47] Durch gleichzeitige Verringerung der horizontalen Spezialisierung (z. B. durch Modular Sourcing) kann allerdings der Koordinationsbedarf wieder reduziert bzw. kompensiert werden. Vgl. GÖPFERT (2001c, S. 105); HINRICHS (2004, S. 13).
[48] Vgl. STRAUBE (1993, S. 29); KEUPER (2000b, S. 242); PLÜMER (2003, S. 125).
[49] CHATZIMARKAKIS (2000, S. 37).
[50] Vgl. WIETSCHEL/RENTZ (2000, S. 36); KRIWALD/SCHUTH (2000, S. 161).

gerichtetes) oder isoliertes (bzw. autarkes), sondern kooperatives Verhalten zwischen verschiedenen Akteuren angestrebt.[51] Kooperation nimmt innerhalb der existierenden Interaktionsgrundtypen zwischen „loser Koppelung" und „Vereinigung" eine Zwischenstellung ein.[52] Sie stellt bei anhaltendem Wettbewerbsdruck eine Alternative zu Insolvenzen, Fusionen, Abspaltung von Unternehmensteilen usw. dar.[53] Durch Kooperation wird ein partnerschaftlicher Umgang miteinander ohne vollständigen Verlust der Eigenständigkeit angestrebt. **Kooperation** steht demnach für die vorzugsweise freiwillige Zusammenarbeit[54] oder Partnerschaft von einander wirtschaftlich und rechtlich unabhängigen Unternehmen oder Organisationen zur Koordination und gemeinsamen Erfüllung von Teilaufgaben bei gleichgerichteten Zielstellungen.[55]

Analog zum Kooperations-Begriff wird auch der Begriff „Kollaboration" verwendet. Im Gegensatz zur Kooperation, die arbeitsteilige Leistungserstellung an einem Objekt zum Gegenstand hat, geht die **Kollaboration** noch einen Schritt weiter. Sie zielt auf die gemeinsame Ausführung einer Teilaufgabe an einem Objekt (z. B. gemeinsame F&E). Kollaboration strebt somit während eines gemeinsamen Lösungsprozesses eine integrierte Lösung an, während bei einer Kooperation die parallel erstellten Teilbeiträge zu einer Lösung zusammengeführt werden.[56] Im Weiteren wird jedoch am verbreiteteren Kooperations-Begriff als Gesamtbegriff festgehalten.

Kooperation ist in den unterschiedlichsten Bereichen des gesellschaftlichen Lebens und wirtschaftlichen Handelns anzutreffen.[57] Auf der Ebene der Kooperationspartner wird aus Sicht der Unternehmen in Anlehnung an PFOHL zwischen intra- und interorganisationalen Beziehungen und letztere im Weiteren in **zwischenbetriebliche und überbetriebliche Kooperation** unterschieden. Zwischenbetriebliche Kooperation ist eine rein auf Unternehmen begrenzte Kooperation, die sich auf direkte Beziehungen von zwei oder mehr Unternehmen bezieht. Unter überbetrieblicher Kooperation versteht PFOHL die Abstimmung über eine gemeinsam getragene

---

[51] Vgl. WESTHAUS/SEURING (2002, S. 30, 61); KRAMER (2005b, S. 133).
[52] Vgl. PFOHL (2004, S. 26); SCHNEIDEWIND (1995, S. 17); EGGERS/ENGELBRECHT (2005, S. 4).
[53] Vgl. BLEICHER (1997, S. 586). Die Ausführungen konzentrieren sich im Weiteren auf die Entscheidung zur Kooperation, da zum einen die Beziehung zwischen aufeinander folgenden Wertschöpfungsstufen im Mittelpunkt steht, bei der eine Übernahme der Tendenz des Outsourcings bzw. Konzentration auf Kernkompetenzen entgegenstehen würde, und zum zweiten Kooperationen die Eigenständigkeit erhalten und wesentlich flexibler sind. Zudem bilden Fusionen für KMU keine geeignete Lösung zur Handhabung der steigenden Leistungsanforderungen und des globalen Wettbewerbs, die die erhofften Effizienzsteigerungen erfahrungsgemäß oft ausbleiben und auch die Innovationsstärke von größeren Unternehmenseinheiten im Vergleich zu KMU wesentlich geringer ist. Der Grund ist, dass im Zuge der Fusion die bestehenden Strukturen nur selten in ausreichendem Umfang bereinigt werden. Vgl. WILDEMANN (1998, S. 9, 37).
[54] Die Freiwilligkeit der Zusammenarbeit ist ein sehr verbreitetes Merkmal von Kooperationen in der Praxis. Kooperation muss aber nicht zwangsläufig freiwillig sein. Ein Beispiel für „unfreiwillige" Kooperation stellt die automatische (Pflicht-) Mitgliedschaft eines Industrie- bzw. Handwerksunternehmens in der Industrie- und Handelskammer bzw. Handwerkskammer dar. Vgl. zur Diskussion der Freiwilligkeit von Kooperationen ADERHOLD (2004, S. 169).
[55] Vgl. STREBEL (1996, S. 51); KRCAL (2000, S. 26); MOLL (2000, S. 46-47); RÜGGEBERG (2003, S. 7); MINISTERIUM FÜR UMWELT UND VERKEHR BADEN-WÜRTTEMBERG (Hrsg.) (2004, S. 13); ADERHOLD (2004, S. 168-169).
[56] Vgl. THELING/LOOS (2004, S. 2).
[57] Vgl. UBA (Hrsg.) (2002b, S. 4).

Institution (z. B. Unternehmens-, Verbandsneugründung).[58] Im Rahmen der Arbeit wird dagegen das Verständnis verfolgt, dass überbetriebliche Kooperation neben Unternehmen auch nicht gewinnorientierte Institutionen (z. B. Verbände, gemeinnützige Einrichtungen, politische Vertretungen) einbezieht. Überbetriebliche Kooperation besteht demnach zwischen mindestens einem oder mehr Unternehmen und einem oder mehreren anderen Institutionen.[59] Aus Sicht der beteiligten Akteure kann im Weiteren unterschieden werden zwischen:[60]

- Kooperation innerhalb identischer/ähnlicher Bereiche: (1) Kooperation zwischen Wirtschaftseinheiten (z. B. F&E-Abteilungskooperation), (2) Kooperation zwischen administrativen Einrichtungen (z. B. interkommunale Kooperation zwischen Städten und Kommunen), (3) Kooperation zwischen gesellschaftlichen Gruppen (z. B. NGOs), (4) Kooperation zwischen Endkunden (z. B. Tauschringe), (5) Kooperation zwischen Ausbildungseinrichtungen (z. B. Hochschulkooperation),

- Kooperation aus Kombinationen von Vertretern aus mindestens zwei oder mehr unterschiedlichen Bereichen, z. B. (1) und (2) (z. B. private-public-partnership), (1) und (2) und (3) und (4) und (5) (z. B. Produktforen als Instrument der kooperativen Integrierten Produktpolitik[61]).

Auf sachlicher Ebene lassen sich Kooperationen weiterhin nach thematischen Hauptarbeitsfeldern (z. B. F&E-, Produktions-, Entsorgungs-, Umwelt-, Vertriebskooperationen) unterscheiden. Bspw. spricht man bei Vorhandensein kooperativer Beziehungen zwischen zwei oder mehr Institutionen in Hinblick auf ökologische Belange von sog. **Umweltkooperation**.[62]

Kooperation von und mit Unternehmen wird in vielfältiger Hinsicht als ein zweckmäßiger Weg zur Erhaltung bzw. Stärkung der Wettbewerbsfähigkeit für die/das beteiligte(n) Unternehmen angesehen. Mittels Kooperation lassen sich die Nachteile marktlicher und hierarchischer Koordination überwinden und die **Vorteile** der Verknüpfung nutzen.[63] Es sind einerseits v. a. die mittels Kooperation realisierbaren Größenvorteile („economies of scale", wie Koordinationsfähigkeit), und andererseits die Vorteile kleiner, spezialisierter Unternehmen (wie Flexibi-

---

[58] Vgl. PFOHL (2004, S. 314); WILDEMANN (1998, S. 104-105).
[59] Hierbei wird dem Verständnis von SCHNEIDEWIND gefolgt, der Kooperationen in marktliche (d. h. reine Kooperation zwischen Unternehmen) und gesellschaftsbezogene (d. h. Kooperation zwischen Unternehmen und anderen Akteuren, wie öffentliche Anspruchsgruppen, politische Institutionen) Kooperationen differenziert. Vgl. SCHNEIDEWIND (1995, S. 17-18).
[60] Eigene Systematisierung in Anlehnung an UBA (Hrsg.) (2002b, S. 4). Im Rahmen dieser Arbeit stehen im Weiteren Kooperationen mit bzw. zwischen Unternehmen im Blickfeld. Man spricht dann von sog. Unternehmenskooperationen. Vgl. THELING/LOOS (2004, S. 1).
[61] Die Einrichtung derartiger Foren stellt eine Initiative im Rahmen des Ansatzes der Integrierten Produktpolitik (IPP) dar. IPP strebt eine stärkere Kohärenz einzelner produktpolitischer Maßnahmen (wie Öko-Design, Produktlabel, Verbraucherberatung) mit dem Ziel der Reduktion der Umweltbelastungen von Produkten über deren gesamten Lebensweg an. Vgl. MINISTERIUM FÜR UMWELT UND VERKEHR BADEN-WÜRTTEMBERG (Hrsg.) (2004, S. 6). Die Erkenntnisse zur IPP können die Basis für ein sog. Product Lifecycle Management bilden, das bei der Produktentstehung ansetzt und den gesamten Produktlebenszyklus im Blick hat. Vgl. weiterführend zum Product Lifecycle Management ABRAMOVICI/SCHULTE/LESZINSKI (2005, S. 47-48).
[62] Vgl. SCHNEIDEWIND (1998, S. 289); SCHNEIDEWIND (1995, S. 17). Umweltbezogene Kooperationen werden in Abschnitt 3.3.2.1 aufgegriffen und sollen daher an dieser Stelle nicht weiter thematisiert werden.
[63] Vgl. EGGERS/ENGELBRECHT (2005, S. 5).

lität, Kreativität, flache Hierarchien), die dem Unternehmen die Wettbewerbs- und Überlebensfähigkeit sichern helfen.[64] Durch Kooperation lässt sich eine größere strategische Reichweite und Durchsetzungskraft erreichen, die in verschiedener Hinsicht nutzbar ist (z. B. neue Produkt-/Marktkombinationen, Schutz vor/Verdrängung von Konkurrenten).[65] Zudem können durch die Kombination der verschiedenen Kernkompetenzen größere Aufträge bearbeitet und neue Märkte erschlossen werden. Auf Basis der zwischenbetrieblichen Abstimmung lassen sich überdies redundante Abläufe abbauen und weitere Spezialisierungsvorteile sowie neue Rationalisierungspotenziale erschließen.[66] Die Unternehmen ermitteln und ergreifen dann i. d. R. gemeinsam Maßnahmen zur Ausschöpfung dieser Potenziale.[67] Dabei werden sich in ihrer Wirkung gegenseitig kompensierende Instrumente bzw. Abläufe vermieden und durch den gemeinsamen, komplementären Ressourceneinsatz individuelle Suboptima durch Gesamtoptima ersetzt.[68] Sich aus Kooperation weiterhin ergebende Nutzeffekte können Zeitvorteile, breitere Risikostreuung, höhere Kundennähe, Flexibilitäts- und Ertragssteigerungen, die Senkung von Produktions- und Koordinationskosten sowie des Kapitalbedarfs usw. umfassen.[69] Kooperationen bieten sich daher v. a. für kapitalschwache, aber sehr leistungsfähige Unternehmen (z. B. KMU) an.

Da die Globalisierung zudem die Komplexität in Bezug auf die Entscheidungsfindung ansteigen lässt, sind zunehmend Entscheidungen auf Basis komplexerer Ausgangssituationen zu treffen, die vielfältige Informationen erfordern.[70] PORTER sieht im Zugang zu Informationen eine wichtige Bedingung für die Wettbewerbsfähigkeit eines Unternehmens und verweist auf die besondere Bedeutung von Unternehmenskooperationen zur Erlangung von Informationen und Wissen.[71] Die Vernetzung ermöglicht den Akteuren eine leichtere Beschaffung und Verarbeitung der notwendigen Informationen aus dem eigenen Wissenspool bei gleichzeitig hoher zuverlässiger Qualität und geringen Kosten.[72] Kooperation führt ferner zu neuem Wissen oder höherwertigerer Qualität von Wissen (Kompetenzgewinn), welches singulär nicht zu erreichen wäre.[73] Kooperation verbessert somit die Effizienz[74] durchzuführender Maßnahmen. Hierbei ist der Einsatz moderner Informations- und Kommunikations-Technologien (IuK) förderlich. Sie unterstützen aber nicht nur den Aufbau und die Gestaltung von interorganisationalen Kooperationen (aus technischer Sicht), sondern können v. a. zur Senkung der Transaktionskosten bei-

---

[64] Vgl. ISKANDER (2004, S. 88); HEISERICH (2002, S. 14); ZIMMERMANN (2000, S. 8).
[65] Vgl. BLEICHER (1997, S. 587); PALUPSKI (2002, S. 111).
[66] Vgl. MOLL (2000, S. 104); PALUPSKI (2002, S. 111).
[67] Vgl. WINKLER (2006, S. 47).
[68] Vgl. MOLL (2000, S. 104); auch KILLICH/SCHLICK (2006, S. 16).
[69] Vgl. ISKANDER (2004, S. 94); EGGERS/ENGELBRECHT (2005, S. 5); KILLICH/SCHLICK (2006, S. 16-17).
[70] Vgl. WAHMHOFF (2000, S. 4).
[71] Vgl. PORTER (1993, S. 127, 631, 657, 685).
[72] Vgl. MOLL (2000, S. 104). Die Gefahr von Wissenskonzentration besteht in der Entstehung von Machtzentren und sozialen Spannungen. Vgl. NEUNTEUFEL (2000, S. 314).
[73] Eine schlechte Qualität des eigenen Angebotes und die Intensität der Spezialisierung können dabei die Partnerfindung beeinträchtigen und sogar zur Isolierung führen. Vgl. KRAMER (2005a, S. 100).
[74] Vgl. zum Effizienzbegriff Abschnitt 2.2.4 und 3.1.

tragen.⁷⁵ Deren Einsatz bzw. Umfang sollte aber den vernetzten Strukturen entsprechen, sonst sind die IuK-Aktivitäten ineffizient, da deren Einführung und Anwendung i. d. R. mit hohen Kosten verbunden sind.

Den genannten Vorteilen von Kooperationen stehen mögliche **Nachteile** bzw. Risiken gegenüber, wie z. B. höhere Kontrollkosten, Verlust von Kernkompetenzen und Wissen, zunehmende Abhängigkeit und Autonomieeinbußen.⁷⁶ Unterschiedliche Ziele, Ansichten, Fachsprachen usw. und v. a. fehlendes Vertrauen der Kooperationspartner⁷⁷ sowie ineffizientes Management der Zusammenarbeit können die Kooperation behindern und den Erfolg in Frage stellen. Eine zentrale Voraussetzung für den Erfolg einer Kooperation ist demnach, dass alle relevanten Akteure involviert sind und aktiv mitarbeiten.⁷⁸ Eine Kooperation ist nur dann attraktiv, wenn sich langfristig Win-win-Situationen für alle beteiligten Akteure einstellen. Unter „Win-win" wird prinzipiell ein kooperativer Zustand/Situation verstanden, bei dem mindestens zwei oder mehr (bzw. alle) betroffene(n) Partner bzw. Bereiche – je nach Betrachtungsfokus – Vorteile haben bzw. Nutzen erzielen und die Vorteile bzw. der Nutzen des Einzelnen nicht auf Kosten bzw. zu Lasten des/r anderen Partner(s) bzw. Bereiche(s) gehen.⁷⁹

Die Bildung von kooperativen Strukturen ist in Deutschland durch Bestimmungen des Gesetzes gegen Wettbewerbsbeschränkungen eingeschränkt. Es bestehen allerdings Sonderregelungen für bestimmte Arten von Zusammenschlüssen (z. B. Kooperation zwischen KMU) und für bestimmte Wirtschaftsbereiche (z. B. Landwirtschaft⁸⁰). Auf jeden Fall dürfen die kooperationsbezogenen Vereinbarungen zwischen den Unternehmen den Wettbewerb nicht ausschließen und keine Preisbindungen enthalten. Neben diesen gesetzlichen Bestimmungen sind v. a. die o. g. spezifischen Anforderungen an eine Kooperation (z. B. gleiche Interessen/Ziele, Vertrauen) von den Partnern zu beachten, damit die Kooperation erfolgreich ist.

Kooperationen (= funktionale Ebene) können in Form dyadischer/bilateraler Beziehung oder multilateraler **Netzwerke** (= institutionelle Ebene/Architektur) realisiert werden.⁸¹ Unter einem

---

[75] Vgl. UBA (Hrsg.) (2002a, S. 55); PALUPSKI (2002, S. 198). Unter einer Transaktion versteht man die „Übertragung einer Leistung über eine technisch trennbare Schnittstelle hinweg". PALUPSKI (2002, S. 61). Vgl. auch DIENEL (2000, S. 14); ERDMANN (2003, S. 35). Die mit der Gestaltung der Transaktionen (mit Kunden und Lieferanten) verbundenen Kosten heißen Transaktionskosten. Vgl. DIENEL (2000, S. 14); MÜLLER-CHRIST (2001, S. 101).
[76] Vgl. ISKANDER (2004, S. 94); PALUPSKI (2002, S. 111).
[77] Vgl. ISKANDER (2004, S. 96, 98-99). Zur besonderen Bedeutung von Vertrauen im Rahmen von Unternehmenskooperationen vgl. u. a. KRYSTEK (1997); SCHUMACHER (2006, pp. 261-262).
[78] Vgl. NEUNTEUFEL (2000, S. 312).
[79] Vgl. WIENDAHL/DREHER/ENGELBRECHT (Hrsg.) (2005, S. 181). Im Weiteren wird diese Definition von „Win-win" vorrangig bezogen auf das Verhältnis zwischen Ökonomie und Ökologie betrachtet, d. h. im Zusammenhang mit der gleichzeitigen Erzielung von Unternehmensgewinn und Umweltleistung bzw. -nutzen verwendet. Vgl. KRAMER/EIFLER (Hrsg.) (2003, S. V); MÜLLER-CHRIST/BEHRENS/NAGLER (2005, S. 20) sowie Abschnitt 3.1. Die Verwendung des Begriffs „Win-win" im betrieblichen Umweltkontext ist allerdings zunehmend umstritten. MÜLLER-CHRIST/BEHRENS/NAGLER sprechen bei der Motivation von Unternehmen für den betrieblichen Umweltschutz lieber vom dualen Erfolgsbegriff, der sich aus Gewinn und Bestandserhaltung zusammensetzt. Vgl. MÜLLER-CHRIST/BEHRENS/NAGLER (2005, S. 29, 31, 73).
[80] Anerkannte horizontale Kooperationen zwischen mindestens sieben landwirtschaftlichen Unternehmen werden als Erzeugergemeinschaften (EZG) bezeichnet. Vgl. MSG (1969, § 3); auch Abschnitt 5.4.1.
[81] In Anlehnung an CORSTEN/GÖSSINGER (2001, S. 19); THELING/LOOS (2004, S. 10); PALUPSKI (2002, S. 23). Dieses Verständnis steht auch im Konsens zur Sichtweise von SYDOW/WINDELER, die Kooperation

Netzwerk verstehen CORSTEN/GÖSSINGER „ein Geflecht von Beziehungen zwischen Individuen/Organisationen oder einer Menge sozialer Akteure".[82] Bei Betrachtung der wirtschaftlichen Zusammenhänge der Unternehmen als Bezugsobjekte spricht man von Unternehmensnetzwerken, in dem mindestens drei Unternehmen in einem Beziehungsgeflecht interagieren.[83] Unternehmensnetzwerke nehmen dabei eine intermediäre Stellung zwischen freier Marktbeziehung[84] und Hierarchie[85] im Sinne vollständiger vertikaler Integration[86] ein (vgl. Abbildung 2.1).[87] Aus Abbildung 2.1 wird zugleich deutlich, dass eine eindeutige Abgrenzung der Organisationsform Netzwerk zwischen den beiden Maximalpolen Markt und Hierarchie nicht gegeben ist, sondern im Einzelfall von den Machtverhältnissen abhängt. Interorganisationale Netzwerke funktionieren insbesondere dann gut, wenn sie hierarchisch flach oder heterarchisch angelegt sind und genügend Freiräume und Möglichkeiten zur Selbstorganisation (im Rahmen der dynamischen Entwicklung) bieten. Akteure, die gleichzeitig mehreren Netzwerken angehören, können Abhängigkeiten und Synergieeffekte dann besser steuern.[88]

Abbildung 2.1: Organisationsformen zwischen Markt und Hierarchie

	Organisationsformen		
	Markt 0 % vertikale Integration	←——————→	Hierarchie 100 % vertikale Integration
Organisationsformen (Beispiele)	kurzfristige Verträge (Spotvertrag)	langfristige Verträge / Netzwerke, Gemeinschaftsunternehmen	einheitliche Unternehmensorganisation
Merkmale:			
Entscheidungen	unabhängig	←——————→	zentral
Leistungserstellung	unabgestimmt (über Preise)	argumentative Verständigung ←——————→	weisungsgebundene Produktion
Eigentum	unabhängig	←——————→	einheitlich
Erfolgszurechnung	getrennt	←——————→	einheitlich

Quelle: In Anlehnung an DIENEL (2000, S. 16); SCHNEIDEWIND (1995, S. 17).

---

als Strukturmerkmal von interorganisationalen Netzwerken verstehen. Vgl. SYDOW/WINDELER (2000, S. 11-12).
[82] CORSTEN/GÖSSINGER (2001, S. 1). Im breiten Spektrum von Netzwerktypen begrenzt sich der Fokus der Arbeit auf sozio-ökonomische Netzwerke.
[83] Vgl. WIETSCHEL/RENTZ (2000, S. 37); EGGERS/ENGELBRECHT (2005, S. 3); WIENDAHL/DREHER/ ENGELBRECHT (Hrsg.) (2005, S. 180); WILDEMANN (1998, S. 60). Interaktionen sind neben Transaktionen die zentralen Elemente von Netzwerken. Vgl. PALUPSKI (2002, S. 23).
[84] Bei der Marktbeziehung „findet eine Produktion statt, ohne dass vorher Mengen und Preise zwischen den Marktpartnern abgesprochen wurden, d. h. Angebot und Nachfrage treffen nach der Produktion aufeinander". DIENEL (2000, S. 16).
[85] Hierarchie bedeutet, dass die Koordination der Produktions- und Vermarktungsprozesse innerhalb eines Unternehmens hierarchisch über Weisungsrechte erfolgt. Die Hierarchie kann sich über zwei oder mehrere Wertschöpfungsstufen erstrecken. Vgl. DIENEL (2000, S. 16).
[86] Integration steht dabei ganz allgemein für die (Wieder-)Zusammenführung getrennter Objekte/Dimensionen zu einem Ganzen, ohne einzelne Teile unberücksichtigt zu lassen, wobei das Ganze mehr als die Summe seiner Teile ist. Vgl. PISCHON (1999, S. 277); LASCH/GÜNTHER (2004, S. 275); MÜLLER-CHRIST/BEHRENS/ NAGLER (2005, S. 17).
[87] Vgl. ADERHOLD (2004, S. 172, 178).
[88] Vgl. NEUNTEUFEL (2000, S. 313); ENGELBRECHT/EGGERS (2005, S. 130).

Netzwerke lassen sich nach verschiedenen Kriterien differenzieren. WERTZ, PFOHL und WILDEMANN unterscheiden die auf dem Markt vorhandenen Netzwerke hinsichtlich der Kooperationsrichtung in horizontale, vertikale und diagonale Netzwerke: Die horizontalen Netzwerke bilden die Unternehmen, „die auf der gleichen Wertschöpfungsstufe in derselben Branche tätig sind",[89] die vertikalen Netzwerke beziehen sich hingegen auf die „hintereinander gelagerten Wertschöpfungsstufen, diese entsprechen dem Begriff Supply Chain".[90] Die Unternehmen der dritten Gruppe, die die diagonalen Netzwerke bilden, stammen aus unterschiedlichen Branchen und Wertschöpfungsstufen.[91] Netzwerke lassen sich weiterhin hinsichtlich der Steuerungsform (hierarchisch, heterarchisch), der zeitlichen Stabilität, der Machtverteilung, der Kooperationsdauer usw. (vgl. Abbildung 2.2) unterscheiden und beschreiben.[92] Bspw. können Netzwerke räumlich betrachtet auf lokaler, regionaler, nationaler, internationaler/globaler Ebene gebildet werden. Eine mögliche (globale) SC, auf die im nachfolgenden Abschnitt ausführlicher Bezug genommen wird, ist in Abbildung 2.2 exemplarisch durch Schattierung der zutreffenden Merkmalsausprägungen charakterisiert.

Abbildung 2.2: Kooperationstypologisierung und Darstellung der möglichen Merkmalsausprägung einer globalen SC (Schattierung)

Merkmal	Ausprägung					
Funktionsbereiche	F&E	Beschaffung	Produktion	Service	Marketing/ Vertrieb	komplette Wertschöpfungskette
Bindung	nicht vertragliche Vereinbarung		befristete Verträge	Kooperationsvertrag		Kapitalverflechtung
Intention	Bündelung von Bedarfen	Bündelung von Anforderungen	Bündelung identischer Kompetenzen	Bündelung komplementärer Kompetenzen		Bündelung von Produkten/Services
direkte Koordinationsrichtung	heterarchisch			hierarchisch		
indirekte Koordinationsrichtung	Unternehmenskultur			Vertrauen		
Netzwerkzusammenstellung	stabil			instabil		
	vollständig		partiell			
Zeitliche Dimension	stabil (unbefristet)			dynamisch (befristet)		
Netzwerkstärke und -dauer	operativ			strategisch		
Netzwerkakteure	kleine Unternehmen		mittlere Unternehmen	große Unternehmen		
Kooperationsrichtung	horizontal		vertikal	diagonal		
Netzwerkbreite	lokal		regional	national		international

Quelle: Eigene Darstellung, erweitert in Anlehnung an CORSTEN/GÖSSINGER (2001, S. 23, 28, 55); EGGERS/ ENGELBRECHT (2005, S. 6); ähnlich auch WIETSCHEL/RENTZ (2000, S. 38-39); KILLICH (2005, S. 18); THELING/LOOS (2004, S. 14).

---

[89] WERTZ (2000, S. 12). Vgl. auch PFOHL (2004, S. 316-317); WILDEMANN (1998, S. 61-63).
[90] WERTZ (2000, S. 13). Vgl. auch PFOHL (2004, S. 317-318); RIEKEN (1995, S. 17-18); WILDEMANN (1998, S. 63-64). Weiterführend zum SC-Begriff vgl. Abschnitt 2.1.3.
[91] Vgl. WERTZ (2000, S. 13); PFOHL (2004, S. 318-319); WILDEMANN (1998, S. 64-65).
[92] Vgl. SYDOW (2002, S. 694-695); MEIER/HAHNENKAMP/SCHALLNER (2002, S. 28).

Die Entstehung von interorganisationalen Kooperationen kann als eine zentrale Folgeerscheinung der Entwicklung globaler Märkte verstanden werden. Um die Ursachen für die Entstehung interorganisationaler Beziehungen zu erforschen, kann man sich verschiedener wissenschaftstheoretischer Erklärungsansätze bedienen. Die Wissenschaftstheorien dienen dazu, Aussagen in verallgemeinerter Form darzustellen. Sie sind nicht endgültig sicher und können sich in der Praxis auch überlagern.[93] In der Forschung werden zur theoretischen Erklärung von Unternehmenskooperationen insbesondere

- zwei (kostenbezogene) Erklärungsansätze der Neuen Institutionenökonomie:[94] die Transaktionskostentheorie[95] und der Ressourcenbasierte Ansatz[96] und
- zwei Interorganisationstheorien:[97] Austauschtheorie[98] und Ressourcenabhängigkeitstheorie[99] sowie
- die Spieltheorie[100] aus dem Bereich der Entscheidungstheorie

herangezogen.[101] Von fundamentaler Bedeutung für das Verständnis der o. g. Ansatzgruppen ist aus formal-mathematischer Sicht die Systemtheorie. Die Systemtheorie beschäftigt sich mit

---

[93] Vgl. PALUPSKI (2002, S. 39).
[94] Im Fokus der Ansätze der Neuen Institutionenökonomie steht die Analyse des Zusammenspiels von marktlichen (z. B. Märkte, Unternehmen) sowie staatlichen Institutionen (z. B. Rechtssystem, Staat). Vgl. THEING/LOOS (2004, S. 3).
[95] Die bis in das Jahr 1937 – auf die Arbeit von COASE – zurückreichende Transaktionskostentheorie beschäftigt sich mit den Transaktionen verbundenen Kostenwirkungen bezogen auf die Entwicklung von Unternehmen. Zu den Transaktionskosten gehören v. a. die Anbahnungs-, Vereinbarungs-, Kontroll- und Anpassungskosten. Vgl. ERDMANN (2003, S. 35); MUGLER (1998, S. 11, 157); MUGLER (1999, S. 263); XU/BEAMON (2006, p. 11). Neben den Transaktionskosten kann sich auch ein -nutzen einstellen. Beide zusammen ergeben den Transaktionserfolg bzw. -wert. Vgl. PALUPSKI (2002, S. 61-62). Ziel des Transaktionskostenansatzes ist es, „durch die Wahl einer geeigneten Organisationsform die bei der Transaktion anfallenden Kosten zu minimieren". WEBER/DEHLER/WERTZ (2000, S. 268). Vgl. weiterführend hierzu auch MÜLLER-CHRIST (2001, S. 101-102); ERDMANN (2003, S. 35-36).
[96] Betrachtungsgegenstand der ökonomischen Theorie des Ressourcenbasierten Ansatzes (Resource-Based-View) ist das mit materiellen und immateriellen Ressourcen bzw. Produktionsfaktoren ausgestattete System, deren Ausstattung, Kombination und Koordination ein System von System unterscheidet. Vgl. MÜLLER-CHRIST (2001, S. 154); PALUPSKI (2002, S. 63-64); MUGLER (1998, S. 89); FISCHER/PFRIEM (1999, S. 24). Im Mittelpunkt des Ansatzes steht demnach die Kontrolle der Produktionskosten des Systems. Vgl. WEBER/DEHLER/WERTZ (2000, S. 268). Zum Systembegriff vgl. Abschnitt 2.1.3.1.
[97] Die Interorganisationstheorien Austauschtheorie und Ressourcenabhängigkeitstheorie geben als ressourcenrienierte Ansätze Hinweise für die Gestaltung (der Leistung) von Netzwerken. Vgl. CORSTEN/GÖSSINGER (2001, S. 8-10).
[98] Die Austauschtheorie untersucht das Vorhandensein unterschiedlicher Formen sozialer Strukturen in Netzerken, deren Bildung das Ergebnis einer grundsätzlichen Knappheit von Ressourcen und der funktionalen Spezialisierung der Akteure ist. Vgl. CORSTEN/GÖSSINGER (2001, S. 8).
[99] Der Ressourcenabhängigkeitstheorie (Resource-Dependence-Approach) liegt der systemare Bedarf an Ressourcen zugrunde, wobei davon ausgegangen wird, dass die erforderlichen (knappen) Ressourcen von anderen Systemen über einen Austausch zur Verfügung gestellt werden können. Schließlich sind für die Leistungserstellung nicht nur die eigenen Kernkompetenzen, sondern auch die Komplementärkompetenzen anderer Systeme von Bedeutung. Vgl. WEBER/DEHLER/WERTZ (2000, S. 268-269); GOLDBACH (2001, S. 6); weiterführend auch CORSTEN/GÖSSINGER (2001, S. 9-10).
[100] Bei der Spieltheorie werden die verschiedensten wirtschaftlichen Situationen in Form eines Spiels modelliert. Sie dient in der Entscheidungsfindung zur Ermittlung optimaler Strategien. Vgl. STÖLZLE (1999, S. 101 ff.) zit. in: CORSTEN/GÖSSINGER (2001, S. 2).
[101] Vgl. WEBER/DEHLER/WERTZ (2000, S. 268); CORSTEN/GÖSSINGER (2001, S. 2). Die Netzwerkforschung zieht daneben auch verhaltenswissenschaftliche Theorien zur partiellen Erklärung ihrer Funktionalität heran. Vgl. MOLL (2000, S. 48).

der formalen Abbildung des vielfältigen Beziehungsgefüges realer Zusammenhänge.[102] Sie wird im Folgenden zur Erklärung des Terminus SC herangezogen.

2.1.3 Der Terminus Supply Chain

2.1.3.1 Systemtheoretische Grundlagen und Beschreibung der Supply Chain

Ein **System** ist ein dynamisches Ganzes, das bestimmte Eigenschaften und Verhaltensweisen besitzt und diverse Input-Output-Beziehungen eingehen kann. Es umfasst eine abgegrenzte Anordnung von miteinander in Kontakt stehenden bzw. vernetzten Elementen.[103] Jedes System ist gekennzeichnet durch die geordnete Gesamtheit an Elementen, das die Fähigkeit zur Existenz schafft,[104] und deren zeitlich veränderlichen Wirkungsbeziehungen und Ausprägungen sowie der Verknüpfung und Abgrenzung zur Umgebung.[105] Die „Elemente des Systems in eine überlebensfähige Ordnung zu bringen", ist Aufgabe einer Organisation.[106] Die Organisation des Systems regelt und ordnet das Zusammenspiel der Akteure im System.[107] Ein System ist komplex, beliebig und chaotisch und seiner Beeinflussung sind enge Grenzen gesetzt. Die Dynamik im System erlaubt zudem flexibles Reagieren auf unterschiedlichste Einflüsse und damit die Sicherung des Überlebens des Systems.[108]

Die nachfolgenden Betrachtungen widmen sich vorwiegend den betriebswirtschaftlichen Systemen.[109] Ein solches kann in verschiedene untergeordnete Systeme unterteilt sowie übergeordneten Systemen zugeordnet werden. Ein Subsystem steht für einen Teil eines Systems (z. B. ein betrieblicher Prozess). Mehrere Subsysteme sind durch lose Koppelung, Kooperation oder Vereinigung miteinander verbunden. Ein Metasystem (z. B. WS) besteht aus mehreren, in besonderer Verbindung stehenden Systemen. Ein Supersystem (z. B. Wettbewerbsumfeld) ist ein System aus einem/mehreren Metasystemen und Systemen.[110] Die Systeme sind interdependent. Allen diesen Systemebenen gleich ist der Wertschöpfungsgedanke. Die Basis zur Schaffung einer wertschöpfenden Systemleistung bildet die betriebliche **Wert(schöpfungs)kette** nach PORTER, die im Wesentlichen die Verbindung aller wertschöpfenden Prozesse eines Unternehmens abbildet.[111] In Erweiterung des PORTER-Konzepts ist ein **Wertschöpfungssystem**

---

[102] Vgl. KRAMER (2005b, S. 124); MOLL (2000, S. 43-46, 50-54).
[103] Vgl. KRAMER (1991, S. 25). Elemente sind durch ihre Eigenschaften charakterisierbar und voneinander unterscheidbar. Vgl. CHMIELEWICZ (1994, S. 43). Elemente sind die Bausteine eines Systems, z. B. physisch messbare (wie Mitarbeiter, Umsatz) und immaterielle Größen (wie Interaktionen, Prozesse). Vgl. ORBACH/BEUCKER/LANG (2002, S. 7).
[104] Vgl. PROBST (1987).
[105] Vgl. CHMIELEWICZ (1994, S. 44); RUEGG-STÜRM (2000, S. 4). Das Verhalten des Systems wird sehr stark von seiner Umwelt beeinflusst. Die Systemgrenzen sind dehnbar. Vgl. PFOHL (2004, S. 47).
[106] PALUPSKI (2002, S. 75).
[107] Vgl. DIENEL (2000, S. 15). Ein organisiertes Systemdenken trägt zur Gestaltung optimaler Gesamtlösungen anstelle suboptimaler Insellösungen bei. Vgl. PFOHL (2004, S. 29). Freier Marktaustausch und Hierarchie sind die beiden Maximalpole wählbarer Organisationsformen. Vgl. DIENEL (2000, S. 15) und Abbildung 2.1.
[108] Vgl. KRAMER (2005b, S. 124).
[109] Beispiele für weitere Systeme neben den Wirtschafts- bzw. ökonomischen Systemen sind natürliche, soziale, politische, Software-, IT-Systeme. Vgl. SEIDLER/PESCHKE (2003, S. 2-3).
[110] Vgl. WESTHAUS/SEURING (2002, S. 5).
[111] Vgl. HOHMANN (1999, S. 142). Die Wertschöpfungskette umfasst genauer genommen alle Teilsysteme und Vorgänge, die zur Entstehung eines Produktes erforderlich sind. Vgl. MUGLER (1999, S. 263).

(WS) die Summe aller sequentiellen Aktivitäten, die zur Erstellung und Distribution einer spezifischen Endkunden-Leistung erforderlich ist.[112] Demnach darf das System „Wertschöpfungskette" nicht isoliert betrachtet werden, da es stets in das (höherwertigere bzw. komplexere) Metasystem „WS" eingebettet ist.[113] Das System „Unternehmen" bzw. die Wertschöpfungskette kann einer Wertschöpfungsstufe innerhalb eines WS zugeordnet werden.

Das WS ist als lose Abfolge verschiedener Unternehmen zur Herstellung definierter Endprodukte stets vorhanden. Im weiteren Verlauf der Arbeit wird daher für die Summe aller Unternehmen, die auf aufeinander folgenden Wertschöpfungsstufen zur Wertschöpfung eines Produktes beiträgt, der Begriff WS verwendet. Durch intensive Kooperation, Bündelung und effizientere Nutzung von Ressourcen der Unternehmen der aufeinander folgenden Wertschöpfungsstufen entsteht aus dem (herkömmlichen) WS oder Teilen davon das auf enge Zusammenarbeit ausgelegte **Metasystem „Supply Chain"**.[114] Es handelt sich dabei um ein vielschichtiges Unternehmenskonglomerat, dessen Subsysteme gemeinsam und zielgerichtet agieren (bewusste Absprachen, gemeinsame Entscheidungsfällung usw.), aber ihre rechtliche und wirtschaftliche Selbstständigkeit weiterhin beibehalten.[115] D. h. im Falle, dass das WS durch kooperative statt opportunistische Geschäftsbeziehungen bzw. durch das Aufbrechen der traditionellen Marktbeziehung zwischen den Lieferanten und Kunden zur gemeinsamen Sicherung des Überlebens im Wettbewerbsumfeld geprägt ist und bewusst durch ein sog. Supply Chain Management[116] gesteuert wird, wird explizit der SC-Begriff verwendet. Es kann sich also nur unter bestimmten Rahmenbedingungen aus dem gesamten WS oder einem Teilabschnitt von diesem eine SC bilden.

Das Metasystem „SC" und das System „Unternehmen" sind Bestandteile des Supersystems „Wettbewerbsumfeld" (vgl. Abbildung 2.3).[117] Das Metasystem „SC" besteht aus mehreren, verschiedenen Systemen.[118] Alle an einer SC beteiligten Systeme werden unter dem Begriff „SC-Partner" subsumiert.[119] Wie aus Abbildung 2.2 bereits deutlich geworden ist, ist die SC durch kooperative Beziehungen zwischen den SC-Partnern charakterisiert. Die Zusammenar-

---

[112] Somit hat sich die Trennung zwischen internen und externen Wertschöpfungsketten aufgelöst. Man spricht auch von einem endproduktbezogenen WS. Vgl. MEHLHORN (2002, S. 14, 18); BUSCH et al. (2003, S. 5).
[113] Vgl. HILDEBRAND (2001, S. 73).
[114] In der deutschsprachigen Literatur finden sich alternativ für SC auch die Begriffe Logistik-, Angebots-, Liefer-, Versorgungskette, Absatz-/Wertschöpfungspartnerschaft oder Wertschöpfungssystem, -baum, -matrix, -netzwerk. Im anglo-amerikanischen Sprachgebrauch sind auch die Begriffe Value Chain und Demand Chain verbreitet. Vgl. VAHRENKAMP (1998, S. 102); GOLDBACH (2001, S. 7); ERDMANN (2003, S. 7); BUSCH et al. (2003, S. 5). Im weiteren Verlauf der Arbeit wird vorrangig der weiter verbreitete und etablierte SC-Begriff verwendet.
[115] Vgl. PFOHL (2004, S. 312). Nur durch Beibehaltung der wirtschaftlichen Eigenständigkeit ist der Austritt aus der Kooperation jederzeit möglich. Vgl. PFOHL (2004, S. 312).
[116] Vgl. erklärend und weiterführend hierzu Abschnitt 2.2.
[117] Das System „Wettbewerbsumfeld" vereint alle Branchenwettbewerbskräfte in einem System. Es handelt sich dabei um die externen Stakeholdergruppen eines Unternehmens bzw. Subsystems. Des Weiteren sind die Systeme der Konkurrenten der gleichen oder anderer Branchen (letztere z. B. bzgl. Substitutionsproduktion) zu nennen. Vgl. PORTER (1992, S. 25-61).
[118] Vgl. WESTHAUS/SEURING (2002, S. 31).
[119] SC-Partner können neben den erwerbswirtschaftlich-orientierten Wertschöpfungsakteuren (z. B. Hersteller, Lieferanten, Kunden) auch Non-profit-Einheiten (z. B. staatliche Krankenhäuser) sein. Vgl. HAHN (2000, S. 12).

beit in der SC ist im Verständnis der vorliegenden Arbeit durch folgende Merkmale gekennzeichnet:

- Längerfristige und intensive, partnerschaftliche Beziehungen zwischen (mindestens drei) Unternehmen aufeinander folgender Wertschöpfungsstufen mit gemeinsamen, vornehmlich ökonomischen Visionen und Zielstellungen (z. B. hoher Absatz der gemeinsamen Endleistung, Endkundenorientierung) in mindestens einem Funktionsbereich (Logistik, ggf. auch F&E, Marketing usw.);
- Vorhandensein themenfokussierter, kommunikativer Interaktionen, d. h. eines regelmäßigen, offenen und intensiven Informationsaustausches (z. B. über gemeinsame Plattformen) inkl. gezielter Abstimmung des eigenen Verhaltens mit den SC-Partnern im Zusammenhang eines materiellen und/oder immateriellen Austausches;
- Beibehaltung der rechtlichen und wirtschaftlichen Selbstständigkeit der SC-Partner;
- Vorhandensein einer verantwortlichen bzw. koordinierenden Instanz sowie spezifischer Organisationsstrukturen zur Steuerung und Verfolgung der gemeinsamen Interessen.

Abbildung 2.3: Systemtheoretische Darstellung und Abgrenzung der SC

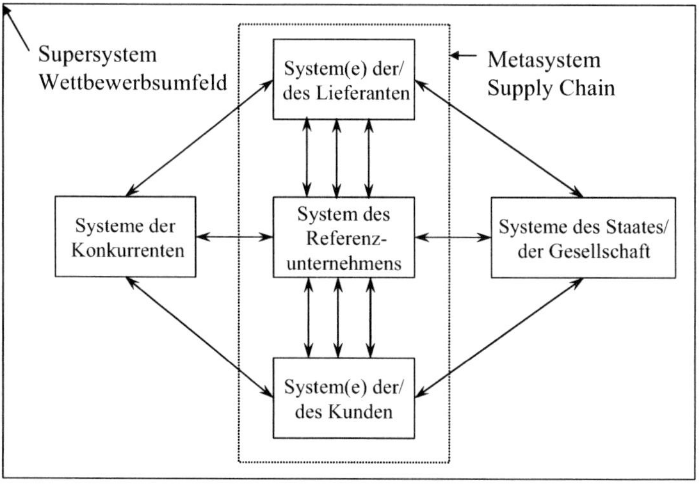

Quelle: In Anlehnung an WESTHAUS/SEURING (2002, S. 31).

Bei der Identifikation einer Kooperation zwischen den SC-Partnern ist natürlich zu beachten, dass es verschiedene Entwicklungsstufen von vertikaler Kooperation gibt[120] und die Grenzen zwischen diesen in der Praxis zudem verschwimmen können. Die Vorteilhaftigkeit der engen Kooperation in SC besteht darin, dass das im Zuge des Outsourcings an die Wertschöpfungsakteure verloren gegangene Know-how durch Austausch mit den SC-Partnern in Form der entwickelten Kernkompetenzen (wieder, aber dafür in ausgeprägterem Maße) zur Verfügung gestellt wird, d. h. in die kooperative Zusammenarbeit eingebracht wird. Dabei bleibt die Selbst-

---

[120] Vgl. ausführlicher hierzu MOLL (2000, S. 95-109).

ständigkeit zur Schaffung von Freiräumen und Flexibilität hinsichtlich der Erarbeitung von Innovationen[121] und dem Erkennen von Rationalisierungspotenzialen bestehen.[122] Eine freie Entscheidung über die Mitarbeit in einer SC, den Eintritt einer Win-win-Situation für alle SC-Partner und ein vertrauensbasiertes Agieren miteinander zu erreichen, sind zwar wünschens- und erstrebenswert, da sie die Qualität, Dauer und der Erfolg der Kooperation maßgeblich beeinflussen, müssen in einer SC jedoch nicht zwangsläufig gegeben sein. Also auch selbst wenn eines oder mehrere der letztgenannten „fakultativen" Merkmale nicht zutreffen, spricht man uneingeschränkt von einer SC.

Das Abgrenzungskriterium zwischen SC und SC-Partner bildet das Ausmaß der Interaktionen, d. h., ein abgegrenztes System liegt dann vor, wenn innerhalb dieser Gesamtheit ein größeres Maß an Interaktionen besteht als von der Gesamtheit aus nach außen existiert.[123] Die Systemeigenschaften sind nicht aus der Summe der Eigenschaften der Einzelglieder ableitbar, da als Ergebnis komplexer dynamischer Prozesse vielmehr neue Eigenschaften auftreten können. Das Metasystem „SC" weist zwar grundsätzlich ähnliche Eigenschaften wie das System „Unternehmen" auf,[124] besitzt aber eine noch größere Komplexität und Dynamik als das System „Unternehmen". Die **Komplexität** und damit Intransparenz der SC steigt nicht nur mit der Anzahl und der Wertschöpfungstiefe der beteiligten SC-Partner,[125] sondern auch die zunehmende Vernetzung der SC-Partner und die steigende Individualität der Endkundenbedarfe lassen die Komplexität (stetig) ansteigen.[126] Die interne Bewältigung der Komplexität in Abstimmung mit den Partnern bestimmt den tatsächlichen Nutzen und Erfolg der initiierten Kooperation in der SC für das einzelne System „Unternehmen".[127]

---

[121] Innovationen entstehen im Ergebnis eines betrieblichen Problemlösungsprozesses. Unter Innovation ist demnach „die Durchsetzung neuer technischer, wirtschaftlicher, organisatorischer und sozialer Problemlösungen im Unternehmen" zu verstehen. PLESCHAK/SABISCH (1996, S. 1). Für einen Überblick zur Entwicklung des Begriffs Innovation vgl. BRAUWEILER (2002a, S. 7-9). Die bewusste Gestaltung bzw. Planung, Organisation und Kontrolle von Innovationsprozessen ist Gegenstand des sog. Innovationsmanagement. Vgl. PLESCHAK/SABISCH (1996, S. 44); HAUSCHILDT (2004, S. 30).
[122] Vgl. WILDEMANN (1998, S. 127).
[123] Vgl. ULRICH (1970, S. 108) zit. in: WESTHAUS/SEURING (2002, S. 5).
[124] Die ähnlichen Eigenschaften von SC und Unternehmen sind:
- Künstliches sozio-technisches Realsystem: Menschen erfüllen mit technischen Hilfsmitteln Aufgaben in arbeitsteiligen Prozessen;
- Wirtschaftlichkeit: Die Erträge müssen die Aufwendungen für den Ressourcenverzehr langfristig (über)kompensieren;
- Offenes und komplexes System: hohe Varietät und Konnektivität mit dem Umfeld, d. h. mit den internen und externen Stakeholdern;
- Dynamisches und probabilistisches System: flexibles Agieren auf permanente unternehmensinterne und -externe Zustandsänderungen;
- Beziehungen zwischen den Elementen: Es finden Ströme innerhalb des Systems sowie mit dem (Wettbewerbs)Umfeld statt;
- Zielgerichtetheit, Zweckorientierung und Multifunktionalität: Befriedigung der Bedürfnisse der Anspruchsgruppen durch eigene spezifische Wertschöpfung im Einklang mit flexiblem Reagieren auf Veränderungen.
Vgl. WESTHAUS/SEURING (2002, S. 6-7) und ähnlich ULRICH/FLURI (1992, S. 31).
[125] Vgl. BEAMON (1999b, S. 275).
[126] Vgl. BUSCH et al. (2003, S. 6-7); ERDMANN (2003, S. 291); BEAMON (1999a, p. 338).
[127] Vgl. ADERHOLD/WETZEL (2005, S. 18).

2.1.3.2 Charakterisierung des Supply Chain-Begriffs

Abgesehen von der klaren systemtheoretischen Beschreibung der SC ist das Verständnis des SC-Begriffs in der Literatur und Praxis sehr vielfältig und uneinheitlich. Dieser Problematik wird noch weitere Aufmerksamkeit gewidmet, um anschließend eine für diese Arbeit gültige, praxisnahe Definition ableiten zu können. Ausgehend von der **Verwandtschaft** bzw. Identität zwischen SC und Wertschöpfungskette[128] lässt sich die SC zunächst auf zwei unterschiedlichen Ebenen abstrahieren: So kann die innerbetriebliche Leistungserstellung auch als interne SC (= betriebliche Wertschöpfungskette bestehend aus einzelnen Prozessen) interpretiert werden.[129] Im umfassenderen Sinne bezieht sich die (externe) SC auf das Zusammenwirken von Unternehmen verschiedener Wertschöpfungsstufen eines WS (und schließt damit die interne SC ein).[130] Im Rahmen dieser Arbeit wird der SC-Begriff im Weiteren – soweit nicht anders ausgewiesen – nur noch im umfassenderen bzw. interorganisationalen Verständnis verwendet.

Gemäß BEAMON die SC „has been defined as a one-way, integrated manufacturing process wherein raw materials are converted into final products, then delivered to customers".[131] Eine SC erstreckt sich dabei über alle Wertschöpfungsstufen eines WS, d. h. von der Rohstoffgewinnung bis zur Lieferung an den Markt bzw. den Endkunden (vgl. Abbildung 2.4).[132] Dieses von zahlreichen Autoren vertretene Verständnis impliziert aber im Umkehrschluss, dass es sich nicht um eine SC handeln würde, wenn in einem stark segmentierten, d. h. aus vielen Wertschöpfungsstufen bestehenden, WS nicht alle Wertschöpfungsstufen beteiligt sind. Doch ist eine Einbindung aller Wertschöpfungsstufen in der Praxis nicht immer realisierbar. Bspw. stellen BOCK et al. fest, dass die Rohstofflieferanten in der Konsumgüterindustrie eine „geringe Integration in die Supply Chain" aufweisen.[133] Gemeint ist hier die fehlende Anbindung dieser Wertschöpfungsstufe an die Kooperation der Unternehmen der nachfolgenden Wertschöpfungsstufen im Rahmen eines SCM. Die vorliegende Arbeit distanziert sich daher von dieser eindeutigen Grenzfestlegung bzw. schwächt diese ab, in dem sie den SC-Begriff vielmehr auf die Kooperation bzw. Vernetzung von Unternehmen mehrerer aufeinander folgender Wertschöpfungsstufen bezogen versteht. Die SC wird im Rahmen der vorliegenden Arbeit demnach nicht als System mit fixen Systemgrenzen, sondern als Ausschnitt aus einem WS angesehen. Diese Sichtweise induziert, dass sehr verschiedene und individuelle Formen von SC existieren können. So können drei oder mehr aufeinander folgende Wertschöpfungsstufen mit jeweils einem oder mehreren Unternehmen in einer SC kooperieren. Das obige Verständnis der SC von

---

[128] Einige Autoren sprechen von einer Verwandtschaft zwischen SC und Wertschöpfungskette/-system, da der Unterschied in der Betonung der Versorgung (bei der SC) im Gegensatz zur Nutzen- bzw. Wertorientierung (bei der Wertschöpfungskette) besteht. Vgl. WERNER (2001, S. 11); CORSTEN/GÖSSINGER (2001, S. 92-94); AGRICULTURE AND FOOD COUNCIL OF ALBERTA (Ed.) (2004, p. 2). Andere Autoren vertreten die Identitätsmeinung, d. h., dass eine korrekt gemanagte SC zugleich ein WS darstellt. Vgl. O. V. (2004, S. 105).
[129] Vgl. WERNER (2001, S. 5); MILLING/GRÖßLER (2001, S. 2); THALER (2001, S. 44).
[130] Vgl. WERNER (2001, S. 5); THALER (2001, S. 44).
[131] BEAMON (1999a, p. 332). Vgl. auch POIRIER/REITER (1997, S. 19).
[132] Vgl. SEIFERT (2001, S. 97); BENNINGER/GRANDJOT (2001, S. 69); WALTHER (2001, S. 12); CORSTEN/GÖSSINGER (2003, S. 634-635); ERDMANN (2003, S. 9); BUSCH et al. (2003, S. 5).
[133] BOCK et al. (2003, S. 123).

der Rohstoffgewinnung bis zum Konsum wird auf die unscharfe „kann"-Variante abgeschwächt und vielmehr als die vertikale „Maximalvariante" der Ausweitung einer SC im WS verstanden, d. h. der strukturelle Aufbau der SC kann mit dem des WS identisch sein.

Abbildung 2.4: Vereinfachtes Modell einer SC

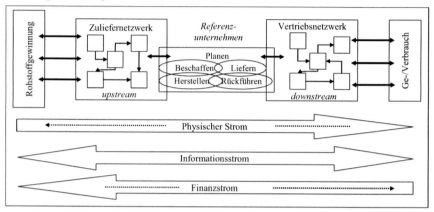

Quelle: Eigene Darstellung, in Anlehnung an WALTHER (2001, S. 13, 20); CORSTEN/GÖSSINGER (2001, S. 84, 142); BENNINGER/GRANDJOT (2001, S. 80, 90); MILLING/GRÖBLER (2001, S. 3); BUSCH et al. (2003, S. 5, 6); RENKER (2004, S. 188).

Der Begriff „Supply" bedeutet im Zusammenhang mit der SC die Versorgung des Kunden „mit dem gewünschten Produkt zur gewünschten Zeit mit hoher Qualität und zu akzeptierten Kosten".[134] Der Endkunde ist dabei im nachfrageorientierten Verständnis der gedankliche Auslöser jeglicher SC-Aktivitäten.[135] Eine solche anspruchsvolle Versorgung des Endkunden soll jedoch infolge der unternehmensübergreifenden Zusammenarbeit in der SC eines bestimmten Produktes geregelt und effizient ablaufen.[136]

Präzisiert wird der SC-Begriff durch die Bestimmung eines **Referenzunternehmens**,[137] das zugleich als fokales, d. h. koordinierendes, Unternehmen in der SC fungieren kann. Laut KÖSTER kann eine SC einen wirtschaftlich starken Knoten besitzen, der im Stande ist, auf die SC in bedeutendem Maße Einfluss auszuüben. Ein solches Referenzunternehmen kann sich sowohl am Ende einer SC (z. B. Schiffsbau, Bauindustrie) als auch in deren Mitte (z. B. Textil-, Lebensmittelerzeugung; entspricht der Darstellung in Abbildung 2.4) oder am Anfang (z. B.

---

[134] MÖBMER (2000, S. 24). Als vierte Zielkategorie wird häufig noch die Flexibilität bzw. Agilität genannt. Vgl. u. a. WERNER (2001, S. 9); CORSTEN/GÖSSINGER (2001, S. 108).
[135] Vgl. MILLING/GRÖBLER (2001, S. 2); KLOPHAUS (2002, S. 71). Aufgrund der Nachfrageorientierung des SCM wird anstelle von „SC" in der Literatur z. T. auch von einer „Demand Chain" oder „Chain of Customers" gesprochen. Vgl. WESTHAUS/SEURING (2002, S. 33); VAHRENKAMP (1998, S. 103); auch Fußnote 114.
[136] Vgl. MÖBMER (2000, S. 24). Im Prinzip existiert das entsprechende WS schon immer. Das Neue ist die verstärkt kooperative Beziehung der Unternehmen des WS im Rahmen eines eigenen Managements der SC (= SCM). Das SCM wird in Abschnitt 2.2 thematisiert.
[137] Vgl. MILLING/GRÖBLER (2001, S. 2).

Chemische Industrie) befinden.[138] Über eine solche zentrale Instanz kann die Steuerung der ganzen SC erfolgen.[139] Das kann jedoch ggf. zu einem Unabhängigkeitsverlust oder einer Benachteiligung der schwächeren SC-Partner, z. B. KMU, führen.[140] KMU sind bereits dadurch benachteiligt, dass sie i. d. R. am Anfang des WS stehen und sich somit am Ende des endkundenbezogenen Informationsflusses befinden.[141] Die SC umfasst stets auf der Inputseite direkte und indirekte Hersteller und Lieferanten und auf der Absatzseite die verschiedenen Vertriebskanäle und Abnehmer. Die SC-Partner des Referenzunternehmens, die eine langfristige kooperative Aufgabenerfüllung in der SC wahrnehmen, werden als Kernunternehmen bezeichnet.[142] Daneben können einzelne Unternehmen auch nur kurzweilig Akteur der SC sein.

Die Akteure bzw. Prozesse der SC stehen in interaktivem Zusammenhang. Sie sind durch Wirtschaftsströme miteinander verbunden. Unter **Wirtschaftsströmen** werden verschiedene materielle und immaterielle Flüsse entlang einer SC subsumiert. Durch die SC fließen im Wesentlichen Materialien und Produkte sowie logistische und akquisitorische Informationen und Finanzmittel (vgl. Abbildung 2.4).[143] Der physische Strom durchläuft alle Vorgänge der Beschaffung, des Transports, der Be- und Verarbeitung sowie Lagerung und Distribution von Materialien und Produkten. Materialien bzw. entstehende Produkte bewegen sich grundsätzlich in Richtung zum Endkunden.[144] Ggf. können fehlerhafte Produkte zu vorgelagerten Stufen zurückfließen,[145] was allerdings kein gewünschtes Ziel ist und eher die Ausnahme darstellt. Dies soll der dünne Pfeil innerhalb des dicken Pfeils für die physischen Ströme in Abbildung 2.4 verdeutlichen. Der Erlösstrom, als Folge des physischen Stromes und diesem entgegengerichtet, beinhaltet alle finanziellen Transaktionen.[146] Der Informationsstrom (z. B. Bestell-, Lieferinformationen) initiiert, begleitet und/oder kontrolliert den physischen und finanziellen Strom in der SC.[147] Störungen in diesen interorganisationalen Wirtschaftsströmen – bspw. durch mangelhafte Kommunikation oder Koordination – können zu negativen Folgen für die SC führen,[148] was sich z. B. in einer Bestandserhöhung, der Verlängerung der Durchlaufzeit oder Produktqualitätsmängeln ausdrücken kann. Zur Vermeidung dieser unerwünschten Effek-

---

[138] Vgl. KÖSTER (2002, S. 72); BEAMON/CHEN (2001, p. 3196). Es ist allerdings davon auszugehen, dass Referenzunternehmen bevorzugt am Ende der Kette angesiedelt sind, da sie von dort aus die Endkundenwünsche stärker wahrnehmen und auf die vorgelagerten SC-Partner verbreiten können.
[139] Vgl. KÖSTER (2002, S. 73).
[140] Für eine derartige Untersuchung am Beispiel von Efficient Consumer Response (ECR)-Kooperationen mit dem Ergebnis eines Ungleichgewichts in der Kosten- und Nutzen-Verteilung zwischen Herstellern und Handelsunternehmen vgl. CORSTEN/KUMAR (2004, S. 21). Ausführlicher zum ECR vgl. Abschnitt 5.4.2.2.
[141] Vgl. MÜLLER-CHRIST/BEHRENS/NAGLER (2005, S. 24).
[142] Vgl. WILDEMANN (2001, S. 155).
[143] Vgl. HEISERICH (2002, S. 6, 8); WESTHAUS/SEURING (2002, S. 31).
[144] Vgl. WERNER (2001, S. 7); CORSTEN/GÖSSINGER (2001, S. 127). Unter dem Begriff „physischer Strom" werden im Folgenden alle Material- und Produktströme subsumiert. Zwar ist das Material (inputorientierte Sichtweise) Bestandteil der Produkte und Reststoffe (outputorientierte Sichtweise), weshalb z. T. auch nur von materiellen Strömen gesprochen wird. Jedoch ist die hier gewählte Unterscheidung aufgrund der unterschiedlichen Stromeigenschaften sinnvoll und wird daher in der Arbeit entsprechend weiter verfolgt.
[145] Vgl. MILLING/GRÖßLER (2001, S. 6).
[146] Vgl. WERNER (2001, S. 7).
[147] Vgl. MOLL (2000, S. 98); THALER (2001, S. 44); CORSTEN/GÖSSINGER (2001, S. 127-128); PFOHL (2004, S. 8).
[148] Vgl. PFOHL (2004, S. 326).

te bedarf es eines gezielten und strukturierten Managements der SC, das im nachfolgenden Abschnitt erläutert wird. Dabei wird die SC im Rahmen dieser Arbeit im Weiteren wie folgt verstanden:

> Eine SC ist ein Netzwerk von (mindestens drei) Unternehmen mehrerer aufeinander folgender Wertschöpfungsstufen, die durch vielfältige Wirtschaftsströme interaktiv miteinander verbunden sind.

2.2 Das Management der Supply Chain

2.2.1 Auf dem Weg zur Beherrschung des Wertschöpfungssystems in globalen Märkten – Entwicklungsstufen der Logistik in Produktionsunternehmen

Das Management der SC hat seinen Ursprung im Wandel des Logistikverständnisses. Die Logistik hat in den letzten 30 Jahren einen enormen Bedeutungswandel erfahren, in deren Ergebnis der Aufgabenumfang der Logistik immer größer und komplexer geworden ist.[149] Der Entwicklungsgrad der Logistik hängt aber weniger von der hierarchischen Stellung der Logistik in der unternehmerischen Geschäftsabwicklung, sondern vielmehr von der Durchsetzung der Flussorientierung in der Unternehmensführung ab, wonach **vier Entwicklungsstufen** unterschieden werden (vgl. Abbildung 2.5): Die Entwicklung verlief über die funktionale Spezialisierung zur Etablierung der Logistik als eigenständige Unternehmensfunktion mit Dienstleistungscharakter für andere Funktionsbereiche (Stufe 1) über die Koordination interner Unternehmensbereiche (Stufe 2) und die Logistik als flussorientierte Führungsfunktion (Stufe 3) bis hin zum unternehmensübergreifenden SCM als Ansatz zur (fluss- bzw. prozessorientierten) Gestaltung und Koordination (von Teilabschnitten) des kooperativen WS (Stufe 4).[150] Die höchste Entwicklungsstufe der Logistik bildet aktuell somit das SCM, das Ende der 80er bzw. Anfang der 90er Jahre entstand. Als Hauptbeweggründe für die Entstehung des SCM identifiziert Hahn:[151]

- die Ausweitung des Handlungsbereichs auf internationale und globale Märkte,
- die Notwendigkeit zur Verringerung der Fertigungstiefe und die zunehmende interorganisationale Arbeitsteilung u. a. aufgrund zeitverkürzter Produktlebenszyklen,
- die Zunahme einerseits der Endkundenanforderungen in Hinblick auf Qualität, Zeit, Flexibilität und Preis und andererseits der Produktheterogenität und Prozesskomplexität verbunden mit dem zunehmenden Kostendruck und
- die deutliche Verbesserung der Informations- und Kommunikationstechnologien als Voraussetzung zur Bewältigung der zunehmenden Komplexität.

---

[149] Vgl. KERNER (2002, S. 4).
[150] Vgl. WEBER/DEHLER (1999, S. 35); BENNINGER/GRANDJOT (2001, S. 73-74); ERDMANN (2003, S. 15-20) und in ähnlicher Weise aber auf drei Phasen zusammengefasst GÖPFERT (2002, S. 30-31); KLOPHAUS (2002, S. 70-71).
[151] Erweitert in Anlehnung an HAHN (2000, S. 11) bzw. als generell bedeutende Auslöser für die Entstehung neuer Produktions- und Logistiksysteme vgl. PALUPSKI (2002, S. 198).

Abbildung 2.5: Entwicklungsstufen der Logistik

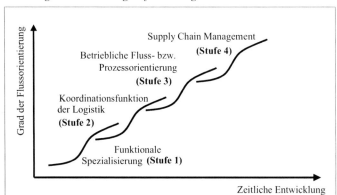

Quelle: Eigene Darstellung, in Anlehnung an WEBER/DEHLER (1999, S. 35); WEBER/DEHLER/WERTZ (2000, S. 266); BENNINGER/GRANDJOT (2001, S. 74); PLÜMER (2003, S. 2).

Die Logistik wird aufgrund ihrer Flussorientierung zunehmend als das Management von Fließsystemen verstanden.[152] Bspw. definiert SCHULTE **Logistik** als die „marktorientierte, integrierte Planung, Gestaltung, Abwicklung und Kontrolle des gesamten Material- und dazugehörigen Informationsflusses zwischen einem Unternehmen und seinen Zulieferern, innerhalb des Unternehmens und auch zwischen dem Unternehmen und seinen Kunden".[153] Gemäß einer Analyse in deutschen Industrieunternehmen muss jedoch grundsätzlich festgestellt werden, dass sich bis vor wenigen Jahren noch über 80 % der Unternehmen auf den ersten beiden Entwicklungsstufen der Logistik befanden und lediglich 7 % der befragten Unternehmen sich bereits auf der höchsten Entwicklungsstufe angelangt sahen.[154] Gleichwohl sehen viele Unternehmen ausreichend Anreize im Streben zur 4. Entwicklungsstufe.

Die zentrale Problemstellung beruht auf der Tatsache, dass ein nachfrage- bzw. auftragsorientierter Ablauf bei einer rein funktional- und verrichtungsorientierten Aufbauorganisation an Schnittstellen (zwischen einzelnen Unternehmensabteilungen aber auch zwischen den Unternehmen) zu Verzögerungen oder sogar Verlusten in den Wirtschaftsströmen führen kann.[155] Kleine Schwankungen in der Nachfrage können daraufhin große und zeitverzögerte Schwankungen bei der Herstellung nach sich ziehen. Um den Nachfrage- und Versorgungsschwankungen gerecht zu werden und sich vor raschen Bedarfsveränderungen zu schützen, erweisen die

---

[152] Vgl. GÖPFERT (2001b, S. 54).
[153] SCHULTE (2005, S. 1). Betrachtungsgegenstand sind dabei nicht nur allgemein zeit- und raumüberbrückende Prozesse, sondern insbesondere der bis dahin wenig beachtete Wertschöpfungscharakter von Transport-, Lager- und Umschlagsaktivitäten. Vgl. PIEPER (1995, S. 9); so ähnlich auch GÖPFERT (2001a, S. 54); HEISERICH (2002, S. 3-4); PALUPSKI (2002, S. 165-167); GÜNTHER/TEMPELMEIER (2003, S. 9); PFOHL (2004, S. 12); PLÜMER (2003, S. 1, 3, 101). In der Literatur existiert darüber hinaus eine Vielzahl an gängigen Termini für Logistik. Vgl. für eine Zusammenstellung von Logistikdefinitionen HEISERICH (2002, S. 7) und auch GÖPFERT (2001a, S. 44-46, 50).
[154] Vgl. WEBER (2002, S. 10).
[155] Vgl. THALER (2001, S. 23).

Akteure des WS eine Neigung zum Aufbau unnötiger Bestände, die in Bevorratungspuffern gelagert werden.[156] Des Weiteren führt die mangelhafte Koordination zu weiteren Ineffizienzen, wie zu lange Durchlaufzeiten, stark schwankende Produktion und geringe Flexibilität.[157] Diese Erscheinung wird als **Bullwhip-Effekt** bezeichnet[158] und findet sich v. a. bei Konsumgütern.[159] Das Problem liegt also nicht bei einem einzelnen Unternehmen, sondern vielmehr an den Schnittstellen zwischen den einzelnen Unternehmen. Vermieden werden kann der Bullwhip-Effekt durch eine effiziente interorganisationale Koordination, indem SC-auf- und -abwärts umfassende Planungs- und Kontrollinformationen unternehmensübergreifend zur Verfügung gestellt werden.[160] Diese Aufgaben können durch das SCM übernommen werden. Aber nicht nur Planungsmöglichkeiten, sondern auch die Kenntnis der aktuellen Lagermengen der vorgelagerten SC-Partner sind für die Bestellung von Bedeutung. Es existieren verschiedene Ansätze, die erforderliche Nachfragedaten bereitstellen und den Effekt abschwächen können, wie das Vendor Managed Inventory-Konzept (VMI)[161] oder das Just-in-Time-Konzept (JiT)[162].[163] Dies erfordert einen effizienten, zeitnahen Informationsaustausch. Bestehende Defizite im Informationsaustausch lassen sich z. B. durch Online-Vernetzung der SC-Partner und e-Business-Lösungen beseitigen.[164]

Nachdem der Entwicklungsweg und die Entstehungshintergründe des SCM bekannt sind, wird nun ausführlicher untersucht, was sich hinter dieser interorganisationalen Philosophie verbirgt. Der folgende Abschnitt widmet sich daher der Beschreibung und Abgrenzung des SCM-Konzeptes.

---

[156] Verstärkt wird dieses grundsätzliche Problem durch die Tatsache, dass i. d. R. (insbesondere bei Engpässen) mehr bestellt als gebraucht wird. Vgl. RAUNER (2004, S. 39). Überbestände führen u. a. zu erhöhten Abschreibungen. Vgl. FICKLE (2000, S. 43-44). Der Bullwhip-Effekt tritt insbesondere beim Buyer Managed Inventory (BMI) auf und hier speziell bei Produkten, die tendenziell geringe Verkaufszahlen aufweisen. Vgl. WERNERS/THORN (2002, S. 702).
[157] Vgl. BUSCH et al. (2003, S. .30).
[158] Der Effekt wurde zuerst von Forrester erkannt und veröffentlicht. Neben dem Bullwhip-Effekt wird daher alternativ auch vom „Forrestereffekt", „Peitschen(schlag)effekt" oder „whiplash/whipsaw effect" gesprochen. Vgl. u. a. MERTENS et al. (1998, S. 111); BARTSCH/BICKENBACH (2001, 38); CORSTEN/GÖSSINGER (2002, S. 459); KÖSTER (2002, S. 72).
[159] Vgl. BENNINGER/GRANDJOT (2001, S. 79).
[160] Vgl. WESTHAUS/SEURING (2002, S. 59); BUSCH et al. (2003, S. .30).
[161] Beim VMI erfolgt eine lieferantengesteuerte Bestandsführung. D. h., der Lieferant (unabhängig davon, wo er sich in der SC befindet) übernimmt die Lagerhaltung seines Abnehmers, so dass sich der Abnehmer mit dem Bestellen und Nachbestellen nicht mehr befassen muss. Vgl. WERNER (2001, S. 55). Dadurch wird der Beschaffungsbereich des Kunden entlastet und der Abstimmungsaufwand deutlich reduziert. Der Abnehmer begrenzt seine Kommunikation mit dem Lieferanten auf die Übermittlung der aktuellen POS-Daten. Vgl. BENNINGER/GRANDJOT (2001, S. 116) und weiterführend WERNERS/THORN (2002, S. 700-701). Das VMI-Konzept ist in den USA speziell als Hersteller-Handels-Partnerschaft im Konsumgüterbereich bereits verbreitet, als Ergebnis der Tatsache, dass ein fehlender Endkundenkontakt der Produzenten Koordinationsprobleme hinsichtlich der vom Hersteller gewünschten Nachfragedaten zur Optimierung der Produktion bewirkt. Vgl. SEIFERT (2001, S. 125); auch Anhang A.
[162] Just-in-Time ist die termingenaue Anlieferung von Material zum Zeitpunkt der Verwendung in der Produktion. Vgl. MUGLER (1999, S. 257); auch Anhang A.
[163] Vgl. RAUNER (2004, S. 39).
[164] Vgl. hierzu Abschnitt 2.2.4.

2.2.2 Begriff und Gegenstand des Supply Chain Managements

Verfolgt man das Begriffsverständnis des SCM[165] seit seiner Entstehung, so zeigen sich Inkonsistenzen. Analog zum SC-Begriff wird das SCM nicht nur in der Literatur, sondern auch in der Praxis sehr differenziert definiert.[166] Aus den vielfältigen Definitionen[167] lässt sich als gemeinsamer Nenner ableiten, dass das Grundmodell des SCM die **Handhabung der Ganzheitlichkeit** in der Logistikkette mit der **Handhabung der partnerschaftlichen Zusammenarbeit** vereint[168] und deren Umsetzung bzw. Reorganisation[169] sich an dem Wertschöpfungskettenverständnis von PORTER (vgl. Abschnitt 2.1.3.1) orientiert. Stellvertretend sei dies an folgender SCM-Definition verdeutlicht: Das SCM „bildet eine moderne Konzeption für Unternehmensnetzwerke zur Erschließung unternehmensübergreifender Erfolgspotenziale mittels der Entwicklung, Gestaltung und Lenkung effektiver und effizienter Güter-, Informations- und Geldflüsse".[170] In Anlehnung an diese Definition von GÖPFERT und die Definition der SC aus Abschnitt 2.1.3.2 wird das SCM im Rahmen der vorliegenden Arbeit wie folgt verstanden:

Das SCM ist ein Ansatz zur zielgerichtet unternehmensübergreifenden Planung, Gestaltung, Koordination und Kontrolle der Wirtschaftsströme innerhalb einer SC.

Aufbauend auf dieser Definition ist ein **SCM-System** ein Teil des (Gesamt)Managementsystems einer Organisation, in dem ein Satz verschiedener zusammenhängender Methoden des Managements (z. B. zur Festlegen von Zielen, Verfahren, Verantwortlichkeiten, Organisationsstruktur) im Fokus der SC zum Einsatz kommt.[171] Unter einem SCM-System wird demnach nicht – wie in der Literatur im Systemverständnis ebenso häufig vorzufinden[172] – ein Informations- oder Softwaresystem verstanden. Letzteres kann allerdings integraler Bestandteil

---

[165] Alternativ zum Begriff „Supply Chain Management" werden in der Literatur u. a. folgende Begriffe verwendet: Demand Chain Management, Value Chain/Stream Management, Lieferkettenmanagement, Versorgungskettenmanagement, Wertschöpfungsketten- oder Wertschöpfungsnetzwerkmanagement. In der Definition dieser Termini bestehen keine gravierenden Unterschiede. Vgl. SEURING (2001, S. 2-3); ERDMANN (2003, S. 11). Im Rahmen dieser Arbeit wird der Begriff „Supply Chain Management" verwendet – nicht zuletzt, weil er sich auch in der deutschsprachigen Literatur durchgesetzt hat.
[166] Vgl. MILLING/GRÖßLER (2001, S. 2); SEIFERT (2001, S. 97); GÖPFERT (2002, S. 28); ERDMANN (2003, S. 12); BUSCH et al. (2003, S. 7). Der Umfang und das Ausmaß des SCM werden kaum exakt präzisiert. Man stößt sogar auf widersprüchliche Auffassungen. Vgl. BENNINGER/GRANDJOT (2001, S. 67).
[167] Für eine Zusammenstellung verschiedener Definitionen zum SCM vgl. u. a. SEURING/MÜLLER (2004, S. 122-123); ERDMANN (2003, S. 11-12).
[168] Vgl. VAHRENKAMP (1998, S. 105).
[169] Unter Reorganisation wird die Neugestaltung der Organisation bzw. Prozesse verstanden. Dies führt zu Veränderungen, die von der Umstrukturierung einzelner bis zum grundlegenden Überdenken aller Prozesse eines Bereichs/Organisation reichen können.
[170] GÖPFERT (2002, S. 32).
[171] In Anlehnung an die Definition von Managementsystemen gemäß DIN EN ISO 14001 (2005, Abschnitt 3.8). Ein Managementsystem umfasst dabei alle Maßnahmen zur Erreichung des Hauptzwecks (d. h. der langfristigen Vergrößerung des Wertes eines Unternehmens) und zur effizienten Umsetzung der Rahmenbedingungen des Systems „Unternehmen". Vgl. LANDESANSTALT FÜR UMWELTSCHUTZ BADEN-WÜRTTEMBERG (Hrsg.) (2000, S. 9). Aufgabe eines Managementsystems ist es, alle Ebenen und Bereiche einzubinden und Klarheit über Zuständigkeiten, Abläufe, Informations- und Kommunikationsflüsse zu schaffen und zur permanenten Problemlösung anzuregen. Vgl. WALTHER (2005, S. 20).
[172] Vgl. hierzu z. B. DANGELMAIER et al. (2002, S. 457); BENNINGER/GRANDJOT (2001, S. 72).

des oben definierten SCM-Systems sein. Ein SCM-System ist im Verständnis der vorliegenden Arbeit demnach durch folgende Merkmale gekennzeichnet:[173]

- Kooperationsprägung: typische Eigenschaften zielorientierter, vertikaler (und ggf. horizontaler[174]) Kooperation, die in Form eines Unternehmensnetzwerkes realisiert wird (vgl. Abschnitt 2.1.2);
- Organisatorische Prägung: Konfiguration, Reorganisation und Abstimmung der (betrieblichen) Wertschöpfungsprozesse entlang der SC bzgl. eines oder mehrerer Funktionsbereiche (z. B. Absatzplanung) sowie Planung, Steuerung und Kontrolle der Wirtschaftsströme inkl. der Errichtung einer adäquaten Aufbau- und Ablauforganisation;
- Informationstechnologische Prägung: Nutzung spezieller IuK-Technologien, die die Planung, Steuerung und Kontrolle der SC-Abläufe zum Gegenstand hat.

Ursachen für die in der Fachwelt entstandene Begriffsvielfalt zum SCM sind u. a. in der Praxisprägung des Begriffs im Zusammenhang mit einer zögerlichen Übernahme durch die Wissenschaft, der Aufnahme des SCM durch unterschiedliche Fachgebiete und den unterschiedlichen Blickwinkeln des SCM (SCM als Kooperationsmanagement oder als Weiterentwicklungsstufe der Logistik[175]) zu finden.[176] Dementsprechend stößt man in der Literatur auch auf gegensätzliche Auffassungen zum Zusammenhang zwischen (integrativem) **Logistikmanagement und SCM**. Einige Autoren betrachten beide Konzepte als identisch.[177] Dagegen sehen andere Autoren entscheidende Unterschiede, wonach das SCM das umfassendere Konzept ist, in dem die Logistik nur einen Aspekt darstellt.[178] In der Logistik agieren die Akteure lediglich nach einzelwirtschaftlichen Entscheidungskalkülen ohne Berücksichtigung der Interessen der anderen Akteure des WS.[179] Bezugsobjekt des Logistikmanagements ist die **Logistikkette**, die von der SC als Bezugsobjekt des SCM abzugrenzen ist.[180] Das SCM ist durch kooperative Vernetzung zwischen Lieferanten und Abnehmern mit Blick über die eigene Unternehmensgrenze hinaus geprägt. D. h., es sind komplexe Netzwerkentscheidungen zu fällen. Weiterhin geht das SCM durch die stärkere strategische Ausrichtung und die ganzheitliche Betrachtung von Prozessen weit über die Aufgaben des herkömmlichen Logistikmanagements hinaus.[181] Es

---

[173] Die gewählte Reihenfolge indiziert zugleich die Abfolge bei der Realisierung eines SCM-Systems. An erster Stelle steht die Initiierung der Kooperation, anschließend folgt die Abstimmung und Neuordnung der Prozesse und schließlich die IT-Unterstützung der reorganisierten Abläufe. Bspw. kommt FRANCIS in seiner fallstudienbezogenen Betrachtung der Umsetzung eines SCM bei dem Unternehmen Tesco zur Einschätzung: „The case emphasises the need to reorganise and simplify the underlying process before applying technology to achieve further performance improvement." FRANCIS (2004, p. 163). Vgl. für diese Argumentation auch FEARNE/HUGHES/DUFFY (2001, p. 74); GROSSPIETSCH (2003, S. 178).
[174] Vgl. speziell zur Bedeutung von horizontaler Kooperation im Rahmen des SCM BAMFORD (2001, pp. 91, 103-108).
[175] Vgl. GÖPFERT (2002, S. 28-29).
[176] Vgl. WEBER/DEHLER/WERTZ (2000, S. 264); MILLING/GRÖSSLER (2001, S. 2); BUSCH et al. (2003, S. 7).
[177] Vgl. u. a. HORVATH (2004, S. 18).
[178] Vgl. GROSSPIETSCH (2003, S. 3); ARNOLD et al. (2005, S. 45-46).
[179] Vgl. VAHRENKAMP (1998, S. 102); ARNOLD et al. (2005, S. 45).
[180] Vgl. TEICH (2001, S. 306).
[181] Vgl. ERDMANN (2003, S. 20).

zeigt eine wesentlich stärkere Betonung des übergreifenden Integrationsgedankens[182] und ist durchgängig an den Bedürfnissen der Endkunden ausgerichtet.[183] Darüber hinaus ist auch die Gestaltung von Produkten, Beziehungen und Netzwerken Gegenstand des SCM.[184] Während die Logistik nur die physischen Ströme und die logistischen Informationen verfolgt, betrachtet das SCM auch die akquisitorischen Informationen und Finanzmittel.[185] Die durchgängig und ganzheitlich unternehmensübergreifende Sichtweise des SCM bietet unter den derzeitigen Gegebenheiten große Erfolgschancen und sehr gute Voraussetzungen zur Verbesserung der Logistikleistungen in einer SC.[186]

Die vorliegende Arbeit folgt dem umfassenderen Verständnis des SCM. Vor diesem Hintergrund kann das SCM daher auch als Verknüpfung einzelner **subsystemarer Konzepte** interpretiert werden. In diesem Sinne kann das Meta(management)system SCM aus eigenständigen Sub(management)systemen bzw. Komponenten, z. B. einer Kombination aus Logistikmanagement, Supplier Relationship Management (SRM) und Customer Relationship Management (CRM), zusammengesetzt sein.[187] Im Unterschied zum SCM handelt es sich bei beiden letzteren Konzepten um rein dyadische Lieferanten-Abnehmer-Beziehungen innerhalb eines WS, d. h. intensive, langfristige und kooperative Beziehungen mit wenigen ausgewählten Lieferanten bzw. Kunden eines Unternehmens.[188] In Abgrenzung zum SRM und CRM bestehen beim SCM beschaffungs- und distributionsseitige Kooperationen. Somit sind zwangsläufig mindestens drei Unternehmen in die SC eingebunden.[189] Das Vorhandensein des SRM und/oder CRM ist allerdings keinesfalls als eine zwangsläufige Voraussetzung für die Einführung und Anwendung eines SCM zu verstehen. Es kann jedoch einen Zwischenschritt auf dem Weg zur Implementierung des SCM bilden.

2.2.3 Strukturelle Weiterentwicklungen im Supply Chain Management-Verständnis und Supply Chain-Design

Die Entwicklung zunehmend interorganisational arbeitsteiliger WS und ständige Veränderungen in den internen und externen Rahmenbedingungen (z. B. Innovationsstreben, gesetzliche Vorgaben), die alle Wertschöpfungsakteure direkt oder indirekt betreffen können, sind zentrale Auslöser für strukturelle Weiterentwicklungen im SCM-Verständnis. Unterschiede im SCM-

---

[182] Ausführlicher zum Integrationsbegriff vgl. Fußnote 86. Der hohe Integrationsgrad des SCM betrifft die interorganisationale, -funktionale und -instrumentale Ebene. Vgl. PFOHL (2004, S. 326); auch HAHN (2004, S. 5).
[183] Vgl. CORSTEN/GÖSSINGER (2001, S. 95); HORVATH (2004, S. 203).
[184] Vgl. GROßPIETSCH (2003, S. 3); WESTHAUS/SEURING (2002, S. 36).
[185] Vgl. ERDMANN (2003, S. 19); ARNOLD et al. (2005, S. 46).
[186] Vgl. PLÜMER (2003, S. 3).
[187] Vgl. JAHNS (2005, S. 353); ARNOLD et al. (2005, S. 42). Unter dem SRM bzw. dem CRM wird die zielgerichtete, integrative beschaffungsseitige bzw. kundenorientierte Gestaltung intensiver, langfristiger und kooperativer Beziehungen in der Wertschöpfungskette und dem WS verstanden. Vgl. JAHNS (2005, S. 350); ARNOLD/WARZOG (2005, S. 6); GROßE-WILDE (2004, S. 61). So deckt das SRM Aufgaben in den Bereichen Materialwirtschaft, Einkauf und Beschaffungslogistik in umfassendem Maße ab. Vgl. BOGASCHEWSKY (2004, S. 175); COUSINS (2001, pp. 128-129, 133-136). Im Mittelpunkt von SRM bzw. CRM stehen jeweils dauerhafte und profitable bilaterale bzw. dyadische Liefer-Absatz-Beziehungen innerhalb einer Logistikkette. Vgl. JAHNS (2005, S. 350); ARNOLD/WARZOG (2005, S. 6).
[188] Vgl. ARNOLD/WARZOG (2005, S. 6).
[189] Vgl. hierzu auch mit der SC-Definition in Abschnitt 2.1.3.2.

Begriffsverständnis ergeben sich hinsichtlich der einbezogenen Betrachtungsgegenstände (= Geschäftsprozesse, Funktionen, Wirtschaftsströme) und im strukturellen Design der SC, d. h. in der **Richtung und Reichweite der SC**.[190] Da eine unzureichende Festlegung des Betrachtungsgegenstands oder ungenügende strukturelle Beschreibung bzw. Abgrenzung der SC als eine weitere Ursache für die Vielfältigkeit im SCM-Verständnis erkannt wird,[191] bedarf es im Folgenden einer näheren Betrachtung dieser Zusammenhänge.

Die Ausführungen in Abschnitt 2.1.3.2 haben das strukturelle **Grundverständnis** einer SC als Konglomerat von Unternehmen mehrerer aufeinander folgender Wertschöpfungsstufen aufgezeigt. Hinsichtlich der Richtung der SC besteht Einigkeit, dass die SC sowohl upstream (Beschaffungsseite) als auch downstream (Vertriebsseite) organisiert ist (vgl. auch Abbildung 2.4).[192] Größere Abweichungen und Unstimmigkeiten gibt es dagegen hinsichtlich der horizontalen (= SC-Verzweigung) und vertikalen Reichweite (= SC-Ausdehnung). So sind – obwohl das Design von SC für gleiche bzw. ähnliche Produkte im Vergleich eine typische Struktur aufweisen kann – Spezifika zu konstatieren,[193] die sich auf die individuelle vertikale und horizontale Reichweite der betrachteten SC beziehen.

Aus der **horizontalen Perspektive** ist bereits aus der Abbildung 2.4 deutlich geworden, dass die SC selbst bei einfachen Produkten in der Praxis weniger eine „Kette" mit einem Akteur pro Wertschöpfungsstufe, sondern vielmehr ein Netz aus mehreren Lieferanten und Kunden darstellt. „Chain" vermittelt fälschlicherweise den Eindruck von Linearität. In der Literatur wird daher auch von einem sog. Supply (Chain) Net(work) gesprochen.[194] Die SC ist ein „network of organisations that are involved, through upstream and downstream linkages, in the different processes and activities that produce value in the form of products and services in the hand of the ultimate customer".[195] Genauer genommen ist sie "a network of multiple businesses and relationships".[196] Ein solches Netzwerk weist eine Vielzahl an Knoten auf, durch die das Netz konstituiert wird.[197] Der Begriff „Supply (Chain) Net(work)" konnte sich in der Literatur bislang allerdings nicht durchsetzen, da er irrtümlicherweise damit in Verbindung gebracht werden könnte, in jedem Fall alle möglichen Verflechtungen der SC-Unternehmen betrachten zu müssen.[198]

Aus Sicht der **vertikalen Reichweite** bestehen Unterschiede in der Anzahl involvierter Wertschöpfungsstufen und durch die Unternehmen dieser Stufen betrachteten Funktionen. Neben den Logistikaktivitäten werden zunehmend weitere Funktionen und Geschäftsprozesse (z. B.

---

[190] Vgl. WEBER/DEHLER/WERTZ (2000, S. 264); HAHN (2000, S. 15); HAHN (2004, S. 4).
[191] Die SC wird in der Literatur entweder eigenständig oder im Rahmen der Definition des SCM beschrieben.
[192] Vgl. WEBER/DEHLER/WERTZ (2000, S. 265).
[193] Vgl. HAHN (2000, S. 15); KOGG (2003, p. 67).
[194] Vgl. u. a. BOGASCHEWSKY (2002); GÜNTHER/TEMPELMEIER (2003, S. 309); ERDMANN (2003, S. 9).
[195] CHRISTOPHER (1998, p. 15). Vgl. für eine Übersicht zu ähnlichen SC-Definitionen u. a. ERDMANN (2003, S. 8-9).
[196] HAGELAAR/VAN DER VORST (2002, p. 399).
[197] Vgl. VAHRENKAMP (1998, S. 103).
[198] Vgl. BUSCH et al. (2003, S. 5).

F&E, Marketing) in die SC-Aktivitäten einbezogen.[199] Die Produktentwicklung steht im Mittelpunkt des sog. Extended SCM. Es zielt neben der Optimierung der SC und damit der gemeinsamen Ausschöpfung des Know-hows aller SC-Partner v. a. auf die Generierung innovativer Lösungen für den Markt.[200] Auch METZ verweist im Rahmen eines sog. Super SCM auf den **Einbezug weiterer Funktionalitäten,** wie Produktentwicklung, aber auch Marketing und Kundenservice.[201] Diese zusätzlichen Funktionen können die Entwicklung bzw. den Einbezug weiterer Wertschöpfungsstufen (z. B. Dienstleistungsunternehmen) bedingen. Ähnliche strukturelle Veränderungen ergeben sich auch bzgl. der Integration von Umweltzielstellungen (z. B. Entsorgung) in das Zielsystem des SCM, die allerdings „have not traditionally been high on the supply chain manager´s agenda".[202] Diese Thematik wird speziell in Kapitel 4 aufgegriffen und ausführlicher behandelt.

Andererseits zeigt sich in der Literatur auch die Tendenz, das durch eine hohe Komplexität gekennzeichnete SCM zu Vereinfachungszwecken – z. B. hinsichtlich der verfolgten Wirtschaftsströme – zu „zerlegen" bzw. auf einen bestimmten Teilbereich zu konzentrieren.[203] Zu nennen ist hier die Herausbildung des sog. Financial SCM. Es zielt explizit auf die unternehmensübergreifende Optimierung der Finanzprozesse und -ströme zwischen den SC-Partnern. Auslöser für dessen Entstehung ist die Erkenntnis, dass die Finanzströme vom SCM bislang unzureichend betrachtet werden.[204] Im Weiteren finden sich in der Literatur aber auch Erweiterungen hinsichtlich der notwendigerweise zu betrachtenden Wirtschaftsströme. Neben den physischen, Informations- und Finanz-Strömen werden zusätzlich z. T. auch der Dienstleistungsstrom (z. B. Absatzförderungsmaßnahmen) und der Rechtsstrom,[205] die beide eng mit dem physischen Strom verbunden sind, in die integrierte Betrachtung der SC einbezogen. Der Rechtsstrom – gestaltet in mittel- bis langfristigen Rahmenverträgen oder vertraulichen Absprachen – regelt die Verteilung bzw. Verfügbarkeit der physischen Gegenstände und Informationen in der SC, wie z. B. auch Fragen des Eigentumübergangs des Produktes.[206]

Tendenziell zeigt sich in der Entwicklung des SCM eine stetige Erweiterung des Betrachtungsgegenstandes in Richtung der Berücksichtigung vieler Aufgaben und Funktionalitäten und vielfältiger Wirtschaftsströme bis hin zur Integration aller Geschäftsprozesse einer SC. D. h., die SC entwickelt sich zunehmend vom reinen Logistiknetzwerk hin zu einem integrierten Netzwerk, das viele verschiedene Funktionen, Geschäftsprozesse und Wirtschaftsströme ganzheitlich betrachtet.

---

[199] Vgl. HAHN (2000, S. 13-14); SEURING (2001, S. 18-20); MILLING/GRÖßLER (2001, S. 4); BUSCH et al. (2003, S. 8); EßIG (2005, S. 37).
[200] Vgl. WEISBRODT/KESSEL (2001, S. 142, 154). „Supply" im SCM steht in diesem Zusammenhang insbesondere für die „Versorgung" mit produktbezogenen Informationen. Zur Bedeutung von Innovationen in der SC vgl. u. a. O. V. (2004, S. 101-102).
[201] Vgl. METZ (1997, S. 243) zit. in: CORSTEN/GÖSSINGER (2001, S. 132); HAHN (2000, S. 13).
[202] FARUK et al. (2002, p. 14).
[203] Vgl. WINKLER (2006, S. 49).
[204] Häufig werden Finanzinformationen in der Praxis noch papierbasiert gehandhabt Vgl. hierzu und weiterführend PFAFF/SKIERA/WEISS (2004, S. 21); http://www.financialsupplychain.com (31.07.2006).
[205] Vgl. RENKER (2004, S. 186-187); HAHN (2000, S. 12).
[206] Vgl. WEBER/BACHER/GROLL (2002, S. 152); ERDMANN (2003, S. 9); PFOHL (2004, S. 326).

2.2.4 Prinzipien, Ziele und Aufgaben des Supply Chain Managements

Die politische Philosophie des SCM erlangt in den an der SC beteiligten Unternehmen auf der höchsten, der normativen, Ebene in Form von Prinzipien Eingang. Das grundsätzliche Anliegen des SCM besteht in der „Verbesserung der Überlebensfähigkeit aller unter dem Metasystem Supply Chain subsumierten Unternehmen im Supersystem Wettbewerbsumfeld".[207] Die zentralen **Grundprinzipien** des SCM, die der Umsetzung dieses Anliegens dienen, sind:[208]

- Kundenorientierungsprinzip: Als Ausgangspunkt der SC-Philosophie versucht dieses Prinzip alle Aktivitäten auf eine bestmögliche Bedienung der Bedürfnisse der Endkunden auszurichten.

- Effektivitäts- und Integrationsprinzip:[209] Hier kommt zum Tragen, dass die SC-Partner nicht mehr isoliert, sondern in einem Unternehmensnetzwerk agieren und somit die gesamte SC als eine Einheit effektiv zu gestalten ist.

- Effizienzprinzip:[210] Das Effizienzprinzip baut auf dem Effektivitätsprinzip auf und verlangt die Optimierung der gesamten SC.

Während die Kundenorientierung primär auf das Produkt abzielt, beziehen sich das Effektivitäts- und das Effizienzprinzip auf die Handhabung der SC (also deren Komplexität, Kernkompetenzen, Kooperation, IT-Asymmetrien usw.).[211] Die Prinzipien stellen schließlich den Rahmen bzw. die Verhaltensgrundsätze für die Ableitung der originären Ziele und Aufgaben dar.[212] Die Prinzipien der normativen Ebene bilden somit die Basis für die Ausgestaltung des SCM auf der strategischen und operativen Ebene. Dabei beschäftigt sich das **strategische SCM** mit der Konfiguration (d. h. der Gestaltung und Entstehung) der SC und ggf. des Produktes, wohingegen das **operative SCM** für die Lenkung bzw. Optimierung der Prozesse, Wirtschaftsströme sowie ggf. Produktentwicklung in der SC verantwortlich ist.[213]

Ziele sind – in eine Zielhierarchie (von Haupt- und Subzielen) eingebettet – in einem Zielsystem organisiert und können prinzipiell komplementär zueinander sein (Zielkomplementarität bzw. -harmonie, auch Win-win-Situation genannt[214]), in Konkurrenz stehen (Zielkonkur-

---

[207] WESTHAUS/SEURING (2002, S. 39).
[208] Vgl. SEURING (2001, S. 11); GOLDBACH (2001, S. 11-12); WESTHAUS/SEURING (2002, S. 32-33); FEARNE/HUGHES/DUFFY (2001, p. 74).
[209] Die Effektivität zielt auf die Zweckmäßigkeit einer Handlung im Sinne von „to do the right things". Eine effektive Handlung bewirkt eine Zustandsveränderung. Vgl. BMU/BDI (Hrsg.) (2002, S. 6); WERNER (2001, S. 9); DYCKHOFF/AHN (2001, S. 112, 115).
[210] Die Effizienz stellt sicher, dass eine Handlung die verursachte Zustandsveränderung ohne Verschwendung bei den Zwecken und relevanten Mitteln erreicht. Vgl. DYCKHOFF/AHN (2001, S. 112, 115). Die Handlung ist im Sinne von „doing the things right" zu leisten. Vgl. WERNER (2001, S. 9). Sie stellt eine Analyse des Verhältnisses von Einsatz und Wirksamkeit dieses Einsatzes (Zweck-Mittel-Relation) dar (vgl. STAHLMANN/ CLAUSEN (2000, S. 131); DYCKHOFF/AHN (2001, S. 113)) und spiegelt damit das Verhältnis von erwünschten zu unerwünschten Wirkungen wider. Vgl. BMU/BDI (Hrsg.) (2002, S. 9).
[211] Vgl. WILDEMANN (2001, S. 28).
[212] Vgl. WESTHAUS/SEURING (2002, S. 12).
[213] Vgl. WESTHAUS/SEURING (2002, S. 36-40).
[214] Vgl. hierzu auch Abschnitt 2.1.2. Komplementär sind die Ziele, die zur Erreichung eines Zieles auch andere Bereiche/Ziele fördern bzw. positiv beeinflussen und dadurch Synergieeffekte erzeugen. Vgl. GÜNTHER (1994, S. 78); WERNER (2001, S. 9).

renz, auch Trade-offs genannt) oder sich neutral verhalten (Zielneutralität).[215] Das **Zielsystem eines SCM** ergibt sich v. a. im Zusammenhang mit der Kundenausrichtung aus den kaufentscheidenden Eigenschaften eines Produktes. Dies sind der Preis, die Qualität und bezogen auf die Lieferung die Produkt- und Volumenflexibilität und der Service (Lieferbereitschaft und -zuverlässigkeit).[216] Mittels SCM wird eine Abschwächung bzw. Auflösung der Zielkonkurrenz zwischen Zeit, Kosten, Qualität und Flexibilität (= allgemeingültige Zielkategorien für Prozesse) unter Erzielung des optimalen Kundennutzens angestrebt.[217] Wie auch die Logistik hat das SCM dabei zahlreiche funktions- und unternehmensübergreifende Trade-offs – also Zielkonflikte zwischen ökonomischen, logistischen bzw. kundenspezifischen Anforderungen – in der SC zu lösen, wie z. B.:[218]

- Durchlaufzeitverkürzung vs. Logistikkosten: Verkürzte Produktions- und Distributionszeiten können u. a. höhere Rüst-, Bestands- und Transportkosten bedingen.
- Rüstkosten vs. Bestandskosten: Eine häufige Umstellung der Produktion (z. B. in der Auftragsfertigung) reduziert zwar die Bestandskosten, erhöht aber die Rüstkosten und den Kapazitätsbedarf in der Produktion.

Das SCM-Hauptziel wird im Weiteren durch eine langfristige (strategische) und kurzfristige (operative) Verbesserung der Effektivität und Effizienz der Aktivitäten der SC im Rahmen der Schaffung von Nutzen für den Endkunden bestimmt.[219] Erreichbar ist dieses Hauptziel durch Aufsplittung in Subziele, wie die Schaffung von Transparenz, Abbau von Informationsasymmetrien, ganzheitliche SC-Orientierung, Verbesserung der Kontinuität der SC-Ströme, Optimierung der Komplexität, Verbesserung der Kosten- und Leistungsstruktur.[220] Daraus lassen sich konkrete, quantifizier- und messbare Einzelziele des SCM, die insbesondere durch die interorganisationale Flussabstimmung zu verwirklichen sind, ableiten. Typische Einzelziele eines klassischen SCM sind u. a. die Erhöhung der Kundenzufriedenheit, Durchlaufzeitverkürzung, Kostenreduzierung (vgl. Tabelle 2.1). In Einklang mit den in Abschnitt 2.2.3 diskutierten Weiterentwicklungen sind je nach Funktionsausrichtung und -umfang des SCM noch weitere Ziele zu beachten (z. B. Verkürzung der Produktentwicklungszeiten).

Jeder einzelne SC-Partner strebt ein optimales Zielsystem an, das es im SCM allerdings zum Wohle der gesamten SC auszurichten gilt. Bei der Kooperation im SCM werden die Ziele des Einzelakteurs den Zielen des Gesamtnetzwerkes, also der SC, untergeordnet und ein Gesamtoptimum zum höchstmöglichen Nutzen für die Kunden angestrebt. Vom einzelnen Unternehmen in der SC verlangt dies akteursübergreifendes Denken und Handeln. Dies erfordert das Heraustreten aus der relativen Isolation, mehr Verständnis für die gesamte Wertschöpfung auf-

---

[215] Vgl. TISCHLER (1996, S. 109); BOGASCHEWSKY (2004, S. 191-192).
[216] Vgl. GÜNTHER/TEMPELMEIER (2003, S. 54-55); HEISERICH (2002, S. 16).
[217] Vgl. MILLING/GRÖBLER (2001, S. 6); KRÜGER/STEVEN (2002, S. 591); PFOHL (2004, S. 326); BUSCH et al. (2003, S. 9).
[218] Vgl. GROßPIETSCH (2003, S. 39-40).
[219] Vgl. MILLING/GRÖBLER (2001, S. 6); HORVATH (2004, S. 203).
[220] Vgl. BUSCH et al. (2003, S. 8).

zubringen und Verantwortung für das Funktionieren der gesamten SC mit zu übernehmen.[221] Es werden dann nicht mehr (nur bzw. länger vorrangig) Einzelunternehmen einer SC in Konkurrenz zueinander treten. D. h., es findet in zunehmendem Maße eine Verlagerung der Konkurrenz von der Unternehmens- auf die SC-Ebene statt, so dass nun Akteure höherer Ordnung aufeinander treffen und um die Endkunden konkurrieren.[222] Folgende **Konkurrenz-Konstellationen** sind demnach denkbar:

- eine SC mit einer/mehreren anderen SC,[223]
- eine SC mit einem/mehreren Einzelunternehmen sowie
- ein einzelnes/mehrere SC-Unternehmen mit einem/mehreren Einzelunternehmen oder (einem) anderen SC-Unternehmen einer anderen SC.

Die sich aus dem SCM-Hauptanliegen der Erhaltung der Überlebensfähigkeit der SC-Partner ergebenden **Hauptaufgaben** des SCM bestehen im Managen, Steuern und Planen der gesamten SC[224] (vgl. für zentrale Aufgabenfelder Tabelle 2.1) bzw. dessen Straffung, um nicht nur die SC-Kosten zu reduzieren, sondern auch die Leistung der SC in ihrer Gesamtheit so zu steigern,[225] dass nach außen hin (z. B. beim Endverbraucher) der Eindruck entsteht, dass die ganze SC nur in einer einzigen Verantwortung (wie ein einziges Unternehmen) gegenüber dem Kunden agiert.[226] Das SCM muss dazu im Vorfeld die Komplexität der SC in Form seiner Strukturen und Abläufe offen legen, um eine Komplexitätsvereinfachung bzw. Strukturstraffung vornehmen zu können. Die entscheidende Bedeutung kommt der langfristig orientierten, strategischen Netzwerkorganisation zu, die sowohl eine Lokalisierung der Betriebsstätten umfasst als auch die physische Distributionsstruktur fixiert.[227]

Eine derartige Gestaltung der SC macht eine unternehmensinterne und -übergreifende Integration von Funktionen und Prozessen auf informationstechnischer, organisationaler sowie personeller Ebene erforderlich.[228] Dazu benötigt das SCM geeignete Konzepte sowie effiziente IuK-Systeme.[229] Die SCM-Ansätze, die in Abschnitt 2.2.1 und 4.4.4 erläutert/erwähnt sind bzw. noch werden, dienen zur Unterstützung der Erreichung der SC-spezifischen Zielstellungen. Die Effizenz der Konfiguration und Koordination einer SC ist in hohem Maße vom Einsatz einer **IuK-Lösung** zum unternehmensübergreifenden Austausch von Informationen abhängig.[230] Zur Koordination der in der SC beteiligten Unternehmen können sog. SCM-Softwaresysteme bzw. Advanced Planning and Scheduling Systeme (APS), die auf den bestehenden Enterprise-

---

[221] Vgl. WESTHAUS/SEURING (2002, S. 33).
[222] Vgl. WESTHAUS/SEURING (2002, S. 33); HEISERICH (2002, S. 16); PFOHL (2004, S. 326); NÜSSEL (2004, S. 6); ZIMMERMANN (2000, S. 8); SEURING/MÜLLER (2004, S. 142-143); HAHN (2004, S. 4); EGGERS/ENGELBRECHT (2005, S. 2); WINKLER (2006, S. 54).
[223] Vgl. DANNEGGER/PREUß/SCHROFF (2001, S. 37); MÖßMER (2000, S. 27); WESTHAUS/SEURING (2002, S. 1); BARTSCH/BICKENBACH (2001, 32).
[224] Vgl. BUSCH et al. (2003, S. 8).
[225] Vgl. WEBER/DEHLER/WERTZ (2000, S. 265 f.).
[226] Vgl. WASSERMANN (2001, S. 255).
[227] Vgl. MEYR/WAGNER/ROHDE (2000, pp. 76, 79).
[228] Vgl. MILLING/GRÖßLER (2001, S. 5); HÄUSLER (2002, S. 56).
[229] Vgl. BMU/BDI (Hrsg.) (2002, Faktenblatt „Supply Chain Management").
[230] Vgl. THOBEN et al. (2002, S. 44); NISSEN (2002, S. 477).

Resource-Planning (ERP-)Systemen aufbauen,[231] oder internetbasierte SCM-Tools (z. B. elektronische Marktplätze) genutzt werden.[232] Die Auswahl richtet sich nach den Anforderungen und Rahmenbedingungen (in) der SC.[233]

Tabelle 2.1: Typische Ziele und Aufgaben des SCM

Ziele	Aufgabenfelder
Die Ziele bestehen in der Steigerung bzw. Verbesserung: • der **Kundenzufriedenheit** bei Kundennutzenorientierung (S), • der raschen Anpassungsfähigkeit an Marktveränderungen (**Flexibilität**) (S), • der Produktqualität (S), • der **Einhaltung der Liefertermine** (S), • der Lieferbereitschaft, -flexibilität und des Lieferservices (S), • der Verstetigung des Materialstroms zur Vereinfachung der Steuerung (S), • der Kapazitätsauslastung und der Produktivität (S), • der Planungsgenauigkeit (S), • des Marktanteils und Gewinns (W) sowie • des Wertes der Unternehmen und der SC (W).	*Strategisch-gestaltende Aufgaben in der SC sind:* • Festlegung der Konfiguration der SC (Länge und Breite der SC inkl. Auswahl der SC-Partner) sowie des Produktes und der Inhalte der Kooperation (z. B. Datenaustausch, gemeinsame Produktentwicklung), • Festlegung der Organisationsform und -struktur (z. B. Festlegung der Zuständigkeit bzw. interorganisationalen Arbeitsteilung der einzelnen Unternehmen in der SC) sowie Durchführung der Koordination (z. B. diverse SC-Planungen, Zielharmonisierung), • Qualifikation der betroffenen Mitarbeiter, • Entwicklung einer Kooperations-/Vertrauenskultur, • Aufbau des Controllings zur Analyse und Optimierung der Prozesse und Ströme, • Entwicklung von Informationsmethoden, -modellen zur Ermittlung der externen Bedürfnisse des Wettbewerbsumfeldes (z. B. Bedarfsanalysen), • Aufbau eines SC-weiten Informationssystems.
... und in der Reduzierung bzw. Verkürzung: • der **Lieferzeiten**, der betrieblichen und der SC-**Durchlaufzeiten** (S), • der **Lagerbestände** bei gleichzeitiger Vermeidung von „Out-of-Stock" (S), • der **Kapitalbindung** (W) und des Nettoumlaufvermögens (z. B. Forderungen, Verbindlichkeiten) (W), • der **SC-Kosten** (Transaktions-, Transportkosten usw.) (W), • des Preises bei steigenden/gleich bleibenden Gewinnen (Effizienzerhöhung, Risikoteilung) (W).	*Operativ-lenkende Aufgaben in der SC sind:* • Effiziente Lenkung der SC-Flüsse und Minimierung des Ressourcenverbrauchs, • Gestaltung der Aufbau- und Ablauforganisation, • Schaffung von Kompatibilität zwischen den Informationssystemen der SC-Partner, • Implementierung eines Informationssystems und deren Kopplung mit den Systemen der Partner sowie Koordinierung der Informationsbereitstellung, • Schaffung von Anreiz-, Motivations- und Fortbildungssystemen zur Gewährleistung der Zielorientierung der Mitarbeiter, • Wahrnehmung interorganisationaler Koordinationsaufgaben speziell an den SC-Grenzstellen, • Entwicklung/Einsatz integrativer Kontrollmethoden.

Quelle: Eigene Zusammenstellung, in Anlehnung an VAHRENKAMP (1998, S. 102-103); GRÜNAUER (2001, S. 22); HERCHENHEIN/SCHMALZ (2001, S. 131); MAYRHOFER (2001, S. 61); PFRIEMER/BAUER (2001, S. 71); REISCH/SCHMIDT (2001, S. 81); BENNINGER/GRANDJOT (2001, S. 84-85); CORSTEN/GÖSSINGER (2001, S. 95); BLECKER (2001, S. 119); WESTHAUS/SEURING (2002, S. 36-39, 52-61); ERDMANN (2003, S. 21-22); PFOHL (2004, S. 326); BUSCH et al. (2003, S. 8-9). (Anmerkungen: Die fett-markierten Ziele sind die in der Literatur am häufigsten genannten Ziele; S ... Sach- bzw. Leistungsziel; W ... Wert- bzw. monetäres Ziel).

---

[231] Vgl. PROCKL (2001, S. 66-78). Vgl. weiterführend hierzu CLAUS (2006, S. 61-71).
[232] Vgl. MÖßMER (2000, S. 24).
[233] Für die Verwendung eines APS spricht v. a. die Möglichkeit, langfristige Pläne erstellen zu können. Die elektronischen Marktplätze sind hingegen kurzfristig orientiert. Dafür werden hier eine breitere Auswahl der potenziellen SC-Teilnehmer und deswegen auch günstigere Beschaffungsmöglichkeiten angeboten. Sie sind i. d. R. preiswerter als die APS. Darüber hinaus ist ein vertikaler Markt im Stande, die unabhängigen Unternehmen in eine SC einzubetten, ohne die Notwendigkeit sämtliche interne Firmeninformationen öffentlich zu machen und ohne eine zentralistische Bindungskraft vorauszusetzen. Die Integration des APS verlangt hingegen einen hundertprozentigen Verzicht auf die Geheimhaltung der firmeninternen Daten (Vertrauensvoraussetzung), so dass der Abhängigkeitsgrad in den Lieferanten-Abnehmer-Beziehungen wächst. Vgl. HERCHENHEIN/ SCHMALZ (2001, S. 134).

2.2.5 Nutzen und Probleme im Einsatz des Supply Chain Managements

Das SCM-Konzept gewinnt in der Praxis an stetiger Bedeutung, wenngleich es oder gerade weil es für die Unternehmen i. d. R. einschneidende Veränderungen mit sich bringt. Das SCM und vertikale Kooperationen waren aufgrund ihrer Praxisrelevanz und -herkunft bereits mehrfach und in vielfältiger Hinsicht Gegenstand empirischer Analysen (z. B. Fallstudien, Befragungen). Dabei zeigt sich, dass sich Nutzen sowohl einzelbetrieblich als auch kunden- und lieferantenseitig einstellen und v. a. in Form folgender quantitativer und qualitativer Aspekte sehr vielschichtig und groß sein kann:[234]

- Reduzierung der Lagerbestände,
- Verkürzung der Durchlauf- und Lieferzeiten,
- Reduzierung der Logistikkosten sowie Umsatz- und Gewinnsteigerungen,
- Steigerung der Flexibilität und Planungssicherheit sowie der Kundenzufriedenheit.

Die Anwender des SCM, die v. a. in der Automobil-, Elektronik-, Ernährungs-, chemischpharmazeutischen Industrie und dem Maschinenbau zu finden sind,[235] berichten v. a. über Einsparungen an Beständen, die zu Kostenreduzierungen führen.[236] Sie verweisen auf vielfältige **Erfolge** aus dem Einsatz des SCM, die sich allerdings z. T. nicht auf die ganze SC, sondern vielmehr auf das SRM, also bilaterale Liefer-Absatz-Beziehungen, konzentrieren.[237] Nicht zuletzt damit im Zusammenhang zu sehen ist auch eine grundsätzliche Diskrepanz im Anwendungsumfang des SCM zwischen den theoretischen Ansichten und der praktischen Umsetzung. In der Theorie wird häufig von der Anwendung des SCM „über die ganze SC" gesprochen. In der Praxis sind aber i. d. R. nur einige und nicht alle Wertschöpfungsstufen sowie nur ein oder wenige Produkte in die Umsetzung des SCM einbezogen (z. B. im Lebensmittelsektor – vgl. ausführlicher hierzu Abschnitt 5.4.2). Hier verwischen auch die Übergänge zu anderen interorganisationalen Konzepten, wie dem SRM und dem CRM. Des Weiteren werden Erfolge von Unternehmen in der Literatur zumeist unsystematisch[238] und vielfach sehr einseitig und zwar insbesondere aus Sicht des fokalen Unternehmens dargestellt.[239]

So lassen sich bei der Implementierung und Anwendung eines SCM gleichermaßen auch typische Problemfelder identifizieren. Die **Probleme** können – unabhängig von Branche und Unternehmensgröße – zu folgenden vier Problembereichen zusammengefasst werden:[240]

---

[234] Vgl. CORSTEN/GÖSSINGER (2001, S. 105); BECKMANN (2004, S. 14-17).
[235] Vgl. WEBER (2002, S. 11); BAUMGARTEN (2004, S. 52). Für konkrete Beispiele zum erfolgreichen Einsatzes des SCM in diesen Branchen vgl. u. a. BAUMGARTEN/DARKOW/ZADEK (Hrsg.) (2004, S. 179-278).
[236] Vgl. VAHRENKAMP (1998, S. 107).
[237] Vgl. CORSTEN/GÖSSINGER (2001, S. 103-104).
[238] Vgl. CORSTEN/GÖSSINGER (2001, S. 104).
[239] Eine Aufwand-Nutzen-Betrachtung wird i. d. R. nicht dargelegt. Ob und in welcher Form die anderen SC-Partner, v. a. die eingebundenen KMU, auch von der Kooperation profitieren bzw. profitiert haben, wird eher nicht betrachtet bzw. bleibt offen. Es ist durchaus davon auszugehen, dass v. a. der kurzfristige Nutzen für die KMU aufgrund hoher Integrations- und IT-Erfordernisse gleichgroß oder ggf. geringer als der Aufwand ist. Dennoch steigen diese Unternehmen nicht aus der SC-Kooperation aus, weil sie aufgrund ihrer schlechten Marktposition zur SC-Beteiligung mehr oder weniger gezwungen sind.
[240] Eigene Zusammenstellung nach BENNINGER/GRANDJOT (2001, S. 85-87); WEISBRODT/KESSEL (2001, S. 154); KLAPPER (2001, S. 13); SEECK (2004, S. 16).

- Kooperationsprobleme: Fehlendes Vertrauen und Offenheit; interorganisationale Zielkonflikte; Angst vor zunehmender Abhängigkeit von Dritten (z. B. kann Lieferantenausfall unmittelbar zu einem Produktionsausfall führen) und vor Verlust von Wettbewerbsvorteilen (z. B. eingeschränkte Flexibilität, Innovationsfähigkeit); fehlende Vereinbarungen von Bonus- und Risk-Sharing-Modellen.
- Systembezogene Probleme: fehlende Akzeptanz zur Kooperation und Teilhabe an der gesamten SC (v. a. im operativen Bereich); Widerstand gegenüber Veränderungen (bzw. der Reorganisation); hohe Komplexität der SC; Inkompatibilität mit vorhandenen Organisationsstrukturen; unzureichendes Bewusstsein einer guten Planung; hoher Aufwand für die SCM-Implementierung; fehlende „zentrale Logistikinstanz"; Probleme bei der Bestimmung von Ansatzpunkten zur Einführung des SCM;
- Mängel bzgl. der erforderlichen Informationsbasis: Mangelnde Datenverfügbarkeit und -qualität; ungleiche Datenformate; unterschiedlicher Aktualisierungsgrad, Erhebungs- und Pflegeaufwand bei den Partnern; Dateninkonsistenzen und unterschiedliche IT-Niveaus der Partner; Trägheit der IT-Anpassung in den vernetzten Systemen aufgrund der Dynamik des Netzes; unzureichender Informationsaustausch; Datengeheimhaltung bzw. Angst vor Datenmissbrauch;
- Sonstige Gründe: geografische Entfernung, starke Konkurrenz mit anderen SC.

Es sind somit nicht allein die technologischen Aspekte, sondern auch die erforderliche Anpassung der Organisation und das Verständnis/Vertrauen/Akzeptanz der Mitarbeiter, die den Erfolg eines SCM maßgeblich beeinflussen. Die größten Umsetzungsprobleme werden inzwischen v. a. in der Integration im Management (im Sinne des generellen Überdenkens der herkömmlichen Prozesse und Abläufe auf umfassendere Sichtweise) gesehen.[241] In der Anwendung des SCM ist dementsprechend in letzter Zeit eine Metamorphose weg vom Ansatz zur reinen Planung und Steuerung der physischen Ströme hin zu einem System zur Sicherung eines durchgängigen Qualitätsmanagements und zum Know-how und Technologietransfer in der SC erkennbar.[242] Von ausschlaggebender Bedeutung ist dabei, „verschiedenartige" Unternehmen freiwillig zu einer vertrauensvollen Kooperation in der SC zu bewegen.

Im Einklang mit o. g. Nachteilen sind aus Sicht der Unternehmensgröße die großen Unternehmen mit ihren hinreichenden Ressourcen und Know-how die Hauptanwender des SCM.[243] Die **KMU** sind dagegen bei der Umsetzung eines SCM-Systems eher benachteiligt, da sie selbst vielfach kaum in der Lage sind, eigene SC aufzubauen und daher bislang vom Einbezug durch Großunternehmen abhängig sind.[244] Dabei bestimmen die Großunternehmen mittels ihres SCM-Systems gern über die SC-Aktivitäten und versuchen an dieser beteiligte KMU über hierarchische Strukturen (zu ihrem eigenen Vorteil) zu dirigieren. KMU, die von den großen

---
[241] Vgl. HAMMER (2002, S. 45).
[242] Vgl. ZIMMERMANN (2000, S. 10).
[243] Vgl. HAHN (2004, S. 4).
[244] Vgl. TEICH (2001, S. 306-307); BMU/BDI (Hrsg.) (2002, Faktenblatt „Supply Chain Management"); RÜGGEBERG (2003, S. 42); CRAMER (2004, S. 11-12); SOMMER (2005, S. 214).

Unternehmen gezwungen werden ein SCM zu betreiben, implementieren es i. d. R. nicht ausreichend tiefgründig in ihre betrieblichen Strukturen und Strategie, so dass sich aus dem Einsatz des SCM für sie weniger Nutzeffekte als für die kooperierenden großen Unternehmen ergeben.[245] Es ist davon auszugehen, dass dies insbesondere dann der Fall ist, wenn ein KMU im Vergleich zum Großunternehmen eine periphere Stellung in der SC einnimmt.

Zur Erklärung des Verhaltens bzw. der Situation der KMU innerhalb einer SC kann auch das Pull-Prinzip[246] herangezogen werden. Damit ist gemeint, dass große (Handels)Unternehmen am Ende der SC stehend den kleinen Produzenten bzw. Lieferanten im Zuge der konsequenten Kundenorientierung und Formulierung von Forderungen nur sehr begrenzten Entscheidungsspielraum lassen. Die Tatsache, dass KMU zumeist unterschiedliche Produkte an eine Vielzahl größerer Produzenten liefern und damit in verschiedene SC mit unterschiedlichsten Anforderungen eingebunden sind, erschwert das mögliche Interesse von KMU am SCM. Der Implementierung eines SCM in KMU stehen zudem typische Merkmale dieser Unternehmensgruppe (z. B. Konzentration auf das operative Geschäft und geringe Beachtung strategischer Aspekte, geringe personelle und finanzielle Kapazitäten, geringe Automatisation und IT-Einsatz[247]) erschwerend entgegen. So verfügen die KMU vielfach nicht über das erforderliche Know-how und eigene Ressourcen. Ferner sind die Implementierungskosten eines SCM-Systems nicht zu unterschätzen.[248] Unwissenheit über die Chancen, aber auch mangelndes Problembewusstsein bzw. Ignoranz sind weitere, typische Gründe für die Nichtumsetzung des SCM in KMU.[249]

Trotz der geschilderten Nachteile für KMU erscheint jedoch das SCM in (reinen) KMU-basierten Unternehmensnetzwerken[250] aufgrund der einfachen Strukturen dieser Unternehmen und unter Einsatz geeigneter Maßnahmen zur Abschwächung der hemmenden Merkmale (z. B. externe Beratung) durchaus realisierbar. Schließlich nutzen einzelne KMU (in Abstimmung mit großen Unternehmen) bereits das SCM bzw. setzen sich zunehmend damit auseinander.[251] Vor dem Hintergrund der volkswirtschaftlichen Bedeutung der KMU liegt hierin noch ein großes Potenzial für die konzeptionelle Weiterentwicklung und praktische Verbreitung des SCM.

---

[245] Vgl. AREND/WISNER (2005, pp. 404, 429).
[246] Das Pull-Prinzip bedeutet, dass eine Stelle (z. B. Produktionsprozess, Unternehmen, Lager) von einer vorgelagerten Stelle Material anfordert bzw. abholt. Vgl. PFOHL (2004, S. 208).
[247] Vgl. zu den Eigenschaften von KMU speziell im Kontext des SCM AREND/WISNER (2005, p. 404) und allgemein zu den Charakteristika von KMU u. a. WALTER (2005, S. 48); auch Fußnote 2.
[248] Vgl. RÜGGEBERG (2003, S. 42). Bspw. müssen für KMU häufig erst die softwaretechnischen Voraussetzungen geschaffen werden. KMU verfügen aber selten über ERP-Systeme, vielmehr sind individuelle Softwarelösungen (ggf. nur einfache Tabellenkalkulationsprogramme) anzutreffen. Dieser vermeintliche Nachteil kann für ein KMU auch eine Chance darstellen, nämlich dann, wenn spezielle Lösungen für die SC vorgesehen sind. In diesem Fall sind Probleme des Datenaustausches wie auch der Datengenerierung bei Nutzung unterschiedlicher Softwarelösungen i. d. R. nicht zu erwarten.
[249] Vgl. CRAMER (2004, S. 11); HAHN (2004, S. 4).
[250] Vgl. HAHN (2004, S. 4).
[251] Vgl. MICHAEL (2003, S. 1).

2.3 Fazit zu vertikalen Kooperationen und Supply Chain Management

Die interorganisationale Arbeitsteilung, Segmentierung und Abhängigkeit in WS nimmt in den letzten Jahren zu. Durch vielfältige Veränderungen im Umfeld der Unternehmen stehen sie zugleich unter einem starken Konkurrenzdruck. Der Aufbau von kooperativen Beziehungen zu den vor- und nachgelagerten Wertschöpfungsakteuren stellt einen Erfolg versprechenden Weg im Wettbewerb und zur besseren Handhabung der Abhängigkeit im WS dar. Die mit der Kooperation verbundenen Vorteile werden von den Unternehmen erkannt. Es wird daher davon ausgegangen (H 1), dass vertikale Kooperationen in der Praxis weit verbreitet sind.

Die Steuerung der vertikalen Kooperation mittels eines SCM-Systems bringt vielfältige ökonomische Vorteile mit sich, wenngleich der Aufwand deren Implementierung als hoch eingeschätzt wird. Das SCM wird daher bislang v. a. von großen Unternehmen mit entsprechend verfügbaren Ressourcen und Know-how eingesetzt, dabei i. d. R. aber auch KMU eingebunden. Aber auch für den Einsatz in (reinen) KMU-Netzwerken ist das SCM-Konzept mit seinen Vorteilen durchaus geeignet und nachgefragt. Als Hypothese wird daher an dieser Stelle festgehalten (H 2), dass SCM-Systeme in Unternehmen jeder Größe Anwendung finden.

Der Hauptfokus des SCM liegt auf der Sicherstellung der Versorgung des Kunden mit dem gewünschten Produkt auf Basis durch partnerschaftliche Zusammenarbeit und vertrauensbasierte Koordination geprägter Geschäftsbeziehungen. Im Mittelpunkt steht weiterhin die verbesserte Abstimmung der Wirtschaftsströme in der SC zur Offenlegung von Rationalisierungspotenzialen. Prinzipiell können SC im äußeren Design aber auch in ihren internen Abläufen sehr heterogen sein und sich deren Management auf verschiedene betriebliche Funktionsbereiche fokussieren. So spielen z. T. auch die Nutzungszeit des Produktes beim Endkunden im Sinne der Etablierung von Servicefunktionen oder die gemeinsame F&E und Marketing eine Rolle. Inwiefern Umweltbelange als Querschnittsfunktion im SCM-Konzept berücksichtigt werden, wird in Kapitel 4 ausführlicher untersucht. Es wird aber bereits an dieser Stelle als Hypothese festgehalten (H 3), dass das SCM ein funktionsbezogen ausbaufähiges und interdisziplinär ausgerichtetes Konzept darstellt.

An dieser Stelle schließt die Betrachtung zum SCM-Konzept vorerst ab. Im nachfolgenden Kapitel steht der intra- und interorganisationale Umweltschutz im Mittelpunkt, bevor im darauf folgenden Kapitel das SCM erneut aufgegriffen wird und eine zusammenführende Betrachtung der Verfolgung von Umweltaspekten im Rahmen der Realisierung eines SCM folgt.

3 VERFOLGUNG DES UMWELTSCHUTZES AUF INTRA- UND INTERORGANISATIONALER EBENE

Genauso wie der Prozess der Globalisierung ein entscheidender Schritt der Weiterentwicklung und Einflussnahme auf (volks-)wirtschaftlicher Ebene darstellt, hat sich auf gesellschaftlicher Ebene im Kontext der Wahrnehmung der Veränderung der natürlichen Umwelt schrittweise das Leitbild der Nachhaltigen Entwicklung herausgebildet. In Abschnitt 3.1 gilt es den Begriff „Nachhaltigkeit" zunächst zu definieren und zu operationalisieren. Im Kontext des Zielfokus der vorliegenden Arbeit (vgl. Abschnitt 1.1.2) konzentrieren sich die weiteren Betrachtungen v. a. auf das Zusammenspiel der ökonomischen und der ökologischen Dimension der Nachhaltigkeit.[252] Dazu werden in Abschnitt 3.2 die Vielfalt der positiven aber auch negativen Umweltbeeinflussung und folglich die Notwendigkeit des Umweltschutzes (in WS) dargestellt. Dabei werden die in Abschnitt 1.1 angedeuteten ökologischen Effekte der Globalisierung erneut aufgegriffen und eingehender thematisiert. In Abschnitt 3.3 stehen Konzepte zur systematischen Verfolgung des Umweltschutzes aus intra- und interorganisationaler Sicht im Mittelpunkt. Das Kapitel schließt mit einer zusammenfassenden Einschätzung zum Stand und der Bedeutung der Verfolgung des Umweltschutzes im Rahmen des Nachhaltigkeitsleitbildes ab (Abschnitt 3.4).

3.1 Das Leitbild der Nachhaltigen Entwicklung

Als oberste Maxime für die globale Entwicklung wurde im Abschlussbericht der Brundtland-Kommission („Our Common Future")[253] aus dem Jahr 1987 erstmals das Leitbild einer Nachhaltigen Entwicklung postuliert. Der Terminus „nachhaltig" hat(te) sich über die Jahre hinweg entwickelt und wurde vor allem durch besagten Brundtland-Bericht sowie die Weltkonferenz in Rio de Janeiro im Jahr 1992 im Sinne des heutigen Sprachgebrauchs geprägt.[254] Bei der Suche nach einer geeigneten Definition für den praxisgeleiteten Nachhaltigkeitsbegriff trifft man in der Literatur derzeit allerdings auf ein Dilemma. Es existieren zahlreiche Definitionen, die sich durch unterschiedlich ausgeprägtes Naturverständnis, Werthaltungen und Interessen unterscheiden.[255] Den meisten Definitionen zur Nachhaltigkeit gemein ist die Festlegung der gleichzeitigen und gleichrangigen Berücksichtigung von **Ökonomie, Ökologie und Sozialem**

---

[252] Die sozialen Aspekte sind natürlich genauso von Bedeutung, werden aber zur Vereinfachung der Komplexität der Zusammenhänge und Inhalte nachfolgend nur beiläufig bzw. in passiver Form betrachtet.
[253] Benannt wurde der Bericht nach der damaligen Ministerpräsidentin von Norwegen, Gro Harlem Brundtland, die die World Commission on Environment and Development damals leitete. Vgl. HÜLSMANN (2004, S. 40).
[254] Er geht ursprünglich auf die Verwendung im Rahmen der deutschen Forstwirtschaft zurück (erstmalige Erwähnung im Jahr 1713), wonach in einem bestimmten Forstgebiet nicht mehr Holz geschlagen werden darf, als natürlicherweise nachwachsen kann, um die ökonomische Nutzbarkeit des Waldes langfristig gewährleisten zu können. Vgl. VON CARLOWITZ (1713, S. 105-106). Für einen ausführlichen historischen Abriss zur Entwicklung des Nachhaltigkeitsbegriffs vgl. HÜLSMANN (2004, S. 38-42); http://www.nachhaltigkeit.info (31.07.2006).
[255] Vgl. u. a. LUKS (2002, S. 7-9); HARDTKE/PREHN (2001, S. 61-62); KUNTZE/MEYER-KRAHMER/WALZ (1998, p. 3); HÜLSMANN (2004, S. 41) und für eine Zusammenstellung von Definitionen für Nachhaltige Entwicklung MÜLLER-CHRIST (2001, S. 51-52); http://www.nachhaltigkeit.info (31.07.2006).

und deren Festschreibung über Bedingungen.[256] Zwei bedeutende normative Vorgaben des Nachhaltigkeitskonzeptes sind die **intra- und intergenerative Gerechtigkeit**, d. h. die internationale Gerechtigkeit und langfristige, generationenübergreifende Ausrichtung.[257]

Das Leitbild der Nachhaltigen Entwicklung bildet als entwicklungspolitisches Konzept einen gemeinsamen strategischen Anhaltspunkt für die Politik, die Wirtschaft und die Gesellschaft. Die Integration dieses Leitbildes in die Unternehmenstätigkeiten bzw. das Management kann als **nachhaltige Unternehmensführung** bzw. Nachhaltigkeitsmanagement bezeichnet werden.[258] Das Hauptziel nachhaltiger Unternehmensführung besteht in der Erfüllung der Kundenbedürfnisse bei möglichst geringer Umweltbeeinträchtigung und unter Beachtung der gesellschaftlichen Belange.

Zur erfolgreichen Integration des Nachhaltigkeitsleitbildes im Unternehmen bedarf es der Ausgestaltung bzw. Erweiterung des bestehenden (ökonomischen) Zielsystems durch Ziele der ökologischen und sozialen Nachhaltigkeitsdimension. Die Ziele dienen der strategischen und operativen Berücksichtigung des Nachhaltigkeitsgedankens bei der Planung, Steuerung, Koordination, Realisierung, Entscheidung und Kontrolle der betrieblichen Aktivitäten in allen Funktionsbereichen eines Unternehmens. Das betriebliche Handeln im Kontext Nachhaltiger Entwicklung orientiert sich an den Zielbeziehungen bzw. -interdependenzen und Priorisierungen in einem mehrdimensionalen und mehrstufigen **Zielsystem**. Analog zu den Ausführungen in Abschnitt 2.2.4 trifft man auch hier wiederum auf Zielkomplementarität, -konkurrenz und -neutralität. Zielkomplementarität liegt vor, wenn z. B. durch Maßnahmen des Arbeits- und/ oder Umweltschutzes Vorteile für das Unternehmen entstehen (z. B. Imageverbesserung, Kosteneinsparung durch geringere Fehlzeiten der Mitarbeiter bzw. geringeren Material-/Energieverbrauch).[259] Bei Zielkonkurrenz stehen einzelne Ziele in Widerspruch zueinander (z. B. Kostensteigerung im Rahmen der Umsetzung von Umweltmaßnahmen), die zu Konflikten führen können.[260] Bei Zielneutralität geht von einem Ziel keine positive oder negative Wirkung auf die anderen Bereiche aus. Zur Entscheidungsfindung im Nachhaltigkeitskontext sind „die Ziele [möglichst] so zu harmonisieren, dass es zu keinen Zielkonflikten kommt und das Hauptziel somit effizient erreicht wird".[261] Dazu sind eine Rangordnung bzw. Gewichtung der Subziele und eine Mehrzieloptimierung im Zielsystem notwendig.[262]

Trotz des Gleichrangigkeitsanspruchs werden die ökologische und soziale Dimension der Nachhaltigkeit im marktwirtschaftlichen Umfeld den ökonomischen Zielen eher untergeordnet

---

[256] Vgl. KOPYTZIOK (2000, S. 48-49); MÜLLER-CHRIST (2001, S. 53); HARDTKE/PREHN (2001, S. 60-61); LUKS (2002, S. 9, 16, 27-29); KLEINE (2005, S. 23).
[257] Vgl. HARDTKE/PREHN (2001, S. 59); MEYER/SAUTER (2004, S. 340); BOGASCHEWSKY (2004, S. 187); KLEINE (2005, S. 23).
[258] Vgl. WINKLER (2002, S. 10). Diese Definition ist allerdings unscharf, da hierbei noch nichts über den Umfang bzw. Form (passiv vs. aktiv) der Verfolgung des Leitbildes ausgesagt ist. Vgl. SCHEBEK (2005, S. 29).
[259] Vgl. TISCHLER (1996, S. 109); MEFFERT/KIRCHGEORG (1998, S. 48).
[260] Vgl. MEFFERT/KIRCHGEORG (1998, S. 48). „Eine mögliche langfristige Nutzensteigerung [durch eine Umweltorientierung] wird dabei oft vernachlässigt." KRIVANEK/EIFLER/KRAMER (2003, S. 450); LASCH/GÜNTHER (2004, S. 195).
[261] KRAMER (2002, S. 287).
[262] Vgl. TISCHLER (1996, S. 109); BOGASCHEWSKY (2004, S. 191).

(werden) bzw. in Synergiebereichen nebeneinander existieren,[263] da „der Kernbereich der Unternehmenstätigkeit immer der ökonomische Wertschöpfungsprozess bleiben wird".[264] In einer empirischen Studie des IW Köln aus dem Jahr 2004 zur Ermittlung der Nachhaltigkeitssituation in der deutschen Wirtschaft konnte die hohe Sensibilität der Unternehmen für die Kostenseite bestätigt werden. Es zeigte sich aber auch, dass das derzeitige betriebliche Engagement für **nachhaltiges Wirtschaften** i. d. R. „keine Beeinträchtigung des wirtschaftlichen Erfolges nach sich zieht".[265] Vor diesem Hintergrund und zur langfristigen Existenzsicherung der Unternehmen erscheint es daher durchaus gerechtfertigt, dass sie auch ökologische und soziale Verantwortung übernehmen. Jedoch mangelt es in den Unternehmen, die sich bereits dem Nachhaltigkeitsleitbild angenommen haben, häufig an einer klar formal verankerten Nachhaltigkeitspolitik.[266] Z. T. wird soziales Engagement vom Unternehmen zwar vollzogen, aber der Öffentlichkeit nicht adäquat kommuniziert.[267] Zudem steht der hohen Bekanntheit des Nachhaltigkeitsbegriffs auf wirtschaftlicher Ebene allerdings auch eine bislang geringe Verbreitung auf der zivilgesellschaftlichen Ebene gegenüber.[268] Diese Tatsache hat das Dilemma zur Folge, dass die Endkunden Nachhaltigkeitsansprüche in ihren Anforderungskatalog an Produkte und Dienstleistungen nicht bzw. nur selten integrieren, so dass die Unternehmen von dieser Seite i. d. R. noch keinen genügenden Anreiz zur kontinuierlichen Verfolgung des Nachhaltigkeitsleitbildes erfahren. Ökologisches und soziales Engagement wird auf den Märkten bislang zu wenig honoriert.[269] Auf dieser Basis drängen sich bei den unternehmerischen Entscheidungen Kosten- und Effizienzüberlegungen in den Vordergrund.

Die Vereinbarkeit zwischen den einzelnen betrieblichen Zielstellungen der Nachhaltigkeit lässt sich derzeit am besten über den Begriff **„Effizienz"** verfolgen. Das Effizienzdenken erlaubt nicht nur den Vergleich von ähnlichen Systemen, sondern auch die Entscheidungsfindung bei konträren Zielen.[270] So ist die Effizienzstrategie im Nachgang zur Rio-Konferenz immer mehr in den Vordergrund gerückt.[271] In Anlehnung an FIGGE/HAHN wird Effizienz als das „Verhältnis zwischen der ökonomischen Wertschöpfung [Output] und dem dafür eingesetzten Kapital [Input]" verstanden.[272] In Abhängigkeit der Kapitalart kann zwischen der ökonomischen Effizienz (Wertschöpfung pro eingesetztes ökonomisches Kapital), der ökologischen Effizienz (Wertschöpfung pro eingesetztes natürliches Kapital) und der sozialen Effizienz (Wertschöp-

---

[263] Vgl. BOGASCHEWSKY (2004, S. 198).
[264] KOPLIN/SEURING/BESKE (2005, S. 53).
[265] BIEBELER (2004, S. 20). An dieser Stelle ist auch anzumerken, dass die Mehrzahl der deutschen Unternehmen gemäß dieser Studie ein integratives Verständnis der Nachhaltigkeit verfolgt, d. h. neben ökonomischen Zielen auch Aussagen zum Schutz der Umwelt und zur sozialen Verantwortung in das Zielsystem mit einbezieht. Die Sensibilität für die Kostenseite ist im Rahmen des nachhaltigen Wirtschaftens aber sehr hoch. Vgl. BIEBELER (2004, S. 5-6 sowie 19-20).
[266] Vgl. WALTHER (2005, S. 21).
[267] Vgl. ROLOFF (2006, S. 559).
[268] In der Bevölkerung ist der Begriff der Nachhaltigkeit noch wenig bekannt. In der aktuellsten Studie des Umweltbundesamtes zum Umweltbewusstsein in Deutschland war der Begriff „Nachhaltige Entwicklung" lediglich 22 % der Befragten vertraut. Vgl. BMU (Hrsg.) (2004, S. 69).
[269] Vgl. WALTHER (2005, S. 21-22).
[270] Vgl. LASCH/GÜNTHER (2004, S. 190).
[271] Vgl. STROBEL (2001, S. 26); CZYMMEK (2005, S. 34).
[272] FIGGE/HAHN (2005, S. 204). Vgl. zur Effizienzdefinition auch Abschnitt 2.2.4; CZYMMEK (2005, S. 35).

fung pro eingesetztes soziales Kapital) unterschieden werden.[273] Die unterschiedlichen Einheiten der Kapitalgrößen behindern derzeit (noch) eine Aggregation in Form einer „Nachhaltigkeitseffizienz",[274] so dass bislang eher die Einzeleffizienzen ermittelt und analysiert werden (können). „Eine Umsetzungsmöglichkeit der Nachhaltigkeit in der Schnittmenge von Ökonomie und Ökologie" bildet das sog. Ökoeffizienz-Konzept.[275] Es kann – in operationalisierter Form verstanden als Kennzahl – hierarchisch aufgeschlüsselt werden in die Ressourcen- und weiter in die Materialeffizienz. Während sich das Hauptaugenmerk bei der Materialeffizienz allein auf die stofflichen Ressourcen begrenzt und die Ressourceneffizienz sich auf die klassischen Ressourcen Stoff und Energie bezieht, umfasst die Ökoeffizienz den gesamten Bereich der umweltrelevanten Problemgrößen.[276]

Aus der durch die Wirtschaft erkannten Bedeutung des **Ökoeffizienz**-Gedankens heraus sind regionale, nationale und globale Unternehmensinitiativen für Ökoeffizienz entstanden. Bspw. beschäftigt sich das WBCSD[277] bereits seit 1991 mit der Optimierung betrieblicher Ökoeffizienz, wobei sein Verständnis von Ökoeffizienz heute über den klassischen Effizienzbegriff hinaus reicht und z. T. auch die Ansprüche weiterer industrieökologischer Basisstrategien sowie v. a. der Markt- und Bedürfnisorientierung berücksichtigt.[278] Dementsprechend versteht er Ökoeffizienz "as being achieved by the delivery of competitively priced goods and services that satisfy human needs and bring quality of life, while progressively reducing ecological impacts and resource intensity throughout the life cycle, to a level at least in line with the Earth's estimated carrying capacity".[279]

Die vorangegangenen Ausführungen haben deutlich gemacht, dass sich Wissenschaft und Praxis bereits seit einigen Jahren mit dem Nachhaltigkeitsleitbild beschäftigen, jedoch konzeptionell sowie in der praktischen Umsetzung bei der gleichzeitigen und gleichrangigen Verfolgung aller drei Nachhaltigkeitsdimensionen noch erhebliche Defizite bestehen. Die Kom-

---

[273] Vgl. FIGGE/HAHN (2005, S. 204).
[274] Vgl. FIGGE/HAHN (2005, S. 205).
[275] HARDTKE/PREHN (2001, S. 124).
[276] Vgl. HAUFF/KLEINE/JÖRG (2005, S. 24); SCHEBEK (2005, S. 30).
[277] Der WBCSD (World Business Council for Sustainable Development) ist ein weltweites Netzwerk von etwa 50 unabhängigen Organisationen (besteht aus ca. 170 Unternehmen aus 35 Ländern und 20 Branchen), das sich zur Weiterentwicklung und Umsetzung von Instrumenten und Maßnahmen eines ökonomisch verträglichen Umweltschutzes zusammengefunden hat und sich in regionalen BCSD organisierte. Vgl. http://www.wbcsd. org (31.07.2006). In diesem Zusammenhang entstand im Jahr 2000 in Deutschland das Netzwerk econsense als eine Initiative führender global agierender Institutionen der deutschen Wirtschaft. Vgl. hierzu http://www.econsense.de (31.07.2006).
[278] Vgl. STROBEL (2001, S. 27-28). Die Basisstrategien industrieller Ökologie bilden die Effizienz, Konsistenz, Suffizienz und Produkt-Funktionsanpassung. Auf die Öko-Effizienz wurde bereits eingegangen. Die ökologische Konsistenz zielt auf die Reduzierung der Umweltauswirkungen durch Substitution von Materialien durch weniger Umweltbelastende. Ökologische Effizienz und Konsistenz rücken lediglich den physischen Strom, nicht aber das Produkt in den Blickpunkt. Hier setzen dagegen Suffizienz und Funktionsanpassung an. Die ökologische Suffizienz steht für die Reduzierung des materiellen Konsums. Vgl. HUBER (2000, S. 1); STROBEL (2001, S. 28-29); LINZ (2004, S. 10). Die Funktionsanpassung zielt auf die bewusste ökologische Umgestaltung des Produktes v. a. weg vom materiellen Produktbesitzdenken hin zur reinen Funktionserfüllung des Produktes (Nutzung statt Eigentumserwerb, z. B. Car-Sharing). Vgl. SCHWEGLER/SCHMIDT (2003, S. 58); LINZ (2004, S. 17).
[279] http://www.wbcsd.org/templates/TemplateWBCSD5/layout.asp?type=p&MenuId=NzA&doOpen=1&ClickMenu=LeftMenu (31.07.2006).

plexität bei der Harmonisierung zwischen ökonomischen, ökologischen und sozialen Zielstellungen ist außerordentlich hoch. Dieser Problematik Rechnung tragend orientiert sich die vorliegende Arbeit im weiteren Verlauf daher zwar prinzipiell an dem Leitbild der Nachhaltigen Entwicklung, grenzt sich an dieser Stelle aber bewusst ein, indem sie die soziale Dimension der Nachhaltigkeit außen vor lässt und sich auf die ganzheitliche Verzahnung zwischen den ökonomischen und ökologischen Zielstellungen in und im Weiteren auch zwischen den Unternehmen konzentriert. Diese Eingrenzung wird als ein zweckmäßiger Zwischenschritt auf dem Weg einer sukzessiven und fließenden Realisierung und Verinnerlichung des Nachhaltigkeitsleitbildes in der Unternehmenspraxis gesehen. Das soll aber keinesfalls bedeuten, dass soziale Aspekte nicht existieren oder ihnen keine Beachtung zu schenken wäre. Um im Kontext der angestrebten Fundierung und Harmonisierung zwischen der Ökonomie und der Ökologie die besondere Bedeutung des Schutzes bzw. Erhaltes der natürlichen Umwelt aus betrieblicher Sicht verstehen zu können, werden im Folgenden die Wechselwirkungen zwischen betriebswirtschaftlicher Tätigkeit und der natürlichen Umwelt und die Vielfalt v. a. negativer aber auch positiver Umweltbeeinflussung verdeutlicht. Das Ziel der Harmonisierung besteht im Erreichen von Win-win-Situationen, d. h. dem gleichzeitigen Erzielen ökonomischen und ökologischen Nutzens.[280]

3.2 Umweltschutz als regionale Aufgabe und globale Herausforderung

Jedes Unternehmen agiert stets innerhalb des Supersystems „Wettbewerbsumfeld" (vgl. Abbildung 2.2) und damit in einer eigenen bzw. unternehmensspezifischen Umwelt. Die Literatur versteht unter der betrieblichen Umwelt die „Umgebung, in der eine Organisation tätig ist – dazu gehören Luft, Wasser, Land, Bodenschätze, Flora, Fauna, Menschen und deren Wechselbeziehungen".[281] Der **Umweltbegriff** entspricht unter dem naturwissenschaftlichen Blickwinkel der Naturraumstruktur[282] und soll im weiteren Verlauf der Arbeit auch als solche verstanden werden. In diesem Sinne bezeichnet Umweltschutz den Erhalt der natürlichen Umwelt, also der Lebewesen im engeren Sinne bzw. der Ökosysteme im weiteren Sinne, vor Schäden durch anthropogene Eingriffe oder stoffliche Belastungen.[283] Umweltschutz ist somit primär (nur) dort erforderlich, wo Menschen durch ihr Handeln oder den Einsatz von ihnen geschaffener Produkte (und den damit verbundenen Wirkungen im Sinne physikalischer, chemischer und technischer Eingriffe bzw. Einflussnahme auf die Umwelt = **Umwelteinwirkung**[284]) eine Veränderung der Umwelt (im Sinne von günstigen oder ungünstigen Effekten für die Ökosphäre bzw. die einzelnen Umweltmedien Atmosphäre, Lithosphäre, Hydrosphäre und/oder Bio-

---

[280] Vgl. zum Win-win-Begriff Fußnote 79.
[281] DIN EN ISO 14001 (2005, Abschnitt 3.5), Vgl. auch HOPFENBECK/JASCH/JASCH (1996, S. 385); WICKE et al. (1992, S. 13).
[282] Die Naturraumstruktur ist neben der Produktionsstruktur, Infrastruktur und Bevölkerungsstruktur eine der vier interdependenten Grundstrukturen von wertschöpfenden Systemen. Vgl. SEIDLER/PESCHKE (2003, S. 2-3).
[283] Vgl. BAHADIR/PARLAR/SPITELLER (2000, S. 1222).
[284] Vgl. UBA (Hrsg.) (1999, S. 1, 48); UBA (Hrsg.) (2003, S. 182); BAHADIR/PARLAR/SPITELLER (2000, S. 1217) sowie zur weiteren Differenzierung in direkte und indirekte Umwelteinwirkungen vgl. UBA (Hrsg.) (1999, S. 3-6).

sphäre, die Ergebnis einer Tätigkeit sind = **Umweltauswirkung**[285]) hervorrufen können. „Je nach Art und Eigenschaft der Umwelteinwirkung können Umweltauswirkungen:
- kurz-, mittel- und langfristig auftreten;
- ständig oder nur vorübergehend auftreten;
- umkehrbar (reversibel) bzw. dauerhaft (irreversibel) sein;
- kumulativ (aufgrund von Anreicherung zunehmend) wirken;
- synergetisch (sich gegenseitig verstärkend) bzw. antagonistisch (sich gegenseitig abschwächend) sowie
- positiv bzw. negativ (d. h. ökosystemfördernd oder -beeinträchtigend) sein."[286]

Da Unternehmen ohne natürliche Ressourcen als Inputfaktoren für den betrieblichen Leistungserstellungsprozess oder durch Outputs hervorgerufene negative Beeinträchtigungen der Umwelt[287] (derzeit langfristig) nicht existent sein können, ist zu schlussfolgern, dass jedes Unternehmen auf die Umwelt einwirkt und gemäß dem Verursacherprinzip[288] daher zu deren Schutz verpflichtet ist.[289] Das Ausmaß der Umwelteinwirkung hat in den letzten Jahren mit zunehmender Industrialisierung, Technisierung und Globalisierung der Wirtschaft zugenommen.[290] Ist das Ausmaß der Umwelteinwirkung für die ideelle Notwendigkeit des Umweltschutzes zunächst eigentlich unbedeutend – denn eine Einwirkung mit negativen Folgen erfordert in jedem Fall eine Reaktion – bestimmt es im Weiteren aber das Ausmaß und die Form notwendigen Umweltschutzes. Letzteres ist Anlass genug, die in Abschnitt 1.1 begonnene Diskussion um die vielfältigen Konsequenzen der Globalisierung erneut aufzugreifen und im Folgenden aus ökologischer Sicht mehr Aufmerksamkeit zu widmen. Da die Umweltbeeinflussung aufgrund der interdependenten Verknüpfungen und Wechselwirkungen der natürlichen Systeme nicht an (Unternehmens-, Staats-)Grenzen halt macht und aus punktuellen Umwelteinwirkungen internationale bis globale Umweltbelastungen und -probleme resultieren kön-

---

[285] Vgl. DIN EN ISO 14001 (2005, Abschnitt 3.7); UBA (Hrsg.) (1999, S. 1, 48); BMU/UBA (Hrsg.) (1996, S. 43); BAHADIR/PARLAR/SPITELLER (2000, S. 1217); UBA (Hrsg.) (2003, S. 183). Umweltauswirkungen sind demnach die Reaktion der Umwelt auf verursacherbezogene Umwelteinwirkungen. Vgl. UBA (Hrsg.) (1999, S. 48). Detaillierter zum methodischen Vorgehen bei der Erfassung und Bewertung betrieblicher Umweltauswirkungen vgl. UBA (Hrsg.) (1999, S. 7-23).
[286] UBA (Hrsg.) (1999, S. 1-2). Wenn es rein um die Beeinflussung der Umwelt geht, ohne dass von Bedeutung ist, ob es sich dabei um eine Ein- oder Auswirkung handelt, wird im Rahmen der Arbeit der Übergriff Umweltwirkung verwendet.
[287] Vgl. u. a. ZIMMERMANN (2003, S. 87).
[288] Das Verursacherprinzip lastet dem Verursacher eines Schadens die Verantwortung zu deren Beseitigung an. Es ist neben dem Vorsorge- und Kooperationsprinzip ein zentrales der in der deutschen Umweltpolitik geltenden Prinzipien. Vgl. ausführlicher hierzu ALTMANN (1997, S. 118-122); MÖLLER (2003b, S. 253).
[289] STAHLMANN postuliert die Verantwortung der Unternehmen für den Umweltschutz in (mindestens) dreifacher Hinsicht: (1) Unternehmen müssen als dezentrale Steuerungseinheit komplexe Umweltprobleme bewältigen, um das marktwirtschaftliche System aufrecht zu halten. (2) Unternehmen besitzen i. d. R. mehr Wissen über Umweltgefährdungen und Risiken und damit auch mehr Verantwortung. (3) Unternehmen besitzen in ihrer Vorbildfunktion (bspw. über die Arbeitswelt) eine bedeutende Akteursrolle bei dem Aufbau einer zukunftsfähigen ökologisch-sozialen Marktwirtschaft. Vgl. STAHLMANN (1999, S. 235 f.).
[290] Vgl. SCHMIDT-BLEEK (2000, S. 38-40). Bspw. wird heute im Vergleich zu 1950 weltweit die siebenfache Menge an Gebrauchsprodukten erzeugt und der Erde die fünffache Menge an Rohstoffen entnommen. Vgl. ORBACH/BEUCKER/LANG (2002, S. 5). Art und Umfang der Umwelteinwirkungen werden durch die Branche, Unternehmensgröße, Produkt, Technologie usw. bestimmt. Vgl. GOLDMANN (1997, S. 3).

nen,[291] rücken räumliche Gesichtspunkte unweigerlich in den Blickwinkel des Umweltschutzes. Betriebliche Umwelteinwirkungen können – je nach ihrer räumlichen Ausdehnung – in ihrer Folge zur lokalen, regionalen und überregional/globalen Umweltschädigung und daraus resultierenden Umweltproblemen beitragen (vgl. Tabelle 3.1).[292]

Tabelle 3.1: Relevante Umwelteinwirkungen und Umweltprobleme nach räumlichen Betrachtungsebenen

Betrachtungsebene	Art der Umwelteinwirkung	Umweltprobleme
lokale Betrachtungsebene	direkte betriebliche Umwelteinwirkung	Umweltprobleme auf dem Betriebsgelände und im Betriebsnahbereich, wie z. B. Lärmbelästigung, Geruchsbelästigung, Flächenaufheizung
regionale Betrachtungsebene	direkte und indirekte Umwelteinwirkung durch das Unternehmen und seine regionalen Vertragspartner	Umweltprobleme in der Standortregion des Unternehmens, wie z. B. Sommersmog, Versauerung und Eutrophierung von Böden und Gewässern
überregionale/globale Betrachtungsebene	direkte und indirekte Umwelteinwirkung durch das Unternehmen und seine globalen Vertragspartner	überregional bzw. global bedeutsame Umweltprobleme, wie z. B. Treibhauseffekt, stratosphärischer Ozonabbau, Ressourcenverbrauch

Quelle: Eigene Darstellung, in Anlehnung an UBA (Hrsg.) (1999, S. 7-9).

Neben der räumlichen Ausdehnung spielen auch zeitliche Aspekte eine Rolle. So lassen sich hinsichtlich des räumlichen und zeitlichen Horizontes vier zentrale Kategorien stofflicher Wirkungen unterscheiden:[293]

- Lokal-kurzfristige Wirkungen: akute, lokal begrenzte und rasch abklingende Gefährdungen (z. B. Geruchsbelastung nach Stör- oder Unfall);
- Lokal-langfristige Wirkungen: lokal begrenzte Anreicherung persistenter Stoffe (z. B. Cadmiumeintrag in den Boden);
- Global-kurzfristige Wirkungen: akut auftretende, weiträumig wirkende Gefährdungen, die aber schnell abklingen (z. B. Erdbeben);
- Global-langfristige Wirkungen: allmählich auftretende, weiträumige Auswirkungen (z. B. Treibhauseffekt).

Zahlreiche langfristig und global-großräumig wirkende Umweltschäden wurden bzw. werden von der Menschheit i. d. R. nicht wahrgenommen und lediglich von wissenschaftlichen Institutionen erkannt.[294] Eine Ursache ist darin zu sehen, dass die Umweltveränderungen i. d. R. sehr langsam vor sich gehen und es den Menschen schwer fällt, die Veränderungen über längere Zeiträume hinweg verlässlich und vergleichend zu beobachten.[295] Letzteres bewirkt zudem, dass dann die Verknüpfung zur objektiven Ursache bzw. zum Auslöser eines Umweltschadens

---

[291] Vgl. KRAMER/BRAUWEILER (1999, S. 208).
[292] Vgl. UBA (Hrsg.) (1999, S. 7); KRAMER/BRAUWEILER (1999, S. 208); BRAUWEILER (2002b, S. 8). Einen komprimierten Überblick über die wichtigsten Umweltproblemfelder wirtschaftlicher Herkunft liefert HARDTKE/PREHN (2001, S. 39-51).
[293] Vgl. ENQUETE-KOMMISSION (1994, S. 428).
[294] Vgl. SCHMIDT-BLEEK (2000, S. 33).
[295] Vgl. SCHMIDT-BLEEK (2000, S. 40).

umso schwerer fällt. Weiterhin führt die Identifikation eines Umweltproblems bzw. seines Verursachers umso seltener zum Ziel, je größer der Aggregationsgrad des Problems ist.

Mit der Globalisierung der wirtschaftlichen Strukturen und deren Folgeerscheinungen gehen Veränderungen in den Umwelteinflüssen einher. TROGE konstatiert im Rahmen der Globalisierung folgende zwei grundsätzliche umweltfokussierte **Entwicklungstendenzen**:[296]

- Zunahme der Umweltbelastungen: Quantitative Wachstumsprozesse durch Übernahme marktwirtschaftlicher Produktions- und Konsumstrukturen durch weniger entwickelte Länder, steigendes Verkehrsaufkommen, Rückgang regionaler Eingriffsmöglichkeiten oder Umweltdumping führen zu zunehmenden Umweltbelastungen.

- Verbesserung des Umweltschutzes: Aus dem Transfer von umweltorientiertem Wissen zu Umweltstandards (Technologien, Effizienzdenken, UM-Systeme und -Instrumente) kann eine Steigerung der Ökoeffizienz und damit eine Verringerung der Umweltbelastung resultieren.

Für eine Verbesserung des Umweltschutzes im Zusammenhang mit der Globalisierung spricht insbesondere auch die Möglichkeit zur interorganisationalen umweltbezogenen Kooperation in globalen WS, auf die in Abschnitt 3.3.2 ausführlicher eingegangen wird. Schließlich lassen sich viele (überregionale) Umweltprobleme nur schwer allein durch ein Unternehmen lösen, so dass durch das Zusammenwirken mehrerer vernetzter Akteure nicht nur Verlagerungen von Umweltbelastungen vermieden,[297] sondern auch gebündeltes Umweltwissen und Synergieeffekte besser genutzt werden können.

Nähere Untersuchungen zu den **Ursachen** der **Zunahme** der **Umweltbelastungen** im Zuge der Globalisierung zeigen, dass:[298]

- zwar der globale Umweltverbrauch zugenommen hat, aber nicht im gleichen Ausmaß angestiegen ist, wie das monetäre Handelsvolumen als Gradmesser der Globalisierung. Insbesondere die Umweltbelastungen durch Im- und Exporte haben zugenommen;
- vermehrt eine Verlagerung der Umweltbelastungen (v. a. in Form von „ökologischen Rucksäcken"[299] der Rohstoffimporte) von den reichen EU-Ländern in die Länder des Südens (mit schwächeren Wirtschaftsordnungen) erfolgt,[300] wobei die Quellen sehr diffus verteilt sein können;
- in stärkerem Maße „umweltbelastungsintensive" Produkte aus Schwellen- und Entwicklungsländern importiert werden.[301]

---

[296] Vgl. TROGE (2000, S. 15).
[297] Vgl. ENQUETE-KOMMISSION (1994, S. 609-610).
[298] Vgl. SCHÜTZ/MOLL/BRINGEZU (2003, S. 3, 36-37, 59-61).
[299] Der ökologische Rucksack stellt die Stoffe dar, welche bei der Gewinnung und der Herstellung von Roh-, Hilfs- und Betriebsstoffen (RHB) abgebaut und verbraucht wurden, aber im Endprodukt nicht enthalten sind. Vgl. KOPYTZIOK (2000, S. 61).
[300] Man spricht auch vom sog. Nord-Süd-Gefälle. Vgl. hierzu auch KOPYTZIOK (2000, S. 180).
[301] Dieses umweltbezogene Problem der Globalisierung resultiert aus der Tatsache, dass aufgrund ortsgebundener Kosteneinsparungspotenziale (z. B. niedrigeres Lohnniveau) zunehmend Unternehmen aus Entwicklungs- und Schwellenländern in das WS einbezogen werden (vgl. CHATZIMARKAKIS (2000, S. 34).), die an ihren Pro-

In der Folge dieser Ursachenanalyse muss eine wesentliche Ergänzung der o. g. umweltfokussierten Entwicklungstendenzen der Globalisierung von TROGE um die Tendenz der räumlichen **Verlagerung und Zerstreuung der Entstehung von Umweltbelastungen** vorgenommen werden. Als ein weiteres Beispiel neben der Standortverlagerung der Produktion in Länder mit schlechteren Umweltstandards ist hier die grenzüberschreitende (ggf. illegale) Abfallverbringung bzw. -beseitigung anzuführen. Verlagerung und Zunahme der Umweltbelastung können dabei interdependent sein. Eine Verlagerung der Produktion erfolgt z. B. aufgrund regional unterschiedlicher gesetzlicher Vorgaben. Wird den leichteren/fehlenden Vorgaben Folge geleistet, ist der Umweltschaden i. d. R. höher als bei vergleichbarer Ausgangssituation in der umweltgesetzlich-bedingt restriktiveren Region. Die Verlagerung ist aber als solche explizit für die räumliche Zuordnung bzw. Entstehung der negativen Umweltwirkungen verantwortlich. Somit können lokale Schädigungen der Umwelt nicht nur höheren Ausmaßes sein, sondern auch konzentriert auftreten, während andere (bzw. frühere) Regionen Umweltentlastungen erfahren. Eine Standortverlagerung muss jedoch nicht zwangsläufig punktuell wie auch insgesamt mit einer Zunahme von Umweltbelastungen einhergehen (– bspw. dann nicht, wenn die bisherigen höheren Umweltstandards auch am neuen Standort und auf dem Weg dorthin freiwillig Anwendung finden).

Um der Zunahme und Verlagerung der Umweltbelastungen Einhalt zu gebieten, bedarf es eines Bündels regionaler und globaler Maßnahmen. Derartige Maßnahmen sollten bspw. die Steigerung der Ressourceneffizienz bzw. die absolute Senkung des Materialverbrauchs in den Industriestaaten unterstützen, um die hohen Importe von Primärrohstoffen und darauf basierten Zwischenprodukten zu verringern.[302] Auf internationaler Ebene bildet v. a. die weitgehende Angleichung der Umweltstandards eine weitere wichtige Maßnahme. Die Festlegung und Durchsetzung von der Umweltschädigung und -verlagerung entgegenwirkenden Maßnahmen muss mit den Chancen, die die Globalisierung hierbei bietet, in Einklang gebracht werden. Dass diese vorhanden sind und sogar in sehr vielseitiger Weise bestehen, verdeutlicht die Gegenüberstellung der Auslöser (möglicher) **positiver und negativer Umweltwirkungen** der Globalisierung in Tabelle 3.2.

Die reale umweltbe- bzw. -entlastende Wirkung der Globalisierung des wirtschaftlichen Handelns ergibt sich im Grunde aus dem jeweiligen Ausmaß bzw. der Dominanz positiver oder negativer Wirkungen. Bspw. können durch interregionale Angleichung von Rahmenbedingungen und Standards im politisch-rechtlichen, sozialen, ökonomischen und ökologischen Bereich vorrangig Umweltentlastungen erwartet werden.[303] Aufgrund fehlender Mess- und Vergleichbarkeitsmöglichkeiten bei der Erzielung positiver und negativer Wirkungen ist der tatsächliche Umweltnutzen bzw. -schaden des Globalisierungstrends im Gesamtzusammenhang allerdings

---

duktionsstandorten – bspw. im Vergleich zum umweltbezogen stark regulierten Deutschland – weniger strenge gesetzliche Rahmenbedingungen bzw. ökologische Standards beachten müssen.

[302] Vgl. SCHÜTZ/MOLL/BRINGEZU (2003, S. 61).
[303] Vgl. UBA (Hrsg.) (1997b, S. 132-133); auch BRAUWEILER (2002b, S. 10).

gegenwärtig nicht ermittelbar bzw. empirisch belegbar,[304] wird aber durchaus als ambivalent eingeschätzt.[305] Eine wissenschaftliche Analyse und Abwägung der ökologischen Chancen und Risiken von sich infolge des Globalisierungstrends verbreitenden betriebswirtschaftlichen Konzepten (wie z. B. Outsourcing, JiT) fand bislang erst in unzureichendem Maße statt.[306] Ergebnisse der Bewertungen derartiger Konzepte können einen Beitrag für die Gesamtbeurteilung der Globalisierung leisten, aber v. a. betrieblichen Entscheidungsträgern bei der Verfolgung von Umweltzielen hilfreich sein. In diesem Kontext besteht noch erheblicher Forschungsbedarf.

Tabelle 3.2: Ursachen möglicher Umweltwirkungen im Kontext der Globalisierung

Ursachen potenziell negativer Umweltwirkungen	Ursachen potenziell positiver Umweltwirkungen
• Senkung sozialer und ökologischer Standards durch Regulierungen zur Vermeidung von Abwanderungen von Unternehmen in Länder mit niedrigeren Umweltstandards, • Zunehmende Standortverlagerung in Länder mit niedrigeren Umweltstandards (Umweltdumping), • Zunahme des globalen Wirtschaftswachstums, • Zunahme der internationalen Transportströme (Verkehrszunahme, steigender Auf- und Ausbau der Verkehrsinfrastruktur), • Zunehmende Erschließung bisher wenig besiedelter Regionen.	• Zunehmende Produktkonkurrenz erfordert weltweit die Einhaltung ökologischer Standards, • Tendenzielle, v. a. interregionale Angleichung umweltrechtlicher Standards, • Fehlende empirische Belegbarkeiten von unternehmerischem Standortwechsel bei international erheblich unterschiedlichen Umweltkosten, • Im Rahmen von Wachstumsprozessen verstärkte Anwendung moderner Technologien, • Mit steigendem Volkseinkommen zunehmende finanzielle Kapazitäten für den Umweltschutz, • Steigender Transfer von Umwelttechnologien infolge der Liberalisierung der Märkte und Verbesserung der Kommunikationstechnologien, • Wettbewerbsverursachte Anreize zur besseren Ressourcennutzung (Kostensenkung durch integrierten Umweltschutz), • Liberalisierung der Märkte führt tendenziell zur Abschaffung umweltschädlicher Subventionen.

Quelle: UBA (Hrsg.) (1997b, S. 128-132).

An dieser Stelle kann festgehalten werden, dass Umweltschutz für jeden Akteur mit negativer Umwelteinwirkung – egal welcher Größe und ob im Verbund/Netzwerk oder allein agierend – vor dem Hintergrund der Knappheit bzw. Endlichkeit der natürlichen nicht erneuerbaren Ressourcen[307] und der begrenzten Aufnahme- und Abbaufähigkeit der Umweltmedien[308] eine

---

[304] Vgl. KRYSTEK/ZUR (1997, S. 3).
[305] Vgl. BMU/UBA (Hrsg.) (2001, S. 134).
[306] Vgl. BMU/UBA (Hrsg.) (2001, S. 139); KOPLIN (2006, S. 346). Bezogen auf das Outsourcing nimmt MAHAMMADZADEH mittels einer Einflussanalyse eine rein konzeptionelle Beurteilung aus nachhaltigkeitsorientierter Perspektive getrennt nach den drei Nachhaltigkeitsdimensionen vor. Im Ergebnis stellt er fest, dass bei Outsourcing-Entscheidungen eine multikriterielle Entscheidungsfindung und interdisziplinäre Herangehensweise (z. B. Bildung eines gesamtzielorientierten Outsourcing-Steuerungsteams ggf. ergänzt um externe Berater und Stakeholder) erfolgen sollte. Vgl. MAHAMMADZADEH (2005, S. 61).
[307] Auf die Begrenztheit der natürlichen Ressourcen hat bereits im Jahr 1968 sehr umfassend und eindringlich der Club of Rome hingewiesen. Erste, wesentliche Ergebnisse und Erkenntnisse der Arbeit des Club of Rome wurden von Meadows et al. veröffentlicht und aktualisiert. Vgl. MEADOWS et al. (1973) und später MEADOWS/MEADOWS/RANDERS (1992). Das Auftauchen absolut knapper Ressourcen ist der Auslöser für die

wichtige Aufgabe bilden sollte. Hierbei ist den Unternehmen als Handlungs- und Entscheidungsorten eine entscheidende Rolle im Umweltschutz beizumessen. Dies ist keine neue Erkenntnis bzw. hat sich in der betrieblichen Praxis bereits in verschiedener Form Niederschlag gefunden, erlangt aber zusätzliche Relevanz, wenn das Engagement im Umweltschutz über das einzelne Unternehmen hinaus erwächst. Unter dem **Umweltengagement** werden im Weiteren die vielfältigen Anstrengungen eines abgegrenzten betriebswirtschaftlichen Systems zum Erhalt der Umwelt verstanden. Das betriebliche Umweltengagement kann von der Umsetzung einzelner Umweltmaßnahmen zur Einhaltung umweltrechtlicher Vorschriften bis hin zur dauerhaften Verankerung des Umweltschutzgedankens im betrieblichen Management (z. B. in Form eines UM-Systems) und der umweltorientierten Produktgestaltung reichen. Die Formen der Beschäftigung mit dem Umweltschutz innerhalb von betriebswirtschaftlichen Systemen werden im nachfolgenden Abschnitt näher betrachtet.

3.3 Verfolgung des Umweltschutzes innerhalb von Wertschöpfungssystemen

Die Nachfrage nach einem Produkt löst eine Reihe wertschöpfender Prozesse aus. Die initiierten Transformationsprozesse[309] bedingen dabei eine Veränderung (bzgl. Menge, Sorte, Ort, Zeit) des Ausgangsmaterials hin zum Produkt und führen zu einem gerichteten Austausch bzw. physischen Strom zwischen diesen Prozessen. In diesem Kontext werden verschiedenste natürliche Ressourcen verbraucht und Emissionen erzeugt, die vielfältige Umweltwirkungen nach sich ziehen können. Nach dem Auslöser der Umweltbeeinträchtigung und damit dem Ansatzpunkt für Umweltschutz kann in Anlehnung an die VDI 3800 grundsätzlich zwischen **transformations- und produktbezogenem Umweltschutz** differenziert werden.[310] Unter transformationsbezogenem Umweltschutz werden Maßnahmen zur Beeinflussung der Transformation von natürlichen Ressourcen (z. B. in Produktions-, Transport-, Energieerzeugungsprozessen) verstanden. Produktbezogener Umweltschutz zielt dagegen auf die gezielte Veränderung der Zusammensetzung eines Produktes und hat dabei den gesamten ökologischen Produktlebensweg im Blick. Schließlich sind alle Lebenswegphasen eines Produktes von der Entwicklung, über die Produktion, Vermarktung, Distribution und Nutzung bis hin zur Entsorgung mit Um-

---

Notwendigkeit der Auseinandersetzung mit dem Nachhaltigkeitsgedanken in den betrieblichen Entscheidungen. Vgl. MÜLLER-CHRIST (2004, S. 9).

[308] Vgl. KRAMER/DELAKOWITZ/HOFFMANN (2003, S. 1). Bei der Bewertung des Verbrauchs der Umwelt unterscheidet man zwischen der Raten- und der Kumulativknappheit. Bei Ratenknappheit wird davon ausgegangen, dass für den Verbrauch einer Ressource eine begrenzte Regenerierbarkeit bzw. kritische Rate (relative Knappheit) existiert, bei deren Überschreitung unmittelbare Wirkungen eintreten, die nicht mehr akzeptabel sind (z. B. Umkippen eines Gewässers). Ratenknappheit gilt für Umweltgüter, die sich in ökologischen Kreisläufen in absehbarer Zeit selbst regenerieren können (z. B. Wasser). Kumulativknappheit geht von einer zeitlich-determinierten Erschöpfbarkeit (absolute Knappheit) von Vorräten an endlichen Ressourcen bzw. die Aufnahmefähigkeit der Umweltmedien aus. Kumulativknappheit gilt für nicht-erneuerbare Umweltgüter (z. B. fossile Energieträger). Vgl. LIESEGANG (2003, S. 76).

[309] Unter dem Begriff Transformation werden im Rahmen der vorliegenden Arbeit materielle Transformationen (z. B. Produktions-, Reduktionsprozesse) und raum-zeitliche Transformationen (d. h. Logistikprozesse, wie z. B. Transportprozesse) subsumiert. Für ein analoges Verständnis des Transformationsbegriffs vgl. SOUREN (2003b, S. 10).

[310] In Anlehnung an VDI 3800 (2001, S. 8).

welteinwirkungen verbunden.[311] Bei Überlegungen zum Umweltschutz sind diese Phasen in die Betrachtungen einzubeziehen, wobei dieser möglichst am Ort der Entstehung der Umwelteinwirkungen ansetzen sollte.[312] Diese Erkenntnisse im Kontext nachhaltigen Wirtschaftens führten zur Entwicklung verschiedener betrieblicher Konzepte, Systeme und Instrumente aber v. a. auch innovativer Technologien zur Realisierung und Unterstützung des betrieblichen Umweltschutzes. Da Unternehmen in ihrem Umweltengagement aber zunehmend an ihre betrieblichen Grenzen und damit zugleich an ihre Wissens- und Einflussgrenzen des Umweltschutzes stoßen, sind interorganisationale umweltbezogene Kooperationen mit geeigneten Abstimmungsmechanismen zunehmend gefragt. Einzelbetrieblicher und kooperativer Umweltschutz stehen im Mittelpunkt der weiteren Ausführungen.

3.3.1 Einzelbetrieblicher Umweltschutz durch umweltorientierte Unternehmensführung

Das Hauptaugenmerk der umweltorientierten Betrachtung liegt in den Unternehmen auf den wertschöpfenden Prozessen. Sie umfassen „die Verfahren und Abläufe, die an der Erstellung von Produkten oder Dienstleistungen direkt beteiligt sind".[313] Die Wertschöpfungsprozesse sind durch Aufnahme, Transformation und Abgabe physischer Ströme gekennzeichnet. Die in diesem Zusammenhang bestehenden Umweltaspekte sind zentraler Betrachtungsgegenstand und Beeinflussungsbereich des betrieblichen umweltbezogenen Managements, das im Unternehmen in Form eines UM- und/oder SSM-Systems implementiert sein kann.

3.3.1.1 Betriebliches Umweltmanagement

Das UM zielt auf die relative Verbesserung der Umweltqualität durch die Reduzierung von Umwelteinwirkungen.[314] Ein **UM-System** gibt als betriebliches Umweltkonzept den Rahmen und Verfahrensablauf für die Schaffung und Gestaltung der betrieblichen Strukturen und Abläufe zum Umgang mit unternehmensbezogenen Umweltwirkungen vor.[315] Die Auswirkungen des betrieblichen Handelns auf die natürliche Umwelt können so eigenverantwortlich und vorsorgend gesteuert und kontrolliert werden.[316] Ein UM-System dient dem Unternehmensmanagement zur Planung, Durchführung und Kontrolle betrieblichen Umweltschutzes. Über die stetige Wiederholung des Prozesses der Zielfindung, Umsetzung und Kontrolle kann eine kontinuierliche Verbesserung der betrieblichen Leistung im Umweltschutz erreicht werden.[317] Auf diese Weise unterstützt ein UM-System Unternehmen dabei nachhaltig zu wirt-

---

[311] Vgl. STREBEL (2003, S. 15).
[312] Hiermit ist gemeint, dass integrierten Maßnahmen des Umweltschutzes der Vorrang vor End-of-pipe-Maßnahmen einzuräumen ist. End-of-pipe-Maßnahmen sorgen für eine umweltverträgliche Behandlung bzw. Entsorgung entstandener Emissionen, wohingegen mittels integrierter Maßnahmen die Entstehung von Umweltbelastungen vermieden wird. Vgl. hierzu LIESEGANG (2003, S. 87-94).
[313] HELLING (2001, S. 22).
[314] Vgl. MEFFERT/KIRCHGEORG (1998, S. 18).
[315] Vgl. u. a. THIMME (1998, S. 268), DYLLICK (1999, S. 117); HOFFMANN (2001, S. 17); WINKLER (2002, S. 28).
[316] Vgl. GOLDMANN (1997, S. 3).
[317] Vgl. WINKLER (2002, S. 28). BONGAERTS verweist im Übrigen darauf, dass es sich bei der kontinuierlichen Verbesserung mittels UM um eine Daueraufgabe handelt. Vgl. BONGAERTS (2004, S. 2).

schaften.[318] Damit ein UM der Verfolgung des Leitbildes der Nachhaltigen Entwicklung gerecht werden kann, muss es aber nicht nur ökologisch effektiv, sondern auch ökonomisch erfolgreich sein.[319] Dazu ist auf die Harmonisierung zwischen Ökonomie und Ökologie abzuzielen. Da es Teil des gesamten betrieblichen Managementsystems und als solches für die zielgerichtete Organisation der unternehmensspezifischen Umweltbelange verantwortlich ist,[320] bedarf es in diesem Zusammenhang in jedem Fall auch der Anpassung der betrieblichen ablauf- und aufbauorganisatorischen Strukturen, damit es seine Wirksamkeit entfalten kann. Für den Erfolg des UM-Systems ist die unternehmensspezifische Ausgestaltung und -individuelle Umsetzung ausschlaggebend.[321] Ein UM-System verfolgt wie auch die anderen Managementsysteme das Ziel, „die Wettbewerbsposition eines Unternehmens zu verbessern und die Eigenwirtschaftlichkeit zu erhöhen".[322] Es ist häufig Bestandteil kombinierter bzw. Integrierter Managementsysteme.[323]

Ein UM-System kann frei nach eigenem Ermessen oder auf Basis von standardisierten Vorgaben aufgebaut und geprüft werden. Am bekanntesten und verbreitetsten sind die international-gültigen Normen der DIN EN **ISO 14000 ff.**-Reihe und das auf den europäischen Raum begrenzte EMAS.[324] Neben den beiden normierten Ansätzen existiert eine Vielzahl von „niederschwelligen" UM-Ansätzen, die mehr oder weniger Elemente des UM-Systems umfassen und aufgrund ihrer geringen Anforderungen eher von KMU – kaum dagegen von Kleinstunternehmen – genutzt werden. Die „niederschwelligen" UM-Ansätze lassen sich in vier Blöcke aufteilen: Ökoprofit[325], Umweltsiegel (z. B. Umweltsiegel Sachsen, Qualitätsverbund umweltbewusster Handwerksbetriebe (QuH) Bayern), branchenbezogene Ansätze (z. B. Ecocamping, Bayerisches Umweltsiegel für das Gastgewerbe) und die sonstigen „niederschwelligen" UM-Ansätze (z. B. Ecostep, PIUS).[326] Während in den deutschen Unternehmen das Interesse an einem UM-System gemäß EMAS zunehmend stagniert bzw. in einigen Branchen seit etwa 2000 sogar rückläufig ist[327] und die ISO 14000 ff. und die diversen „nieder-

---

[318] Vgl. BEHLERT/PETROVIC (2005, S. 118).
[319] Vgl. LASCH/GÜNTHER (2004, S. 287).
[320] Vgl. SCHALTEGGER/STURM (1995, S. 7); HOFFMANN (2001, S. 17-18); MÜLLER-CHRIST/BEHRENS/NAGLER (2005, S. 12).
[321] Vgl. DYLLICK (1999, S. 118).
[322] HELLING (2001, S. 31).
[323] Vgl. weiterführend hierzu Abschnitt 4.2.2.
[324] Beide Normen wurden seit ihrer Entstehung bereits novelliert bzw. aktualisiert (DIN EN ISO 14001 (2005); EMAS (2001)). Die erste Revision der DIN EN ISO 14001 ist seit Februar 2005 und die erste Revision von EMAS seit März 2001 gültig. Seit Februar 2006 ist die revidierte DIN EN ISO 14001 anerkannter Bestandteil der EMAS (2001). Vgl. hierzu EU-VERORDNUNG (Nr. 196/2006).
[325] Ökoprofit ist der älteste und durch über 30 Ökoprofitprojekte mit über 1.300 teilnehmenden Unternehmen in Deutschland auch der verbreitetste „niederschwellige" UM-Ansatz. Es steht für eine Initiative durch Kommunen initiierter Umweltprojekte in Unternehmen mit Regionalbezug im Fokus der Umsetzung nachhaltigen Wirtschaftens. Es ist in allen Wirtschaftssektoren einsetzbar. Vgl. BRAUWEILER (2002b, S. 153-155); BMU/UBA (Hrsg.) (2005, S. 9-11, 27-28); http://www.oekoprofit-berlin.de (31.07.2006).
[326] Vgl. BMU/UBA (Hrsg.) (2005, S. 27-30). In Deutschland gibt es derzeit 16 UM-Ansätze (Stand: 09/2005). Die meisten dieser Ansätze konzentrieren sich auf Umweltaspekte, einige beziehen Qualitätsaspekte und z. T. auch den Arbeitsschutz mit ein. Vgl. hierzu und weiterführend BMU/UBA (Hrsg.) (2005, S. 10-11, 24); http://www.ums-fuer-kmu.de (31.07.2006).
[327] Vgl. BEHLERT/PETROVIC (2005, S. 115, 118). Für eine Diskussion der wesentlichen Gründe für diese rückläufige Tendenz (z. B. hohe Anforderungen und damit hoher Aufwand bzw. hohe Kosten, unzureichende

schwelligen" UM-Ansätze weiter stetig an Bedeutung gewinnen, zeugt ein Anteil von ca. 0,3 % aller steuerpflichtigen Organisationen in Deutschland mit einem UM von einer noch sehr geringen Verbreitung des UM (vgl. Tabelle 3.3).[328] Es sind v. a. kleinere Unternehmen, in denen das UM am seltensten Anwendung findet.[329]

Tabelle 3.3: Verbreitung von UM-Konzepten in Deutschland

	Anzahl an Organisationen	Anteil bezogen auf alle steuerpflichtigen Organisationen
Anzahl an steuerpflichtigen Organisationen (Stand: 12/2004)	2.957.173	---
EMAS-Registrierungen (Stand: 12/2005)	1.491	0,050 %
ISO 14001-Zertifizierungen (Stand: 01/2006)	5.094	0,172 %
„Niederschwellige" UM-Ansätze (Stand: 09/2005)	> 2.000	> 0,068 %
Summe⁺:	> 8.585	> 0,290 %

Quelle: Eigene Darstellung und Berechnungen nach http://www.destatis.de/basis/d/fist/fist011.php (20.01.2006); EMAS-HELPDESK (Hrsg.) (2006); http://www.umweltbundesamt.de/uba-info-daten/daten/ums-welt.htm (11.09.2006); BMU/UBA (Hrsg.) (2005, S. 25) (Anmerkung: ⁺ ... Zu Vereinfachungszwecken wurde bei der Addition der ermittelten Einzelanteile der betrachteten UM-Konzepte vernachlässigt, dass ein Unternehmen mehrere UM-Konzepte anwenden bzw. besitzen kann.).

Wenngleich das Ausmaß der Umwelteinwirkung von der Unternehmensgröße[330] und der Umweltrelevanz der Produktion bzw. der Branche, der das Unternehmen angehört, abhängt, so tragen auch die **KMU** zu einer erheblichen negativen Umweltbeeinflussung bei und sind daher zur Wahrnehmung ihrer Umweltverantwortung aufgefordert. Die bislang sehr marginale Verbreitung der UM-Ansätze in deutschen KMU im Einklang mit der von KMU ausgehenden Umweltrelevanz deuten zugleich aber auch an, dass noch ein sehr hohes, ungenutztes Potenzial für die Realisierung von Umweltmaßnahmen zur Senkung der Umweltbelastung in deutschen KMU besteht. Hier sind KMU-adäquate Lösungen gefordert. Für KMU bietet sich bspw. die Einführung eines UM-Systems im Konvoi an, d. h. unter Anleitung eines Beraters führen mehrere KMU gemeinsam bzw. parallel ein UM-System in ihrem Unternehmen ein. Auch einige „niederschwellige" UM-Ansätze (wie Ökoprofit) sind bereits von Grundauf kooperativ angelegt. Im Mittelpunkt steht das gemeinschaftliche Eruieren und Umsetzen der UM-Anforde-

---

Vollzugserleichterungen/Privilegierungen, geringer Bekanntheitsgrad, fehlendes öffentliches Interesse, zurückhaltende Berücksichtigung bei öffentlichen Ausschreibungen) vgl. BEHLERT/PETROVIC (2005).

[328] Würde man als Bezugswert anstelle der steuerpflichtigen Organisationen die Anzahl aller in Deutschland registrierten Unternehmen, Betriebe, öffentlichen Verwaltungen sowie Verbände einbeziehen, die ein UM-Konzept einführen und nutzen könnten, würde der prozentuale Anteil noch wesentlich geringer ausfallen. Diese Zahl ist in der gewünschten Form leider nicht verfügbar.

[329] Bspw. ermittelten BMU/UBA, dass selbst die weniger aufwändigen „niederschwelligen" UM-Ansätze erst in 0,02 % der deutschen KMU mit weniger als 5 Mitarbeitern Anwendung finden. Vgl. BMU/UBA (Hrsg.) (2005, S. 86).

[330] I. d. R. geht von Großunternehmen absolut zwar eine größere Umweltbelastung aus als von KMU, da KMU mit geringerem Sachgütereinsatz auskommen und eine für die Natur günstigere räumliche Verteilung aufweisen. Dabei muss man aber beachten, dass viele KMU für die Produktion der gleichen Gütermenge tendenziell mehr Emissionen verursachen, die zudem meist nur mit höheren Kosten beseitigt werden können (Kostendegression der Umweltmaßnahmen in großen Unternehmen). Vgl. MUGLER (1998, S. 53); auch HAMER (1990, S. 240); GOLDMANN (1997, S. 3). Bei Großunternehmen sind die Umwelteinwirkungen auf einen engeren Raum begrenzt und erscheinen daher verständlicher Weise auf den ersten Blick bedeutender.

rungen. Die Effizienz und Akzeptanz der normierten UM-Ansätze in KMU lässt sich zudem durch „Light"-Versionen der Managementsysteme[331] und/oder die Verknüpfung mit kompatiblen Standards anderer Anforderungsbereiche, wie der Qualitäts- (QS) und Arbeitssicherheit (AS), erhöhen.[332] Es ist andererseits zu überlegen, ob die formalisierte, strategische Integration des Umweltschutzes in das betriebliche Managementsystem und deren Zertifizierung bzw. Validierung für KMU überhaupt die zweckmäßigste Form der Verfolgung des Umweltschutzes darstellt. Methoden der flexiblen statt formalisierten Initiierung von Umweltmaßnahmen, wie sie einzelne der o. g. „niederschwelligen" UM-Ansätze repräsentieren, können den charakteristischen Eigenheiten der KMU z. T. besser gerecht werden.

Die Nichtbeachtung bzw. auch teilweise Abwendung vom UM ist das Resultat verschiedener Schwächen v. a. der normierten UM-Ansätze. Bemängelt wird in erster Linie die begrenzte Wirksamkeit des UM, die v. a. auf eine unzureichende Integration im Unternehmen zurückzuführen ist: Trotz ihrer sehr formalen Ausrichtung sind die UM-Systeme kaum strategisch in die Unternehmensstrukturen bzw. die gesamte Unternehmensstrategie klar eingebunden. Die UM-Systeme sind häufig zu statisch und zu technisch, zu operativ, zu extern und auf Dokumentation/Kontrolle orientiert und schenken den vielfältig möglichen positiven Effekten aus der Schaffung einer lern- und innovationsorientierten Organisation zu wenig Aufmerksamkeit. Die sehr formale Struktur entfaltet im überwiegenden Teil der Unternehmen nicht nur begrenzte positive Wirkung, sondern verstärkt eher noch die Reibung zwischen dem „aufgesetzten" System und den Eigenheiten des jeweiligen Unternehmens.[333] Hinzu kommt die Tatsache, dass allein das Vorhandensein eines UM-Systems nichts über Qualität und Umfang der Umweltschutzaktivitäten und Umweltleistung[334] aussagt. Vor diesem Hintergrund erscheint eine Konkretisierung des Verständnisses des UM zweckmäßig. Unter einem **effektiven UM** wird im Rahmen dieser Arbeit eine Systematisierung der betrieblichen Organisation des Umweltschutzes verstanden, das nicht nur seines selbst bzw. eines Zertifikat Willens normkonform eingeführt wird, sondern dass eine breite betriebliche Einbindung zur Realisierung von Verbesserungen auf strategischer und operativer Ebene anstrebt. Das UM ist erst dann effektiv, wenn es in die Planung, Gestaltung, Steuerung und Ausführung der Leistungserstellung, d. h. in die Geschäftsprozesse, integriert[335] und von den Mitarbeitern gelebt wird.[336]

Die Berücksichtigung des Umweltschutzes im Unternehmen hat sich über Jahre hinweg stetig (weiter)entwickelt. Dieser Entwicklungsprozess wird im Folgenden am Beispiel der Verfolgung der physischen Ströme im Rahmen nachhaltiger Unternehmensführung ausführlicher dar-

---

[331] Vgl. MÜLLER-CHRIST/BEHRENS/NAGLER (2005, S. 3).
[332] In letzterem Fall spricht dann von einem Integrierten Managementsystem (IM-System), auf das in Abschnitt 4.2.2 noch spezieller eingegangen wird.
[333] Vgl. WALTHER (2005, S. 20-21); auch STROBEL/ENZLER (1997, S. 13).
[334] Die Umweltleistung bilden die messbaren Ergebnisse des Managements einer Organisation hinsichtlich ihrer Umweltaspekte. Vgl. DIN EN ISO 14001 (2005, Abschnitt 3.10); auch HAMSCHMIDT (2003, S. 1). Umweltaspekte sind dabei die Bestandteile der Tätigkeiten oder Produkte oder Dienstleistungen einer Organisation, die auf die Umwelt einwirken können. Vgl. DIN EN ISO 14001 (2005, Abschnitt 3.6).
[335] Vgl. LASCH/GÜNTHER (2004, S. 278).
[336] Vgl. PFEIFFER/WALTHER (2004, S. 60).

gestellt und daraufhin das Management dieser Ströme näher beschrieben. So haben sich im Umgang mit den physischen Strömen und der zunehmenden Wahrnehmung deren Umwelt- und gesellschaftlichen Relevanz im Zeitverlauf verschiedene Ausprägungen und Strategien der Realisierung umweltorientierter bzw. nachhaltiger Unternehmensführung herauskristallisiert. Sie beginnt mit der Materialdurchflusswirtschaft, verläuft über die umweltorientierte Materialwirtschaft bis hin zu nachhaltigem Stoffstrommanagement (vgl. Abbildung 3.1).

Abbildung 3.1: Historische Entwicklung der betrieblichen Materialmanagementstrategien im Überblick

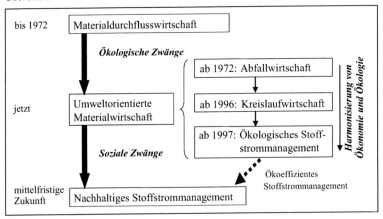

Quelle: Eigene Darstellung.

Durch die aus dem bloßen Materialdurchfluss resultierende hohe Beanspruchung der Versorgungs-, Aufnahme- und Regenerationsfunktion der Umwelt[337] vollzog sich im Zuge der mit der Verknappung natürlicher Ressourcen einher gehenden Kostensteigerung ein **phasenweiser Wandel** von der Durchflusswirtschaft zunächst hin zur Abfallwirtschaft, dann über die Kreislaufführung der Materialien[338] bis hin zur Reduzierung und Verlangsamung der Materialströme durch Effizienzsteigerung. War die Organisation der physischen Ströme auf der Mikroebene im herkömmlichen ökonomischen Zielkontext zunächst lediglich am erwünschten Produkt ausgerichtet,[339] rückten zunehmend weitere (unerwünschte) Outputs ins Blickfeld. Prioritäre Entwicklungsauslöser sind die aus der Wahrnehmung der Verknappung der Ressourcen und Entstehung von Umweltbelastungen auf politischer Ebene resultierten umweltrechtlichen Rahmensetzungen. So war das erste deutsche Abfallbeseitigungsgesetz von 1972 der Ausgangspunkt für die Etablierung der Abfallwirtschaft. Mit der Verabschiedung des KrW-/AbfG im Jahr 1996 wurde das Abfallrecht im Sinne der Verbreitung des Prinzips der Materialkreislaufführung entscheidend reformiert. Während das Abfallmanagement für die ordnungsgemäße

---

[337] Vgl. für diese drei Hauptfunktionen der natürlichen Umwelt für den Menschen MEFFERT/KIRCHGEORG (1998, S. 9); STAHLMANN (1999, S. 233); LASCH/GÜNTHER (2004, S. 133).
[338] Vgl. LIESEGANG (2003, S. 95).
[339] Vgl. FRIEGE (1999, S. 28).

Entsorgung der anfallenden Reststoffe sorgt, steht beim Kreislaufmanagement die Vermeidung der Abgabe von Reststoffen an die Umwelt mittels Kreislaufführung innerhalb eines industriellen Systems im Mittelpunkt der Betrachtung.[340] In Erweiterung dieses Prinzips und der Einsicht, dass alle Materialien umweltrelevant sind und nicht punktuell, sondern in Strömen vorherrschen, entstand das SSM, das (alle) physische(n) Ströme einer detaillierten Betrachtung unterzieht.[341] Die Herausbildung des SSM-Konzeptes wird in Abschnitt 3.3.1.2 noch näher thematisiert. Die Grenzen bzw. Übergänge zwischen den Strategien sind fließend. Nachfolgende Strategien bauen i. d. R. auf den Intentionen der zeitlich vorher entstandenen Strategien auf und stellen Erweiterungen dar. Von der traditionellen Materialwirtschaft unterscheiden sich die umweltorientierten Materialwirtschaftsstrategien und speziell das SSM durch die:[342]

- Erweiterung um umweltrelevante physische Ströme: Das SSM umfasst neben den traditionellen Regelgrößen der Materialwirtschaft sämtliche umweltrelevanten Stoffströme;
- Systembezogene Optimierung: Die Betrachtungstiefe von Materialströmen ergibt sich aus dem Ziel der zusammenhängenden Optimierung der Gesamtheit der Materialströme innerhalb eines Bilanzraumes.

Der gegenüberstellende Vergleich zwischen der Abfallwirtschaft, der Kreislaufwirtschaft und dem SSM in der Tabelle 3.4 deckt wesentliche, z. T. bereits angedeutete Eigenheiten und v. a. Unterschiede zwischen diesen drei Strategien auf. So zeigt sich ein Wandel von der Outputorientierung hin zur inputorientierten bzw. integrierten Herangehensweise, die aus der ökologischen Perspektive höheren und langfristigen Erfolg verspricht.

Das SSM kann in seiner Entwicklung aus inhaltlicher Sicht zweckmäßigerweise – wie auch in Abbildung 3.1 dargestellt – weiter in das ökologische SSM, das ökoeffiziente SSM und das nachhaltige SSM differenziert werden.[343] Mit dieser Unterteilung wird eine präzisere Einschätzung der Praxisverbreitung des SSM möglich. Der aktuelle Stand der Umsetzung umweltorientierter Materialwirtschaftsstrategien innerhalb der betrieblichen Materialwirtschaft in der Praxis deutscher Unternehmen ist als sehr mannigfaltig einzuschätzen, bewegt sich im Schwerpunkt aber im Bereich zwischen Kreislaufwirtschaft und ökoeffizientem SSM. Diese Einschätzung wird auf Basis der Literatur getroffen, in welcher eindeutig die Umweltaspekte wirtschaftlichen Handelns (z. B. in Form der Anwendung adäquater Instrumente, wie der Ökoeffizienz-Analyse[344] als Merkmal für das ökoeffiziente SSM) im Mittelpunkt des SSM stehen, während soziale Aspekte – außer in politischen Berichten – fast überhaupt nicht thematisiert

---

[340] Vgl. KALUZA/BLECKER (1998a, S. 291).
[341] Vgl. HECK (2002a, S. 15, 18-19).
[342] Vgl. ORBACH/BEUCKER/LANG (2002, S. 102). KOPYTZIOK stellt zudem fest, dass das SSM im Gegensatz zu anderen Instrumenten zusätzlich zu umweltplanerischen und -politischen Untersuchungen herangezogen werden kann. Vgl. KOPYTZIOK (2000, S. 76).
[343] Zur Erläuterung der einzelnen Ausprägungen des SSM vgl. Abschnitt 3.3.1.2.
[344] Vgl. hierzu Abschnitt 3.3.2.2.

werden.[345] Es besteht daher ein noch weitgehend ungenutztes Potenzial in der Hinsicht, dass sich das betriebliche Management in Zukunft zu einem an den physischen Strömen orientierten, nachhaltigen Management (nachhaltiges SSM) weiterentwickeln wird, das ökonomische, ökologische und soziale Aspekte gleichsam in integrierter Form berücksichtigt. Der Blickwinkel wird sich dabei zwangsläufig über die Unternehmensgrenzen hinaus bis hin zu verschiedenen Formen der partnerschaftlichen Zusammenarbeit/Kooperation ausbreiten. Bevor jedoch auf die Bedeutung und Formen kooperativen Umweltschutzes eingegangen wird, wird zunächst das SSM-Konzept mit seiner heutigen und zukünftigen Relevanz in den Kontext zu seiner Entstehungsgeschichte und seinem Verhältnis zum UM-Konzept vorgestellt.

Tabelle 3.4: Synopse der umweltorientierten Materialwirtschaftsstrategien Abfallwirtschaft, Kreislaufwirtschaft und SSM

Vergleichs-kriterium	Abfallwirtschaft	Kreislaufwirtschaft	Stoffstrommanagement
Ansatzpunkt des Umweltschutzes	Am Ende der anthropogenen Materialumwandlungskette		Am Anfang der anthropogenen Materialumwandlungskette
Orientierungspunkt	Stoffeintrag in die Umwelt	Stoffeintrag in den anthropogenen Wirtschaftsprozess	
Ausrichtung	Trennung zwischen anthropogenen und ökologischen Stoffprozessen	Verbindung zwischen anthropogenen und ökologischen Stoffprozessen	
Ziel	Verlagerung, Veränderung anthropogener Materialströme	Gestaltung anthropogener Materialströme in Anlehnung an den ökologischen Stoffhaushalt	Gestaltung anthropogener Materialströme in Verbindung mit dem ökologischen Stoffhaushalt
Umsetzungsform	Verlängerung des anthropogenen Wirtschaftsprozesses um nicht-wertschöpfende Stoffumwandlungsprozesse	Ergänzung des anthropogenen Wirtschaftsprozesses um nicht-wertschöpfende Stoffumwandlungsprozesse	Integration der Reproduktion in den anthropogenen Wirtschaftsprozess
Fokus im WS	Betriebliche Wertschöpfungskette	Betriebliche Wertschöpfungskette und ggf. Ausweitung auf das WS	

Quelle: Eigene Darstellung, erweitert und abgewandelt in Anlehnung an KOPYTZIOK (2000, S. 113).

3.3.1.2 Stoffstrommanagement

Der Begriff des SSM[346] wurde in den 90er Jahren im Zuge der Nachhaltigkeitsdiskussion von der deutschen ENQUETE-KOMMISSION zum „Schutz des Menschen und der Umwelt" geprägt und verstanden als die „zielorientierte, verantwortliche, ganzheitliche und effiziente Be-

---

[345] Zu dieser Schlussfolgerung gelangen SEURING/MÜLLER auf Basis einer umfassenden Literaturanalyse zum Entwicklungsstand des SSM in der deutschsprachigen Literatur im Zeitraum 1992-2003. Vgl. SEURING/ MÜLLER (2005, S. 74); SEURING/MÜLLER (2004, S. 151).
[346] In Anlehnung an die Begriffunterscheidung zwischen „Material" und „Stoff", wonach der Material-Begriff im betriebswirtschaftlichen Sinne und der Stoff-Begriff im Zusammenhang mit Vorgängen in der Natur verwendet wird (vgl. HÄRDLER (1999, S. 28); HEISERICH (2002, S. 60)), wird im Rahmen der vorliegenden Arbeit dem in der Literatur verbreiteten SSM-Begriff gefolgt. Schließlich bezieht sich das SSM nicht nur allein auf betrieblich-physische Ströme (dann müsste von einem ökologischen Materialstrommanagement gesprochen werden), sondern auch auf Bewegungen von Stoffen in der Natur. Zu beachten ist in diesem Zusammenhang auch, dass das Energiemanagement, das die Erfassung, Analyse und Aufbereitung aller energierelevanten Daten beinhaltet, aufgrund der ähnlichen Ziele und Nutzenaspekte als ein Teilbereich des SSM angesehen werden kann. Vgl. KAISER/STARZER (1999, S. 4). Der SSM-Begriff subsumiert somit im Rahmen dieser Arbeit das Management aller stofflichen und energetischen Ressourcen.

einflussung von Stoffsystemen bzw. anthropogenen Strömen"[347] und zwar unter primär ökologischen Gesichtspunkten, aber möglichst auch unter Berücksichtigung der ökonomischen und sozialen Aspekte.[348] Das SSM hat in erster Linie die Harmonisierung und Verknüpfung naturwissenschaftlich-ökologischer und betriebswirtschaftlich-ökonomischer Analysen von Stoff- und Energieströmen zum Ziel.[349] Es ist ein Konzept zur Planung, Umsetzung und Kontrolle von Maßnahmen zur effektiven und effizienten Gestaltung der Stoffströme unter Berücksichtigung nachhaltigkeitsbezogener Interdependenzen in Stoffsystemen.[350] Dementsprechend ist „das Management von Stoffströmen als ein in seiner Gesamtheit zu optimierendes System, an dem unterschiedlichste gesellschaftliche Gruppen beteiligt sind", zu verstehen.[351]

Mit der Begriffsdefinition des SSM durch die ENQUETE-KOMMISSION wurde auf betriebswirtschaftlicher Ebene ein Verständniswandel vom traditionell ökonomisch geprägten produktions- und materialwirtschaftlichen Umgang mit physischen Strömen zur ökologisch determinierten stoffstromorientierten Ausrichtung mit unternehmensübergreifendem Charakter ausgelöst.[352] Hatten die Arbeiten zum SSM zunächst (nur) politischen Anreizcharakter, wurde das SSM etwa im Jahr 1997 durch die Wirtschaft aufgegriffen und ausgestaltet.[353] Die in Abschnitt 3.3.1.1 vorgenommene Differenzierung des SSM ergibt sich aus seiner stetigen Weiterentwicklung. So war das SSM zunächst stark ökologisch geprägt (**ökologisches SSM**). Es zielte aus methodischer Sicht auf die mengenbezogene Offenlegung der ökologischen Auswirkungen von Stoff- und Energieströmen innerhalb eines Systems zur Ermittlung und Bewertung dessen Umweltleistung.[354] Die Wahrnehmung der hohen Kostenrelevanz der physischen Ströme hat im Weiteren zur Entwicklung des **ökoeffizienten SSM** geführt. So umfassen allein die Materialkosten in produzierenden Unternehmen je nach Branche ca. 50 % bis 70 % der Herstellkosten[355] und stellen daher einen beachtenswerten Kostenblock dar. Der Anteil steigt weiter an, wenn man neben den Materialkosten auch die Kosten für die Entsorgung (= Entsorgungskosten, die ca. 2 % Anteil an den Gesamtkosten umfassen) von transformiertem, unerwünschtem Material und die Kosten im Zusammenhang mit der Handhabung der Materialien (Bearbeitungskosten, die ca. 20 % bis 40 % der Herstellkosten umfassen) in die Betrachtungen mit einbezieht.[356] Die nächst höhere Entwicklungsstufe bildet das **nachhaltige SSM**, welches

---

[347] ENQUETE-KOMMISSION (1994, S. 85, 549).
[348] Vgl. ENQUETE-KOMMISSION (1994, S. 549-550); FERUS/JAKUBCZICK (1995, S. 6); KIRCHGEORG (1999, S. 35-36).
[349] Vgl. SCHNEIDEWIND (1999a, S. 481).
[350] Vgl. STAUDT/SCHROLL/SCHWERING (2000, S. 6); STAUDT/SCHROLL/AUFFERMANN (2000, S. 16); KOPYTZIOK (2000, S. 76).
[351] ORBACH/BEUCKER/LANG (2002, S. 101).
[352] Vgl. STAUDT/SCHROLL/AUFFERMANN (2000, S. 4).
[353] Arbeiten zur Ökobilanzierung und zum Umweltcontrolling haben dabei zur stetigen Weiterentwicklung des SSM beigetragen. Vgl. SEURING/MÜLLER (2005, S. 74).
[354] Vgl. ALTMANN (1997, S. 217); GRIEẞHAMMER (1999, S. 69).
[355] Vgl. STROBEL/ENZLER (1997, S. 15); LANDESANSTALT FÜR UMWELTSCHUTZ BADEN-WÜRTTEMBERG (Hrsg.) (1999, S. 7); STROBEL (2001, S. 87-88).
[356] Vgl. LANDESANSTALT FÜR UMWELTSCHUTZ BADEN-WÜRTTEMBERG (Hrsg.) (1999, S. 7); für diese Sichtweise vgl. auch EIFLER/KRAMER (2003a, S. 181-182).

gemäß dem Leitbild der Nachhaltigen Entwicklung neben der Ökonomie und der Ökologie auch die soziale Komponente aktiv mit berücksichtigt.

Mittels des Aufbaus und kontinuierlichen Einsatzes eines SSM lässt sich für die Unternehmen somit **Nutzen** in folgenden Hinsichten erzielen:[357]

- Direkte Nutzenkomponenten: Aus der mengenmäßigen Material-/Energieeinsparung resultiert eine Senkung der Material-/Energiekosten, die bei gleich bleibenden Preisen und sonstigen Kosten zu einer Erhöhung des Gewinns führen kann. Ggf. kann durch die Reduktion der Ströme gleichzeitig eine Senkung des Gefährdungspotenzials der Beschäftigten erreicht werden.

- Indirekte Nutzenkomponenten: Umweltentlastung und Verbesserung der betrieblichen Umweltsituation, Steigerung der Kostentransparenz, Reduktion der Kosten für Versicherung/Wartung, Erhöhung des Qualitätsbewusstseins, Verbesserung der Arbeitsbedingungen, Verbesserung des Verhältnisses zu Behörden, Imagesteigerung usw.

Abbildung 3.2: Klassifizierung des Stoffstrommanagements

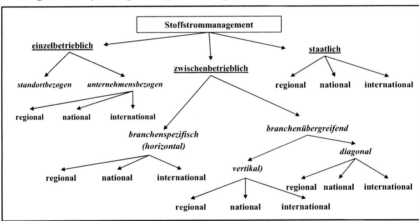

Quelle: Eigene Darstellung, in Anlehnung an UBA (Hrsg.) (1997a, S. 37, 42-43); KALUZA/BLECKER (1996, S. 27); FICHTER/KUJATH (1999, S. 2); STAUDT/SCHROLL/AUFFERMANN (2000, S. 17).

Neben der inhaltlichen Differenzierung des SSM bietet sich auch eine Typologisierung aus Sicht der Systemgrenzen an, denn gemäß ENQUETE-KOMMISSION können die mit dem SSM verfolgten Ziele „auf betrieblicher Ebene, in der Kette der [an einem Stoffstrom] beteiligten Akteure oder auf staatlicher Ebene entwickelt werden".[358] Eine **systemgrenzenbezogene Systematisierung** lässt sich demnach in das unternehmensbezogene und das staatliche SSM vornehmen (vgl. Abbildung 3.2). SSM ist aus Unternehmenssicht sowohl auf einzelbetrieblicher als auch zwischenbetrieblicher (branchenintemer oder branchenübergreifender) und im

---

[357] In Anlehnung an KAISER/STARZER (1999, S. 4).
[358] ENQUETE-KOMMISSION (1994, S. 85).

Weiteren sowohl auf regionaler, nationaler als auch auf internationaler Ebene denkbar.[359] In den vorangegangenen Ausführungen stand das SSM v. a. aus einzelbetrieblicher Sicht im Vordergrund. Das zwischenbetriebliche SSM wird in Abschnitt 3.3.2 im Rahmen des kooperativen Umweltschutzes aufgegriffen und thematisiert.

3.3.1.3 Zum Verhältnis zwischen Umweltmanagement und Stoffstrommanagement

UM und SSM können allein oder auch in Kombination in einem Unternehmen Anwendung finden. Auch wenn eine Reihe von Unterschieden zwischen beiden Konzepten bestehen (vgl. Tabelle 3.5), verbindet sie das sehr ähnliche Ziel der **Reduzierung der betrieblichen Umwelteinwirkungen** bzw. die Verbesserung der Umweltleistung. Sie sind daher beide miteinander nicht nur kompatibel, sondern können sich gegenseitig verstärken. So kann das Vorhandensein eines UM-Systems das einzelbetriebliche SSM unterstützen, indem es v. a. den organisatorischen Rahmen für die Einbindung in die Unternehmensaktivitäten bildet. Umgekehrt lässt sich mit dem permanenten Hinterfragen der umweltrelevanten Stoff- und Energieströme auf einzel- und/oder zwischenbetrieblicher Ebene der kontinuierliche Verbesserungsprozess des UM anstoßen und stetig fortführen.[360]

Tabelle 3.5: Synopse von UM und SSM

Vergleichskriterium	Normiertes Umweltmanagement nach ISO 14001/EMAS	Stoffstrommanagement
Leistungsmaßstab	Kontinuierliche Verbesserung der Umweltleistung bzw. des UM-Systems	Gestaltung bzw. Reduzierung umweltrelevanter Stoff- und Energieströme
Systemgrenzen	Standort bzw. Organisation	Prozesse, Produkte, Organisationen
Brancheneignung	Keine Begrenzung (Produzenten, Dienstleister)	V. a. produzierende Unternehmen
Rahmenbedingungen für die Implementierung	Implementierung freier oder standardisierter Systeme (gemäß EMAS usw.), ggf. integriert in ein IM-System	Prozess von Teilschritten als freies System bzw. integriert in bestehende Managementsysteme
Prüfung	Regelmäßiges Überwachungsaudit bzw. Umweltbetriebsprüfung	Keine Auditierungspflicht
Zertifizierbarkeit	Gemäß standardisierter Normen möglich	Nicht gegeben
Öffentlichkeitswirksamkeit	Umwelterklärung bzw. -bericht, über ISO-Zertifikat bzw. EMAS-Urkunde sowie -Logo	Keine verpflichtende Berichterstattung oder Kennzeichnung

Quelle: Eigene Darstellung.

Sind beide Konzepte präsent, wird das SSM in Anlehnung an RÜDIGER als eine besondere Ausprägung zur Verfolgung umweltorientierter Ziele und damit als (Bestand-) Teil, Subsystem bzw. Ergänzung des UM verstanden.[361] Das SSM unterstützt das eher formale, auf statische Elemente (d. h. Anweisungen, Regelungen, Dokumentationen) ausgerichtete UM durch eine produktionsintegrierte Sichtweise, indem es Qualitäts- und Umweltprobleme frühzeitig zu ver-

---

[359] Vgl. u. a. MAHAMMADZADEH/BIEBELER (2004, S. 10-11). Eine Sonderform stellt das stofforientierte SSM dar, welches sich mit komplexen Strömen eines ausgewählten (Schad-)Stoffes (z. B. Cadmium) beschäftigt. Vgl. UBA (Hrsg.) (1997a, S. 37). Das stofforientierte SSM kann einzel- oder zwischenbetrieblich oder häufiger auch staatlich intentioniert sein.
[360] Vgl. HELLING (2002, S. 59).
[361] Vgl. RÜDIGER (2000, S. 12-13).

meiden und den Einsatz teurer nachgelagerter Kontroll- und Korrekturmaßnahmen zu reduzieren versucht.[362] Das SSM ermöglicht es dem UM, bis dato nicht ausgeschöpfte Nutzenpotenziale im Umweltschutz zu erkennen.

3.3.2 Kooperativer Umweltschutz zwischen umweltorientierten Unternehmen

Die Entwicklung des kooperativen Umweltschutzes stellt in erster Linie ein notwendiges Erfordernis dar, das sich – wie in Abschnitt 3.2 bereits angedeutet wurde – aus dem zunehmend globaleren Ausmaß der Umweltwirkungen der Produktion und Produkte ergibt und z. T. nur durch Zusammenarbeit regionaler bzw. globaler Akteure bewältigt bzw. vorgebeugt werden kann. Aber auch oder gerade aus einzelbetrieblicher Sicht ist kooperativer Umweltschutz von Bedeutung. Für Unternehmen stellt der Umweltschutz zwar keine Kernkompetenz dar und wird nur als Nebenaufgabe verstanden.[363] Dennoch ist es nicht möglich, betriebliche Umweltschutzaufgaben komplett auszulagern, da gemäß dem Verursacherprinzip derjenige zur Verantwortung gezogen wird, der einen Umweltschaden verursacht (hat). Da Unternehmen selbst bei ausgeprägtem Umweltbewusstsein aber i. d. R. nicht über alle erforderlichen **Umweltkompetenzen** verfügen (können), sind sie zunehmend auf externe Ressourcen und Know-how angewiesen.[364] Mit dem Trend des Outsourcings einzelner betrieblicher Aufgaben und Funktionen (z. B. in der Logistik) kann zwangsläufig sogar ein Verlust an (umweltorientiertem) Wissen in einzelnen Teilbereichen (z. B. zum umweltorientierten Transport) einhergehen. Mit zunehmender interorganisationaler Arbeitsteilung verteilt sich die Verantwortung für den Umweltschutz bei der Herstellung eines Produktes zudem auf immer mehr in sich abgeschlossene, selbstständige Wertschöpfungseinheiten bzw. Unternehmen. Dies hat zwangsläufig eine zunehmende „Segmentierung" der Umweltschutzaktivitäten zur Folge.

Doch selbst wenn eine angemessene Umweltkompetenz im Unternehmen vorliegt, stoßen Unternehmen, die sich die Verfolgung umfassenden Umweltschutzes zum Ziel gesetzt haben, bei deren Umsetzung relativ schnell an ihre finanziellen und/oder räumlichen Grenzen. So begrenzt sich der betriebliche Umweltschutz bislang häufig auf die Bearbeitung der offensichtlichsten, unmittelbar beeinflussbaren und finanziell tragbaren Problemlagen, was in besonderem Maße für KMU gilt.[365] Unternehmen, die bereits über viele Jahre hinweg im Umweltschutz aktiv sind, fällt die Initiierung weiterer Verbesserungen der betrieblichen Umweltleistung zunehmend schwerer.[366] Früher oder später sind auf das eigene Unternehmen begrenzte Umweltmaßnahmen so kapitalintensiv, dass sie nicht oder eher selten getätigt werden. Über die Unternehmensgrenze hinausgehender Umweltschutz entzieht sich zunächst jedoch dem Einflussbereich dieser Unternehmen. Schließlich durchläuft der Unternehmensoutput im Zuge der hohen interorganisationalen Arbeitsteilung i. d. R. noch eine Reihe weiterer selbstständiger und selbstverantwortlicher Unternehmen, die ihrerseits ebenso umweltbeeinflussend wirken. Durch

---
[362] Vgl. LANDESANSTALT FÜR UMWELTSCHUTZ BADEN-WÜRTTEMBERG (Hrsg.) (1999, S. 8).
[363] Vgl. MÜLLER-CHRIST/BEHRENS/NAGLER (2005, S. 79).
[364] Vgl. KALUZA/BLECKER (1998b, S. 27).
[365] Vgl. CLAUSEN et al. (2004, S. 419-420).
[366] Vgl. BEHLERT/PETROVIC (2005, S. 117).

die begrenzte Reichweite der einzelbetrieblichen Entscheidungen ist das Umweltverhalten der im WS vor- und nachgelagerten Unternehmen aber nicht direkt beeinflussbar. Zudem sind spezielle umweltbezogene Ziele und Aufgaben, wie die Schaffung von Stoffkreisläufen, aus technischen, ökologischen und/oder ökonomischen Gründen z. T. einzelbetrieblich gar nicht leistbar. Zur Bewältigung derartiger strategischer und operativer Aufgaben bietet sich die umweltbezogene Kooperation mit Unternehmen und anderen Stakeholdern an. Erst durch Kooperation entsteht und wächst das Beeinflussungspotenzial über die eigene Unternehmensgrenze hinaus.[367]

Außerdem wird über betriebliche UM-Systeme hinaus Umweltkooperation durch verschiedene Stakeholder zunehmend gefordert. Insbesondere (multinationale) Großunternehmen sollen nicht nur die ökologische Verantwortung für sich selbst, sondern möglichst gleich für den gesamten Wertschöpfungsprozess im WS übernehmen. Diese Aufgabe fällt ihnen aber noch sehr schwer, da sie selten annähernd alle Akteure ihres WS kennen.[368] Der Einbezug der Lieferanten und Kunden oder gar die Betrachtung des gesamten WS bieten jedoch vielfältige, neue Einflussmöglichkeiten.[369] Mittels guter partnerschaftlicher Zusammenarbeit und kontinuierlicher Abstimmung bis hin zur engen, vertrauensbasierten Kooperation in Umweltbelangen mit den Akteuren der vor- und nachgelagerten Wertschöpfungsstufen kann eine durchgängig umweltverträgliche Produktion und Umgang mit dem Produkt erreicht und dabei ineffiziente umweltbezogene Insellösungen[370] im WS vermieden und durch effektivere und/oder effizientere Maßnahmen ersetzt werden. Die verschiedenen Formen sowie die Vor- und Nachteile kooperativen Umweltschutzes stehen im Mittelpunkt der nachfolgenden Betrachtungen.

3.3.2.1 Formen und Effekte kooperativen Umweltschutzes

Wie bereits in Abschnitt 2.1.2 exemplarisch angedeutet wurde, beinhaltet kooperativer Umweltschutz bzw. Umweltkooperation die partnerschaftliche Zusammenarbeit zwischen zwei oder mehr Institutionen im Zusammenhang mit ökologischen Belangen.[371] Während Kooperation häufig als ein Ergebnis der Konzentration und Zusammenführung von Kernkompetenzen angesehen wird, trifft diese Tendenz im Umweltbereich i. d. R. nicht zu, da hier nicht die Kernkompetenzen eines Unternehmens liegen.[372] **Kooperativer Umweltschutz** beruht vielmehr auf dem Vorhandensein einer gemeinschaftlichen (d. h. kollaborativen) Problemlösungsfähigkeit im Umweltschutz auf Basis der jeweiligen Situation und Kompetenz der einzelnen Teilnehmer. Umweltkooperation ist dabei bezogen auf Umweltbelange die intermediäre Orga-

---

[367] Vgl. WILDEMANN (1998, S. 15).
[368] Vgl. KOPLIN/SEURING/BESKE (2005, S. 50).
[369] Vgl. SEURING/MÜLLER (2004, S. 144).
[370] Vgl. MEFFERT/KIRCHGEORG (1998, S. 20). Durch unkoordiniertes Agieren der Akteure eines WS kann es zur Umsetzung ökologisch und/oder ökonomisch suboptimaler Lösungen/Maßnahmen des Umweltschutzes kommen, die im Endeffekt nicht dem Gesamtoptimum entsprechen und daher ineffizient sind. Vgl. LASCH/GÜNTHER (2004, S. 186, 275).
[371] Vgl. SCHNEIDEWIND (1998, S. 289). Ökologische Belange müssen dabei nicht das Hauptmotiv der einzelnen Partner, aber zumindest ausdrücklicher Gegenstand der Abstimmung zwischen diesen sein. Vgl. SCHNEIDEWIND (1995, S. 17).
[372] Vgl. KRIWALD/SCHUTH (2000, S. 162).

nisationsform zwischen Umweltschutz im Markt (z. B. viele einzelne KMU) und Umweltschutz bei vollständiger vertikaler Integration (= ein großes Unternehmen). Mittels Umweltkooperation zwischen KMU lassen sich somit die Skaleneffekte der großen Unternehmen nutzen, und der Umweltschutz kann annähernd so effizient wie in einem vergleichbaren Großunternehmen vollzogen werden.

Ziel der Umweltkooperation ist die Reduktion der Umweltbelastungen von umweltrelevanten Objekten (insbesondere Produkten, aber auch Verfahren oder Prozessen) durch gemeinsame Suche nach Verbesserungsmöglichkeiten. Derartige Kooperation reichen von der brancheninternen oder -übergreifenden, umweltfokussierten Zusammenarbeit einzelner Mitarbeiter (z. B. Umweltbeauftragter[373]) bis hin zu ganzen Unternehmen(seinheiten). Derartige Kooperationen sind dabei keinesfalls als starr anzusehen, sondern sind i. d. R. vielmehr eine dynamische Weiterentwicklung der bestehenden Strukturen mit dem Ziel der Einbindung möglichst vieler Akteure.[374] In Anlehnung an die Differenzierung von Kooperationen in Abschnitt 2.1.2 wird Umweltkooperation aus der Sicht der an der Kooperation beteiligten Akteure im Weiteren auf über- und zwischenbetrieblicher Ebene unterschieden. Prinzipiell sind die Übergänge zwischen beiden Formen fließend: Aus einer zwischenbetrieblichen kann sich bspw. eine überbetriebliche Umweltkooperation entwickeln und umgekehrt.

Der **überbetrieblich-kooperative Umweltschutz** bezieht neben Unternehmen auch andere marktliche, staatliche oder gesellschaftliche Institutionen/Organisationen mit ein, z. B. Branchenverbände, Institutionen der Politik und Verwaltung, NGOs (wie Umwelt- und Verbraucherschutzorganisationen). Hierzu gehören v. a. marktlich-staatliche (z. B. Umweltpartnerschaften[375]) und marktlich-gesellschaftliche Kooperationen sowie deren Kombinationen.[376] Ein typisches Beispiel für überbetriebliche Umweltkooperation bilden sog. Produktforen, in denen ganz unterschiedliche Akteure einer Produktgruppe mit dem Ziel der ökologischen Anpassung von Produktions- und Konsummustern kooperieren.[377]

Der **zwischenbetrieblich-kooperative Umweltschutz** begrenzt sich dagegen auf die Zusammenarbeit von bzw. zwischen Unternehmen. Betrachtungsgegenstand sind i. d. R. umweltre-

---

[373] Analysen zur Bildung von Netzen zwischen gleichfunktionalen Experten (hier Umweltbeauftragten und Betriebsräten) verschiedener Unternehmen zeigen, dass diese einem interorganisationalen Austausch brancheninternen wie -übergreifend grundsätzlich sehr offen gegenüber stehen. Vgl. PFEIFFER/WALTHER (2004, S. 61). Wie stark derartige Expertennetzwerke den betrieblichen Umweltschutz tatsächlich positiv unterstützen, bedarf noch empirischer Untersuchungen.
[374] Vgl. SCHWARZ (2002, S. 254).
[375] Bei Umweltpartnerschaften handelt es sich um freiwillige Vereinbarungen zwischen der Wirtschaft und dem Staat mit dem Ziel, das freiwillige Umweltengagement der beteiligten Partner über die gesetzlichen Vorgaben hinaus zu fördern. Vgl. MÖLLER (2003b, S. 263). Diese findet man in fast allen deutschen Bundesländern (z. B. Umweltallianz Sachsen). Vgl. FREIER (2005, S. 110); BMU/UBA (Hrsg.) (2005, S. 293-296); speziell zur Umweltallianz Sachsen MÖLLER (2003b, S. 266-267).
[376] Ein konkretes Beispiel für das Zusammenspiel marktlicher, staatlicher und gesellschaftlicher Gruppen bilden sog. Regionale Innovationssysteme (RIS), deren Ziel die Sicherung und Unterstützung der Innovationsfähigkeit der beteiligten Unternehmen ist. Vgl. GERSTLBERGER (2006, S. 148). Vgl. für weitere Beispiele für erfolgreichen überbetrieblich-kooperativen Umweltschutz (z. B. zwischen Hertie und BUND) auch SCHNEIDEWIND (1995, S. 19).
[377] Vgl. MINISTERIUM FÜR UMWELT UND VERKEHR BADEN-WÜRTTEMBERG (Hrsg.) (2004, S. 11); auch Fußnote 61.

levante Stoff- und Energieströme. Die zentrale Ausprägung zwischenbetrieblicher Umweltkooperation ist daher das kooperative SSM zwischen zwei oder mehr Unternehmen, das häufig auch als industrielles SSM bezeichnet wird.[378] Beim zwischenbetrieblich-kooperativen Umweltschutz unterscheidet man im Weiteren hinsichtlich der Branchendiversität in branchenspezifisch (horizontale Umweltkooperation), wenn die Kooperation zwischen Unternehmen innerhalb einer Branche stattfindet (z. B. Branchenverpflichtungen, Stoffverwertungs-, Entsorgungsnetzwerke[379]), und branchenübergreifend (vertikale und diagonale Umweltkooperation), wenn die Kooperation zwischen Unternehmen verschiedener Branchen existiert (vgl. im Kontext des SSM auch Abbildung 3.2). **Horizontale Kooperation** ist in der Praxis aufgrund des bestehenden Wettbewerbs von Unternehmen innerhalb einer Branche allerdings erst in einigen wenigen Branchen und i. d. R. begrenzt auf sehr spezifische Fragestellungen (z. B. Lösung von Entsorgungsproblemen) verbreitet.

Das zunehmende betriebliche Anforderungs- und Aufgabenspektrum im Umweltschutz (z. B. Produktverantwortung gemäß § 22 KrW-/AbfG) im Einklang mit der Tendenz zur Konzentration der Aufgabenerfüllung auf die eigenen Kernkompetenzen (z. B. wird Entsorgung i. d. R. nicht als Kernkompetenz angesehen) sind die Hauptauslöser für die Etablierung **vertikaler** Umweltkooperation zwischen Unternehmen verschiedener Wertschöpfungsstufen. Hierbei handelt es sich um die bewusste Erweiterung des Blickwinkels des UM von der einzelbetrieblichen Betrachtung auf die umweltbezogene Zusammenarbeit mit den anderen Wertschöpfungsakteuren. LETMATHE sieht in der strategischen Ausweitung des UM auf den gesamten (ökologischen) Produktlebensweg die höchste Stufe bei der Umsetzung eines UM (vgl. Tabelle 3.6). Ziel eines effektiven vertikalen UM-Systems[380] ist es, über die eigenen Unternehmensgrenzen hinweg Potenziale zur Steigerung der Umweltleistung aufzudecken, indem die gemeinsame Wertschöpfung an einem Produkt ins Blickfeld rückt.[381] Dabei ermöglicht vertikale Umweltkooperation z. T. erst die Durchsetzung ökologisch orientierter Verbesserungen bei Produkten, die ohne Kooperation unter rein marktlicher Koordination zwischen den Akteuren unter gegebenen Wettbewerbsbedingungen nicht gelingt bzw. gelingen würde.[382] Die Verfolgung des physischen Stromes über mehrere Transformationsprozesse von der Wiege eines Produktes bis zurück zur Bahre/Wiege oder zumindest auf Teilabschnitten des WS steht im Mittelpunkt des sog. **vertikalen SSM**.[383] An der Steuerung des vertikal-kooperativen Umweltschutzes im WS bzw. entlang des Produktlebenswegs können eine Vielzahl von Akteuren beteiligt sein.

Neben sowohl horizontalen als auch vertikalen sind im Entsorgungsbereich auch sog. diagonale Kooperationsbeziehungen anzutreffen. Von einem diagonalen Entsorgungsnetzwerk

---

[378] Vgl. STERR (1999, S. 61); auch KALUZA/BLECKER (1996, S. 14 ff.).
[379] Vgl. UBA (Hrsg.) (1997a, S. 42-43); STAUDT/SCHROLL/AUFFERMANN (2000, S. 17). Ausführlicher zu interindustriellen Verwertungs- und Entsorgungsnetzwerken einschließlich Beispielen vgl. u. a. STREBEL (1996); KALUZA/BLECKER (1996); STERR (1999); SCHWARZ (2002); KALUZA/WINKLER (2005).
[380] Die Begriffsbestimmung erfolgt an dieser Stelle natürlich in Rückgriff auf bzw. Erweiterung zur Definition eines effizienten UM-Systems in Abschnitt 3.3.2.1.
[381] Vgl. HAMSCHMIDT (2003, S. 1).
[382] Vgl. SCHNEIDEWIND (1995, S. 18).
[383] Vgl. ausführlicher zum produktbezogenen Umweltschutz Abschnitt 3.3.2.2.

spricht man, wenn der gewonnene Reststoff in „WS-fremden" Branchen eingesetzt wird (z. B. Stahlwerksschlacke in der Landwirtschaft),[384] wobei **diagonale Beziehungen** in der Praxis auch ein Ergebnis der Vermischung von horizontalen und vertikalen Initiativen darstellen können. Letzteres ist sicherlich ein Grund dafür, dass man in der Literatur relativ selten auf die Definition und Beispiele diagonaler Umweltkooperation trifft und vielmehr nur zwischen vertikalen und horizontalen Formen von Umweltkooperation unterschieden wird.

Tabelle 3.6: Vier-Phasen-Modell des betrieblichen UM im Kontext des Übergangs zum Management von SC

Phase	Zielbereich	Merkmale
Einführungsphase	Motivation und kurzfristige Erfolge	• Erhöhung der Rechtssicherheit • Kostensenkungen durch Elimination von Ineffizienzen
Operative Verankerung	Kontinuierliche Verbesserung des Umweltmanagements	• Identifikation von kritischen Material- und Energieströmen • Fortschreitende Einbeziehung der Mitarbeiter • Erhöhte grüne Lernrate
Systematisierungsphase	Verbesserung der Informationsbasis und Veränderung der Unternehmenskultur	• Ursache-Wirkungsanalysen • Integration von Umweltinformationssystemen und von traditionellen Planungssystemen
Strategische Umsetzung	Produkt- und SC-Design	• Umweltorientierte Unternehmensstrategie und Green SC (vgl. hierzu Abschnitt 4.4.1) • Umweltorientierte Produktentwicklung • Befriedigung von Stakeholderinteressen

Quelle: LETMATHE (2003, S. 31).

Zentrale **Vorteile** der Umweltkooperation ergeben sich aus der ganzheitlichen Schaffung von Transparenz in den umweltrelevanten physischen Strömen in und v. a. zwischen den betroffenen Akteuren. Durch kollektive Nutzung der Kompetenzen der Einzelakteure lässt sich im Rahmen von Umweltkooperation Problemlösungswissen in einem Pool umweltorientierten Wissens bündeln und zugleich durch Kollaboration die Problemlösungskompetenz erhöhen.[385] Auf dieser Basis können bislang nicht erkannte Verbesserungspotenziale in der Umsetzung des Umweltschutzes identifiziert werden.[386] Durch produktbezogen strategische Umweltorientierung von der Unternehmens- bis zur WS-Ebene sind auch die Interessen der ökologischen Stakeholder am besten zu befriedigen (vgl. auch Tabelle 3.6). Während die Potenziale für betriebliches UM bzw. SSM v. a. im prozesstechnologischen Bereich liegen, sind die Potenziale beim kooperativen Umweltschutz v. a. in den Bereichen Kommunikation und Information[387]

---

[384] Vgl. KALUZA/BLECKER (1996, S. 19, 27-28); KALUZA/BLECKER (1998b, S. 29).
[385] Vgl. STERR (1999, S. 62); HAUFF/KLEINE/JÖRG (2005, S. 145).
[386] Beim vertikalen SSM gehen die Akteure des WS – in der Textilindustrie bspw. als sog. textile Kette bezeichnet – über die betrieblichen Potenziale des SSM hinaus gemeinsam die Reduzierung der Stoffströme und Umweltbelastungen an. Vgl. u. a. KLEMISCH (2001, S. 3) und für detailliertere Ausführungen SCHNEIDE-WIND (1999b).
[387] In Stoffstromnetzen haben neben den physischen Austauschprozessen v. a. Informations- und Kommunikationsprozesse zwischen den Unternehmen eine hohe Bedeutung. Neben dem Fluss organisatorisch steuernden sind auch stoffbezogene Informationen erforderlich. Vgl. FICHTER/KUJATH (1999, S. 2).

sowie Raumüberwindung zu finden und erfordern eine ausgeprägte Vertrauensbasis.[388] Mittels vertikal-kooperativen Umweltschutzes lässt sich der Verschiebung von Umweltproblemen von einer Wertschöpfungsstufe zur anderen vorbeugen,[389] aber auch ein Ausgleich von Interessen erreichen.[390] Weiterhin können durch die gemeinsame Gestaltung des Produktdesigns die physischen Ströme im WS frühzeitig festgelegt und effizient gesteuert werden.[391] Partnerschaftliche Beziehungen zwischen den Wertschöpfungsakteuren bieten den Vorteil, dass erforderliche Umweltmaßnahmen im Vorfeld im WS abgestimmt und somit zielgerichteter und effektiver umgesetzt werden können. Darüber hinaus sind auch Skalen- und Effizienzeffekte (z. B. Kostenreduktion) erzielbar, bspw. durch die gemeinsame Planung, Investition und Realisierung von Umweltmaßnahmen (z. B. gemeinsame Nutzung von Umweltschutzanlagen, Experten). Nicht zuletzt können dadurch v. a. die Umweltbelastung und betrieblichen Risiken (z. B. von Umweltinvestitionen) gesenkt werden. Aus einzelbetrieblicher Sicht kann sich der Nutzen somit in Form von Kostensenkungen (z. B. verbesserte Nutzung vorhandener Ressourcen) und/oder zusätzlichen Erlösgewinnen (z. B. bei Rückstandsverkäufen), verbessertem (verwertungsbezogenem) Problemlösungspotenzial, Stärkung des Images von Netzwerkmitgliedern usw. ergeben.[392] SEURING sieht für Unternehmen in der Umweltkooperation letztlich eine Chance, die Wettbewerbsfähigkeit der Unternehmen eines WS zu verbessern und gleichzeitig die Umweltbelastung zu reduzieren.[393]

Diesen Nutzenkomponenten stehen verschiedene Transaktionsbarrieren und v. a. hohe Transaktionskosten gegenüber, die eine autonome Entwicklung einer Umweltkooperation (insbesondere zwischen KMU) behindern können.[394] So wirkt **nachteilig**, dass die Erfassung und abgestimmte Steuerung der physischen Ströme und der vielfältigen Interessen schwerer handhabbar ist als bei Einzelunternehmen.[395] Dementsprechend sind die Informations- und Kommunikationskosten höher.[396] Hemmend kann sich v. a. der nicht geregelte Umgang mit sensiblen Unternehmensdaten und fehlendes Vertrauen gegenüber den Kooperationspartnern auswirken.

Da kooperativer Umweltschutzes nicht wie ein UM-System mittels Zertifikat nachweisbar ist, ist eine verallgemeinernde Einschätzung deren aktuellen Praxisrelevanz nur schwer möglich. Sie wird v. a. dadurch erschwert, dass „obwohl die Notwendigkeit und Nützlichkeit von Kooperation zur Lösung von Umweltproblemen normativ anerkannt wird, empirisch orientierte Arbeiten zur Typologisierung, Erkundung der Voraussetzungen, Wirkungsanalysen [...] eher

---

[388] Vgl. STERR (1999, S. 62); MEYER (1999, S. 175).
[389] Vgl. SEURING/SCHNEIDEWIND (2000, S. 12-13); ENQUETE-KOMMISSION (1994, S. 609-610).
[390] Vgl. MINISTERIUM FÜR UMWELT UND VERKEHR BADEN-WÜRTTEMBERG (Hrsg.) (2004, S. 14).
[391] Vgl. SEURING/SCHNEIDEWIND (2000, S. 12).
[392] Vgl. SCHWARZ (2002, S. 251).
[393] Vgl. SEURING (2004, p. 1059).
[394] Hier können meist professionelle intermediäre Akteure (Umweltberater usw.) Hilfestellung leisten. Vgl. FICHTER/KUJATH (1999, S. 2).
[395] Vgl. HECK (2002b, S. 75).
[396] Vgl. STERR (1999, S. 62).

[noch] rar sind".³⁹⁷ Ähnliches gilt im Speziellen auch für zwischenbetriebliche Stoffstromvernetzungen: Erfahrungen aus verschiedenen Stoffstromprojekten haben die vielfältigen Potenziale und Vorteile gezeigt, aber zugleich wird auch konstatiert, dass „der Technologie- und Know-how-Transfer für eine breite Diffusion derartiger Ansätze noch nicht ansatzweise stattgefunden hat".³⁹⁸

Die Anforderungen bei der Implementierung und Anwendung eines normierten UM-Systems liefern dabei einen – wenn auch begrenzten – Anreiz zur Ausweitung des Blickfeldes auf Unternehmen gleicher oder anderer Wertschöpfungsstufen. Bspw. sind Fremdfirmen, die auf dem Gelände eines UM-Anwenders tätig sind, verpflichtet, die Anforderungen dessen UM-Systems zu beachten und umzusetzen. Das schließt ggf. erforderliche Schulungen der Mitarbeiter der Fremdfirmen ein.³⁹⁹ Zudem verlangt EMAS neben den signifikanten direkten (betrieblichen) Umweltaspekten⁴⁰⁰ auch indirekte Umweltaspekte auszuweisen. **Direkte Umweltaspekte** gehen vom Unternehmen selbst aus und können von diesem auch unmittelbar und ohne größere Probleme ermittelt und beeinflusst werden. **Indirekte Umweltaspekte** entstehen dagegen auf vor- oder nachgelagerten Wertschöpfungsstufen und können von einem Unternehmen nur mittelbar, insbesondere auf Basis guter Beziehungen zu den entsprechenden Akteuren des WS, identifiziert und gelenkt werden.⁴⁰¹ Die Kenntnis der indirekten Umweltaspekte ermöglicht es dem UM-Anwender sein(e) Produkt(e) hinsichtlich Design, Verpackung, Transport, Entsorgung usw. zu analysieren.⁴⁰² Um darauf hin im nächsten Schritt auch wirksam Einfluss nehmen zu können, ist partnerschaftliche Zusammenarbeit in Form vertikaler Umweltkooperation unumgänglich. Das Umweltentlastungspotenzial dieser Form kooperativen Umweltschutzes wird dabei als hoch eingeschätzt, da durch ein zwischen mehreren Unternehmen aufeinander folgender Wertschöpfungsstufen abgestimmtes Vorgehen im Umweltschutz neue, bislang einzelbetrieblich nicht nutzbare Potenziale im Umweltschutz innerhalb des WS transformations- und produktbezogen erschlossen werden können.

Von einer derzeit erst ansatzweisen, aber keinesfalls breiten Realisierung und Verankerung vertikal-kooperativen Umweltschutzes ist auch vor dem Hintergrund auszugehen, dass in den betrieblichen Umweltleitlinien/-politiken UM-zertifizierter Unternehmen seltener der gesamte Produktlebensweg, sondern i. d. R. lediglich die Zusammenarbeit mit bzw. die Mitverantwortung der unmittelbar vor- und nachgelagerten Unternehmen berücksichtigt wird. Die weiteren Akteure des Produktlebensweges (z. B. Sublieferanten) werden vom Unternehmen nicht betrachtet, sondern scheinbar der Verantwortung des vor- bzw. nachgelagerten Unternehmens überlassen.

---

[397] JACOB/JÖRGENS (2001, S. 7).
[398] THEMATISCHES KOMPETENZNETZWERK MANAGEMENT AKTEURSORIENTIERTER INDUSTRIELLER NETZWERKE ZUM NACHHALTIGEN WIRTSCHAFTEN (Hrsg.) (2001, S. 4).
[399] Vgl. LIEBACK (2004, S. 8-9).
[400] Zum Begriff „Umweltaspekte" vgl. Fußnote 334.
[401] Vgl. HAMSCHMIDT (2003, S. 6). In den Problemen (v. a. erheblicher Mehraufwand) bei der Erfassung der indirekten Umweltaspekte sehen BEHLERT/PETROVIC einen Grund für das rückläufige Interesse an EMAS in Deutschland. Vgl. BEHLERT/PETROVIC (2005, S. 118); auch Abschnitt 3.3.1.1 und v. a. Fußnote 327.
[402] Vgl. LIEBACK (2004, S. 8).

Zudem spielen **produktbezogene Umweltziele**, deren Umsetzung zwangsläufig eine Abstimmung mit den vor- bzw. nachgelagerten Wertschöpfungsstufen erfordert, in der betrieblichen Umweltpolitik in vielen Unternehmen eine eher untergeordnete Rolle. Bislang bringen lediglich einige Großunternehmen (z. B. General Motors, Ford, adidas) ihr Interesse an einer stärkeren umweltfokussierten Beeinflussung des Produktlebenswegs und damit auch von Teilen des WS zum Ausdruck. Diese Unternehmen stehen häufig am Ende eines WS und fordern von den Unternehmen vorgelagerter Wertschöpfungsstufen die Erfüllung von Umweltstandards (z. B. die Einführung eines UM-Systems).[403] Kommen die Lieferanten den Anforderungen nicht nach, besteht die Gefahr, dass sie aus dem Lieferantenpool herausfallen. Dementsprechend führen einige dieser Unternehmen ein UM-System nicht freiwillig, sondern erst auf Druck eines starken Akteurs des WS ein.[404] Die aktive Gestaltung bzw. Einflussnahme auf vor- und nachgelagerte Prozesse ermöglichen es diesen Unternehmen ihre Umweltleistung zu steigern. Allerdings zeigt bspw. eine empirische Studie in der deutschen Automobil(zuliefer)industrie, dass der Forderung der Automobilproduzenten nach Umweltstandards zwar durch die direkten Lieferanten stark nachgekommen wird, aber diese bereits am Übergang vom Lieferanten zum Sublieferanten kaum mehr zu spüren ist. Die meisten Unternehmen begrenzen sich in der Anerkennung der Verantwortung für den Umweltschutz nach wie vor auf ihre eigene Tätigkeit.[405] Da somit selbst in ökonomisch maßgeblichen und umweltbezogen (sehr) zertifizierungsintensiven Branchen wie der Automobil(zuliefer)industrie[406] wertschöpfungsstufenübergreifender Umweltschutz mittels der Durchsetzung von Forderungen nach Umweltstandards bisweilen nur sehr begrenzt wirksam ist, ist insgesamt keine große, mehrere Wertschöpfungsstufen umfassende Verbreitung vertikaler Umweltkooperation (unter Beteiligung deutscher Unternehmen) zu erwarten.

Nachdem die Formen, der Nutzen und die Nachteile sowie der Anwendungsstand des kooperativen Umweltschutzes eruiert sind, widmet sich der nachfolgende Abschnitt noch etwas ausführlicher dem produktbezogenen Umweltschutz, der durch vertikal-kooperativen Umweltschutz unterstützt werden kann.

---

[403] Vgl. FIVE WINDS INTERNATIONAL (Ed.) (2000, p. 34); LETMATHE (2003, S. 15); SEURING/MÜLLER (2004, S. 145); KOPLIN (2006, S. 343). Bspw. verlangen Sportartikelhersteller (wie adidas-Salomon AG, Puma oder Nike) in strikten Lieferverträgen und -kontrollen, dass alle seine Zulieferer nach vorgegebenen ökologischen und sozialen Bedingungen produzieren. Vgl. u. a. ADIDAS (Hrsg.) (2004, S. 11); ROLOFF (2006, S. 378-396). In der Praxis stoßen Umwelt- und Sozialanforderungen multinationaler Unternehmen mit Blick auf die Produktion in Schwellen- und Entwicklungsländern aufgrund des restriktiven Wirkens von NGOs auf zunehmend stärkeres Interesse. Vgl. hierzu auch eine Analyse zur Einführung von Sozialstandards in marokkanischen Textilunternehmen ROLOFF (2006, S. 397-524). In der Literatur wird die konsequente Forderung der Anwendung spezieller Umwelt- und Sozialstandards über das gesamte WS – v. a. in ihrer Kombination – insgesamt noch sehr zurückhaltend thematisiert. Vgl. SEURING/MÜLLER (2004, S. 145, 154).

[404] Vgl. LETMATHE (2003, S. 26-27).

[405] Vgl. für den Automobil(zuliefer)bereich KOPLIN/SEURING/BESKE (2005, S. 53) sowie in generalisierter Form OPPEL (2006, S. A6).

[406] Gemäß Brauweiler sind der deutsche Fahrzeugbau sowie deren Zulieferer ökonomisch maßgebliche Branchen, da sie eine hohe Beschäftigung, Umsatz und Arbeitsproduktivität, und sehr zertifizierungsintensiv, da sie im Vergleich zu anderen Branchen eine überdurchschnittliche Zertifizierungsintensität aufweisen. Vgl. hierzu BRAUWEILER (2002b, S. 184-185, 214).

3.3.2.2 Kooperation im produktbezogenen Umweltschutz

Die unmittelbare Schnittstelle zum produktbezogenen Umweltschutz stellt das **vertikale SSM** dar, das auch als produktbezogenes bzw. produktlebenswegbezogenes SSM bezeichnet wird. Wie bereits in Abschnitt 3.3.2.1 angedeutet, werden beim vertikalen SSM die physischen Ströme des gesamten Produktlebensweges unter primär ökologischen Gesichtspunkten betrachtet. Auf diese Weise lassen sich die Umweltauswirkungen eines Produktes ermitteln und mit Produktalternativen vergleichen, um Handlungsansätze zur Verbesserung der Situation zu identifizieren. In diesem Kontext wurden in den vergangenen 30 Jahren verschiedene normierte und nicht-normierte Bewertungs- und Planungsverfahren, wie z. B. das Konzept der ökologischen Buchhaltung, die Produktökobilanzierung (auch: LCA genannt) gemäß DIN EN ISO 14040, die Ökoeffizienz-Analyse der BASF AG oder das OPUS-Konzept, entwickelt.[407] Diese methodischen Ansätze unterscheiden sich u. a. dahingehend, dass die Bewertung eindimensional aus rein ökologischer Sicht oder zweidimensional in integriert ökonomisch-ökologischer Form erfolgt.

Die Bildung von **Produktökobilanzen** durch Unternehmen ist aufgrund der zunehmenden interorganisationalen Arbeitsteilung nur noch schwer bzw. mit sehr hohem Aufwand möglich, da immer mehr Unternehmen eines WS ihre Daten zur Verfügung stellen müss(t)en. Dazu bedarf es eines offenen, vertrauensbasierten Informationsaustausches, d. h. kooperativer Beziehungen zwischen den Unternehmen des WS. Der Umgang mit vertraulichen Informationen, der hohe Aufwand derartiger Untersuchungen oder die Glaubwürdigkeit der Ergebnisse sind einige Gründe dafür,[408] warum produktbezogene Ökobilanzierungen seltener von den betroffenen Unternehmen, am wenigsten von KMU, und eher von unabhängigen Institutionen, z. B. privatwirtschaftlichen Forschungsinstituten, z. T. in Zusammenarbeit bzw. im Auftrag mit interessierten Unternehmen ausgeführt werden.

Im Kontext der Ermittlung von Handlungsansätzen zur Reduzierung der Umweltauswirkungen eines Produktes spielt die Umweltgerechtheit im Produktdesign eine erhebliche Rolle. Da bereits in der Produktplanungs-/-entwicklungs- und -gestaltungsphase zwischen 70 % und 95 % nicht nur der Kosten, sondern auch der Umweltauswirkungen eines Produktes festgelegt werden,[409] ist es von nicht unerheblicher Bedeutung, bereits zu diesem frühen Zeitpunkt den Um-

---

[407] Vgl. LÜCKE/MOERSCHNER (1999, S. 358); KOPYTZIOK (2000, S. 81). Vgl. ausführlicher zur ökologischen Buchhaltung u. a. MEFFERT/KIRCHGEORG (1998, S. 168-171); zur LCA DIN EN ISO 14040 (2005); HAGELAAR/VAN DER VORST (2002, PP. 403-404), SEURING (1999, pp. 8-9, 13-25), zur Ökoeffizienz-Analyse KIRCHERER (2001, S. 57-61); DITTRICH-KRÄMER/KIRCHERER (2002); KIRCHERER (2006, S. 14-16), zum OPUS-Konzept EVERSHEIM et al. (2000, S. 122-138) sowie weiterführend für eine übersichtliche Zusammenstellung der wesentlichsten Methoden, Indikatoren und Arbeitsschritte zur rein ökologischen Bewertung vgl. KOPYTZIOK (2000, S. 82-86).

[408] Zur Diskussion der vielfältigen Einflüsse auf die Glaubwürdigkeit der Untersuchungsergebnisse (z. B. Interessensneutralität, ökologische Bewertungskompetenz) von produktbezogenen Ökobilanzierungen vgl. SPILLER (1998, S. 148-159); auch SEURING (1999, pp. 1-5).

[409] Vgl. BUBECK (2001, S. 160). Mit strikten Festlegungen in dieser frühen Phase lässt sich ein umweltschonendes, gut verkaufbares Produkt herstellen, das den langfristigen ökonomischen Erfolg bzw. die Marktposition sichert. Über den Schutz der Umwelt hinaus lassen sich durch Berücksichtigung von Umweltaspekten auch Kosten senken (z. B. durch Materialeinsparungen) und innovative Produkte erzeugen. Vgl. TISCHNER (2001, S. 113-114, 115-116).

weltschutzgedanken zu berücksichtigen. Das systematische Vorgehen bei der möglichst frühzeitigen Beachtung von Umweltaspekten im Produktplanungs-/-entwicklungs- und -gestaltungsprozess wird **Öko-Design** genannt.[410] Hier werden die herkömmlichen Produktkriterien (Nutzen, Qualität, Wirtschaftlichkeit, Sicherheit usw.) um Umweltgesichtspunkte ergänzt. Einflussnahmen auf die Umweltwirkung eines Produktes im Zusammenhang mit der Produktgestalt ergeben sich u. a. aus der Wahl der Einsatzstoffe, der Gefügestruktur des Produktes sowie deren Funktionsweise und technischen Leistung.[411] Öko-Design hat de facto zum Ziel, die negativen Umweltauswirkungen eines Produktes auf ein Minimum zu reduzieren und dabei gleichzeitig den Nutzen für den Endkunden zu erhöhen bzw. zumindest beizubehalten.[412] Da es sinnvoll ist, nicht nur das eigene Unternehmen mit dem Öko-Design als Querschnittsaufgabe, sondern einige bzw. möglichst sogar alle Akteure des WS an der umweltorientierten Produktentwicklung und -gestaltung zu beteiligen, kommt dem Kooperationsgedanken im produktbezogenen Umweltschutz eine sehr hohe Bedeutung zu.[413]

Eine Auswahl an Konzepten zur Umsetzung umweltgerechter Produktentwicklung und -gestaltung stellt der Fachbericht DIN FB ISO/TR 14062 (2003) bereit. Jüngere Konzepte, wie die **Integrierte Produktpolitik** (IPP), zielen dabei explizit auf die mit der Herstellung, Nutzung und Entsorgung von Erzeugnissen verbundenen Umweltschäden unter vertikaler Akteursintegration sowie unter Einbezug bedeutender Stakeholder (v. a. Staat, Endkunden).[414] Des Weiteren sind hier auch Konzepte zur lebensdauerverlängernden Produktnutzung (z. B. Reparatur) oder des eigentumslosen Konsums (z. B. Sharing-, Leasing-Konzepte) zu nennen. Man spricht in diesem Fall von sog. **Produkt-Service-Systemen** (PSS), deren Ziel die Intensivierung bzw. optimale Verlängerung der Produktnutzung zur Erhöhung der Ressourceneffizienz des gesamten WS ist.[415] Die Umstellung eines herkömmlichen Systems auf ein PSS bedarf der Mitwirkung der betroffenen Akteure. Kooperatives statt kompetives Verhalten wird demnach auch hier i. d. R. sehr hilfreich sein.

Produkte, die innerhalb ihrer Produktgruppe umweltfreundlicher sind als ihre Konkurrenten, erkennt man an sog. **Ökolabels bzw. -siegeln.** Neben produktunspezifischen Ökolabels (z. B. Blauer Engel, Euroblume) existieren auch produkt- bzw. produktgruppenspezifische Zeichen (z. B. Energielabels, Ecovin – ein Ökolabel für Wein aus Öko-Anbau[416]). Ausschlaggebend für umweltbezogene Produktkennzeichnung ist die Normenreihe DIN EN ISO 14020 ff. Durch

---

[410] Alternativ werden auch die Begriffe umweltschonende Produktgestaltung, Design for Environment, EcoRe-Design, eco-effizientes Design usw. verwendet. Vgl. TISCHNER (2001, S. 117); BMU/BDI (Hrsg.) (2002, Faktenblatt „Öko-Design").
[411] Für die Zusatzkomponenten eines Produktes gelten im Übrigen die gleichen Merkmale, da sie ebenso als eigenes Produkt angesehen werden können. Vgl. STREBEL (2003, S. 21).
[412] Vgl. TISCHNER (2001, S. 115, 117).
[413] Vgl. TISCHNER (2001, S. 141).
[414] Vgl. MINISTERIUM FÜR UMWELT UND VERKEHR BADEN-WÜRTTEMBERG (Hrsg.) (2004, S. 6); auch Fußnote 61.
[415] Vgl. hierzu und weiterführend SCHOLL/TISCHNER (2004, S. 16).
[416] Für weitere Beispiele von Ökolabels vgl. Anhang D.

ihre Ausweisung direkt am Produkt dienen Ökolabels der Information umweltbewusster Endkunden bei ihrer Kaufentscheidung über deren Umweltverträglichkeit.[417]

3.4 Fazit zur Verfolgung des Umweltschutzes in und zwischen Unternehmen

Der Gedanke der Nachhaltigen Entwicklung findet zunehmend Eingang in die Unternehmensführung. Im Zuge deren sukzessiven Umsetzung wird in den Unternehmen aktuell v. a. nach dem Einklang zwischen ökonomischen und ökologischen Aspekten gesucht.[418] Ein Indiz dafür ist die Implementierung von UM-Systemen als Teil des betrieblichen Managementsystems. Allerdings ist der Anteil aller Unternehmen mit einem UM-System noch sehr gering. Umweltschutz wird von den Unternehmen noch immer als Nebenaufgabe und zusätzlichem Kostenfaktor gesehen, so dass dieser in weitreichender, über das gesetzliche Mindestmaß hinausgehender Form nur von Unternehmen mit entsprechender Ressourcenausstattung und Know-how – also von großen Unternehmen – zu bewältigen ist. Es wird daher die Hypothese vertreten (H 4), dass das betriebliche Umweltengagement mit der Unternehmensgröße zunimmt.

Im Fokus verschiedener empirischer Studien zum UM[419] zeigt sich so auch, dass die ausgewiesenen Erfolge der UM-Systeme noch weit hinter den Erwartungen zurückbleiben und bezogen auf die weitere Verbreitung in der Praxis aus inhaltlicher Sicht noch Weiterentwicklungs- sowie Transferbedarf besteht.[420] Einen wichtigen Ansatzpunkt des ökonomisch-tragbaren Umweltschutzes bilden die physischen Ströme in und zwischen den Unternehmen. In der Materialwirtschaft hat sich in diesem Kontext in den letzten 35 Jahren ein Wandel von der Durchflusswirtschaft hin zum SSM vollzogen. Der Wunsch nach positiver Einflussnahme auf die Umwelt erwächst insbesondere bei sehr umweltengagierten Unternehmen bereits vermehrt über die eigene Unternehmensgrenze hinaus. Besondere Bedeutung kommt dem vertikalen SSM zu, das das gesamte WS, den Produktlebensweg bzw. Teile davon im Blick hat. Es ist damit aus logistischer Materialflusssicht dem Betrachtungsgegenstand des SCM sehr ähnlich, wenngleich der Betrachtungsfokus (Logistik vs. Ökologie) jeweils ein anderer ist.[421] Es gibt im Übrigen keine normierten Standards wie auf betrieblicher Ebene, die interorganisationalen Umweltschutz betrachten bzw. die Bildung von Umweltkooperationen anleiten und zertifizierbar machen. Lediglich produktbezogener Umweltschutz ist mittels Ökolabels ausweis- und erkennbar, aber bislang in seiner Breite nicht systematisch erfasst. Die Bedeutung des kooperativen Umweltschutzes und speziell des vertikalen SSM wurde aus konzeptioneller Sicht und

---

[417] Vgl. weiterführend RHEINLÄNDER (2003, S. 576-578).
[418] Vgl. für diese Feststellungen im Allgemeinen und bezogen auf den betrieblichen Beschaffungsbereich SEURING/MÜLLER (2004, S. 135); BOGASCHEWSKY (2004, S. 173). Eine mögliche Ursache für die untergeordnete Behandlung von Sozialaspekten besteht sicherlich darin, dass diese nicht wie beim Umweltschutz (z. B. in Form von Schadstoffmessung) am Produkt nachweisbar sind. Vgl. SEURING/MÜLLER (2004, S. 144).
[419] Für eine Zusammenstellung und Diskussion der Erkenntnisse zu Motivations-, Anforderungs- und Effizienzkriterien der Einführung eines UM-Systems gemäß DIN EN ISO 14001 aus einzelnen empirischen Studien vgl. BRAUWEILER (2002b, S. 229-243); BRAUWEILER/HELLING/KRAMER (2003, S. 199-217); BEHLERT/PETROVIC (2005, S. 116).
[420] Vgl. KANNING (2005, S. 84); MÜLLER-CHRIST/BEHRENS/NAGLER (2005, S. 78).
[421] Ein weitergehender Vergleich dieser beiden Konzepte soll an dieser Stelle jedoch unterbleiben. Dieser wird in Abschnitt 4.3 wieder aufgegriffen und vertieft.

anhand einzelner empirischer Untersuchungen (in Form von Fallstudien und Modellbildungen) belegt. Statistische Querschnittsuntersuchungen (d. h. Befragungen) als dritte Gruppe empirischer Themenbearbeitung sind dagegen noch äußerst rar[422] und erschweren eine objektive Einschätzung der aktuellen Praxisrelevanz von Umweltkooperationen. Da ein gewisses Maß an Kooperationsbereitschaft und Interesse am Umweltschutz wichtige Voraussetzungen für die Beschäftigung mit vertikal-kooperativem Umweltschutz sind, wird davon ausgegangen (H 5), dass vertikale Umweltkooperationen bei kooperationserfahrenen und sehr umweltengagierten Unternehmen weit verbreitet sind.

Gegenüber der einzelbetrieblichen Verfolgung des Umweltschutzes werden von der Umweltkooperation mit Akteuren vor- und nachgelagerter Wertschöpfungsstufen zusätzliche Synergie-, Skalen- und Effizienzeffekte für die beteiligten Unternehmen sowie zugleich höhere Entlastungen für die Umwelt erwartet. Aus der Umweltkooperation werden jedoch nicht nur für das einzelbetriebliche Umweltengagement neue Impulse zum Umweltschutz zu vernehmen sein. Im Weiteren bietet Umweltkooperation auch die Chance, Unternehmen, die im Umweltschutz bislang nicht so engagiert waren, einzubeziehen und den Umweltschutz(gedanken) weiter zu transferieren. Es wird daher als Hypothese festgehalten (H 6), dass vertikale Umweltkooperation gegenüber dem einzelbetrieblichen Umweltengagement höhere Nutzeffekte mit sich bringt.

Im Mittelpunkt der weiteren Betrachtungen steht die Analyse der Möglichkeit sowie des Status quo der konzeptionellen Verknüpfung zwischen der Philosophie des SCM und der Verfolgung SC-weiten Umweltschutzes. Dieser Analysebedarf ergibt sich aus der zunehmende Bedeutung der Entstehung kooperativer Geschäftsbeziehungen zwischen Akteuren aufeinander folgender Wertschöpfungsstufen und speziell des SCM einerseits und der Relevanz kooperativen Umweltschutzes andererseits.

---

[422] Vgl. SEURING/MÜLLER (2004, S. 151); SEURING/MÜLLER (2005, S. 78). Strukturierte Interviews bzw. Fragebogen zu diesem Themenbereich wurden lediglich von KIRCHGEORG im Rahmen der Befragung von Herstellern langlebiger Konsumgüter und ELSENBACH bei der Untersuchung der Struktur der Redistributionslogistik verwendet. Vgl. hierzu KIRCHGEORG (1999, S. 368 ff.) und ELSENBACH (1999, S. 114-190).

4 Konzeptioneller Stand der Integration des Umweltschutzes in das Management der Supply Chain

Wie aus den Ausführungen des 2. und 3. Kapitels deutlich wurde, ist sowohl aus ökonomischem als auch aus ökologischem Blickwinkel ein Wandel im Betrachtungsfokus von der Verfolgung einzelbetrieblicher Belange und Interessen hin zu den Interdependenzen und Beziehungen zwischen mehreren Unternehmen aufeinander folgender Wertschöpfungsstufen bzw. sogar ganzer WS wahrnehmbar. Auf dieser Basis haben sich parallel zueinander Managementsysteme zur Betrachtung der (intra- und interorganisationalen) Logistik einerseits und zur Untersuchung der (intra- und interorganisationalen) Umweltaspekte andererseits entwickelt. Im Rahmen dieses Kapitels wird geprüft, inwiefern eine enge Verknüpfung dieser beiden Interaktionsfelder aus inhaltlicher Sicht bis hin zu deren einzelnen Managementsystemen aus konzeptioneller Sicht sinnvoll und realisierbar ist. Im Weiteren ist dabei von Interesse, ob bereits geeignete integrative Ansätze zur Verfügung stehen, ob diese den Herausforderungen gerecht werden und wie verbreitet sie in der Praxis sind.

In Abschnitt 4.1 werden zunächst in verallgemeinerter Form die wesentlichen Umwelteinflussbereiche und Umweltaspekte von SC ermittelt. Anschließend wird hinsichtlich der Notwendigkeit einer systematischen Verfolgung des Umweltschutzes in SC argumentiert (Abschnitt 4.2). Es schließt sich ein Vergleich zwischen dem jeweils zentralen Managementsystem der Logistik einerseits (dem SCM) und des Umweltschutzes andererseits (dem SSM) an (Abschnitt 4.3). In Abschnitt 4.4 werden die Ansätze des umweltfokussierten bzw. Environmental SCM vorgestellt und auf ihre Wirksamkeit und Praxisrelevanz hin beurteilt. Abschnitt 4.5 fasst die Ergebnisse zusammen und zeigt weitergehenden Forschungsbedarf auf.

4.1 Umweltrelevanz von Supply Chains

Von einer SC können – ähnlich wie von einem Unternehmen (vgl. Abschnitt 3.2) – prinzipiell vielfältige Wirkungen auf die Umwelt ausgehen. Die **Umweltrelevanz einer SC** ergibt sich grundsätzlich hinsichtlich folgender drei Richtungen:[423]

- dem strukturellen SC-Design, d. h. der Zusammensetzung der SC (vertikaler und horizontaler SC-Umfang[424]) und der räumlichen Verteilung der SC-Akteure (z. B. lokal, regional, überregional/global),
- den Transformationsprozessen in und zwischen den SC-Akteuren und
- dem SC-Endprodukt, d. h. der Produktgestalt (z. B. Produktart, -eigenschaften) und der Wahrnehmung der Produktverantwortung (v. a. Produktrückführung).

Die Ausprägung der Parameter über alle drei Umweltrelevanzfelder bestimmt dabei das Ausmaß der von einer SC ausgehenden Umweltwirkungen. Bspw. sind globale SC transportauf-

---

[423] In Anlehnung an PAPPIS et al. (2003, p. 335); ähnlich – allerdings ohne dem Aspekt des SC-Designs – auch HAGELAAR/VAN DER VORST (2002, p. 405); BEAMON (1999a, p. 338); BEAMON (2005, pp. 221-222).
[424] Vgl. zur Erklärung Abschnitt 2.3.3.

wändiger als regionale SC und können in diesem Kontext einen höheren Ressourceneinsatz und die Entstehung größerer Emissionsmengen bedingen. Aufgrund der vielfältigen Wechselwirkungen und Interaktionen zwischen den Akteuren der SC und ihrer Umwelt sind Entscheidungen in der SC somit unweigerlich immer mit ökonomischen und ökologischen Konsequenzen verbunden.[425] Die Verantwortung und Entscheidungsgewalt darüber tragen die Akteure der SC. Ihnen obliegt es die Struktur und Partner der SC sowie die Prozesse und Verfahren in und zwischen den Unternehmen zu wählen und die Produktkonfiguration vorzunehmen.

Wenngleich Umweltaspekte in jedem Unternehmen und jeder SC eine Rolle spielen, kann jedoch das Ausmaß deren konsequenter Verfolgung und Reduzierung/Verbesserung unterschiedlich groß sein. Grundsätzlich kann eine SC nur eine minimal nötige oder eine zusätzlich freiwillige Ausrichtung an Umweltzielstellungen aufweisen. Dementsprechend wird an dieser Stelle eine Differenzierung der SC in die folgenden zwei Gruppen vorgenommen:[426]

- passiv umweltfokussierte SC (Ziel: Erfüllung der geltenden Umweltrechtsvorschriften) und
- aktiv umweltfokussierte SC (Ziel: über Regulierungsanforderungen hinausgehende freiwillige Verfolgung weitergehender Umweltentlastung).

Eine eingehende Analyse der Prinzipien, Ziele und Aufgaben des SCM aus Abschnitt 2.2.4 zeigt, dass der Umweltschutz im klassischen SCM kein prioritäres Untersuchungsfeld darstellt. Umweltbelange finden in durch ein klassisches SCM geprägten SC nur insoweit Beachtung, wie es zwingend erforderlich ist, z. B. im Zusammenhang mit der Einhaltung von gesetzlichen Vorgaben (z. B. Genehmigung von technischen Anlagen gemäß § 4 BImSchG). Darüber hinaus wird die Berücksichtigung von Umweltzielstellungen und -aufgaben vom SCM nicht explizit gefordert oder unterstützt. Umweltschutz spielt in der originären Form des SCM-Konzeptes somit eine eher untergeordnete oder nur indirekte Rolle (z. B. Reduktion der Umweltbelastung im Rahmen der Umsetzung von SC-Verbesserungsmaßnahmen[427]), so dass man bei der zugrunde liegenden SC von einer **passiv umweltfokussierten SC** (d. h. mit auf das gesetzliche Maß begrenzten Umweltschutzaktivitäten) sprechen kann.

Dagegen haben **aktiv umweltfokussierte SC**[428] explizit o. g. Umweltrelevanzfelder im Blick und widmen deren Beeinflussung erhöhte Aufmerksamkeit. In diesem Kontext können sowohl bezogen auf die verschiedenen Transformationsprozesse als auch auf das Design der SC und/ oder des Produktes Ansatzpunkte für Umweltschutzaktivitäten in SC erkannt werden. Dem-

---

[425] Daneben sind in SC natürlich auch soziale Aspekte zu beachten. Da diese im Betrachtungsgegenstand der Arbeit ausgegrenzt wurden, sollen diese an dieser Stelle nicht weiter thematisiert werden. Zur aktiven Verfolgung von Sozialzielstellungen im Rahmen der Nachhaltigkeit in SC vgl. GOLDBACH (2001, S. 11-16); auch BEAMON (2005).
[426] Vgl. SOMMER (2005, S. 222).
[427] Ein solches typisches Beispiel ist die Reduktion des Papierverbrauchs durch Verbesserung der administrativen Prozesse. Vgl. hierzu und für weitere Beispiele SWOBODA (1997, S. 452-453).
[428] Im Weiteren stehen vornehmlich die aktiv umweltfokussierten SC im Blickfeld der Betrachtungen, die aus Vereinfachungsgründen nachfolgend verkürzt als umweltfokussierte SC (im Folgenden abgekürzt: E-SC – Environmental-Supply Chain) und deren Management als umweltfokussiertes SCM (im Folgenden abgekürzt: E-SCM – Environmental-Supply Chain Management) bezeichnet werden.

nach können bei der Realisierung umweltbezogener Aktivitäten in aktiv umweltfokussierten SC die Standort- bzw. Partnerwahl, das jeweilige Produkt und/oder die Prozesse zu deren (betrieblichen) Herstellung und Veredelung sowie (inner- und zwischenbetrieblichen) Bereitstellung (Transport, Lagerung usw.) im Mittelpunkt stehen. In Tabelle 4.1 sind die wichtigsten ökologischen Problemfelder und mögliche Ansatzpunkte für eine aktive Umweltorientierung in den genannten Einflussbereichen der SC aufgezeigt. Je nach Spezifität der SC können die in der Tabelle 4.1 aufgeführten Ansatzpunkte für Umweltschutzaktivitäten als Basis für die Ökologisierung der vornehmlich ökonomischen Zielstellungen in SC herangezogen werden. Die Ansatzpunkte für Umweltmaßnahmen sind vielfältig und deuten zugleich die Komplexität der Möglichkeiten zur positiven Umwelteinflussnahme in SC an. Bei Entscheidungen über deren Berücksichtigung in der SC ist in jedem Fall zu beachten, dass der Hauptexistenzgrund der SC erhalten bleibt: "The purpose of a supply chain is [still] to supply."[429] Die Umweltzielstellungen sind an der Erfüllung des Zwecks der SC auszurichten.

4.2 Wege und Motive der systematischen Verankerung des Umweltschutzes in Supply Chains

Im Wesentlichen bilden der Druck durch Stakeholder (wie Gesetzgeber, Kunden, Umweltorganisationen usw.) sowie die Suche nach weiteren Wettbewerbsvorteilen die zentralen Beweggründe für eine aktive Umweltorientierung einer SC.[430] Die vielfältigen Ansatzpunkte zur Senkung der negativen und zum Ausbau der positiven Umweltbeeinflussung lassen sich nur durch gezielte Berücksichtigung im Management der SC-Partner identifizieren und durch entsprechende Maßnahmen und Aktivitäten (im Rahmen der Kooperation) realisieren. Der Berücksichtigung von Umweltbelangen in der SC kann man sich aus einzelbetrieblich-umweltbezogener oder aus SCM-Sicht nähern. Für eine systematische Verankerung des Umweltschutzes entlang der SC kommen daher die folgenden zwei **Varianten** in Frage, die nachfolgend näher betrachtet werden (vgl. auch Abbildung 4.1):[431]

- Ausweitung der Umweltschutzaktivitäten von der intra- auf die interorganisationale Ebene zur Stärkung bzw. Förderung des zwischenbetrieblichen Umweltschutzes (vertikales UM/SSM);
- Berücksichtigung von Umweltzielstellungen im Zielsystem des SCM bis hin zur Einführung eines erweiterten Integrierten Managementsystems (E-SCM).

---

[429] BEAMON (2005, p. 221).
[430] Vgl. SEURING/MÜLLER (2004, S. 143).
[431] Vgl. hierzu auch SOMMER (2005, S. 219-221).

Tabelle 4.1: Umwelt-Problemfelder und Ansatzpunkte sowie Maßnahmenvorschläge für eine Umweltorientierung in SC

Einflussbereich in der SC	Ökologische Problemfelder (Typische Umweltwirkungen)	Hauptansatzpunkte für Umweltorientierung und Maßnahmenvorschläge
Standortwahl-Ebene	Belastungen durch Errichtung der Infrastruktur und Fixierung des zwischenbetrieblichen Transports • Verbrauch natürlicher Materialien und Flächenversiegelung • Luftemissionen, Lärm	1) **Berücksichtigung von Umweltkriterien bei der Standortauswahl** - Entwicklung eines umweltorientierten Kriterienkatalogs bzw. angemessene Gewichtung der Umweltkriterien (über Mengen- oder Preissteuerung) - Regionale Ansiedlung bzw. räumliche Konzentration der SC-Partner (als zentrale Lösung) 2) **Ökologisches Bauen und Wohnen** - Umweltorientierter Baustil (z. B. Wärmedämmung, Nutzung erneuerbarer Energieträger) - Einsatz umweltfreundlicher Baumaterialien
Unternehmensprozess-Ebene	1) **Produktionsbedingte Umweltbelastungen** • Verbrauch natürlicher Materialien • feste, flüssige, gasförmige Emissionen • Verbrauch von Deponieraum usw. 2) **Belastungen des innerbetrieblichen Transports** • Verbrauch natürlicher Materialien • Luftemissionen, Lärm • Flächenversiegelung	1) **Umweltgerechte Beschaffung** - Einkauf umweltfreundlicher Materialien - Regionaler Einkauf der Materialien 2) **Umweltgerechte Produktion** - Auswahl umweltintegrierter (z. B. emissionsarmer) Verfahren und Anlagen - Kreislaufführung von Materialien, Wärmerückgewinnung und -nutzung (z. B. für Raumheizung) - Einsatz erneuerbarer Energiearten - Maßnahmen zur Senkung des spezifischen Material- und Energieeinsatzes bzw. Steigerung der Material- und Energieeffizienz und der Emissionen in Luft, Wasser, Boden (inkl. Lärm- und Geruchsemissionen) 3) **Umweltgerechter Vertrieb des Produktes und Entsorgung der Produktionsreststoffe** - Regionaler Verkauf der Produkte - Trennung und Sammlung der Reststoffe 4) **Dauerhafte Verankerung des betrieblichen Umweltschutzgedankens** - Implementierung eines umweltbezogenen Managementsystems und/oder Durchführung von Stoffstromanalysen (SSA) - Schulung und Fortbildung der Mitarbeiter, Information der interessierten Öffentlichkeit - Sorgsamer und nutzungsdaueradäquater Umgang mit dem Endprodukt (beim Endkunden) 5) **Umweltgerechter Transport (siehe TUL-Ebene)**
TUL-Ebene	1) **Belastung/Abnutzung der Infrastruktur** • durch abnehmende Losgrößen, erhöhte Lieferfrequenz, steigendes Verkehrsaufkommen (mit Staus und Unfällen), Güterstruktureffekte	1) **Wahl des Transportmittels und Antriebsart** - Wahl umweltfreundlicher Verkehrsträger (verbrauchsarm, emissionsreduziert) - Einsatz umweltfreundlicher Energieträger und Materialien zur Nutzung der Verkehrsträger (z. B. runderneuerte Reifen) - Regelmäßige Wartung zur Senkung des Energiebedarfs - Bedarfsgerechte Wahl der am Transportmittel angebrachten Umschlagstechnik (Mehrkammerfahrzeuge vs. Mischsammler bei Reststoffsammlung) 2) **Wahl der Transporthilfsmittel (insb. Verpackung)** - Verwendung standardisierter und auf verschiedenen Verkehrsträgern transportierbarer Verpackungen

Einfluss-bereich in der SC	Ökologische Problemfelder (Typische Umweltwirkungen)	Hauptansatzpunkte für Umweltorientierung und Maßnahmenvorschläge
	2) TUL-bedingte Umweltbelastungen • Verbrauch natürlicher Materialien • Lärm • Luft-, Wasser-, Bodenemissionen (Abgase, Streusalze) • Flächenversiegelung	- Einsatz wieder verwendbarer Transportverpackungen und Mehrwegverpackungen; Reduzierung der (Um)Verpackungen - Einsatz mengenadäquater Behältergrößen und von Rückstandsverdichtungseinrichtungen - Verwendung umweltfreundlicher, recyclierbarer Materialien (z. B. „Pop-Corn" statt Plastik, abbaubare Kunststoffe), aber unter Beachtung der verschiedenen Funktionen der Verpackung und der Produkteigenschaften (z. B. lebensmittelrechtliche Vorschriften) **3) Organisation der Warenverteilung** (traditionell für Distribution; Erweiterung um Retrodistribution) - Vermeidung von Leerfahrten durch sinnvolle Streckenplanung; Auftragsbündelung, Optimierung des Bestell- und Lieferwesens (problematisch bei JiT, Global Sourcing) - Produktionsnahe Lieferantenauswahl; Errichtung kundennaher Distributionszentren (Förderung regionaler Wirtschaften) - Nutzung der Wege der Distribution für die Retrodistribution - Kombination von Sammlung und Trennung der Reststoffe - Aufbau von Netzwerken und zentralen Sammelstellen (Güterverkehrszentren oder Recyclingzentren) - Wahl geeigneter Umschlagsorganisation (z. B. Hol- statt Bringsystem; Umleer- statt Wechselverfahren)
Produkt-Ebene	**Produktbedingte Umweltbeeinträchtigungen** • Umweltgefährlichkeit eines Produktes (Gesundheits- und Umweltrisiken) • Verbrauch von Deponieraum usw.	**1) Umwelt- und recyclinggerechte Produktentwicklung bzw. -gestaltung** - Wahl umweltverträglicher bzw. -ungefährlicher, nicht-toxischer, regenerierbarer Einsatzstoffe - Wahl recyclingfähiger Einsatzstoffe sowie Berücksichtigung von Sekundärmaterial (bzw. -teilen) - Vermeidung von Verbundstoffen, Reduktion oder zumindest Standardisierung von Baugruppen - Gewährleistung der Reparaturfreundlichkeit - Senkung des spezifischen Rohstoffeinsatzes bzw. Steigerung der Rohstoffeffizienz - Fokussierung auf den Gebrauchsnutzen (Nutzungsintensivierung von Produkten) und die Langlebigkeit des Produktes (Verlängerung der Nutzungsdauer) - Entwicklung von Produkten, die sparsam im Verbrauch sind **2) Umweltgerechte Entsorgung der Altprodukte einschließlich umweltgerechtes Produkt- und Material-Recycling[+]** - Sortenreine Trennung des Produktes in seine Einzelkomponenten - Verfolgung des Grundsatzes: Verwendung vor Verwertung vor Beseitigung des Produktabfalls **3) Dauerhafte Verankerung und Kommunikation des produktbezogenen Umweltschutzgedankens** - Zertifizierung/Kennzeichnung des Produktes mit Öko-Labels (z. B. Blauer Engel) - Sicherstellung umfassenden Services in der Nutzungsphase[432] - Ausrichtung auf nutzungsorientierten Konsum langlebiger Produkte (Schaffung von Angeboten für Teilen, Tauschen usw.)

Quelle: Eigene Darstellung, in Anlehnung an KEUPER (2000A, S. 128); KEUPER (2000B, S. 245); CLAUS/KRAMER/KRIVANEK (2003, S. 32-67); PFOHL (2004, S. 234-245); BMU/UBA (Hrsg.) (2001, S. 135); RAUTENSTRAUCH (1999, S. 80); KOPYTZIOK (2000, S. 31, 124-125); MERGET/MAHAMMADZADEH/CZYMMEK (2003, S. 17-20) (Anmerkung: [+] ... Zu Aspekten des Recyclings vgl. auch Abschnitt 4.4.2 und Tabelle 4.4; TUL ... Transport, Umschlag, Lagerung).

---

[432] Die Verlängerung der Produktnutzungsdauer erfordert die Schaffung entsprechender Dienstleistungsstrukturen, die den Reparaturservice sicherstellen. Vgl. KOPYTZIOK (2000, S. 196).

Abbildung 4.1: Varianten der systematischen Verankerung des Umweltschutzes in SC

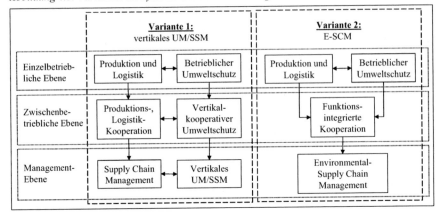

Quelle: Eigene Darstellung.

4.2.1 Ausweitung der Umweltschutzaktivitäten von der intra- auf die interorganisationale Ebene

Einzelbetrieblicher Umweltschutz ist mindestens begrenzt auf die restriktiven gesetzlichen Ansprüche (z. B. Bestellung von Umweltbeauftragten) oder darüber hinausgehend (z. B. in Form der freiwilligen Implementierung eines UM-Konzeptes, dem Einsatz umweltfokussierter Instrumente) realisierbar. Berücksichtigt man dabei aber, dass die unmittelbare unternehmerische Umweltverantwortung an der Schnittstelle zu anderen Unternehmen endet, ist mittels einzelbetrieblichen Umweltschutzes eine Verschiebung von Umweltbelastungen (z. B. durch Outsourcing/Ansiedlung von umweltbelastenden Produktionsverfahren an Standorten mit schlechteren Umweltstandards) oder zumindest der Umweltverantwortung auf andere Wertschöpfungsstufen (z. B. wettbewerbsschwache Unternehmen in der SC) nicht grundsätzlich ausschließbar.[433] Andererseits sind einzelbetriebliche **Insellösungen im Umweltschutz**, die von den Akteuren der vor- und nachgelagerten Wertschöpfungsstufen nicht adäquat aufgegriffen und mitgetragen werden, als inkonsequent, suboptimal und ineffizient zu bezeichnen. Auf diese Weise lässt sich zwar die einzelbetriebliche Umweltsituation bzw. -leistung in ein gutes/besseres Licht stellen. Aus der Sicht der gesamten SC bzw. seines Endproduktes wird mit derartigem inkonsequenten und opportunistischen Verhalten aber de facto bestenfalls eine minimale Abnahme oder sogar eine Zunahme der negativen Umweltwirkungen verbunden sein, die vor dem Hintergrund begrenzter Entnahme-, Aufnahme- und Regenerationskapazitäten der Umwelt nicht langfristig vertretbar ist.

---

[433] Vgl. EIFLER (2003, S. 27). Dies zu vermeiden ist Ziel des § 22 KrW-/AbfG (1996) zur Produktverantwortung von Entwicklern, Herstellern, Verarbeitern und Händlern von Produkten, welches jedoch nur für in Deutschland ansässige Unternehmen gilt.

Vielmehr sollte das betriebliche UM-System alle Umwelteinflüsse und damit alle Stufen des Produktlebensweges ganzheitlich im Blick haben.[434] Das erfordert eine enge umweltbezogene Zusammenarbeit mit den vor- und nachgelagerten Wertschöpfungsakteuren und ermöglicht eine Ausweitung der betrieblichen Einflussmöglichkeiten und die Realisierung neuer Wege, Lösungen und Maßnahmen im Umweltschutz. Die Vor- und Nachteile **kooperativen Umweltschutzes** in Form eines vertikalen UM wurden bereits in Abschnitt 3.3.2 thematisiert. Existiert ein solches auf den unternehmensübergreifenden Blick erweitertes, vertikales UM-System parallel und in separater Form zu einem ggf. ebenso vorhandenen klassischen Managementsystem zur Handhabung der SC (dem SCM), können damit jedoch verschiedene Probleme verbunden sein und Effizienzpotenziale ungenutzt bleiben, wie im nachfolgenden Abschnitt näher betrachtet wird. Ein weiteres perspektivisches Argument lässt sich aus den Schwächen des UM ableiten (vgl. Abschnitt 3.3.1.1). Demnach wird es schwer sein, nachhaltiges Wirtschaften in der SC zu etablieren, wenn es dem UM angehängt wird, bevor dessen Schwächen der betrieblichen Anwendung nicht behoben sind. Daraus ergibt sich ein essentieller Bedarf, die Einbindung des Umweltschutzes in andere Managementsysteme in Erwägung zu ziehen. In erster Linie ist dabei natürlich deren Integration in das Management einer SC, das SCM, nahe liegend.

4.2.2 Verankerung von Umweltaspekten im Zielsystem des Supply Chain Managements im Sinne eines Integrierten Managementsystems

Eine andere Herangehensweise zur Berücksichtigung und Unterstützung SC-weiten Umweltschutzes bildet die Erweiterung der SCM-Philosophie um die Verfolgung von Umweltzielstellungen. Auf die Vorteilhaftigkeit der Variante der integrativen Verknüpfung gegenüber der Variante der parallelen Umsetzung eines vertikalen UM und klassischen SCM wird in Abschnitt 4.3.3 näher eingegangen. Entscheidende Voraussetzung für die Integrationsvariante ist, dass bereits ein SCM-Systems vorhanden bzw. deren Einführung beabsichtigt ist. Aufgrund deren steigender Verbreitung und Akzeptanz in der Praxis (vgl. Abschnitt 2.2.5) wird diese zwingende Ausgangsbedingung in zunehmend mehreren Unternehmen anzutreffen sein.

Für die Variante der Integration des Umweltschutzes in die Belange eines bestehenden SCM-Systems sprechen drei **Motive**: die **Suche nach neuen Wettbewerbsvorteilen**, die **Reputationssicherung** und die möglichst **effiziente Umweltschutzverfolgung in SC**. Das erste Motiv ergibt sich in erster Linie aus der Tatsache, dass Kooperation mit Unternehmen benachbarter Wertschöpfungsstufen in verschiedenen Aufgabengebieten derzeit generell an Bedeutung gewinnt. Bei prinzipiell zunehmender Verbreitung des klassischen SCM sind die Unternehmen, die bereits über ein solches System verfügen und in Konkurrenz zu anderen Unternehmen stehen, zunehmend gezwungen nach neuen Wettbewerbsvorteilen zu suchen, die u. a. in der Umweltorientierung ihres SCM-Systems liegen können (z. B. gemeinsame Entwicklung umweltverträglicher Produkte). Diese Weiterentwicklung ist besonders für Unternehmen bzw. SC

---

[434] Vgl. LETMATHE (2003, S. 30) und Tabelle 3.6.

bedeutungsvoll, die aufgrund der weitgehenden Ausschöpfung ihrer SCM-Potenziale nicht mehr (so) erfolgreich im Wettbewerb mit anderen SC agieren (können).

Zum zweiten kann sich durch den Wandel in der Außenwahrnehmung vom Einzelakteur zum Akteur einer SC bspw. umweltschädigendes Verhalten (eines) einzelner/n Akteure/s auf die gesamte SC reputationsschädigend auswirken. Schließlich rückt zunehmend die SC in den Blickpunkt externer Stakeholder und lässt das einzelne Unternehmen darin assimilieren. Von einem möglichen Reputationsverlust können somit nicht nur der verursachende Akteur allein, sondern die gesamte SC und der Absatz des Produktes betroffen sein. Mit der Integration von Umweltzielen in das SCM-System aller Kooperationspartner kann derartigen Ereignissen bzw. Risiken vorgebeugt werden. In diesem Kontext ist nachvollziehbar, dass Kooperationspartner oder ggf. auch Stakeholder (z. B. Endkunden) einer SC die Integration des Umweltschutzes in das SCM explizit fordern.

Der dritte Zugang zur Integration in das SCM ergibt sich aus den Zielen, Aufgaben und Aktivitäten des SCM-Systems von umweltengagierten Unternehmen. Die Prozessreorganisation im Rahmen der Realisierung eines SCM führt zu Veränderungen in den Unternehmen, die von einem umweltorientierten Unternehmen ebenso in den Umweltschutzfokus gestellt werden können bzw. sollten. Hierein spielen v. a. Synergie- und Effizienzüberlegungen. Der Umweltschutz ist dann am effizientesten, wenn er in die umgestalteten Prozesse integriert wird. Mit Blick auf die Zusammenarbeit in der SC ergibt sich zudem die Option, Umweltmaßnahmen in der SC gezielt und effizient zu positionieren. Schließlich gilt, dass je früher in der SC die Problemvermeidung ansetzt, d. h. je umweltintegrierter das Vorgehen ist, umso effizienter und ggf. kostengünstiger die spezifischen Lösungen aussehen können. Entsprechende Entscheidungen oder die Durchsetzung von Veränderungsvorschlägen werden nur in enger Absprache mit den SC-Partnern realisierbar sein.

Aus den o. g. verschiedenen Sichtweisen heraus sollte ein existierendes klassisches SCM-System Umweltbelange in die Abläufe und Entscheidungen der SC aktiv und integrativ aufnehmen. Dies umfasst die enge Verknüpfung bzw. Verzahnung der Ziele und Aufgaben in der SC mit denen des Umweltschutzes in Form der Integration von Umweltzielstellungen in das Zielsystem des SCM-Konzeptes und mündet in die Bildung eines gemeinschaftlichen Zielsystems. In diesem Fall wird im Weiteren von einem **Environmental Supply Chain Management (E-SCM)** gesprochen, das eine spezielle Form eines sog. Integrierten Managementsystems darstellt. E-SCM und E-SC werden wie folgt verstanden:

Unter einem E-SCM ist ein SCM-Konzept zu verstehen, das dem Erhalt der Umwelt besondere Aufmerksamkeit widmet. Die Gesamtheit aller durch Wirtschaftsströme verbundenen Akteure bzw. Prozesse, auf die das E-SCM angewendet wird, wird als E-SC bezeichnet.

Ein **Integriertes Managementsystem** (IM-System) kommt dem Anspruch nach, dass ein Unternehmen nur ein (Gesamt)Managementsystem besitzen sollte,[435] da mit der parallelen bzw. bestenfalls kooperativen Existenz von mehreren (Teil)Managementsystemen verschiedene Probleme verbunden sein können.[436] So birgt der parallele Einsatz von mehreren (Teil)Managementsystemen für die Unternehmen die Gefahr, das zentrale Ziel eines Führungssystems, die ganzheitliche Führung eines Unternehmens, nicht zu erreichen.[437] Nebeneinander existierende Systeme sind aus administrativer (und damit zugleich finanzieller) Sicht zu aufwändig (z. B. zusätzliche Dokumentationen, redundante Datenhaltung, getrennte Verantwortlichkeiten) und können zu Unstimmigkeiten, Widersprüchen und Ineffizienz führen.[438] Dagegen vereint ein IM-System die Anforderungen unterschiedlicher Bereiche in einem einzigen, organisationsweit-einheitlichen Gesamtmanagementsystem.[439] Wird für den Vollzug der Integration die Methode der Prozessorientierung genutzt, spricht man auch von einem prozessorientierten IM-System.[440] Ein typisches, in der Praxis verbreitetes Beispiel für die Bildung eines IM-Systems ist die Integration von QM, UM und ggf. ASM.[441] Je nach Ausrichtung des Unternehmens können aber auch noch weitere Anforderungsbereiche (z. B. Hygienemanagement im Lebensmittelbereich, Risikomanagement börsennotierter Unternehmen, Innovationsmanagement) für die Ausgestaltung des IM-Systems eine große Rolle spielen.[442] Durch die Zusammenführung der vielfältigen Themen in einem System lassen sich die bestehenden (künstlichen) Distanzen

---

[435] Vgl. LANDESANSTALT FÜR UMWELTSCHUTZ BADEN-WÜRTTEMBERG (Hrsg.) (2000, S. 7).
[436] Hintergrund der Existenz von mehreren (Teil)Managementsystemen ist die Tatsache, dass eine funktionale Ausrichtung der Unternehmensstruktur mit dem Ziel der Komplexitätsreduktion der einzelnen Aufgabengebiete den Aufbau einzelner, voneinander getrennter Managementsysteme und einen Anstieg der Koordinationskomplexität zwischen den Teilsystemen zur Folge hat. Vgl. LASCH/GÜNTHER (2004, S. 275). Für die Differenzierung der Formen der Betrachtung von Teilmanagementsystemen in Parallel-, Kooperations- und Integrationsmethode vgl. KEßELER (2000, S. 30-36); LASCH/GÜNTHER (2004, S. 277). Für die verschiedenen Konzepte der Integration vgl. PISCHON (1999, S. 302-326).
[437] Vgl. für die möglichen Problemfelder einer getrennten Existenz getrennter Managementsysteme (z. B. konträre Regelungen, unklare Schnittstellen, Überschneidungen) PISCHON (1999, S. 276-277). Die größte Gefahr besteht in der partiellen Optimierung eines Teilsystems mit einem möglichen negativen Einfluss auf das Gesamtsystem. Vgl. LASCH/GÜNTHER (2004, S. 275).
[438] Vgl. CONCADA GMBH/AKADEMIE FRESENIUS GMBH (Hrsg.) (2002, S. 12-15); PISCHON (1999, S. 276-277); LASCH/GÜNTHER (2004, S. 278). Hierbei sind v. a. die Schnittstellen zwischen den (Teil)Managementsystemen als zentraler Schwachpunkt zu nennen. Vgl. MEUCHE (1998, S. 45).
[439] Vgl. MEUCHE (1998, S. 41); VDI 4060 (2005, S. 2).
[440] Vgl. für nähere Ausführungen zu dieser verbreiteten Herangehensweise u. a. SCHWERDTLE (1999); PISCHON (1999, S. 323-326); ENZLER (2000); LANDESANSTALT FÜR UMWELTSCHUTZ BADEN-WÜRTTEMBERG (Hrsg.) (2000); HELLING (2001). Beim prozessorientierten Ansatz wird das Unternehmen unabhängig von den (Teil)Managementsystemen zunächst in Prozesse zerlegt und diese im nächsten Schritt im unterschiedlichen Blickwinkel der verschiedenen Systeme betrachtet. Vgl. VDI 4060 (2005, S. 3). Ausgangspunkt ist die Gliederung der Unternehmensprozesse in direkte wertschöpfende (Kern)Prozesse, Führungs- und Unterstützungsprozesse, die erfasst, abgebildet und zweckmäßig verknüpft werden müssen (zur Lösung des Schnittstellenproblems im Aktivitätennetzwerk). Vgl. u. a. HELLING (2001, S. 21); LANDESANSTALT FÜR UMWELTSCHUTZ BADEN-WÜRTTEMBERG (Hrsg.) (2000, S. 10). Die Anforderungen aus den (Teil-)Managementsystemen werden in Form von Aufgaben und Pflichten ausformuliert und den Prozessen bzw. Aktivitäten zugeordnet. Redundante Regelungen oder Regelungslücken können so leichter erkannt und behoben werden. Vgl. MEUCHE (1998, S. 43, 49-50).
[441] Vgl. HELLING (2001, S. 19-20); LASCH/GÜNTHER (2004, S. 276-278).
[442] Vgl. LANDESANSTALT FÜR UMWELTSCHUTZ BADEN-WÜRTTEMBERG (Hrsg.) (2000, S. 7, 8); PISCHON (1999, S. 278); VDI 4060 (2005, S. 4).

zwischen den drei Nachhaltigkeitsdimensionen gut überwinden.[443] In den traditionellen Bereichen (d. h. Verbindung von Umweltschutz, Qualität, AS) wird die Wirksamkeit von IM-Systemen durch die betriebliche Praxis als besonders hoch eingeschätzt,[444] wobei eine größendifferenzierte Betrachtung nötig ist. Denn für große Unternehmen gestaltet sich die Umsetzung von IM-Systemen aufgrund ihrer ausgeprägten Organisationsstruktur häufig etwas schwieriger und aufwändiger als für KMU. Entsprechend der Tabelle 4.2 stehen den vielfältigen Vorteilen nur wenige Nachteile der Umsetzung eines IM-Systems gegenüber. Wenngleich es für IM-Systeme allerdings (noch) keine speziellen Zertifizierungsnormen gibt, können aber natürlich die enthaltenen (Teil-)Managementsysteme getrennt nach den bereichsspezifischen Normen (ISO 9001, ISO 14001) im Rahmen von integrierten Audits zertifiziert werden. Die hier beschriebenen Systeme sind einzelbetrieblich fokussierte und funktionen- und disziplinenübergreifend ausgerichtete IM-Systeme.

Tabelle 4.2: Vor- und Nachteile der Umsetzung eines IM-Systems

Vorteile eines IM-Systems	– Vermeidung von Redundanzen/Widersprüchen durch schlanke Dokumentation, – Reduzierung des Aufwands für die Pflege der Dokumentation, die Maßnahmenumsetzung, Kontrolle und Auditierung, – höhere Transparenz und Klarheit durch einheitliche Begriffe und eindeutige Abgrenzung der Schnittstellen, – erhöhte Rechtssicherheit durch rechtzeitige Erkennung und Eliminierung bzw. Verringerung potenzieller Unternehmensrisiken in einem Managementsystem (da alle Geschäftsprozesse zugleich im Blick sind), – verbesserte Kommunikation, – kürzere Reaktionszeiten auf Abweichungen (wie Unfälle), – Kostenoptimierungen bzw. -senkungen, – höhere Akzeptanz und Motivation bei den Mitarbeitern (nur ein Regelwerk, keine Widersprüche in den Regeln),
Nachteile eines IM-Systems	– zusätzlicher Aufwand der Abstimmung und Vereinheitlichung zwischen den (Teil-)Managementsystemen, – hohe Komplexität, die interdisziplinäres Verständnis voraussetzt, – in seiner kombinativen Existenz von extern nicht wahrnehmbar, da bspw. keine integrierenden, zertifizierbaren Normierungen verfügbar (weiterhin nur Bereichs- statt Gesamtzertifikat(e)).

Quelle: Eigene, erweiterte Darstellung, in Anlehnung an VDI 4060 (2005, S. 2); MEUCHE (1998, S. 41); LANDESANSTALT FÜR UMWELTSCHUTZ BADEN-WÜRTTEMBERG (Hrsg.) (2000, S. 8); CONCADA GMBH/AKADEMIE FRESENIUS GMBH (Hrsg.) (2002, S. 15); BAYERISCHES STAATSMINISTERIUM FÜR WIRTSCHAFT, INFRASTRUKTUR, VERKEHR UND TECHNOLOGIE (Hrsg.) (2003, S. 7-8); MÜLLER-CHRIST/BEHRENS/NAGLER (2005, S. 10).

---

[443] Vgl. BEHLERT/PETROVIC (2005, S. 118). Das Nachhaltigkeitsmanagement bildet demnach von der Idee her die ausgeprägteste Form eines IM-Systems. Ein strategisches Nachhaltigkeitsmanagement muss die unternehmensspezifischen Strukturen unter den Aspekten der Umweltverträglichkeit, der sozialen Gerechtigkeit und der wirtschaftlichen Zukunftsfähigkeit harmonisieren. Vgl. ARNOLD/FREIMANN/KURZ (2001, S. 74).

[444] Vgl. CONCADA GMBH/AKADEMIE FRESENIUS GMBH (Hrsg.) (2002, S. 10). Entsprechend einer Befragung sehen die Unternehmen (in weitgehender Übereinstimmung mit dem erwarteten Nutzen) den größten (eingetretenen) Nutzen in der Rechts- (17 %) und Prozesssicherheit (6 %), der Transparenz (9 %), der kontinuierlichen Verbesserung (8 %), Kostensenkungen (8 %) sowie Dokumentenlenkung (6 %). Vgl. CONCADA GMBH/AKADEMIE FRESENIUS GMBH (Hrsg.) (2002, S. 10 f.).

Im Kontext der Beschreibung des **E-SCM** wird Integration in zwei Hinsichten verstanden bzw. angestrebt: Die erste Sicht betrifft die Berücksichtigung und Zusammenführung verschiedener Disziplinen bzw. Funktionen (Logistik, Umweltschutz, Marketing, F&E usw.) im E-SCM-Konzept. Das E-SCM ist demnach als Management einzelner (Teil)Managementsysteme zu verstehen, das die unterschiedlichen Denkhaltungen der Teilbereiche in Bezug zueinander bringt und Bereichsegoismen abzubauen versucht.[445] Es wird daher von der funktionen- und disziplinenübergreifenden, d. h. **interdisziplinären Integration** gesprochen. Dabei bietet die Prozessorientierung bei der Integration des Umweltschutzes in das SCM-System den Vorteil, „dass nicht die Normung und Zertifizierung des Managementsystems im Vordergrund steht, sondern die Ausgestaltung der Geschäftsprozesse",[446] die ökonomisch tragbaren Umweltschutz initiiert.

Die zweite Perspektive bildet die organisationsübergreifende bzw. **interorganisationale Integration** im Sinne der Zusammenarbeit zwischen mehreren Akteuren aufeinander folgender Wertschöpfungsstufen. Wie in Abbildung 4.2 ersichtlich, lassen sich durch Verzahnung verschiedener Ausprägungen dieser beiden Integrationsdimensionen vier grundsätzliche Integrationstypenfelder unterscheiden, die im Laufe der Arbeit bereits thematisiert wurden und daher an dieser Stelle nicht weiter erläutert werden. Zugleich verdeutlicht die Abbildung 4.2 die Unterschiede/Abgrenzung zwischen den einzelnen Typen.

Abbildung 4.2: Typologisierung typischer Ansätze zweidimensionaler Integration und Einordnung des E-SCM

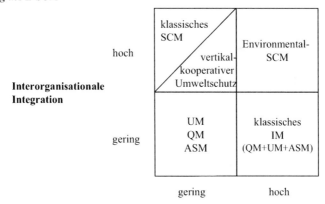

Quelle: Eigene Darstellung.

Demnach tritt bei der Variante der Integration des Umweltschutzes in die SC in Form des E-SCM neben die im SCM bestehende interorganisationale Verknüpfung bzw. Integration in

---

[445] Für dieses Verständnis vgl. LASCH/GÜNTHER (2004, S. 276).
[446] LASCH/GÜNTHER (2004, S. 283).

Form von Unternehmenskooperation die interdisziplinär-funktionale Integration zwischen den herkömmlichen Funktionsbereichen (wie Logistik, Produktion) und dem Umweltschutz. Die Vereinigung der beiden Untersuchungsfelder setzt jedoch in jedem Fall eine konzeptionelle Kompatibilität zwischen diesen voraus, die es zunächst zu eruieren gilt. Dazu werden die beiden (Teil-)Managementkonzepte SCM und vertikales SSM, als einem adäquaten Konzept aus dem Umweltbereich, im folgenden Abschnitt miteinander verglichen. Der Vergleich soll insbesondere Synergien sowie Ansatzpunkte für eine wechselseitige und ggf. integrierbare Anwendung identifizieren.

4.3 Systemvergleich zwischen Supply Chain Management und Stoffstrommanagement als Basis der Integration

4.3.1 Wesentliche Gemeinsamkeiten und Unterschiede zwischen Supply Chain Management und Stoffstrommanagement

Gemäß der Definitionen der beiden Konzepte SCM und SSM steht das Managen der physischen Ströme und (umweltrelevanten) Informationsströme, allerdings jeweils von einer anderen konzeptionellen Basis und Zielstellung ausgehend, im Mittelpunkt. Beide noch relativ jungen Konzepte zielen dabei auf die Kooperation von Unternehmen in Netzwerken, d. h. des gesamten bzw. Teilen des WS ab, wobei sie sich im Umfang unterscheiden (können).[447] Bei der Implementierung und Anwendung im Unternehmen weisen SSM und SCM einen querschnittsorientierten Charakter auf. Ihnen wird in ihrem jeweiligen Bereich zudem das Unterstützen bzw. Erreichen von Win-win-Situationen zugesprochen. Sie erzeugen also einen Mehrfachnutzen, der für die hohe Effizienz der beiden Managementsysteme spricht.

Das zentrale Instrument des SSM ist die Stoffstromanalyse (SSA), deren Ziel die Erfassung, Veranschaulichung und Analyse der Mengen (und zum Teil auch Kosten) der physischen Ströme zur Identifikation von Schwachstellen und Ableitung von Maßnahmen darstellt.[448] Relativ ähnliche Zielstellungen verfolgt beim SCM v. a. die Prozess(ketten)analyse. Sie besteht aus der Visualisierung des Prozessablaufs (Prozessmodell) durch sinnvolle Zerlegung der Abläufe entlang der SC in Teilprozesse, der Erfassung und Analyse von Kenndaten, der Prozessbeurteilung und Maßnahmenermittlung.[449] Beide Instrumente können daher leicht gegenseitig übertragen bzw. miteinander verbunden werden.[450] Die beiden Konzepte bzw. ihre Instrumente werden zudem zweckmäßigerweise durch leistungsfähige Softwarelösungen unterstützt. Dabei handelt es sich bei den Standardlösungen allerdings zumeist um sehr kosten- und zeitaufwändige Systeme. Die bereits aufgezeigten sowie weitere **Unterschiede und Gemeinsamkeiten** zwischen den beiden Konzepten SCM und SSM sind in Tabelle 4.3 im Überblick dargestellt.

---
[447] Vgl. SEURING (2000, S. 30).
[448] Vgl. SOUREN (2003b, S. 4); LÜCKE/MOERSCHNER (1999, S. 368); KOPYTZIOK (2000, S. 82) und weiterführend zur SSA v. a. GRIEẞHAMMER (1999, S. 69-81); BMU/BDI (Hrsg.) (2002, Faktenblatt „Stoffstrom-Analyse").
[449] Vgl. LÜCKE/MOERSCHNER (1999, S. 359) und weiterführend auch THALER (2001, S. 223 f.).
[450] Vgl. SEURING (2000, S. 30).

Tabelle 4.3: Synopse von SCM und vertikalem SSM

Vergleichs-merkmal	Supply Chain Management	Vertikales Stoffstrommanagement
Definition	"is [...] the management of upstream and downstream relationships with suppliers and customers to deliver customer value at less cost to the supply chain as a whole." (CHRISTOPHER, 1998, p. 18)	Verfolgung des physischen Stromes über alle Schritte des Produktlebensweges, d. h. von der Wiege eines Produktes bis (zurück) zur Bahre/Wiege (vgl. UBA (Hrsg.), 1997a, S. 38)
Zielsetzung	Optimierung der SC bzw. Logistik im klassischen Zielsystem Qualität-Kosten-Zeit zur kontinuierlichen Verbesserung der Prozesse und Produkte	Reduktion der Umweltbelastung durch Senkung der anthropogenen Materialströme und/oder Substitution von Materialien
Basis	Klassische Logistik(systeme)	Umweltorientierung der Unternehmensführung im Rahmen nachhaltigen Wirtschaftens
Entstehungszeitraum	Ende der 80er Jahre	1987 (Leitbild der Nachhaltigen Entwicklung durch Brundtland-Kommission) bzw. 1994 (SSM durch Enquete-Kommission)
Entstehungsauslöser	Betriebliche Praxis	Politische Impulsgebung (Enquete-Kommission)
Betrachtungsgegenstand	Physische Ströme (Rohstoff- und Produktstrom), Finanzströme und Informationsströme	Stoff- und Energieströme (z. T. auch diesbezügliche Kosten- und Informationsströme) unter der Annahme, dass alle diese Ströme eine Umweltrelevanz besitzen
Ziele des Managements	Streben nach Gewinn und langfristiger Substanzerhaltung (= ökonomische Ziele)	Streben nach Gewinn und langfristiger Substanzerhaltung sowie gesellschaftlicher Verantwortung (= ökonomische, ökologische und soziale Ziele)
Akteure	Mind. 3 Unternehmen verschiedener Wertschöpfungsstufen	(n) Akteure aus den einzelnen Produktlebenswegphasen und z. T. Stakeholder
Hauptkooperationsrichtung	Vertikal (und ggf. horizontal)	Vertikal (ggf. auch horizontal und diagonal)
Managementinstrumente	Prozess(ketten)analyse, Beziehungsanalyse	Stoff- und Energiebilanzen → SSA → Stoffstromrechnungen und Ökobilanzen
Softwaresysteme	APS in Verbindung mit ERP-Systemen, Internetbasierte Lösungen (z. B. elektronische Marktplätze)	Betriebliche Umweltinformationssysteme (BUIS)
Softwaretools	APS-Anbieter sind z. B. Axxom, DynaSys, i2-Technologies, Manugistics, SAP, Oracle	z. B. Umberto, GaBi, SimaPro, EcoPro

Quelle: Eigene, erweiterte Darstellung, in Anlehnung an SEURING (2000, S. 30); EIFLER (2003, S. 28); SEURING/MÜLLER (2004, S. 124); SEURING/MÜLLER (2005, S. 71) (Anmerkung: n … Anzahl).

4.3.2 Bedeutende Überschneidungen zwischen Supply Chain Management und Stoffstrommanagement

Aus der Entwicklungsperspektive sind zwei synergetische Merkmale zwischen SCM und SSM festzustellen: Beiden Konzepten gemein ist zum einen die wachsende Bedeutung in Wirtschaft und Politik und zum anderen das noch uneinheitliche Begriffsverständnis in der Literatur und Praxis.[451] Im Weiteren bietet sich eine Unterscheidung der Synergien in **funktionale und inhaltliche Synergiebereiche** an. Aus funktionaler Sicht ist beiden Konzepten Folgendes gemein:

---

[451] Vgl. KLOPHAUS (2002, S. 69); auch Abschnitt 2.2.2 und 3.3.1.2.

- Hauptzielstellung: Es handelt sich bei beiden Konzepten um Ansätze zur Sicherung der Überlebensfähigkeit der betroffenen Unternehmen.
- Auflösung von Zielkonflikten: Während beim SSM Spannungen zwischen ökonomischen und ökologischen Zielstellungen (vor allem auf der Outputseite) aufzulösen sind,[452] versucht das SCM Konflikte zwischen einzelnen Sach- und Wertzielen zu lösen.
- Einsatz von Instrumenten und IT: Zur Unterstützung der Konzepte bzw. insbesondere zur Handhabung der Komplexität der Sachverhalte sind leistungsfähige Instrumente und Softwarelösungen im Einsatz.

Die inhaltlichen Überschneidungen bzw. synergetischen Ansatzpunkte lassen sich auf folgende drei Bereiche komprimieren:[453]

- (vertikale) Kooperation in Stoffstromnetzen bzw. der SC zur Optimierung der Schnittstellen (Transaktionskostenreduktion): Beide Konzepte sehen und verfolgen die Identifikation von Verbesserungspotenzialen bzw. -maßnahmen weniger einzelbetrieblich, sondern vielmehr im Gesamtzusammenhang von aufeinander folgenden Wertschöpfungsstufen;
- Flussorientierung in der Material- und Produktbetrachtung (bzw. Produktlinie) z. T. mit Fokus auf dem Produktdesign (z. B. Neugestaltung, Lieferantenintegration);
- Prozessoptimierung zur Steigerung der (zwischen-)betrieblichen (Umwelt-)Leistung.

Die vielfältigen Überschneidungen lassen enge **Analogien** zwischen beiden Konzepten erkennen. SEURING/MÜLLER verstehen das SSM sogar „als ein Supply Chain Management, das Umwelt- und Sozialbelange integriert".[454] Aufgrund unterschiedlicher Entwicklungslinien, Ausgangspunkte und weiterer aus Tabelle 4.3 ersichtlicher Unterschiede wird an dieser Stelle jedoch von einer plakativen Gleichsetzung Abstand genommen. So weist das klassische SCM (als Logistikkonzept) im Gegensatz zum SSM eine betriebswirtschaftlich-technische Sichtweise (anstatt ökologischer und sozialer Fokussierung) und ein vielfältigeres Spektrum an Aktivitäten, Funktionen, Elementen sowie Objekten (z. B. Personen, Informationen) auf.[455] Doch gerade diese Nicht-Identität einerseits und das Vorhandensein von Synergien andererseits sind ein Indiz für die grundsätzliche Vereinbarkeit und damit die pragmatische Verknüpfbarkeit der beiden Konzepte. V. a. durch die prozessorientierte Herangehensweise des SCM bestehen gute Ausgangsbedingungen für die Integration des Umweltschutzes. Über die gleichzeitige Berücksichtigung SCM- und umweltbezogener Zielstellungen im Rahmen der Organisation und Optimierung einer SC erscheint die ganzheitliche, umfassende Gestaltung und Verbesserung von SC unter Umweltgesichtspunkten gesteuert über ein SCM prinzipiell realisierbar.

---

[452] Vgl. STAUDT/SCHROLL/AUFFERMANN (2000, S. 8).
[453] Vgl. SEURING (2000, S. 31).
[454] SEURING/MÜLLER (2005, S. 69).
[455] Vgl. KLOPHAUS (2002, S. 70, 74).

4.3.3 Potenzielle Vorteilhaftigkeit der integrativen Verankerung des Umweltschutzes im Supply Chain Management

Bei der parallelen Existenz des (vertikal-kooperativen) Umweltschutzes und des SCM hat der Umweltschutz nur geringen Spielraum, da i. d. R. lediglich eine begrenzte Verbesserung der Effizienz der durch das SCM getroffenen langfristigen Entscheidungen erreichbar ist. Die Integrationsvariante ermöglicht dagegen, dass bereits frühzeitig bei der Vorbereitung von Entscheidungen in der E-SC auf Umweltbelange acht gegeben wird. Während demnach bei der Variante der Umweltkooperation die Integration des Umweltschutzgedankens in die durch das SCM geschaffenen Strukturen erfolgt (z. B. Umweltausrichtung bestehender Konzepte/Strategien), kann die Integrationsvariante des E-SCM darüber hinaus bereits bei deren Schaffung (z. B. Auswahl der umweltökonomisch optimalsten Lösung zwischen alternativen Konzepten/Strategien) ansetzen. Mögliche **Ansatzpunkte der Integration** des Umweltschutzes im SCM sind:

- Beachtung von Umweltzielstellungen:
  - bei der Planung, Festlegung und Umsetzung von langfristigen Strategien (z. B. ökologische Produkteigenschaften),
  - bei der Auswahl von Partnern im Rahmen der E-SC-Konstitution sowie der Prozessgestaltung in der E-SC,
  - bei der Planung, Auswahl, Entwicklung und Anwendung von Reorganisationskonzepten in der E-SC;
- Abstimmung zwischen den E-SC-Akteuren über die Auswahl sowie die effektivste und effizienteste Positionierung von Umweltmaßnahmen in der E-SC;
- Kontrolle der Wirksamkeit des integrativen Umweltschutzes.

Auf dieser Basis gilt es die potenziellen Vor- und Nachteile der integrativen Verankerung des Umweltschutzes in das SCM im Vergleich zu deren jeweils separaten Umsetzung abzuschätzen. Bei der integrativ-aktiven Verfolgung des Umweltschutzes im Rahmen eines E-SCM-Systems ist v. a. in der Phase der Einführung und unter Umständen auch in der Umsetzungsphase des E-SCM mit erhöhter Komplexität und höherem Koordinationsbedarf zu rechnen. Diese zwei Nachteile ergeben sich aus der Ausweitung des bestehenden Betrachtungsfokus um Aspekte des Umweltschutzes. Sie lassen sich durch den Einsatz unterstützender Instrumente, z. B. einer geeigneten Softwarelösung, reduzieren.

Die zentralen Vorteile der Integration des Umweltschutzes in das SCM bestehen in der Aufdeckung und Reduzierung von Redundanzen und der Nutzung von Synergien (1) auf funktionaler Ebene (z. B. Qualität, Logistik und Umweltschutz werden verzahnt) und zudem (2) auf interorganisationaler Ebene (die Verzahnung betrifft die einzelnen Unternehmen) in der E-SC, die zu Kostensenkungen und Wettbewerbsvorteilen für die Akteure der E-SC führen können. Für einzelne Akteure kann dies im Vergleich zur separaten Verfolgung des vertikal-kooperativen Umweltschutzes und klassischen SCM zusätzlichen, für andere Akteure dagegen geringeren Aufwand bedeuten. Im Fokus des E-SCM steht zweifellos die Schaffung eines Gesamtoptimums für die gesamte E-SC aus möglichst sowohl ökonomischer und ökologischer Sicht. D. h.

durch die strategische Integration von Umweltzielstellungen in das Zielsystem des SCM-Konzeptes und deren adäquaten Umsetzung in der E-SC eröffnen sich im Vergleich zur jeweils separaten Verfolgung neue Synergie-, Skalen- und Effizienzeffekte.[456] Die **Vorteilhaftigkeit der integrativen Verknüpfung** des Umweltschutzes und SCM ist v. a. E-SC-intern und einzelbetrieblich begründet und kann sich in den folgenden Hinsichten darstellen:

- Reduzierung/Vermeidung von (umweltbezogenen) Informationsasymmetrien in der E-SC;
- Steigerung der ökonomischen und ökologischen Effizienz von Umweltmaßnahmen mit im Endeffekt höheren Umweltentlastungen;
- Schaffung von Transparenz in den Prozessen der E-SC zur Früherkennung von Problemen/Risiken und damit zur Risikominimierung sowie zur Erkennung von Verbesserungspotenzialen inkl. der Generierung von (umweltbezogenen) Innovationen[457];
- Steigerung der Effizienz des Managementsystems (z. B. durch Vermeidung von Widersprüchlichkeiten) einhergehend mit einer Senkung der Kosten;
- Sensibilisierung bislang wenig umweltengagierter Unternehmen auf vor- und nachgelagerten Wertschöpfungsstufen für die Verfolgung aktiven Umweltschutzes;
- Höhere interne und externe Akzeptanz, z. B. höhere Motivation bei den Mitarbeitern der beteiligten Kooperationspartner, Imageverbesserung sowie höhere Anerkennung bei den Stakeholdern.

4.4 Status quo der Umweltfokussierung des Supply Chain Managements[458]

Nachdem die aus konzeptioneller Sicht prinzipiell gute Vereinbarkeit von Belangen des Umweltschutzes (in Form des SSM) und des SCM sowie deren ptenzielle Vorteilhaftigkeit aufgezeigt wurden, ist im Weiteren von Interesse, ob und in welchem Umfang die systematische Einbindung von SC-Umweltbelangen in das SCM bereits konzeptionell realisiert ist. Hinsichtlich der aktiven Beachtung des Umweltschutzes im Rahmen eines SCM lassen sich in der Literatur im Wesentlichen **drei E-SCM-Ansatzgruppen** identifizieren, die sich aus dem herkömmlichen SCM-Konzept entwickelt haben. Es handelt sich dabei um das Green SCM, Reverse SCM und Closed-loop-SCM. Alle drei E-SCM-Ansatzgruppen werden im Folgenden charakterisiert und eine Abschätzung hinsichtlich deren bisherigen Praxisbedeutung vorgenommen.

---

[456] Effizienzeffekte können sich bspw. durch die Rationalisierung von umweltbezogenen Abläufen an Schnittstellen zwischen den E-SC-Akteuren (z. B. gemeinsame Umweltdatenverwaltung), Größeneffekte bspw. aus der gemeinsamen Investition in Umweltmaßnahmen bzw. in die benötigte Infrastruktur (z. B. Einsparungen durch die Verwendung größerer Technologien, wie z. B. größerer Heizungsanlage) und Synergieeffekte bspw. durch die Festlegung und Nutzung gleicher umwelttechnischer und -methodischer Standards ergeben.

[457] Durch die „Zusammenlegung" von umweltbezogenem und SCM-bezogenem Wissen der einzelnen Akteure der E-SC besteht die Chance, dass sich neues Wissen und damit neuartige Innovationspotenziale generieren lassen.

[458] Vgl. hierzu auch SOMMER (2005, S. 222-232).

4.4.1 Green Supply Chain Management

Seit etwa Anfang der 90er Jahre findet man Pilotprojekte mit Umweltfokussierung in bestehenden SC,[459] die v. a. aus produktbezogenen Gesichtspunkten entstanden sind (z. B. durch spezielle Endkundenwünsche oder Stakeholderdruck) und sich zumeist auf ausgewählte Wertschöpfungsstufen, v. a. die unmittelbar vorgelagerte(n) Wertschöpfungsstufe(n) eines Unternehmens (d. h. umweltorientiertes Beschaffungsmanagement), konzentrieren. Auslöser für den zunehmenden Einbezug von Umweltleistungsanforderungen in SC sind zumeist fokale Endprodukthersteller, die auf ihre Zulieferer einwirken und z. B. die Einhaltung spezieller Umweltstandards oder die Einführung eines UM-Konzeptes fordern.[460] Es geht hier i. d. R. rein um die Verfolgung von Umweltzielen in bereits existierenden (klassisch endproduktbezogenen) SC ohne eine zwingende Veränderung des bestehenden SC-Designs. Im Mittelpunkt steht hier die Verbesserung der Umweltverträglichkeit von Produkten und/oder der Umweltleistung von Managementpraktiken in Unternehmen aufeinander folgender Wertschöpfungsstufen.[461] Ziel des initiierenden Unternehmens ist es, Risiken zu vermeiden, die ihnen durch unzureichende Umweltschutzaktivitäten der Lieferanten angelastet werden könnten.[462] Die Lieferanten können dabei zum (Umwelt)Berater des fokalen Unternehmens werden und umgekehrt.

Diese Ausprägung der SC wird in der Literatur als Green SC und das zugrunde liegende Management als **Green Supply (Chain) Management** bezeichnet.[463] Eine wirklich schlüssige Identifikation, ob es sich im Einzelfall um ein Green SCM oder um ein Green Supply/ier (Relationship) Management handelt, ist aus den vorliegenden Fallstudien z. T. nur schwer möglich. Den häufigeren Praxisfall der beiden Ansätze bilden sicherlich Aktivitäten des Green Supply/ier (Relationship) Management, die sich auf die Umweltorientierung der bilateralen Lieferanten-Abnehmer-Beziehung begrenzen. Es kann eine Vorstufe zur Umsetzung eines Green SCM bilden. Hierbei fällt auf, dass die Umweltorientierung des Supply/ier (Relationship) Management weniger den Versorgungsprozess, sondern die zu beschaffenden Materialien zur ökologischen Produktgestaltung betrifft, und die individuelle Einstellung und Ziele des Personals in der Beschaffung unabhängig von deren Stellung einen bedeutenden Einflussfaktor darstellen.[464] Zu bemängeln ist, dass beim Green Supply/ier (Relationship) Management in der

---

[459] Vgl. für Beispiele TROWBRIDGE (2001); KOGG (2003, pp. 70-75); GOLDBACH (2003, pp. 56-62).
[460] Vgl. hierzu auch Abschnitt 3.3.2.1.
[461] Vgl. ROSEN/BERCOVITZ/BECKMAN (2001, p. 83).
[462] Vgl. SIMPSON/POWER (2005, p. 61).
[463] Vgl. BOWEN et al. (2001); GOLDBACH (2003). In den USA beschäftigt sich seit einiger Zeit die Environmental Protection Agency institutionell mit dem Green SCM. Vgl. UNITED STATES ENVIRONMENTAL PROTECTION AGENCY (Ed.) (2000). Entsprechend der Ergebnisse einer Befragung zum Green SCM in England unterteilen BOWEN et al. die befragten Unternehmen in folgende Gruppen: (1) Umweltorientierung des Versorgungsprozesses (z. B. Einsatz umweltverträglicher Rohstoffe), (2) produktbezogene Umweltorientierung der Versorgung (z. B. Einsatz erneuerbarer Energieträger im Transport) und (3) erweiterte Umweltorientierung mit proaktiven Versorgungsaktivitäten (z. B. Einführung von entsprechenden Kriterien in Lieferanten-Fragebögen). Vgl. BOWEN et al. (2001, p. 47).
[464] Vgl. BOGASCHEWSKY (2004, S. 206-207).

Praxis bislang eher selten von einem systematischen Einbezug in die Beschaffungspolitik die Rede sein kann.[465]

Green SC im Sinne eines Green SCM umfassen dagegen mehr als zwei Wertschöpfungsstufen, d. h. sie setzen auf „an active greening involvement of upstream, midstream and downstream players throughout the supply chain".[466] Sie existieren bspw. basierend auf der „Aneinanderreihung" von Unternehmen mehrerer SC-Stufen mit zertifiziertem bzw. validiertem UM-System. In dieser Form sind sie in der Praxis vereinzelt bspw. in der Elektronik-, Textil- sowie Automobil(zuliefer)industrie anzutreffen.[467] Involviert in das Green SCM sind v. a. F&E-, Produktgestaltungs-, Beschaffungsabteilungen. Verbreitete Instrumente zur Umsetzung des Green SCM sind z. B. Fragebögen, Audits, Schulungen mit/zu Umweltanforderungen.[468]

4.4.2 Reverse Supply Chain Management

Die klassisch endproduktbezogene SC bildet den Schwerpunkt der Darstellungen zum SCM in der Literatur und Praxis. Somit endet die SC spätestens mit dem Übergang des Produktes an den Endkunden am POS (vgl. Abschnitt 2.1.3.2). Gesetzliche oder freiwillige Zielstellungen zur Wahrnehmung der Verantwortung für das Produkt nach seinem Gebrauch bedingen jedoch zunehmend auch eine Betrachtung der ordnungsgemäßen Entsorgung der anfallenden Altprodukte.[469] Im Zusammenhang mit Vorschlägen zur Realisierung der Kreislaufwirtschaft auf interorganisationalem Wege wird von einer **Reverse SC** gesprochen, die speziell die Stufen und Prozesse der Kollektion und des Recyclings[470] der Altprodukte bis zur Induktion des wieder einsetzbaren Sekundärmaterials (bzw. der Beseitigung der Reststoffe) umfasst.[471]

Pragmatisch betrachtet handelt es sich bei der Reverse SC im hier verfolgten umweltbezogenen Verständnis[472] nicht um ein endproduktbezogenes, sondern vielmehr um ein sog. ausgangs-

---

[465] Diese Feststellung ergibt sich aus Ergebnissen der Analyse verschiedener empirischer Querschnittsuntersuchungen und Fallstudien zum umweltorientierten Beschaffungsmanagement in BOGASCHEWSKY (2004, S. 201). Weiterführend für Studien zur Erfassung und Erklärung der Unterschiede zwischen Theorie und praktischer Umsetzung umweltorientierter Kooperation zwischen Lieferanten und Herstellern vgl. ZHU/ GENG (2001) für staatliche Unternehmen in China, THEYEL (2001) für Chemieunternehmen in den USA und BOWEN et al. (2001) für britische Unternehmen verschiedener Branchen.
[466] BOURLAKIS/BOURLAKIS (2004, p. 226).
[467] Vgl. LETMATHE (2003, S. 15) und speziell zum Einsatz in der Computerindustrie vgl. ROSEN/BERCOVITZ/BECKMAN (2001). Das Green SCM wird daher auch als Supply Chain Environmental Management bezeichnet. Vgl. MACLEAN/KRUT (1999); KRUT/KARASIN (1999, p. 21); FIVE WINDS INTERNATIONAL (Ed.) (2000, pp. 34-35). Anwender eines Green SCM sind z. B. Advanced Micro Devices, Intel Corporation, Hewlett Packard, Nokia, Ericson, General Motors, Ford. Vgl. ausführlicher hierzu KRUT/KARASIN (1999, pp. 30-38, 46-52, 66-72); http://www.pprc.org/pubs/grnchain/ems.cfm (31.07.2006).
[468] Vgl. MACLEAN/KRUT (1999, p. 13); KOPLIN (2006, S. 351-352).
[469] Hier spielt v. a. die Wahrnehmung der gesetzlichen Verpflichtung aus der Produktverantwortung gemäß § 22 KrW-/AbfG (1996) sowie verschiedene spezifische altproduktbezogene Rechtsvorschriften eine entscheidende Rolle. Vgl. ausführlicher hierzu u. a. SCHNEIDERS/SOMMER-DITTRICH/STORCH (2004).
[470] Unter Recycling wird die Aufarbeitung von Rückständen zur Rückführung in den Wirtschaftskreislauf bzw. Produktionsprozess zur erneuten stofflichen (oder energetischen) Nutzung auf einer möglichst gleich hohen Qualitätsebene verstanden. Vgl. u. a. VATTERODT (1995, S. 159); ALTMANN (1997, S. 216); HOPFENBECK/JASCH/JASCH (1996, S. 330); BEAMON (1999a, p. 339); LETMATHE (2005, S. 2).
[471] Vgl. hierzu SCHULTMANN (2003, S. 46-47); MORANA/SEURING (2003, pp. 370, 372).
[472] Es wird an dieser Stelle davon ausgegangen, dass die Entstehung von Reverse SC durch die umweltgesetzlichen Anforderungen ausgelöst ist, was in der Praxis den häufigeren Fall darstellen dürfte. Darüber hinaus

materialbezogenes WS. Schließlich ist das Ergebnis der Transformationsprozesse in der Reverse SC kein Endprodukt für typische SC-Kunden (d. h. Endkunden), sondern als Ausgangsmaterial (= Sekundärrohstoff) für die (erneute) Produktion in endproduktbezogenen SC nutzbar. Diese klare Unterscheidung zu klassischen SC wird im Weiteren unterlegt durch gänzlich andere Eigenschaften von Unternehmen der Reproduktionswirtschaft im Vergleich zu Produktionsunternehmen: Betriebszweck und Einnahmequelle der Entsorger ist die Reduktion bzw. Transformation verwertbarer Abfälle, die zugleich als Input das Planungsobjekt darstellen (und nicht der Output).[473] Die Abläufe in der Reverse SC erfolgen dabei aber i. d. R. losgelöst von der klassisch endproduktbezogenen SC. D. h., die Reverse SC bezieht ihre Ausgangsstoffe nach Gebrauch (z. B. Elektronikaltgeräte) von den Endkunden als der Schnittstelle zur klassisch endproduktbezogenen SC, ohne dabei mit dessen Akteuren (z. B. Hersteller von Elektronik) in Kontakt zu treten bzw. sich abzustimmen (z. B. über die Zusammensetzung der Altprodukte, Anfallmengen). In der Literatur und Praxis gewinnt das Management der Altprodukte rückführenden SC (das sog. Reverse SCM) zunehmend an Bedeutung.[474] Neben ökologischen sprechen auch diverse ökonomische **Gründe** für das Recycling und damit die Organisation der Recyclingprozesse in Reverse SC:[475]

- Gesellschaftliche und staatliche Bedeutung: Das steigende Umweltbewusstsein in der Bevölkerung führt zum Wertewandel in der Gesellschaft und zur steten Überarbeitung und Neueinführung von Umweltrechtsvorschriften (z. B. Rücknahmeverpflichtungen);
- Marktbedeutung: Umweltschutz kann sich unter Konkurrenzdruck insbesondere bei intensiverer Nachfrage durch umweltorientierte Endkunden zum Wettbewerbsvorteil entwickeln;
- Unternehmensbezogene Bedeutung: Steigende Material- und Entsorgungskosten bzw. Aufbereitungskosten spielen im unternehmerischen Entscheidungskalkül eine Rolle.

Auch die betriebswirtschaftliche Forschung widmet sich – angereizt durch die steigende praktische Relevanz sowie die Weitläufigkeit des Forschungsfeldes – in den letzten zehn Jahren verstärkt der Lösung strategischer und operativer Probleme der Reverse Logistics[476], die von

---

können natürlich auch andere Motive in Frage kommen (z. B. Kosten-, Imageaspekte). Vgl. STEVEN (2004, p. 169) und nachfolgend in diesem Abschnitt. Neben der Altproduktrückführung gibt es zwei weitere Formen von Reverse SC: Produktionsrückführungen (z. B. Rückführung von Materialüberschüssen) und Vertriebsrückführung (z. B. Rückrufe von Produkten in SC, Rückführung von Mehrwegverpackungen). Vgl. DE BRITO/DEKKER (2003, pp. 12-15).

[473] Vgl. WIETSCHEL/RENTZ (2000, S. 41). Gleichwohl sei an dieser Stelle darauf hingewiesen, dass einzelne Reststoffe, z. B. Stahlschrott, zunehmend zu einem knapp Gut werden, so dass auch hier die Nachfrage bzw. der Output (als Sekundärrohstoff verwendet) zum bestimmenden Objekt wird.

[474] Vgl. MORANA/SEURING (2003, p. 370); STEVEN (2004, p. 177). Problematisch ist nach wie vor, dass für einige (Alt-)Produkte noch keine geeigneten Sammelsysteme und damit systematische Lösungen für deren Rückführung existieren. Vgl. DYCKHOFF/SOUREN/KEILEN (2004, p. 20); BOURLAKIS/BOURLAKIS (2004, p. 226).

[475] Vgl. SCHULTE (1995, S. 305); STEVEN (2004, p. 169); INDERFURTH (2005, S. 30); RICHTER/GOBSCH (2005, S. 58).

[476] Reverse Logistics wird dabei als logistikorientierte Betrachtung der physischen Ströme in rückwärtsgerichteten SC verstanden. Vgl. INDERFURTH (2005, S. 30). Sie umfasst neben den logistischen aber auch die Recyclingaktivitäten. Vgl. LETMATHE (2005, S. 2).

einzelbetrieblichen bis zu SC-spezifischen Fragestellungen reichen.[477] Die speziellen logistischen Aktivitäten in Reverse SC erfordern die Entwicklung neuer bzw. die Anpassung bestehender Planungs-, Steuerungs- und Kontrollmethoden.[478] Die bestehenden Forschungsfelder der Reverse Logistics fasst LETMATHE anschaulich anhand eines morphologischen Kastens zusammen (vgl. Tabelle 4.4), woraus die Vielfalt und große Spannbreite der Reverse Logistics-Forschung deutlich wird.[479] Bspw. sind Recyclingprozesse in besonders hohem Maße mit Unsicherheiten behaftet: Diese reichen von mengenmäßigen (bezogen auf den Anfall interner Ausschussteile und den Zustrom von Altprodukten), zeitlichen bis zu qualitätsbezogenen Unsicherheiten (d. h. Ausbeuteunsicherheit).[480]

Tabelle 4.4: Klassifizierung möglicher Forschungsfelder im Bereich Reverse Logistics

	Ausprägung 1	Ausprägung 2	Ausprägung 3	Ausprägung 4	Ausprägung 5
Fokus	Betrieb	LDL	Zulieferer	Kunde	WS
Funktion	Beschaffung	Produktion	Absatz	Entsorgung	Logistik
Rückgabegrund	Produktionsrückstand	Rückgaberecht	Verpackung	Garantiefall	Ende der Nutzungsdauer
Betrachtungsrichtung	vorwärts	rückwärts	Kombination		
Gegenstand	Stoffflüsse	Informationsflüsse	Anreizsysteme	Kombination	
Unsicherheit	Volumina von Rücklaufströmen	Rückgabezeitpunkt	Qualität von Rücklaufströmen	Preise von Rücklaufströmen	technologische Unsicherheit
Methoden	qualitativ	quantitativ-deterministisch	quantitativ-stochastisch	empirisch	
Interesse	ökonomische Aspekte	rechtliche Aspekte	ökologische Aspekte	Kombination	
Produktbezug	allgemein	Altfahrzeuge	Elektroschrott	Gebäude	sonstige Altprodukte
Lebenszyklusphase	Vorleistungsphase	Marktphase	Recyclingphase	Nachleistungsphase	phasenübergreifend
Recyclingstrategie	produktbezogen	bauteilebezogen	materialbezogen	Beseitigung	Kombination

Quelle: In Anlehnung an LETMATHE (2005, S. 7).

Aufgrund der vielfältigen Entstehungsauslöser können in der Praxis existierende Reverse SC nicht prinzipiell der Gruppe der E-SC zugeordnet werden. Sie nehmen genau genommen eine **Zwischenstellung** zwischen aktiv und passiv umweltfokussierten SC ein: Je nachdem, ob die Reverse SC ohne Vorhandensein (freiwillig) oder erst durch Inkrafttreten einer Rechtsvorschrift (z. B. Elektro- und Elektronikgeräte-Gesetz) entstanden ist, ist sie der Gruppe der aktiv bzw. passiv umweltfokussierten SC zuzuordnen. Die Gruppenzugehörigkeit kann sich im Laufe der Zeit somit auch von aktiv zu passiv umweltfokussiert ändern. Von einer derartigen

---
[477] Vgl. LETMATHE (2005, S. 2).
[478] Zur Lösung der Probleme werden v. a. Verfahren des Operation Research herangezogen. Vgl. LETMATHE (2005, S. 2); INDERFURTH (2005, S. 30).
[479] Vgl. LETMATHE (2005, S. 7, 24).
[480] Vgl. INDERFURTH (2005, S. 31); LETMATHE (2005, S. 5).

Änderung betroffene Reverse SC haben jedoch durch die Ergänzung ihres Zielsystems um Zielstellungen transformationsbezogenen Umweltschutzes – ähnlich wie in Green SC – jederzeit die Möglichkeit den Status einer aktiv umweltfokussierten SC (weiter) beizubehalten bzw. zu erreichen.

4.4.3 Closed-loop-Supply Chain Management

In der Literatur finden sich in letzter Zeit auch Ansätze, Teile der klassisch endproduktbezogenen SC mit der Philosophie des Reverse SCM zu verknüpfen, d. h. die Stufen/Prozesse der Rückführung, Reproduktion und Induktion in die klassische SC mit einzubeziehen.[481] Einen praktikablen Vorschlag zur Erweiterung der klassisch endproduktbezogenen SC um die Produktnachgebrauchsstufen/-prozesse bildet die sog. **Closed-loop-SC**.[482] Closed-loop-SC entstehen, wenn bestehende klassisch endproduktbezogene SC entweder separat um die erforderlichen Reverse-Prozesse erweitert oder – der anspruchsvollere Weg – diese in die SC per Re-Design integriert werden.[483] Eine durch Erweiterung gekennzeichnete Closed-loop-SC verbindet die in der Praxis i. d. R. zunächst unbeeinflusst voneinander ablaufenden Stufen der klassisch endproduktbezogenen SC und der Reverse SC, mit dem Ziel der Schließung des Materialkreislaufs bzw. Produktlebensweges. D. h., sie „extends the one-way [traditional] supply chain to construct a semi-closed loop that includes products and packaging recycling, re-use, and/or remanufacturing operations".[484] Das Management zur Verfolgung der auf- und abwärts gerichteten physischen Ströme entlang der Closed-loop-SC wird **Closed-loop-SCM** genannt.[485] Hauptauslöser ist die Wahrnehmung der gemäß § 22 KrW-/AbfG vorgegebenen Produktverantwortung von Produzenten, die insbesondere global agierende Produzenten vor besondere Herausforderungen zur Organisation des Rückführens ihrer weltweit vertriebenen Produkte stellen.[486]

Die Umsetzung bzw. Realisierung von Closed-loop-SC (bzw. Closed-loop-SCM) hat allerdings bisher kaum praktische Verbreitung erfahren.[487] Trotz der Produktverantwortung von Produzenten stellen langfristige freiwillige Kooperationen zwischen Produzenten und Recyclingunternehmen – gesteuert über ein SCM – in der Praxis derzeit (noch) die Ausnahme dar.[488]

---

[481] Vgl. WERNER (2001, S. 5, 77-82); GOLDBACH (2001, S. 5).
[482] Vgl. hierzu v. a. das Forschungsprojekt „Stoffstrombasiertes SCM in der Elektronikindustrie zur Schließung von Materialkreisläufen" (StreaM) mit detaillierten Informationen u. a. in HESSELBACH et al. (2001); HESSELBACH et al. (2003); SPENGLER/SCHRÖTER/STÖLTING (2002); SPENGLER et al. (2002); SPENGLER/STÖLTING (2003). Weiterhin zu Closed-loop-SC auch BEAMON/FERNANDES (2004, p. 270).
[483] Vgl. BEAMON/FERNANDES (2004, p. 271).
[484] BEAMON (1999a, p. 338).
[485] In Anlehnung an RICHTER/GOBSCH (2005, S. 58).
[486] Vgl. HEISERICH (2002, S. 16).
[487] In der Literatur sind erst wenige Beispiele für praxiserprobte Closed-loop-SC beschrieben. So analysieren MORANA/SEURING eine in der Praxis seit 1994 existierende Closed-loop-SC aus dem Textilbereich (= ECOLOG Recycling Network). Vgl. MORANA/SEURING (2003, pp. 376-381). Im Zusammenhang mit der Erfüllung der rechtlichen Vorgaben ist im europäischen Raum in nächster Zeit jedoch mit einer stärkeren Verbreitung von Closed-loop-SC oder ähnlichen SC-Formen (v. a. im Automobil- und Elektro(nik)sektor) zu rechnen.
[488] Vgl. SPENGLER/SCHRÖTER/STÖLTING (2002, S. 302); SPENGLER et al. (2002, S. 123). Entsorgungsunternehmen streben v. a. nach (horizontaler) Kooperation mit anderen Entsorgungsunternehmen. Vgl. EL-

Entsorgungsnetzwerke mit Kooperationsbeziehungen zwischen Produzenten und Entsorgern sind zwar schon länger in der Diskussion,[489] allerdings sind diese nicht mit der Intention des SCM-Konzeptes vergleichbar, da hierbei weniger die (Alt-)Produkte, sondern vielmehr Produktionsabfälle im Mittelpunkt stehen,[490] und sich diese bislang erst in Pilotprojekten auf regionaler Ebene durchsetzen konnten. Die geringe Verbreitung des Closed-loop-SCM ist nicht zuletzt eine Folge der noch geringen wissenschaftlichen Beschäftigung mit diesem Thema, die sich zum einen schon allein durch die bereits in Abschnitt 4.4.2 konstatierten vielfältigen (kaum gelösten) Forschungsperspektiven für Reverse SC ergeben. Zum anderen kommen hier noch die Besonderheit der Schließung des Wirtschaftskreislaufs und die daraus resultierende Bildung von (Mehrfach-)Zyklen, die die bislang existierende linearer Betrachtungsweise ersetzt bzw. ergänzt, hinzu.[491] Jedoch selbst in Bereichen, wo bereits umsetzungsfähige Lösungskonzepte bestehen, z. B. zur Planung und Steuerung industrieller Kreislaufwirtschaftssysteme, erfolgt die praktische Anwendung bislang erst in sehr geringem Maße.[492]

4.4.4 Einschätzung des Entwicklungsstandes umweltfokussierter Supply Chain Management-Ansätze

Die vorherigen Ausführungen haben gezeigt, dass bereits verschiedene konzeptionelle Ansätze zum aktiven Einbezug des Umweltschutzes in die Belange des SCM existieren. Eine aktive Umweltfokussierung im SCM ist derzeit in Form der beschriebenen drei Ansatzgruppen Green SCM, Reverse SCM und Closed-loop-SCM mit jeweils spezifischen Intentionen existent. Dabei zeigen sich Unterschiede in der Struktur (z. B. unterschiedliche Wertschöpfungsstufen) und dem Umfang (d. h. der vertikalen Reichweite) der SC (vgl. Abbildung 4.3). Wie in Abschnitt 2.2.3 bereits angedeutet wurde, bedingt die Ausrichtung auf und Verfolgung spezieller Ziele und Anforderungen des Umweltschutzes demnach sehr unterschiedliche SC-Strukturen – die sich wie in Tabelle 4.6 dargestellt – systematisieren und charakterisieren lassen.[493]

Es kann weiterhin festgehalten werden, dass die Abläufe in der Konsumstufe (= Produktge- bzw. -verbrauch) bei allen E-SCM-Ansatzgruppen (ebenso wie im klassischen SCM) trotz der möglicherweise durch sie selbst hervorgerufenen Veränderungen am Produkt keine unmittelbare Rolle spielen, wie in Abbildung 4.3 durch die „ausgelassene" Konsumstufe deutlich wird. Der Betrachtungsschwerpunkt der E-SCM-Ansatzgruppen liegt auf den Produktions- und/oder Reproduktions- sowie raum-zeitlichen Prozessen. Bei letzteren handelt es sich um Prozesse,

---

SENBACH (1999, S. 183). Die geringe Verbreitung der Kooperation mit den Produzenten äußert sich bspw. darin, dass die Entsorgungsunternehmen i. d. R. passive Strategien verfolgen, d. h., die Recyclingplanung erfolgt auf Basis des Bestandes angelieferter Recyclinggüter (vgl. RAUTENSTRAUCH (1999, S. 124)) – also unabhängig von denkbaren Absatzangaben von Produzentenseite.

[489] Vgl. hierzu auch Abschnitt 3.3.2.1, v. a. Fußnote 379.
[490] Vgl. KALUZA/BLECKER (1996, S. 24); KALUZA/BLECKER (1998a, S. 278); KALUZA/BLECKER (1998b, S. 37); FICHTER/KUJATH (1999, S. 2). An dieser Stelle sind auch die gemäß Verpackungsverordnung in Deutschland bestehenden zwangsweisen Beziehungen zwischen Produzenten und Entsorgern hinsichtlich der Rückführung und Aufarbeitung von Verpackungsabfällen – organisiert durch die DSD GmbH (Der Grüne Punkt) – zu nennen.
[491] Vgl. INDERFURTH (2005, S. 31).
[492] Vgl. SCHULTMANN (2003, S. 4-5).
[493] Vgl. ausführlicher hierzu SOMMER (2005, S. 232-236).

die entweder durch einen externen LDL oder durch die Akteure der Produktions- und Reproduktionsphase selbst durchgeführt werden. Bspw. organisiert der Endkunde den Einkauf und Teile der Kollektion in seinem Umfeld i. d. R. selbst, somit sind diese nicht Bestandteil der E-SC. Der Einzugsbereich des E-SCM endet demnach am POS (beim Green SCM) bzw. beginnt am Point of Return (beim Reverse SCM) (vgl. Abbildung 4.3).[494] Das E-SCM nimmt also im Wesentlichen Versorgungs- und/oder Entsorgungsfunktionen[495] wahr.[496] Welche dieser Funktionen eingesetzt und wie diese realisiert werden, hängt von der Gesamtstrategie der E-SC ab. Tabelle 4.5 liefert einen Überblick über mögliche Konzepte bzw. Strategien zur Verfolgung der Ver- und/oder Entsorgung (in) der SC bzw. ihrer Akteure. Aus dem Einsatz der Strategie(n) ergeben sich sehr unterschiedliche logistische Aufwendungen und Umweltbelastungen, die es bei deren Auswahl zu beachten und miteinander abzuwägen gilt. Eine kurze Charakterisierung typischer **Reorganisationskonzepte/-strategien** im SCM sowie eine grobe verbale Bewertung ihrer ökonomischen und ökologischen Effekte findet sich in Anhang A. Hiermit wird dem Manko fehlender ökonomisch-ökologischer Vergleichsanalysen von Strategien nachkommend ein erster Anstoß gegeben.[497]

Abbildung 4.3: Haupteinzugsbereiche der E-SC-Formen (vereinfacht abgebildet am Produktlebensweg)

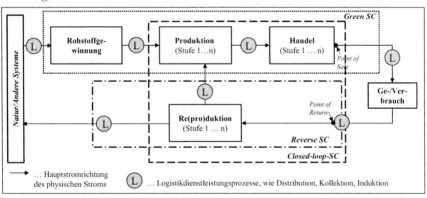

Quelle: In Anlehnung an SOMMER (2005, S. 227); ähnlich auch KRAMER (2005b, S. 93); KRAMER (2006, S. 221) (Anmerkung: n ... Anzahl (n ≥ 1)).

Aus Sicht der Praxis zeigt sich derzeit eindeutig eine bevorzugte Betrachtung der **Versorgungs-, Herstellungs- und Verkaufsprozesse**,[498] während für die Zukunft jedoch erwartet

---

[494] POS bzw. Point of Return bilden den jeweiligen Übergang der physischen Verfügungsgewalt zum bzw. vom Endkunden. Vgl. SOUREN (2003a, S. 30).
[495] Entsorgung wird hierbei in Anlehnung an das KrW-/AbfG als Überbegriff über die Prozesse der Beseitigung und der Verwertung/des Recyclings von Produktions- und Produktabfällen aufgefasst. So unterscheidet § 3, Abs. 2 KrW-/AbfG (1996) zwischen Abfällen zur Beseitigung und Abfällen zur Verwertung.
[496] Vgl. WERNER (2001, S. 11).
[497] Vgl. Abschnitt 3.2, v. a. Fußnote 306.
[498] Vgl. SCHULTMANN (2003, S. 4, 31); SCHULTMANN et al. (2004, p. 37); DYCKHOFF/SOUREN/KEILEN (2004, pp. 16-17). Diese Versorgungsbevorzugung zeigt sich z. B. in der Zusammensetzung der Logistikkosten. So umfassten die Kosten der Redistributionslogistik 1997 gerade einmal einen Anteil von 5-15 %

wird, dass auch Entsorgungs- und Recyclingstrategien im Rahmen des (E-)SCM noch stärker an Bedeutung gewinnen werden.[499] So ist das Green SCM bereits seit einigen Jahren in verschiedenen Wirtschaftssektoren anzutreffen. Das Reverse SCM hat v. a. im Automobil-, Elektronik- und Textilbereich seine praktische Relevanz erfahren, wobei in den genannten Bereichen in Form einzelner Pilotanwendungen auch das Closed-loop-SCM anzutreffen ist. Natürlich bestehen in der Praxis auch Überschneidungen zwischen den drei E-SCM-Ansatzgruppen,[500] die das Erkennen bzw. die eindeutige Zuordnung zu einem der drei Ansätze im Einzelfall erschweren können. Es erscheint an dieser Stelle auch erwähnenswert, dass aus den in der Literatur dargestellten Fallstudien zum E-SCM erkennbar ist, dass weniger staatliche Rahmensetzung als vielmehr der eigene Antrieb der Unternehmen (ggf. verzögert auch als Reaktion auf Anspruchsgruppenforderungen) Auslöser für die Einführung eines E-SCM-Systems ist.[501]

Tabelle 4.5: Mögliche Reorganisationsstrategien bzw. -konzepte im Rahmen eines E-SCM

Strategien der Versorgungsseite	Strategien der Entsorgungsseite
• Einkaufsstrategien (in Abhängigkeit von): 　o Ausdehnung des Beschaffungsmarktes (z. B. Local Sourcing), 　o Wertschöpfungsgrad der Vorproduktion (z. B. Unit Sourcing), 　o Anzahl der Lieferanten (z. B. Single Sourcing), 　o Zeit (z. B. JiT-Sourcing), 　o IT-Unterstützung (z. B. E-Sourcing), 　o Produktentwicklung (z. B. Forward Sourcing), 　o Einkaufskooperation (z. B. Collective Sourcing). • Lagerhaltungs-, Liefer- und Produktionsstrategien:[+] 　o Just-in-Time (JiT), 　o Quick Response (QR), 　o Cross Docking (CD), 　o Postponement, 　o Milkrun, 　o Continuous Replenishment (CR), 　o Supplier/Vendor Managed Inventory (S/VMI), 　o Category Management (CM), 　o Efficient Consumer Response (ECR), 　o Collaborative Planning, Forecasting and Replenishment (CPFR).	• Strategien des stofflichen Recyclings (Material- und Produktrecycling): 　o Wiederverwendung, 　o Weiterverwendung, 　o Wiederverwertung, 　o Weiterverwertung. • Strategie der energetischen Verwertung; • Strategien der Beseitigung (umfassen jeweils auch die Bereitstellung, Aufbereitung (Trennung, Umwandlung), Lagerung, Transport, Umschlag, Sammlung, Sortierung, Verpackung (Retrodistribution)).

Quelle: Eigene Darstellung, in Anlehnung an WERNER (2001, S. 53-83); BUBECK (2001, S. 108); BUSCH et al. (2003, S. 12); BOGASCHEWSKI (2005, S. 176-178); MEFFERT/KIRCHGEORG (1998, S. 372); MEYER-KRAHMER (1998, pp. 75-77); LASCH/GÜNTHER (2004, S. 78-79); BEAMON (1999, p. 339); CLAUS (2006, S. 58). (Anmerkung: [+] ... Für eine Erläuterung dieser Konzepte vgl. Fußnoten 156, 161, 162, 208 sowie Abschnitt 5.4.2.2, auch Anhang A).

---

an den gesamten Logistikkosten, wobei zu diesem Zeitpunkt zukünftig von einer Steigerung ausgegangen wurde. Vgl. WILDEMANN (1998, S. 110); ELSENBACH (1999, S. 137).
[499] Vgl. WERNER (2001, S. 77-78).
[500] Diese Feststellung kann als Kritik an der in der vorliegenden Arbeit gewählten Einteilung aufgefasst werden. Andererseits sind die Überlappungen durch den gemeinsamen Nenner – das SCM – ein Beweis für die grundsätzliche Zusammengehörigkeit und demnach zwangsläufig unvermeidbar.
[501] Vgl. SEURING/MÜLLER (2005, S. 77).

Aus forschungsmethodischer Sicht lässt sich im Übrigen feststellen, dass sich die Literatur v. a. theoretisch-konzeptionell und über Fallstudien mit dem E-SCM beschäftigt.[502] Zu deren praktischen Umsetzung liegen nur einzelne Fallbeispiele vor, deren Interpretation allein noch keine repräsentative Einschätzung und Verallgemeinerung der Praxissituation erlaubt, da sie punktuelle Ergebnisse und i. d. R. eher Erfolge und seltener Misserfolge wiedergeben. Es handelt sich dabei eher um größere Unternehmen. Zudem ist nicht erkennbar, ob die anderen Unternehmen grundsätzlich nur keine Kenntnis oder aber gar kein Interesse an der integrativen Verknüpfung haben. Aufschlussbringende **empirische Querschnittsuntersuchungen**, d. h. Befragungen einer größeren Gesamtheit von Unternehmen, zum Stellenwert der integrativen Verknüpfung von Umweltschutz und SCM in der Praxis sind bislang noch vernachlässigt worden.[503] So liegt lediglich eine empirische Querschnittsanalyse, die die Verbreitung von Standards nachhaltiger Unternehmensführung bei den Lieferanten des Automobilproduzenten Volkswagen AG im Jahr 2005 untersuchte, vor. Im Ergebnis dieser Studie zeigte sich, dass aktuell v. a. Umweltstandards und im Vergleich dazu entschieden weniger Sozialstandards von den direkten Automobilzulieferern (1st-tier[504]) als bedeutungsvoll angesehen werden. Weiterhin wurde deutlich, dass Umwelt- und Sozialstandards dagegen kaum bzw. selten von den Sublieferanten (2nd-tier) gefordert werden.[505] Die erzielten Ergebnisse erlauben jedoch keine Beurteilung der Akzeptanz und Verbreitung des E-SCM, da nicht erkennbar ist, ob die befragten Unternehmen ein SCM als Basis nutzen und ob sie den Umweltschutz kooperativ in separater oder integrierter Form verfolgen. Vor diesem Hintergrund ist eine abschließende Gesamteinschätzung der Praxiskenntnis, -anerkennung und -verbreitung des E-SCM zum aktuellen Zeitpunkt nicht leistbar.

Die noch sehr **zögerliche, scheinbar auf wenige SC beschränkte Verbreitung** einer aktiven Umweltfokussierung von SC in der Praxis ist sicherlich bedingt durch eine Reihe konzeptioneller Forschungslücken als auch praktischer Probleme bzw. Barrieren. Aus der Praxissicht kann die geringe Verbreitung aktiver Umweltfokussierung der SC aus der i. d. R. noch sehr geringen Nachfrage nach nachhaltigen bzw. umweltverträglichen Produkten erklärt werden. Der externe Anreiz für die Bildung einer E-SC-Kooperation ist gering. Weiterhin fehlen auf konzeptioneller Ebene praxistaugliche Instrumente, die die Kombination von Umweltschutz- und Logistikanforderungen über mehrere Akteure hinweg unterstützen – insbesondere am und nach dem POS. So kann im Fehlen geeigneter Anreize und Methoden zur Durchsetzung der Umweltorientierung in der Konsumphase und deren Einbindung in die E-SCM-Philosophie eine zentrale Ursache für die bisherige Vernachlässigung dieser aus Umweltsicht sehr wichtigen

---

[502] Zu dieser Feststellung kommt eine umfangreiche Literaturanalyse von 240 Publikationen bzgl. der Verfolgung des Nachhaltigkeitsdankens in der Beschaffung und dem SCM von SEURING/MÜLLER. Vgl. SEURING/ MÜLLER (2004, S. 134). Zu ähnlichen Einschätzungen gelangen auch DE BRITO/DEKKER speziell in Bezug auf Reverse Logistics bzw. Reverse SCM. Vgl. DE BRITO/DEKKER (2003, p. 7).
[503] Vgl. SEURING/MÜLLER (2004, S. 134).
[504] In einer mehrstufigen Zuliefererstruktur werden die Wertschöpfungsstufen in Abhängigkeit von der Entfernung vom fokalen Unternehmen als „x-Tier" bezeichnet. Ein 1st-Tier ist ein Unternehmen der unmittelbar vorgelagerten Lieferantenstufe, ein 2nd-Tier ein Unternehmen auf der nächsten Lieferantenstufe usw. Vgl. beispielhaft CRAMER (2004, S. 52).
[505] Vgl. hierzu KOPLIN/SEURING/BESKE (2005, S. 51-53).

Phase gesehen werden. Gleichwohl mag aus praktischer und konzeptioneller Sicht auch die hohe Komplexität in der Handhabung von SC eine bedeutende Rolle spielen, die sich bspw. bereits in der Zielverfolgungsproblematik zeigt: Neben mögliche Konflikte in der Zusammenarbeit von Teilnehmern einer SC mit z. T. konträren Zielsetzungen z. B. in der Preis-, Produkt-, Vertriebspolitik[506] (= institutionelle Konflikte) und häufig wahrzunehmende Trade-offs strategischer SCM-Ziele, z. B. Kosten vs. Flexibilität,[507] tritt nun noch der Konfliktherd zwischen logistisch-ökonomischen und ökologischen Zielstellungen (beides sind kontextbezogene Konflikte).[508] Ein solcher Trade-off kann bspw. zwischen Transport und Lagerhaltung bestehen: Durch eine Bündelung von Transporten reduzieren sich zwar der Transportaufwand und damit die -kosten und die transportbedingten Umweltauswirkungen. Dagegen führt der im Gegenzug i. d. R. erforderliche höhere Lagerhaltungsaufwand zu steigenden Lagerkosten und lagerhaltungsbedingten Umweltauswirkungen. Nach Verrechnung der Kostenpositionen einerseits und der Umweltauswirkungen andererseits zwischen beiden alternativen Strategien in SC können konkurrierende Ergebnisse (z. B. geringe Kosten bei höheren Umweltbelastungen) resultieren. Demgegenüber lassen sich Win-win-Situationen über das E-SCM bspw. durch die Synchronisation der Nachfrage mit der Produktionsplanung entlang der gesamten E-SC erreichen. Dadurch reduzieren sich in einer Lebensmittel-SC nicht nur die Bestände, sondern auch die Vernichtungsmengen einer Überproduktion, was sowohl aus ökonomischer Sicht (z. B. Reduktion der Rückführungs- und Beseitigungskosten, Einsparung von Material- und Energiekosten) als auch unter ökologischen Gesichtspunkten (im Sinne der Ressourceneinsparung und Emissionsreduzierung) sinnvoll erscheint.

Nimmt man einen **Abgleich** zwischen den drei E-SCM-Ansätzen und den drei wesentlichen Umweltrelevanzfeldern von SC (vgl. Abschnitt 4.1) vor, so kann man festhalten (vgl. hierzu auch Tabelle 4.7), dass

- den Hauptfokus des Umweltschutzes das finale Endprodukt der SC bildet: beim Green SCM ist v. a. die Produktgestalt und beim Reverse SCM und Closed-loop-SCM die Verantwortung nach dem Produktabsatz von Relevanz;
- das Green SCM auch stark auf die Transformationsprozesse fokussiert, diese in der Praxisanwendung aber eher einer einzelbetrieblichen und selten einer unternehmens- bzw. standortübergreifenden Betrachtung unterzogen werden;
- beim Reverse SCM und Closed-loop-SCM die Transformationsprozesse eher selten bzw. nachrangig im Vergleich zur Produktbetrachtung im Blickfeld stehen;
- alle drei E-SCM-Ansätze der strukturellen Gestaltung der SC im Sinne der umweltorientierten Standortauswahl kaum Beachtung schenken, am ehesten das Green SCM.

---

[506] Vgl. RENKER (2004, S. 24-25).
[507] Vgl. BLECKER/KALUZA (2003, S. 21).
[508] Ein Beispiel hierfür ist der Konflikt zwischen einer möglichst hohen Umweltverträglichkeit und niedrigen Materialkosten. Vgl. SCHULTE (2001, S. 36).

Tabelle 4.6: Synopse verschiedener SC-Erscheinungsformen

SC-Typ	Passiv umweltfokussierte SC-Erscheinungsformen		Aktiv umweltfokussierte SC-Erscheinungsformen		
	Klassisch endproduktbezogene SC	„Erweiterte" SC-Formen	Reverse SC	Green SC	Closed-loop-SC
Schwerpunkte im Zielsystem des (E-)SCM	- Logistisch-ökonomische Zielstellungen	- Logistisch-ökonomische Zielstellungen und zudem Fokus z. B. auf F&E, Marketing	- Logistisch-ökonomische Zielstellungen - Produktbezogene Umweltziele (= Rückgewinnung von Materialien)	- Logistisch-ökonomische Zielstellungen - Produkt- und/oder transformationsbezogene Umweltziele	- Logistisch-ökonomische Zielstellungen - Produktbezogene Umweltziele
Stufen der SC (ohne zwischenbetriebliche Bereitstellungsprozesse)	- Rohstoffgewinnung - Produktion - Distribution (Handel)	Alle Stufen der klassischen SC erweitert um z. B. - F&E-Aufgaben	- Kollektion - Re(pro)duktion - Induktion	Alle Stufen der klassischen SC	- Produktion - Distribution (Handel) - Kollektion - Re(pro)duktion - Induktion
Bezeichnung der SC	Endproduktbezogenes WS (bzw. Teile davon)	Erweitertes, endproduktbezogenes WS (bzw. Teile davon)	Ausgangsmaterialbezogenes WS (bzw. Teile davon)	Endproduktbezogenes WS (bzw. Teile davon)	Produktlebensweg (unvollständig)
Wirtschaftsströme in der SC	- Materialstrom - Produktstrom - Finanzstrom - Informationsstrom	- Materialstrom - Produktstrom - Finanzstrom - Informationsstrom	- Reststoffstrom (= Altprodukte) - Materialstrom - Finanzstrom - Informationsstrom	- Materialstrom - Produktstrom - Reststoffstrom (= Produktionsreststoffe) - Finanzstrom - Informationsstrom	- Materialstrom - Produktstrom - Reststoffstrom (= Altprodukte) - Finanzstrom - Informationsstrom
Komplexität der SC	Mittel	Hoch	Mittel	Mittel	Hoch
Bezeichnung des SCM	(Klassisches) SCM	z. B. Super SCM	Reverse SCM	Green SCM bzw. Supply Chain Environmental Management	Closed-loop-(Supply Chain) Management bzw. Stoffstrombasiertes SCM
Vertreter	u. a. Walther (2001); Busch et al. (2003); vgl. für weitere Vertreter diverse Zusammenstellungen von SC-/SCM-Definitionen in Erdmann (2003, S. 8-9) und Göpfert (2002, S. 29)	u. a. Metz (1997) zit. in: Corsten/Gössinger (2001, S. 132); Weisbrodt/Kessel (2001, S. 142, 154)	u. a. Steven (2004); Schultmann et al. (2004)	u. a. Bowen et al. (2001); Goldbach (2003)	u. a. Morana/Seuring (2003); Kogg (2003); Dyckhoff/Souren/Keilen (2004); Beamon (1999); Forschungsprojekt „StreaM" u. a. mit Spengler/Schröter/Stölting (2002), Spengler/Stölting (2003)

Quelle: In Anlehnung an SOMMER (2005, S. 234).

Die unterschiedliche Abdeckung der SC-Umweltrelevanzfelder durch die bestehenden E-SCM-Ansatzgruppen legt zweifelsfrei die Schlussfolgerung nahe, dass es sich bei den E-SCM-Ansatzgruppen um unterschiedliche Formen der Realisierung SC-weiten Umweltschutzes handelt, die auch unterschiedliche strukturelle Designs der jeweils zugrunde liegenden E-SC bedingen. Allerdings zeigt sich dabei **keine Deckungsgleichheit** hinsichtlich einer **ganzheitlichen Umweltorientierung** eines SCM, da keine der E-SCM-Ansatzgruppen alle drei Umweltrelevanzfelder zugleich abdeckt bzw. in den vornehmlich logistisch- und ökonomisch-geprägten Entscheidungen des SCM berücksichtigt. Eine solide Verknüpfung von SC-Struktur-, transformations- und produktbezogenem Umweltschutz ist zwar prinzipiell möglich und notwendig, wird mit bestehenden Ansätzen aber nicht ausreichend forciert. Umweltzielstellungen werden vielmehr jeweils nur in partieller Hinsicht verfolgt (z. B. im Schwerpunkt produktbezogener Umweltschutz). Der räumlichen Verteilung bzw. gezielten Auswahl potenzieller SC-Partner wird in diesen Konzepten noch am wenigsten Beachtung geschenkt. Ein ganzheitlicher Umweltschutz ist zum derzeitigen Zeitpunkt mit den bestehenden E-SCM-Ansätzen demnach nicht leistbar. Da das SCM einerseits eine geeignete Basis für die Integration interorganisationalen Umweltschutzes darstellt (vgl. Abschnitt 4.3.2), aber andererseits die bestehenden E-SCM-Ansätze einer ganzheitlichen Verknüpfung bzw. Integration von Umweltschutz und SCM bislang nicht in ausreichendem Maße gerecht werden, wird im Folgenden ein erweiterter bzw. ganzheitlich umweltfokussierter SCM-Ansatz abgeleitet und beschrieben.

Tabelle 4.7: Matrix der Beachtung der Umweltrelevanzfelder von SC durch die verschiedenen E-SCM-Ansatzgruppen

E-SCM-Ansatzgruppe	(E-)SC-Umweltrelevanzfelder			
	(E-)SC-Design		Transformationsprozesse	Produkt-
	Zusammensetzung	Standort	-gestalt	-verantwortung nach Vertrieb
Green SCM	kein Zielfeld eines E-SCM, sondern Umweltrelevanz ist Konsequenz	◐	⊗	⊗	O
Reverse SCM		O	◐	O	⊗
Closed-loop-SCM		O	◐	◐	⊗

Quelle: Eigene Darstellung (Anmerkung: ⊗ ... erfüllt/zutreffend, ◐ ... z. T. erfüllt/z. T. zutreffend, O ... nicht erfüllt/nicht zutreffend).

4.4.5 Konzeptioneller Vorschlag für einen ganzheitlich umweltfokussierten Supply Chain Management-Ansatz

Den Ausgangspunkt für die konzeptionelle Ableitung eines ganzheitlichen E-SCM-Konzepts bildet die in Abschnitt 4.3 festgestellte konzeptionelle Vereinbarkeit zwischen dem SCM- und dem SSM-Konzept. Mit dem sog. Holistic Environmental-Supply Chain Management (HE-SCM) wird eine weitgehende Annäherung bzw. Verwirklichung der Philosophie eines vertikalökoeffizienten SSM (vgl. Abschnitt 3.3) angestrebt. Das HE-SCM und die HE-SC sind als die **idealtypische Form** der Verwirklichung integrativen Umweltschutzes in SC auf Basis einer antizipativen Umweltstrategie[509] zu verstehen. Dazu bedarf es der Erweiterung des logistisch-ökonomischen Zielsystems um die vielfältigen Zielstellungen aktiven Umweltschutzes und deren adäquate Berücksichtigung bei der Realisierung der SC-Aktivitäten. Dabei sind alle Umweltrelevanzfelder angemessen zu bedienen und die sich daraus ergebenden Anforderungen an ein HE-SCM zu eruieren. Damit einher geht ein Anpassungsdruck hinsichtlich des strukturellen Designs der SC, um den Ansprüchen gerecht werden zu können. Auf dieser Basis können die HE-SC beschrieben und das HE-SCM definiert werden. Im ersten Schritt gilt es die grundsätzlichen Prinzipien als oberste Maxime für die Ausgestaltung eines HE-SCM zu ermitteln.

4.4.5.1 Prinzipien des Holistic Environmental-Supply Chain Managements

Das Hauptanliegen des HE-SCM besteht in der langfristigen Existenzsicherung aller Akteure der HE-SC bei gleichzeitiger Minimierung der von ihr ausgehenden Umwelteinwirkungen. Die Grundprinzipien des Managements der HE-SC lassen sich auf dieser Basis anhand einer Prüfung der Vereinbarkeit der Prinzipien des SCM und den industrieökologischen Prinzipien ableiten (vgl. Tabelle 4.8).

Tabelle 4.8: Prinzipien des SCM, des Umweltschutzes und des HE-SCM

Prinzipien des SCM		Industrieökologische Prinzipien		Prinzipien des HE-SCM
Kundenorientierung	+	./. (Orientierung an Politik, Öffentlichkeit)	→	Stakeholderorientierung
Ökonomische Effektivität	+	Ökologische Effektivität	→	Ökoeffektivität
Ökonomische Effizienz	+	Ökologische Effizienz	→	Ökoeffizienz
		Ökologische Konsistenz	→	Ökokonsistenz
		Ökologische Suffizienz und Funktionsorientierung des Produktes	→	Öko-Funktionsorientierung des Produktes

Quelle: Eigene Darstellung (auf Basis von Abschnitt 2.2.4 und 3.1).

Für alle drei **Grundprinzipien** des SCM lässt sich eine Vereinbarkeit mit den industrieökologischen Prinzipien herstellen, wobei sich im Vergleich zum klassischen SCM wesentlich komplexere Implikationen ergeben:

- Stakeholderorientierung: Das SCM-Prinzip der Kundenorientierung setzt ein Denken im Sinne „Vom Kunden zum Kunden" voraus. Hierbei steht die Nachfrageorientierung im Mittelpunkt, die unter Umweltgesichtspunkten gegenüber der Angebotsorientierung auch als verträglicher einzuschätzen ist. Darüber hinaus ist ein ganzheitliches Denken und Wirken über die Kundenanforderungen hinaus – insbesondere determiniert durch andere Stakeholder (neben den marktlichen gehören hierzu auch politische und öffentliche Stakeholder) – in der HE-SC zu verankern. Daraus ergibt sich eine Erweiterung von der nach wie vor wichtigen Kundenperspektive als einem zentralen Stakeholder zur

---

[509] Die antizipative Umweltstrategie steht für eine integrative und innovative Begegnung und Lösung von selbstständig lokalisierten ökologischen Problemfeldern. Vgl. MEFFERT/KIRCHGEORG (1998, S. 205). Zur Differenzierung und Kennzeichnung umweltorientierter Basisstrategien (in ökologieorientierte Abwehr-, Passiv- und Antizipationsstrategie) vgl. MEFFERT/KIRCHGEORG (1998, S. 202-205).

Orientierung auf die wichtigsten Stakeholder einer HE-SC, die Einfluss auf deren Akzeptanz und Reputation haben.

- Ökoeffektivität und Ökoeffizienz: Die Steigerung der ökonomischen Effektivität und Effizienz stellen zwei klassische betriebswirtschaftliche Zielstellungen dar. In Erweiterung der beiden Konzepte um ökologische Aspekte kann von umweltökonomischer Effektivität (kurz: Ökoeffektivität) und umweltökonomischer Effizienz (kurz: Ökoeffizienz[510]) gesprochen werden. Während die Ökoeffektivität auf die Auswahl der ökonomisch wie ökologisch geeignetsten Akteure und Aktivitäten forciert, betrachtet die Ökoeffizienz die Wirksamkeit der Umsetzung dieser Aktivitäten. Hier steht eine quantitative Betrachtung im Sinne der Reduzierung auf das minimal Notwendige im Mittelpunkt.

- Ökokonsistenz: Der ökologischen Konsistenz steht kein spezielles SCM-Prinzip gegenüber. Es ist daher unter Beachtung der vielfältigen Anforderungen an die Handhabung der physischen Ströme direkt anzuwenden. Hier steht die qualitative Beschaffenheit und Umweltrelevanz der physischen Ströme in der Hinsicht im Mittelpunkt, dass bei gleicher Eignung und unter Abwägung ökonomischer Ansprüche umweltbelastende durch umweltverträglichere Materialien bzw. Energie zu ersetzen sind.

- Öko-Funktionsorientierung des Produktes: Im Mittelpunkt steht hier das finale Endprodukt der SC, das bewusst so zu gestalten ist, dass es langfristig und umweltverträglich seine Funktionen erfüllen kann, ohne dass der Endkunde in jedem Fall in seinen Besitz kommen muss. Die Funktionsorientierung steht in engem Zusammenhang mit der Suffizienz (= strikter Konsumverzicht) und stellt für das HE-SCM ein durchaus problematisches Prinzip dar. Es darf keinesfalls in der Form interpretiert werden, dass die Existenzberechtigung einer HE-SC in Frage gestellt wird. Es geht vielmehr um die Produktion und langfristige Handhabung/Nutzung einer limitierten Produktmenge, die zur Erfüllung der Funktions-(und nicht materiellen Produktmengen-)nachfrage erforderlich ist. Mögliche Wachstumseinschränkungen kann die E-SC durch den Aufbau neuer Kompetenzfelder (z. B. im After-Sales-Bereich) kompensieren.

Die genannten Prinzipien des HE-SCM unterstützen nicht nur die langfristige Sicherung der Existenz, sondern aufgrund ihrer Öffentlichkeitsorientierung auch die umweltökonomische Akzeptanz der HE-SC und seiner Akteure. Um dies zu erreichen, sind die Aktivitäten in der HE-SC in Abstimmung mit den Stakeholdern unter dem Blickwinkel der Ausrichtung auf die Herstellung eines funktionellen und umweltverträglichen Produkts möglichst ökonomisch wie ökologisch effektiv und effizient zu gestalten.

4.4.5.2 Anforderungen an das Holistic Environmental-Supply Chain Management

Aus den auf der normativen Ebene konstatierten Prinzipien lassen sich die Anforderungen an die Ausgestaltung der Aktivitäten in einer HE-SC ableiten. Die Umweltorientierung einer HE-

---

[510] Vgl. hierzu auch Abschnitt 3.1.

SC erreicht man durch Kombination der Anforderungen des Umweltschutzes und des SCM in der Zielbildung des HE-SCM. Die zentralen **SCM-Anforderungen** sind:[511]

- Hohe Kundenzufriedenheit → Kundenstrategie;
- Geringe Kosten (Unternehmenssicht) bzw. geringer Preis (Endkundensicht) → Kosten- bzw. Preisstrategie;
- Hohe Qualität → Qualitätsstrategie;
- Kurzer Zeithorizont → Zeitstrategie;
- Hohe Flexibilität → Flexibilitätsstrategie.

Umweltbezogene Anforderungen ergeben sich aus der Sicht des ganzheitlichen Umweltschutzes in transformations- und produktbezogener sowie standort-räumlicher Hinsicht. Eine HE-SC sollte bspw. folgenden **umweltbezogenen Anforderungen** gerecht werden:

- Vorausschauende Einhaltung umweltrechtlicher Vorgaben (z. B. Produktverantwortung, Genehmigung von Anlagen, Bestellung von Umweltbeauftragten) → Compliancestrategie;
- Reduzierung des spezifischen Material-/Energieeinsatzes zur Steigerung der Ökoeffizienz (z. B. Verpackungsreduzierung, Minimierung der Transportwege, z. B. durch optimale Tourenplanung, optimale Ausnutzung der Ladekapazitäten, Bündelung der physischen Ströme unter Berücksichtigung der Transportanforderungen) inkl. räumlich-optimierter Auswahl/Standortwahl der SC-Partner (zur Reduzierung der Transportentfernung) → Effizienzstrategie;
- Substitution von umweltbelastenden durch umweltverträglichere Materialien, Transportvorgänge usw. (z. B. Einsatz erneuerbarer Energieträger, Wechsel oder Nachrüstung der Transportmittel; Einsatz von Mehrwegtransportsystemen) → Substitutionsstrategie;
- konsequente Abfallreduzierung bzw. -vermeidung (z. B. durch Wahl umweltschonender Verfahren/Best Available Techniques) und Verwertung der Altprodukte bis hin zur (weitgehenden) Schließung von Materialkreisläufen möglichst innerhalb der SC → Recyclingstrategie;
- umweltverträgliche Produktgestaltung und produktseitige Nutzungssteigerung durch Nutzungsdauerverlängerung oder -intensivierung (z. B. mittels Öko-Produktdesign, After-Sales-Service) → Ökologische Forschungsstrategie, → Servicestrategie;
- Information und Weiterbildung des betroffenen Personals sowie Einrichtung entsprechender Organisationsstrukturen und -abläufe und damit Befähigung zur Umsetzung der Ziele der zuvor genannten Strategiebereiche → Qualifizierungsstrategie;

Insbesondere den umweltrechtlichen Anforderungen muss (kurzfristig) nachgekommen werden (= Minimalziel), da sonst die Kooperation zwischen den Akteuren und ggf. der Fortbestand der konstituierten HE-SC gefährdet ist. Über die vorausschauende Verfolgung der gesetzlichen Forderungen hinausgehend sollte die aktive zukunftssichernde Umweltschutzverfolgung mit-

---

[511] Vgl. auch Abschnitt 2.2.4.

tel- bis langfristig nicht nur freiwilliges Ziel einzelner, sondern aller Akteure einer HE-SC sein. Gemeinschaftliches Engagement für umweltverträgliche Produktion und Produkte unter Beachtung der sonstigen Rahmenbedingungen (z. B. Nachfrage, Kosten) stellt dabei die Herausforderung dar. Für die enge räumliche Anordnung der Akteure der HE-SC sprechen nicht nur ökonomisch-ökologische Effizienzeffekte, sondern auch positive organisatorische Effekte der Kooperation in der HE-SC. So lassen sich durch geringe Distanzen zwischen den Akteuren auch typische psychologische Barrieren der Kooperation (z. B. fehlendes Vertrauen) vermeiden bzw. reduzieren.[512]

Entsprechend der aufgezeigten Anforderungen sind die genannten Strategien in Form von Zielen für die HE-SC und ihre Akteure zu konkretisieren und zu fixieren. So sind Entscheidungen bzgl. der Recyclingstrategie stets unter rechtlichen, technischen, ökonomischen und ökologischen Maßgaben zu treffen.[513] Die erste Herausforderung bei der Erstellung des Zielsystems besteht in der Zusammenführung und dem Abgleich der Interessen der einzelnen Akteure der HE-SC. Von Interesse ist hierbei die Ermittlung von aus Sicht der gesamten HE-SC optimalen Lösungen, die einzelbetriebliche Suboptima übergehen. Bei der Entwicklung des integrierten umweltökonomischen Zielsystems in einer HE-SC treten neben interorganisationalen auch interdisziplinäre **Zielbeziehungen** auf. Hierzu bedarf es im Einzelfall der Prüfung der Vereinbarkeit der ausgewählten ökonomischen mit den ökologischen Zielen des HE-SCM. Anhang B verschafft in Form einer Matrix einen groben Überblick über das mögliche Verhalten bzw. mögliche Synergie- und Konfliktbereiche bei der Verknüpfung typischer SCM- mit Umweltzielstellungen in einem HE-SCM-Zielsystem. Ein ökologisch ausgerichtetes Zielsystem bringt damit zwar eine erhöhte Komplexität, dafür aber auch erweiterte Nutzenpotenziale mit sich. Aus der Umweltausrichtung einer HE-SC können sich Zielsynergien v. a. hinsichtlich Kostensenkungen (direkt: Verstetigung des physischen Stroms, Verminderung von Material- und Energiekosten; indirekt: höhere Motivation der Mitarbeiter) und Risikominimierungen (z. B. Verringerung von Haftungsrisiken) ergeben. Daneben können zusätzliche Effekte entstehen, z. B. Aufbau einer Ökokompetenz, Imagegewinn[514]. Diese vielfältigen Effekte generieren Wettbewerbsvorteile gegenüber anderen (E-)SC. Während Zielsynergien die Zielsystembildung befördern, können – wie in Abschnitt 3.1 bereits angedeutet – bei interdisziplinären und interorganisationalen Zielkonkurrenzen Trade-offs auftreten (vgl. Abschnitt 4.4.4). Es gilt diese frühzeitig zu erkennen und wenn möglich aufzulösen (z. B. durch Nichtbeachtung der beiden Ziele) oder zeitvariable Zielbündel festzulegen, d. h. einmal wird dem einen Ziel und das andere Mal dem anderen Ziel der Vorrang eingeräumt.[515] Über spezielle Ausgleichs- bzw. Anreizmechanismen können entstandene vermeintliche Nachteile für einzelne Akteure abgeschwächt oder sogar aufgehoben werden.

---

[512] Vgl. WEINKAUF (2005, S. 97).
[513] Vgl. KNISPEL (2002, S. 87).
[514] Ein Imagegewinn entsteht dann, wenn Akteure einer HE-SC, die den Erhalt der natürlichen Umwelt aktiv forcieren und zugleich wirtschaftlich erfolgreich sind, in der Wirtschaft sowie von Stake- und Shareholdern als fortschrittlich und zukunftsorientiert angesehen werden.
[515] Vgl. WINKLER (2006, S. 58).

Die Festlegung und Ausrichtung der HE-SC an den o. g. ökonomischen und ökologischen Anforderungen und Zielstellungen führt in strategischer Hinsicht zu speziellen Ansprüchen an deren strukturelles Design. Im Mittelpunkt der weiteren Ausführungen steht daher die Offenlegung der Konsequenzen der Wahrnehmung von Umweltzielstellungen im Zielsystem des HE-SCM für die Struktur der HE-SC.

4.4.5.3 Design einer idealtypischen Holistic Environmental-Supply Chain

Die Ausrichtung der SC-Aktivitäten an den definierten logistisch-ökonomischen und ökologischen Zielstellungen sollte von der normativen über die strategische bis zur operativen Ebene erfolgen. Normativ verankert führt die Ausrichtung an diesen Zielen in strategischer Hinsicht zur Festlegung des strukturellen Designs der HE-SC. Auf der operativen Ebene wird das Prozess-Design der im strategischen Sinne konstituierten HE-SC entsprechend der Ziele fixiert. Jeder einzelne Akteur hat sein Verhalten dann an den Zielen für die HE-SC zu orientieren.

Zur konsequenten Umsetzung des Umweltziels der Kreislaufführung von Materialien bedarf es ausgehend vom Verständnis der klassisch endproduktbezogenen SC auf jeden Fall der **Erweiterung** um die Stufen der Erfassung, dem Austausch und der Behandlung der Altprodukte bis zur Rückführung der aufgearbeiteten Produkte bzw. Komponenten oder produzierten Sekundärrohstoffe in den Konsum- bzw. Produktionsprozess bzw. die ordnungsgemäße Abgabe an die Natur. Eine HE-SC muss de facto alle Stufen der Entstehung und Rückführung des Produktes abbilden. Im Zusammenhang mit dem Umweltziel der umweltverträglichen Produktgestaltung wird auch der Produktentwicklung eine besondere Bedeutung beigemessen. Ein funktionelles und umweltverträgliches Produkt zeichnet sich durch die Wahl umweltverträglicher Ausgangsstoffe (bzw. dessen Erzeuger) und eine möglichst lange Nutzungsdauer aus, die sich v. a. durch entsprechende umweltbezogene Maßnahmen bereits in der Produktforschung und -entwicklung (F&E), durch Errichtung von Servicestrukturen in der Produktnutzungsphase und durch entsprechendes Verhalten der Endkunden erreichen lässt. Daher müssen neben der Produktherstellung und -rückführung auch die Stufen bzw. Prozesse der F&E und des Produktge-/-verbrauchs sowie Services in die HE-SC einbezogen werden. Die Basis einer HE-SC bildet daher nun nicht (mehr) das klassische WS, sondern vielmehr der gesamte Produktlebensweg. Die HE-SC umfasst demnach das Zusammenspiel aus F&E, Produktion, Konsum, Service und Re(pro)duktion inkl. der raum-zeitlichen Prozesse. Sie ist mithin nicht nur ein reines Logistiknetzwerk, sondern erfordert den Einbezug und die Zusammenarbeit weitgehend aller Unternehmensfunktionen.

Die Abbildung 4.4 zeigt in verallgemeinerter Form den **idealtypischen Aufbau** einer HE-SC. Der Service in einer HE-SC kann materieller und/oder immaterieller Art sein. Materieller Service dient der Unterstützung einer langfristigen Produktnutzung beim Endkunden durch Wartung-/Instandhaltung sowie Reparatur bzw. Ersatzteil-Versorgung. Immaterieller Service umfasst bspw. die Beratung zum Umgang, Entsorgung usw. des erworbenen Produkts sowie auch das gezielte Marketing für das ökologische Produkt und zur Bekanntmachung der umweltorientierten Wirtschaftsweise der konstituierten HE-SC. Beim immateriellen Service sowie beim materiellen Service vor Ort sind zwischen dem Endkunden und dem Service keine Logistikdienstleistungen des Produktes erforderlich, so dass derartige Prozesse und entsprechende Ströme an dieser Stelle im idealtypischen Modell der HE-SC entfallen.

In jeder einzelnen Stufe der HE-SC spielen demnach Umweltwirkungen eine mehr oder weniger bedeutende Rolle. So sind in jeder Stufe aufgrund von Restriktionen Interaktionen mit anderen Wirtschaftssystemen (andere Unternehmen oder (E-)SC) oder der Umwelt (z. B. Aufnahme von Energie oder Abgabe von Emissionen – in Abbildung 4.4 als sonstiger umweltrelevanter Material-/Reststoffstrom dargestellt) zu verzeichnen. Insbesondere die begrenzte technische, ökonomische oder ökologische 'Machbarkeit' von (Re-)Produktionsprozessen (z. B. Verkürzung der Fasern bei Mehrfachrecycling von Papier) macht einen Austausch mit anderen Systemen für die erneute Befriedigung der Endkundenwünsche unumgänglich. Eine HE-SC ist somit in gewissem Maße autonom, nicht aber autark. Die HE-SC grenzt sich von anderen (E-)SC formal in der Hinsicht ab, dass lediglich die Ströme der Rohstoffe, nicht aber die der Betriebs- und Hilfsstoffe sowie die der daraus entstehenden Reststoffe betrachtet werden, da diese eine eigene (E-)SC bilden. Bspw. werden die Herstellung und Entsorgung von Produktverpackungen aus den Betrachtungen einer produktspezifischen HE-SC ausgeschlossen. Aus Sicht der HE-SC sind jedoch alle RHB aufgrund ihrer Umweltrelevanz als Input bzw. Output grundsätzlich zu beachten und zu beeinflussen (z. B. Mengenreduzierung, Nutzung erneuerbarer statt nicht erneuerbarer Energieträger).

Für die Erreichung eines geschlossenen Wirtschaftskreislaufs kommen aus Sicht des Recyclings in der Reproduktionsphase lediglich Prozesse bzw. Verfahren der Wiederverwendung bzw. -verwertung in Frage, da das Material hierbei in der bestehenden HE-SC verbleibt. Im Fall der Weiterverwendung bzw. -verwertung wird das Material des Altproduktes einer gänzlich anderen Nutzung zugeführt, so dass es den Kreislauf der produktspezifischen HE-SC verlassen muss und für die Prozesse in der ursprünglichen HE-SC nicht mehr zur Verfügung steht. Weiterverwendung bzw. -verwertung sind keine Strategien einer auf eine HE-SC ausgerichteten Verfahrensweise.

Ziel aus praktischer Sicht für ein vom Endkunden gewünschtes Produkt sollte es sein, eine weitgehende Annäherung der bestehenden SC an dieses idealtypische Kreislaufmodell einer HE-SC zu erreichen.[516] Auf diese Weise lassen sich die Umwelteinwirkungen auf ein minimales Maß reduzieren. Dementsprechend müssen v. a. Lösungen für (potenzielle) Probleme und Herausforderungen bei der Schließung von Produktkreisläufen (z. B. Probleme der materiellen Transformation bei inhomogenen Altprodukten, fehlende Motivation der Endkunden zur ordnungsgemäßen Rückführung der Altprodukte, Unsicherheit bzw. Unbeständigkeit in der Zeit, Qualität und Menge der zurückgeführten Altprodukte[517]) entwickelt werden, die bspw.

---

[516] Eine existierende SC, die dem Anspruch einer HE-SC bereits sehr nahe kommt, ist die SC des SMART™ mit dem Konzept des Total Product System. Vgl. WARREN/RHODES/CARTER (2001).
[517] Vgl. SOUREN (2003a, S. 26); STEVEN (2004, p. 173).

bereits in der F&E ansetzen und durch gezieltes **Marketing und Kommunikation** mit den Endkunden unterstützt werden können.

Abbildung 4.4: Idealtypisches Modell einer HE-SC

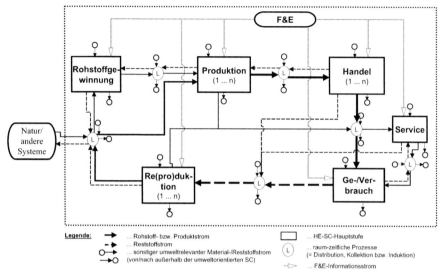

Quelle: SOMMER (2005, 230) (Anmerkung: n ... Anzahl (n ≥ 1)).

Die in bestehenden SCM-Systemen z. T. bereits berücksichtigten **F&E-Aktivitäten** können großen Einfluss auf die umweltverträgliche (demontage- und recyclingfreundliche) Gestaltung des Produktes und zugleich die Umweltrelevanz der Produktions-, Konsum- sowie Re(pro)duktionsprozesse inkl. die Stufen verbindenden raum-zeitlichen Prozesse nehmen. An der F&E sollten v. a. die substantielle Transformationen vollziehenden Akteure der HE-SC – also auch die Endkunden[518] – aktiv beteiligt werden (vgl. F&E-Informationsstrom in Abbildung 4.4). Dabei muss von allen Akteuren das gesamte Produkt im Zusammenhang mit der bezweckten Bedürfnisbefriedigung in umweltorientierter Sichtweise in den Mittelpunkt gestellt werden. Auf diese Weise wird der Endkunde zum aktiven Mitgestalter der (Aktivitäten in der) HE-SC.

Die idealtypische HE-SC ist v. a. dadurch gekennzeichnet, dass sie im Gegensatz zur klassisch endproduktbezogenen SC zyklisch ausgerichtet ist und scheinbar keinen Anfang und kein Ende aufweist. Dies hat u. a. Auswirkungen auf das Verhalten der sie durchlaufenden **Wirtschafts-**

---

[518] Ausgehend von den drei Beteiligungsintensitätsstufen von Stakeholdern (informativ, beratend und entscheidend) ist mit aktiver Beteiligung eine mindestens beratende Teilhabe der Endkunden gemeint bzw. anzustreben, d. h. die Unternehmen tauschen mit den Stakeholdern nicht nur Informationen und Wissen aus, sondern sie arbeiten gemeinsam im Dialog mit den Endkunden an Lösungsansätzen und integrieren die Ergebnisse in Prozesse, in Innovationen sowie in Strategien des Managements. Für eine Charakterisierung der einzelnen Stufen vgl. ARNOLD (2006, S. 58). Auf die Vorteilhaftigkeit des Einbezugs der Endkunden in eine innovative ökologische Produktentwicklung, -vermarktung und -nutzung verweisen MÜLLER/SPILLER (2006, S. 301). Zu Chancen und Hemmnissen des Einbezugs der Endkunden speziell in die Produktentwicklung vgl. auch HAGE/HOFFMANN (2004).

ströme. Die Betrachtung erfordert zunächst eine Ergänzung des herkömmlichen physischen Stromverständnisses um die produktbezogenen Reststoffströme. Die Reststoffe aus der Produktion werden an dieser Stelle nicht betrachtet, weil diese größtenteils in andere (E-)SC übergehen. Die physischen Ströme lassen sich somit anhand der Materialströme (inputbezogene Betrachtungsweise) sowie der Produkt- *und* Reststoffströme (outputbezogene Betrachtungsweise) beschreiben. Die Existenz und das Verhalten dieser drei Arten von physischen Strömen in der HE-SC sind aus der Abbildung 4.4 erkennbar.

Natürlich finden sich in HE-SC auch die anderen Stromtypen wieder (z. B. Informationsströme), deren Darstellung in Abbildung 4.4 aufgrund der Vielfalt und Komplexität zur Wahrung der Übersichtlichkeit exemplarisch auf den F&E-bezogenen Informationsstrom begrenzt wurde. Der herkömmliche Informationsstrom wird in der HE-SC dabei noch um umweltrelevante Informationen erweitert. Die physischen, Informations- aber auch Finanz-Ströme in der HE-SC bilden somit den zentralen Betrachtungsgegenstand des HE-SCM. Ein Austausch mit anderen Systemen basiert auf den typischen Wirtschaftsströmen (v. a. physische und Informationsströme, letztere z. B. mit der Öffentlichkeit).

4.4.5.4 Definition des Holistic Environmental-Supply Chain Managements

Den Ausgangspunkt für die Ableitung und Umsetzung des Ansatzes des HE-SCM bildet das klassische SCM-Konzept, das in der Verknüpfung mit umweltbezogenen Ansprüchen ein erweitertes Zielsystem besitzt. Das HE-SCM-Konzept zielt auf die konsequente Verknüpfung von SCM-Aktivitäten und Umweltschutzaktivitäten in allen drei Umweltrelevanzfeldern von SC. Es verfolgt auf Basis einer HE-SC, deren grundsätzliche Struktur in vertikaler Richtung eindeutig fixiert ist (vgl. Abbildung 4.4), in jeder einzelnen HE-SC-Stufe und bezogen auf das Produktdesign ökonomische und ökologische Zielstellungen gleichsam und bezieht sie in die Entscheidungsfindung ein. Den zentralen Betrachtungsgegenstand des HE-SCM bilden dabei die physischen, Informations- und Finanz-Ströme in der HE-SC. Als Definition lässt sich somit festhalten:

Das HE-SCM ist das zielgerichtete umweltorientierte Management der HE-SC. Es plant, steuert und kontrolliert die Wirtschaftsströme in der HE-SC unter gleichzeitiger Berücksichtigung bzw. integrativer Verfolgung ökonomischer Ziele und Zielstellungen des standort-räumlichen, transformations- und produktbezogenen Umweltschutzes.

Der Zusatz „Ganzheitlichkeit/Holistic" im HE-SCM-Begriff soll in Abgrenzung zu anderen E-SCM-Ansätzen explizit zum Ausdruck bringen, dass alle Umweltrelevanzfelder der SC angemessene Beachtung finden. Aufgrund der zyklischen Struktur der HE-SC kann das HE-SCM auch als „interorganisationales Kreislaufmanagement" bezeichnet werden. Das HE-SCM-System wird auf Unternehmensebene installiert, der Betrachtungsfokus liegt allerdings nicht nur auf dem einzelnen Unternehmen, sondern auf der optimalen Planung und Gestaltung der gesamten HE-SC. Den Bezugsrahmen des HE-SCM bilden sowohl der das System implementierende Einzelakteure als auch die HE-SC als Gesamtsystem. Es ist anzustreben, dass jeder Einzelakteur der HE-SC über ein eigenes HE-SCM-System verfügt und es zum Nutzen der HE-SC einsetzt. Der Akteur einer HE-SC besitzt somit nicht nur ein umweltverträgliches Managementsystem, das in engem Kontakt mit den HE-SC-Partnern steht, sondern ist mit verantwortlich für die (Re-)Produktion eines umweltverträglichen Produktes. Das jeweils akteursindividuelle HE-SCM-System stellt dann die Basis für die bestmögliche Realisierung der Kooperation in der HE-SC dar. Das verlangt im Weiteren u. a. die Kompatibilität der jeweiligen Managementsysteme und die Errichtung geeigneter Schnittstellen. Das HE-SCM-System umfasst dabei strukturbildende, d. h. aufbau- und ablauforganisatorische Aspekte, die den spezifischen Akteurs- und den HE-SC-Erfordernissen entsprechen müssen.

Die Neuartigkeit des HE-SCM-Ansatzes besteht darin, dass alle relevanten Wege zur Umweltschutzverfolgung in SC systematisch in einem Ansatz verknüpft sind. Unternehmen, die sich an dem Ansatz orientieren, wird ein Hilfsmittel an die Hand gegeben, gezielt ganzheitlichen Umweltschutz zu verwirklichen. Eine Besonderheit stellt im Weiteren die aktive Einbindung der Endkunden inkl. ihres Betrags zum Umweltschutz dar. Der HE-SCM-Ansatz erlaubt, es den Umweltschutzgedanken auf alle Akteure in einer HE-SC zu verteilen.

4.5 Zusammenfassung und Ableitung empirischen Forschungsbedarfs

In die vielfältigen Unternehmensfunktionen integrierter, über das einzelne Unternehmen und das gesetzliche Mindestmaß hinausgehender Umweltschutz sind aktuelle Ansprüche. Vor diesem Hintergrund stellt die Verfolgung derartig (pro)aktiver Umweltzielstellungen innerhalb eines WS bzw. entlang einer SC insbesondere dann eine Chance und zugleich Herausforderung dar, wenn deren Integration in das SCM gelingt. Die SC-Aktivitäten werden in Bezug auf den Umweltschutz extern (durch die Anforderungen spezieller Stakeholder, z. B. Nachfrage nach umweltverträglichen Produkten) und/oder intern (im Sinne der freiwilligen Wahrnehmung der Umweltverantwortung) beeinflusst. Im Ergebnis der Notwendigkeit der Umsetzung der erkannten externen und internen umweltbezogenen Anforderungen haben sich aus der klassischen SCM-Philosophie spezielle E-SCM-Ansätze entwickelt. In diesem Kontext konnten in der Literatur drei bedeutende E-SCM-Ansatzgruppen identifiziert, hinsichtlich ihrer Intention vorgestellt und bzgl. ihrer Wirksamkeit in allen SC-Umweltrelevanzfeldern analysiert werden. Auf Basis erkannter Schwachstellen bzw. noch unausgeschöpfter Potenziale wurde mit dem HE-SCM-Ansatz ein Vorschlag für einen idealtypischen E-SCM-Ansatz erarbeitet, der alle Umweltrelevanzfelder von SC bedienen kann. Die Prüfung der praktischen Umsetzbarkeit dieses Ansatzes steht bis zum aktuellen Zeitpunkt noch aus.[519]

---

[519] In Hinblick auf die praktische Umsetzung des HE-SCM-Ansatzes wird dieser in Kapitel 7 erneut aufgegriffen und für die Anwendung im Lebensmittelsektor konkretisiert. Auf diese Weise wird noch zu einer weitgehenden Befähigung bei deren Praxisanwendung beigetragen werden.

Eine Einschätzung der praktischen Relevanz der integrativen Verknüpfung des SCM und Umweltschutzes fällt schwer. Es liegt auf der Hand, dass für die Anwendung von E-SCM-Systemen die Auseinandersetzung mit dem SCM einerseits und dem Umweltschutz andererseits zwei zwingende Voraussetzungen sind. Die Handhabung eines E-SCM-Systems als IM-System bringt deren Anwendern jedoch zusätzliche Effekte und Vorteile, so dass davon ausgegangen wird (H 7), dass die Unternehmen der Integration des Umweltschutzes in das SCM prinzipiell offen gegenüber stehen.

Zur Realisierung des E-SCM sind jedoch zunächst zusätzliche finanzielle und personelle Ressourcen erforderlich, die v. a. in KMU knapp sind. So sind in großen Unternehmen ressourcenbezogen günstigere Ausgangsbedingungen anzutreffen. Dementsprechend konzentriert sich selbst der Einsatz eines klassischen SCM-Systems bislang v. a. auf Großunternehmen (vgl. Abschnitt 2.2.5). Der systematische Umweltschutz ist in Form der Implementierung eines standardisierten UM-Systems in der Wirtschaft noch relativ gering verbreitet, wobei auch hier v. a. die großen Unternehmen sehr engagiert sind (vgl. Abschnitt 3.3 und 3.4). Von den verschiedenen E-SCM-Ansätzen liegen in der Literatur nur Angaben zur Umsetzung aus einzelnen Fallbeispielen vor, die jedoch keine verlässlichen Einschätzungen zur aktuellen praktischen Relevanz und Akzeptanz der Integration des Umweltschutzes in das SCM in der Wirtschaft erlauben. Da für die Realisierung von E-SCM-Systemen zugleich ein SCM-System und eine ausgeprägte Umweltzielverfolgung vorhanden sein müssen und die großen Unternehmen als bevorzugte Anwender nur einen Bruchteil aller Unternehmen umfassen, wird davon ausgegangen (H 8), dass sich der Einsatz von E-SCM-Systemen derzeit auf einzelne wenige, v. a. große Unternehmen begrenzt.

Das weitere Vorgehen trägt dem Mangel an empirischen Erkenntnissen zum E-SCM Rechnung und will einen Beitrag zur Verringerung dieser praxisbezogenen Forschungslücke leisten. Es greift dazu die in Kapitel 2 bis 4 in Form von Hypothesen gewonnenen Feststellungen auf (vgl. Abbildung 4.5). Die sich in Kapitel 5 und 6 anschließende empirische Analyse zur praktischen Relevanz von E-SCM-Systemen dient zur Überprüfung der Gültigkeit dieser Hypothesen. Die Hypothesen zum SCM (H1 bis H3) und zum intra- und interorganisationalen Umweltschutz (H4 bis H6) bilden dabei zusammen das **Potenzial des E-SCM** eines abgegrenzten Untersuchungsbereiches ab. D. h., die bei der Prüfung dieser Hypothesen mittels empirischer Analyse gewonnenen Erkenntnisse erlauben eine Aussage zur grundsätzlichen Eignung/Fähigkeit des Untersuchungsbereiches für den Einsatz von E-SCM-Systemen in der Praxis. Die Ermittlung des Potenzials dient zur Abschätzung des Vorhandenseins notwendiger Eigenschaften und damit des aktuellen Leistungsvermögens für die Verbreitung des E-SCM anhand der Analyse der aktuellen Situation und Anreize. D. h. mit diesen Hypothesen lässt sich eruieren, ob der Untersuchungsbereich über die erforderlichen Voraussetzungen, Ausgangsbedingungen bzw. Charakteristika verfügt, die für eine (breite) Anwendung von E-SCM-Systemen zwingend erforderlich sind.

4. Konzeptioneller Stand der Integration des Umweltschutzes in das Management der Supply Chain

Die Hypothesen 7 und 8 zielen darauf ab, den **Stellenwert** und den gegenwärtigen Stand der **Verbreitung** von E-SCM-Systemen im Untersuchungsbereich zu erfassen. Der Stellenwert bildet dabei das gegenwärtige Meinungsbild bzw. (theoretisch) bestehende Interesse der Unternehmen an der integrativen Verknüpfung ab. Die Differenzierung zwischen dem Stellenwert und dem Umsetzungsstand der integrativen Verknüpfung trägt dem möglichen Unterschied zwischen bewusster Wahrnehmung bzw. Umsetzungsinteresse einerseits und dem tatsächlichen Verhalten andererseits Rechnung.

Abbildung 4.5: Hypothesensystem für eine empirische Analyse zur praktischen Relevanz von E-SCM-Systemen

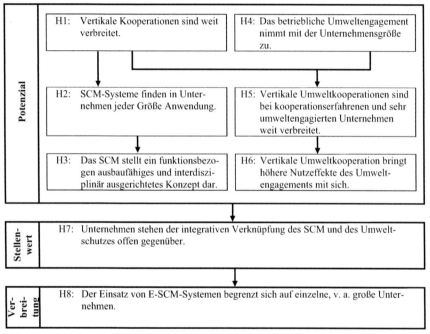

Quelle: Eigene Darstellung (Anmerkung: Die Pfeile stehen für thematische Bezüge zwischen den einzelnen Hypothesen).

5 EMPIRISCHE ANALYSE DER INTEGRATION DES UMWELTSCHUTZES IN DAS SUPPLY CHAIN MANAGEMENT AM BEISPIEL DES LEBENSMITTELSEKTORS

Wie die Ausführungen des vorherigen Kapitels gezeigt haben, ist die integrative Verknüpfung von Umweltschutz und SCM aus konzeptioneller Sicht als zweckmäßig anzusehen. Im Weiteren gilt es zu eruieren, ob die Integration des Umweltschutzes in das SCM auch tatsächlich von den SCM-Anwendern im Speziellen bzw. der betrieblichen Praxis im Allgemeinen angestrebt und forciert wird. Die nachfolgende **empirische Analyse** zielt auf die Prüfung der in Abschnitt 4.5 dargestellten Hypothesen zur Praxisrelevanz von E-SCM-Systemen in einem abgegrenzten Untersuchungsbereich.

In diesem Kontext wird zu Beginn dieses 5. Kapitels das methodische Vorgehen der empirischen Untersuchung vorgestellt (Abschnitt 5.1). Daran schließt sich auf Basis eines umfassenden Literaturstudiums eine ausführliche Darlegung der **Situation im Lebensmittelsektor** als exemplarischer Untersuchungsbereich mit Schwerpunkt auf Deutschland an. Diese relativ umfangreiche Situationsanalyse im Lebensmittelsektor ist notwendig, um die Vielfalt der Ansprüche und Einflussbereiche eines E-SCM zu erkennen. Unter dem weit gefassten Begriff Lebensmittelsektor werden dabei alle Wirtschaftsbereiche bzw. Branchen, die zur Wertschöpfung von Lebensmitteln beitragen, subsumiert. Abschnitt 5.2 stellt dazu die strukturelle Zusammensetzung von Lebensmittel-WS und ihre volkswirtschaftliche Bedeutung sowie die wirtschaftliche Situation der beteiligten Wertschöpfungsstufen vor. Daraufhin wird die Lebensmittelproduktion unter lebensmittelhygienischen und qualitätsbezogenen Ansprüchen (Abschnitt 5.3) sowie den sich zum Großteil daraus ergebenden produktionsspezifischen und logistischen Anforderungen (Abschnitt 5.4) betrachtet. In Abschnitt 5.5 wird die Umweltrelevanz und das Umweltengagement in Lebensmittel-WS aufgezeigt und schließlich der Status quo der Berücksichtigung von Umweltzielstellungen im Rahmen von SCM-Systemen eruiert (Abschnitt 5.6). Abschnitt 5.7 liefert eine abschließende Zusammenfassung und Beurteilung der wesentlichen Erkenntnisse dieses Kapitels.

5.1 Forschungsgegenstand und -methodik der empirischen Analyse

Das Hauptziel der empirischen Analyse ist es, innerhalb eines sinnvoll abgegrenzten Wirtschaftssektors als exemplarischer Untersuchungsbereich die Bedeutung von E-SCM-Systemen in der Praxis zu ermitteln. Aufgrund der Erfahrungen aus bisherigen empirischen Untersuchungen erscheint eine Begrenzung auf einen speziellen Untersuchungsraum zweckmäßig und wichtig,[520] um die Spezifika klar zu erkennen und unscharfe Aussagen durch sog. „Verwaschungseffekte", die bspw. bei gleichzeitiger Betrachtung verschiedener Wirtschaftssekto-

---

[520] So stellt BOGASCHEWSKY beim Vergleich thematisch ähnlicher Befragungen fest, dass durch die Wahl unterschiedlicher Stichproben und Forschungsdesigns sehr widersprüchliche Aussagen entstehen können. Er plädiert für gezielte Eingrenzungen des Untersuchungsfeldes, z. B. hinsichtlich Branchen, Unternehmensgröße, Märkten. Vgl. BOGASCHEWSKY (2004, S. 201, 211).

ren auftreten könn(t)en, zu vermeiden. Als Untersuchungsraum der empirischen Analyse wird der deutsche **Lebensmittelsektor** gewählt.

Die empirische Analyse teilt sich aus methodischer Sicht in **zwei Analysestufen** auf. Die erste Analysestufe nimmt eine thematische Bestandsaufnahme zum Potenzial, Stellenwert und Status quo der Anwendung von E-SCM-Systemen im Lebensmittelsektor auf Basis eines Literaturreviews vor. Die Analyse fußt dabei auf einem themenzentrierten Literaturstudium von wissenschaftlichen Untersuchungen, statistischen Erhebungen, Fallstudien usw. zur Gewinnung und Beurteilung von Sekundärdaten. Die Analyse wird anschließend in der zweiten Analysestufe durch eine quantitativ-empirische Querschnittsuntersuchung[521] in Form einer Unternehmensbefragung zur Gewinnung und Analyse von Primärdaten am Beispiel der Ernährungsindustrie (ERI) unterlegt. Den formalen Zusammenhang zwischen den beiden empirischen Analysestufen verdeutlicht Abbildung 5.1. Beiden Analysestufen liegt ein schrittweises Vorgehen nach dem Bottom-up-Ansatz zugrunde – vom „Umfassenden" zum „Spezifischen" – d. h. bspw., dass Erkenntnisse zum prinzipiellen Potenzial des E-SCM den möglichen Erklärungsrahmen für die Einschätzung dessen Stellenwerts und dieser wiederum des Umsetzungsstandes bilden.

Abbildung 5.1: Zweistufiges empirisches Untersuchungsverfahren

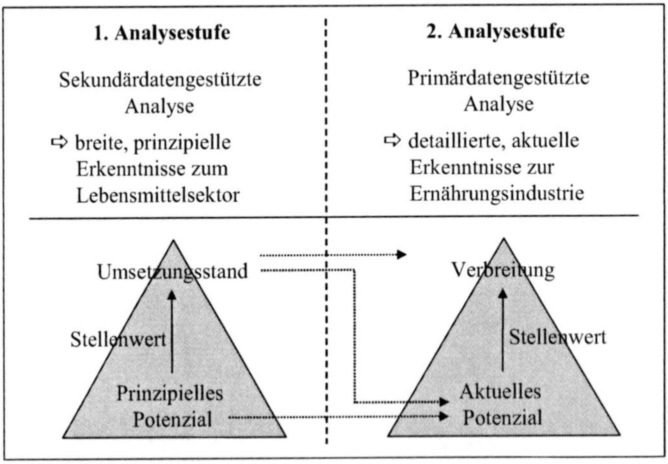

1. Analysestufe	2. Analysestufe
Sekundärdatengestützte Analyse	Primärdatengestützte Analyse
⇨ breite, prinzipielle Erkenntnisse zum Lebensmittelsektor	⇨ detaillierte, aktuelle Erkenntnisse zur Ernährungsindustrie
Umsetzungsstand — Stellenwert — Prinzipielles Potenzial	Verbreitung — Stellenwert — Aktuelles Potenzial

Quelle: Eigene Darstellung.

Die zweistufige empirische Analyse ist zudem **iterativ** aufgebaut. D. h., dass die Ergebnisse der ersten Analysestufe als Basis für eine gezieltere Operationalisierung der Problemstellung in der zweiten Analysestufe dienen. So bilden die Erkenntnisse der ersten Analysestufe bezogen auf den gesamten Lebensmittelsektor die Grundlage für die Entwicklung eines standardisierten Fragebogens für die primärdatengestützte Analyse in der ERI. Die Befragung begrenzt sich

---

[521] Querschnittsuntersuchungen sind auf die Abbildung von Tatbeständen zu einer bestimmten Zeitphase, aber nicht auf die Bildung von Zeitreihen ausgerichtet. Vgl. PORST (2000, S. 18).

dabei auf die Zielgruppe der Unternehmen der deutschen ERI. Die ERI ist aufgrund ihrer zentralen Position in Lebensmittel-WS (vgl. Abbildung 5.2) und ihrer charakteristischen Eigenheiten (wie in Abschnitt 5.2 bis 5.5 noch offen gelegt wird) für die Verfolgung der Zielstellung der zweiten empirischen Analysestufe sehr gut geeignet. Die Ergebnisse der Befragung lassen konkrete kontextbezogene Aussagen über den aktuellen Stand, aber auch zugleich bestehende Entwicklungspotenziale und Problembereiche in den Unternehmen der ERI erwarten und legen somit aus ihrer Sicht praxisnahe Handlungserfordernisse offen. Die gewonnenen Erkenntnisse können im Weiteren zur Erarbeitung von spezifischen Lösungsansätzen zur Unterstützung und Etablierung des E-SCM aus der Perspektive der Unternehmen der ERI dienen und wirken damit zugleich auf den gesamten Lebensmittelsektor. Zur Validitätsprüfung der Befragungsergebnisse werden in dieser zweiten Analysestufe an ausgewählten Stellen zudem Erkenntnisse aus der sekundärdatengestützten Analyse der ersten Analysestufe rückkoppelnd herangezogen. Die zweite Analysestufe schließt im 6. Kapitel an.

Im Mittelpunkt der weiteren Betrachtungen des 5. Kapitels steht die erste empirische Analysestufe. Den ersten Schritt in dieser Stufe bildet die Ermittlung des **Potenzials** und damit der grundsätzlichen Eignung/Fähigkeit des Lebensmittelsektors für die Anwendung von E-SCM-Systemen. Die **Kriterien** für die Ermittlung deren Potenzials im deutschen Lebensmittelsektor sind:

- die wirtschaftliche Situation und Kooperationsbereitschaft im Einklang mit den aktuellen Herausforderungen in Lebensmittel-SC,
- die besondere Relevanz von Sicherheit und Qualität in der Lebensmittelerzeugung,
- die im Einklang mit der Lebensmittelsicherheit und -qualität erwachsenden spezifischen Anforderungen an Produktion und Logistik inkl. der Relevanz des SCM-Konzeptes,
- die Umweltrelevanz in und aus der Erzeugung von Lebensmitteln und die damit in Zusammenhang stehende Bedeutung des intra- und interorganisationalen Umweltschutzes im Sinne des Engagements für die Umwelt.

Neben den jeweiligen Ausprägungen der Einzelparameter in den genannten Potenzialfeldern spielt bei der Beurteilung des Potenzials des Untersuchungsbereichs auch deren Kombinierbarkeit (d. h. reelle Vereinbarkeit des SCM und Umweltengagements) eine entscheidende Rolle. In einem zweiten Schritt sind der mögliche **Stellenwert** und in einem dritten Schritt schließlich die Formen bzw. Ausprägungen und der **Anwendungsstand** des E-SCM im Lebensmittelsektor zu erfassen.

Bei der Darstellung der Situation im Lebensmittelsektor werden verschiedene abgrenzende Termini genutzt, die es an dieser Stelle zu definieren gilt. Der Begriff „branchenunabhängig" steht für viele verschiedene Branchen des Lebensmittel- und/oder anderer Wirtschaftssektoren. Unter „branchenübergreifend" werden mehrere Branchen des Lebensmittelsektors (Landwirtschaft, Ernährungswirtschaft, Handel usw.) subsumiert. „Branchenspezifisch" bedeutet, dass nur eine spezielle Branche des Lebensmittelsektors betroffen ist (z. B. nur Landwirtschaft). Die einzelnen Branchen des Lebensmittelsektors lassen sich weiterhin in Subbranchen (z. B. Subbranche Milchverarbeitung innerhalb der Branche Ernährungswirtschaft) unterteilen. „Sektoral" bzw. „sektorspezifisch" steht für eine branchenübergreifende Betrachtung, die auf die Herstellung eines bestimmten Lebensmittels (z. B. Fleischsektor = alle Stufen der Fleischerzeugung vom Landwirt bis zum Fleischerfachgeschäft am POS) fokussiert. Es schließt sich nun im folgenden Abschnitt die Darstellung der wirtschaftlichen Struktur und Situation des deutschen Lebensmittelsektors an.

5.2 Struktur und Entwicklung der Lebensmittelerzeugung in Deutschland

5.2.1 Grundstruktur von Lebensmittel-Wertschöpfungssystemen

Lebensmittel werden durch die EU-Verordnung 178/2002 definiert als „alle Stoffe oder Erzeugnisse, die dazu bestimmt sind oder von denen nach vernünftigem Ermessen erwartet werden kann, dass sie in verarbeitetem, teilweise verarbeitetem oder unverarbeitetem Zustand von Menschen aufgenommen werden".[522] Zu den Lebensmitteln, die sich ferner in Nahrungs- und Genussmittel differenzieren lassen, werden neben dem finalen Produkt im Weiteren auch alle Ausgangsstoffe zu deren Herstellung bzw. Be- oder Verarbeitung gezählt.[523]

Die Produktion von Lebensmitteln verläuft in mehreren, aufeinander folgenden Wertschöpfungsstufen. Wenngleich sich **Lebensmittel-WS** je nach Lebensmittelart/-typ stark unterscheiden können,[524] umfassen sie i. d. R. die Gewinnung bzw. Vorproduktion landwirtschaftlicher RHB, die Primärproduktion pflanzlicher und/oder tierischer Erzeugnisse, die Verwendung der landwirtschaftlichen Erzeugnisse in der Lebensmittelproduktion und -verarbeitung und den Absatz durch den Groß- und/oder Einzelhandel und die Gastronomie mit dem Übergang des Lebensmittels zum Konsumenten[525] am POS (vgl. Abbildung 5.2). Lebensmittel-WS setzen sich demnach im Schwerpunkt aus Unternehmen der folgenden Wertschöpfungsstufen bzw. Branchen zusammen:[526]

- Stufe der landwirtschaftlichen Vorproduktion: Diverse landwirtschaftliche Vorproduktion und Handel (NACE-Code 24.13-24.15 (Herstellung von organischen bzw. anorganischen Chemikalien und Düngemitteln), 24.20 (Herstellung von Schädlingsbekämpfungsmitteln, PSM und Desinfektionsmitteln), 01.11-01.30 (Herstellung von Saatgut bzw. Zucht in der Landwirtschaft) usw.);
- Stufe der landwirtschaftlichen Produktion: Landwirtschaft (NACE-Code 01.11-01.30);
- Stufe der Lebensmittelproduktion/-verarbeitung (= Ernährungswirtschaft): Herstellung von Nahrungsmitteln sowie Getränken (NACE-Code 15.11-15.98);

---

[522] EU-VERORDNUNG 178/2002 (Art. 2).
[523] Vgl. hierzu und zur weiteren Diskussion des Lebensmittelbegriffs HINRICHS (2004, S. 6-7).
[524] Vgl. HINRICHS (2004, S. 12).
[525] Da es sich bei Lebensmitteln um Verbrauchsprodukte handelt, wird der private Endkunde im Zusammenhang mit dem Konsum von Lebensmitteln im Weiteren als Konsument bezeichnet.
[526] Die Basis für die Beschreibung des Lebensmittel-WS bildet zum einheitlichen Verständnis der beteiligten Branchen der NACE-Code. Vgl. EU-VERORDNUNG 3037/90.

- Stufe des Lebensmittelhandels und/oder Gastgewerbes: Handelsvermittler (NACE-Code 51.17), Großhandel mit Nahrungs- und Genussmitteln, Getränken und Tabakwaren (NACE-Code 51.23-51.39), Facheinzelhandel mit Nahrungs- und Genussmitteln, Getränken und Tabakwaren (NACE-Code 52.11-52.27) sowie Gastgewerbe v. a. mit der Gastronomie (NACE-Code 55.3-55.52);
- Konsumstufe;
- Zwischen-Stufe(n) = Logistikdienstleistungen: Transportierendes und lagerndes Gewerbe (NACE-Code 51.11 (Handelsvermittler), 51.21-51.23 (Großhandel), 60.10 (Bahnverkehr), 60.24 (Straßenverkehr), 61.10-61.20 (Schiffsverkehr), 62.30 (Flugverkehr), 63.11-63.12 (Frachtumschlag und Lagerei), 63.40 (Spedition), 71.31 (Vermietung von landwirtschaftlichen Maschinen)).

Abbildung 5.2: Vereinfachtes Strukturmodell eines Lebensmittel-WS

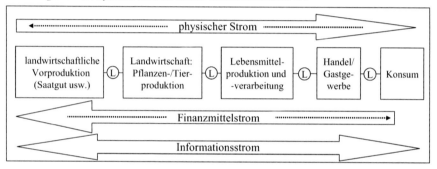

Quelle: Eigene Darstellung, erweitert in Anlehnung an Abbildung 2.4; HORVATH (2002, S. 101); BUSCH et al. (2003, S. 5, 6); WEBSTER (2001, p. 38) (Anmerkung: L ... Logistikdienstleistungsprozesse bzw. raum-zeitliche Prozesse).

Bei der Herstellung eines Lebensmittels müssen allerdings nicht in jedem Fall alle genannten Wertschöpfungsstufen durchlaufen werden. So ist bspw. auch möglich, dass Konsumenten landwirtschaftliche Produkte direkt beim Landwirt kaufen (lokale Direktvermarktung[527]). An den Konsum schließen sich dem ökologischen Lebensweg des Lebensmittels folgend Reduktionsprozesse (d. h. geregelte Entsorgung und schließlich Rückführung der Stoffe an die Natur) an, die nicht dem gewählten Betrachtungsgegenstand der Lebensmittelproduktion angehören und in Abbildung 5.2 daher nicht aufgeführt sind. Abbildung 5.2 zeigt zudem die Hauptstromrichtungen der wichtigsten Wirtschaftsströme auf (breite Pfeile). In weit geringem Maße können diese auch entgegen gerichtete Ströme auftreten (dünn-gestrichelte Pfeile), z. B. fehlerhafte Produkte (rückfließender physischer Strom), für die das gezahlte Geld zurückerstattet wird (rückfließender Finanzmittelstrom). Zwischen der Konsumstufe und der Handels-/Gastgewerbestufe bilden (externe) Logistikdienstleistungsprozesse – wie sie zwischen den anderen

---

[527] Neben dem unmittelbaren Übergang konsumreifer Lebensmittel an den Konsumenten kann unter lokaler Direktvermarktung auch der Absatz konsumreifer Lebensmittel an Wiederverkäufer auf der Einzelhandelsstufe (wie Bäcker, Fleischer) verstanden werden. Vgl. RECKE/WIRTHGEN (2002, S. 175).

Stufen bestehen – eher die Ausnahme. Verbreiteter sind hier raum-zeitliche Prozesse direkt durch den Konsumenten selbst getätigt. Neben den LDL können ggf. weitere Dienstleister in einem Lebensmittel-WS auftreten (z. B. Labore, Marktforschungsinstitute, Finanzdienstleister), die aber aufgrund ihrer im Verhältnis zu den LDL geringen Bedeutung für den Lebensmittelsektor aus den weiteren Betrachtungen ausgeschlossen werden.

Tabelle 5.1: Ausgewählte volkswirtschaftliche Kenndaten von bedeutenden Branchen der Lebensmittel-WS in Deutschland [528]

Branche	Anzahl der Unternehmen bzw. Betriebe	Umsatz in Mio. Euro	Anzahl der Beschäftigten
Landwirtschaftliche Produktion (Werte von 2004)	405.003	38.945[+]	1.272.600
davon steuerpflichtig:	*74.234*		
Lebensmittelproduktion/-verarbeitung	60.040	167.796	1.137.518
Ernährungsindustrie (Werte von 2004)	*5.985*	*131.772*	*522.715*
Lebensmittel-Handwerk und -handwerksähnliches Gewerbe (Werte von 1995)	*54.055*	*36.024*	*614.803*
Lebensmittelhandel (Werte von 1998)	78.100	265.400	1.089.500
Großhandel mit landwirtschaftlichen Grundstoffen und lebenden Tieren	*6.400*	*32.100*	*52.700*
Großhandel mit Nahrungsmitteln, Getränken usw.	*11.600*	*118.800*	*225.600*
Einzelhandel mit Waren verschiedener Art, Hauptrichtung Nahrungsmittel, Getränke usw.	*60.100*	*114.500*	*811.200*
Gastgewerbe (Werte von 2002)	247.861	39.681	1.033.000
Summe:	**460.235**	**472.877**	**4.532.618**
Vergleichswerte (absoluter Vergleichswert und prozentualer Anteil des Lebensmittelsektors):			
• dt. steuerpflichtige Unternehmen/Betriebe 2002 bzw.	2.926.570	1.326.400	38.671.000
• Umsatz in der dt. Industrie 2002 bzw.			
• Erwerbstätige in der dt. Wirtschaft 2002	*15,7 %*	*9,9 %*[++]	*11,7 %*

Quelle: Eigene Darstellung. Die Berechnungen erfolgten in Anlehnung an STATISTISCHES BUNDESAMT (Hrsg.) (2005a); BMVEL (Hrsg.) (2005, S. 1); IW KÖLN (Hrsg.) (2004, S. 13, 29, 38); http://www.destatis.de/themen/d/thm_prodgew.php (20.01.2006), http://www.destatis.de/basis/d/forst/forsttab1.php (20.01.2006), http://www.destatis.de/basis/d/fist/fist011.php (20.01.2006) (Anmerkungen: alle Angaben ohne Umsatzsteuer; [+] ... Hierbei handelt es sich nicht um den Umsatz, sondern um den Produktionswert zu Erzeugerpreisen; [++] ... Ausgangswert für die Berechnung ist hier lediglich der Umsatz der ERI; dt. ... deutsche/n).

Tabelle 5.1 vermittelt einen groben Überblick über wesentliche volkswirtschaftliche **Kenndaten** der für typische Lebensmittel-WS sehr bedeutsamen Branchen landwirtschaftliche Produktion, Lebensmittelproduktion/-verarbeitung und Lebensmittelhandel/Gastgewerbe. Wenngleich z. T. Daten von unterschiedlichen Zeipunkten vorliegen, so liefern sie doch einen ersten Gesamteindruck. Demnach umfassen diese vier Branchen hinsichtlich der Anzahl an Unternehmen und der Beschäftigtenanzahl etwa ein Achtel der deutschen Volkswirtschaft und die ERI allein etwa ein Zehntel des Umsatzes in der Industrie, woraus sich eine beachtliche volkswirtschaftliche Relevanz von Lebensmittel-WS in Deutschland ableiten lässt. Weitere ökono-

---

[528] Es war nicht möglich, bei allen Branchen Werte zum gleichen Stichdatum zu erhalten. Bspw. liegen zum Handwerk und Handwerksähnlichen Gewerbe nur Absolutzahlen von der letzten Handwerkszählung mit Stand vom 31.03.1995 vor. Nach Aussage des Statistischen Bundesamtes wird seitdem zwar die konjunkturelle Entwicklung auf Basis von Stichprobenerhebungen beobachtet und mittels Veränderungsraten und Messzahlen dargestellt, aber keine absoluten Werte veröffentlicht (Mailkontakt mit Herrn Jürgen Seiwert, vom 25.01.2006).

mische Kenndaten, typische Charakteristika und Entwicklungstendenzen in diesen vier Branchen werden im nachfolgenden Abschnitt detaillierter vorgestellt. Die wichtigsten Auslöser zur Erklärung der aktuellen Tendenzen im Lebensmittelsektor werden anschließend in komprimierter Form zusammengetragen.

5.2.2 Wettbewerbssituation und strukturelle Entwicklungstendenzen im Lebensmittelsektor in Deutschland

5.2.2.1 Entwicklung der landwirtschaftlichen Produktion

Ähnlich wie viele andere Branchen ist die landwirtschaftliche Produktion in Deutschland durch zunehmende Konzentrations- und Spezialisierungstendenzen gekennzeichnet. Abgesehen von einem vorübergehenden Aufschwung im Jahr 1999 weist die landwirtschaftliche Produktion in Deutschland seit Jahren eine **rückläufige Tendenz** auf.[529] So sanken in den letzten Jahren die Zahl der landwirtschaftlichen Betriebe und der in der Landwirtschaft beschäftigten Arbeitskräfte. Im Jahr 2005 bewirtschafteten in Deutschland etwa 366.600 landwirtschaftliche Betriebe ab 2 ha landwirtschaftliche Nutzfläche (LF) eine Fläche von ca. 17,0 Mio. ha. Im Vergleich zu 2001 entspricht das einem jährlichen Rückgang von ca. 2,7 % (2001: 411.800 Betriebe), wobei regionale Unterschiede zwischen den Alten (jährlicher Rückgang: ca. 3,0 %) und den Neuen Bundesländern (jährlicher Rückgang: ca. 0,7 %) existieren.[530] Die Beschäftigungsquote in der deutschen Landwirtschaft ist im Vergleich zwischen 2005 und 2001 um jährlich 1,1 % rückläufig (2005: 1,26 Mio. Arbeitskräfte).[531] Auch die Ertragslage der landwirtschaftlichen Betriebe war zwischen 2002 und 2003 rückläufig, stieg in den Jahren 2004 und 2005 aber wieder leicht an.[532] Der Agrarbereich in Deutschland ist weiterhin bei abnehmender landwirtschaftlicher Nutzfläche durch Flächenproduktivitätssteigerungen, durch einen Anstieg des Anteils ökologischer Betriebe und ökologisch bewirtschafteter Fläche sowie leicht abnehmende landwirtschaftliche Umweltbelastungen – u. a. als Folge einer zunehmenden Verlagerung der landwirtschaftlichen Produktion ins Ausland – gekennzeichnet.[533]

Als Reaktionen auf den hohen Wettbewerb und die steigenden Anforderungen in der Landwirtschaft sind neue Bewirtschaftungsformen, wie das „Precision Farming", entstanden.[534]

---

[529] Vgl. EBERLE et al. (2004, S. 22-23).
[530] Eigene Berechnungen auf Basis der Angaben in BMVEL (Hrsg.) (2004, S. 21, 109); BMVEL (Hrsg.) (2006, S. 1, 91). Derartige regionale Unterschiede existieren auch in der Betriebsgröße: Lag die durchschnittliche Größe landwirtschaftlicher Betriebe 2005 für Gesamtdeutschland bei knapp 46 ha LF, so betrug sie in den Alten Bundesländern ca. 34 ha LF und in den Neuen Bundesländern ca. 202 ha LF. Vgl. BMVEL (Hrsg.) (2006, S. 91).
[531] Eigene Berechnungen auf Basis der Angaben in BMVEL (Hrsg.) (2006, S. 96).
[532] Gründe für die Veränderungen sind Erlösschwankungen bei einzelnen Erzeugnissen, Subventionsanpassungen und die i. d. R. stetig gestiegenen betrieblichen Aufwendungen für RHB (z. B. Kraftstoffe). Vgl. BMVEL (Hrsg.) (2003, S. 1); BMVEL (Hrsg.) (2004, S. 1); BMVEL (Hrsg.) (2005, S. 1); BMVEL (Hrsg.) (2006, S. 1).
[533] Vgl. ausführlicher zu den Umweltbelastungen in der Landwirtschaft Abschnitt 5.5.1 und speziell zu Kenndaten des ökologischen Anbaus Abschnitt 5.5.2.2.
[534] Beim Precision Farming handelt es sich um Strategien und Maßnahmen mit dem Ziel der optimalen Nutzung zur Pflanzenproduktion nötiger Ressourcen. Vorteile des Precision Farming ergeben sich aus der genauen Dokumentation der ausgebrachten RHB und ermöglichen ein modernes Qualitätsmanagement und lückenloser Nachweis der Produktion sowie umweltverantwortlichen Verhaltens und damit Aussicht auf besseres Image,

Zudem ist die Landwirtschaft nicht nur ein wesentlicher Akteur in der Lebensmittelproduktion, sondern dient auch zur Entsorgung der Rückstände (z. B. Treber als Viehfutter) wie auch in geringem Umfang als Naherholungsgebiet.[535] Weiterhin erschließen Landwirte zusehends neue Geschäftsfelder wie die Direktvermarktung[536], den Landtourismus und die Energiewirtschaft (z. B. auf Basis von Biogas). In Zukunft wird mit einer weiteren Verschärfung der Situation im Agrarbereich gerechnet (z. B. weiterer Rückgang der Zahl landwirtschaftlicher Betriebe bei gleichzeitig steigender Betriebsgröße).[537] Die Ursachen der bisherigen und prognostizierten weiteren Entwicklung werden in Abschnitt 5.2.2.4 aufgezeigt und diskutiert. Dessen ungeachtet wird sich die deutsche Landwirtschaft durch ihre besondere Bedeutung und **vielschichtige Stellung** in der Gesellschaft auf einem – wenn auch niedrigeren – Niveau stabilisieren.

5.2.2.2 Entwicklung der Lebensmittelproduktion und -verarbeitung

Die Ernährungswirtschaft (EW) – bestehend aus der Ernährungsindustrie (ERI) und dem Ernährungshandwerk (EH)[538] – stellt gemessen am Umsatz den viertgrößten Gewerbezweig in Deutschland dar.[539] Die Grundgesamtheit an Unternehmen in der ERI betrug Ende 2004 5.985 Unternehmen.[540] Das EH umfasste im Jahr 1995 50.113 Handwerksunternehmen und 3.942 Unternehmen des handwerksähnlichen Gewerbes.[541] Die EW ist bei einer Beschäftigtenzahl von etwas mehr als 1 Mio. Mitarbeitern mit durchschnittlich 20 Beschäftigten pro Unternehmen stark mittelständisch geprägt.[542] Die jährlichen **Umsätze in der deutschen EW** betragen knapp 170 Mrd. Euro bei leicht steigender Tendenz.[543] Der in den letzten Jahren gestiegene Konkurrenzdruck in der EW führte zur Konzentration der Unternehmensstrukturen, zu Betriebsschließungen, Entlassungen von Mitarbeitern, zum Unterbleiben von Investitionen und z. T. sogar zur Absenkung der Lebensmittelqualität. In der ERI zeigt sich ferner ein starker Trend zum Outsourcing einzelner Wertschöpfungsaktivitäten (z. B. Transport, Lagerhaltung) auf Lieferanten, Abnehmer und LDL.[544]

---

mehr Vertrauen in die landwirtschaftliche Praxis und höhere Preise. Vgl. FACHVERBAND DER AGRO-SERVICE-UNTERNEHMEN e. V. et al. (Hrsg.) (2001, S. 38).

[535] Vgl. LÜCKE/MOERSCHNER (1999, S. 357); DEUTSCHER BAUERNVERBAND (Hrsg.) (2005, S. 9-11).

[536] Direktvermarktung erlangte im Lebensmittelsektor in den letzten Jahren zwar zunehmende Bedeutung, allerdings geht man inzwischen davon aus, dass die Zuwächse an landwirtschaftlichen Unternehmen in Zukunft moderater ausfallen werden als bisher. Aufgrund von Erfassungs- und Abgrenzungsproblemen ist die Nachfrage- und Angebotssituation der Direktvermarktung in Deutschland nur schwer abschätzbar, auf jeden Fall dominieren aber aufgrund der längeren Entwicklungszeit die Direktvermarkter in den Alten Bundesländern. Vgl. RECKE/WIRTHGEN (2002, S. 175 f.).

[537] Vgl. EBERLE et al. (2004, S. 22-24).

[538] Zur ERI werden Unternehmen mit 10 und mehr Beschäftigten gezählt. Das EH umfasst Unternehmen mit weniger als 10 Mitarbeitern, d. h. gemäß EU-EMPFEHLUNG (2003, Anhang I Art. 2 Abs. 3) die sog. Kleinstunternehmen.

[539] Vgl. WEIDENHAUN/NIEHSEN (2003, S. 36); ERDMANN et al. (2003, S. 33).

[540] Stand: 12/2004. Vgl. STATISTISCHES BUNDESAMT (Hrsg.) (2005a).

[541] Gemäß einer Zählung aus dem Jahr 1995 – vgl. http://www.destatis.de/themen/d/thm_prodgew.php (20.01.2006).

[542] Eigene Berechnung auf Basis der Angaben aus Tabelle 5.1.

[543] Vgl. Tabelle 5.1 sowie speziell für die Entwicklung in der ERI http://www.bve-online.de/zahlen/index.html (20.01.2006).

[544] Vgl. INTERNATIONAL BUSINESS LEADERS FORUM (Ed.) (2002, p. 15); MOLL (2000, S. 113, 152-153, 154).

Die Lebensmittelproduzenten und -verarbeiter versuchen dem hohen Marktdruck durch eine Ausweitung des Angebotsspektrums entgegenzuwirken. Höhere Preise als eine Variante zur Gewinnerhaltung bzw. -steigerung sind aufgrund der hohen Konkurrenz und dem z. T. schlechten Zahlungsverhalten der Kunden nicht durchsetzbar. Höhere Absatzmengen sind aufgrund der Sättigungsgrenze der Konsumenten kaum möglich. Der Zielfokus der Lebensmittelproduzenten liegt daher auf der **Gewinnung neuer Konsumenten zur Steigerung der Absatzmengen**. Dazu werden v. a. Diversifikationen (d. h. Modifikationen und Verbesserungen) existierender Produkte und seltener gänzlich neue (Trend)Produkte (z. B. Ergänzung der ernährungsphysiologischen Eigenschaften um Effekte wie Gesundheitsförderung = Functional Food[545]) kreiert.[546] Da jedoch mehrere Unternehmen diese Zielrichtung sehr stark verfolgen, sind nicht nur die „Flopraten" der neuen Angebote hoch[547], sondern werden erfolgreiche Neuerungen (anhand der detaillierten Inhaltsstoffangaben auf Verpackungen) von den Wettbewerbern auch schnell imitiert.[548] Zudem können sich die Konsumentenanforderungen rasant ändern, was vielen Lebensmitteln meist kurze Produktlebenszyklen beschert.[549] Diese externen Einflüsse sind Gründe, warum teure Marktforschung für die Unternehmen der EW ein großes Risiko darstellt.

Dem allgemein stagnierenden Absatz im Inland stehen der steigende Absatz hoch verarbeiteter (wie Convenience Food, Functional Food) und ökologischer Lebensmittel und eine positive Entwicklung im Export von Lebensmitteln gegenüber.[550] Der deutsche **grenzüberschreitende Handel** mit Lebensmitteln ist in den letzten Jahren kontinuierlich gestiegen und sogar durch einen Importüberhang gekennzeichnet.[551]

Die besonderen Herausforderungen der Lebensmittelproduktion und -verarbeitung bestehen in der saisonalen Abhängigkeit von der Bereitstellung der landwirtschaftlichen Erzeugnisse sowie der Gewährleistung der Lebensmittelsicherheit und Einhaltung der rechtlichen und hygie-

---

[545] Vgl. für die Definition http://www.functional-food.org (09.12.2005).
[546] Vgl. KUBITZKI/ANDERS/HANSEN (2003, S. 1). Es sind v. a. die international agierenden Großunternehmen (wie Nestle, Unilever, Kraft), die sich systematisch mit der F&E innovativer Lebensmittel beschäftigen können bzw. wegen der großen internationalen Konkurrenz beschäftigen müssen, und i. d. R. weniger die zahlreichen KMU, es sei denn sie kooperieren mit anderen Unternehmen. Vgl. ROHWETTER (2004, S. 20); NADERI (1998, S. 3, 68).
[547] 30.000 neue Produkte bringt die ERI jährlich auf den Markt, von denen allerdings ca. 65 % nach einem Jahr wieder aus den Regalen des Lebensmittelhandels verschwunden sind. Vgl. MCKINSEY (Hrsg.) (2006, S. 102); ROHWETTER (2004, S. 20-21).
[548] Vgl. ROHWETTER (2004, S. 20-21); KUBITZKI/ANDERS/HANSEN (2003, S. 1); MARSHALL (2004, p. 14).
[549] Vgl. NADERI (1998, S. 68-69). Ausführlicher zu weiteren Besonderheiten im Innovationsverhalten der EW im Vergleich zu anderen Branchen des Verarbeitenden Gewerbes vgl. KUBITZKI/ANDERS/HANSEN (2003).
[550] Vgl. EBERLE et al. (2004, S. 25); BRAND et al. (2006, S. 30). Im Jahr 1997 betrug die Exportquote 16,1 %, im Jahr 2004 bereits 21,6 %. Vgl. http://www.bve-online.de/zahlen/index.html (20.01.2006). Weiterführend zu Öko-Lebensmitteln vgl. Abschnitt 5.2.2.2.
[551] Hauptex- und -importregionen sind EU-Länder. Vgl. BMVEL (Hrsg.) (2006, S. 16-17). Importiert nach Deutschland werden v. a. Fleisch und -erzeugnisse, Milch und -erzeugnisse sowie Obst/Südfrüchte, exportiert werden vorrangig Milch und -erzeugnisse sowie Fleisch und -erzeugnisse. Vgl. u. a. BMVEL (Hrsg.) (2004, S. 125); BMVEL (Hrsg.) (2006, S. 106).

nischen Anforderungen. Hierauf und auf weitere Einflussfaktoren auf die Entwicklung in der EW wird in Abschnitt 5.2.2.4 und 5.3 näher eingegangen.

5.2.2.3 Entwicklung des Lebensmittelhandels und des Gastgewerbes

Der deutsche **Lebensmittelhandel** besteht typischerweise aus den drei Stufen Verbundzentrale, Großhandel und Einzelhandel, wobei die Grenzen zwischen diesen zunehmend verschwimmen.[552] Er befindet sich seit Jahren in einer wirtschaftlich schwierigen Lage: In noch wesentlich stärkerem Maße als die vorgenannten Branchen ist auch er durch zunehmende Konzentration (auf Konzern-, Unternehmens- und auch Standortebene), rückläufige Flächenproduktivität, hohen Konkurrenzdruck (u. a. aufgrund global agierender Wettbewerber wie Walmart), sinkende Gewinne und Entlassungen gekennzeichnet.[553] So hatten im Jahr 2000 allein die Top 5 Unternehmen des deutschen Lebensmitteleinzelhandels einen Marktanteil von etwa 62 % inne, während die vielen kleineren Einzelhändler nur rund 20 % des Umsatzes der Branche ausmachen.[554] Die Lebensmittelhandelskonzerne versuchen dem **harten Preisdruck und Wettbewerb** durch verschiedene Lösungen entgegenzuwirken. Neben Fusionen, Übernahmen und Kooperationen gehören hierzu eine Reihe organisatorischer Maßnahmen (z. B. Rückzug aus ländlichen, dünn besiedelten Regionen) und die Entwicklung und Anwendung spezieller Konzepte (z. B. ECR[555]) sowie technischer Innovationen (z. B. Selbstbedienungs-Kassen-Projekt bei Metro).

Der Nachfrage und dem Angebot innovativer Produkte nachkommend sowie zur Stärkung der Wettbewerbssituation ist im Lebensmitteleinzelhandel eine Zunahme der Anzahl der Produkte, eine hochgradige Ausdifferenzierung des Sortiments und eine allmähliche Sortimentserweiterung um Öko-Produkte und Non-Food-Artikel festzustellen. Die Anzahl an Öko-Lebensmittel-Verkaufsstellen nimmt zu und nähert sich in ihrem Angebotsspektrum den konventionellen Verkaufsstätten allmählich an.[556] Andererseits sind große Lebensmitteleinzelhändler und Discounter durch die Konzentration des Sortiments in der Lage die Komplexität für den Konsumenten zu reduzieren. So bieten Discounter (wie Aldi, Plus) eine Vereinfachung des Kaufaktes. Im Lebensmittelhandel ist zudem die „Tendenz zum internationalen bzw. überregionalen Zentraleinkauf großer Volumina [...] sowie zur Reduzierung der Anzahl der Lieferanten" festzustellen,[557] was sich v. a. zu Ungunsten von kleinen und mittelständischen Lebensmittelproduzenten, die sehr stark auf den regionalen Absatz ausgerichtet sind, auswirkt.

---

[552] Vgl. MOLL (2000, S. 113; 131, 166).
[553] Vgl. EBERLE et al. (2004, S. 27); HORVATH (2004, S. 46); ERDMANN et al. (2003, S. 13); MOLL (2000, S. 142-144).
[554] Tendenziell wird sich dieser Trend in den nächsten Jahren wohl noch verschärfen. So rechnet man 2010 bei den Top 5 mit einem Marktanteil von etwa 82 %. Vgl. KUHLICKE/PETSCHOW (2005, S. 39).
[555] Vgl. hierzu Abschnitt 5.4.2.2.
[556] Vgl. EBERLE et al. (2004, S. 27-28).
[557] WEINDLMAIER (2002, S. 153).

Der **Außer-Haus-Bereich**[558] ist gegenüber dem Lebensmittelhandel durch kleinere Einrichtungen, geringere Liefermengen und unsicherere Nachfrageentwicklung gekennzeichnet.[559] Deren Marktvolumen ist in den letzten Jahren aber kontinuierlich gewachsen. Der Betriebsstättenzuwachs ist im Gaststättengewerbe (v. a. von Imbissständen) am höchsten, gefolgt vom Cateringbereich (= Bringedienste mit Zuwachsraten von 60 % zwischen 1990 und 2000) und dem Beherbergungsgewerbe. Im Zeitraum zwischen 1980 und 2000 konnte die Gesamtbranche steigende Umsätze aufweisen, aktuell sind sie aber insbesondere in der Gastronomie rückläufig, im Catering dagegen weiter zunehmend. Zudem zeichnet sich im Gastgewerbe allmählich auch eine **Marktkonzentration** in Form von europaweit und global agierenden Unternehmen ab. Während klassischer Imbiss und gehobene Restaurants für die Zukunft sinkende Umsatzzahlen erwarten müssen, werden Home Deliveries, Partyservice, Cafe-Bars, Bistros, Tankstellen den Umsatz noch erhöhen können.[560]

Die zunehmende Bedeutung im Außer-Haus-Bereich zeigt sich auch in der Entstehung von neuen Märkten und Angebotskonzepten (v. a. an der Schnittstelle zwischen Arbeit, Freizeit und Haus) und der Ausweitung und Ausdifferenzierung des Angebots an (Zwischen)Mahlzeiten. Zugleich verschwimmen die Grenzen zwischen Außer-Haus-Mahlzeiten und **Convenience-Produkten** aus dem Supermarkt sowie zwischen Gastronomie und Gemeinschaftsverpflegung (z. B. Betriebs-, Kinder-, Seniorenverpflegung).[561] Im Zuge des Outsourcings von Verpflegungsleistungen durch viele Einrichtungen/Unternehmen und im Einklang mit der hohen Nachfrage in der Gemeinschaftsverpflegung haben sich in den letzten Jahren viele Gemeinschaftsverpfleger und Caterer zu Full-Service-Unternehmen mit umfassenden Konzepten (z. B. Ausgabepersonal, Geschirrausleihe, Event-Catering) entwickelt.[562] Die z. T. bereits angedeuteten Auslöser der Entwicklung im Lebensmittelhandel und Außer-Haus-Bereich werden im nachfolgenden Abschnitt aufgegriffen und thematisiert.

5.2.2.4 Identifikation und Diskussion der Auslöser der aktuellen Entwicklungstendenzen

Der deutsche Lebensmittelsektor befindet sich seit einigen Jahren in einer **Umstrukturierungsphase**, die durch einen hohen Wettbewerbsdruck, Umsatzrückgänge, Entlassungen, Betriebsschließungen und zunehmende Konzentrationsprozesse in (fast) allen Wertschöpfungsstufen gekennzeichnet ist. Zugleich ist durch den Verfügbarkeits- und Kostendruck die Ab-

---

[558] Zum Außer-Haus-Bereich gehören alle Einrichtungen mit der Möglichkeit zum Lebensmittelverzehr vor Ort und außerhalb des eigenen Haushalts (z. B. Gaststätten, Hotels, Bars, Eisdielen, Diskotheken). Es entspricht dem Gastgewerbe.
[559] Der Markt im Außer-Haus-Bereich ist demnach wesentlich komplexer. Vgl. EASTHAM/SHARPLES/BALL (2001, p. 17).
[560] Vgl. EBERLE et al. (2004, S. 29-32).
[561] Trotz des kleinen Anteils der Gemeinschaftsverpflegung im Gastgewerbe weist sie doch ein rasantes Umsatzwachstum auf. Für die Verpflegung in Mensen wird aufgrund des Rückgangs an Subventionen in Zukunft ein steigender Kostendruck erwartet. Die Gemeinschaftsverpflegung in Kliniken und Heimen sowie in Ganztagsschulen wird aufgrund der aktuellen Entwicklungen (z. B. eines „Gesundheitsmarktes") weiter an Bedeutung gewinnen. Vgl. EBERLE et al. (2004, S. 33-36).
[562] Vgl. EBERLE et al. (2004, S. 36-37).

hängigkeit zwischen den einzelnen Wertschöpfungsstufen stark gestiegen.[563] Die Auslöser dieser Tendenzen in den einzelnen Stufen der deutschen Lebensmittel-WS sind vielfältig und können branchenspezifisch oder -übergreifend zutreffend sein. Die Tabelle 5.2 stellt die bedeutendsten Einflussfaktoren im Überblick dar. Bspw. ermöglich(t)en politisch-ökonomische (z. B. EU-Osterweiterung) und technologische Entwicklungen (z. B. Industrialisierung, IuK-Technologien) eine Ausbreitung des Handlungsfeldes (bzgl. Produktionsverlagerung, Beschaffungs-, Absatzmarkt) im internationalen Maßstab. Allerdings ist die Lebensmittelproduktion und -vermarktung aufgrund ihrer Eigenheiten, auf die in Abschnitt 5.3 und 5.4 näher eingegangen wird, nur bedingt bzw. in begrenztem Maße durch die Globalisierungsprozesse der letzten Jahre betroffen. Hier sind jedoch weitere Veränderungen zu erwarten. In naher Zukunft werden leicht standardisierbare Lebensmittel vornehmlich international erzeugt und preiswert angeboten werden, da u. a. standardisierte Rohstoffe auf dem Weltmarkt preisgünstig erworben werden können (Strategie der Kostenführerschaft). Auf regionaler und lokaler Ebene werden hingegen verstärkt die Herstellung und Vermarktung von Spezialitäten und Premiumprodukten vollzogen werden (Strategie der Differenzierung). KMU mit Fokus auf die regionale Versorgung sind daher angehalten, qualitativ hochwertige Lebensmittel, wozu u. a. Öko-Lebensmittel zählen, zu entwickeln und zu erzeugen. Dabei stehen die KMU im Wettbewerb mit anderen KMU bzw. Lebensmittel-SC, die sich ebenso auf regionaler Ebene spezialisieren und etablieren (wollen).

Auch Veränderungen im Konsumentenverhalten beeinflussen den Lebensmittelkonsum und damit die Nachfrage nach Lebensmitteln und Dienstleistungsangeboten grundlegend. Die konsumentenbezogenen Einflüsse lassen die sich aktuell ganz pragmatisch durch die Begriffe Simplifizierung, Enttraditionalisierung, Entrhythmisierung, Entstofflichung, Entsinnlichung, Enthäuslichung charakterisieren.[564] Enthäuslichung ist z. B. der Hauptgrund für die positive Entwicklung im Außer-Haus-Bereich. Dieser Bereich ist im Übrigen im Lebensmittelsektor der Einzige, der von den konsumentenseitigen Entwicklungen derzeit profitiert. Die Unternehmen sind heute nicht mehr nur für die Grundsicherung der Ernährung zuständig, sondern müssen sich vielmehr unter Beachtung vielfältiger Rechtsvorschriften mit der Befriedigung von besonderen (individuelleren, ausgefalleneren und luxuriöseren) Bedürfnissen (v. a. bezogen auf Gesundheit, Sicherheit, Genuss und Convenience) beschäftigen.[565] Im Weiteren spielt auch das hohe Preisbewusstsein der deutschen Konsumenten eine große Rolle. So geben diese im Vergleich mit Konsumenten anderer europäischer Länder relativ wenig Geld für Lebensmittel aus.[566] Wenngleich die absoluten **Ausgaben** der deutschen privaten Haushalte für **Lebensmittel** in den letzten Jahren leicht zunahmen, ist der prozentuale Anteil der Lebensmittel-

---

[563] Vgl. BOCK et al. (2003, S. 122).
[564] Mit der Enthäuslichung einher geht im Übrigen auch eine Verlagerung der Ernährungsverantwortung. Diese Entwicklung im Einklang mit der Tendenz zur Abnahme der Kompetenzen in der Bevölkerung führt zur Verunsicherung der Konsumenten und zur Verwissenschaftlichung von Ernährung. Vgl. EBERLE et al. (2004, S. 54).
[565] Vgl. ROHWETTER (2004, S. 20-21); HORVATH (2004, S. 46).
[566] So kostet der Lebensmittelkorb in Deutschland nur etwa 80 % von dem, was im Durchschnitt der übrigen EU-Mitgliedstaaten dafür verlangt wird. Vgl. DEUTSCHER BAUERNVERBAND (Hrsg.) (2005, S. 25).

ausgaben an den Konsumausgaben der privaten Haushalte mit heute nur etwa 12 % seit Jahren rückläufig.[567]

Tabelle 5.2: Einflussfaktoren auf die wirtschaftliche Entwicklung der Lebensmittel-WS

Branche	Einflussfaktoren
Branchenübergreifende Einflussfaktoren	

	• Überangebot bzw. Nahrungswohlstand sowie Stagnation des Konsums,
	 • Neue politische Entscheidungen, Regelungen sowie Verschärfung der Rechtssprechung (v. a. zur Lebensmittelsicherheit, Umwelt- und Produkthaftung) auf europäischer und nationaler Ebene,
	 • Europäisierung/Globalisierung der Beschaffungs- und Absatzmärkte (v. a. EU-Osterweiterung),
	 • Technischer Fortschritt ermöglicht Rationalisierung und Produktivitätssteigerung,
	 • Steigende Kosten für RHB (z. B. Energie, Düngemittel, Technik),
	 • Sinkende Erlöse bei starkem Preis- und Wettbewerbsdruck,
	 • Branchenübergreifende Imageverluste/-schäden durch einzelbetriebliche oder sektorale Lebensmittelskandale,
	 • Diverse konsumentenbezogene Einflussfaktoren, wie:
	   – wachsende Ansprüche und stärkeres Preis-, Qualitäts-, Genuss- und Gesundheits-/Wellness- als Umweltbewusstsein,
	   – demografische Entwicklung sowie Wandel und Ausdifferenzierung von Werten und Einstellungen,
	   – Wandel der Arbeitswelt, der Haushalts- und Familienformen, des Geschlechterverhältnisses und -beziehungen, im Bildungswesen und von Bildungsanforderungen, der Wohlstandsverteilung und der sozialen Sicherungssysteme,

Weitere branchenspezifische Einflussfaktoren	
Landwirtschaftliche Produktion	• Veränderungen in der europäischen und deutschen Agrarpolitik, v. a. Abbau marktverzerrender Subventionen, der zur Liberalisierung der internationalen Agrarmärkte führt, • Landwirtschaftliche Überproduktion sowie Agrarmarktordnungen für verschiedene Produkte (z. B. Zucker, Milch) in Europa, • Witterungsschäden, die zu Mehrkosten und Ertragseinbußen führen, • Ausweitung der Lebensmittelsicherheitsbestimmungen auf die landwirtschaftliche Produktion, • Nicht geregelte Hofnachfolge[568], • Diskussionen zum Abbau von Steuervergünstigungen in der Landwirtschaft (z. B. bei Agrardiesel),
Lebensmittelproduktion/-verarbeitung	• Rigide Vorschriften des Lebensmittelrechts sowie Kontrollen,
Lebensmittelhandel und Außer-Haus-Konsum	• Rigide Vorschriften des Lebensmittelrechts sowie Kontrollen, • Wachsende Bedeutung des Absatzes außerhalb des Lebensmitteleinzelhandels (z. B. Direktvermarktung, Außer-Haus-Konsum, z. T. elektronischer Handel).

Quelle: Eigene Darstellung, in Anlehnung an EBERLE et al. (2004, S. 2-9, 38-50, 53-54); PÖCHTRAGER (2002, S. 169); JUNGBLUTH (2000, S. 79-84); ähnlich für die Schweiz in LEITNER (2003, S. 2); DEUTSCHER BAUERNVERBAND (Hrsg.) (2005, S. 20); WISKERKE/ROEP (2006, p. 9).

---

[567] Umfassten die Ausgaben der deutschen Haushalte für Nahrungsmittel im Jahr 1962 noch etwa 37 % der Gesamtkonsumausgaben, waren es 1998 noch ca. 14 % und 2004 nur noch ca. 12 % (alle Angaben ohne alkoholische Getränke und Tabakwaren, auf die weitere 4,5 % Ausgabenanteil entfallen). Damit liegen die Lebensmittelausgaben mittlerweile auf einem geringeren Niveau wie die Ausgaben für Verkehr (ca. 17 %) und Mieten/ Heizung/Strom (ca. 24 %). Vgl. DEUTSCHER BAUERNVERBAND (Hrsg.) (2005, S. 23-24); KÖRBER/ KRETSCHMER (2001, S. 281); BMVEL (Hrsg.) (2002, Anhang S. 5); EBERLE et al. (2004, S. 40); HÜNECKE/FRITSCHE/EBERLE (2004, S. 29); FOODWATCH (Hrsg.) (2004b, S. 8). Ähnliche Tendenzen zeigen sich im Übrigen aber auch in anderen europäischen Ländern, z. B. England. Vgl. hierzu BEER (2001, p. 26).

[568] Zum Thema Hofnachfolgeentscheidung in landwirtschaftlichen Familienbetrieben aus regionaler und einzelbetrieblicher Sicht vgl. TIETJE (2004); weiterhin auch KRAMER (1991, S. 139, 264); LIETH (2005, S. 43).

Darüber hinaus wird die Situation auf jeder einzelnen Wertschöpfungsstufe auch durch die Anforderungen und das Verhältnis zu den anderen Stufen beeinflusst. So führt die Konzentration auf der Handelsstufe zu einem größeren Preisdruck auf die EW, die diesen z. T. wiederum an die Landwirtschaft weitergibt. Zudem ist die **Stellung** der kleinbetrieblich strukturierten **Landwirtschaft im WS** im Verhältnis zu den nachgelagerten Wertschöpfungsstufen trotz der zahlenmäßigen Dominanz der Unternehmen des Sektors häufig schwach.[569] Im Ergebnis verschiebt sich die Wertschöpfung zu Ungunsten der Landwirtschaft und die Landwirtschaft verliert zunehmend an volkswirtschaftlicher Bedeutung.[570]

Nur Unternehmen, die derartige Tendenzen erkennen und sich auf die veränderten Anforderungen einstellen, können mit ihren Produkten und Dienstleistungen im Wettbewerb am Markt langfristig erfolgreich sein. Um dem Wettbewerbsdruck und den Anforderungen der Konsumenten im gesamten Lebensmittel-WS angemessen gerecht zu werden, bietet sich eine **engere Vernetzung** zwischen den Wertschöpfungsakteuren an. Die Neigung zur Bildung von kooperativen Strukturen ist dabei umso höher, je höher der wirtschaftliche und wettbewerbsbezogene Druck und je geringer die innerbetrieblichen Einsparungs- und Optimierungspotenziale sind.[571] Diese Situation trifft auf die Unternehmen aufeinander folgender Stufen des Lebensmittel-WS in besonderem Maße zu. Zur Gewinnung des Konsumentenvertrauens und zur Existenzsicherung spielen in erster Linie Aspekte der Hygiene- und Qualitätssicherung bei der Produktion und Handhabung der Lebensmittel eine entscheidende Rolle, auf die daher im Folgenden ausführlicher eingegangen wird.

5.3 Hygiene- und Qualitätsanforderungen in der Lebensmittelerzeugung

Bedingt durch die spezifischen Eigenschaften von Lebensmitteln (v. a. Saisonalität, Verderblichkeit der Lebensmittel[572]) sind zum Schutz der Konsumenten im Rahmen deren Erzeugung und Handel spezielle Anforderungen einzuhalten. Dies hat seinen Niederschlag in Form von rechtlichen Vorschriften und der Entwicklung freiwilliger Organisationskonzepte zur Sicherung der Lebensmittel und ihrer Produktion (z. B. QM-Systeme, Produktlabels) gefunden.[573] Diese fordern von den Unternehmen den Einsatz geeigneter Verfahren, Methoden und Instrumente zur Gewährleistung der **Lebensmittelsicherheit und -hygiene**, die dem Stand der Tech-

---

[569] Vgl. BRANSCHEID (2002, S. 31-32).
[570] Vgl. EBERLE et al. (2004, S. 25, 37, 52-53); ERDMANN et al. (2003, S. 12). Diese Tendenz steht auch im Einklang mit der Drei-Sektoren-Hypothese zur Entwicklung von Wirtschaftssektoren und -bereichen, wonach der primäre Sektor (z. B. Landwirtschaft) durch den sekundären und tertiären Sektor infolge dynamischer Beschäftigungs- und Wertschöpfungsverlagerungen verdrängt wird. Vgl. SCHOLL/TISCHNER (2004, S. 16) und weiterführend hierzu sowie für eine Untersuchung am Beispiel der Länder Deutschland, Polen und Tschechien KRAMER/BRAUWEILER/LEHMANN (2000, S. 224-234).
[571] Vgl. WINKLER (2006, S. 54).
[572] Die Haltbarkeitsdauer der einzelnen Lebensmittel ist sehr unterschiedlich – sie reicht von wenigen Tagen (z. B. Brot, Obst) bis mehreren Jahren (z. B. rohe Nudeln). Die Haltbarkeitsdauer ist dabei in begrenztem Maße über den Zusatz von Konservierungsmitteln steuerbar.
[573] Vgl. WEINDLMAIER (2002, S. 148-149); RECKE/WIRTHGEN (2002, S. 175, 176).

nik entsprechen. Dabei bezieht sich die Lebensmittelsicherheit „auf das Vorhandensein und das Ausmaß von [gesundheitlichen] Gefahren in Lebensmitteln zum Zeitpunkt des Konsums".[574] **Lebensmittelsicherheit** und -haftung werden v. a. über das sog. **Lebensmittelrecht**[575] und deren Einhaltung über Kontrollen staatlicher Einrichtungen gewährleistet. Die Grundlage bilden nationale und EU-weite lebensmittelrechtliche Regelungen, die im Wesentlichen Hygienevorschriften darstellen und auf die Einhaltung von Grenzwerten (z. B. Rückstandshöchstmengenverordnung) und die risikominimierende Systemgestaltung (z. B. Lebensmittelhygieneverordnung) v. a. durch systematische Eigenkontrollen im Sinne des vorbeugenden Verbraucherschutzes abzielen.[576] Die zentrale Grundlage des komplexen Lebensmittelrechts in Deutschland ist das **Lebensmittel-, Bedarfsgegenstände- und Futtermittelgesetzbuch** (LFGB), das den Umgang mit Lebens-, Futtermitteln, kosmetischen Mitteln und sonstigen Bedarfsgegenständen in Form von Regeln und Verboten zur Gewährleistung deren Sicherheit bestimmt. Es ist seit September 2005 gültig und hat das vorherige Lebensmittel- und Bedarfsgegenständegesetz abgelöst. Das LFGB dient als Basis für weitere lebensmittelrechtliche Bestimmungen, wie die Lebensmittelhygieneverordnung (LMHV)[577], Lebensmittelkennzeichnungsverordnung, Rechtsvorschriften für spezielle Lebensmittel (z. B. Fleischhygienegesetz, Milchhygieneverordnung) sowie Etikettierungssysteme. Ferner müssen die Unternehmen auch den vielfältigen **Anforderungen des Verbraucher-, Tier- und Umweltschutzes** gerecht werden.[578] Zudem sind Ansprüche aus dem Haftungsrecht (z. B. Produktsicherheits-, Produkthaftungsgesetz, StGB, OWiG, BGB) zu beachten.[579]

Staatliche Kontrollen zur Einhaltung der lebensmittelsicherheitsrechtlichen Vorschriften bei Lebensmittel herstellenden, verarbeitenden und transportierenden Unternehmen (inkl. Gaststätten, Großküchen, Imbisse) werden über kommunale Veterinär- und Lebensmittelüberwachungsämter organisiert.[580] Deutsche Lebensmittelproduzenten haben in Europa die schärfsten Restriktionen in der Lebensmittelsicherheit zu berücksichtigen, woraus sich besondere Herausforderungen für die deutschen Unternehmen in globalen Märkten ableiten lassen. Die EU-weit aber relativ gleichen (lebensmittel)rechtlichen Regelungen sowie die Tatsache, dass für Lebensmittel ein relativ geringer Informationsbedarf (z. B. für Zubereitung, Entsorgung) besteht, haben die Tendenz v. a. zur **Europäisierung** und z. T. auch zur **Globalisierung** der Lebensmittelmärkte sowie von Lebensmittel-WS unterstützt.

---

[574] DIN EN ISO 22000 (2005, S. 4, 8).
[575] Das sehr spezifische und umfangreiche Rechtsfeld im Lebensmittelsektor stellt im Vergleich zu anderen Wirtschaftssektoren eine Besonderheit dar.
[576] Vgl. SCHMITZ/PETERSEN (2005, S. 35); HIRSCHFELD (2006, S. 106).
[577] Die LMHV fordert von Lebensmittelherstellern den Aufbau eines betrieblichen Eigenkontrollsystems gemäß der Grundsätze des HACCP-Konzeptes. Vgl. LMHV (1997, § 4). Zweck des Eigenkontrollsystems ist die weitgehende Ausschaltung potenzieller Gefahren bei der Herstellung, Behandlung und Verarbeitung, Transport, Lagerung und Verkauf von Lebensmitteln.
[578] Vgl. WEIDENHAUN/NIEHSEN (2003, S. 36).
[579] Vgl. PICHARDT (1999, S. 18). Eine Zusammenstellung der im Lebensmittelsektor aktuell gültigen Rechtsvorschriften findet sich inm Anhang C.
[580] Lebensmittelkontrolle ist in Deutschland Aufgabe der Bundesländer. Als ein Manko wird in diesem Kontext das Fehlen einheitlicher Prüfstandards und einer koordinierenden Instanz für die mehr als 500 kommunalen Lebensmittelüberwachungsämter bzw. 2.500 Kontrolleure gesehen. Vgl. EBERLE et al. (2004, S. 14).

Infolge der vereinzelten Nichteinhaltung der Anforderungen der Lebensmittelsicherheit sind in den letzten Jahren verschiedene **Skandale** (Lebensmittel: BSE, MKS, Acrylamid, Salmonellen, Hühnerpest; Futtermittel: Pestizid-Rückstände, Nitrofen, PCB, Dioxine, Hormone) aufgetreten.[581] Neben den einzelbetrieblichen hatten v. a. die sektoralen Skandale erhebliche (volks-) wirtschaftliche Wirkungen, die von hohen Kosten für Rückrufaktionen und Schadensersatzansprüche bis hin zu Imageschäden reichten, zur Folge.[582] Die Basis der Lebensmittelskandale bilden neben unzureichenden Lebensmittelkontrollen, die u. a. auf eine zu geringe Kontrolldichte v. a. aufgrund fehlender finanzieller und personeller Kapazitäten zurückzuführen sind,[583] nicht zuletzt die starken horizontalen Konzentrations- und interorganisationalen Arbeitsteilungsprozesse in der Lebensmittelproduktion der vergangenen Jahre (vgl. Abschnitt 5.2). Mit der Zunahme der Schnittstellenanzahl gehen Informationsasymmetrien sowie v. a. Know-how- und Kontrollverluste einher, die das Risiko des Eintritts von Missständen und Fehlern erhöhen bzw. Fehlverhalten begünstigend wirken.[584] Opportunistisches Verhalten der Akteure der einzelnen Wertschöpfungsstufen im Zuge des zunehmenden Kosten- und Konkurrenzdrucks auf die landwirtschaftliche Produktion, Verarbeitung und Vermarktung der Lebensmittel haben die Entstehung von Lebensmittelskandalen zusätzlich angereizt.

Die Skandale haben in der Folge dazu geführt, dass die Konsumenten zunehmend nach vertrauenswürdigen Informationen zu den Lebensmitteln verlang(t)en, die sich sowohl auf das Produkt und seine Inhaltsstoffe als auch auf den gesamten Erzeugungsprozess beziehen.[585] Im Einklang mit den Ansprüchen der Konsumenten nach frischen, makellosen, sicheren und gesunden Lebensmitteln aktualisier(t)en auch die nationale und europäische Verbraucherschutz- und Agrarpolitik stetig die Anforderungen an die Lebensmittelproduktion bzgl. **Produktsicherheit und -haftung**, Qualität, Umweltschonung sowie Herkunftskontrolle und Rückverfolgung.[586] Deren Ziel ist zudem eine Modernisierung und Harmonisierung innerhalb und zwischen den europäischen und nationalen Vorschriften. Dabei beziehen die Anforderungen zunehmend die gesamte Wertschöpfung von der Urproduktion bis zum Absatz beim Konsumenten („Farm-to-Fork") ein.[587] Bspw. sind zum 01.01.2006 neue europäische Lebensmittelhygiene-Vorschriften in Kraft getreten.[588] Waren die Landwirtschaft und Futtermittelin-

---

[581] Für eine ausführliche Betrachtung der Entstehung und Konsequenzen der bedeutendsten Lebensmittelskandale vgl. HINRICHS (2004, S. 15-73).
[582] Die Notwendigkeit zur Verhinderung von Lebensmittelskandalen ergibt sich aus deren einzelbetrieblichen, sektoralen und auch volkswirtschaftlichen Konsequenzen. So sind erhebliche wirtschaftliche Schäden zu verzeichnen, wenngleich einzelne Wirtschaftseinheiten vorübergehend durchaus aus den Skandalen profitiert haben können (z. B. Prüf- und Kontrolllabore, Gutachter, Abdeckereien). Vgl. HINRICHS (2004, S. 2). Fehlerhafte Lebensmittel können aber nicht nur wirtschaftliche Folgen (Umsatzeinbußen, Imageverlust usw.) haben, sondern v. a. auch haftungsrechtliche Konsequenzen (straf- und/oder zivilrechtlich) nach sich ziehen. Vgl. PICHARDT (1999, S. 24).
[583] Vgl. HAHN (2006a, S. 23).
[584] Vgl. HINRICHS (2004, S. 13).
[585] Vgl. POIGNEE/HELBIG/SCHIEFER (2002, S. 172).
[586] Vgl. HERNANDEZ/RICKERT/SCHIEFER (2002, S. 88); GRABO (2002, S. 72); FRIEDEL/SPINDLER/ WIEDERMANN (2002, S. 5).
[587] Vgl. GRABO (2002, S. 72).
[588] Es sind dies die EU-VERORDNUNG 852/2004 über Lebensmittelhygiene, die EU-VERORDNUNG 853/ 2004 mit spezifischen Hygienevorschriften für Lebensmittel tierischen Ursprungs, die EU-VERORDNUNG

dustrie von Kontrollen bislang ausgenommen, fordern diese EU-Verordnungen die Errichtung von Eigenkontrollmaßnahmen auf nun allen Stufen des Lebensmittel-WS. Damit wird nicht nur die Eigenverantwortung der Unternehmen angeregt, sondern zugleich den Grundsätzen der seit 01.01.2005 gültigen EU-Verordnung 178/2002 entsprochen, die grundlegende Anforderungen an die Lebensmittelsicherheit enthält.

Die EU-Verordnung 178/2002 (auch EU-Basis-Verordnung des Lebensmittelrechts genannt) schreibt speziell die Sicherstellung der **Rückverfolgbarkeit**[589] für konventionell wie ökologisch erzeugte Lebens-(und zudem auch Futter-)mittel über alle Produktions-, Verarbeitungs- und Vertriebsstufen vor.[590] Regelungen zur Rückverfolgung existierten bis dato zwar schon, allerdings bezogen sich derartige gesetzliche und privatwirtschaftliche Regelungen auf den Vorgang im einzelnen Unternehmen und nicht in Verbindung zum gesamten Lebensmittel-WS. Speziell Art. 18 der EU-Basis-Verordnung verlangt die Verknüpfung aller Prozesse vom Rohstofflieferanten bis zum Konsumenten zur Erzielung von Transparenz und Effizienz. Er fordert von den Unternehmen die Ein- und Abgänge von Rohstoffen und Produkten mittels geeigneter Systeme/Verfahren exakt festzuhalten und bildet bei Bedarf die Grundlage für einen schnellen und gezielten Warenrückruf.[591] Der EU-Basis-Verordnung können die Unternehmen durch die Einrichtung von betrieblichen Dokumentations- und Rückverfolgbarkeitssystemen oder adäquaten Verfahren nachkommen. Sie enthält allerdings keine klaren Regelungen, wie die Rückverfolgung über das gesamte WS zu handhaben ist, und macht auch keine Angaben zur Art der einzurichtenden Systeme (papiergestützte vs. elektronische Systeme), zu Aufbewahrungsfristen oder dem Zeitrahmen der Rückverfolgung im Bedarfsfall.[592] Eine empirische Analyse von 32 branchenübergreifenden Rückverfolgungssystemen Mitte des Jahres 2005 im deutschen Lebensmittelsektor ergab, dass diese aufgrund ihrer vereinnahmten Marktanteile und Absatzgebiete kein Nischenphänomen sind und in ihrer Ausgestaltung z. T. über die gesetzlichen Bestimmungen hinausreichen, wobei die meisten bereits vor dem Erscheinen der EU-Basis-Verordnung eingerichtet worden waren.[593]

854/2004 mit besonderen Verfahrensvorschriften für die amtliche Überwachung von zum menschlichen Verzehr bestimmten Erzeugnissen tierischen Ursprungs und die EU-VERORDNUNG 882/2004 über amtliche Kontrollen zur Überprüfung der Einhaltung des Lebensmittel- und Futtermittelrechts sowie der Bestimmungen über Tiergesundheit und Tierschutz. Diese neuen EU-Verordnungen bedingten zugleich eine Anpassung des deutschen Lebensmittelhygienerechts, die sich bspw. in der Schaffung des LFGB niederschlug.

[589] Unter Rückverfolgbarkeit wird die Möglichkeit verstanden, zu jedem Zeitpunkt ein Erzeugnis (hier: Lebensmittel) über alle Produktions-, Verarbeitungs- und Vertriebsstufen zu verfolgen. Vgl. EU-VERORDNUNG 178/2002 (Art. 3, Nr. 16).

[590] Von der Umsetzung der Rückverfolgung sind im Übrigen natürlich auch genetisch veränderte Organismen betroffen, speziell geregelt durch die EU-VERORDNUNG 1830/2003.

[591] Vgl. EU-VERORDNUNG 178/2002 (Art. 18, Nr. 1-3).

[592] Vgl. BÖLW e. V. (Hrsg.) (2004, S. 7-8); http://www.rueckverfolgbarkeit.de/portal/page?_pageid=155,54205 &_dad=portal&_schema=PORTAL (20.01.2006). Zur Unterstützung der Erfüllung der Anforderungen sind nicht nur aus methodischer Sicht, sondern auch aus technischer Sicht geeignete Lösungen erforderlich. Bei der Rückverfolgung kann bspw. auf die RFID-Technologie zurückgegriffen werden. Durch die ERI wurden Internetportale (z. B. http://www.rueckverfolgbarkeit.de, 31.07.2006) eingerichtet, die über Anbieter und Berater von IuK-Systemen bzw. adäquaten Lösungen informieren.

[593] Der Hauptnutzen der Rückverfolgungssysteme wird in der Verbesserung des Verbrauchervertrauens und des Krisenmanagements gesehen. Vgl. GAMPL (2006, S. 73-74).

Die Rückverfolgung wie auch die Umsetzung der Anforderungen der EU-Verordnung 178/2002 an die Rückverfolgbarkeit ist umso schwieriger, je mehr Stufen das Lebensmittel durchläuft bzw. aus umso verschiedeneren Rohstoffen das Endprodukt zusammengesetzt ist. Diese Anforderungen betreffen ab Oktober 2006 im Übrigen auch alle Materialien und Gegenstände, die mit Lebensmitteln direkten Kontakt haben, z. B. Primärverpackungen, Abfüllmaschinen oder sonstige Gegenstände.[594] Die Rückverfolgbarkeit wird in Deutschland ferner durch eine Reihe weiterer gesetzlicher und privatrechtlicher Regelungen gefordert und präzisiert.[595] Der Handlungsbedarf bzw. -druck in diesem Bereich ist aktuell mehr denn je hoch. Für die Erfüllung der Anforderungen bietet sich für die Unternehmen in erster Linie eine **An- bzw. Einbindung der Rückverfolgung** an/in bereits bestehende Konzepte der einzelbetrieblichen bzw. unternehmensübergreifenden Lebensmittelsicherung an.[596]

Zur Gewährleistung der Sicherheit/Hygiene und der Qualität der Lebensmittel existieren bereits eine Reihe geeigneter Konzepte. In der EW ist das Hygienemanagement gemäß dem HACCP-Konzept sehr verbreitet,[597] das in der Praxis zudem gern an ein Qualitätsmanagementsystem gekoppelt wird.[598] Die essentielle Verbindung aus Aspekten des Hygienemanagements und QM wird im Folgenden als **Qualitätssicherung** (QS) bezeichnet. Bei der QS per QM-System tritt an die Stelle der Endproduktkontrolle zur Lebensmittelsicherheit die Sicherung des gesamten Produktionsprozesses.[599] Nach SPILLER lassen sich in der EW grundsätzlich drei Typen von QS-Konzepten unterscheiden:[600]

- Der QS-Konzept-Typ 1 basiert auf sektoralen, branchenspezifischen bzw. -unabhängigen Qualitätsnormen, auf deren Basis Einzelunternehmen eine Zertifizierung durchführen können. Die Neutralität und Prüfungsqualität wird durch private Zertifizierungsgesellschaften sichergestellt.[601]

---

[594] Die entsprechende EU-VERORDNUNG 1935/2004 ist bereits seit Oktober 2004 rechtskräftig. Die Verpflichtung zur Sicherstellung der Rückverfolgbarkeit der Materialien und Gegenstände über alle Lebensmittelproduktionsstufen, die speziell im Art. 17 der Verordnung festgeschrieben ist, wird am 27.10.2006 wirksam werden. Vgl. EU-VERORDNUNG 1935/2004 (2004, Art. 17).
[595] Zu nennen ist hier die EU-Bio-Verordnung („Verordnung 2092/91/EWG über den ökologischen Landbau") und die Rindfleischetikettierungsverordnung jeweils mit Regelungen zur Rückverfolgbarkeit von tierischen Erzeugnissen, die EU-Verordnung 2081/92 des Rates zum Schutz von geografischen Angaben, die EU-Richtlinie 2001/95/EG „Allgemeine Produktsicherheit" und seine deutsche Umsetzung in Form des Geräte- und Produktsicherheitsgesetzes mit der Forderung, dass keine unsicheren Produkte in den Verkehr gebracht werden dürfen, die deutsche Lebensmittelkennzeichnungsverordnung sowie andere spezielle Etikettierungs- und Kennzeichnungsvorschriften (z. B. für Eier).
[596] Vgl. NIENHOFF (2003, S. 12).
[597] Vgl. HINRICHS (2004, S. 114).
[598] Als Hilfestellung für die kombinierte Einführung eines QM-Systems nach DIN EN ISO 9000 ff. und eines Hygienemanagements nach dem HACCP-Konzept können Unternehmen der EW seit 2001 in Form der DIN EN ISO 15161 (2005) („Anleitung für die Anwendung der DIN EN ISO 9001:2000 in der Lebensmittel- und Getränkeindustrie") auf einen praxisnahen Leitfaden zurückgreifen.
[599] Vgl. DEUTSCHER BAUERNVERBAND (Hrsg.) (2004, S. 158).
[600] Vgl. SPILLER (2003, S. 15-16); JAHN/PEUPERT/SPILLER (2003, S. 4).
[601] Beispiele für den QS-Konzept-Typ 1 sind die DIN EN ISO 9000 ff., der British Retail Consortium Standard (BRC), die Ökoanbauverbände und das deutsche QuS-Prüfzeichen. Vgl. SPILLER (2003, S. 15).

- Der QS-Konzept-Typ 2 umfasst die qualitätsbezogene Kooperation von Unternehmen im WS. Initiator ist i. d. R. ein dominantes Unternehmen des Lebensmittel-WS, das die Bildung von vertraglichen Kooperationen und Netzwerken forciert.[602]
- Der QS-Konzept-Typ 3 geht auf staatliche, branchenübergreifende Zertifizierungsstandards zurück. Die Prüfung erfolgt auf staatlicher oder privatwirtschaftlicher Basis.[603]

Die diesen drei Typen zuordenbaren speziellen QS-Konzepte bzw. -Standards für die Lebensmittelproduktion existieren sowohl auf nationaler (z. B. deutsches QuS-Prüfzeichen) als auch internationaler Ebene (z. B. DIN EN ISO 9000 ff., International Food Standard (IFS).[604] Diese auditierbaren Konzepte dienen der Verbesserung der internen Prozesse und Strukturen sowie im Wettbewerb mit Konkurrenten auch der außenwirksamen Darstellung (z. B. gegenüber dem Handel und den Konsumenten mittels Zertifikat/Produktlabel). Innerhalb der sektoralen **QS-Konzepte** ist die Sicherung der lückenlosen Rückverfolgbarkeit spätestens seit Januar 2005 eine wichtige Anforderung geworden.[605] In diesem Kontext sind z. T. neue Konzepte entstanden bzw. bestehende Konzepte weiterentwickelt worden. Bspw. verknüpft der IFS – ein noch sehr junger zertifizierbarer Standard, der vom Lebensmitteleinzelhandel zur Beurteilung von Eigenmarkenlieferanten entwickelt wurde[606] – die Anforderungen gemäß QM, HACCP, GHP sowie der gesetzlich geforderten Rückverfolgbarkeit von Lebensmitteln.[607]

Speziell in der EW sind QS-Systeme inzwischen fester Bestandteil vieler Unternehmen.[608] Bis vor wenigen Jahren dominierten in der EW eindeutig sektorale (z. B. QuS-Prüfzeichen im Fleischsektor) und branchenspezifische (z. B. HACCP) sowie z. T. regionale QS-Systeme (z. B. „Eifelähre"), während branchenunabhängige Konzepte (wie ISO 9000 ff.) kaum verbreitet waren.[609] Jedoch zeichnet sich hier in letzter Zeit scheinbar eine Veränderung ab: Zumindest nimmt die Zahl der gemäß ISO 9001 zertifizierten Unternehmen in allen Wertschöpfungsstufen von Jahr zu Jahr sehr stark zu (vgl. Tabelle 5.3). So ist die Zahl der Zertifizierungen innerhalb von drei Jahren im Agrarbereich etwa um den Faktor 40, in der Lebensmittelverarbeitung, dem Groß- und Einzelhandel und dem Gastgewerbe etwa um den Faktor 15 angestiegen. Der Anstieg ist nicht zuletzt eine Konsequenz aus der gestiegenen Gesetzesfülle, der Internationalisierung der Lebensmittelmärkte und einem **zunehmenden Qualitätsbewusstsein** im Lebensmittelsektor.

---

[602] Beispiele für derartige Netzwerkbildungen finden sich vereinzelt in der deutschen Geflügelwirtschaft und in der dänischen Schweineproduktion. Ein weiteres Beispiel ist das niederländische IKB-System. Vgl. SPILLER (2003, S. 15).
[603] Ein Beispiel für den QS-Konzept-Typ 3 ist das staatliche Biosiegel. Vgl. SPILLER (2003, S. 15-16) und im Weiteren auch Abschnitt 5.5.2.2.
[604] Vgl. HORVATH (2004, S. 47).
[605] Vgl. DEUTSCHER BAUERNVERBAND (Hrsg.) (2004, S. 160).
[606] Vgl. SCHMITZ/PETERSEN (2005, S. 36).
[607] Vgl. http://www.food-care.info (20.01.2006).
[608] Vgl. WEIDENHAUN/NIEHSEN (2003, S. 36); HINRICHS (2004, S. 92); KRIEGER/SCHIEFER (2006, S. 130). Die hohe Verbreitung von QS-Systemen geht auf die Vermeidung des Verkaufs gesundheitsschädigender Lebensmittel und sich daraus ggf. ergebender Schadensersatzansprüche zurück. Vgl. HINRICHS (2004, S. 92).
[609] V. a. in den Massenmarktbereichen der EW (z. B. Brotgetreidewirtschaft, Fleischwirtschaft) waren bislang zum Großteil nur die sektoralen Mindeststandards anzutreffen. Vgl. POIGNÉE/HANNUS (2003, S. 3-4).

Tabelle 5.3: Entwicklung der Anzahl der im Qualitätsmanagement gemäß DIN EN ISO 9001 zertifizierten Organisationen des Lebensmittelsektors

Branche	2001	2002	2003	2004
Landwirtschaft und Fischerei	112	813	2.584	4.359
EW und Tabakverarbeitung	1.317	5.113	14.682	22.036
Groß- und Einzelhandel; Reparatur von Kraftfahrzeugen, Motorrädern und Privat- und Haushaltsgütern[+]	2.275	8.723	23.751	35.380
Gastgewerbe: Hotels und Restaurants	204	670	2.245	2.924

Quelle: Eigene Darstellung, in Anlehnung an INTERNATIONAL ORGANIZATION FOR STANDARDIZATION (Ed.) (2005, CD-Version, Industrial Sectors). (Anmerkung: [+] ... Die Branche umfasst neben dem Lebensmittelhandel auch Händler anderer Wirtschaftsgüter).

Trotz der zu verzeichnenden Verbreitung haben standardisierte bzw. freie QS-Konzepte in der Landwirtschaft, im Lebensmittelhandel und bei Großverbrauchern noch nicht in dem Umfang wie in der EW Einzug gehalten.[610] Diese Tatsache sowie inkompatible QS-Systeme auf den einzelnen Stufen erschweren eine zweckmäßigerweise branchenübergreifende Umsetzung der QS. QS über mehrere Stufen des bzw. über das gesamte Lebensmittel-WS verbreitet sich in der Praxis in den letzten Jahren erst allmählich[611] und hat v. a. aufgrund der Forderungen nach branchenübergreifender Rückverfolgung einen weiteren Bedeutungszuwachs erfahren. Probleme bei der Umsetzung sektoraler QS treten insbesondere an den Schnittstellen zwischen den Unternehmen auf.[612] Genau darin liegt auch eine zentrale Ursache dafür, dass trotz des hohen Implementierungsgrades betrieblicher QS-Systeme in der EW gegenwärtig immer wieder Missstände in der Lebensmittelproduktion zu Tage treten bzw. neue Lebensmittelskandale bekannt werden. Dies verstärkt die Forderung nach **vertikaler Kooperation**,[613] welche eine zweckmäßige Basis für den Aufbau branchenübergreifender bzw. sektoraler QS-Lösungen darstellen kann. Deren Realisierung sollte auf den bestehenden einzelbetrieblichen QS-Systemen aufbauen und um strenge vertragliche Regelungen bzgl. regelmäßiger Eigenkontrollen und Sanktionierungsmechanismen ergänzt werden, um die Sicherheit und Qualität der Lebensmittel bis zum Konsumenten unterstützen und gewährleisten zu können. Zudem ergibt sich aus der engen Verzahnung zwischen Qualität und Umweltschutz zugleich der Bedarf an einer interdisziplinären Sichtweise. Die Lösung liegt de facto in der interdisziplinären Betrachtung und Verzahnung der Prozesse der Akteure des Lebensmittel-WS – gewährleistet über gute kooperative Geschäftsbeziehungen. Nicht zuletzt bietet diese Strategie aus Sicht jedes einzelnen Unternehmens auch den Vorteil, die (anhaltend hohen bzw. ggf. weiter zunehmenden) lebens-

---

[610] Vgl. WEINDLMAIER (2002, S. 149).
[611] Feststellung auf Basis der Ausführungen in WEINDLMAIER (2002, S. 149) im Vergleich zu JAHN/SCHRAMM/SPILLER (2004, S. 161). Zur branchenübergreifenden QS gehören neben den vom Lebensmitteleinzelhandel initiierten QS-Konzepten wie BRC und IFS auch kettenintern entwickelte Systeme, wie das QuS-Prüfzeichen und „Qualitätsmanagement Milch". Vgl. ausführlicher zu diesen Konzepten HINRICHS (2004, S. 117-128). Sektorale QS-Systeme zielen v. a. darauf ab, die Qualitätsunsicherheit in einem speziellen Sektor nach außen hin signifikant zu reduzieren. Vgl. JAHN/SCHRAMM/SPILLER (2004, S. 160).
[612] Vgl. NÜSSEL (2004, S. 6).
[613] Vgl. HINRICHS (2004, S. 14).

mittelrechtlichen Anforderungen im gesamten Lebensmittel-WS effektiver und effizienter umsetzen zu können.

Gekoppelt an die Einhaltung der vorgegebenen Qualitätsstandards ist z. T. eine Vergabe von Gütesiegeln bzw. **Labels** für das betroffene Produkt (z. B. Fleisch, Wein). Diese können von den Unternehmen zu Marketingzwecken genutzt werden und beim Konsumenten zur Komplexitätsreduktion der Informationsbeschaffung bei der Kaufentscheidung beitragen, da die verschiedenen Labels die heterogenen Ansprüche der Konsumenten verschiedentlich abdecken.[614] Das deutsche QuS-Prüfzeichen stellt ein Label ausschließlich für konventionell erzeugte Fleisch- sowie Gemüse- und Obstprodukte dar.[615] Die Einhaltung der systemspezifischen Anforderungen wird über private Kontrollstellen gewährleistet. Derartige Stellen prüfen zwar die Erzeugungsprozesse nicht nur in einem Unternehmen, sondern über mehrere Wertschöpfungsstufen hinweg, täuschen den Verbrauchern allerdings durch die Ausweisung als Produktzeichen eine bestimmte Produktqualität vor.[616]

Die bisherigen Ausführungen haben eine hohe Anzahl und **Heterogenität** von QS-Konzepten – z. T. auch im Zusammenhang mit Produktlabels – erkennen lassen, die in den letzten Jahren entstanden sind und z. T. als nachteilig empfunden werden.[617] Die Forderung nach und die Vielfalt an Konzepten/Labels stellt nicht nur kleine Unternehmen, sondern auch große, international agierende Lebensmittelproduzenten vor besondere Herausforderungen: Regional bzw. national unterschiedliche Ansprüche erfordern von den Unternehmen Mehrfachzertifizierungen. Aus Sicht des einzelnen Unternehmens ist die Einführung und parallele Anwendung mehrerer QS-Konzepte demnach mit hohem zusätzlichen Aufwand (z. B. unterschiedliche Dokumentationsansprüche) und Investitionen verbunden. Den Konsumenten fällt es durch die Vielfalt ihrerseits zunehmend schwerer, den Überblick zu behalten und die Transparenz zu bewahren. Die mittels der Produktlabels bezweckte Komplexitätsreduktion wird durch die Anzahl und Heterogenität wieder aufgehoben und zugleich deren Glaubwürdigkeit und Reputation in Frage gestellt. Analog kann auch der Effekt eintreten, dass die Konsumenten über die Sicherheit eines Lebensmittels grundsätzlich verunsichert sind, wenn auf diesem ein Label fehlt.

Aus Unternehmens- und Konsumentensicht besteht demnach ein hohes Interesse an einer (möglichst überregional gültigen) Vereinheitlichung der Anforderungen an die QS. Diesem Bedarf wurde im November 2005 mit Inkrafttreten der international gültigen Norm **DIN EN ISO 22000** – „Managementsysteme für die Lebensmittelsicherheit: Anforderungen an Organisationen in der Lebensmittelkette" nachgekommen. Sie fasst die Anforderungen der bisherigen nationalen HACCP-Konzepte (z. B. DS 3027 – der dänische Lebensmittelsicherungsstandard, I.S.

---

[614] Vgl. HIRSCHFELD (2006, S. 106).
[615] Vgl. http://www.q-s.info (20.01.2006). Für einen Überblick über umweltbezogene Produktlabels im Lebensmittelsektor vgl. Anhang D.
[616] Für weitere Kritikpunkte zur Umsetzung des QuS-Prüfzeichens (z. B. weiche Auditierungskriterien, lückenhafte Kontrolle, nur Prüfung gesetzlicher Standards) vgl. FOODWATCH (Hrsg.) (2004a).
[617] Allein im Fleischsektor existierten in Deutschland im Jahr 2005 über 50 QS-Konzepte. Vgl. http://foodwatch. projekt-vier.de/themen__aktivitaeten/qs_pruefzeichen/index_ger.html (20.09.2005). Auf ähnliche Umstände trifft man in Deutschland auch bezogen auf Öko-Labels. Vgl. BUTLER et al. (2004, p. 204); auch Abschnitt 5.5.2.2.

343: 2000 – der Irische Lebensmittelsicherungsstandard) zusammen und versucht so der vermehrten Entwicklung nationaler Normen entgegenzuwirken.[618] Da gesundheitliche Gefahren durch Lebensmittel im Prinzip auf jeder Wertschöpfungsstufe eingebracht werden können, rückt die ISO 22000 – ähnlich wie der IFS – die Gewährleistung der Lebensmittelsicherheit im gesamten Lebensmittel-WS mit dem Ziel der Vermeidung von Sicherheitslücken in diesem in den Vordergrund.[619] Von Vorteil sind bei der ISO 22000 neben der expliziten Beachtung der Spezifika der Lebensmittelproduktion deren Eignung für alle Unternehmen eines Lebensmittel-WS und die gute Anbindung an die anderen internationalen Standards (ISO 9000 ff., ISO 14000 ff.).[620] Über die Etablierung dieses einheitlichen Standards lassen sich bei den Anwendern Kosten einsparen. Bspw. wird dem Handel der Beschaffungsprozess im Rahmen eines Global Sourcing erleichtert. Zugleich kann die schnellere Beurteilung der Produktqualität und des Lieferantenleistungsniveaus eine Senkung der Transaktionskomplexität nach sich ziehen.[621]

In engem Zusammenhang zu den QS-Anforderungen im Lebensmittelsektor stehen Umweltschutzanforderungen (z. B. im Rahmen ökologischen Anbaus), die sich aus den vielfältigen Umwelteinwirkungen von Lebensmittel-WS ergeben und in Abschnitt 5.5 ausführlicher betrachtet werden. Im nachfolgenden Abschnitt steht die Adaption der QS-Ansprüche in den Produktions- und Logistikprozessen des Lebensmittel-WS und deren Handhabung mittels geeigneter Konzepte im Mittelpunkt.

5.4 Besonderheiten des Umgangs mit Lebensmitteln aus der Produktions- und Logistikperspektive

5.4.1 Spezifika der Produktion und Logistik von Lebensmitteln

Aus den **hygienischen und qualitativen Ansprüchen** der externen und internen Stakeholder (d. h. Staat, Konsumenten, Mitarbeiter usw.) ergeben sich besondere Herausforderungen für die Produktion und Logistik in Lebensmittel-WS. Insbesondere die Vorgaben der verschiedenen QS-Konzepte haben einen bedeutenden Einfluss auf die Produktions- und Logistikprozesse des WS, die sehr spezieller und komplexer Natur sind und daher einer guten Abstimmung bedürfen. Die Gewährleistung der Lebensmittelsicherheit ist innerhalb des gesamten WS immer zu beachten und stellt ein markantes Merkmal der Herstellung, Verarbeitung und Vermarktung von Lebensmitteln dar.

Produktion und Handel mit Lebensmitteln sind durch eine typische Käufermarktsituation geprägt.[622] Aufgrund des täglichen Bedarfs und der Verderblichkeit der Lebensmittel sind die Bedarfsfrequenz und Ansprüche der Konsumenten nach **ständiger Verfügbarkeit** von produk-

---

[618] Vgl. HINRICHS (2004, S. 104); MAUNSELL/PEARCE/BOLTON (2005, p. 70).
[619] Vgl. DIN EN ISO 22000 (2005, S. 4).
[620] Vgl. FARGEMAND/JESPERSEN (2004, pp. 21-24).
[621] Vgl. HORVATH (2004, S. 47).
[622] Vgl. MOLL (2000, S. 33); WEBSTER (2001, p. 40).

tionsfrischen Lebensmitteln in großer Auswahl hoch.[623] Sie werden daher in größeren Mengen produziert bzw. angeboten, als sie tatsächlich verbraucht werden (können). Da Lebensmittel Standardprodukte mit (relativ) stabilem Nachfragemuster sind, werden sie v. a. in **Sorten- und Serienfertigung** mit hoher Variantenvielfalt (z. T. mit regionalen Geschmacksunterschieden) hergestellt. Die Produktion in den Unternehmen der EW erfolgt i. d. R. auf Basis von Absatzprognosen auf Lager (make-to-stock), wodurch je nach Lebensmittelhaltbarkeit und Prognosegenauigkeit ggf. hohe Lagerkosten und/oder Vernichtungskosten resultieren können. Lebensmittel-WS können demnach tendenziell als **prognosegetrieben** eingestuft werden.[624] Kennzeichnend für Lebensmittel-WS sind weiterhin die im Allgemeinen geringe horizontale Verzweigung des WS[625] und die im Vergleich zur Lebensmittelproduktion z. T. langen Agrarproduktionszyklen (z. B. Rindermast), die z. T. sehr **kurzen Lebenszyklen** der Lebensmittel gegenüberstehen. Die Herstellung einzelner Lebensmittel begrenzt sich zudem z. T. auf saisonale Zyklen (z. B. Zuckerproduktion im Herbst im Anschluss an die Zuckerrübenernte). Bei Lebensmitteln besteht im Vergleich zu vielen anderen Produkten kein Bedarf an Nachverkaufs-Serviceleistungen, wie Montage oder Reparatur.[626]

Die zur **Produktion** benötigten Rohstoffe sind in ihrer Vielfalt überschaubar, relativ fix und werden lediglich in geringem Umfang variiert.[627] In frühen Produktionsstufen wird relativ wenig Technik eingesetzt,[628] der Technikanteil nimmt jedoch im weiteren Wertschöpfungsverlauf zu. Lebensmittel-WS können daher heute bereits als hoch industrialisiert und rationalisiert eingeschätzt werden.[629] Die Produktion verläuft in einem den Rohstoff separierenden Teil (Trennung, Extraktion usw.) und einem aggregierenden Teil, der das eigentliche Lebensmittel entstehen lässt.[630] Aufgrund natürlicher und verfahrenstechnischer Einflüsse unterscheiden sich die entstehenden Lebensmittel häufig zwangsläufig hinsichtlich ihrer Qualität und Zusammensetzung voneinander. Diese Tatsache erfordert regelmäßige Prüfungen spezieller Parameter. Reinigung und Hygiene der Produktionsanlagen bzw. -technik sowie des Personals sind v. a. in Unternehmen der konsumnahen Wertschöpfungsstufen unerlässlich.

Die Logistikanforderungen stehen in engem Zusammenhang zu den zuvor geschilderten Charakteristika. So führt die hohe Bedarfsfrequenz an Lebensmitteln zu einem umfangreichen

---

[623] Vgl. JUNGBLUTH (2001, S. 79); WEISBRODT/KESSEL (2001, S. 146); MOLL (2000, S. 33, 112). Die wichtigsten Anforderungen der Konsumenten an Lebensmittel betreffen: Preis, Verfügbarkeit, Brauchbarkeit und Qualitätsansprüche, wie: Nährwert, Genusswert, Beschaffenheit, Produktsicherheit, Funktionalität des Packmittels (Informationen zur Zubereitung, Beratung usw.). Vgl. PICHARDT (1999, S. 5, 17); auch MARSHALL (2004, pp. 15-21).
[624] Neben prognosegetriebenen WS gibt es als zweite Variante WS mit kundenspezifischen Produkten, die durch starke Nachfrageschwankungen und lange Lebenszyklen (z. B. Automobilbereich) gekennzeichnet sind. Diese WS sind kundenauftragsgetrieben und vorrangig auf die Reaktionsfähigkeit ausgerichtet. Den Übergang zwischen beiden Formen bildet der Kundenauftragsentkopplungspunkt. Daneben existieren auch Mischformen zwischen prognose- und kundenauftragsgetriebener WS. Vgl. HORVATH (2004, S. 39-40).
[625] Vgl. GROßPIETSCH (2003, S. 6).
[626] Vgl. MOLL (2000, S. 112).
[627] Vgl. ROHWETTER (2004, S. 21).
[628] Vgl. WEIDENHAUN/NIEHSEN (2003, S. 36).
[629] Vgl. ROHWETTER (2004, S. 21).
[630] Vgl. WEIDENHAUN/NIEHSEN (2003, S. 36).

Warenflussvolumen mit beträchtlichem Gewicht bei i. d. R. kleinen Packungsgrößen.[631] In der **Logistik** liegen die Herausforderungen demnach in den Lager-, Umschlags- und Transportaktivitäten (hier v. a. im Zeitfaktor, d. h. möglichst schnelle Auslieferung frischer und qualitativ hochwertiger Lebensmittel) sowie den Verpackungs- (v. a. Sterilität) und Kennzeichnungsprozessen. Die Wahl der **Verpackung** ist eng verbunden mit der Bewahrung der Produktqualität und abhängig von den Anforderungen an die Distribution. Die Organisation der **Lagerhaltung** und des Transports im Lebensmittel-WS richtet sich nach dem Lebensmitteltyp und der Verarbeitungsart. Bspw. sind mehrfach verarbeitete (wie gekocht, gekühlt) und konservierte oder luftdicht abgeschlossene Lebensmittel länger lager- und transportfähig als frische Lebensmittel. Hinsichtlich des Lebensmitteltyps erfordern bspw. leicht verderbliche Lebensmittel (z. B. Milchprodukte, Fisch) durchgängig über alle Wertschöpfungsstufen besondere Kühlbedingungen.[632]

Beim **Transport** der Lebensmittel spielen die Länge des Transportweges und die Wahl und Ausstattung des Transportmittels (insbesondere bei temperaturempfindlichen Lebensmitteln) eine besondere Rolle, da sie einerseits Auswirkungen auf die Produktqualität und Transportkosten haben können, aber andererseits auch entscheidende Einflussparameter für die Be- bzw. Entlastung der Umwelt darstellen.[633] Bei zeitkritischen Transporten von Lebensmitteln kann der Güterverkehr einen bedeutenden Engpassfaktor bilden.[634] Aufgrund seiner hohen Flexibilität wurde der Straßenverkehr in zunehmendem Maße zum Haupttransportweg der Lebensmittel,[635] da andere Transportwege, wie der Schiffsverkehr, für Lebensmitteltransporte nur bedingt geeignet und zu unflexibel sind.[636] Zudem hat sich der **Transportaufwand** von Lebensmitteln in den letzten 20 Jahren bei etwa konstantem Pro-Kopf-Verbrauch **verdoppelt**, was v. a. ein Ergebnis der Veränderungen in der Nachfragestruktur und den Angebots- und Produktions-, Distributions-, Konsum- und Entsorgungsformen im Lebensmittelsektor im Kontext der Globalisierung ist.[637] Bspw. sind Lebensmittel in den USA bis zu ihrem Verzehr im

---

[631] Vgl. MOLL (2000, S. 112).
[632] Vgl. WEISBRODT/KESSEL (2001, S. 146); SMITH/SPARKS (2004, p. 180). Die Absatzmengen temperaturempfindlicher Lebensmittel sind in Europa in den letzten 40 Jahren um etwa 3-4 % jährlich angestiegen, was deren besondere Beachtenswürdigkeit aus logistischer Sicht unterlegt. Vgl. SMITH/SPARKS (2004, p. 181).
[633] Vgl. DEMMELER (2003, S. 4).
[634] Vgl. WEISBRODT/KESSEL (2001, S. 146, 152).
[635] Vgl. HANSEN (1999, S. 369-372, 389). In Deutschland haben Transporte von Lebensmitteln einen hohen Anteil am Gesamtstraßengütertransportaufkommen. Der Anteil des Lebensmittelgüterverkehrs am Gesamtstraßengütertransportaufkommen beträgt etwa 4 %. Vgl. DEMMELER (2003, S. 5). Beachten muss man hier jedoch regionale Unterschiede. So sind die Versorgungsstrukturen in den Neuen Bundesländern weniger transportintensiv. Vgl. HANSEN (1999, S. 370, 382).
[636] Weitere Ursachen für die stetige Zunahme des Lebensmitteltransports per Straße sind im Strukturwandel im ländlichen Raum, in Veränderungen beim Landhandel, in niedrigen Kosten im Straßengüterverkehr im Vergleich zur Bahn und dem Netzabbau der Bahn in der Peripherie zu finden. Der Einsatz neuer Konservierungsstoffe und -methoden ermöglicht zudem eine bessere Transporttauglichkeit. Durch Industrialisierung und Technikentwicklung haben sich regionale Zusammenhänge im Lebensmittelsektor aufgelöst – Erzeugung und Verarbeitung von Lebensmitteln werden zentralisiert, so dass größere Entfernungen zu dem i. d. R. ebenso zentralisiert-angesiedelten Lebensmittelhandel zurückgelegt werden müssen (= längere Einkaufswege). Vgl. HANSEN (1999, S. 369-372, 389).
[637] Vgl. HANSEN (1999, S. 369, 406); DEMMELER (2003, S. 1).

Durchschnitt etwa 3.600 km gereist,[638] von der Herstellung, über die Verarbeitung bis zum Verkauf eines Erdbeerjogurts in Deutschland wurde sogar ein Transportweg von über 9.000 km ermittelt.[639] Je nach Lebensmitteltyp können Qualität und Geschmack natürlich unter solchen langen Transporten erheblich leiden. Aber auch die Rückführungs- und Verwertungsverpflichtungen der Unternehmen im Zusammenhang mit der Anlieferung (spezieller) zentralisierter Entsorgungseinrichtungen führen zu immer längeren Transportwegen. Ferner bedingen die Vielschichtigkeit der Reststoffe im Lebensmittelsektor (organische ebenso wie anorganische Abfälle) und die damit einhergehende Differenzierung der Transportwege (aufgrund der Abfalltrennung) ein erhöhtes Transportaufkommen.[640]

Die besondere Relevanz der Logistik in Lebensmittel-WS wird auch deutlich, wenn man den Anteil der Logistikkosten am Umsatz betrachtet. Liegt er bei produzierenden Unternehmen im Durchschnitt bei ca. 10 %, umfasst er in der ERI dagegen eher bis zu 30 %.[641] Dies ist vor dem Hintergrund, dass Transport in einer arbeitsteiligen Produktionswirtschaft für den unternehmensübergreifenden physischen Strom zwar essentiell ist,[642] aber jede Lager- und Transportaktivität unproduktiv ist und nur mittelbar zur Wertschöpfung beiträgt,[643] von besonderer ökonomischer Relevanz. Vor diesem Hintergrund nehmen die Unternehmen des Lebensmittel-WS die Logistik zunehmend als eine Kernaufgabe und zugleich als ein Ansatzpunkt für Optimierungen wahr.[644]

Um die einzelbetrieblichen Kosten in der Logistik und Produktion zu senken, haben sich in den letzten Jahren **horizontale und vertikale Kooperationen** zwischen Unternehmen einzelner Stufen des Lebensmittel-WS herausgebildet. Konkrete Angaben über deren Verbreitung und Akzeptanz im Lebensmittelsektor liegen zwar nicht im Gesamtüberblick, sondern maximal einzelfallbezogen vor. Es wird aber davon ausgegangen, dass derartige Kooperationen in Deutschland in den seltensten Fällen als Win-win-Gemeinschaften realisiert sind,[645] d. h. nicht alle beteiligten Partner profitieren gleichermaßen von verbesserten Leistungsaspekten. In diesem Kontext sind in erster Linie Erzeugergemeinschaften in der Landwirtschaft,[646] Logistikverbünde[647] oder Initiativen zur gemeinsamen (regionalen) Vermarktung von Lebensmitteln sowie

---

[638] Vgl. MCKINSEY (Hrsg.) (2006, S. 119).
[639] Vgl. HANSEN (1999, S. 369).
[640] Vgl. HANSEN (1999, S. 391).
[641] Vgl. UBA (Hrsg.) (2002a, S. 55); auch Abschnitt 2.1.1.
[642] Vgl. PLÜMER (2003, S. 90).
[643] Vgl. PLÜMER (2003, S. 62).
[644] Vgl. NRW ERNÄHRUNGSWIRTSCHAFT e. V. (Hrsg.) (2004, S. 6-7); BOCK et al. (2003, S. 126).
[645] Vgl. BERENTZEN/REINHARDT (2002, S. 441).
[646] Erzeugergemeinschaften sind „Zusammenschlüsse von Inhabern landwirtschaftlicher und fischwirtschaftlicher Betriebe, die gemeinsam den Zweck verfolgen, die Erzeugung und den Absatz den Erfordernissen des Marktes anzupassen". MSG (1969, § 1, Absatz 1). Im § 3 des MSG sind zudem die Voraussetzungen für die Anerkennung einer EZG vermerkt, wie z. B. dass eine EZG aus mindestens sieben land- bzw. fischwirtschaftlichen Betrieben bestehen muss. EZG können für verschiedene landwirtschaftliche Produkte gebildet werden – eine EZG beschränkt sich jedoch auf ein Produkt. Deren Hauptziel ist die Stärkung der Position am Markt und die Verbesserung der Wettbewerbsfähigkeit. Vgl. auch Anhang E. Für Beispiele von sächsischen EZG vgl. http://www.interessengemeinschaft-ige-sachsen.de/mitglieder.htm (31.07.2006).
[647] Ein Beispiel für eine horizontale Logistikpartnerschaft im Lebensmittelsektor ist die Kooperation zwischen Strothmann Spirituosen GmbH & Co. KG und dem Haushaltswarenhersteller Melitta Haushaltsprodukte

einzelne Initiativen von staatlicher Seite initiiert[648] zu nennen. Ein erfolgreiches Beispiel für derartige regionale Zusammenschlüsse im Lebensmittelsektor ist das Netzwerk UNSER LAND bestehend aus acht Solidargemeinschaften rund um München, die ein vielseitiges Angebot an regionalen Lebensmitteln (Getreide, Milch, Kartoffeln, Fleisch usw.) aus den beteiligten Landkreisen vertreiben.[649] Bundesweit sind in den letzten Jahren ca. 430 regionale Vermarktungsinitiativen entstanden, die in ihren Vermarktungsorganisationen verschiedene Stakeholder(interessen) vereinen.[650] Die regionalen Vermarktungsinitiativen beziehen sich dabei gleichermaßen auf ökologisch und konventionell erzeugte Lebensmittel.

Die Ausführungen zur QS, Produktion und Logistik deuten bereits die mögliche Relevanz des SCM für Unternehmen der Lebensmittelproduktion an. Im Weiteren wird untersucht, wie verbreitet das SCM im Lebensmittelsektor ist, und in welcher Form es umgesetzt wird.

5.4.2 Anwendung des Supply Chain Managements in Lebensmittel-Wertschöpfungssystemen

5.4.2.1 Grundsätzliches zur Supply Chain Management-Bedeutung in Lebensmittel-Wertschöpfungssystemen

Im Jahr 2000 betrachteten die Unternehmen der ERI die Logistik überwiegend noch als material- und warenflussbezogene Dienstleistung. Dies ist das Ergebnis einer Befragung von 500 deutschen Unternehmen aus verschiedenen Branchen (neben der ERI auch Chemieindustrie, Automobil-, Maschinenbau, Elektrotechnik). In Anlehnung an die beschriebenen vier Entwicklungsstufen der Logistik in Abschnitt 2.2.1 ordneten sich 56,3 % der Unternehmen der ERI auf der Stufe der Logistik als Dienstleistungsfunktion (1. Stufe), 27,3 % auf der Stufe der flussbezogenen Koordinationsfunktion der Logistik (2. Stufe) und 10,9 % auf der Stufe der Logistik als Flussorientierung (3. Stufe) ein (vgl. Abbildung 5.3). Lediglich 5,5 % der Unternehmen der ERI verfügten zu diesem Zeitpunkt über ein SCM (4. Stufe), allerdings gaben 57 % der Unternehmen zugleich an, bis etwa 2004 ihre Logistik hin zu einem SCM ausbauen zu wollen.[651] Im Branchenvergleich lieferte der Lebensmittelsektor hinsichtlich des **Entwicklungsstandes der Logistik** zu diesem Zeitpunkt das schlechteste Ergebnis. Während sich das SCM in anderen Wirtschaftssektoren, wie der Automobilindustrie, bereits über mehrere Jahre

---

GmbH & Co. KG im Rahmen der gemeinsamen Nutzung der Distributionswege. Vgl. BERENTZEN/REINHARDT (2002, S. 441-454).

[648] Bspw. wurde im Mai 2003 in Bayern unter Leitung des Bayerischen Staatsministeriums für Gesundheit, Ernährung und Verbraucherschutz der sektorübergreifende „Pakt für sichere Lebensmittel" als ein institutionalisiertes Forum für einen aktiven Dialog zwischen Staat, Wirtschaft und gesellschaftlichen Anspruchsgruppen zu Fragen der Lebensmittelsicherheit geschlossen. Vgl. http://www.stmugv.bayern.de/de/lebensmittel/pakt_sich_lebm.htm (26.01.2006).

[649] Vgl. http://www.unserland.info (31.07.2006).

[650] Vgl. http://www.oekolandbau.de/index.cfm?uuid=0008BDB703AC1F5FBFAA6521C0A8D816/and_uuid/000 154C81B731D62865101A5C0A8E066/top_thema/lang (29.03.2005).

[651] Vgl. WEBER (2002, S. 10-11); WEBER/DEEPEN (2003, S. 219). Die Unternehmen mussten den Entwicklungsstand der Logistik in ihrem Unternehmen auf Basis einer Selbstabschätzung angeben.

hinweg entwickelt hat, rückt es erst in jüngster Zeit zunehmend in das Blickfeld der Unternehmen des Lebensmittelsektors.[652]

Abbildung 5.3: Logistiksichtweisen in der Praxis im Vergleich verschiedener Branchen

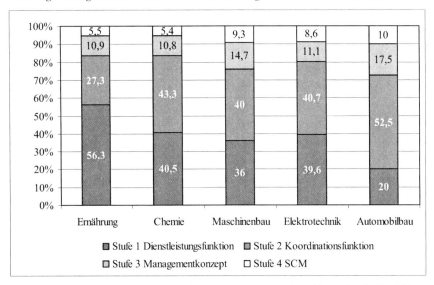

Quelle: WEBER (2002, S. 11) (Anmerkung: Säulenwerte = Prozentwerte; Zur Erklärung der vier Entwicklungsstufen vgl. Abschnitt 2.2.1 sowie Abbildung 2.5).

Ein Grund für die verhältnismäßig geringe SCM-Verbreitung in der **EW** wird darin gesehen, dass die Globalisierungstendenz des SCM als ein zentraler Auslöser bislang nicht so starken Einfluss hatte. Die aufgezeigte Situation liegt nicht zuletzt ausgehend von den Anforderungen der verschiedenen Stakeholder und den Spezifika der Lebensmittel-WS auch in den sehr speziellen Ansprüchen an die Ausgestaltung eines SCM im Lebensmittelsektor begründet, deren Umsetzung entsprechendes Know-how und ausreichende personelle und finanzielle Ressourcen verlangt. Diese Bedingungen sind v. a. in KMU, die in der EW mengenmäßig dominieren (vgl. Abschnitt 5.2.2.2), seltener anzutreffen – mithin ein weiterer Grund für die geringe Verbreitung des SCM in der EW. Dass Großunternehmen den hohen Ansprüchen eher gerecht werden können als KMU, bestätigen die – wenngleich auch wenigen – Fallbeispiele zum Einsatz eines SCM in der Literatur, wonach bislang große Unternehmen, wie z. B. Langnese, Kraft Jacobs Suchard, Numico, über den Einsatz ihres SCM-Systems berichten.[653]

---

[652] Vgl. GROSSPIETSCH (2003, S. 6); DUFFY/FEARNE (2004, p. 137).
[653] Vgl. für eine Darstellung einzelner Beispiele ARTHUR D. LITTLE (Hrsg.) (2001); GRONALT (Hrsg.) (2001); BENNINGER/GRANDJOT (2001, S. 78); HAMMER (2002); SEIFERT (2001, S. 99-100, 114-115); MCKINSEY (Hrsg.) (2006, S. 44-49).

In der landwirtschaftlichen Produktion ist das SCM kaum verbreitet bzw. die Betriebe selten in SC-Strukturen involviert, da deren Umsetzung in der **Landwirtschaft** aus den folgenden vier Gründen bislang als problematisch angesehen wird:[654]

- Zum ersten sind landwirtschaftliche Betriebe vergleichbar mit KMU, d. h. aufgrund ihrer Größe bei der Einführung eines SCM-Systems benachteiligt.[655]
- Zum zweiten unterscheiden sich die Vorgänge in der Landwirtschaft stark von industriellen Abläufen (z. B. Saisonalität in der Pflanzenproduktion, lange Produktionszyklen in der Rindermast).
- Zum dritten wurden Initiativen zur Kooperation im WS in den letzten Jahren durch Faktoren, wie staatliche Regulierung der Agrarmärkte, das deutsche Wettbewerbsrecht oder das Spannungsfeld aufgrund der Größenunterschiede zwischen landwirtschaftlichen Betrieben und Lebensmittelverarbeitern sowie -handel behindert.
- Zum vierten kann die kooperative Beziehung von besonderer Komplexität geprägt sein, nämlich z. B. dann, wenn einem Schlachtunternehmen mehrere zehntausend Tierproduzenten gegenüberstehen.

Im **Lebensmittelhandel** sind v. a. große Handelskonzerne mit dem SCM bereits vertraut und setzen es in der Zusammenarbeit mit ihren Lieferanten – den Unternehmen der EW – ein.[656] Da Lebensmittel-WS bei relativ stabiler Nachfrage prognosegetrieben sind, liegt der Fokus des SCM i. d. R. auf der kostenminimalen Auftragsabwicklung bzw. der effizienten Abwicklung der Logistikprozesse.[657] In diesem Kontext spielen die beiden SCM-Konzepte Efficient Consumer Response (ECR) und Collaborative Planning, Forecasting and Replenishment (CPFR) eine wichtige Rolle.[658] Weiterhin kommen im Lebensmittelsektor in Kombination oder allein vereinzelt auch das Quick Response- (QR), Just-in-Time- (JiT) oder Vendor Managed Inventory-Konzept (VMI) zum Einsatz.[659] Die beiden Konzepte ECR und CPFR werden aufgrund ihrer spezifischen Bedeutung im Lebensmittelsektor im Folgenden kurz näher erläutert.

5.4.2.2 Die Supply Chain Management-Konzepte "Efficient Consumer Response" und "Collaborative Planning, Forecasting and Replenishment"

Beim **ECR** handelt sich um ein Konzept, dass vorrangig zwischen Unternehmen der Lebensmittelverarbeitung (oder auch der Non-Food-Konsumgüterindustrie) und des Lebensmittelhandels zum Einsatz kommt. Sind anstelle des Handels Unternehmen des Gastgewerbes beteiligt, wird vom Efficient Foodservice Response (EFR) gesprochen. Beide Konzepte entstanden Mitte der 90er Jahre in den USA.[660] Sie beruhen auf der Kombination logistischer und

---

[654] In Anlehnung an HORVATH (2004, S. 48); BOCK et al. (2003, S. 123). Ausnahmen gibt es z. B. im Geflügelfleischsektor. Hier sind einige landwirtschaftliche Großbetriebe verbreitet, die vertraglich an Industrieunternehmen gebunden sind. Vgl. KIEFER (2002, S. 72).
[655] Vgl. hierzu Abschnitt 2.2.5.
[656] Zu nennen ist hier bspw. Coca-Cola und Uniq Northern Europe. Vgl. O. V. (2006a).
[657] Vgl. HORVATH (2004, S. 39-40); WINKLER (2006, S. 52).
[658] Vgl. GROßPIETSCH (2003, S. 6); HORVATH (2004, S. 46).
[659] Vgl. HORVATH (2002, S. 100-101); BUSCH et al. (2003, S. 14-15).
[660] Vgl. EASTHAM/SHARPLES/BALL (2001, pp. 16-17).

marketingorientierter Einzelansätze[661] und sind v. a. auf die operative Ebene des SCM ausgerichtet, d. h. die Prozesse in den (bestehenden) kooperativen Distributionssystemen werden auf Optimierungspotenziale untersucht. Der Fokus liegt auf der effizienten und kostengünstigen Prozessgestaltung.[662] Das ECR erfordert eine ausgeprägte technische Infrastruktur. Es basiert auf der Gewinnung detaillierter Informationen über den Warenfluss am POS und deren IT-gestützter Weitergabe, z. B. per EDI.[663] Es besteht aus den folgenden vier Komponenten, die jeweils die Beziehung zwischen Händler und Lieferant betreffen:[664]

- Efficient Replenishment (ECR-Logistikmodul): automatische Bestellübermittlung auf Basis der POS-Daten per EDI an die Lieferanten – über JiT-Lieferung wird der Nachschub an der tatsächlichen Nachfrage ausgerichtet (Pull-Prinzip), so dass Fehlmengen auf der einen Seite und hohe Bestände auf der anderen Seite möglichst vermieden werden,
- Efficient Store Assortment (ECR-Marketingmodul 1): Steigerung der (Regal)Produktivität durch geeignete Artikelauswahl und -harmonisierung auf Filialebene sowie durch Erhöhung der Umschlagshäufigkeit,
- Efficient Promotion (ECR-Marketingmodul 2): Abstimmung von Maßnahmen zur Verkaufsförderung,
- Efficient Product Introduction (ECR-Marketingmodul 3): Kompetenzbündelung zur Optimierung von Produktneueinführungen.

Auch wenn die ECR-Theorie bereits weit entwickelt ist,[665] ist der Umsetzungsstand in der Praxis als noch relativ gering einzuschätzen.[666] Die Umsetzung begrenzt sich z. T. auf das Efficient Replenishment, wobei dieses i. d. R. vom Handel initiiert und dominiert wird. Die Integration der Lieferanten der Unternehmen der EW in die Realisierung des ECR ist dabei noch sehr gering ausgeprägt.[667] HORVATH rechnet jedoch in Zukunft mit einer deutlichen Zunahme der ECR-Aktivitäten.[668] WILDEMANN ist sogar der Auffassung, dass ein ECR im Konzept eines SCM im Lebensmittelsektor keinesfalls fehlen sollte.[669] Im Einklang mit der bislang verhaltenen Praxisverbreitung wird noch Bedarf in der Weiterentwicklung des ECR gesehen.

Ein zweites Konzept, das im Lebensmittelsektor auf der operativen SCM-Ebene eingesetzt wird, ist das **CPFR**. Das CPFR-Konzept baut grundsätzlich auf anderen SCM-Konzepten auf und versucht deren Schwächen durch geeignete Lösungen zu beheben. Der Schwerpunkt liegt

---

[661] Vgl. HORVATH (2004, S. 33); BUSCH et al. (2003, S. 15); MOLL (2000, S. 35).
[662] Vgl. BAMFORD (2001, p. 91); HORVATH (2004, S. 39-40); WINKLER (2006, S. 52).
[663] Vgl. BUSCH et al. (2003, S. 15); MOLL (2000, S. 36).
[664] Vgl. BUSCH et al. (2003, S. 15-16); MAU (2003, S. 26).
[665] Weiterführend zum ECR-Konzept vgl. u. a. MOLL (2000, S. 179-370); SEIFERT (2001, S. 49-79); MAU (2003); DUFFY/FEARNE (2004, pp. 137-146).
[666] Vgl. MOLL (2000, S. 36).
[667] Vgl. BOCK et al. (2003, S. 122).
[668] Vgl. HORVATH (2004, S. 35).
[669] Vgl. WILDEMANN (2001, S. 142). Für Beispiele zur erfolgreichen ECR-Einführung in Unternehmen des Lebensmittelsektor s (z. B. bei den Bahlsen KG, Barilla, dm-drogerie-markt) vgl. SEIFERT (2001, S. 99-100, 114-115, 120-121); SCHICK (2002, S. 139-143).

hier auf einer strategischen bzw. längerfristigen Fundierung der operativen Prozesse.[670] So stellt das CPFR eine Verfeinerung des ECR dar und fokussiert v. a. auf die interorganisationale Planung und Prognose von Verkaufs- und Bestellmengen. Es wird zudem – der Benachteiligung beim ECR in der Praxis entgegenwirkend – auf eine Gleichberechtigung der Partner Wert gelegt.[671] Die CPFR-Aktivitäten sind in einem neunstufigen Prozessmodell zusammengefasst, das sich in drei Phasen gliedern lässt (vgl. Tabelle 5.4).

Tabelle 5.4: Aktivitäten im Rahmen eines CPFR

Phase	Stufe	Beschreibung
Phase 1: Planungsphase	Stufe 1: Grundsatzvereinbarung	Übereinkunft der Partner über die Zielstellungen der Kooperation (Erwartungen, Ressourceneinsatz usw.)
	Stufe 2: Entwicklung eines gemeinsamen Geschäftsplans	Erarbeitung einer gemeinsamen Strategie; Absprachen zu Marketing- und Verkaufsaktionen wie Werbekampagnen und Preissenkungen
Phase 2: Prognosephase	Stufe 3: Erstellung einer Verkaufsprognose	Analyse von POS- und Lagerdaten; Ableitung individueller und einer gemeinsamen Verkaufsprognose zur Deckung des Konsumentenbedarfs
	Stufe 4: Identifikation von Ausnahmesituationen	Erkennen von Ausnahmesituationen (z. B. Ressourcenengpässe) durch Soll-Ist-Vergleiche
	Stufe 5: Behebung der Ausnahmesituationen	Behebung der Ausnahmesituationen durch zeitnahe Aktivierung von Abstimmungsprozessen; Erstellung einer modifizierten Verkaufsprognose
	Stufe 6: Erstellen einer Auftragsprognose	Ableitung der (zeitlich differenzierten) Auftragsprognose auf Basis der Verkaufsprognose und der aktuellen Lagerbestände
	Stufe 7: Identifikation von Ausnahmesituationen	Erkennen von Ausnahmesituationen durch Soll-Ist-Vergleiche
	Stufe 8: Behebung der Ausnahmesituationen	Behebung der Ausnahmesituationen durch zeitnahe Aktivierung von Abstimmungsprozessen; Erstellung einer modifizierten Auftragsprognose
Phase 3: Phase des Bestandsmanagements	Stufe 9: Generieren von Aufträgen	Umsetzung der prognostizierten Bedarfe in verbindliche Lieferaufträge

Quelle: Eigene Darstellung, in Anlehnung an HORVATH (2004, S. 36-37); BUSCH et al. (2003, S. 17-19); MAU (2003, S. 98-99).

Das CPFR basiert auf der engen Zusammenarbeit der Wertschöpfungsakteure zur gemeinsamen Nutzung der gewonnenen Informationen[672] und versucht dazu Unternehmen vieler Wertschöpfungsstufen (vom Vorlieferanten über den Hersteller bis zum Handel) einzubeziehen.[673] Es kann daher eine große Reichweite aufweisen. Sein Vorteil liegt in der Verbesserung der Prognosegenauigkeit und auf dieser Basis in der Senkung der Bestände und Durchlaufzeiten, der Verbesserung der Kapazitätsauslastung und einer zuverlässigeren Konsumentenbelieferung.[674] Nachteilig werden das erforderliche gute Vertrauensverhältnis und die hohe Abhängigkeit sowie der hohe Ressourcenaufwand, der insbesondere von KMU kaum leistbar ist, ge-

---

[670] Vgl. BUSCH et al. (2003, S. 16).
[671] Vgl. HORVATH (2004, S. 35-36).
[672] Vgl. BUSCH et al. (2003, S. 19).
[673] Vgl. MAU (2003, S. 95).
[674] Vgl. BUSCH et al. (2003, S. 20); HORVATH (2004, S. 36); MAU (2003, S. 101).

sehen. Dementsprechend ist der Umsetzungsstand in der Praxis aktuell noch sehr gering. In diesem Zusammenhang wird derzeit eine Fortentwicklung des CPFR-Konzeptes diskutiert.[675]

5.4.2.3 Entwicklungsrichtungen in der Produktion und Logistik

Es blieb bislang außen vor, ob innerhalb des Lebensmittelsektors sektorale Unterschiede bei der Eignung des SCM bestehen und wie die diesbezüglichen zukünftigen Perspektiven aussehen könnten. Trotz des breiten Produktspektrums der Lebensmittelproduktion erscheinen grundsätzlich alle Lebensmittel für den Einsatz des SCM geeignet. Tabelle 5.5 zeigt anhand ausgewählter Produktbereiche die möglichen **Ausprägungen und Aktionsfelder des SCM** auf. Temperaturempfindliche Erzeugnisse (wie Milch, Fleisch) rücken schon längere Zeit stärker in den Vordergrund, da die Sicherstellung der Kühlkette eine branchen- bzw. unternehmensübergreifende Zusammenarbeit erfordert, die ohne Weiteres zum SCM ausbaubar ist.[676] Krisen und Skandale in den Kühlketten der Fleischproduktion führten in den letzten Jahren bereits vereinzelt zum Aufbau steuer- und kontrollierbarer SC, die in Einzelfällen bis zu den landwirtschaftlichen Betrieben zurückreichen.[677] In deren Folge können produktions-, logistik- und qualitätsrelevante Daten sichergestellt und den Konsumenten somit die gewünschte Transparenz vermittelt werden.[678] Transparenz lässt sich mit Systemen zur Warenfluss- und Sendungsverfolgung (sog. Tracking) erreichen. Ihre Kombination mit sog. Tracingsystemen, die die Rückverfolgung unterstützen, ist im Lebensmittelsektor zunehmend gefragt.

Entsprechend der angedeuteten Problematik des SCM in der Landwirtschaft bilden SCM-Systeme, die das gesamte WS im Blick haben, eher die Ausnahme. Die Umsetzung der SCM-Philosophie in Lebensmittel-WS begrenzt sich derzeit auf eher wenige aufeinander folgende Wertschöpfungsstufen sowie wenige Unternehmen – speziell auf einzelne Großunternehmen an der Schnittstelle zwischen EW und Lebensmittelhandel.[679] Die Erfüllung der obligatorischen Forderungen jüngerer Rechtsvorschriften der QS zur Betrachtung des gesamten WS und ggf. weitere freiwillige Aktivitäten können Interesse an der engeren Zusammenarbeit der Unternehmen innerhalb des Lebensmittel-WS auslösen. Unter Rückgriff auf das Konzept des SCM kann dabei eine stärkere Verbreitung und (weitere) Entwicklung hinsichtlich Umfang, Organisation und Methoden des SCM-Einsatzes angeregt werden.[680] Demnach werden sektor- und branchenspezifische SCM-Lösungen in Zukunft immer stärker in das Blickfeld rücken und dabei – da die Rückverfolgbarkeitsforderungen Unternehmen jeder Größe und jedes Lebens-

---

[675] Vgl. HORVATH (2004, S. 39). Ausführlicher und weiterführend zum CPFR vgl. SEIFERT (2001, S. 349-368). Vorreiterunternehmen im CPFR ist die Metro-Unternehmensgruppe. Vgl. SEIFERT (2001, S. 368). Zur Anwendung des CPFR bei dm-drogerie-Markt vgl. SCHICK (2002, S. 146-149).
[676] Vgl. SEECK (2004, S. 16).
[677] Vgl. HORVATH (2002, S. 102-103).
[678] Vgl. HORVATH (2002, S. 101). Zu den produktions- und qualitätsrelevanten Daten gehören stromabwärts gerichtet u. a. Tier-, Haltungs- und Fütterungsdaten, Identitätsnachweis, Gesundheitsangaben, Angaben zur genetischen Herkunft sowie transport- und schlachtkörperbezogene Daten (wie Gewicht, Handelsklasse und -wert). Stromaufwärts werden bspw. Daten von Qualitätsprüfungen, Schlachtergebnisse, schlachtkörperbezogene Daten und Informationen zur kundenbezogenen Prozessoptimierung ausgetauscht. Vgl. HORVATH (2002, S. 102); BRANSCHEID (2002, S. 28-29).
[679] Vgl. GROSSPIETSCH (2003, S. 5).
[680] Vgl. HORVATH (2004, S. 62); SEECK (2004, S. 16-17).

mitteltyps betreffen – v. a. stärker adaptiert auf die KMU-Spezifika ausgerichtet werden müssen. Sicherheits- und Qualitätsaspekte werden einen sehr bedeutenden, integrativen Bestandteil des SCM von Unternehmen des Lebensmittelsektors bilden. Wenngleich durch den hohen Wettbewerb um Preise und Konditionen das Verhältnis zwischen den Akteuren aufeinander folgender Wertschöpfungsstufen noch durch Misstrauen geprägt ist, lassen Aspekte der Lebensmittel- und Qualitätssicherung und der Gewinnung des Konsumentenvertrauens sowie der starke europäische Wettbewerb letztlich eine Zunahme der Bildung von vertrauensbasierten Partnerschaften im gesamten WS und damit eine steigende Verbreitung des SCM erwarten.

5.5 Besonderheiten des Umgangs mit Lebensmitteln aus der ökologischen Perspektive

5.5.1 Typische Umweltaspekte entlang des Lebensweges eines Lebensmittels

In Anlehnung an Abschnitt 4.1 ergibt sich die Umweltrelevanz eines/r Lebensmittel-WS bzw. -SC aus deren räumlichen Struktur, deren Transformationsprozessen und dem erzeugten Lebensmittel. Vom Lebensmittel selbst gehen dabei keine gravierenden Umweltbelastungen aus. Aufgrund der vorwiegend natürlichen Einsatzstoffe und der Nutzenfokussierung auf menschliche Ernährung im Einklang mit den strengen lebensmittelrechtlichen Anforderungen ist die **Umweltgefährlichkeit** der produzierten **Lebensmittel** wie auch der entstehenden Reststoffe alles in allem als weitestgehend gering einzuschätzen.

Von wesentlicher höherer Bedeutung für die Umweltbeeinflussung ist das strukturelle Design des WS aus räumlicher und prozessbezogener Sicht. Der Fokus der Betrachtung wird im Folgenden dem Verständnis des ökologischen Produktlebensweges folgend über die Produktion und den Konsum hinausgehend um die Reduktionsphase der Lebensmittel erweitert. Jede einzelne Lebenswegstufe von Lebensmitteln einschließlich der raum-zeitlichen Vorgänge (TUL-Prozesse) hat verschiedene Arten und in unterschiedlich hohem Maße **Umwelteinwirkungen** zur Folge (vgl. Tabelle 5.6).

Tabelle 5.5: *Aktionsfelder des SCM in ausgewählten Sektoren des Lebensmittelbereichs*

Sektor	Spezifität/Merkmale	Einschätzung des aktuellen Aktivitätsumfangs von SCM-Ausprägungen	Typische Aktionsfelder/Entwicklungsrichtung
Fleisch	Krisen und Skandale in den letzten Jahren führten zur Schaffung von Strukturen zur Koordination mehrerer Wertschöpfungsstufen	mittel, insbesondere für Rind-, Schweine- und Geflügelfleisch *Begründung:* Vorhandensein vertikal integrierter Produktionssysteme, z. B. deutsches QuS-Prüfzeichen, deutsche EZG, holländisches IKB-Programm	• Entwicklung von Warenwirtschaftssystemen • Weiterentwicklung praktikabler (internetgestützter) Informationssysteme • Integration weiterer Aspekte in die Systeme (z. B. Arzneimitteldokumentation) • Einrichtung von ECR-/CPFR-Konzepten v. a. aufgrund des zunehmenden Frischfleischangebotes in Supermärkten
Milch	keine Lebensmittelskandale, aber im Zusammenhang mit Qualitätsaspekten stets hohe Anforderungen	gering *Begründung:* trotz hoher Qualitätsansprüche nur vereinzelt WS-weite QS-Konzepte anzutreffen	• Ausbau von QS-Konzepten • Erweiterung des upstream-gerichteten elektronischen Informationstransfers (z. B. Milchmenge, Qualitätsdaten) um einen Downstream-Datenfluss (z. B. Fütterungsdaten) und deren Realisierung mittels praktikabler (internetgestützter) Informationssysteme
Obst und Gemüse	keine Lebensmittelskandale, aber im Zusammenhang mit Qualitätsaspekten stets hohe Anforderungen	gering *Begründung:* trotz hoher Qualitätsansprüche nur vereinzelte qualitätsorientierte, WS-weite Initiativen; Studien zum SCM (v. a. ECR, CPFR) in diesem Produktbereich zeigen jedoch hohe Potenziale in der Prozessoptimierung (vgl. MAU, 2002)	• Weiterentwicklung praktikabler (internetgestützter) Softwarelösungen bzw. Ausbau internetgestützter (interaktiver) Informationssysteme
Getreide und Ölfrüchte	Standardisierte Massenware, z. T. von Skandalen und Debatten betroffen (z. B. Gentechnik)	gering *Begründung:* z. T. Vertragsanbau (Joint Ventures) zur Einhaltung hoher Qualitätsansprüche	• Intensivierung vertikaler Kooperation und Koordination durch steigende Produktinformationsnachfrage • Erweiterung des QuS-Prüfzeichens Fleisch auf diesen Bereich • Aufbau elektronischer IuK-Systeme

Quelle: Eigene Darstellung, in Anlehnung an HORVATH (2004, S. 50-62).

Tabelle 5.6: *Umweltaspekte entlang des Lebensmittellebensweges*

Lebenswegphasen	Hauptumweltaspekte
1. Landwirtschaftliche Vorproduktion	
An-/Abbau des Materials	Energieverbrauch; Entnahme von Naturstoffen; Entstehung von gasförmigen Emissionen und Abfällen
Produktion	Energieverbrauch in Form von elektrischer und thermischer Energie; Verbrauch und Gefahrenpotenzial von Hilfs- und Betriebsstoffen; Entstehung von gasförmigen Emissionen und Abfällen; Lärmbelastung
2. Landwirtschaftliche Produktion	
Primärproduktion	Energieverbrauch in Form von Kraftstoff; Wasserverbrauch; Verbrauch und Gefahrenpotenzial von Hilfs- und Betriebsstoffen (v. a. PSM und Düngemittel); Entstehung von Grund-/Oberflächenwasserbelastungen, gasförmigen Emissionen und Abfällen (organisch und anorganisch); Lärm- und Geruchsbelastung
3. Lebensmittelproduktion und -verarbeitung	
Sekundärproduktion	Energieverbrauch in Form von elektrischer oder thermischer Energie; Wasserverbrauch; Verbrauch und Gefahrenpotenzial von Reinigungs- und Desinfektionsmitteln und sonstigen Hilfs- und Betriebsstoffen; Entstehung von gasförmigen Emissionen, Abwasser und Abfällen (organisch und anorganisch); Lärm- und Geruchsbelastung
4. Handel und Gastgewerbe	
Verkauf	Energieverbrauch in Form von elektrischer (Licht und Kühlung) und ggf. thermischer Energie; Entstehung von gasförmigen Emissionen
Zubereitung	Energieverbrauch in Form von elektrischer oder thermischer Energie; Wasserverbrauch
Entsorgung	Verbrauch und Gefahrenpotenzial von Wasch- und Reinigungsmitteln; Wasserverbrauch; Entstehung von Abwasser; Entstehung von gasförmigen Emissionen und Abfällen (Lebensmittelreste, Verpackungsabfälle); Geruchsbelastung
5. Konsum	
Transport vom Handel zum Konsumenten	Energieverbrauch in Form von Kraftstoff; Entstehung von Emissionen und Verpackungsabfällen; Lärmbelastung
Zubereitung	Energieverbrauch in Form von elektrischer oder thermischer Energie; Wasserverbrauch
Entsorgung	Verbrauch und Gefahrenpotenzial von Wasch- und Reinigungsmitteln; Wasserverbrauch; Entstehung von Abwasser; Entstehung von gasförmigen Emissionen und Abfällen (Lebensmittelreste, Verpackungsabfälle); Geruchsbelastung
6. Re(pro)duktion	
Sammlung (Kollektionsphase)	Energieverbrauch in Form von elektrischer Energie (Pumpen usw.); Entstehung von gasförmigen Emissionen und Geruchsbelastung sowie Restmüll
Aufbereitung (Reduktionsphase)	Energieverbrauch in Form von elektrischer Energie (Pumpen usw.); Entstehung von Klärschlamm; Entstehung von gasförmigen Emissionen und Geruchsbelastung
Rückführung (Induktionsphase)	Energieverbrauch in Form von elektrischer Energie (Pumpen usw.)
7. Raum-zeitliche Prozesse in/zwischen den einzelnen Stufen des Lebensmittellebensweges	
Innerbetrieblicher Transport	Energieverbrauch in Form von Kraftstoff; Entstehung von gasförmigen Emissionen, Lärm und Erschütterungen
Zwischenbetrieblicher Transport	Energieverbrauch in Form von Kraftstoff; Entstehung von gasförmigen Emissionen, Lärm und Erschütterungen; Belastung der Verkehrsinfrastruktur (erhöhtes Unfallrisiko bei hoher Verkehrsdichte)
Lagerung/Umschlag	Energieverbrauch in Form von Kraftstoff und elektrischer (Licht und ggf. Kühlung) und ggf. thermischer Energie; Entstehung von gasförmigen Emissionen, Abfälle von Verpackungen und Ladeeinheiten; potenzielles Risiko durch Schadstoffe in den Hilfs- und Betriebsstoffen bei Havarien und Unfällen

Quelle: Eigene Darstellung, in Anlehnung an JUNGBLUTH (2000, S. 127 ff.); EIFLER/KRAMER (2003b); LASCH/GÜNTHER (2004, S. 138).

Die hauptsächliche Umweltrelevanz von Lebensmittel-WS ergibt sich in Deutschland v. a. aus dem hohen Intensitäts- und Technisierungsgrad des Lebensmittelsektors.[681] Aufschluss über die maßgebliche Umweltrelevanz liefert eine Betrachtung der wesentlichen Inputs und Outputs über die einzelnen Lebensmittellebenswegstufen (vgl. Tabelle 5.6). Die input- und outputseitig

---

[681] Vgl. NEUNTEUFEL (2000, S. 301); DEMMELER (2003, S. 1); auch Abschnitt 5.4.1.

größte Bedeutung wird über alle Stufen hinweg dem Energiebereich beigemessen.[682] In Deutschland beansprucht allein die EW bspw. ca. 20 % der genutzten Primärenergie und ca. 20 % der Stoffströme.[683] Die Energieintensität ist in einzelnen Branchen der EW (z. B. Molkereien, Brauereien, Fleischverarbeitung) sehr hoch.[684] Zudem haben Fleisch(erzeugnisse) (17 kg pro kg Produkt) und Zucker (13 kg pro kg Produkt) eine hohe und pflanzliche Produkte (Obst: 1,4 kg pro kg Produkt) eine geringere Materialintensität.[685] Der Grund ist, dass die **Material- und Energieintensität** eines Lebensmittels mit jeder (weiteren) Verarbeitungsstufe zunimmt. Hauptumweltbelastungsschwerpunkte ausgelöst durch Lebensmittel-WS bilden demnach v. a. Emissionen in Luft, Wasser und Boden, die zum Treibhausgaseffekt, stratosphärischen Ozonabbau sowie zur Versauerung von Böden und Gewässern beitragen können.

Die speziell durch die Landwirtschaft **ausgelösten Umweltbelastungen** – dies sind neben den o. g. Belastungen v. a. Schadstofffreisetzungen (z. B. Stickstoffverbindungen aus Düngemitteln) in Boden und Wasser sowie Artenverluste (z. B. durch PSM-Einsatz) und Bodenerosion – haben in den letzten Jahrzehnten in Deutschland zugenommen, stagnieren aber derzeit bzw. weisen die Tendenz eines leichten Rückgangs auf.[686] Ursache ist der Anstieg des Importanteils an landwirtschaftlichen Erzeugnissen, der global zur Zunahme und national zur Abnahme der landwirtschaftlichen Umweltbelastungen führt.[687] Im Kontext der aktuellen Verlagerungs- und Konzentrationsprozesse im deutschen Lebensmittelsektor ist grundsätzlich von (regional) rückläufigen Umwelteinwirkungen durch Lebensmittel-WS auszugehen.

Insbesondere die hohen hygienischen Anforderungen und der hohe Technisierungsgrad sind die hauptsächlichen Auslöser der Umweltbelastungen in der **EW**. Für Erwärmungs- und Kühl- sowie Reinigungs- und Desinfektionsprozesse, die der Abtötung von Bakterien usw. dienen, sind große Mengen an v. a. thermischer und elektrischer Energie und Chemikalien erforderlich. Lebensdauer verlängernde Maßnahmen (z. B. Zugabe von Konservierungsstoffen oder Einsatz spezieller Verfahren, z. B. Räuchern von Wurst wie Salami) können in dieser Stufe zusätzliche Umweltbelastungen hervorrufen, die dann in anderen Stufen (Konsum, Entsorgung) zu geringeren Belastungen führen können. Im Vergleich zu anderen Wirtschaftssektoren ist der Anteil der Umweltschutzinvestitionen an den Gesamtinvestitionen von durchschnittlich 3,7 % in der deutschen ERI allerdings relativ gering. Dies deutet auf eine wenig umweltintensive Branche hin.[688] Weitet man die Betrachtung auf die (vielen und vornehmlich kleinen) EH-Betriebe aus,

---

[682] Das zeigt sich im Übrigen in der Praxis auch anhand der Schwerpunkte der Bildung von Umweltkennzahlen für die Umweltleistungsbewertung. Vgl. PAPE (2003, S. 25); DEMMELER (2003, S. 1).
[683] Vgl. KÖRBER/KRETSCHMER (2000, S. 40-41).
[684] Vgl. EBERLE et al. (2004, S. 25).
[685] Vgl. KÖRBER/KRETSCHMER (2000, S. 41). Die Materialintensität entspricht der Menge Materialinput (in kg) für die Erzeugung und Verarbeitung pro kg Lebensmittel.
[686] Vgl. DEMMELER (2003, S. 1); EBERLE et al. (2004, S. 24).
[687] Vgl. EBERLE et al. (2004, S. 24).
[688] Dieser Einschätzung liegt die Annahme zugrunde, dass der prozentuale Anteil der Umweltschutzinvestitionen an den Gesamtinvestitionen als Indikator zur Bestimmung der Umweltintensität einer Branche herangezogen und eine Kategorisierung in sehr umweltintensive (> 10 %), umweltintensive (5-10 %) und nicht/wenig umweltintensive Branchen (< 5 %) vorgenommen werden kann. Vgl. BRAUWEILER (2002b, S. 69-70, 188-193).

von denen in Summe größere Umweltbelastungen als von den vergleichbaren größeren Unternehmen der ERI ausgehen, so relativiert sich das Bild wieder. Daher können die Umweltwirkungen der EW als zwar nicht unverhältnismäßig hoch, aber als durchaus beachtenswert eingeschätzt werden.

Auch von der **Konsumentenseite** gehen Umweltwirkungen aus. Allein durch die Zubereitung (Energie für Kühlen, Kochen usw.) der Lebensmittel entsteht etwa die Hälfte der lebensmittelbezogenen Treibhausgasemissionen.[689] Im Vergleich zu anderen Produkten ist der Einfluss der Nutzungsphase innerhalb des Gesamtlebensweges aufgrund der i. d. R. **kurzen Lebensdauer** der Lebensmittel aber eher als gering einzustufen.[690] Die **Konsumenten** können durch ihr Verhalten nicht nur bei der Zubereitung, sondern gerade auch im Rahmen der Beschaffung, Auswahl und Entsorgung der Lebensmittel (z. B. Auswahl von Öko-Lebensmitteln[691]) und des „Zubehörs" (z. B. durch den Kauf umweltverträglicher Reinigungsmittel, Einsatz wasser- und energiesparender elektrischer Haushaltsgeräte) einen wesentlichen Beitrag zum Umweltschutz leisten.

In den Produktionsprozessen eines Lebensmittels sowie bei deren Konsum entstehen auch beträchtliche Mengen an **Speise- und Lebensmittelresten**.[692] Der Großteil der biogenen Reststoffe kann jedoch sinnvoll verwertet werden, z. B. als Tiernahrung oder durch Ausbringung auf landwirtschaftlichen Böden. Damit schließt sich der natürliche Kreislauf. Stoffkreislaufführung ist mittels Landwirtschaft aufgrund der naturnahen Erzeugnisse in Form stofflicher oder energetischer Verwertung sehr gut praktizierbar.[693] Darüber hinaus werden organische Reststoffe aus der Lebensmittelproduktion und -verarbeitung in der Futtermittel- und Kosmetikindustrie verwendet.[694] Der verbleibende Rest – v. a. die biogenen Haushaltsabfälle – wird kompostiert, vergärt oder verbrannt und deponiert.[695]

Die umweltbezogene Betrachtung des Lebensmittellebensweges hat die vielfältigen möglichen Umweltbeeinträchtigungen in verallgemeinerter Form aufgezeigt. Die tatsächliche Umweltrelevanz (über die einzelnen Lebenswegphasen) eines konkreten Lebensmittels kann mittels geeigneter Methoden exakter untersucht und ausgewiesen werden.[696] Ein Vergleich von sehr ähnlich strukturierten Lebensmittel-WS kann dann durchaus sehr große Unterschiede in den absoluten Umweltwirkungen ausweisen. Das liegt nicht zuletzt in deren räumlichen Anordnung begründet, da regionale WS geringere transportbedingte Umweltwirkungen als globale WS aufweisen. Die erkannten Umweltaspekte stellen für die Akteure des Lebensmittellebensweges Ansatzpunkte für die Planung, Umsetzung und Kontrolle von Umweltmaßnahmen dar. Allge-

---

[689] Vgl. EBERLE/FRITSCHE/WIEGMANN (2005, S. 19).
[690] Wesentlich längere Lebensdauern findet man bei technischen Produkten (PC usw.). Bspw. macht die Herstellung des PC bei vierjähriger Nutzung nur noch ¼ des Energieverbrauchs über den kompletten Lebenszyklus aus. Vgl. MEYER (2003, S. 153).
[691] Vgl. weiterführend hierzu Abschnitt 5.5.2.2.
[692] Rund 30 % des Hausmülls sind Küchenabfälle. Vgl. HANSEN (1999, S. 388-389).
[693] Vgl. EIFLER/KRAMER (2003b, S. 353-354).
[694] Vgl. für verschiedenste Verwertungsmöglichkeiten von Schlachtreststoffen SCHLEUSENER (2002, S. 179).
[695] Vgl. KOPYTZIOK (2000, S. 62).
[696] Vgl. weiterführend hierzu Abschnitt 5.5.2.3.

meine Anregungen für die Auswahl geeigneter Maßnahmen bzgl. der drei Umweltrelevanzfelder von WS bzw. SC liefert die Tabelle 4.1. Die aufgezeigte Umweltrelevanz und die hohen Ansprüche aus der Sensibilität der Konsumenten aufgrund des physiologischen Konsums der Lebensmittel lassen vom Lebensmittelsektor ein hohes Umweltengagement erwarten. Der Grad der Erfüllung dieser Erwartung wird nachfolgend betrachtet.

5.5.2 Engagement im Umweltschutz

5.5.2.1 Verbreitung des betrieblichen Umweltmanagements

Anhand der Untersuchung der Zertifizierungs- und Validierungssituation normierter UM-Systeme der bedeutendsten Branchen in deutschen Lebensmittel-WS wird im Folgenden ermittelt, wie verbreitet UM-Ansätze im Lebensmittelsektor sind und ob dem **Umweltschutz auf den einzelnen Wertschöpfungsstufen** eine unterschiedlich hohe Bedeutung beigemessen wird. Tabelle 5.7 zeigt die Zertifizierungs- und Validierungssituation differenziert nach den bedeutendsten Branchen des Lebensmittel-WS. So waren im Juni 2005 von den insgesamt 1.595 gemäß EMAS registrierten deutschen Organisationen immerhin ca. 9,0 % der EW, aber nur ca. 1,8 % dem Lebensmittelhandel, ca. 1,6 % dem Gastgewerbe und ca. 1,4 % der Landwirtschaft zugehörig. Bei den ISO 14001-Zertifizierungen ist eine ähnliche Verteilung erkennbar. Die auffallend höhere Verbreitung von EMAS gegenüber ISO 14001 in der EW hängt sicherlich mit der Konzentration auf die Belieferung des deutschen und europäischen Lebensmittelmarktes zusammen. Die Handelsunternehmen sind dagegen i. d. R. auf einem über Europa hinausgehenden Lebensmittelmarkt aktiv, auf dem der internationale Standard anerkannt ist.

Bezogen auf die Zahl steuerpflichtiger Organisationen je Branche in Deutschland zeigt sich der höchste Anteil von Unternehmen mit **zertifiziertem bzw. validiertem UM-System** wiederum in der EW, gefolgt von der Landwirtschaft und dem Lebensmittelgroß- und -einzelhandel und schließlich dem Gastgewerbe (vgl. jeweils letzte Spalte in Tabelle 5.7). Zugleich wird deutlich, dass die branchenspezifischen Zertifizierungs- bzw. Validierungsintensitäten des Lebensmittelsektors etwas unter bzw. bei der EW über bzw. innerhalb der Durchschnittswerte aller deutschen Branchen (EMAS: 0,050 %, ISO 14001: 0,172 % – vgl. Tabelle 3.3) liegen.

Bei den Statistikdaten bleibend ist an dieser Stelle auch der sehr hohe Anteil augenscheinlich, den allein die deutsche EW an den gesamteuropäischen **EMAS-Registrierungen** in der EW mit etwa 71,1 % im Jahr 2002 bzw. noch 57,2 % im Jahr 2004 einnahm. Im Verlauf der letzten Jahre ist die Anzahl an Registrierungen in der EW in Europa und v. a. auch in Deutschland bezogen auf den jeweiligen Spitzenwert, der für Europa im Jahr 2002 und für Deutschland bereits 2001 erreicht wurde, jedoch um etwa 28,6 % bzw. 50,4 % sehr stark gesunken.[697] Derzeit sind insgesamt nicht mal mehr so viele Unternehmen der EW in der EU nach EMAS

---

[697] Dennoch ist die EW derzeit hinter der Chemischen Industrie (NACE 24) und gefolgt von der Abwasser- und Abfallbeseitigung (NACE 90) der zweitstärkste Wirtschaftszweig mit EMAS-Registrierungen in Europa. Die Basis dieser Einschätzung bilden eigene Berechnungen anhand der Angaben des EMAS-HELPDESK (2006) und des DIHT (http://www.emas-register.de, 10.08.2005).

registriert, wie in den Jahren 2000 und 2001 allein deutsche Unternehmen der EW registriert waren. Es kann somit geschlussfolgert werden, dass das Engagement für den Erhalt der Umwelt innerhalb der europäischen Lebensmittelproduktion demnach hauptsächlich von der EW in Deutschland forciert wurde, sich die deutschen Unternehmen der EW – wie im Übrigen auch Unternehmen anderer deutscher Branchen (vgl. dazu Abschnitt 3.3.1.1) – aber zusehends von EMAS abkehren.[698] Daraus lassen sich für die EW zwei grundsätzliche Entwicklungsrichtungen ableiten: Entweder entsagen die ehemals EMAS-validierten Unternehmen dem systematisch-strukturierten Umweltschutz in Form eines standardisierten Managementsystems vollends oder sie orientieren sich an anderen UM-Ansätzen, z. B. der in direkter Konkurrenz stehenden internationalen Normenreihe ISO 14000 ff. Ein Vergleich der ISO 14001-Zertifizierungen in der deutschen EW über die letzten Jahre zeigt tatsächlich einen Anstieg (12/2002 → 12/2004: +7,2 %), jedoch ist dieser gegenüber dem Rückgang bei den EMAS-Registrierungen im gleichen Zeitraum eher marginal. Insofern ist davon auszugehen, dass (zumindest) das managementgestützte Interesse am Umweltschutz in der deutschen EW zusehends an Bedeutung verliert. Dieser erkannten Entwicklungstendenz gilt es weiterhin erhöhte Aufmerksamkeit zu schenken, diese v. a. hinsichtlich ihrer spezifischen Auslöser bzw. Ursachen aber auch ihrer Konsequenzen zu analysieren und bei Bedarf Wege zur Gegensteuerung oder zum Ausgleich zu suchen.

Tabelle 5.7: Anzahl an Zertifizierungen und Validierungen von UM-Systemen nach deutschen Branchen des Lebensmittelsektors

Wirtschaftszweig	Anzahl an ISO 14001-Zertifizierungen (Stand: 31.12.2004)			Anzahl an EMAS-Registrierungen (Stand: 10.06.2005)		
	absolut	anteilig[+]	anteilig[++]	absolut	anteilig[+]	anteilig[++]
Landwirtschaft (NACE-Code 01.11-01.30)	43	1,9 %	0,058 %	22	1,4 %	0,030 %
Lebensmittelproduktion/-verarbeitung (EW) (NACE-Code 15.11-15.98)	98	4,4 %	0,163 %	143	9,0 %	0,238 %
Lebensmittelgroß-/-einzelhandel (NACE-Code 51.17, 51.23-51.39, 52.11-52.27)	36	1,6 %	0,046 %	29	1,8 %	0,037 %
Gastgewerbe (NACE-Code 55.10-55.52)	0	0 %	0 %	26	1,6 %	0,011 %

Quelle: Eigene Darstellung, auf Basis von Berechnungen anhand: http://europa.eu.int/comm/environment/emas/about/participate/sites_en.htm (20.06.2005), INTERNATIONAL ORGANIZATION FOR STANDARDIZATION (Ed.) (2005, CD-Version, Industrial sector – Listing by countries), IW KÖLN (Hrsg.) (2004, S. 37), http://www.destatis.de/basis/d/fist/fist011.php (20.01.2006) und http://www.bve-online.de/zahlen/index.html (20.01.2006) (Anmerkungen: + ... Angaben beziehen sich auf die Gesamtzahl an deutschen Zertifizierungen bzw. Registrierungen des jeweiligen UM-Ansatzes; ++ ... Angaben beziehen sich auf die Gesamtzahl steuerpflichtiger Unternehmen bzw. Betriebe des jeweiligen Wirtschaftszweiges in Deutschland (vgl. für die Berechnungswerte z. T. Tabelle 5.1); Soweit an einem Standort Tätigkeiten verrichtet werden, die mehr als einer Abteilung des NACE zugeordnet werden, wurde der Standort in allen berührten Branchen gezählt.).

---

[698] Einen zweiten, wenngleich sicherlich marginaleren Grund für die rückläufige Tendenz können Betriebsschließungen und Fusionen im Rahmen der Konzentrationsprozesse in der EW bilden, die validierte Unternehmen betroffen haben können.

Nimmt man normierte UM-Ansätze als bedeutendes Maß für den Umweltschutz von Branchen an,[699] so kann an dieser Stelle festgehalten werden, dass

- der Umweltschutz innerhalb des Lebensmittelsektors v. a. von den Unternehmen der EW getragen wird, wobei innerhalb der EW im Weiteren die Dominanz der Getränkehersteller bei EMAS-Registrierungen (37,1 % Anteil der validierten Getränkeproduzenten an der validierten EW) und hier insbesondere der Brauereien (23,1 % Anteil der validierten Brauereien an der validierten EW) auffällig ist;[700]
- die EW im deutschen und europäischen Vergleich über den Einsatz von UM-Systemen einen (über)durchschnittlichen Beitrag für den Umweltschutz leistet.

Neben den normierten UM-Ansätzen sind in deutschen Unternehmen des Lebensmittelsektors auch verschiedene **„niederschwellige" UM-Ansätze** anzutreffen. Branchen- oder sektorspezifische „niederschwellige" UM-Ansätze sind – mit Ausnahme des Bayerischen Umweltsiegels für das Gastgewerbe, das sich auf das Gastgewerbe in Bayern und angrenzenden Regionen begrenzt[701] – kaum relevant, dagegen setzen einige Unternehmen des Lebensmittelsektors branchenunabhängige Ansätze ein, wie z. B. deutschlandweit Ökoprofit oder regionsspezifische Ansätze, wie das Umweltsiegel Sachsen und QuH Bayern. Zur Verbreitung und Bedeutung dieser UM-Ansätze im Speziellen im Lebensmittelsektor liegen keine exakten Angaben vor, da zu den „niederschwelligen" UM-Ansätzen i. d. R. Register der teilnehmenden Unternehmen fehlen.[702] Schätzungen zeigen jedoch, dass die „niederschwelligen" UM-Ansätze im Lebensmittelsektor – hier insbesondere im Gastgewerbe – eine beachtliche Relevanz haben. Schließlich ist gemäß den Angaben in Tabelle 5.8 immerhin etwa jedes vierte bis fünfte Unternehmen aller Unternehmen mit einem solchen UM-Ansatz dem Lebensmittelsektor zuzurechnen, wenngleich nur etwa jeder achte Ökoprofit-Teilnehmer dem Lebensmittelsektor angehört.

Im **Gastgewerbe** sind demnach eindeutig regionale bzw. nationale „niederschwellige" UM-Ansätze verbreiteter als die europaweit und international gültigen normierten UM-Ansätze. Dies ist sicherlich eine Konsequenz aus deren Ausrichtung auf regionale bis nationale Märkte und der KMU-Dominanz dieses Wirtschaftszweigs. Demgegenüber dominieren in der EW die UM-Konzepte, wohingegen die „niederschwelligen" UM-Ansätze bislang noch nachrangige Bedeutung haben, sich aber stark entwickeln. Der **Lebensmittelhandel** nimmt im Vergleich zu den anderen Branchen in Bezug auf das UM – sowohl bei den normierten als auch den „niederschwelligen" Ansätzen – eine eher defensive Haltung ein.

---

[699] Für das methodische Vorgehen zur Differenzierung von Branchen hinsichtlich ihrer Validierungs-/Zertifizierungsintensität (= prozentualer Anteil von Unternehmen mit normiertem UM-Systemen an der Gesamtzahl der Unternehmen) vgl. BRAUWEILER (2002b, S. 202-223).

[700] Eigene Berechnungen anhand http://europa.eu.int/comm/environment/emas/about/participate/sites_en.htm (20.06.2005).

[701] Das Bayerische Umweltsiegel des Gastgewerbes verfügt über etwa 260 Teilnehmer (Stand: 09/2005). Vgl. BMU/UBA (Hrsg.) (2005, S. 29).

[702] Vgl. BMU/UBA (Hrsg.) (2005, S. 25).

Tabelle 5.8: Verbreitung von „niederschwelligen" UM-Ansätzen nach Branchen des deutschen Lebensmittelsektors

Wirtschaftszweig	Anzahl der Teilnehmer an Öko-profit	Anzahl der Teilnehmer anderer „niederschwelliger" UM-Ansätze	Anzahl der Teilnehmer aller „niederschwelligen" UM-Ansätze
Summe über alle Wirtschaftszweige	1.324	k. A.	> 2.000
Summe des Lebensmittelsektors	159	ca. 300	> 459
davon:			
Landwirtschaft	0	k. A.	
Bäckereien/Konditoreien	40	k. A.	
Sonstige Lebensmittelherstellung (EW)	40	k. A.	
Handel (= Lebensmittel- und anderer Handel)	66	k. A.	
Gastgewerbe	53	ca. 300	

Quelle: Eigene Darstellung, in Anlehnung an BMU/UBA (Hrsg.) (2005, S. 25, 28, 30, 31) (Anmerkungen: Stand: 09/2005; k. A. ... keine Angaben vorhanden).

Die geringe Verbreitung von **UM-Ansätzen in der Landwirtschaft** begründet sich im Wesentlichen aus drei Blickwinkeln: Zum ersten sieht sich die kleinbetrieblich geprägte Landwirtschaft mit zu hohen Kosten und zum zweiten mit fehlenden, branchenspezifischen Instruktionen bei der Einrichtung eines UM-Systems konfrontiert. Konkrete Anleitungen (z. B. als Branchenleitfaden) und Schulungsmaßnahmen, die den speziellen Anforderungen bei der Einführung eines UM-Systems in der Landwirtschaft gerecht werden, wurden erst in den letzten Jahren entwickelt.[703] Sie können dazu beitragen, die hoch empfundenen Kosten der Einrichtung eines UM-Systems mit ca. 38.000 Euro pro Betrieb und Jahr in den relativ kleinen landwirtschaftlichen Betrieben zu reduzieren.[704] Dennoch ist die Implementierung eines UM-Systems für landwirtschaftliche Betriebe ohne Förderung derzeit kaum finanzierbar. Ein dritter Grund für die geringe Verbreitung des UM ist in der zu geringen externen Nachfrage durch deren Kunden (v. a. die EW) und die Konsumenten zu sehen. Würde das UM verstärkt von externen Stakeholdern gefordert, müssten sich die landwirtschaftlichen Betriebe stärker damit beschäftigen.

Wenngleich die Verbreitung von UM-Ansätzen in landwirtschaftlichen Betrieben (noch) sehr gering ist, ist die Landwirtschaft v. a. in Form von bundesländerspezifischen und nationalen Agrarumwelt(förder)programmen (z. B. „Integrierter Anbau", „Umweltgerechte Landwirtschaft", Bundesprogramm „Ökologischer Landbau"[705]) im Umweltschutz aktiv, die dem Anwender z. T. sehr restriktive Vorgaben zur umweltschonenden landwirtschaftlichen Produktion machen. Die sich speziell hinsichtlich der Erzeugung von Öko-Lebensmitteln ergebenden An-

---

[703] Vgl. FRIEDEL/SPINDLER/WIEDERMANN (2002, S. 18, 32-33). Diese sollen den Landwirten helfen, ein UM-System einerseits zur Schaffung von Transparenz in den Produktionsprozessen und andererseits zur Verbesserung der meist defizitären Kommunikation zwischen Landwirten und ihren Stakeholdern implementieren zu können. Vgl. FRIEDEL/SPINDLER/WIEDERMANN (2002, S. 32-33).
[704] Vgl. FRIEDEL/SPINDLER/WIEDERMANN (2002, S. 16, 32, 39). Seit 01.01.2004 können dazu bspw. die Mittel der Gemeinschaftsaufgabe Agrarstruktur und Küstenschutz genutzt werden. Vgl. UGA (Hrsg.) (2004, S. 4).
[705] Der „ökologische An-/Landbau" wird auch „kontrolliert biologischer Landbau" genannt.

forderungen und aktuellen Entwicklungstendenzen stehen im Mittelpunkt des nachfolgenden Abschnitts. Die ausführliche Betrachtung der Erzeugung von Öko-Lebensmitteln erscheint aufgrund ihrer maßgeblichen Bedeutung für die **Umweltorientierung von Lebensmittel-WS** zweckmäßig. Aufbauend auf dem Ökoanbau können die Unternehmen der nachfolgenden Wertschöpfungsstufen ebenso auf das Lebensmittel bezogene ökologische Zielstellungen verfolgen. Die Landwirtschaft und deren Vorproduktion können hier über ihr Angebot entsprechende Impulse und Anreize liefern.

5.5.2.2 Status quo des Umweltschutzes entlang des Lebensmittel-Wertschöpfungssystems und ökologisches Produktlabeling

Für die Herstellung von Öko-Lebensmitteln existieren klare und z. T. strenge Regeln/Vorgaben, die in Form von europäischen und deutschen Rechtsvorschriften oder freiwilligen Vereinbarungen erlassen wurden. Alle deutschen **Erzeuger und Verarbeiter von Öko-Lebensmitteln** müssen die Vorgaben der europäischen Verordnung 2092/91/EWG (sog. EU-Bio-Verordnung) und des deutschen Ökolandbaugesetzes beachten.[706] Die EU-Bio-Verordnung reglementiert den Ökoanbau,[707] in dem sie Mindestanforderungen für die Erzeugung und Kontrolle von Öko-Lebensmitteln sowie deren Kennzeichnung festlegt, um den Handel mit diesen Produkten zu steuern und um Landwirte, Verarbeiter und Konsumenten vor Irreführung bzw. unlauterem Wettbewerb zu schützen. So müssen mindestens 95 % der Zutaten ökologisch produziert und der Tierschutz eingehalten werden, Dünger und PSM nur zu bestimmten Zeitpunkten und Mengen eingesetzt werden, nur ausgewählte Konservierungsmittel verwendet werden usw.[708]

Zur Kennzeichnung und Werbung von Öko-Lebensmitteln, die den Anforderungen der EU-Bio-Verordnung gerecht werden, kann seit September 2001 das sog. **Biosiegel** genutzt werden. Die nationale gesetzliche Grundlage für das Biosiegel bilden das Öko-Kennzeichnungsgesetz und die Öko-Kennzeichenverordnung.[709] Das Biosiegel ist ein staatliches, verbandsunabhängiges Produktlabel speziell für Öko-Lebensmittel. Interessierte Unternehmen müssen sich drei Jahre lang beraten lassen und Aufnahmetests bestehen. Hersteller bzw. Anbieter von Öko-Lebensmitteln müssen ihre Tätigkeit nicht nur staatlichen Stellen melden, sondern werden durch staatlich anerkannte Kontrollstellen vor Ort regelmäßig (d. h. mindestens einmal jährlich) überprüft.[710] Durch sein einfaches und unbürokratisches Anmeldeverfahren hat das Biosiegel

---

[706] Die Begriffe „Öko", „Bio", „naturnah" u. ä. für Lebensmittel sind durch Art. 2 der VERORDNUNG 2092/91/ EWG gesetzlich geschützt und geregelt. Verfahren und Produkte des ökologischen Anbaus („Öko-Brot", „Öko-Milch", „Bio-Pizza", „Bio-Betriebe", „Öko-Verarbeitungsunternehmen" usw.) sind damit genau definiert und von anderen Produktionsweisen/-regeln eindeutig abgrenzbar.
[707] Die EU-Bio-Verordnung galt ab Januar 1993 zunächst für pflanzliche Erzeugnisse und wurde im August 1999 mit der EU-VERORDNUNG 1804/99 um Regelungen zu ökologischen Lebensmittel aus tierischer Herkunft ergänzt.
[708] Vgl. EU-VERORDNUNG 2092/91 (Art. 5 und Anhang I).
[709] Nach § 1 Abs. 1 ÖKO-KENNZEICHENGESETZ (2001) können mit dem Biosiegel nur (verarbeitete oder unverarbeitete) Agrarerzeugnisse gekennzeichnet werden, die entsprechend der EU-Bio-Verordnung produziert und kontrolliert werden.
[710] Die Basis für die Kontrollen bilden die Art. 8-10 der EU-VERORDNUNG 2092/91.

in kurzer Zeit eine beachtliche Verbreitung erfahren.[711] So verfügten Ende Juni 2006 bereits 1.673 deutsche Unternehmen bzw. landwirtschaftliche Betriebe für 32.794 Produkte über ein Biosiegel.[712]

Neben den gesetzlichen Vorgaben zur Öko-Lebensmittel-Produktion existieren noch eine Reihe weiterer, freiwilliger Vereinbarungen auf privatwirtschaftlicher Ebene. Deutschlandweit bekannte Beispiele hierfür sind die **Ökoanbauverbände** Bioland, Demeter oder die Vereinigung ökologischer Landbau (Gäa e. V.),[713] deren Verbandsrichtlinien über den gesetzlichen Minimalstandard der EU-Bio-Verordnung noch hinausgehen. Während es für Unternehmen nach der EU-Bio-Verordnung ausreichend ist, teilweise ökologisch zu arbeiten, verlangen die Ökoverbände eine weitergehende bzw. ganzheitliche ökologische Verpflichtung ihrer Mitgliedsunternehmen.[714] Nachteilig aus Sicht der deutschen Unternehmen und Konsumenten ist jedoch die Tatsache, dass – ähnlich wie bei den QS-Konzepten für die Lebensmittelproduktion (vgl. Abschnitt 5.3) – inzwischen auch eine Desorientierung bzw. Verwirrung hervorrufende Vielzahl an spezifischen Ökolabels existiert, da jeder Verband sein eigenes Label besitzt. Im Bereich Ernährung sind mit inzwischen über 30 sektorspezifischen bzw. branchenübergreifenden Ökolabels allein so viele Produktlabels anzutreffen, wie in allen anderen Bedürfnisfeldern in Summe vorzufinden sind.[715] In diesem Kontext stellt das anerkannte staatliche Biosiegel für Lebensmittel eine Chance zur Vereinheitlichung des lebensmittelbezogenen Umweltschutzes auf europäischer Ebene dar, wenngleich auf einem niedrigeren Umweltschutzniveau als die schon längere Zeit existierenden strengeren Vorgaben/Labels der Ökoanbauverbände.

Den Ökoanbau in Deutschland stetig auszubauen, ist seit Jahren erklärtes Ziel der deutschen Agrarpolitik.[716] Dementsprechend hat der deutsche Ökoanbau in den letzten Jahren beachtlich zugenommen: So hat sich der Flächenanteil und die Zahl der Betriebe mit Ökoanbau seit 1994 verdreifacht.[717] Dabei fällt auf, dass ein Ökobetrieb mit etwa 110 ha LF im Durchschnitt über

---

[711] Vgl. BMVEL (Hrsg.) (2004, S. 57).
[712] Die täglichen Zuwachsraten an neuen Produkten und Unternehmen, die das Biosiegel für ihre Produkte ausweisen können, liegen bei rund 19 Produkten und etwa einem Unternehmen. Vgl. hierzu BLE (Hrsg.) (2006, S. 1).
[713] Bioland existiert bereits seit den 50er Jahren und ist der größte deutsche Ökoanbauverband. Vgl. http://www.bioland.de (31.07.2006). Vgl. für Labels weiterer Ökoanbauverbände auch Anhang D.
[714] Vgl. http://www.gaea.de (31.07.2006).
[715] Vgl. für einen Überblick im Vergleich mit Ökolabels aus anderen Bedürfnisfeldern in Deutschland Anhang D. In diesem Kontext erscheint eine Konsolidierung der Ökoverbände und -siegel zweckmäßig. Als Vorbild kann hier die Tschechische Republik fungieren. Dort fand Mitte den 90iger Jahre eine Konsolidierung der Ökoverbände statt. Heute existiert nur noch der Verband PRO-BIO mit regionalen Vertretungen in ganz Tschechien. Vgl. URBAN/ŠARAPETKA (2003, S. 37-38).
[716] Vgl. hierzu http://www.bundesprogramm-oekolandbau.de/bundesprogramm.html (20.01.2006) und weiterführend http://www.oekolandbau.de (20.01.2006).
[717] Im Jahr 2003 betrug der Anteil des Ökoanbaus in Deutschland an der Gesamtzahl landwirtschaftlicher Betriebe 3,9 % bzw. 4,1 % und an der gesamten LF 4,3 % bzw. 4,8 %. Vgl. BMVEL (Hrsg.) (2005, S. 27); REHN (2006, S. 5). In der EU betrug der Anteil des Ökoanbaus an der gesamten LF im Jahr 2000 etwas mehr als 3 %. Vgl. BUTLER et al. (2004, p. 199). Im europäischen Vergleich wächst der deutsche Ökoanbau derzeit allerdings langsamer als in anderen EU-Ländern (z. B. Schweiz, Österreich, Italien, Finnland, Dänemark, Schweden, Tschechien). Vgl. VAN DER GRIJP/DEN HOND (1999, p. 40). Unter http://www.bioc.info (20.01.2006) findet sich im Übrigen ein Online-Verzeichnis aller kontrollierten bzw. registrierten Unternehmen des ökologischen Anbaus in Deutschland.

ein Drittel größer als ein konventioneller Agrarbetrieb (69 ha LF) ist.[718] Die Größe ist aus zwei Gründen vorteilhaft: Einerseits erfordert die geringe Intensität der Bodennutzung eine große Fläche, zum zweiten sind größere Betriebseinheiten aufgrund der höheren Verkaufsmengen für Öko-Lebensmittel rentabler.[719] Waren die **Gewinne im ökologischen Anbau** (2000/01: 365 Euro/ha LF) bis zum Jahr 2002 noch geringer als im konventionellen Anbau (2000/01: 492 Euro/ha LF), sind sie mittlerweile i. d. R. höher (2004/05: 369 Euro/ha LF im Ökoanbau gegenüber 304 Euro/ha LF in der vergleichbaren konventionellen Landwirtschaft).[720] Ein wesentlicher Grund sind die in den letzten Jahren gestiegenen Subventionen im Ökoanbau.[721] Den Vorteilen durch höhere Fördermittelzuwendungen und Kosteneinsparungen durch geringeren Betriebsmitteleinsatz (z. B. Düngemittel, PSM) stehen in den landwirtschaftlichen Öko-Betrieben allerdings geringere Erträge je ha, höhere Personalkosten, zusätzliche Kosten für Kontrollen usw. gegenüber.[722] Aufgrund der Kleinheit des ökologischen Lebensmittelsektors (d. h. geringere Ertrags- bzw. Produktionsmengen) sind neben den Verarbeitungskosten zudem die **Logistik- und Vermarktungskosten** von Öko-Lebensmitteln höher als bei vergleichbaren konventionellen Lebensmitteln.[723] Dies ist nicht zuletzt auch dadurch bedingt, dass die Produktion und Vermarktung von Öko-Lebensmitteln überwiegend in mittelständisch geprägten WS und weitgehend getrennt von konventionellen Lebensmittel-WS erfolgt.[724] Die höheren Kosten drücken sich üblicherweise in höheren Verkaufspreisen aus.

Wenngleich auf geringerem Anspruchsniveau treffen die vielfältigen Vorgaben zur Produktion von Öko-Lebensmitteln auch auf die Lebensmittelverarbeitung und den -handel zu.[725] Ebenso wie im Ökoanbau haben sich in der **EW** einzelne Verbünde und Initiativen gebildet, die die

---

[718] Eigene Berechnung gemäß der Angaben in BMVEL (Hrsg.) (2006, S. 28).
[719] Vgl. O. V. (2003, S. 6).
[720] Vgl. für die Daten BMVEL (Hrsg.) (2002, S. 40-41) und BMVEL (Hrsg.) (2006, S. 28).
[721] Bspw. stellt die Bundesregierung im Programm „Ökologischer Landbau" Fördermittel für Schulung und Beratung von Landwirtschaft sowie Handel und für die Werbung von Öko-Lebensmitteln (z. B. die Einführung des Biosiegels) bereit. Zudem wird jährlich ein Förderpreis zum Ökoanbau ausgelobt. Vgl. http://www.oekolandbau.de/index.php/uuid/B7DE77163923488DB81A71EAC9BC5CAF/and_uuid/000C0A3ED7B113D0945C6666C0A87836/field_id/16 (16.01.2006). Dennoch ist der Ökoanbau im Vergleich zum konventionellen Anbau durch die Gemeinsame Agrarpolitik der EU derzeit eher benachteiligt. Die Hauptursache liegt in der Produktionsmengenabhängigkeit der Agrarzuwendungen: Extensiv wirtschaftende Ökobetriebe haben geringere Erträge pro ha LF und erhalten daher geringere Direktzahlungen. Auf EU-Ebene wird in nächster Zeit zudem mit einem Rückgang der Agrarumweltzahlungen gerechnet. Vgl. http://www.sonnenseite.com/index.php?pageID=news&news:oid=n4566&template=news_detail.html&flash=true (21.02.2006). Weiterhin wirken der Förderstopp für die Umstellungszeit von konventioneller auf Öko-Produktion und hoher Bürokratismus hemmend für einen Ausbau des Ökoanbaus. Vgl. http://www.sonnenseite.com/index.php?pageID=6&news:oid=n5259 (20.05.2006).
[722] Vgl. BMVEL (Hrsg.) (2004, S. 36-37); BMVEL (Hrsg.) (2005, S. 28); BMVEL (Hrsg.) (2006, S. 27); O. V. (2003, S. 6).
[723] Vgl. FOODWATCH (Hrsg.) (2004b, S. 28). Bspw. sind die Mehrkosten beim Vertrieb von Öko-Fleisch – aufgrund der Kleinmengenzuschläge bei Erfassung, Schlachtung und Weiterverarbeitung sowie der Tatsache, dass nur die Hälfte des Öko-Schweins als Öko-Fleisch vermarktet werden kann – mit 4 Euro/kg sehr hoch. Vgl. FOODWATCH (Hrsg.) (2004b, S. VIII). Beim Öko-Fleisch zeichnet sich zudem deutlich der Trend ab, dass nur kleine Mengen und bevorzugt Edelteile abgenommen werden. Vgl. ZMP (Hrsg.) (2006a).
[724] Vgl. BRAND et al. (2006, S. 10).
[725] Die Unterschiede zwischen den Anforderungen der Ökoanbauverbände und der EU-Bio-Verordnung sind v. a. für die Lebensmittelverarbeiter sehr groß, da die Verordnung zur Lebensmittelverarbeitung nur wenig konkrete Vorgaben macht. Vgl. BUNDESVERBAND NATURKOST NATURWAREN EINZELHANDEL e. V. (Hrsg.) (2003, S. 5).

Umsetzung von Umweltzielstellungen gemeinsam forcieren. Zu nennen sind hier bspw. die Assoziation ökologischer Lebensmittelhersteller e. V. (AoeL) als Vertreter der Interessen der ökologischen Lebensmittelhersteller, der Bund Ökologische Lebensmittelwirtschaft (BÖLW e.V.) als Spitzenverband der ökologischen EW mit Verbänden und Unternehmen aus WS ökologischer Lebensmittel oder auch die Plattform der Sustainable Agriculture Initiative (SAI) mit dem Ziel der Förderung von best practice nachhaltiger Landwirtschaft.[726] Ebenso gibt es im Gastgewerbe einzelne Zusammenschlüsse umweltverträglich arbeitender Unternehmen und Betriebe. Bspw. haben 2001 über 30 europäische Hotels die Vereinigung Bio-Hotels gegründet, deren Mitglieder sich freiwillig regelmäßig von den staatlichen Kontrollstellen, die gemäß der EU-Bio-Verordnung in den EU-Mitgliedsländern eingerichtet wurden, kontrollieren lassen.[727]

Eine besondere Bedeutung für die Akzeptanz von Öko-Lebensmitteln an der Schnittstelle zum Konsumenten (also am POS) kommt darüber hinaus dem **Lebensmittelhandel** zu. Zu nennen sind hier einerseits die Sortimentspolitik, d. h. die Aufnahme und Positionierung von ökologisch neben bzw. anstelle von konventionell erzeugten Lebensmitteln, und zum anderen die Beachtung der Grundsätze des Fairen Handels (z. B. TransFair, gepa). Ökologische und fairgehandelte Lebensmittel sind auf dem deutschen Lebensmittelmarkt allerdings nur Nischenprodukte. Bspw. liegt der Anteil fair gehandelten Kaffees am deutschen Kaffeeabsatz bei ca. 1 %.[728] Der Umsatzanteil von Öko-Lebensmitteln am Gesamtlebensmittelmarkt betrug 2005 in Deutschland ca. 3 % – bei leichten Schwankungen über die Sortimentsbereiche.[729] Der geringe Anteil ergibt sich aus einer verhaltenen Nachfrage der Konsumenten, welche wiederum auf verschiedene Hindernisse beim Einkauf von Öko-Lebensmitteln zurückzuführen ist: „The main barriers to purchasing more organic food are high price, limited range, no guaranteed availability, unsupported health claims and no significant improvement in taste, although all these barriers are thought to be decreasing in importance."[730]

Gleichwohl weist der **Öko-Lebensmittelmarkt** in den letzten Jahren und besonders aktuell anhaltend hohe Wachstumsraten im ansonsten stagnierenden Lebensmittelmarkt und eine starke Ausweitung der Produktvielfalt auf.[731] Bei einzelnen Öko-Lebensmitteln ist die Nachfrage in Deutschland aktuell sogar höher als die Erzeugung.[732] Dies führt z. T. zu Versorgungs-

---

[726] Vgl. http://www.saiplatform.org/about-us/default.htm (31.07.2006).
[727] Vgl. http://www.biohotels.info/biohotel/8198/biokontrolle (31.07.2006).
[728] Vgl. LÜBKE (2002, S. 25) und weiterführend zum Fairen Handel SUSTAINABILITY INSTITUTE (Ed.) (2003, pp. 41-42); http://www.oeko-fair.de (31.01.2006).
[729] Vgl. REHN (2006, S. 6); BRAND et al. (2006, S. 22); DIENEL (2005, S. 10). Bei einzelnen Produkten lag der Anteil der Bio-Produkte am jeweiligen Markt im Jahr 2005 z. T. sogar etwas höher, z. B. beim Öko-Brot bei 3,5 %, bei Öko-Milch bei 8,6 % und bei Öko-Müsli sogar bei 10,7 %. Vgl. ZMP (Hrsg.) (2006b); ZMP (Hrsg.) (2006d).
[730] BUTLER et al. (2004, p. 201).
[731] Vgl. BRAND et al. (2006, S. 22, 58).
[732] Vgl. ZMP (Hrsg.) (2006c, S. 29); http://www.sonnenseite.com/index.php?pageID=6&news:oid=n5259 (20.05.2006). Da gesunde Ernährung und die Verwendung von Öko-Lebensmitteln eng assoziiert werden, profitiert der Öko-Lebensmittelabsatz v. a. von dem veränderten Gesundheitsbewusstsein. Vgl. BUTLER et al. (2004, p. 201). Wenngleich in den nächsten Jahren mit einem weiteren Wachstum des Öko-Lebensmittelmarktes gerechnet wird, besteht in diesem Kontext aber auch die Gefahr, dass der Öko-Lebensmittelabsatz nur einem

engpässen und zu einer Steigerung der Erzeugerpreise sowie zum Importanstieg. Zugleich ist der Ökomarkt durch große Mengen- und Qualitätsschwankungen gekennzeichnet.[733] Da Öko-Lebensmittel nicht mehr nur im Naturkosthandel (wie Bio-Supermärkte, Reformhäuser), Direktvertrieb sowie Bäckereien/Metzgereien, sondern zunehmend im konventionellen Lebensmitteleinzelhandel, der inzwischen den größten anteiligen Absatz an Öko-Lebensmitteln erzielt, angeboten werden,[734] nimmt auch die Abhängigkeit der Öko-Erzeuger von großen Unternehmen (z. B. Plus, Aldi) zu. Die Erzeuger müssen sich zudem auf eine steigende Konkurrenz auf dem Ökomarkt einstellen[735] und sind zunehmend gezwungen sich zu spezialisieren. Letzteres kann sich allerdings zu Lasten einer vielfältigen Öko-Landwirtschaft in Deutschland auswirken.[736] Der deutsche Öko-Lebensmittelmarkt steht demnach derzeit vor strukturellen Umbrüchen und muss den aktuellen Herausforderungen neue Konzepte entgegenstellen. In diesem Kontext müssen v. a. die wirtschaftlichen und politischen Rahmenbedingungen für die Erzeugung, Verarbeitung und Vermarktung der Öko-Lebensmittel in Deutschland adaptiert werden, um angemessene Anreize zur Bewältigung der neuen Herausforderungen zu schaffen. Auf diese Weise gilt es die wirtschaftlich attraktive Verfolgung der Öko-Lebensmittelproduktion möglichst langfristig zu sichern, das hohe Maß an Transparenz, Prozess- und Produktqualität weiter beizubehalten sowie die deutsche Wirtschaft bei weitgehender Unabhängigkeit von Öko-Lebensmittelimporten zu stärken.

Bei Lebensmitteln spielt ähnlich wie auch bei anderen Konsumgütern die Produktentwicklung (in der Landwirtschaft als Züchtung bezeichnet) eine wichtige Rolle. Bei der **umweltverträglichen Produktgestaltung** geht es bspw. um die Züchtung krankheitsresistenten Saat- bzw. Pflanzgutes (z. B. Pilzwiderstandsfähigkeit neuer Rebsorten im Weinanbau) oder die Entwicklung neuer Öko-Lebensmittelvarianten, -geschmacksrichtungen usw.

5.5.2.3 Stoffstrom- und Ökoeffizienz-Analysen in Lebensmittel-Wertschöpfungssystemen

Die Praxisrelevanz des **SSM** im Lebensmittelsektor ist weit schwieriger abschätzbar als beim UM, da keine statistischen Erhebungen oder aussagekräftigen empirischen Analysen zur Anwendung des SSM existieren. Literaturrecherchen zeigen z. B. in Form von Fallstudien Anhaltspunkt für die Bedeutung des SSM, die von einzelbetrieblichen bis hin zu staatlichen Stoffstrombetrachtungen mit und ohne systematischer Steuerung durch das Management reichen. Von politischer Ebene werden derartige Analysen aktuell stark gefordert. Bspw. erkannte die OECD Ende 2005 die besondere Relevanz von Lebensmitteln an, indem sie Lebensmittel unter dem Blickwinkel nachhaltigen SSM heute zu den besonders wichtigen Materialien zählt, die in

---

vorübergehenden Trend unterliegt. Vgl. ZMP (Hrsg.) (2006c, S. 3); PRO NATUR GMBH (Hrsg.) (2006, Geleitwort).

[733] Vgl. für diese Feststellung für den deutschen Markt ZMP (Hrsg.) (2006c, S. 2) und für den europäischen Öko-Lebensmittelmarkt BUTLER et al. (2004, p. 200).

[734] Vgl. BRAND et al. (2006, S. 23-25); HAHN (2006b, S. 23). Weiterführend auch http://www.gaea.de (31.07.2006) sowie http://www.bio-siegel.de (31.07.2006).

[735] Bspw. beziehen die Discounter ihre Öko-Lebensmittel zumeist in größeren Mengen und v. a. aus dem Ausland. Vor diesem Hintergrund können sie ihre Produkte preiswerter als die Bioläden anbieten. Dies führt zu einem steigenden Preisdruck bei Öko-Lebensmitteln auf dem Ökomarkt. Vgl. HAHN (2006b, S. 23).

[736] Vgl. ZMP (Hrsg.) (2006c, S. 2).

den nächsten Jahren verstärkt über ihren gesamten Lebensweg untersucht werden sollen (z. B. auf Lücken in der Politik).[737]

Die Implementierung eines SSM-Systems im **einzelbetrieblichen Fokus** stellt in Unternehmen der verschiedensten Wirtschaftszweige trotz des ausgeprägten methodischen Entwicklungsstandes dieses Konzeptes bislang noch eine Seltenheit dar.[738] Folgt man zudem der Auffassung von STAUDT/SCHROLL/AUFFERMANN, wonach die Implementierung des SSM in KMU aufgrund des hohen Aufwandes und der unzureichenden Verbreitung des Wissens über dieses Konzept in dieser Klientel weit seltener als in Großunternehmen erfolgt,[739] ist im Lebensmittelsektor von einer geringen Verbreitung auszugehen. Dagegen werden SSA auch unabhängig vom Aufbau eines SSM-Systems im Rahmen betrieblichen Umweltschutzes und -vorsorge eingesetzt, wenngleich sie im Betriebsalltag noch eher eine untergeordnete Rolle spielen. Bei den SSA-Anwendern handelt es sich im Wesentlichen um einige Großunternehmen und wenige kleine und mittelständische Pilotunternehmen.[740] Es ist dabei allerdings nicht eindeutig nachweisbar, ob den materialstrombezogenen Umweltschutzaktivitäten dieser Unternehmen tatsächlich ein funktionstüchtiges SSM-System oder ein UM-System oder keines von beidem zugrunde liegt. Aufgrund der engen Verbundenheit des ökoeffizienten SSM mit ökonomischen Gesichtspunkten wird jedoch zukünftig mit steigenden einzelbetrieblich-stoffstrombezogenen Aktivitäten und einer langsamen Ausweitung auf die zwischenbetriebliche Ebene gerechnet.

Hinsichtlich der Anwendung von vertikalen Umweltkooperationen wird aufgrund der ermittelten hohen Bedeutung von Kooperationen im Allgemeinen (vgl. Abschnitt 5.2.2.4 und 5.3) und der Umweltrelevanz und dem Umweltengagement des Lebensmittelsektors (vgl. Abschnitt 5.5.1 und 5.5.2) von einer hohen Verbreitung ausgegangen, wenngleich hierzu keine systematischen Analysen und nur einzelne Fallbeispiele zu finden sind. Bislang sind **vertikale umweltbezogene Kooperationen** im Lebensmittelsektor v. a. bei solchen Unternehmen zu finden, die stark regional ausgerichtete wirtschaftliche Verflechtungen besitzen.[741] Zu nennen ist hier bspw. das mittelständische Pionierunternehmen Neumarkter Lammsbräu, das die Rohstoffe für die Herstellung seiner Öko-Biere und -Säfte von Landwirten ausschließlich aus der Region bezieht,[742] oder Kooperationen zwischen landwirtschaftlichem Ökoanbau und Gastgewerbe.[743] Da es die Öko-Lebensmittel schwierig haben, sich aufgrund ihres höheren Preises gegen ihre konventionell erzeugten Pendants zu behaupten, bietet vertikale Kooperation für die Akteure eine Chance zur Ausweitung bzw. effizienteren Realisierung des Absatzes von Öko-Lebens-

---

[737] Vgl. ERNST (2006, S. 51).
[738] Vgl. SCHMIDT/SCHWEGLER (Hrsg.) (2003, S. 2).
[739] Vgl. STAUDT/SCHROLL/AUFFERMANN (2001, S. 56).
[740] Beispiele aus dem lebensmittelproduzierenden Bereich sind Großunternehmen, wie Barilla Wasa Deutschland GmbH, Kraft Jacobs Suchard, Holsten-Brauerei AG, Bitburger Brauerei, oder auch KMU, wie die HiPP GmbH & Co. Vertrieb KG und die Neumarkter Lammsbräu. Weitere anschauliche Praxisbeispiele für stoffstrombezogene Umweltschutzaktivitäten im Lebensmittelsektor finden sich u. a. in GEGE. Vgl. GEGE (1997, S. 451-521); KÜHBECK (1999).
[741] Vgl. MEIßNER (2002, S. 129).
[742] Vgl. KUSCHKA (2002, 257-261) und weiterführend NEUMARKTER LAMMSBRÄU (Hrsg.) (2004).
[743] Vgl. SCHNEIDEWIND (1995, S. 17-18).

mitteln. Hierin wird ein erhebliches Potenzial für die weitere Entwicklung einer wirtschaftlich tragbaren Öko-Lebensmittelproduktion gesehen.

Von Bedeutung sind in diesem Zusammenhang auch branchenübergreifende und produktbezogene Analysen und Bewertungen von Stoffströmen. So wurden im Lebensmittelsektor bspw. eine Reihe produktbezogener transportketten- und verpackungsmittelvergleichender **Analysen** (z. B. für Getränkeverpackungen von Bier (Dose vs. Flasche) und Milch (Milchbeutel vs. Tetrapack vs. Flasche), für verschiedene Milchprodukte, Brot, Äpfel, Kartoffeln sowie Reststoffe aus der Lebensmittelproduktion (z. B. Speisereste)) v. a. hinsichtlich ihres Transportaufwandes und ihrer Umweltauswirkungen durchgeführt.[744] Im Mittelpunkt stehen dabei v. a. der Vergleich der transport- und produktionsbedingten Umweltauswirkungen zwischen konventionellen und ökologischen Produktionssystemen und z. T. auch deren monetäre Bewertung. Die Ergebnisse zeigen für deutsche Lebensmittel, dass[745]

- die Preise für Lebensmittel unter den gegenwärtigen Marktbedingungen nicht den tatsächlichen Kosten entsprechen, da die externen Umweltkosten nicht integriert sind;
- die ökologische landwirtschaftliche Produktion geringere externe Umweltkosten als die konventionelle verursacht und unter Einbezug der externen Umweltkosten in den Preis ökologisch- oder regional-erzeugte Lebensmittel im Verhältnis günstiger würden;
- der Unterschied im Verkaufspreis von Öko-Lebensmitteln im Vergleich zu den konventionellen Pendants vornehmlich durch hohe Vermarktungskosten zustande kommt.

Öko-Lebensmitteln und regionalem Wirtschaften kann im Lebensmittelsektor aus ökologischer Sicht demnach eine große Vorteilhaftigkeit zugeschrieben werden. Zur Verbesserung der z. T. eher nachteiligen ökonomischen Situation derartiger Konstellationen bieten sich vielfältige **Maßnahmen** an, die von der Sensibilisierung für die Internalisierung der externen Kosten durch verstärktes Marketing bis hin zur Errichtung effizienterer Vermarktungsstrukturen reichen.[746] Aus Sicht der Öko-Lebensmittelproduzenten sollten feste und längerfristige Beziehungen und Abnahmegarantien angestrebt werden, da sich nach Etablierung geeigneter Strukturen Effizienzsteigerungen im WS einstellen können. Es bedarf dazu enger und professioneller kooperativer Geschäftsbeziehungen der Wertschöpfungsakteure mit dem Ziel der effizienten Gestaltung der Abläufe im WS. Ein E-SCM-System könnte Unterstützung beim Management der zugrunde liegenden E-SC leisten. Sind Öko-Lebensmittel ökonomisch tragbar, werden sie sich auch aus ihrem „Nischendasein" befreien können. Weiterhin wird die Forcierung regionalen Wirtschaftens im Lebensmittelsektor durch zwei **europäische Vorschriften** unterlegt, die einen Schutz regionaler Lebensmittel und althergebrachter Produktionsverfahren vorsehen

---

[744] Vgl. UBA (Hrsg.) (1995); UBA (Hrsg.) (2000); HANSEN (1999, S. 378-406).
[745] Vgl. FOODWATCH (Hrsg.) (2004b, S. 8, 25, 28); KORBUN/STEINFELDT/KOHLSCHÜTTER (2004, S. 5); SCHUMACHER/WINCKLER (2003, S. 33) sowie DEMMELER (2003, S. 7).
[746] Vgl. für diese Maßnahmenvorschläge FOODWATCH (Hrsg.) (2004b, S. VIII-IX, 29-30); DEMMELER (2003, S. 7). Weitere Vorschläge zum Abbau der hemmenden und Stärkung der fördernden Faktoren einer Umstellung der Verarbeitung auf Öko-Lebensmittel zeigt DIENEL auf. Vgl. DIENEL (2005, S. 80-86).

und somit Regionen bzw. EU-Länder mit kleinteiliger Produktion unterstützen.[747] Einzelne Lebensmittel sowie andere Erzeugnisse einer abgegrenzten Region können zudem in einer zertifizierbaren Regionalmarke zusammengefasst und somit vor Imitation durch Konkurrenten geschützt werden.[748]

5.6 Stand der Umsetzung des Environmental-Supply Chain Managements im Lebensmittelsektor

Die jeweils separate Bedeutung und Verbreitung des SCM und des Umweltschutzes im Lebensmittelsektor wurde bereits deutlich herausgestellt. Bislang wurde jedoch noch nicht betrachtet, ob eine Integration der beiden Bereiche angestrebt und realisiert wird und wenn ja, nach welchem E-SCM-Ansatz beide Bereiche verknüpft werden. Prinzipiell sind durch das bestehende Umweltengagement und die zwar geringe, aber zunehmende SCM-Relevanz im Lebensmittelsektor gute Ausgangsbedingungen für die Realisierung der integrativen Verknüpfung in Form eines E-SCM-Systems vorhanden.

Demgegenüber finden sich zum Einsatz der drei Ansatzgruppen des E-SCM (Green SCM, Reverse SCM und Closed-loop-SCM) im Lebensmittelsektor in der Literatur bislang kaum und zudem für eine eindeutige Einordnung unzureichende Hinweise. Im besten Fall ist von der Praxisumsetzung eines Green Supply Managements oder Green SCM auszugehen. Derartige **Green SC** setzen sich zusammen aus landwirtschaftlichen Betrieben, die Umweltziele über den Ökoanbau verfolgen und auf diese Weise ökologische Rohstoffe für Öko-Lebensmittel erzeugen, und aus diese Öko-Rohstoffe verarbeitenden und als Öko-Lebensmittel handelnden Unternehmen, welche über zertifizierte UM-Systeme verfügen.[749] Ein Beispiel für eine erfolgreich betriebene Green SC in Deutschland bildet die Marke Rhöngut. Über 30 landwirtschaftliche Betriebe in der Rhön erzeugen in extensiver Tierhaltung Öko-Fleisch, welches vom Lebensmittelproduzenten und -händler Tegut regional verarbeitet und in Tegut- und Alnatura-Supermärkten der Region verkauft wird.[750] Zur Verbreitung von Green SC im Lebensmittelsektor liegen jedoch keine systematischen Angaben vor.

Über die Existenz von Reverse SC im Lebensmittelsektor liegen ebenso keine schlüssigen Informationen vor. Für die Entsorgung von Lebensmittelresten stehen technische Anlagen zur mechanischen, biologischen und chemischen Behandlung (wie kommunale Abwasseraufbereitungs-, Abfallvergärungsanlagen) bereit oder es erfolgt eine Rückführung zum Lebensmittelprimär- oder -sekundärproduzenten, der sogar einen erneuten Einsatz vorsehen kann (z. B.

---

[747] Es sind dies die EU-VERORDNUNG 2081/92 und die EU-VERORDNUNG 2082/92. Die beiden Verordnungen verstehen unter Region einen geografischen Raum der Produktion und Verarbeitung eines Lebensmittels und erheben diesen zu einem schützenswerten Qualitätsmerkmal.
[748] Für eine praktische Anleitung zur Anmeldung einer Regionalmarke vgl. THIEDIG/PROFETA (2003).
[749] Eine solche Konstellation ist gemäß BUTLER et al. prinzipiell für viele landwirtschaftliche Rohstoffe (z. B. Zuckerrüben, Fleisch, Milch) unter bestimmten Umständen denkbar/realisierbar. Vgl. BUTLER et al. (2004, p. 208).
[750] Vgl. SCHAER/KNICKEL/STRAUCH (2006, pp. 126-130).

Rückbrot[751]). Derartige Strukturen sind seit Jahren aus rechtlichen Gründen u. a. durch das Gewässerschutz- und Abfallrecht etabliert. Allerdings ist davon auszugehen, dass deren Steuerung nicht in Form eines Reverse SCM erfolgt, da für das SCM typische logistische Kooperationen hier nicht verbreitet sind, und SCM-adäquate Eigenschaften und Zielstellungen (wie Kooperation, Zeitziele) (bislang) keine Rolle spiel(t)en. Hinsichtlich der Umsetzung eines Closed-loop-SCM, das eine Kooperation zwischen Lebensmittelproduzenten und Abfall- und Abwasserentsorgungsunternehmen bedingen würde, sind ebenso keine Hinweise zu finden. Das liegt sicherlich darin begründet, dass es sich bei Lebensmitteln um Verbrauchsgüter handelt, bei denen eine „Aufarbeitung" der Reststoffe nicht in der Form wie bei Gebrauchsgütern erfolgen kann. So sind Rückführ- und Aufarbeitungsprozesse bei „Alt-Lebensmitteln" weniger aus ökonomischen, sondern vielmehr aus ökologischen Gründen zu rechtfertigen. Zudem bestehen – zumindest so lange Wasser in ausreichender Menge und Qualität zur Verfügung steht – zwar Qualitäts- und Kostenziele, jedoch kein unmittelbarer Zeitdruck in der Abfall- und Abwasserbehandlung.

5.7 Zusammenfassung zum Umsetzungspotenzial, Stellenwert und Verbreitung des Environmental-Supply Chain Managements im Lebensmittelsektor

Zur abschließenden Einschätzung des prinzipiellen Umsetzungspotenzials und der tatsächlichen Realisierung des E-SCM im Lebensmittelsektor werden die gewonnenen zentralen Erkenntnisse der in Abschnitt 5.1 festgelegten Untersuchungskriterien herangezogen (vgl. Tabelle 5.9). Die angespannte wirtschaftliche Situation, in der sich (fast) alle Stufen eines Lebensmittel-WS befinden, hat zur Existenzsicherung v. a. den Bedarf an der Erzielung von Wettbewerbsvorteilen aufgezeigt, die u. a. in kooperativen Geschäftsbeziehungen gesehen werden. Zum zweiten ist zu beachten, dass die hohen externen Anforderungen der Stakeholder eine Ausweitung der QS nicht nur auf einzelbetrieblicher Ebene, sondern zugleich auch über die Unternehmensgrenzen hinweg auf mehrere bzw. alle Wertschöpfungsstufen bedingen. Die sich aus dem Lebensmittelrecht, aber auch unter wirtschaftlichen Gesichtspunkten ergebenden Ansprüche an die Produktion und Logistik der Lebensmittel lassen sich durch Kooperationen mit den Akteuren vor- und nachgelagerter Wertschöpfungsstufen gut handhaben. Das SCM-Konzept bildet bei den Unternehmen des Lebensmittelsektors eine akzeptierte Form zur Realisierung derartiger Aspekte. Wenngleich deren Verbreitung bislang noch gering und sich auf einzelne Wertschöpfungsstufen sowie v. a. große Unternehmen zu beschränken scheint, kann vor dem Hintergrund der zuvor genannten Aspekte zukünftig noch mit einer erheblichen Ausweitung gerechnet werden. Eine andere Situation zeigt sich hinsichtlich des Umweltengagements: Der hohen Abhängigkeit von und Interaktion mit der Umwelt werden die einzelnen Stufen der Lebensmittel-WS durch ein beachtliches Umweltengagement v. a. in Form der Produktion von Öko-Lebensmitteln und/oder der Einführung von UM-Systemen und Ökolabels gerecht. Gleichwohl ist hinsichtlich der UM-Systeme speziell bei den Unternehmen der EW als

---
[751] Vgl. hierzu MEUSER/MARTENS (1999, S. 426-427).

den bislang aktivsten „Umweltschützern" im Lebensmittelsektor eine rückläufige Tendenz zu verzeichnen. Während somit für die QS in einem Lebensmittel-WS aktuell ausreichende ökonomische Anreize bestehen, erscheinen diese in Bezug auf den Umweltschutz eher gering ausgeprägt bzw. rückläufig.

Tabelle 5.9: Aggregierte Erkenntnisse der literaturbasierten Analyse des deutschen Lebensmittelsektors für die ausgewählten Untersuchungskriterien

Untersuchungskriterien	Zentrale Erkenntnisse
Potenzial des E-SCM	
Wirtschaftliche Situation	• Unternehmen aller Stufen eines Lebensmittel-WS sind vielfältigen externen Ansprüchen und v. a. einem hohen Kostendruck ausgesetzt, die eine stetige Suche nach neuen Wettbewerbsvorteilen erfordern. Hierbei können kooperative Geschäftsbeziehungen zwischen den Wertschöpfungsakteuren des Lebensmittel-WS sehr zweckdienlich sein. • KMU sind von diesen Entwicklungen in besonderer Weise betroffen, da ihnen vielfach das Know-how und finanzielle Mittel fehlen, um auf die vielfältigen Herausforderungen angemessen zu reagieren.
Sicherheit und Qualität der Lebensmittelerzeugung	• QS spielt im Lebensmittelsektor eine herausragende Rolle. Den vielfältigen, v. a. rechtlichen Anforderungen an die Gewährleistung der Sicherheit, Hygiene und Qualität in der Produktion von Lebensmitteln kommen die Unternehmen durch den Einsatz von QS-Systemen und -Konzepten zunehmend nach. • Es werden neuerlich verstärkt anspruchsvollere Systeme gefordert, die möglichst das gesamte Lebensmittel-WS im Blick haben.
Produktion und Logistik	• Vielfältige Anforderungen (wie z. B. QS) bedingen eine hohe Bedeutung der Produktion und Logistik über alle Stufen des Lebensmittel-WS, insbesondere bei leicht verderblichen Lebensmitteln. • Das SCM-Konzept ist im Lebensmittelsektor durchaus bekannt. Deren Anwendung ist aber noch gering und begrenzt sich auf wenige Wertschöpfungsstufen – v. a. Unternehmen der ERI und des Lebensmittelhandels. • Mit dem ECR und dem CPFR liegen zwei speziell für den Konsumgüterbereich entwickelte SCM-Konzepte vor. Trotz einiger konzeptioneller Schwächen liegt eine gute Ausgangssituation für eine Ausweitung der SCM-Philosophie unter Beachtung der Spezifika des Lebensmittelsektors vor.
Umweltrelevanz und Umweltengagement	• Im Vergleich zu anderen Wirtschaftssektoren zeigt der Lebensmittelsektor bei verhältnismäßig geringen Umwelteinwirkungen von Lebensmittel-WS bei der Umsetzung von UM-Systemen eine (über)durchschnittliche Verbreitung. • Innerhalb des Lebensmittelsektors weist v. a. die EW bereits seit Jahren auf einzelbetrieblicher Ebene ein beachtliches Umweltengagement auf, wenngleich aktuell eine rückläufige Tendenz in der UM-Verbreitung zu bemerken ist. • Produktbezogenem Umweltschutz wird durch die Erzeugung von Öko-Lebensmitteln nach festen (gesetzlichen oder verbandsbezogenen) Grundsätzen in zwar noch sehr geringem, aber wachsendem Maße nachgekommen. • Erhebliche Potenziale ergeben sich daraus, dass die zunehmende Nachfrage nach Öko-Lebensmitteln in Menge und Qualität aktuell kaum befriedigt werden kann. • Die Verbreitung umweltbezogener Kooperationen, bspw. vertikal über die Wertschöpfungsstufen des Lebensmittel-WS, ist nicht eindeutig einschätzbar.
Stellenwert und Verbreitung des E-SCM	
	• Exakte Aussagen zur Bedeutung und Verbreitung des E-SCM sind aus den vorliegenden Informationen nicht ableitbar. • Findet ein E-SCM im Lebensmittelsektor Anwendung, so wird es sich dabei wahrscheinlich um ein Green SCM-System handeln.

Quelle: Eigene Darstellung.

Das prinzipielle **Potenzial** für eine integrative Verknüpfung des Umweltschutzes und des SCM im Lebensmittelsektor ist aufgrund des aktuellen wirtschaftlichen Wettbewerbsdrucks, dem ausgeprägten Umweltengagement sowie der Bekanntheit und dem zukünftig sicherlich weiter steigenden Interesse am SCM demnach prinzipiell als gut einzuschätzen. Die Ausgangsbedingungen für einen Einsatz des E-SCM-Konzeptes in Unternehmen von Lebensmittel-WS sind aktuell als angemessen und in Zukunft als noch zunehmend zu bewerten.

Der mögliche **Stellenwert** und die tatsächliche **Verbreitung** von E-SCM-Systemen im Lebensmittelsektor sind anhand dieser literaturgestützten Untersuchung leider nicht eindeutig beurteilbar, da adäquate Untersuchungen/Studien bzw. Sekundärdaten hierzu fehlen. Demnach ist auch nicht einschätzbar, inwieweit das bestehende Potenzial tatsächlich ausgeschöpft wird. Die Relevanz der Durchführung einer konkretisierenden und aktuellen Betrachtung in Form einer standardisierten Befragung in der zweiten empirischen Analysestufe ergibt sich demnach auch aus der z. T. unsicheren und unvollständigen Erkenntnislage dieser ersten empirischen Analysestufe.

Die sich im 6. Kapitel anschließende **quantitativ-empirische Analyse** dient zur Gewinnung und Auswertung von Primärdaten zur Erzielung eines aussagekräftigen Praxiseindrucks hinsichtlich des E-SCM im Lebensmittelsektor. Die gezielte Befragung einer Menge von Unternehmen lässt v. a. konkrete Rückschlüsse zum Stellenwert und zum aktuellen Status quo der Verbreitung von E-SCM-Systemen im Lebensmittelsektor erwarten. Der Nutzen der quantitativ-empirischen Analyse in diesem thematischen Kontext besteht darin, dass sich durch Eruierung und Bündelung der Praxismeinung von Experten Trendaussagen erzielen und Verallgemeinerungen vornehmen lassen. Dies erlaubt im Weiteren die Ableitung von Schwachstellen aber auch Entwicklungsmöglichkeiten unternehmerischen Handelns in Lebensmittel-(E-)SC.

6 UNTERNEHMENSBEFRAGUNG ZUR INTEGRATIVEN VERKNÜPFUNG DES SUPPLY CHAIN MANAGEMENTS UND UMWELTENGAGEMENTS IN DER ERNÄHRUNGSINDUSTRIE

Im Mittelpunkt dieses Kapitels steht die Durchführung der zweiten Stufe der empirischen Analyse zur praktischen Relevanz von E-SCM-Systemen anhand einer quantitativ-empirischen Querschnittsuntersuchung in der deutschen ERI. In diesem Rahmen werden zunächst das Vorgehen ausgehend von der spezifischen Analysemethodik über die Herangehensweise bei der Durchführung der Unternehmensbefragung bis hin zu den verwendeten Statistikverfahren zur Auswertung der aus der Befragung gewonnenen Primärdaten dargestellt (Abschnitt 6.1). Die Ergebnisse der Befragung werden anschließend strukturiert nach den in Abschnitt 6.1.1 definierten Analyseniveaus vorgestellt und interpretiert (Abschnitt 6.2 bis 6.5). Das Kapitel schließt in Abschnitt 6.6 mit einer Zusammenfassung der zentralen Ergebnisse der Befragung und deren Abgleich mit den Hypothesen der Arbeit sowie der Ableitung von sich daraus ergebendem Handlungsbedarf ab.

6.1 Forschungsdesign der Befragung

6.1.1 Zielstellung und Analysemethodik

In der ersten empirischen Analysestufe konnten auf Basis von Sekundärdaten Aussagen zum prinzipiellen Potenzial der Anwendbarkeit von E-SCM-Systemen im Lebensmittelsektor abgeleitet werden. Deren Stellenwert und Umsetzungsstand waren jedoch aufgrund fehlender Praxisdaten nicht schlüssig bewertbar. **Zielstellung der zweiten Stufe** der empirischen Analyse ist es daher, mittels einer Unternehmensbefragung aussagekräftige Primärdaten zum gegenwärtigen Stellenwert und Status quo der Umsetzung von E-SCM-Systemen am Beispiel der deutschen ERI zu gewinnen. Da entsprechend der Erkenntnisse der ersten Analysestufe (vgl. Abschnitt 5.6) derzeit bestenfalls der Green SCM-Ansatz im Lebensmittelsektor Anwendung finden wird, richtet sich die Untersuchung im Weiteren konkret auf die Erfassung deren Status quo. Um aus praktischem Stellenwert und Verbreitung Rückschlüsse auf mögliche Ursachen von Umsetzungsdefiziten ziehen zu können, erscheint es zweckmäßig, zugleich auch das dem Befragungszeitpunkt zugrunde liegende aktuelle Potenzial für die Anwendung von E-SCM-Systemen zu ermitteln. Bei der Erhebung des Potenzials ist vor diesem Hintergrund nicht nur der jeweilige Status quo der beiden zentralen Potenzialfelder SCM und Umweltengagement, sondern v. a. auch deren jeweilige Akzeptanz und Verankerung im Unternehmen von Aussagekraft.

Im Weiteren bedarf es einer **Operationalisierung** der Zielstellung der zweiten empirischen Analysestufe, d. h. der verschiedenen Gestaltungsaspekte eines Green SCM in der ERI. Die zweite Analysestufe differenziert dabei zwischen folgenden drei Analyseniveaus:
- Analyse des vertikalen Kooperationsniveaus;

- Analyse des vertikalen Umweltkooperationsniveaus;
- Analyse des E-SCM-Niveaus.

Der gewählte konzeptionelle **Analyserahmen**, veranschaulicht in Abbildung 6.1, stellt eine Aggregation einzelner Variablen zur separaten Beurteilung der drei Analyseniveaus dar. Das Potenzial des Green SCM wird durch die Ermittlung des vertikalen Kooperationsniveaus und des vertikalen Umweltkooperationsniveaus und anschließende Zusammenführung der Ergebnisse abgebildet. Stellenwert und Verbreitung des Green SCM werden im E-SCM-Niveau erfasst. Die charakteristischen Variablen der einzelnen Analyseniveaus werden nachfolgend kurz vorgestellt. Ihre Operationalisierung basiert auf Erkenntnissen aus den theoretischen Betrachtungen der Kapitel 2 bis 4 sowie ersten, spezifischen Erkenntnissen zum Lebensmittelsektor aus der ersten empirischen Analysestufe (vgl. Kapitel 5).

Abbildung 6.1: Analyseschema der zweiten Analysestufe

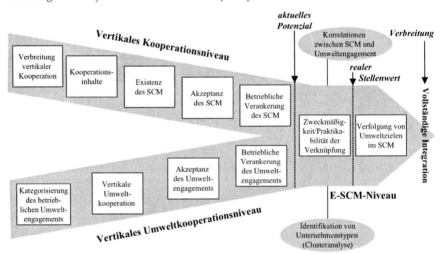

Quelle: Eigene Darstellung.

Die Analyse des **vertikalen Kooperationsniveaus** umfasst die Bestimmung der Ist-Situation der Kooperation der Unternehmen der ERI mit den Akteuren vor- und nachgelagerter Wertschöpfungsstufen und deren Inhalte. Ferner wird die Verbreitung des SCM ermittelt. Die betriebliche Verankerung des SCM wird anhand der Anwendung unterstützender Konzepte und Instrumente untersucht. Zur Ermittlung der Akzeptanz des SCM werden Nutzeffekte und Hemmnisse dessen Einsatzes erfasst. Der Nutzen wird dabei als ein Maß für die Zufriedenheit[752] und die Hemmnisse als ein Maß für die Unzufriedenheit verstanden. Die Akzeptanz des SCM wird durch Bildung der Differenz aus den durchschnittlichen Beurteilungen (arith-

---

[752] Für dieses Verständnis vgl. ARNOLD/WARZOG (2005, S. 27).

metische Mittelwerte[753]) zwischen allen Nutzeffekten einerseits und allen Hemmnissen andererseits ermittelt.[754] Alle Effekte werden dabei als gleichwertig bzw. gleichrangig betrachtet. Der so gewonnene absolute Differenzwert gibt Auskunft über die Stärke der Akzeptanz. Ist der Differenzwert wesentlich größer als Null (Zufriedenheit > Unzufriedenheit), kann von einer markanten bzw. ausgeprägten betrieblichen Akzeptanz gesprochen werden. Liegt der Differenzwert bei knapp über bzw. gleich Null (Zufriedenheit = Unzufriedenheit), ist die Akzeptanz als verhalten zu bezeichnen. Keine Akzeptanz besteht, wenn der Differenzwert kleiner Null ist (Zufriedenheit < Unzufriedenheit).[755] Die Beurteilung der Akzeptanz der SCM-Systeme erlaubt Aussagen darüber, ob vom SCM eine positive, negative oder keine Beeinflussung des Unternehmens ausgeht. Zur Operationalisierung der Variablen wurde auf Erkenntnisse v. a. aus Abschnitt 2.2.2 bis 2.2.5, 2.3 sowie 5.2 bis 5.4 zurückgegriffen.

Im Mittelpunkt der Analyse des **vertikalen Umweltkooperationsniveaus** steht die Ermittlung des Status quo des betrieblichen und zwischenbetrieblichen Umweltschutzes. Weiterhin sind analog zum SCM die betriebliche Akzeptanz (d. h. Nutzeffekte und Hemmnisse) des Umweltengagements sowie der Einsatz unterstützender Konzepte und Instrumente als Indikator für die betriebliche Verankerung des Umweltschutzes von Belang. Zur Operationalisierung der Variablen wurden Erkenntnisse v. a. aus Abschnitt 3.3, 3.4 sowie 5.5 herangezogen.

Zur Ermittlung des Stellenwerts und der Verbreitung der integrativen Verknüpfung des SCM und Umweltengagements können zwei unterschiedliche Wege beschritten werden. Zur Analyse des **E-SCM-Niveaus** wird auf direktem Weg die persönliche Einstellung/Meinung der Unternehmen zur Zweckmäßigkeit und Realisierbarkeit einer ganzheitlich-integrativen Verknüpfung von Umweltschutz- und SCM-Aktivitäten eruiert. Der Status quo der derzeitigen Umsetzung eines E-SCM-Systems wird im Weiteren anhand der Verfolgung beispielhafter Umweltzielstellungen bestimmt. Hierbei wird v. a. eine Quantifizierung, d. h. Aussagen zur Häufigkeit, angestrebt. Die Zielstellungen wurden auf Basis der Erkenntnisse des Abschnitts 4.4 festgelegt. Auf einem zweiten, indirekten Weg kann auf die Untersuchung von Beziehungen zwischen den Ergebnissen zum SCM-Einsatz und zum Umweltengagement als Verknüpfung von Erkenntnissen aus dem vertikalen Kooperationsniveau und vertikalen Umweltkooperationsniveau zurückgegriffen werden. Zudem kann untersucht werden, ob sich aus der Stichprobe unterschiedliche Unternehmenscluster zusammenfassen lassen. Daraus lässt sich jedoch nur eine ergänzende, nicht-quantifizierbare Einschätzung zum E-SCM-Niveau vornehmen.

---

[753] Da es sich bei der Datengrundlage um ordinale Daten handelt, müsste korrekterweise eigentlich der Median gebildet werden. Da dieser jedoch nicht sehr aussagekräftig ist, wird zu befragungsinternen Vergleichszwecken auf den arithmetischen Mittelwert zurückgegriffen.
[754] Eine zentrale Voraussetzung für dieses Vorgehen sind identische Bewertungsskalen bei den Nutzeffekten und Hemmnissen.
[755] Diese Situation erscheint zunächst undenkbar, da Unternehmen kurzfristig versuchen würden, eine solche Maßnahme/Situation einstellen zu wollen. Sie ist aber dann vorstellbar, wenn bspw. Unternehmen zu bestimmten Maßnahmen (z. B. per Rechtsvorschrift) gezwungen sind.

6.1.2 Vorgehensweise bei der Vorbereitung und Durchführung der Befragung

Zur Erreichung der Zielstellung der zweiten Analysestufe wurde im Zeitraum von Mitte Mai bis Anfang Juli 2005 eine anonyme Befragung von Unternehmen der deutschen ERI durchgeführt. Mitte Mai wurden die Unternehmen zum ersten Mal kontaktiert und um ihre Teilnahme gebeten. Ende Juni folgte eine Erinnerungsaktion.

Die von den Unternehmen vertretene Sichtweise und der realisierte Umsetzungsstand wurden mittels der in Abbildung 6.1 aufgeführten, operationalisierten Variablen eruiert. Die Gesamtheit der Variablen bildet den **standardisierten Fragebogen**, der die Situation auf der Ebene eines Einzelunternehmens erfasst. Er setzt sich aus 16 Fragen zusammen. Es handelt sich dabei um geschlossene und um halb-offene Fragen mit vorgegebenen Antwortkategorien und der Option für Ergänzungen weiterer Antwortkategorien. Es waren jeweils mindestens eine oder sogar mehrere Antworten auswählbar. Die Ausprägungen des Großteils der Variablen wurden über eine mehrstufige Bewertungsskala im Sinne einer ordinalen Skalierung erfasst. Diese Form der Fragestellung ermöglicht eine gute Vergleichbarkeit und leichte Quantifizierbarkeit der Antworten. Bei einigen Variablen wurde eine nominale Skala (z. B. Subbranchen der ERI) genutzt.

Der Fragebogen umfasst einen einleitenden Teil mit Fragen hinsichtlich unternehmensstruktureller Angaben, drei Hauptteile mit Fragen zur Kooperation mit den Akteuren vor- und nachgelagerter Wertschöpfungsstufen, zu Nutzen und Hindernissen bei der Umsetzung eines SCM und des Umweltschutzes und in diesem Zusammenhang eingesetzten Konzepten und Instrumenten sowie einen abschließenden Fragenteil zur Umweltfokussierung des SCM (vgl. für den Originalfragebogen Anhang F). Die Begriffe Kooperation und SCM sind zur Schaffung eines einheitlichen Verständnisses zudem im Fragebogen an entsprechender Stelle kurz erläutert.

Es wurden i. d. R. die Geschäftsführung oder ein Mitarbeiter der Umwelt-/Qualitäts-/Logistikabteilung der Unternehmen persönlich per E-Mail (bzw. per Fax) angesprochen. Die Unternehmen und ihre Kontaktdaten waren im Vorfeld im Internet (auf den Internetseiten von Verbänden, in Bundesfirmenanzeigern oder auf Firmenwebsites) recherchiert worden. Dem personalisierten Anschreiben war der standardisierte Fragebogen beigefügt. Das Begleitschreiben gab Informationen zum Untersuchungsrahmen, den durchführenden Akteuren und den verschiedenen Beantwortungswegen. Um eine möglichst hohe Ausschöpfungsquote zu erzielen, wurden den Angesprochenen verschiedene Wege der Teilnahme an der Befragung zur Auswahl gestellt. Die Unternehmen hatten die Wahl zwischen

- der onlinegestützten Beantwortung über ein Internetportal,[756]
- dem Ausfüllen des Fragebogens am PC mit Rücksendung per E-Mail und
- der papierbasierten Beantwortung und Rücksendung per Fax oder Postweg.

---

[756] Zur Online-Befragung wurde der Open Survey Pilot eingesetzt. Für detaillierte Informationen zu diesem handlichen Open Source Umfrage- und Marktforschungssystem vgl. http://www.myosp.de/website.php (14.07.2005).

Es handelt sich bei der vorliegenden Befragung demnach um eine Kombination aus den Varianten der Online-Befragung[757] und der klassischen Paper-Pencil-**Methode**. Der Vorteil des so gewählten Vorgehens bestand darin, dass die potenziellen Befragungsteilnehmer die Möglichkeit hatten, Ort und Zeitpunkt der Teilnahme und die Methode entsprechend ihren eigenen Präferenzen selbst zu bestimmen. Der Online-Fragebogen wies überdies den Vorteil auf, dass er interaktiv mit einem umfangreichen Glossar verbunden war. Im Vorfeld der Befragung wurde der Fragebogen einem Pretest mit ausgewählten Unternehmen der ERI im Sinne einer inhaltlich kritischen Begutachtung und Verständlichkeitsprüfung unterzogen.

Die **Qualität** bzw. **Güte** der erhobenen Daten als Grundlage der vorliegenden Untersuchung kann anhand der Kriterien Repräsentativität (Übertragbarkeit der Ergebnisse auf die Grundgesamtheit), Objektivität, Reliabilität (Zuverlässigkeit der Methode) und Validität (Gültigkeit der Untersuchung) beurteilt werden.[758] Die Repräsentativität der vorliegenden Erhebung ist durch die nicht gezielte, sondern zufällige Auswahl der Bruttostichprobe zunächst annehmbar. Aufgrund des Selbstselektionsverhaltens der Befragungsteilnehmer ergeben sich jedoch Einschränkungen in der Repräsentativität, die in Abschnitt 6.1.3 und 6.1.4 ausführlicher thematisiert werden. Für die hohe Reliabilität dieser empirischen Erhebung spricht die Verwendung eines standardisierten Fragebogens und damit weitgehend deckungsgleicher Ausgangsbedingungen für alle Teilnehmer.[759] Durch die Begriffsdefinitionen, die Anonymität der Befragung und die Standardisierung des Fragebogens wurde ein hohes Maß an Objektivität und Vergleichbarkeit und damit Aggregierbarkeit der Einzelergebnisse angestrebt. Die standardisierte und anonyme Befragungsvorgehensweise lässt dem Nutzer der Ergebnisse zudem wenig Durchführungs-, Auswertungs- und Interpretationsspielraum, so dass eine angemessene Objektivität angenommen wird. Zur Prüfung der Validität der Daten werden Ergebnisse vergleichbarer bzw. analoger Studien zu Teilaspekten dieser Analyse herangezogen. Weiterhin reduziert sich durch die onlinegestützte Erfassung der Einfluss auf das Ergebnis aus Erfassungsfehlern. Zudem konnte durch die Online-Beantwortung ein logisch konsistenter Fragebogendurchlauf sichergestellt werden.

6.1.3 Rücklauf und Diskussion deren Beeinflussbarkeit

Für die Befragung wurden 1.410 Unternehmen der ERI ausgewählt (Bruttostichprobe). 90 E-Mails konnten der angegebenen Empfängeradresse nicht zugestellt werden (Serverrückmeldung: „unzustellbar"). Zudem wurden 13 Rückmeldungen registriert, die durch deren Versender eine Nichtrelevanz des angesprochenen Unternehmens für diese Umfrage auswiesen (z. B. nur Lebensmittelhandel ohne Produktion, Insolvenz des Unternehmens). Es handelt sich dabei jeweils um stichprobenneutrale Ausfälle, da diese Unternehmen nicht zulässig bzw. zur Be-

---
[757] Vgl. weiterführend zu verschiedenen Ausgestaltungsformen von Online-Befragungen BUSCH/HITZ (2002, S. 50-51).
[758] Für die Zusammenstellung der Kriterien vgl. STÖRMER (2001, S. 201); MAYER (2004, S. 88).
[759] Zur Bestimmung der Reliabilität des Fragebogens wurde eine Reliabilitätsanalyse (angewendete Methode: Cronbach´s Alpha) durchgeführt, die einen relativ hohen Reliabilitätskoeffizienten von 0,9 ausweist und dem Fragebogen damit eine hohe Zuverlässigkeit bzw. Genauigkeit der Erhebung bescheinigt.

antwortung befähigt waren. Demnach reduziert sich die bereinigte Stichprobe (Nettostichprobe) auf 1.307 Unternehmen, die sich aus Vertretern aller Beschäftigungsgrößenklassen und aller Subbranchen der ERI zusammensetzt (vgl. dazu auch Tabelle 6.1).

99 Unternehmen haben den ausgefüllten Fragebogen zurückgesandt. Zwei Fragebögen waren nicht verwertbar, so dass sich eine effektive Stichprobe von 97 Fragebögen ergibt. Die **Ausschöpfungsquote** beträgt demnach **7,4 %**. Diese geringe Ausschöpfungsquote ist als wenig zufrieden stellend, aber für die vorliegende Art von Unternehmensbefragungen als akzeptabel anzusehen.[760] Schließlich weisen anonyme schriftliche bzw. onlinegestützte Befragungen typischerweise geringere Ausschöpfungsquoten als telefonische und Vor-Ort-Interviews auf, dafür entfällt aber der Interviewereinfluss und deren Wahrheitsgehalt ist i. d. R. höher.[761] Trotz der geringen Beteiligung sind die Ergebnisse aufschlussreich und lassen Trends erkennen, die in Abschnitt 6.2 bis 6.6 ausführlich vorgestellt und diskutiert werden.

Nachfolgend sollen die möglichen Ursachen der geringen Ausschöpfungsquote noch näher betrachtet werden. Prinzipiell können die einer Befragung zugrunde liegenden Ausfälle zufälliger und systematischer Natur sein.[762] Als **Hauptursachen** für die geringe Beteiligung an dieser Befragung werden v. a. ein aktuell allgemein defensiveres Verhalten aufgrund der aktuell gehäuft zu verzeichnenden Lebensmittelskandalmeldungen und ein – ggf. mit dem vorher genannten Grund in Beziehung stehend – hohes Aufkommen an An- und Umfragen bei den Unternehmen der ERI gesehen.[763] Stellvertretend für 29 derartige absagende Rückmeldungen der

---

[760] Wissenschaftlich begründete „Mindestausschöpfungsquoten", die zum Vergleich herangezogen werden könnten, gibt es nicht. Wesentlich aufschlussreicher hinsichtlich der statistischen Auswertbarkeit der Daten als die Ausschöpfungsquoten sind die absoluten Rücklaufzahlen. Doch auch hierzu existieren keine wissenschaftlich begründeten Mindestrücklaufzahlen. Häufig wird aber ein geringer Rücklauf mit Fehlern in den Ergebnissen (sog. Non-Response-Bias) gleichgesetzt. Diese pauschale Mutmaßung ist jedoch genauso wie die Annahme, dass eine hohe Teilnahmebereitschaft stets zu validen Ergebnissen führt, unzulässig. Die Ausschöpfungsquote ist im Grunde nur eines von mehreren Merkmalen für die Qualität einer Umfrage und ihrer Ergebnisse. Vgl. PORST (2000, S. 98-101); auch Abschnitt 6.1.2. In den letzten Jahren ist bei Befragungen im Allgemeinen eine starke Absenkung der Ausschöpfungsquoten (sog. Umfragemüdigkeit) – weitgehend unabhängig vom Untersuchungsgegenstand der Befragungen – festzustellen. Vgl. SCHNELL (2002, S. 1); PORST (2000, S. 102, 106); SCHNELL/HILL/ESSER (2005, S. 308-309). So trifft man in der Literatur bei schriftlichen bzw. onlinegestützten Unternehmensbefragungen in der deutschen Wirtschaft immer häufiger auf geringe Ausschöpfungsquoten. Vgl. für Studien mit geringen Ausschöpfungsquoten von bspw. 5,0 % HAUFF/KLEINE/JÖRG (2005, S. 62), von 6,2 % BIEBELER (2004, S. 4), von 7,1 % SCHÄFFER/WILLAUER (2002, S. 80), von 10,1 % STRAUBE et al. (2005, S. 6), von 10,2 % bei BDE/SIEMENS (Hrsg.) (2005); von 12,2 % ROSER/SCHIRRMEISTER (2005, S. 89) und bei EGGERS/KINKEL (2005, S. 14). Die prinzipielle Umfragemüdigkeit kann u. a. in Misstrauen gegenüber Umfragen begründet liegen oder auch eine Folge der demografischen Entwicklung des gesellschaftlichen Wandels (z. B. hohe Arbeitsplatzbelastung der Mitarbeiter) sein. Vgl. zur Thematisierung von Veränderungen in der Gesellschaft EBERLE et al. (2004, S. 2-8).

[761] Vgl. THOMA/ZIMMERMANN (1996, S. 142). Ausführlicher zu den Vor- und Nachteilen der verschiedenen Befragungsformen vgl. PORST (2000, S. 122-125); GROSSPIETSCH (2003, S. 115-117); MAYER (2004, S. 99, 100).

[762] Zufällige Ausfälle sind unproblematisch, da sich die Teilnehmer von den Nichtteilnehmern im Antwortverhalten nicht unterscheiden. Zufällige Ausfälle haben keinen Einfluss auf das Ergebnis. Systematische Ausfälle können dagegen zu systematischen Verzerrungen im Antwortverhalten führen. Vgl. PORST (2000, S. 97-98).

[763] Empirische Erhebungen sind in der praxisnahen Forschung anerkannt und verbreitet. Die technologischen Möglichkeiten (E-Mail, Internet) reduzieren den Aufwand (z. B. von Versand, Auswertung) und setzen die Hürden zu deren Durchführung zunehmend herunter. Das Aufkommen an Umfragen steigt somit stetig an.

kontaktierten Unternehmen, die im Übrigen systematische Ausfälle darstellen, seien an dieser Stelle in anonymisierter Form Folgende zitiert:[764]

> „... uns erreichen täglich zahlreiche Befragungen vielfältigster privater oder öffentlich-rechtlicher Art. Allein die gesetzlich vorgeschriebenen und zur Teilnahme verpflichtenden Befragungen erfordern mittlerweile einen Arbeitsstundeneinsatz in ganz erheblichem Maß. Bitte haben Sie dafür Verständnis, dass wir an Ihrer Befragung daher nicht teilnehmen können." Fleischverarbeiter, 25.05.2005
>
> „... freundlich möchten wir Sie um Verständnis bitten, dass wir uns wegen der in den letzten Jahren überproportionalen Zunahme von nationalen und internationalen Befragungen verschiedenster Absender aus Zeitgründen entschließen mussten, grundsätzlich nicht mehr für entsprechende Beantwortungen zur Verfügung stehen zu können." Sekthersteller, 30.05.2005
>
> „... wir haben Umfragen aller Arten und Fachrichtungen in so großen Mengen erhalten, dass irgendwann entschieden wurde, nicht mehr teilzunehmen. Einige Mitarbeiter hatten damit richtig viel Zeit verbracht." Süßwarenhersteller, 07.06.2005

Ein möglicher weiterer Grund für die geringe Ausschöpfungsquote wird darin gesehen, dass vor dem Start der Befragung keine geschäftliche oder persönliche **Beziehung** zwischen Interviewer und Befragtem bestand, die bspw. auf Basis eines guten Vertrauensverhältnisses die Teilnahme positiv beeinflusst hätte. Möglicherweise hätte sich durch Beteiligung eines den Unternehmen überregional bekannten Branchenverbandes (z. B. BVE e. V.) die Vertrauenswürdigkeit der Umfrage und damit die Ausschöpfungsquote erhöht.[765] Außerdem wurden keine **Incentives** (d. h. materielle oder monetäre Belohnungen der Teilnehmer für die Bearbeitung des Fragebogens) ausgelobt, die die Ausschöpfungsquote ggf. positiv beeinflusst hätten, sich andererseits jedoch auch negativ auf den Wahrheitsgehalt der Antworten hätten auswirken können.[766] Diese beiden inhaltsneutralen Aspekte haben nicht dazu beigetragen, den Anteil von passiven Nichtantwortern zu reduzieren. Passive Nichtantworter zeigen keinen aktiven Widerstand, sondern reine Passivität („keine Zeit", „vergessen", „zu viel Arbeit").[767] Demgegenüber lehnen aktive Nichtantworter eine Beteiligung aus fragebogenspezifischen Aspekten ab. Erstere sind aus Sicht der Ergebnisinterpretation unkritisch, letztere können dagegen großen Einfluss auf die Einordnung der Befragungsergebnisse haben.

Für die aktiven Nichtantworter spezifische Einflussfaktoren können in der vorliegenden Befragung in den Inhalten, der thematischen Breite und ggf. auch im Umfang der Umfrage gesehen werden. Die Länge des Fragebogens wird mit 16 Fragen im Vergleich zu anderen Befra-

---

[764] Die hier genannten Absagegründe der Unternehmen ähneln im Übrigen sehr stark denen einer anderen Befragung in der deutschen ERI aus dem Jahr 2004. Vgl. zu dieser Befragung SCHMITT (2005, S. 72).
[765] Von Seiten des BVE e. V. bestand nach Anfrage der Akteure der Befragung leider kein Interesse an der gemeinsamen Durchführung der empirischen Erhebung, mit der Begründung, dass prinzipiell nur eigene Befragungen durchgeführt werden.
[766] Vgl. u. a. ARZHEIMER/KLEIN (1998). Den Teilnehmern wurde lediglich die Option der Angabe der eigenen E-Mailadresse zum Zweck der kostenlosen Zusendung der Analyseergebnisse (Kurzfassung) als Dankeschön für die Unterstützung gewährt. Von dieser Möglichkeit hat immerhin etwa jeder dritte Teilnehmer (35,9 %) Gebrauch gemacht.
[767] Hinzu können noch allgemeine Dispositionen, wie Persönlichkeit, Alter, Einstellung usw., kommen. Vgl. BORG/TREDER (2003, S. 78).

gungen als durchschnittlich eingeschätzt.[768] Hinsichtlich der Inhalte ist eine objektive Beurteilung an dieser Stelle schwer möglich. Es könnte jedoch die Situation eingetreten sein, dass

- das SCM als Managementkonzept und als Fachbegriff in der Unternehmenspraxis der ERI noch wenig verbreitet ist bzw. da es mit anderen Begriffen in Konkurrenz steht,[769] ggf. als unbekannt oder unrelevant identifiziert wurde;
- durch den interdisziplinären Charakter der Befragung (mit Fragen zu Logistik, Umweltschutz, QS usw.) einzelne Personen die gestellten Fragen ggf. nicht allein beantworten konnten und der Aufwand zur Weiterreichung bzw. Abstimmung mit Kollegen aus anderen Bereichen als (zu) hoch angesehen wurde.

Beide Aspekte können mögliche Ursachen für eine Nicht-Teilnahme eines Teils der kontaktierten Unternehmen sein. Es ist in diesem Zusammenhang nicht grundsätzlich auszuschließen, dass v. a. wenig umweltengagierte Unternehmen und/oder „SCM-Desinteressierte" nicht an der Befragung teilnahmen, da sie sich ggf. nicht angesprochen fühlten oder eine Vielzahl der Fragen nicht oder nicht sinnvoll beantworten konnten oder auf diese Weise indirekt bekunden wollen, dass dies für sie nicht relevant ist. Das bedeutet im Umkehrschluss, dass ggf. überdurchschnittlich viele stärker umweltengagierte Unternehmen und/oder SCM-Nutzer teilgenommen haben könnten. Zudem fehlt in KMU i. d. R. eine beauftragte Person, die für derartige Anfragen – wie bei dieser Befragung – zuständig ist, wie es im Vergleich dazu in Großunternehmen häufig der Fall ist. Dies beeinflusst die Stichprobe in der Hinsicht, dass Großunternehmen an der Befragung stärker teilgenommen haben könnten. Ob diese Annahmen tatsächlich zutreffen, wird in Abschnitt 6.1.4 bei der Vorstellung der Unternehmensgrößenverteilung der Stichprobe und beim Abgleich mit Sekundärdaten bei der Interpretation der Ergebnisse geklärt. Neben zufälligen, ergebnisneutralen Ausfällen sind somit auch systematische, stichprobenbedingte Ausfälle nicht auszuschließen.

Die **Selbstbestimmung** der Bereitschaft zur Teilnahme an der Umfrage nach gezielter Ansprache und die Subjektivität in den Antworten sind prinzipielle Probleme von Befragungen in der Art wie dieser. Durch die Vorgabe von Definitionen bzgl. der Begriffe Kooperation und SCM sowie die Einbindung eines weiterführenden Glossars in den Onlinefragebogen wurde angestrebt, Missverständnisse im Begriffsverständnis auszuschließen. Auf diese Weise konnte die subjektive Verzerrung in den Antworten weitgehend gering gehalten werden.

Im Zusammenhang mit der Auswahloption im Beantwortungsweg lassen sich auch **Aussagen in Abhängigkeit von der Nutzung der angebotenen Medien** (= Fax-, Mail-, Post- und Online-Rücklauf) treffen. Es zeigt sich eine klare Überlegenheit des Internets, das von 49,5 % der Teilnehmer zur Beantwortung genutzt wurde, gefolgt etwa gleichauf von Fax- (= 26,8 %) und Mailrücksendungen (= 21,6 %) und schließlich Postrücksendungen (= 2,1 %). Somit bestätigt sich einerseits die verbreitete Meinung, dass sich Online-Befragungen einer gewissen

---

[768] Vgl. zur Diskussion des Einflusses der Fragebogenlänge auf den Rücklauf sowie weiterer Einflussparameter bei schriftlichen Befragungen THOMA/ZIMMERMANN (1996).
[769] Alternativ werden anstelle des SCM-Begriffs auch vielfältige andere Begriffe verwendet. Vgl. ausführlicher hierzu Abschnitt 2.2.2 und v. a. Fußnote 165.

Beliebtheit erfreuen und die Ausschöpfungsquote positiv beeinflussen.[770] Nicht zuletzt resultiert dies auch aus der Tatsache, dass die Unternehmen per E-Mail angesprochen und direkt per Link schnell und unkompliziert auf die Fragebogenseiten geleitet wurden. Zum anderen lässt sich indirekt ableiten, dass das Medium Internet bei den Unternehmen der ERI eine durchaus wichtige Rolle spielt.[771] Von dem Angebot der Kontaktaufnahme mit den durchführenden Akteuren bei technischen Problemen oder um Kritik zu üben, wurde von den Unternehmen bzgl. ersterem lediglich zweimal Gebrauch gemacht.

Da die kontaktierten Unternehmen hinsichtlich ihrer Subbranchen-Zugehörigkeit innerhalb der ERI befragt wurden, ist an dieser Stelle zudem möglich **subbranchenspezifische Ausschöpfungsquoten** zu bestimmen (vgl. Tabelle 6.1). Am häufigsten vertreten ist absolut bezogen auf die Unternehmensanzahl die Getränkeherstellung, prozentual bezogen auf die Menge angesprochener Unternehmen je Subbranche dagegen die Fischverarbeitung. Das ebenso häufig vertretene Sonstige Ernährungsgewerbe umfasst im Wesentlichen die Subbranchen Back-, Teig-, Süßwarenherstellung, Soße-/Würzproduktion, Zuckerindustrie und diätische Nahrungsmittelherstellung. Unter „Ohne Zuordnung" sind Unternehmen subsumiert, die sich selbst in dieser Kategorie eingeordnet haben (z. B. weil sie sich mehreren Subbranchen zugehörig fühlen, aber nur eine ausgewählt werden durfte, wie z. B. Fertiggericht-, Feinkost-, Kühlkosthersteller) sowie Unternehmen, die an dieser Stelle keine Zuordnung vornahmen. Aufgrund der geringen Anzahl an Teilnehmern in den einzelnen Subbranchen sind subbranchenbezogen kaum generalisierbare Aussagen möglich, so dass sich die Auswertung der Befragung auf Aussagen zur gesamten ERI begrenzen wird.

Tabelle 6.1: Rücklauf differenziert nach Subbranchen

Subbranche (NACE-Code mit Bezeichnung)	Kontaktierte Gesamtheit der Stichprobe (Anzahl)	Rücklauf (Anzahl)	Ausschöpfungsquote in %
15.1 Schlachten und Fleischverarbeitung	240	7	2,9
15.2 Fischverarbeitung	43	6	14,0
15.3 Obst- und Gemüseverarbeitung	46	5	10,6
15.4 Herstellung von pflanzlichen und tierischen Ölen und Fetten	28	3	10,7
15.5 Milchverarbeitung	71	5	7,0
15.6 Mahl- und Schälmühlen, Herstellung von Stärke und Stärkeerzeugung	25	2	8,0
15.7 Herstellung von Futtermitteln	23	2	8,7
15.8 Sonstiges Ernährungsgewerbe	339	27	8,0
15.9 Getränkeherstellung	450	34	7,6
Ohne Zuordnung	42	6	14,3[+]
Summe bzw. Durchschnitt	*1.307*	*97*	*7,4*

Quelle: Eigene Darstellung (Anmerkungen: [+] ... Der vergleichsweise hohe Wert ist dadurch zu erklären, dass im Rücklauf im Gegensatz zur Grundgesamtheit des Bereiches auch Teilnehmer enthalten sind, die gar keine Zuordnung vorgenommen hatten und eigentlich einem der NACE-Code 15.1 bis 15.9 zugehörig wären.).

---

[770] Zu den Vor- und Nachteilen von Befragungen über das Internet vgl. v. a. BUSCH/HITZ (2002); http://www.psychonomics.de/article/emafo/almanach.php?suchbegriff=Online-Befragung (27.06.2005).
[771] Vgl. zur Einschätzung der Akzeptanz des Internets in der EW u. a. EMMEL/PAPE/DOLUSCHITZ (2002).

6.1.4 Branchenstruktur und Unternehmensgröße der Stichprobe

Die Tabelle 6.1 verdeutlichte bereits die absolute Verteilung der an der Befragung teilgenommenen Unternehmen auf die Subbranchen der ERI. Besonders stark vertreten in der auswertbaren Stichprobe dieser empirischen Erhebung sind demnach die Getränkehersteller sowie das Sonstige Ernährungsgewerbe (vgl. auch Abbildung 6.2). Hinsichtlich der Position der Unternehmen im Lebensmittel-WS zeigt sich, dass die teilnehmenden Unternehmen vorrangig **Endproduzenten** (83,5 %) sind. Nur wenige Unternehmen stellen vornehmlich nur weiter zu verarbeitende Vorprodukte her (15,5 %). Von einem Unternehmen liegen hierzu keine Angaben vor (1,0 %).

Abbildung 6.2: Aufteilung der Stichprobe nach Subbranchen

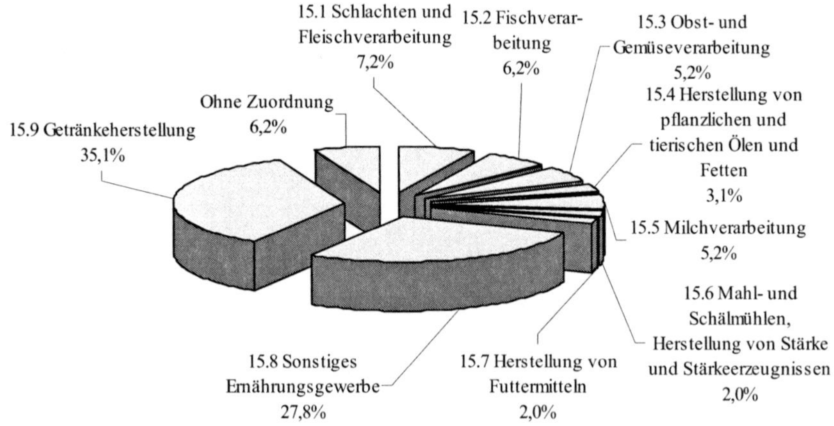

- 15.1 Schlachten und Fleischverarbeitung 7,2%
- 15.2 Fischverarbeitung 6,2%
- 15.3 Obst- und Gemüseverarbeitung 5,2%
- 15.4 Herstellung von pflanzlichen und tierischen Ölen und Fetten 3,1%
- 15.5 Milchverarbeitung 5,2%
- 15.6 Mahl- und Schälmühlen, Herstellung von Stärke und Stärkeerzeugnissen 2,0%
- 15.7 Herstellung von Futtermitteln 2,0%
- 15.8 Sonstiges Ernährungsgewerbe 27,8%
- 15.9 Getränkeherstellung 35,1%
- Ohne Zuordnung 6,2%

Quelle: Eigene Darstellung.

Zur **Differenzierung der Unternehmen nach ihrer wirtschaftlichen Größe** werden in der Literatur entweder qualitative Beschreibungen oder quantitative Merkmale oder ein bidirektionaler Ansatz, d. h. eine Verknüpfung aus qualitativen oder quantitativen Kriterien, herangezogen.[772] Die vorliegende Untersuchung differenziert nach der Beschäftigtenzahl als alleinigem, quantitativem Merkmal, da dieses Kriterium eine hinreichende Beschreibung für Unternehmen bildet und zudem vielmals offen verfügbar ist.[773] In Anlehnung an die EU-EMPFEHLUNG und das deutsche HGB werden Unternehmen mit bis zu 50 Mitarbeitern als kleine Unternehmen, mit mehr als 50 bis 250 Mitarbeitern als mittelständische Unternehmen und mit mehr als 250 Mitarbeitern als große Unternehmen eingeordnet.[774] Demnach setzt sich die

---
[772] Vgl. THIEL (2001, S. 5); auch Abschnitt 1.1.1 und v. a. Fußnote 2.
[773] Vgl. CRAMER (2004, S. 14).
[774] Vgl. EU-EMPFEHLUNG (2003, Anhang I Art. 2 Abs. 3) und HGB (2004, § 267). Da zur Abgrenzung der KMU für den Lebensmittelsektor keine eigene Definition besteht, wird hier auf die in allen Mitgliedsstaaten der EU anerkannte und seit dem 01.01.2005 im Europäischen Wirtschaftsraum zur Anwendung kommende Empfehlung der Europäischen Kommission betreffend die Definition der Kleinstunternehmen sowie der kleinen und mittleren Unternehmen und das deutsche HGB zurückgegriffen.

Stichprobe zu 28,9 % aus kleinen Unternehmen, zu 41,2 % aus mittelständischen Unternehmen und zu 28,9 % aus Großunternehmen zusammen (vgl. Abbildung 6.3).

Abbildung 6.3: Aufteilung der Stichprobe nach der Unternehmensgröße anhand der Beschäftigtenzahl

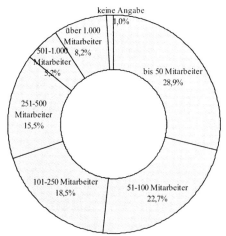

Quelle: Eigene Darstellung.

Ein Vergleich hinsichtlich der Größenstruktur mit der Grundgesamtheit der deutschen ERI zeigt, dass die Großunternehmen in der Stichprobe demnach überrepräsentiert und die (v. a. kleinen Unternehmen der Gruppe der) KMU unterrepräsentiert sind (vgl. Tabelle 6.2). Eine starke Dominanz ist speziell in der Beschäftigtengrößenklasse > 1.000 Mitarbeiter mit mehr als 2.000 % Unterschied zwischen der Grundgesamtheit und der Stichprobe sehr augenscheinlich. Um eine statistisch valide Aussage zur Repräsentativität der Befragung zu erhalten, wurde daraufhin ein statistischer Vergleich zwischen der Grundgesamtheit und der hier untersuchten Stichprobe hinsichtlich der Subbranchen- und der Beschäftigungsgrößenklassenzugehörigkeit durchgeführt. Dazu wurde der bei zwei abhängigen Stichproben mit Ordinalskalen anzuwendende nichtparametrische Wilcoxon-Test gewählt.[775] Es zeigt sich, dass sowohl subbranchen- als auch unternehmensgrößenbezogen ein sehr signifikanter bzw. signifikanter Unterschied zwischen beiden Wertereihen besteht (vgl. Anhang G). Die erkannten Unterschiede bringen zum Ausdruck, dass die vorliegende Stichprobe nicht repräsentativ für die Grundgesamtheit der ERI ist. Wenngleich die KMU die Mehrheit in der Befragung stellen und daher im Mittelpunkt stehen, wird im Bewusstsein dieser Feststellung dafür plädiert, die identifizierte Verzerrung in die Auswertung der Befragungsergebnisse mit Blick auf die Einschätzung der Situation in der Grundgesamtheit der ERI in verbal-argumentativer Form zu integrieren.[776]

---

[775] Vgl. detaillierter zur Auswahl und Einsatz verschiedener statistischer Verfahren Abschnitt 6.1.5.
[776] Diese Verzerrung ist eine unbeeinflussbare Folge der Selektivität in schriftlichen bzw. internetgestützten Befragungen aufgrund der Selbstbestimmung der Bereitschaft zur Teilnahme (sog. Selbstselektion). Sie liegt sicherlich in erster Linie darin begründet, dass es in Großunternehmen verantwortliche Personen oder ganze

Tabelle 6.2: Anteil der Unternehmen der ERI nach Beschäftigungsgrößenklassen

	<50 MA	51-100 MA	101-250 MA	251-500 MA	501-1.000 MA	> 1.000 MA	k. A.	Summe
Anzahl der Unternehmen der ERI (Stand: 09/2004)	3.353	1.248	954	281	119	21	/	5.976
Prozentuale Verteilung in der Grundgesamtheit (Stand: 09/2004)	56,1 %	20,9 %	15,9 %	4,7 %	2,0 %	0,4 %	/	100 %
Prozentuale Verteilung in der Stichprobe (Stand: 07/2005)	28,9 %	22,7 %	18,5 %	15,5 %	5,2 %	8,2 %	1,0 %	100 %
Prozentualer Unterschied zwischen Grundgesamtheit und Stichprobe	-48,5 %	9,7 %	15,9 %	229,6 %	161,1 %	2.233,5 %	100 %	/

Quelle: Eigene Darstellung. Die Berechnungen erfolgten in Anlehnung an STATISTISCHES BUNDESAMT (2005b, S. 9) (Anmerkungen: MA ... Mitarbeiter, k. A. ... keine Angabe).

6.1.5 Einsatz statistischer Methoden und Verfahren

Zur Auswertung der Daten der empirischen Erhebung wurden uni-, bi- und multivariate Analysemethoden der quantitativen Sozialforschung genutzt. In diesem Kontext erfolgten v. a. eine Auswertung der Häufigkeitsverteilungen und die Identifikation statistisch signifikanter Unterschiede oder Korrelationen, d. h. ein Aufdecken von Beziehungen als stochastischer Zusammenhang zwischen mindestens zwei Variablen mit weitestgehend geringer Irrtumswahrscheinlichkeit.[777] Im Rahmen der bivariaten Analysen wurde als Korrelationsmaß die Korrelation nach SPEARMAN herangezogen. Der Korrelationskoeffizient nach SPEARMAN ist ein Maß für den linearen Zusammenhang zwischen zwei Variablen auf Basis von Rangordnungen (d. h. mindestens eine der beiden Variablen muss ordinalskaliert sein).[778] Unterschiede zwischen

---

Abteilungen gibt, die sich nur bzw. explizit mit den hier untersuchten Themenbereichen befassen. In Großunternehmen trifft man daher eher (noch) auf freie Kapazitäten, sich mit den Fragestellungen zu beschäftigen und den Fragebogen zu beantworten. Hiermit bestätigt sich die Annahme aus Abschnitt 6.1.3.
Zum Ausgleich von Verzerrungen in einer Stichprobe können sog. Gewichtungsfaktoren gebildet werden und in die Datenaufbereitung einfließen. Aufgrund des umstrittenen bzw. begrenzten Nutzens von Gewichtungen – da bspw. Homogenitätsannahmen gemacht werden müssen, aus denen neue Unsicherheiten resultieren können (vgl. PORST (2000, S. 109-112); SCHNELL/HILL/ESSER (2005, S. 314, 380)) – wurde bei der Auswertung der Ergebnisse auf den Einsatz dieser Methode verzichtet.

[777] Die Irrtumswahrscheinlichkeit ist die Wahrscheinlichkeit, sich zu irren, wenn man die (Null)Hypothese verwirft, dass ein analytisches Ergebnis zufällig zustande gekommen ist, bzw. die (Alternativ)Hypothese annimmt, dass das Ergebnis nicht zufällig zustande gekommen ist. Sie ist eine Größe zwischen 0 und 1. Vgl. BÜHL/ZÖFEL (2005, S. 113); auch http://www.lrz-muenchen.de/~wlm/ein_voll.htm (27.06.2005). Bei den im Rahmen der Arbeit vollzogenen Untersuchungen werden drei Signifikanzniveaus angewendet: Im Falle von Ergebnissen bis zu einem Niveau von 0,1 % wird von höchst signifikanten (Symbol: ***), bei einem Niveau bis zu 1 % von sehr signifikanten (Symbol: **) und bei einem Niveau bis zu 5 % von signifikanten Ergebnissen (Symbol: *) gesprochen. Vgl. hierzu auch Anhang G und H.

[778] Vgl. MARTENS (2003, S. 183-184, 187-188); BÜHL/ZÖFEL (2005, S. 322, 324-325). Während mittels Korrelationsrechnung eine Aussage zur Stärke und Richtung des Zusammenhangs zwischen zwei Variablen getroffen werden kann, geht es bei der Regressionsanalyse um die Art dieses Zusammenhangs (z. B. linear) bzw. die Vorhersage eines Wertes einer (abhängigen) Variablen aus den Werten (unabhängiger) Variablen. Vgl. BÜHL/ZÖFEL (2005, S. 333). Auf die Durchführung von Regressionsanalysen wurde jedoch verzichtet,

zwei oder mehreren Variablen lassen sich in Abhängigkeit verschiedener Kriterien mittels entsprechender parametrischer und nichtparametrischer statistischer Testverfahren ermitteln.[779] Je nachdem ob zwei oder mehrere unabhängige Variablen bzw. Gruppen angesetzt werden, wurde in der vorliegenden Untersuchung auf den Mann-Whitney-U-Test (bei zwei Variablen) bzw. den Kruskal-Wallis-H-Test (bei drei und mehr Variablen) zurückgegriffen.[780] Wurden von diesen aufgeführten Verfahren im Einzelfall abweichende Verfahren eingesetzt, so wird dies an entsprechender Stelle in der Arbeit explizit angemerkt. Zur Durchführung dieser statistischen Analyseverfahren wurde die in der empirischen Sozialforschung verbreitete Statistiksoftware SPSS® genutzt. Die einzelnen Ergebnisse der bi- und multivariaten Analysen sind in den Anhängen G und H in zusammengefasster Form aufgeführt.

Die Darstellung der Ergebnisse der univariaten Analysen erfolgt in Abschnitt 6.2 bis 6.5 überwiegend in Form zweifach kombinierter Skalendiagramme. Die Basis bilden die mehrstufigen Bewertungsskalen, die zwischen zwei gegenläufigen Ausprägungen schwanken, z. B. „sehr intensiv" bis „gar nicht", wie in Abbildung 6.4 exemplarisch aufgezeigt ist. Im Diagramm sind jeweils alle Antwortausprägungen zusammengefasst und wie folgt zu interpretieren:
- Strukturelle Interpretation: Die Länge der Balkenabschnitte spiegelt die relative Häufigkeit der jeweiligen Antworten wider (entspricht der Prozentangabe auf der x-Achse).
- Quantitative Interpretation: Der Wert innerhalb des Balkens gibt die absolute Häufigkeit der Antworten an.

Abbildung 6.4: Beispielhaftes Skalendiagramm („Intensität der Lieferantenkooperation")

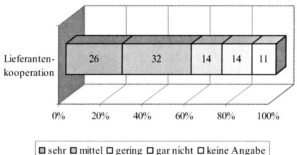

Quelle: Eigene Darstellung.

Nachdem der allgemeine Rahmen der Befragung vorgestellt wurde, stehen die Präsentation und Interpretation der wesentlichen deskriptiven und analytischen Ergebnisse aus dem Einsatz der

---

da die Zusammenhangsstärke bei Annahme eines linearen Zusammenhangs als ausreichende Aussage in die Interpretation angesehen wurde.

[779] Bei parametrischen Tests wird als Prüfgröße eines statistischen Tests ein bestimmter Parameter einer Verteilung (z. B. Mittelwert) herangezogen. Wird nur allgemein die Verteilungsfunktion betrachtet, wird von nichtparametrischen Testverfahren gesprochen. Vgl. MARTENS (2003, S. 126).

[780] Vgl. hierzu und für einen Überblick über die vielfältigen statistischen Testverfahren MARTENS (2003, S. 125); BÜHL/ZÖFEL (2005, S. 279-319).

o. g. Verfahren im Mittelpunkt der nachfolgenden Abschnitte. Deren Darstellung orientiert sich an den drei in Abschnitt 6.1.1 definierten Niveaus. Aufgrund der fehlenden Repräsentativität der Befragung für die gesamte ERI begrenzen sich die nachfolgenden Aussagen in erster Linie auf die untersuchte Stichprobe der Unternehmen der ERI.

6.2 Analyse des vertikalen Kooperationsniveaus

Zur Ermittlung des Niveaus der vertikalen Kooperation in Lebensmittel-WS werden zunächst allgemein die Verbreitung und Inhalte der Kooperation der Unternehmen der ERI mit den Akteuren vor- und nachgelagerter Wertschöpfungsstufen analysiert. Im nächsten Schritt wird bestimmt, ob die Kooperation mittels eines SCM praktiziert und gesteuert wird. Im Weiteren ist von Interesse, mit welchen positiven Effekten und auch Problemen die Implementierung bzw. der Einsatz eines SCM-Systems verbunden ist, um die Akzeptanz des SCM beurteilen zu können. Als ein Indikator für die Verankerung des SCM-Systems im Unternehmen wird der Einsatz komplementärer Konzepte sowie unterstützender Instrumente untersucht. Letzteres wird allerdings übergreifend im Zusammenhang mit anderen Konzepten und Instrumenten (z. B. des Umweltbereichs) erst in Abschnitt 6.4 thematisiert.

6.2.1 Verbreitung vertikaler Kooperation

Im Vergleich zu anderen Erzeugnissen (z. B. Fahrzeuge, Elektro(nik)geräte) sind WS zur Herstellung von Lebensmitteln als verhältnismäßig einfach strukturiert zu charakterisieren. Dennoch ist aufgrund der interorganisationalen Arbeitsteilung eine Vielzahl sehr unterschiedlicher Akteure direkt oder indirekt an der Wertschöpfung beteiligt. Die Unternehmen der ERI stehen dabei i. d. R. im Zentrum der Aktivitäten in Lebensmittel-WS (vgl. auch Abbildung 5.2). Doch wie eng arbeiten die Unternehmen der ERI mit den vor- und nachgelagerten Wertschöpfungsstufen innerhalb ihres WS zusammen? Die Abbildung 6.5 legt offen, dass mehr als zwei Drittel der befragten Unternehmen der ERI v. a. mit der **unmittelbar vor- und nachgelagerten Wertschöpfungsstufe** (1st-Tier) sowie den LDL in einem kooperativen Verhältnis stehen, wohingegen die weiter entfernten Wertschöpfungsakteure (2nd-Tier) bislang wesentlich weniger Beachtung erfahren.[781] Die Konzentration der unternehmensübergreifenden Zusammenarbeit in Lebensmittel-WS auf die unmittelbar vor- und nachgelagerte Wertschöpfungsstufe ist jedoch kein Phänomen des Lebensmittelsektors, sondern auch in anderen Sektoren bzw. WS, wie z. B. in der Textilwirtschaft, anzutreffen. So beziehen viele Textilunternehmen die Rohstoffe von ihren Lieferanten, aber i. d. R. „sellers do not care about the earlier stages of the chain".[782] Die verbreitet enge Zusammenarbeit mit den LDL, die im Übrigen mit steigender Unternehmensgröße (*) häufiger anzutreffen ist, ist einerseits ein Indiz für die bevorzugte Auslagerung von

---

[781] Da Direktvertrieb in der EW i. d. R. keinen bzw. nur einen geringen Anteil aller Absatzkanäle dieser Unternehmen umfasst, ist davon auszugehen, dass den Kunden die 1. Handelsstufe und den Kundenkunden die 2. Handelsstufe/Gastronomie bzw. die Konsumenten entsprechen. Analog sind die Lieferanten andere Unternehmen der EW oder landwirtschaftliche Betriebe und die Sublieferanten entweder landwirtschaftliche Betriebe oder landwirtschaftliche Vorproduzenten. Vgl. hierzu auch Abbildung 5.2.

[782] SEURING (2004, S. 1063).

Logistikleistungen durch die ERI und zeigt andererseits zugleich die hohe Bedeutung der Logistik in Lebensmittel-WS auf (vgl. Abschnitt 5.4.1). Die großen Unternehmen der ERI legen dabei Wert auf kooperative Geschäftsbeziehungen zu den LDL. Mögliche Ursachen hierfür sind in hohen Warenmengen und der Vielfalt/Breite der Aufgaben der LDL zu sehen. In der Kooperation der ERI mit den anderen Wertschöpfungsakteuren sind dagegen keine statistisch signifikanten Zusammenhänge zur Unternehmensgröße zu erkennen. Als sonstige Partner wurden u. a. Produktionsdienstleister sowie externe Laboratorien genannt.

Abbildung 6.5: Vertikale Kooperationen in der ERI

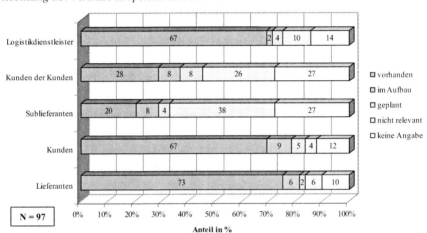

Quelle: In Anlehnung an SOMMER/KRAMER (2005, S. 127) (Anmerkung: Balkenwerte = absolute Werte).

Die Antworten mit **Nicht-Relevanz** einer Kooperation bedeuten dabei nicht zwangsläufig, dass die Unternehmen überhaupt nicht mit Unternehmen dieser Wertschöpfungsstufe(n) geschäftlich zusammenarbeiten, sondern zunächst nur, dass keine kooperative, partnerschaftliche Beziehung zu dieser/n besteht. Natürlich kann dies aber durchaus auch ein Ausdruck dafür sein, dass überhaupt kein Kontakt bzw. keine Kommunikation mit einzelner/n, im WS weiter entfernten Wertschöpfungsstufe/n (z. B. Sublieferanten) existiert. So kann sich im hohen Anteil der Nicht-Relevanz einer Kooperation mit den Sublieferanten und den Kundenkunden demnach verbergen, dass entweder gänzlich kein Kontakt oder zwar ein Kontakt, aber keine Kooperation besteht. Ähnlich gestaltet sich die Situation bei den LDL, wobei hier zunächst festzustellen ist, ob überhaupt die Dienste eines LDL in Anspruch genommen werden und wenn nicht, somit zwangsläufig auch keine Zusammenarbeit bestehen kann. Greift ein Unternehmen der ERI auf LDL zurück, dann kann dies rein kompetiver Natur sein und somit einem gewissen, nicht näher ausweisbaren Anteil der Nicht-Relevanz einer Kooperation entsprechen. Dagegen besteht zu den Lieferanten und Kunden der ERI über Bestell- bzw. Absatzvorgänge in jedem Fall Kontakt, so dass sich eine Nicht-Relevanz hierbei allein auf die fehlende partnerschaftliche Kooperation beziehen muss.

Es ist an dieser Stelle hervorzuheben, dass der **Kooperationsgrad**[783] in Lebensmittel-WS als sehr hoch einzuschätzen ist, da immerhin etwa zwei von drei befragten Unternehmen mit (wichtigen) Unternehmen der unmittelbar vor- und nachgelagerten Wertschöpfungsstufe anstelle kompetiver bzw. opportunistischer vielmehr kooperative Geschäftsbeziehungen besitzen.

Die hohe Verbreitung der Kooperationsstrategie steht weitgehend im Einklang mit Ergebnissen von verschiedenen Analysen im produzierenden Bereich, wonach die Kooperationsverbreitung in der deutschen Wirtschaft bei etwa 70-80 % liegt.[784] Eine umfassende, deutschlandweite Pilotstudie des Statistischen Bundesamtes aus dem Jahr 2003 zeigte zudem, dass Unternehmenskooperationen v. a. bei Großunternehmen des Verarbeitenden Gewerbes verbreitet sind und in den nächsten Jahren noch mit einem weiteren Bedeutungsanstieg gerechnet wurde.[785] Ein zentraler Auslöser der hohen Verbreitung kooperativer Verhaltensweisen im Lebensmittelsektor ist sicherlich in erster Linie der hohe Wettbewerbsdruck in Lebensmittel-WS (vgl. Abschnitt 5.2.2) und zwar in der Hinsicht, dass ein instabiles Verhältnis zu den anderen Wertschöpfungsakteuren möglicherweise zum Verlust traditioneller Geschäftspartner und -beziehungen (z. B. Absatzwege) mit der Folge von Umsatzeinbußen führen könnte. Zudem bieten Kooperationen die Chance zur Reduzierung von Risiken (z. B. bzgl. des Auftretens von Missständen oder Skandalen, vgl. Abschnitt 5.3).

Die partnerschaftliche Zusammenarbeit mit den Wertschöpfungsakteuren ist möglicherweise auch eine Konsequenz aus den Anforderungen der seit 01.01.2005 gesetzlich verpflichtenden Gewährleistung der lückenlosen Rückverfolgbarkeit der Lebensmittel gemäß EU-Verordnung 178/2002. Vor dem Hintergrund, dass ab Oktober 2006 gemäß EU-Verordnung 1935/2004 auch alle Materialien und Gegenstände, die mit Lebensmitteln direkten Kontakt haben (z. B. Primärverpackungen, Abfüllmaschinen) von den Anforderungen der Rückverfolgbarkeit betroffen sind,[786] stellt sich durchaus die Frage, wie intensiv sich die Zusammenarbeit mit deren Herstellern in nächster Zeit gestaltet bzw. weiterentwickeln wird.

Weiterhin kann festgehalten werden, dass bei den Unternehmen der ERI die Lieferantenkooperation verbreiteter ist als die partnerschaftliche Zusammenarbeit mit den Kunden. Daher wird an dieser Stelle bereits angenommen, dass in Unternehmen der ERI schwerpunktmäßig eher Ansätze eines **SRM** als des CRM und/oder des SCM vorzufinden sind. Diese Annahme

---

[783] Der Kooperationsgrad wird hierbei verstanden als gestuftes Maß für das Vorhandensein von Kooperationen. Er ergibt sich aus der Neigungsstärke zu Kooperationen (vorhanden, im Aufbau usw.) mit den Unternehmen der einzelnen Wertschöpfungsstufe über die Kooperationsbreite. Die Kooperationsbreite entspricht der Anzahl berücksichtigter Wertschöpfungsstufen. In Anlehnung an PFOHL (2004, S. 320-321).

[784] Dieser Einschätzung liegen Ergebnisse aus zwei empirischen Analysen im produzierenden Bereich zugrunde. In der Analyse von WILDEMANN aus dem Jahr 1998 wurden 155 deutsche Unternehmen des produzierenden Bereichs unter dem Fokus der Ermittlung der Entwicklungstrends in der Zulieferindustrie befragt. Die Kooperationsverbreitung lag hier zwischen 70 % und 80 % Vgl. WILDEMANN (1998, S. 16, 37). Aus der Analyse von EGGERS/KINKEL zur Kooperationsneigung im Verarbeitenden Gewerbe in Deutschland im Jahr 2001 zeigte sich, dass bereits über 80 % der Unternehmen in Kooperationen zusammenarbeiten. Vgl. EGGERS/KINKEL (2005, S. 14).

[785] Vgl. STATISTISCHES BUNDESAMT (Hrsg.) (2004, S. 12, 15, 23-24); auch EGGERS/KINKEL (2005, S. 14).

[786] Vgl. ausführlicher zur Rückverfolgungsthematik Abschnitt 5.3 sowie weiterführend im Rahmen der vorliegenden empirischen Erhebung Abschnitt 6.2.4.

bestätigt sich z. T., wenn man den Zusammenhang zwischen dem SCM-Implementierungsgrad (vgl. Abschnitt 6.2.3) und der Kooperation mit den Wertschöpfungsakteuren untersucht: Es bestehen nur mit der Lieferantenseite (*/**) und den LDL (***), nicht aber mit der Kundenseite geringe positive Korrelationen. Da dabei nicht nur die 1st-Tier-, sondern auch die 2nd-Tier-Lieferanten einbezogen sind, ist weniger ein SRM, sondern vielmehr ein SCM anzunehmen. Das SCM ist dabei v. a. lieferantenseitig ausgerichtet, da mit zunehmendem SCM-Implementierungsgrad die Kooperation mit der Lieferantenseite und weniger mit der Abnehmerseite statistisch signifikant zunimmt.

Die Bedeutung von Lieferantenkooperationen für produzierende Unternehmen belegen u. a. zwei empirische Studien zum SRM im Verarbeitenden Gewerbe in Deutschland aus dem Jahr 2003 von ARNOLD/WARZOG bzw. 2005 von BDE/SIEMENS AG, nach welchen aktuell 42,0 % bzw. 68,0 % und zukünftig 91,0 % bzw. 83,0 % der Unternehmen dem SRM-Einsatz für ihren Geschäftserfolg eine hohe bis sehr hohe Bedeutung beimessen bzw. es anwenden (wollen).[787] Wenngleich festzustellen ist, dass beachtliche Schwankungen zwischen den Werten dieser beiden Studien bestehen und die Vergleichbarkeit zwischen der vorliegenden Befragung und den beiden Studien aufgrund unterschiedlicher Stichprobeneigenschaften (z. B. verschiedene Branchen, Unternehmensgrößenverteilung) und Untersuchungszeiträume nur bedingt gegeben ist, so zeigen sich doch ähnliche tendenzielle Entwicklungen. Insbesondere die Komplexität der Beschaffung(sobjekte) (vgl. hierzu ausführlicher Abschnitt 5.4.1) lassen das SRM für die Unternehmen der ERI durchaus relevant erscheinen.

Während den Lieferanten etwas mehr kooperative Aufmerksamkeit als den Kunden geschenkt wird, sind die Sublieferanten (z. B. landwirtschaftliche Vorproduzenten) seltenere Kooperationspartner als die Kundenkunden (vgl. Abschnitt 6.5). Es zeigt sich im Weiteren ein statistisch signifikanter Zusammenhang in der Kooperation zwischen den einzelnen Wertschöpfungsstufen: Unternehmen der ERI, die mit den Lieferanten kooperieren, arbeiten häufig auch mit ihren Kunden eng zusammen (***). Dies entspricht der SCM-Philosophie und indiziert erneut die Existenz des SCM in der ERI. Ähnliches gilt auch für die Konstellation Kunden und Kunden der Kunden (*), allerdings nicht so offensichtlich für die Konstellation Lieferant und Sublieferant (ns).

Für weitergehende Untersuchungen wäre u. a. von Interesse zu erfahren, wer z. B. unter den Lieferanten die bevorzugten Kooperationspartner sind. Sind es v. a. die Rohstofflieferanten oder auch die Lieferanten von Hilfs- und Betriebsstoffen? Ebenso von Interesse wären nähere Aussagen zu den logistischen Aufgaben, die die LDL wahrnehmen (z. B. Transport, Kommissionierung, Verpackung). Es liegen auch keine Informationen dazu vor, ob die Kooperationen zufällig zustande gekommen oder bewusst gebildet worden sind. Angaben zur Art (z. B.

---

[787] Vgl. ARNOLD/WARZOG (2005, S. 2, 10, 11-12) für den jeweils ersten Wert und BDE/SIEMENS (Hrsg.) (2005, S. 3) für den jeweils zweiten Wert. Bei den 68,0 % ist allerdings zu beachten, dass sich diese zusammensetzen aus 23,0 % der Unternehmen, die ein SRM unternehmensweit anwenden, und 45,0 % der Unternehmen, die es nur teilweise einsetzen. Zu ähnlichen Ergebnissen speziell auch für die EW kommen STRAUBE et al. in ihrer Untersuchungsreihe zu den Trends und Strategien in der Logistik. Vgl. STRAUBE et al. (2005, S. 58-59).

Franchising, Interessengemeinschaften, Virtuelle Unternehmen[788]), zum Umfang (Anzahl der Partner insgesamt und je Wertschöpfungsstufe), der Intensität und der Qualität dieser vertikalen Kooperationen sind ebenso nicht existent. Es wurden jedoch Informationen zu deren Inhalten bzw. den Kooperationsfeldern erfasst, die nachfolgend vorgestellt werden.

6.2.2 Inhalte der Kooperation

Gegenstand der Kooperationen sind entsprechend Abbildung 6.6 v. a. der regelmäßige Austausch von Daten (z. B. Planungs-, Bestandsdaten)[789] und gemeinsame Aktivitäten im Tagesgeschäft (z. B. in den Bereichen Beschaffung, Marketing). Die Akteure der einzelnen Wertschöpfungsstufen sind darüber hinaus auch häufig in die Entwicklungsleistungen der Unternehmen der ERI involviert. Dies geht konform mit den Ergebnissen der bereits erwähnten Studie von ARNOLD/WARZOG zum Einsatz des SRM im Verarbeitenden Gewerbe, wonach die Integration der Lieferanten v. a. die Produktentwicklung und Logistik betreffen.[790]

Abbildung 6.6: Typische Kooperationsfelder in Lebensmittel-WS

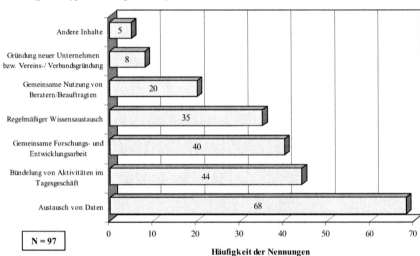

Quelle: In Anlehnung an SOMMER/KRAMER (2005, S. 128) (Anmerkung: Balkenwerte = absolute Werte, Mehrfachnennungen waren möglich).

---

[788] Zu verschiedenen Arten bzw. Typen von Unternehmenskooperationen vgl. KILLICH (2005, S. 15); THELING/LOOS (2004, S. 14-26); ISKANDER (2004, S. 88-95); weiterführend auch Abschnitt 2.1.2.
[789] Es liegen allerdings keine Informationen vor, ob der Datenaustausch auf elektronischem Wege (z. B. EDI) oder belegbasiert abläuft.
[790] Vgl. ARNOLD/WARZOG (2005, S. 3). Die hohe Bedeutung von Entwicklungsleistungen als Gegenstand der Kooperation deckt sich auch weitgehend mit den Ergebnissen der Pilotstudie des STATISTISCHEN BUNDESAMTES. Vgl. STATISTISCHES BUNDESAMT (Hrsg.) (2004, S. 17). Im Vergleich zur empirischen Analyse von EGGERS/KINKEL, die zwar nicht die ERI, aber verschiedene andere Branchen speziell des deutschen Verarbeitenden Gewerbes untersuchte, ergeben sich Ähnlichkeiten hinsichtlich der hohen Bedeutung von F&E-Kooperationen und des Wissenstransfers im Sinne der Aus-/Weiterbildung. Siehe als Vergleichsbasis EGGERS/KINKEL (2005, S. 15-16).

Von völlig untergeordneter Bedeutung für die befragten Unternehmen der ERI ist die gemeinsame Gründung von (neuen) Unternehmen. Beispiele für selbst genannte, sonstige Kooperationsinhalte sind Optimierungen in der Direktverladung und gemeinsame Messeauftritte. Die Verflechtungen zwischen der ERI und ihren kooperierenden Wertschöpfungspartnern sind demnach nicht nur materieller, sondern v. a. auch immaterieller Art.

Hinsichtlich des Datenaustausches (***) und der Gründung von Unternehmen (*) zeigt sich zudem, dass diese mit steigender Unternehmensgröße zunehmend verbreitet sind. Daten werden in knapp der Hälfte der kleinen, von etwa drei Viertel der mittelständischen und bei fast allen großen Unternehmen ausgetauscht. Mögliche Gründe hierfür sind, dass KMU weniger/ seltener Datenhaltungs- und -erfassungssysteme (z. B. ERP-Systeme) besitzen und große Unternehmen eher über das nötige Kapitel und Anreize für eine gemeinsame Unternehmensgründung (z. B. Auslagerung von Nicht-Kernkompetenzen) verfügen. Der Datenaustausch erfolgt dabei hauptsächlich mit den kooperierenden LDL (**).

Gemeinsame Forschungs- und Entwicklungsarbeit konzentriert sich gleichermaßen und mit zunehmender Kooperationsintensität auf die Lieferanten und LDL (**). Daraus resultieren bei ersteren sicherlich v. a. Produktinnovationen und bei den LDL v. a. logistikbezogene Prozessinnovationen. Die Relevanz gemeinschaftlicher produktbezogener Forschung der ERI mit ihren Lieferanten verwundert vor dem Hintergrund der hohen F&E-Kosten und der F&E-Risiken durch Versagen und Imitation nicht (vgl. hierzu Abschnitt 5.2.2.2). In jedem Fall ist an dieser Stelle festzuhalten, dass die befragten Unternehmen der ERI in den **LDL und Lieferanten** wichtige, vertrauenswürdige Partner im Wertschöpfungsprozess sehen.

6.2.3 Existenz des Supply Chain Managements

Die bisherigen Ergebnisse deuteten bereits die mögliche Existenz und Relevanz des SCM in der ERI an. Die Angaben der Befragungsteilnehmer zum **Implementierungsgrad eines SCM-Systems**[791] bestätigen die Annahme. Es zeigt sich, dass etwa jedes fünfte Unternehmen (22,7 % der befragten Unternehmen) gemäß der SCM-Philosophie agiert (= „SCM-Nutzer") bzw. sie derzeit implementiert (= „SCM-Implementierer") (vgl. Abbildung 6.7). Darüber hinaus beabsichtigen 23,7 % der Unternehmen kurz- bis langfristig deren Implementierung (= „SCM-Planer"). Lediglich 37,1 % der Unternehmen haben kein Interesse am SCM (= „SCM-Desinteressierte"). Bezeichnenderweise ist anzumerken, dass sich unter den befragten Unternehmen keines befindet, das die Umsetzung eines SCM-Systems erfolglos abgebrochen hat. Unter SCM-vertrauten Unternehmen werden im Folgenden Unternehmen verstanden, die sich dem Zustand des Einsatzes eines SCM zunehmend annähern bzw. es bereits nutzen.

Zwischen den Vor- und Endproduzenten der ERI sind keine statistisch signifikanten Unterschiede im SCM-Implementierungsgrad festzustellen. Zwischen dem SCM-Implementierungsgrad und der Unternehmensgröße bestehen höchst signifikante Unterschiede sowie eine höchst signifikant geringe positive Korrelation: Das SCM ist demnach v. a. in Großunternehmen

---

[791] Der SCM-Implementierungsgrad bringt eine Stufung auf dem Weg zu einem SCM-System zum Ausdruck.

anzutreffen bzw. in der Einführung. Mit abnehmender Unternehmensgröße sinkt der SCM-Implementierungsgrad (vgl. auch Tabelle 6.3). Nur ein kleiner Teil (< 30 %) der kleinen Unternehmen (< 51 Mitarbeiter) interessiert sich bereits für das SCM. Der Großteil der Unternehmen dieser Unternehmensgruppe steht dem SCM ablehnend bzw. ohne Meinung gegenüber. Knapp mehr als die Hälfte der mittelständischen Unternehmen interessiert sich nicht für das SCM. Bei der kleineren zweiten Hälfte ist etwa je zur Hälfte ein SCM-System bereits wenigstens in der Einführung oder aber in Planung. Der Anteil von Unternehmen ohne Angabe zum SCM ist über alle Größenklassen annähernd gleichmäßig verteilt. Weiterhin zeigt der nach der Unternehmensgröße differenzierte SCM-Implementierungsgrad in der ERI in Tabelle 6.3 auch, dass etwas mehr KMU (< 250 Mitarbeiter) die SCM-Einführung kurz- bis langfristig in Erwägung ziehen als es heute bereits realisieren. Eine mögliche Erklärung hierfür ist, dass die KMU zwar die Chancen des SCM erkannt haben, aber sich derzeit nicht in der Lage fühlen, ein SCM-System einzuführen. Diese Feststellungen bestätigen die Aussagen der Literatur, dass v. a. kleine aber auch mittelständische Unternehmen bei der Anwendung eines SCM aufgrund des mit der Implementierung verbundenen hohen Zeit- und Arbeitsaufwandes zurückhaltender bzw. benachteiligt sind.[792]

Abbildung 6.7: Verbreitung von SCM-Systemen in der ERI

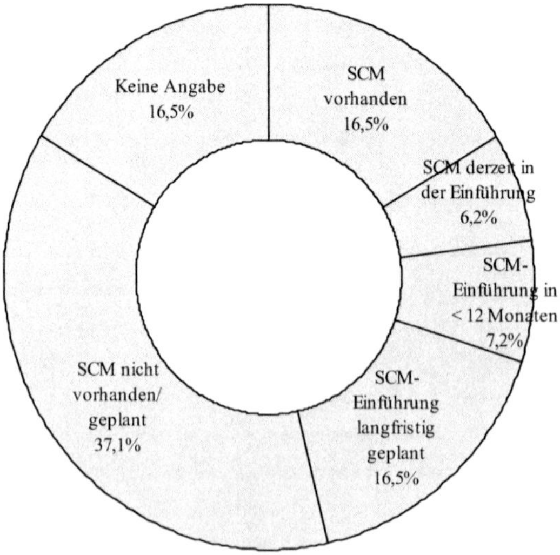

Keine Angabe 16,5%
SCM vorhanden 16,5%
SCM derzeit in der Einführung 6,2%
SCM-Einführung in < 12 Monaten 7,2%
SCM-Einführung langfristig geplant 16,5%
SCM nicht vorhanden/ geplant 37,1%

Quelle: In Anlehnung an SOMMER/KRAMER (2005, S. 133).

Zwischen dem SCM-Implementierungsgrad und den einzelnen Kooperationsinhalten (vgl. Abschnitt 6.2.2) zeigt sich eine signifikant geringe Korrelation mit der Tendenz, dass mit zunehmender Vertrautheit mit dem SCM der Daten- (***) und Wissensaustausch (**) sowie die gemeinsamen F&E-Tätigkeiten (*) eine ebenso größere Rolle spielen. Weitere statistisch sig-

---

[792] Vgl. ausführlicher hierzu Abschnitt 2.2.5 und 5.4.2.1 sowie auch Abschnitt 6.2.4.

nifikante Zusammenhänge zu den anderen untersuchten Kooperationsinhalten, sind nicht zu erkennen.

Tabelle 6.3: SCM-Implementierungsgrad in der ERI differenziert nach der Unternehmensgröße

	< 51 MA	51-250 MA	> 250 MA	k. A.	Summe – absolute Anzahl (Anteil)
SCM vorhanden	1 (3,6%)	6 (15,0%)	9 (32,1%)	0 (0%)	**16 (16,5%)**
SCM derzeit in der Einführung	1 (3,6%)	2 (5,0%)	3 (10,7%)	0 (0%)	**6 (6,2%)**
SCM-Einführung in < 12 Monaten	2 (7,1%)	2 (5,0%)	3 (10,7%)	0 (0%)	**7 (7,2%)**
SCM-Einführung langfristig geplant	4 (14,3%)	7 (17,5%)	5 (17,9%)	0 (0%)	**16 (16,5%)**
SCM-Einführung abgebrochen bzw. gescheitert	0 (0%)	0 (0%)	0 (0%)	0 (0%)	**0 (0%)**
SCM nicht vorhanden/ geplant	16 (57,1%)	16 (40,0%)	4 (14,3%)	0 (0%)	**36 (37,1%)**
Keine Angabe	4 (14,3%)	7 (17,5%)	4 (14,3%)	1 (100%)	**16 (16,5%)**
Summe	**28 (100%)**	**40 (100%)**	**28 (100%)**	**1 (100%)**	***97 (100%)***

Quelle: Eigene Darstellung (Anmerkungen: Alle Angaben sind absolute Zahlen bzw. in Klammern in % von der Größenklasse angegeben; MA ... Mitarbeiter, k. A. ... keine Angabe).

Im Vergleich zur empirischen Studie von WEBER aus dem Jahr 2000 (vgl. hierzu Abschnitt 5.4.2.1), nach der 5,5 % der Unternehmen der ERI über ein SCM verfügten, erscheint ein Anteil von 22,7 % der befragten Unternehmen, die heute (Stand: 07/2005) über ein SCM verfügen bzw. es derzeit implementieren, zunächst grundsätzlich plausibel. Daneben lässt sich zugleich eine tendenziell zunehmende Verbreitung des SCM konstatieren. Berücksichtigt man aber, dass eher Großunternehmen ein SCM-System nutzen, ist Bezug nehmend auf die festgestellte Dominanz der Großunternehmen in der vorliegenden Stichprobe (vgl. Abschnitt 6.1.4) davon auszugehen, dass die tatsächliche Verbreitung des SCM in der ERI wohl etwas geringer ist, als es diese Studie ausweist. Wenngleich sich zwar fast die Hälfte der Unternehmen der ERI langfristig für den Einsatz des SCM entschieden hat, bislang aber erst jedes fünfte Unternehmen tatsächlich über ein SCM verfügt, hat sich die sehr optimistische Einschätzung der Unternehmen aus der Befragung von WEBER aus dem Jahr 2000 somit bislang noch nicht bewahrheitet.[793] Aufschluss über mögliche Ursachen der positiven, aber noch verhaltenen Verbreitung des SCM in der ERI kann der nachfolgende Abschnitt geben.

6.2.4 Akzeptanz des Supply Chain Managements: Nutzen und Hemmnisse

Im weiteren Verlauf werden die Erfahrungen der befragten Unternehmen im Umgang mit dem SCM eruiert. Dazu wurden der Nutzen und die Hemmnisse bei deren Implementierung und Anwendung erfragt. Beim **Nutzen** wurden nur die Teilnehmer, die angaben ein SCM zu besitzen oder einführen zu wollen, einbezogen (N = 61); zu den Hemmnissen konnten sich dagegen alle Teilnehmer äußern. Im Ergebnis leistet das SCM in der ERI v. a. hinsichtlich der

---

[793] In dieser Studie gaben damals etwas mehr als die Hälfte aller befragten Unternehmen an, bis zum Jahr 2004 ihre Logistik hin zu einem SCM ausbauen zu wollen. Vgl. ausführlicher zu dieser Studie Abschnitt 5.4.2.1.

Gewährleistung der gesetzlich vorgeschriebenen Rückverfolgung (Tracing), aber auch in Hinblick auf die transparente Sendungsverfolgung (Tracking), die Verbesserung der Kundenzufriedenheit und des Datenaustausches einen wichtigen Beitrag (vgl. Abbildung 6.8). Das SCM wird dagegen weniger als kostenreduzierend, innovationsfördernd, markterweiternd und umsatzsteigernd angesehen. Qualitative Faktoren spielen demnach eine größere Rolle als die quantifizierbaren Faktoren. Ein möglicher Grund für die defensivere Einschätzungshaltung ist die fehlende Transparenz/Instrumente zur Quantifizierung. Dabei wird der Zusammenhang zwischen beiden Faktorgruppen nicht augenscheinlich wahrgenommen. Bspw. wird der Nutzen des SCM-Einsatzes in Hinblick auf die Steigerung der Kundenzufriedenheit – wie aus Abbildung 6.8 zu erkennen ist – als überwiegend hoch eingeschätzt. Die Zufriedenheit der Kunden wirkt sich allerdings – aus Sicht der befragten Unternehmen scheinbar nicht umsatzsteigernd oder marktanteilerweiternd aus. Es ist daher davon auszugehen, dass die Konsumenten die Leistungen der Unternehmen der ERI zwar zu schätzen wissen, aber i. d. R. nicht im Sinne zusätzlichen Konsums oder Kommunikation mit anderen Konsumenten honorieren. Ebenso überrascht die scheinbar geringe Bedeutung der Entstehung von Innovationen v. a. vor dem Hintergrund der hohen F&E-Neigung und -Korrelation (vgl. Abschnitt 6.2.2). Die Aussagen der Unternehmen können ggf. auch als vermeintliche Widersprüchlichkeiten aufgefasst werden.

Abbildung 6.8: Nutzen des SCM

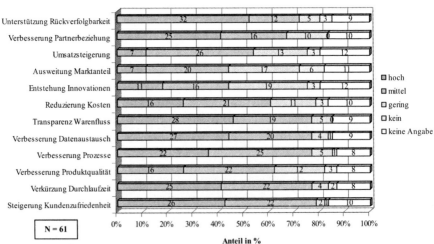

Quelle: Eigene Darstellung (Anmerkung: Balkenwerte = absolute Werte).

Die Vorteilhaftigkeit des SCM in der ERI zeigt sich somit v. a. in Bezug auf die Gestaltung der unternehmensübergreifenden Zusammenarbeit zur Einrichtung eines Rückverfolgbarkeitssystems entlang der SC und weniger in ökonomisch-logistischer Hinsicht. Schließlich messen die befragten Unternehmen den mit der Rückverfolgbarkeit in Verbindung stehenden Aspekten, wie Transparenz im Warenfluss und Verbesserung des Datenaustausches, eine hohe Relevanz bei. Die originäre Verfolgung von ökonomisch-logistischen Aspekten (wie Verbesserung der Prozesse/Abläufe, Kostenreduzierung) ist von nachrangiger Bedeutung. Demnach ist das SCM in der ERI bzw. allgemein im Lebensmittelsektor im Vergleich zu anderen Sektoren (z. B. der Automobil(zuliefer)industrie) – wenngleich hierzu konkrete Vergleichsdaten fehlen – in erster Linie normativ (d. h. an den normativen Vorgaben zur Gewährleistung der Rückverfolgbarkeit) intentioniert.

Die Vorteile eines SCM wurden bei den „SCM-Nutzern", „SCM-Implementierern" und den „SCM-Planern" gleichsam abgefragt, um so die tatsächlichen Erfahrungen/Erfolge den (potenziellen) Erwartungen gegenüber stellen zu können. Wenngleich keine signifikanten Unterschiede vorzufinden sind, so zeigen sich in folgender Hinsicht geringfügige Abweichungen:

- Die Erwartungen der „SCM-Planer" sind etwas geringer als die Erfahrungen der „SCM-Nutzer" bzgl. der Steigerung der Kundenzufriedenheit, Durchlaufzeitverkürzung, Produktqualitätsverbesserung, Prozessverbesserung, Warenflusstransparenz;
- Die Erwartungen der „SCM-Planer" sind etwas höher als die Erfahrungen der „SCM-Nutzer" bzgl. der Entstehung von Innovationen und der Verbesserung der Partnerbeziehungen;
- Die „SCM-Implementierer" schätzen die positiven Effekte des SCM aus der Unterstützung bei der Verbesserung der Produktqualität, bei der Entstehung von Innovationen und bei der Kostensenkung wesentlich geringer ein als die „SCM-Nutzer" und „SCM-Planer".

Im Wesentlichen wurden die Erwartungen durch die Unternehmen, die noch kein SCM besitzen, demnach häufig etwas geringer als die tatsächlichen Erfahrungen eingestuft. Daraus lässt sich ableiten, dass der Nutzen des SCM-Einsatzes unterschätzt wird. Dies sollte für „SCM-Planer" und „SCM-Desinteressierte" ein Anreiz sein, die Implementierung zu beschleunigen bzw. doch noch in Erwägung zu ziehen. Als sonstiger Nutzen wurde bezeichnenderweise die Präferierung als Lieferant beim Handel genannt. Dies deutet auf die dominante Position des Handels innerhalb von Lebensmittel-SC hin (vgl. hierzu Abschnitt 5.2.2.3 und 5.4.2). Weiterhin wurden die leichtere Realisierung des EDI-Standards und die Unterstützung bei der Umsetzung einer nachhaltigen Wirtschaftsweise angeführt.

Die größten **Hemmnisse** bei der Realisierung des SCM werden in den hohen eigenen Kosten/ Aufwand sowie der Heterogenität und Komplexität der unternehmensübergreifenden Prozesse gesehen (vgl. Abbildung 6.9). Die Unternehmen sind z. T. vielfach bereits damit ausgelastet, die vielfältigen Prozesse innerhalb ihres Unternehmens in Abstimmung der einzelnen Abteilungen zu optimieren. Umso schwerer fällt es ihnen, den Blick darüber hinaus auf die SC zu richten. Gleichwohl sollte den Unternehmen bewusst sein, dass der gleichzeitige Einbezug der SCM-Philosophie im Rahmen dieses betrieblichen Reorganisationsprozesses zusätzliche Nutzenpotenziale ermöglichen kann. Mangelndes Engagement der Mitarbeiter stellt kaum ein Hindernis dar.

Zum Vergleich wird eine Unternehmensbefragung des ZENTRUMS FÜR UNTERNEHMENSWISSENSCHAFTEN zum SCM unter Beteiligung mehrerer Wirtschaftszweige aus dem Jahr 2003 herangezogen. In dieser Studie zeigte sich, dass Partnerschaftsprobleme (Vorbehalte bzw. Desinteresse), Mängel in der IT-Infrastruktur und das Fehlen einer Anleitung für ein strukturiertes Vorgehen zu den größten Hindernissen in SCM-Projekten gehören.[794] In der hier vorliegenden Befragung bildet die Einschätzung hinsichtlich der Kooperationsbereitschaft der Wertschöpfungsakteure (Kriterien, wie mangelndes Vertrauen, fehlendes Interesse) ein nicht zu unterschätzendes Thema. Diese Feststellung deutet auf einige Probleme innerhalb der Kooperationen in Lebensmittel-WS hin (vgl. Abschnitt 6.2.1). Technische Probleme (z. B. IT-Einsatz) stellen auch im Speziellen für die befragten Unternehmen der ERI ein gewisses Manko dar, unzureichende Hilfestellungen sind dagegen nicht als ein hervorhebenswertes Problem anzusehen.

Abbildung 6.9: Hemmnisse bei der Realisierung des SCM

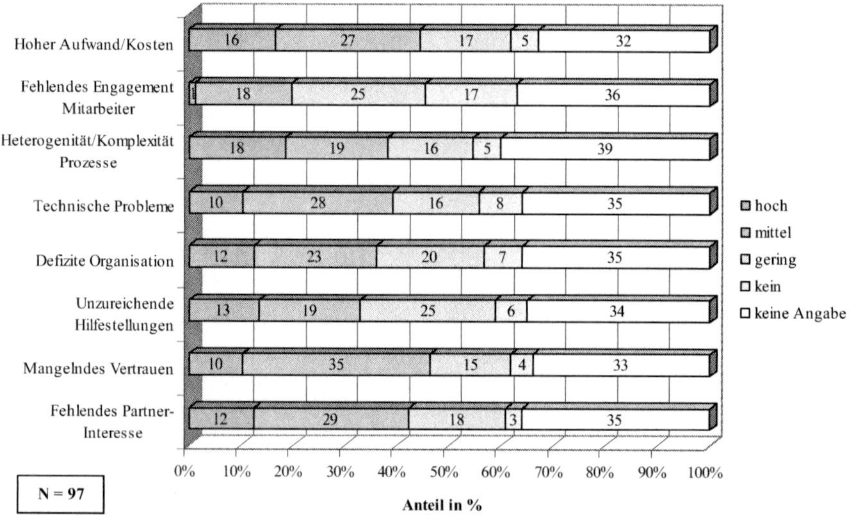

Hemmnis	hoch	mittel	gering	kein	keine Angabe
Hoher Aufwand/Kosten	16	27	17	5	32
Fehlendes Engagement Mitarbeiter	18	25	17		36
Heterogenität/Komplexität Prozesse	18	19	16	5	39
Technische Probleme	10	28	16	8	35
Defizite Organisation	12	23	20	7	35
Unzureichende Hilfestellungen	13	19	25	6	34
Mangelndes Vertrauen	10	35	15	4	33
Fehlendes Partner-Interesse	12	29	18	3	35

N = 97   Anteil in %

Quelle: Eigene Darstellung (Anmerkung: Balkenwerte = absolute Werte).

Im Wesentlichen kann an dieser Stelle festgehalten werden, dass die Herausforderungen der Implementierung eines SCM in der ERI v. a. kooperationsbezogener und finanzieller Art sind. Zwischen dem SCM-Implementierungsgrad und den einzelnen Nutzenaspekten und Hemmnissen zeigen sich im Übrigen keine signifikanten Zusammenhänge. Ähnliche Ergebnisse ergeben sich bis auf wenige Ausnahmen auch bezogen auf die Unternehmensgröße: Auf der Nutzenseite zeigt sich lediglich hinsichtlich der Steigerung der Kundenzufriedenheit (**), dass diese mit steigender Unternehmensgröße als wichtiger eingeschätzt wird. Bei den Hemmnissen sind

---

[794] Vgl. NIENHAUS (2003, S. 14).

hinsichtlich des Mitarbeiter-Desinteresses (*) und dem Aufwand der SCM-Implementierung (*) signifikant negative Zusammenhänge zu verzeichnen, d. h. mit abnehmender Unternehmensgröße werden das Mitarbeiter-Desinteresse und der hohe Aufwand als problematischer angesehen. Ein möglicher Grund besteht darin, dass die KMU die Vorzüge des SCM nicht kennen bzw. ihnen nicht bewusst ist. Zwischen dem SCM-Implementierungsgrad und den Hemmnissen sind keine statistisch signifikanten Unterschiede festzustellen. Es lässt sich jedoch ansatzweise erkennen, dass die „SCM-Nutzer" die Hemmnisse im Vergleich zu den „SCM-Planern" und den „SCM-Desinteressierten" als weniger problematisch ansehen.

Weiterhin bestehen signifikant geringe Zusammenhänge zwischen einzelnen Nutzeffekten bzw. Hemmnissen und den Kooperationspartnern im WS: Ein positiver Zusammenhang zeigt sich bei den Nutzenaspekten zwischen der Kundenzufriedenheit mit der Kooperation mit den LDL (*), zwischen der Ausweitung des Marktanteils und bei der Entstehung von Innovationen mit der Kooperation mit den Sublieferanten (*) und zwischen der Gewährleistung der Rückverfolgbarkeit mit der Kooperation mit den Lieferanten (**). Bei den Hemmnissen nehmen dagegen die Partnerkonflikte mit dem Vorhandensein einer Kooperation mit den LDL (*) ab.

Es fällt überdies auf, dass der Grad in der Wahrnehmung der verschiedenen Hemmnisse im Vergleich zu den Nutzenaspekten sehr unterschiedlich ist (arithmetische Mittelwerte auf einer 4-stufigen Skala: Nutzen – 3,1; Hemmnisse – 2,6). Wie in Abschnitt 6.1.1 beschrieben, lässt sich durch die Bildung der Differenz aus den durchschnittlichen Bewertungen zwischen den Nutzeffekten und Hemmnissen die **Akzeptanz** des SCM beurteilen. Dabei zeigt sich ein hohes, positives Ergebnis, das auf eine ausgeprägte betriebliche Akzeptanz schließen lässt. Somit bestehen prinzipiell gute Rahmenbedingungen für eine weitere Verbreitung des SCM in der ERI.

6.3 Analyse des vertikalen Umweltkooperationsniveaus

Nachdem das allgemeine Kooperationsniveau in Lebensmittel-WS vorgestellt wurde, rückt nun im Folgenden die partnerschaftliche Zusammenarbeit der Unternehmen der ERI in Bezug auf Umweltbelange in den Mittelpunkt. In diesem Zusammenhang ist zunächst das einzelbetriebliche Umweltengagement von Bedeutung. Im Weiteren wird die Intensität der umweltbezogenen Kooperation mit den anderen Wertschöpfungsakteuren eruiert. Für die Ermittlung der Akzeptanz des Umweltengagements sind dessen Nutzeffekte und Hemmnisse von Aussagekraft. Als Indikator für die betriebliche Verankerung des Umweltengagements wird in Abschnitt 6.4 der Einsatz zweckmäßiger Konzepte sowie unterstützender Instrumente herangezogen.

6.3.1 Kategorisierung des betrieblichen Umweltengagements

Die Unternehmen wurden zunächst um die Selbsteinschätzung hinsichtlich ihres Engagements im betrieblichen Umweltschutz gebeten.[795] Es zeigt sich, dass sich mehr als die Hälfte der

---

[795] Erklärung: „passiv" = auf die Erfüllung der geltenden Umweltrechtsvorschriften fokussierter Umweltschutz; „aktiv" = über Regulierungsanforderungen hinausgehende freiwillige Verfolgung weitergehender Umweltentlastung; „proaktiv" = als Pilotunternehmen hebt sich das Umweltengagement des Unternehmens deutlich vom Rest der Branche ab und dokumentiert zugleich den betriebswirtschaftlichen Erfolg des Umweltengagements.

befragten Unternehmen für aktive und sogar ein weiteres Fünftel für proaktive „Umweltschützer" halten. Bei diesen Unternehmen gehört der Umweltschutz fest zur Unternehmensphilosophie. Dagegen bezeichnen 25,8 % der Unternehmen ihr Verhalten als passiv umweltfokussiert, d. h. sie beschränken ihr **Umweltengagement** auf die Umsetzung der bestehenden Umweltrechtsvorschriften. Es sind absolut betrachtet auf den ersten Blick v. a. die mittelständischen Unternehmen, die sich in der Befragung als (pro)aktiv umweltengagiert ausweisen (vgl. Tabelle 6.4), heben sich anteilig aber nicht wesentlich von den kleinen und großen Unternehmen ab. Während sich zwischen den mittelständischen und großen Unternehmen kaum Unterschiede erkennen lassen, weisen demgegenüber die kleinen Unternehmen einen leicht höheren Anteil an passiv und einen leicht geringeren Anteil an proaktiv umweltengagierten Unternehmen auf. Statistische Analysen zeigen zwischen dem Umweltengagement-Typ und der Unternehmensgröße jedoch keine statistisch signifikanten Unterschiede oder Zusammenhänge auf. D. h., das Umweltengagement der befragten Unternehmen ist über alle Unternehmensgrößenklasse hinweg in etwa gleich ausgeprägt. Die Unternehmensgrößenunabhängigkeit bewirkt, dass die Dominanz der Großunternehmen die Interpretation der Verbreitung des Umweltengagements in der ERI nicht negativ beeinflusst.

Tabelle 6.4: Umweltengagement der Unternehmen der ERI differenziert nach der Unternehmensgröße

	< 51 MA	51-250 MA	> 250 MA	k. A.	Summe – absolute Anzahl (Anteil)
passiv	10 (35,7%)	8 (20,0%)	6 (21,4%)	1 (100%)	25 (25,8 %)
aktiv	14 (50,0%)	22 (55,0%)	15 (53,6%)	0 (0%)	*51 (52,6 %)*
proaktiv	4 (14,3%)	9 (22,5%)	7 (25,0%)	0 (0%)	20 (20,6 %)
keine Angabe	0 (0%)	1 (2,5%)	0 (0%)	0 (0%)	1 (1,0 %)
Summe:	**28 (100%)**	**40 (100%)**	**28 (100%)**	**1 (100%)**	*97 (100%)*

Quelle: In Anlehnung an SOMMER/KRAMER (2005, S. 131) (Anmerkungen: alle Angaben sind absolute Zahlen bzw. in Klammern in % von der Größenklasse angegeben; MA ... Mitarbeiter, k. A. ... keine Angabe).

Als mögliche Auslöser für das hohe Engagement der befragten Unternehmen für die natürliche Umwelt können in erster Linie interne und externe Nutzeffekte in Frage kommen. Deren Einfluss wird in Abschnitt 6.3.2 untersucht. Als ein weiterer Grund kann die (Möglichkeit zur) Inanspruchnahme von Beratungs- und Fördermitteln in Betracht gezogen werden.[796] Derartige Mittel wurden bzw. werden gezielt insbesondere den KMU gewährt (z. B. „Bundesprogramm zur Förderung von Unternehmensberatungen von KMU"),[797] so dass sich in diesem Kontext z. T. auch die auffällig hohe Verbreitung des Umweltengagements in dieser Unternehmens-

---

An dieser Stelle ist in jedem Fall zu beachten, dass die Selbsteinordnung trotz eindeutiger Definition der Begriffe subjektiv geprägt sein kann (vgl. Abschnitt 6.1.3).

[796] Hierzu zählen verschiedene unternehmens- und projektbezogene Umweltförderprogramme von der EU, der Bundesrepublik, den Bundesländern oder Kommunen auf Basis von Darlehen, Zuschüssen, Zins- oder Steuervergünstigungen. Vgl. für eine exemplarische Übersicht HAUFF/KLEINE/JÖRG (2005, S. 133 sowie in detaillierter Form S. 165-172); auch Abschnitt 5.5.2.2. Die verbreitetste Förderform in Deutschland ist die unternehmensbezogene Förderung von Beratungen zur Einführung von UM-Systemen. Zur projektbezogenen Förderung zählt in erster Linie Ökoprofit, über das bislang die meisten Unternehmen erreicht wurden. Vgl. BMU/ UBA (Hrsg.) (2005, S. 13).

[797] Vgl. SCHEBECK (2005, S. 32).

größenklasse erklären lässt.⁷⁹⁸ Weiterhin können von richtungsweisenden proaktiven Unternehmen der ERI oder auch den zahlreichen Lebensmittelverbänden, die ihre Mitglieder z. B. auf Maßnahmen zur Reduzierung steigender Energiekosten aufmerksam machen, Anregungen zur Verfolgung des Umweltschutzes auf die Vielzahl der restlichen Unternehmen ausgehen. Der nachfolgende Abschnitt widmet sich der Identifizierung des Nutzens und der Hemmnisse bei der Verfolgung des Umweltengagements.

6.3.2 Akzeptanz des Umweltengagements: Nutzen und Hemmnisse

Das verbreitet hohe Engagement der Unternehmen der ERI zum Schutz der Umwelt nutzt dem einzelnen Unternehmen in verschiedener unternehmensinterner und -externer Hinsicht (vgl. Abbildung 6.10). Neben dem Erhalt der Natur als Rohstofflieferant dient das Umweltengagement v. a. der Verbesserung des Images und der Zusammenarbeit mit den Behörden aus externer Perspektive sowie der Schaffung von Rechtssicherheit und der Risikovorsorge aus interner Sicht. Die hohe Bedeutung der Naturbewahrung ist sicherlich auf die Sensibilität der Unternehmen der ERI gegenüber den natürlichen Grundstoffen ihrer Produkte zurückzuführen. Als weiterer **Nutzeffekt des Umweltengagements** wurde lediglich die Glaubwürdigkeit als Öko-Unternehmen genannt, die nochmals die hohe Bedeutung des Imageeffektes unterstreicht. Das Umweltengagement der befragten Unternehmen hat auf externe Faktoren wie die Erzielung von Wettbewerbsvorteilen und neuen Marktanteilen sowie die Entstehung von Innovationen als einem weiteren internen Faktor nur in geringem Umfang positiven Einfluss. Der Nutzenschwerpunkt liegt eindeutig auf ökonomisch nicht bzw. schwer quantifizierbaren, d. h. „weichen", Faktoren.

So werden (dem quantifizierbaren Effekt) Kosteneinsparungen im Zuge des Umweltengagements auch nur geringe bis mittlere Bedeutung zugesprochen. Der finanzielle Anreiz zur Verfolgung von Umweltzielen ist in den befragten Unternehmen der ERI gering ausgeprägt. Er steht dem zusätzlichen Aufwand/Kosten (z. B. beim Aufbau eines UM-Systems, Zertifizierungskosten) gegenüber, dem mittlere bis hohe Hemmwirkung zugeschrieben wird (vgl. Abbildung 6.11). Zwischen beiden Parametern zeigen sich sehr signifikante Unterschiede und eine höchst signifikant geringe negative Korrelation, d. h. je höher der Aufwand vom Unternehmen eingeschätzt wird, desto geringer wird die Kosteneinsparung beurteilt. Der geringe Nutzen durch Kosteneinsparungen kann ein prinzipielles Problem der ERI oder aber das Ergebnis eines jahrelangen Umweltengagements sein, in deren Folge die (leicht erreichbaren) Einsparungspotenziale von den Unternehmen bereits weitgehend ausgeschöpft wurden und

---

[798] Der Einfluss von Förderprogrammen auf die Verbreitung des Umweltengagements in KMU der ERI wird allerdings nicht immens sein, da in der Literatur nach wie vor herausgestellt wird, dass KMU von der Beantragung von Fördermitteln (v. a. aufgrund bürokratischer Hemmnisse und hoher Zeiterfordernisse) prinzipiell noch relativ wenig Gebrauch machen. Selbst engagierte Unternehmen nehmen entsprechend einer empirischen Studie im rheinland-pfälzischen Lebensmittelhandwerk aus dem Jahr 2003 Förderungen kaum häufiger in Anspruch als ihre Konkurrenten. Vgl. HAUFF/KLEINE/JÖRG (2005, S. 109, 124, 131-132). Zudem haben Evaluationen von KMU-Förderprogrammen gezeigt, „dass rein finanzielle Förderprogramme ohne Begleitung durch eine Institution, die das Förderprogramm an die KMU heranträgt und dazu KMU-nahe Netzwerke nutzt, meist zum Scheitern verurteilt sind". KRISTOF/LIEDTKE (2005, S. 54).

aktuell nur noch Maßnahmen mit hohen Amortisationszeiten übrig geblieben sind. Vor diesem Hintergrund waren und sind die bereits in Abschnitt 6.3.1 thematisierten Fördermittel eine fast unentbehrliche Hilfestellung bei der betrieblichen Verfolgung des Umweltschutzes in der ERI.

Abbildung 6.10: Nutzen des Umweltengagements

Quelle: Eigene Darstellung (Anmerkung: Balkenwerte = absolute Werte).

Zwischen den meisten Nutzeffekten und dem Umweltengagement-Typ bestehen einerseits sehr bis höchst signifikante Unterschiede sowie andererseits signifikant bis höchst signifikant geringe bis mittlere Korrelationen. D. h. mit zunehmendem Umweltengagement steigt die Bedeutung der einzelnen Nutzeffekte für die Unternehmen der ERI an. Lediglich in Hinblick auf die Rechtssicherheit und die positive Wahrnehmung bei den Behörden/Banken/Anwohnern sind derartige statistisch signifikante Beziehungen nicht festzustellen. Dies erscheint durchaus plausibel, da beides selbst von passiv umweltagierten Unternehmen notwendigerweise anzustreben ist, um die Existenz des eigenen Unternehmens nicht zu gefährden. Darüber hinaus werden mit steigender Unternehmensgröße die Rechtssicherheit (**), die Risikovorsorge (*) und die Ausweitung des Marktanteils (*) als bedeutender eingeschätzt.

Analog zur Frage nach den nutzbringenden Einflüssen des Umweltengagements wurden auch **hemmende Effekte** zur Beurteilung gestellt. Wie aus Abbildung 6.11 ersichtlich, liegt der Schwerpunkt der Hemmnisse eindeutig in der mangelnden externen Honorierung. V. a. die unzureichende Honorierung durch die Konsumenten stellt ein sehr großes Problem dar. Außer dem hohen Aufwand/Kosten sind weitere interne Aspekte, wie das Desinteresse der Geschäftsführung oder der Mitarbeiter, kaum ein Hemmnis für die Durchsetzung des Umweltschutzes in den befragten Unternehmen.[799]

Abbildung 6.11: Hemmnisse bei der Verfolgung von Umweltzielstellungen

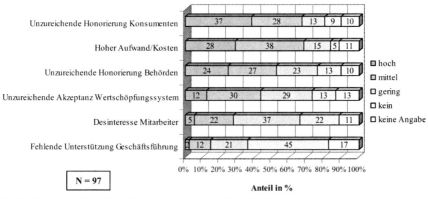

Quelle: Eigene Darstellung (Anmerkung: Balkenwerte = absolute Werte).

Statistisch signifikante Zusammenhänge und Unterschiede zwischen den einzelnen Hemmnissen und dem Umweltengagement-Typ einerseits und der Unternehmensgröße andererseits zeigen sich hinsichtlich ersterem nur beim Geschäftsführer-Desinteresse (*) und bei letzterem nur beim Aufwand (*): Je umweltengagierter ein Unternehmen ist, desto größer ist die Unterstützung von Seiten der Geschäftsführung. Mit anderen Worten: Die passiv umweltengagierten Unternehmen sehen in der fehlenden Unterstützung von Seiten der Geschäftsführung ein wesentliches Hindernis bei der Verfolgung des Umweltschutzes. Je kleiner ein Unternehmen ist, desto größer wird die Bedeutung des Aufwandes als Hindernis für die Durchsetzung des Umweltengagements eingeschätzt.

Die hohe Regelungsdichte des Umweltrechts (europäisch, national, regional) wurde als ein zusätzliches Hemmnis genannt. Das verbreitete, subjektive Empfinden, dass das Umweltrecht deutsche Unternehmen sehr stark belastet und im Vergleich mit Unternehmen anderer Länder benachteiligt, steht aber im Widerspruch zu den Ergebnissen einer empirischen Studie von TRIEBSWETTER/HITCHENS, wonach die nationalen Umweltrechtsvorschriften die Wettbewerbsfähigkeit des deutschen Produzierenden Gewerbes (zumindest) im Vergleich zu Unternehmen anderer EU-Mitgliedsländer nicht negativ beeinflussen.[800]

Ermittelt man die **Akzeptanz** des Umweltengagements durch die Bildung der Differenz aus den durchschnittlichen Beurteilungen zwischen den Nutz- und Hemmeffekten, so zeigt sich nur ein geringer positiver Unterschied (arithmetische Mittelwerte auf einer 4-stufigen Skala: Nut-

---

[799] Aus interner Sicht stellten finanzielle Gründe auch bei anderen empirischen Studien stets das Haupthindernis dar. Vgl. u. a. mit den Ergebnissen der empirischen Studie im rheinland-pfälzischen Lebensmittelhandwerk zur Umsetzung von Ökoeffizienz aus dem Jahr 2003 in HAUFF/KLEINE/JÖRG (2005, S. 105).
[800] Vgl. TRIEBSWETTER/HITCHENS (2005).

zen – 2,7; Hemmnisse – 2,5). Wenngleich das Umweltengagement der befragten Unternehmen hoch ist, ist seine betriebliche Akzeptanz derzeit eher als verhalten einzuschätzen. Insbesondere vor dem Hintergrund einer möglichen Reduzierung bzw. Wegfall von Fördermitteln aufgrund der angespannten finanziellen Lage des EU- und des Bundeshaushaltes ist die zukünftige Weiterentwicklung (der Akzeptanz) des Umweltengagements in der deutschen ERI aufmerksam zu verfolgen.

Ein Vergleich der Ergebnisse der vorliegenden Erhebung mit verschiedenen empirischen Studien und Unternehmensbefragungen zum Nutzen von UM-System aus vorangegangenen und demselbem Jahr(en) zeigt eine weitgehende Übereinstimmung hinsichtlich der bedeutenderen Nutzenpotenziale, wie Rechtssicherheit, und weniger bedeutenden Nutzenaspekten, wie positive Markteffekte.[801] Zugleich verweisen die befragten Unternehmen der ERI genauso wie die Teilnehmer früherer Studien auf den hohen Aufwand/Kosten und die geringe Akzeptanz der externen Stakeholder als sehr bedeutende Hemmnisse. Zum ersten kann somit geschlussfolgert werden, dass sich trotz der Revisionen der normierten UM-Systeme (d. h. von EMAS und der Normreihe ISO 14000 ff. – vgl. hierzu auch Abschnitt 3.3.1.1) in den letzten Jahren demnach – zumindest aus der Sicht der Unternehmen der ERI – keine offensichtlichen Verbesserungen bei den Nutzeffekten und Hemmnissen eingestellt haben. Zum zweiten spiegeln die Ergebnisse wider, dass nicht der (externe Druck bzw.) Marktdruck der Auslöser des sich äußerst positiv darstellenden Umweltengagements in der ERI ist, sondern vielmehr **unternehmensinterne Anreize**. D. h., Umweltschutz wird von den befragten Unternehmen der ERI hauptsächlich aus innerbetrieblichem Interesse (wie Risikovorsorge usw.) verfolgt. Er wird von den Unternehmen der ERI selbst mehr angeregt, als er von den Konsumenten und den anderen Wertschöpfungsakteuren nachgefragt wird. Würde das Umweltengagement durch Externe stärker honoriert, würde sich der Umweltschutz in der ERI sicherlich (noch) weit größerer einzelbetrieblicher Akzeptanz und Verbreitung erfreuen.

6.3.3 Vertikale Umweltkooperation im Wertschöpfungssystem

Die Abbildung 6.12 stellte das Ausmaß der **umweltbezogenen Kooperation** der befragten Unternehmen der ERI mit den Akteuren auf den vor- und nachgelagerten Wertschöpfungsstufen dar. Während Abbildung 6.5 einen hohen Kooperationsgrad in Lebensmittel-WS offen legte, zeigt sich hinsichtlich der Umweltkooperation ein etwas anderes Bild. Umweltbelange sind demnach kein bedeutender Gegenstand der partnerschaftlichen Zusammenarbeit im WS. Wenn überhaupt, tauschen sich die Unternehmen v. a. mit den Lieferanten über Umweltbelange aus.

Zwischen dem allgemeinen vertikalen Kooperationsgrad (vgl. Abschnitt 6.2.1) und der Umweltkooperationsintensität bestehen nur mit den Sublieferanten und LDL höchst signifikant geringe bis mittlere positive Korrelationen oder höchst signifikante Unterschiede. D. h., je weiter fortgeschritten die Kooperation ist, desto intensiver wird sie auch mit Umweltbelangen

---

[801] Vgl. u. a. BRAUWEILER (2002b, S. 269); KEßELER (2000, S. 28); BEHLERT/PETROVIC (2005); MÜLLER-CHRIST/BEHRENS/NAGLER (2005, S. 13-14); BMU/UBA (Hrsg.) (2005, S. 11, 49, 54).

verbunden. Umweltaspekte sind bei diesen beiden Akteursgruppen demnach ein wesentlicher Treiber bzw. Gegenstand der Kooperation.

Abbildung 6.12: Intensität der Umweltkooperation mit Wertschöpfungsakteuren

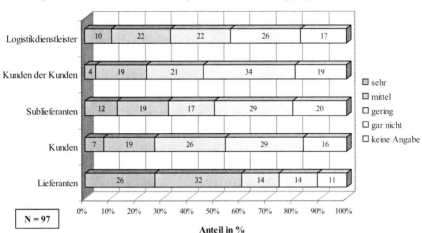

Quelle: In Anlehnung an SOMMER/KRAMER (2005, S. 130) (Anmerkung: Balkenwerte = absolute Werte).

Weiterhin zeigen sich signifikante bis höchst signifikante Unterschiede und eine höchst signifikant geringe bis mittlere positive Korrelation zwischen dem Umweltengagement-Typ und der Intensität der Umweltkooperation mit allen Wertschöpfungsakteuren. D. h., je intensiver ein Unternehmen mit den Wertschöpfungsakteuren im Umweltschutz zusammenarbeitet, umso umweltengagierter schätzt(e) es sich ein. Führt man beide Teilergebnisse zusammen, kann demnach lediglich für die Sublieferanten und LDL festgehalten werden, dass vertikale Umweltkooperationen mit diesen stärker bei kooperationserfahrenen und zugleich umweltengagierteren Unternehmen verbreitet sind.

Bzgl. der Umweltkooperationsintensität der Unternehmen der ERI mit den Wertschöpfungsakteuren und der Unternehmensgröße besteht dagegen kein statistisch signifikanter Zusammenhang, jedoch sehr signifikante Unterschiede bei den Lieferanten. Kleine und mittelständische Unternehmen kooperieren umweltorientiert eher mit mittlerer Intensität mit Lieferanten, während die großen Unternehmen sehr intensiv mit diesen im Umweltschutz zusammenarbeiten. Als sonstige Partner wurden Produzenten ökologischer Lebensmittel genannt, wobei diese hier nicht von primärem Interesse sind, da es sich dabei möglicherweise um Unternehmen der ERI anderer WS und damit um eine horizontale Umweltkooperation handelt.

Es ist weiterhin von Interesse, ob der Nutzen des Umweltengagements mit der Intensität der umweltbezogenen Zusammenarbeit mit den Wertschöpfungsakteuren korreliert. Tabelle 6.5 stellt den Zusammenhang zwischen diesen Einflussgrößen im Überblick dar. Es kann festgehalten werden, dass je intensiver mit den verschiedenen Wertschöpfungsakteuren (am wenigsten allerdings mit den Sublieferanten) im Umweltschutz kooperiert wird, die Nutzeffekte des Umweltengagements (z. B. Entstehung von Umweltinnovationen[802], Imageverbesserung) umso bedeutender eingeschätzt werden. Die Zusammenarbeit mit den Wertschöpfungsakteuren in Bezug auf Umweltbelange wirkt sich demnach positiv auf den Nutzen des betrieblichen Umweltengagements aus. Mit anderen Worten: Durch die Umweltkooperation können die Unternehmen der ERI den Nutzen des Umweltengagements erhöhen. Ein vergleichbarer statistisch signifikanter Zusammenhang hinsichtlich der Hemmnisse des Umweltengagements ist im Übrigen nicht so offensichtlich festzustellen bzw. ausgeprägt.[803] Der höhere Nutzen durch die Umweltkooperation könnte eine höhere betriebliche Akzeptanz (d. h. eine höhere Nutzenbewertung bei gleichbleibender Hemmnisbeurteilung) nach sich ziehen. In der Umweltkooperation liegt demnach eine große Chance, die hohe Verbreitung des Umweltengagements in der ERI langfristig und ökonomisch tragbar weiterhin aufrecht zu erhalten. Interessanterweise ist der gesteigerte Nutzen aus der Umweltkooperation v. a. mit der Kundenseite offensichtlicher und in vielfältiger Form zu erkennen als für die Umweltkooperation mit der Lieferantenseite.

Tabelle 6.5: Korrelation zwischen der Beurteilung der Nutzeffekte und der Umweltkooperationsintensität mit den Wertschöpfungsakteuren nach SPEARMAN

Wertschöpfungsakteure Nutzenkomponente	Lieferanten	Kunden	Sublieferanten	Kundenkunden	LDL
Rechtssicherheit/-konformität	0,094 (ns)	-0,027 (ns)	0,159 (ns)	-0,106 (ns)	0,261*
Senkung bzw. Vorsorge von Risiken	0,263*	0,222*	0,203 (ns)	0,128 (ns)	0,435***
Kosteneinsparungen	0,284**	0,355***	0,218 (ns)	0,386***	0,256*
Mitarbeitermotivation	0,503***	0,377***	0,234*	0,351**	0,472***
Verbesserung der Produktqualität	0,382***	0,305**	0,243 (ns)	0,369***	0,341**
Steigerung der Kundenzufriedenheit	0,375***	0,301**	0,096 (ns)	0,379***	0,334**
Positive Einstellung bei Behörden/Banken/Anwohnern	0,196 (ns)	0,164 (ns)	0,089 (ns)	0,178 (ns)	0,362***
Entstehung von Innovationen	0,358***	0,441***	0,143 (ns)	0,503***	0,414***
Ausweitung des Marktanteils	0,315**	0,329**	0,208 (ns)	0,461***	0,136 (ns)
Wettbewerbsvorteile/Umsatzsteigerung	0,312**	0,353**	0,172 (ns)	0,483***	0,202 (ns)
Imageverbesserung	0,379***	0,322**	0,262*	0,474***	0,368***
Erhalt der natürlichen Umwelt	0,479***	0,313**	0,419***	0,330**	0,233 (ns)

Quelle: Eigene Darstellung (Anmerkung: Die ausgewiesenen Werte sind die jeweiligen SPEARMAN-Korrelationskoeffizienten. *** ... höchst signifikant auf dem 0,1%-Niveau, ** ... sehr signifikant auf dem 1%-Niveau, * ... signifikant auf dem 5%-Niveau, ns ... nicht signifikante Korrelation; $0{,}2 < r \leq 0{,}5$ ... geringe Korrelation nach SPEARMAN, $0{,}5 < r \leq 0{,}7$ ... mittlere Korrelation nach SPEARMAN).

Zudem zeigen sich auch signifikante bis höchst signifikante Unterschiede und höchst signifikante Korrelationen hinsichtlich der Intensität der Umweltkooperation mit den Wertschöp-

---

[802] Unter Umweltinnovationen sind technologische (d. h. prozess- oder produktbezogene) oder organisatorische Neuerungen zu verstehen, die zu einer Verbesserung der Umweltqualität führen. Vgl. PREUSS (2006, S. 361).
[803] Eine statistisch geringe negative Korrelation zeigt sich zwischen den Hemmnissen des Umweltengagements und der Umweltkooperationsintensität nur bei folgenden Beziehungen: Lieferanten – Desinteresse der Geschäftsführung (*); Lieferanten – Aufwand für den Umweltschutz (*); Kunden – Aufwand für den Umweltschutz (*).

fungsakteuren und dem SCM-Implementierungsgrad. SCM-vertrautere Unternehmen kooperieren demnach auch eher zu Umweltbelangen. Sublieferanten werden zwar häufig zu Umweltzwecken in Kooperationen einbezogen, aber der erzielte Nutzen daraus ist eher gering.

Auf Basis der Ergebnisse zum einzel- und zwischenbetrieblichen Umweltengagement kann als Zwischenfazit an dieser Stelle konstatiert werden, dass Umweltschutz aktuell vielmehr allein durch einzelne Unternehmen der ERI und kaum branchenübergreifend über mehrere Lebensmittel-Wertschöpfungsstufen in vertikal-kooperativer Form verfolgt wird. Die Unternehmen der ERI besitzen dabei ein großes umweltbezogenes Know-how, können dieses aber kaum in der partnerschaftlichen Zusammenarbeit mit den Unternehmen der vor- und nachgelagerten Wertschöpfungsstufen nutzen bzw. vermitteln. Die mit einer **vertikalen Umweltkooperation** verbundenen zusätzlichen Vorteile, die sich in Form von Synergie-, Skalen- und Effizienzeffekten ergeben können, werden in der ERI demnach bislang erst in geringem Maße genutzt. Eine zentrale Ursache ist in erster Linie sicherlich das vergleichsweise geringere Interesse am Umweltschutz bei den Konsumenten und auf den vor- und nachgelagerten Wertschöpfungsstufen (d. h. insbesondere dem Handel und der Landwirtschaft).[804] Da an dieser Stelle keine vergleichbaren Primärdaten zur direkten Einschätzung des Umweltengagements im Handel und der Landwirtschaft vorliegen, um diese Annahme zu unterlegen, muss auf Sekundärdaten zum UM dieser Unternehmen in Deutschland zurückgegriffen werden. Die Ergebnisse der diesbezüglichen Untersuchungen aus Abschnitt 5.5.2.1 bekräftigen die Annahme, dass die Akteure der anderen Wertschöpfungsstufen weit weniger umweltengagiert sind. Weitere, eher kontextunspezifische Ursachen könnten in kooperationstypischen Hemmnissen, wie Vertrauens- oder Schnittstellenproblemen zwischen den betroffenen Unternehmen, bestehen, wie sie in Bezug auf das SCM bereits in Abschnitt 6.2.4 thematisiert wurden.

6.4 Betriebliche Verankerung des Supply Chain Managements und Umweltengagements

Die Frage nach der Anwendung spezieller Standards bzw. Konzepte und unterstützender Instrumente soll die Bedeutung der Verfolgung von Logistik-, Lebensmittelsicherheits-, Arbeitssicherheits-, Qualitäts- und Umweltaspekten in der ERI unterlegen. Der Einsatz passender Konzepte und zweckmäßiger Instrumente wird dabei als ein zentraler Indikator bzw. Abbild für den aktuellen Stand der betrieblichen Verankerung einerseits für das SCM und andererseits für das Umweltengagement interpretiert. Es soll weiterhin der Identifizierung kompatibler bzw. integrierter Strukturen bzw. Systeme dienen.

---

[804] Bzgl. der Konsumenten deckt sich diese Feststellung mit Ergebnissen einer empirischen Studie im rheinland-pfälzischen Lebensmittelhandwerk aus dem Jahr 2003, wo sich zeigte, dass bei den Kunden am betrieblichen UM und v. a. an Öko-Lebensmitteln erst noch geweckt werden müsste. Bislang sind nur wenige bereit, für hochwertige Öko-Lebensmittel höhere Preise zu zahlen. Vgl. HAUFF/KLEINE/JÖRG (2005, S. 126, 147).

6.4.1 Einsatz von Konzepten und Standards

Hinsichtlich des Einsatzes von Konzepten zeigt sich, dass standardisierte Lebensmittelsicherheits-, Qualitäts- und umweltbezogene Konzepte weit verbreitet sind (vgl. Abbildung 6.13). Der Lebensmittelsicherheits- bzw. Hygienestandard HACCP ist in mindestens drei von vier befragten Unternehmen anzutreffen. Zwischen dem Auftreten des HACCP-Konzeptes und anderen QS-Konzepten besteht nur zum IFS (**) ein sehr signifikant geringer positiver Zusammenhang und ein signifikanter Unterschied. Das kann als eine Bestätigung dafür angesehen werden, dass das HACCP-Konzept in der Praxis ein zentraler Bestandteil des IFS ist (vgl. hierzu auch Abschnitt 5.3). Es tritt demnach aber nicht zwangsläufig auch in Kooperation zu anderen QS-Konzepten auf.

Abbildung 6.13: Verbreitung von QS- und UM-Konzepten

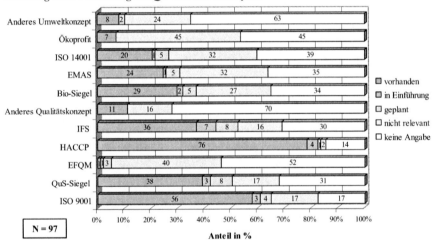

Quelle: Eigene Darstellung (Anmerkung: Balkenwerte = absolute Werte).

Hinsichtlich der **QS** bestätigen die Ergebnisse der empirischen Erhebung die in Abschnitt 5.3 angedeutete Trendwende in der ERI in der Hinwendung von regionalen zu internationalen Standards. So zeigt sich, dass der international gültige Qualitätsstandard ISO 9001 sowie der IFS in der ERI aktuell eine ähnlich große Rolle wie das deutsche QuS-Prüfzeichen spielen.[805] Der Einsatz des nationalen QuS-Prüfzeichens wird dabei z. T. durch international gültige und

---

[805] Allerdings ist anzumerken, dass das klassische QuS-Prüfzeichen, wie es von der Qualität und Sicherheit GmbH entwickelt wurde, derzeit nur für die Produkte Fleisch und Gemüse/Obst anwendbar ist. Vgl. http://www.q-s.info (20.01.2006). Es haben an dieser Stelle aber auch Unternehmen aus anderen Subbranchen geantwortet. Man muss demzufolge davon ausgehen, dass von den Unternehmen hierbei andere subbranchen- bzw. unternehmensspezifische nationale Systeme zur QS angegeben wurden. Im Milchbereich in Deutschland befindet sich z. B. mit „Qualitätsmanagement Milch" derzeit ein weiteres subbranchenspezifisches QS-Konzept in der Einführung. Vgl. DEUTSCHER BAUERNVERBAND (Hrsg.) (2004, S. 163).

anspruchsvollere[806] QS-Konzepte ergänzt. Das ist sicherlich in erster Linie ein Ergebnis der zunehmenden Erschließung internationaler Lebensmittelmärkte. Das EFQM-Modell als ein neueres, branchenunspezifisches Konzept zur stetigen Qualitätsverbesserung ist für die befragten Unternehmen der ERI unbedeutend.[807] Die von den Unternehmen genannten sonstigen QS-Konzepte umfassen bspw. den BRC Global Standard, die EFSIS-Norm, die Good Manufacturing Practise (speziell hier genannt: GMP 13+), die CMA- und DLG-Prüfungen sowie unternehmensspezifische Ansätze. Die umfangreiche Aufzählung spiegelt zugleich die in der ERI nach wie vor existierende Vielfalt an Konzepten wider (vgl. Abschnitt 5.3).

In der ERI sind auch verschiedene **UM-Ansätze** anzutreffen, wobei es sich dabei rein um branchenunspezifische Standards handelt. In der vorliegenden Stichprobe ist jedes vierte Unternehmen nach EMAS validiert bzw. jedes fünfte Unternehmen nach ISO 14001 zertifiziert. Demnach spielt die europäische EMAS-Verordnung gemäß dieser Befragung in der ERI eine leicht größere Rolle als die internationale Normenreihe ISO 14000 ff. Hierin decken sich die Befragungsergebnisse mit den Sekundärdaten statistischer Erhebungen zum normierten UM (vgl. Abschnitt 5.5.2.1). Allerdings zeigt der Vergleich mit den Sekundärdaten (vgl. mit der absoluten Anzahl an Zertifizierungen bzw. Validierungen in Tabelle 5.7) auch auf, dass Unternehmen mit einem UM-System in der Umfrage überproportional häufig vertreten sind. Ein Grund hierfür könnte sein, dass sich v. a. sehr umweltengagierte Unternehmen von der Befragung angesprochen fühlten.[808] Vor diesem Hintergrund sind die vorliegenden Befragungsergebnisse leider nicht geeignet, die in Abschnitt 5.5.2.1 konstatierte Annahme einer rückläufigen Tendenz der Validierungen nach EMAS in deutschen Unternehmen der ERI zuverlässig zu beurteilen. Die aus der Betrachtung der Statistikdaten ermittelte hohe, anteilige Verbreitung von UM-Systemen in der Getränkeproduktion spiegelt sich auch in der Befragung wider: Die Getränkeproduktion (23,5 % aller beteiligten Getränkehersteller) und das Sonstige Ernährungsgewerbe (29,6 % aller Teilnehmer dieser aggregierten Subbranche) umfassen in der vorliegenden Stichprobe je ein Drittel aller EMAS-Unternehmen. Das verbleibende Drittel nehmen alle anderen Subbranchen gemeinsam ein.

Hinsichtlich der gleichzeitigen Verfolgung des ISO 14000 ff.- und EMAS-Standards ist eine signifikant geringe positive Korrelation erkennbar. 8,3 % aller befragten Unternehmen agieren bereits konform nach beiden Standards bzw. planen demnächst beide einzuführen. Zwischen dem Umweltengagement-Typ und dem Vorhandensein eines UM-Ansatzes ist bei ISO 14000

---

[806] Der höhere Anspruch ergibt sich beim IFS aus der Verknüpfung von Anforderungen hinsichtlich QM, HACCP, GHP und der gesetzlich geforderten Rückverfolgbarkeit von Lebensmitteln. Vgl. http://www.foodcare.info (20.01.2006).
[807] Das EFQM-Modell ist ein auf neun Dimensionen beruhender Kriterienkatalog zur Umsetzung eines Total Quality Managements, das auf eine interne Selbstbewertung anstelle externer Begutachtung setzt. Vgl. LANDESANSTALT FÜR UMWELTSCHUTZ BADEN-WÜRTTEMBERG (Hrsg.) (2000, S. 55). Eine grundlegende Ursache der geringen Verbreitung des EFQM-Modells in der ERI wird in methodischen Schwächen vermutet. Umstritten ist bspw. die branchenundifferenzierte Vorgabe der Gewichtung der einzelnen Erfolgsfaktoren des EFQM-Modells. PÖCHTRAGER kommt auf Basis einer Befragung von Qualitätsmanagern unterschiedlicher Unternehmen der ERI zu einer veränderten Verteilung der Gewichtung und plädiert für eine Anpassung des EFQM-Modells auf die Belange der ERI. Vgl. PÖCHTRAGER (2002, S. 168-169).
[808] Damit bestätigt sich die Annahme aus Abschnitt 6.1.3.

ff. wie bei EMAS eine signifikant geringe positive Korrelation ersichtlich. Während zwischen dem Vorhandensein der ISO 9000 ff. und der ISO 14000 ff. eine sehr signifikant geringe positive Korrelation besteht, ist eine solche zwischen ISO 9000 ff. und EMAS dagegen nicht festzustellen. 32,1 % der Unternehmen mit ISO 9000 ff. verfügen zugleich auch über ein UM-System gemäß ISO 14000 ff. – dies entspricht 18,6 % aller Unternehmen der Stichprobe. Diese bevorzugte Kombination ist ein Indiz für die praktische Nutzung der Vorteilhaftigkeit der methodisch leichten gegenseitigen Anbindung zwischen den beiden internationalen Standards durch die Unternehmen der ERI. Zwar lässt sich daraus nicht zwangsläufig ableiten, ob das QM und UM jeweils in Form eines IM-Systems umgesetzt werden, jedoch ist dies in der KMU-geprägten ERI durchaus gut vorstellbar (vgl. hierzu Abschnitt 4.2.2).

Diese Feststellungen gehen konform mit Ergebnissen einer Befragung von kleinen Lebensmittelhandwerksbetrieben (speziell von Bäckereien und Fleischereien) in Rheinland-Pfalz aus dem Jahr 2003, wo sich zeigte, dass[809]

- zum einen dem systematischen QM in den EH-Betrieben eine große Bedeutung zukommt und dieses eine größere Rolle als das standardisierte UM spielt (wobei allerdings nicht ermittelt wurde, welche Managementansätze die Unternehmen konkret nutzen) und
- zum zweiten sehr umweltengagierte Betriebe nicht nur ein UM-System aufweisen, sondern zugleich auch im QM geschäftiger sind.

Obwohl der Anreiz für Unternehmen zur Teilnahme an dem „niederschwelligen" UM-Ansatz **Ökoprofit** aufgrund der öffentlichen Förderung, des regionalen Bezugs und der Aufdeckung von kurzfristig realisierbaren Effizienzsteigerungen sehr groß erscheint,[810] ist Ökoprofit im Vergleich zu den anderen UM-Ansätzen für die befragten Unternehmen der ERI kaum von Bedeutung. Lediglich 7,2 % der Unternehmen orientieren sich an dem Ökoprofit-Ansatz. Da es nachdrücklich die Verbindung von ökonomischem Erfolg und ökologischem Nutzen verfolgt, ist anzunehmen, dass diese Unternehmen positivere Einschätzungen bei den Nutzeffekten (z. B. Kosteneinsparungen) geben. Eine detaillierte Betrachtung zeigt diesbezüglich jedoch keine statistisch signifikanten Unterschiede zwischen Unternehmen mit und ohne Ökoprofit-Anwendung. Es konnte zudem ermittelt werden, dass sich der Einsatz eines bestimmten UM-Konzeptes nicht auf einzelne Unternehmensgrößenklassen konzentriert.

Dagegen erfreut sich das branchenspezifische **Biosiegel** als staatliches Produktlabel für ökologisch erzeugte Lebensmittel hoher Beliebtheit. Von den 1.352 deutschen Unternehmen, die zum Zeitpunkt der Befragung über ein Biosiegel verfügten,[811] haben sich 29 Unternehmen an dieser Befragung beteiligt, was mit 29,9 % Anteil einer überproportional hohen Beteiligung dieser Unternehmen entspricht. Als weitere umweltbezogene Konzepte wurden darüber hinaus

---

[809] Vgl. HAUFF/KLEINE/JÖRG (2005, S. 82 f.).
[810] Vgl. BRAUWEILER/HELLING/KRAMER (2003, S. 221).
[811] Stand: 06/2005. Vgl. hierzu auch Abschnitt 5.5.2.2.

v. a. die anspruchsvollen Vorgaben der anerkannten Ökoanbauverbände, wie z. B. Natur- und Bioland (vgl. hierzu Abschnitt 5.5.2.2), sowie private Umweltschutzinitiativen genannt.

Von wesentlich geringerer bzw. fast keiner Relevanz sind in der untersuchten ERI **AS-Konzepte** und jüngere Logistikansätze wie das ECR-Konzept (vgl. Abbildung 6.14). Hierbei fällt bei allen Konzepten zugleich der hohe Anteil von vielfach mehr als 50 % an Unternehmen auf, die keine Angabe machen konnten bzw. wollten. Mögliche Ursachen können zum einen die Unkenntnis dieser Konzepte sein oder zum anderen die bewusste Nichtangabe anstelle der Nichtrelevanz bzw. des Nichtvorhandenseins, um bspw. darüber hinweg zu täuschen, dass der AS keine herausragende Bedeutung beigemessen wird. Ersterer Einfluss wurde versucht möglichst gering zu halten, indem ein onlinegestütztes Glossar zur Verfügung gestellt wurde. Der zweite Aspekt war nicht von extern beeinflussbar.

Abbildung 6.14: Verbreitung von Arbeitssicherheits- und Logistikkonzepten

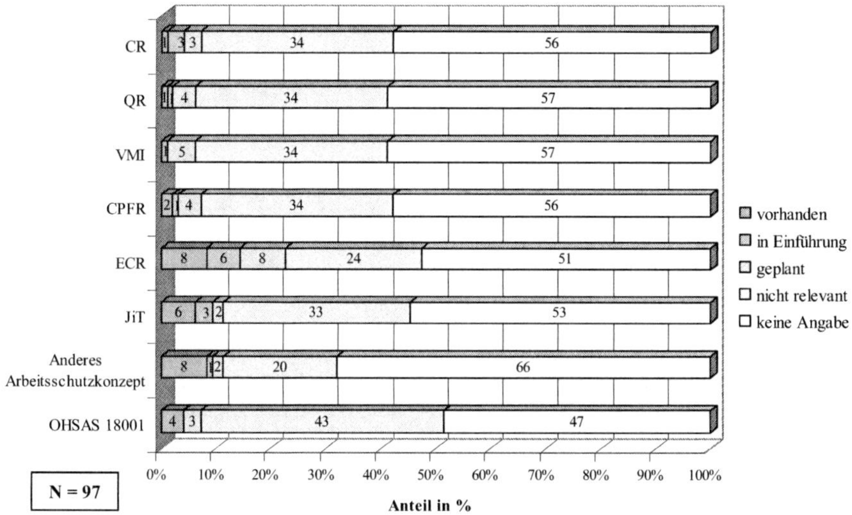

Konzept	vorhanden	in Einführung	geplant	nicht relevant	keine Angabe
CR		3	3	34	56
QR	1	1	4	34	57
VMI	1		5	34	57
CPFR	2		4	34	56
ECR	8	6	8	24	51
JiT	6	3	2	33	53
Anderes Arbeitsschutzkonzept	8	1	2	20	66
OHSAS 18001	4		3	43	47

N = 97

Quelle: Eigene Darstellung (Anmerkung: Balkenwerte = absolute Werte).

Da der AS auch ein großer Stellenwert innerhalb eines Nachhaltigkeitsmanagements beigemessen wird, kann an dieser Stelle geschlussfolgert werden, dass sich die befragten Unternehmen der ERI im Nachhaltigkeitstrias derzeit zwar stark den ökonomischen und ökologischen Gesichtspunkten widmen, sich aber noch wenig mit den sozialen Aspekten im Sinne des systematischen Managements des Schutzes ihrer Arbeitnehmer am Arbeitsplatz beschäftigen. Dementsprechend ist auch davon auszugehen, dass IM-Systeme bestehend aus den drei Bereichen QS, Umweltschutz und AS in der ERI kaum relevant sind, auch wenn nicht explizit nach deren Existenz gefragt wurde. Im Übrigen ergibt sich diese Feststellung auch bezogen auf das o. g.

EFQM-Modell als eine typische Form eines IM-Systems, das es im Prinzip alle Managementbereiche abdeckt und „Business Excellence" anstrebt.

Trotz der besonderen Relevanz der **Logistik** im Zusammenhang mit der Beachtung der Verderblichkeit eines Lebensmittels im Herstellungsprozess über das gesamte WS und der hohen Bedeutung der Kooperation mit den LDL (vgl. Abschnitt 6.2.1) konnten sich interorganisationale Logistikkonzepte bislang nicht etablieren. Dies zeigt sich im Speziellen auch für das mit dem SCM kompatible und explizit vom Lebensmittelhandel in Zusammenarbeit mit der ERI entwickelte ECR-Konzept oder seine Weiterentwicklung in Form des CPFR-Konzeptes, die beide auf einer kooperativen Partnerschaft der Teilnehmer im Absatzkanal basieren. Gleichwohl sind ECR und JiT aktuell in der Stichprobe die verbreitetsten Logistikkonzepte (vgl. Abbildung 6.14).

Zwischen dem Einsatz der verschiedenen Logistikkonzepte und dem SCM-Implementierungsgrad lassen sich statistisch signifikante Korrelationen identifizieren: Demnach agieren insbesondere SCM-vertrautere Unternehmen häufiger nach dem ECR- (***), CPFR- (***), dem CR- (**) und dem JiT-Konzept (**). Fast ausschließlich die Unternehmen mit bestehendem oder geplantem SCM gaben an, eines der genannten Logistikkonzepte zu nutzen, einzuführen bzw. deren Einführung zu planen. Tendenziell sind häufig zunächst die genannten Konzepte als vorhanden bzw. in Einführung und das SCM als beabsichtigt bzw. in Planung befindlich deklariert worden. Überdies sind internationale Standards, wie ISO 9000 ff. (*), ISO 14000 ff. (*) und OHSAS 18000 ff. (**), v. a. in den SCM-vertrauteren Unternehmen anzutreffen. Dies kann wiederum als ein Indiz für die internationale Reichweite des durch das SCM gesteuerten Wertschöpfungsnetzwerkes der Unternehmen der ERI angesehen werden.

Ein signifikanter Zusammenhang hinsichtlich der Unternehmensgröße besteht v. a. bei den QS-Konzepten: Je größer ein Unternehmen ist, desto wahrscheinlicher ist es, dass es über ein Managementsysteme gemäß ISO 9000 ff. (**), ein IFS-Zertifikat (**), QuS-Prüfzeichen (*) und HACCP (*) verfügt. Derartige Korrelationen zeigen sich auch bzgl. dem AS-Standard OHSAS 18000 ff. (**) sowie den Logistikkonzepten ECR (**), CPFR (*) und QR (*), wobei zu beachten ist, dass hier z. T. nur wenige nutzbare Werte vorliegen. Kleine Unternehmen sehen sich demnach seltener in der Lage, aufwändige QS-Standards und Logistikkonzepte zu verfolgen.

6.4.2 Einsatz von Instrumenten

Die Untersuchung der verschiedenen **Instrumente**, die konzeptunterstützend in den Bereichen Umweltschutz, Qualität, Logistik und/oder Sicherheit zum Einsatz kommen, legt eine Dominanz von klassischen Methoden, wie Kostenrechnung und Controlling offen (vgl. Abbildung 6.15). Auch traditionelle Instrumente, wie Kennzahlen, und darauf aufbauende Instrumente, wie das Benchmarking, werden in vergleichsweise vielen, v. a. mittelständischen, Unternehmen eingesetzt. Bei den relativ abstufenden Bewertungsansätzen kommt der ABC-Analyse eine höhere Bedeutung als der Nutzwertanalyse zu. Dahingegen kommen neuere, integrative und zugleich komplexere Ansätze, wie die Balanced Scorecard (BSC) oder spezielle Bewertungsverfahren (im Umweltbereich: ISO 14031), nur selten und konzentriert auf Großunternehmen zum Einsatz. Keines der beteiligten KMU setzt eines der beiden zuletzt genannten Instrumente ein.

Von ebenso geringer Bedeutung sind spezifische Informationssysteme, wie v. a. im Umweltbereich die Betrieblichen Umweltinformationssysteme (BUIS), und die Ökobilanzierung. Hinsichtlich letzterer bleibt jedoch offen, auf welches Untersuchungsobjekt die Unternehmen die Ökobilanz beziehen (Betriebs-, Prozess-, Produkt- oder Standortbilanz). Die DIN EN ISO 14040 versteht die Ökobilanz (LCA) bspw. rein als eine produkt(system)bezogene Umweltbilanz.[812] Zudem ist fraglich, ob es sich dabei tatsächlich um mit Bewertungen versehene Untersuchungen der Umweltauswirkungen oder vielmehr (nur) um bereichsbezogene Stoff- und Energiebilanzen bzw. Input-Output-Bilanzen handelt. Letztere könnten bspw. im Zuge der Umweltbetriebsprüfung im Rahmen des UM-Systems oder von betrieblichen Stoffstromanalysen erstellt worden sein, die in fast jedem zweiten befragten Unternehmen der ERI (44,3 %) Anwendung finden. Für diesen Fall sprechen zum einen die höchst signifikant hohe bzw. mittlere positive Korrelation zu EMAS bzw. zur ISO 14000 ff. und zum zweiten, dass Methoden der Wirkungsanalyse – wie bereits oben erwähnt – in der ERI nur eine verhältnismäßig geringe Bedeutung haben. In der Literatur ist zu beobachten, dass produktbezogene Ökobilanzierungen und Ressourceneffizienzanalysen v. a. durch unabhängige Institute und Forschungseinrichtungen, deren Ergebnisse bei den Unternehmen aber durchaus anerkannt sind, und nur relativ selten durch Unternehmen durchgeführt werden.[813] Die Ursachen liegen sicherlich im erheblichen Aufwand im Kontext des Anspruchs der vollständigen Erfassung und Bewertung der gesamten lebenswegbezogenen Umweltauswirkungen eines Lebensmittels begründet.[814] Gleichwohl lässt sich für die ERI festhalten, dass dieses Instrument im Rahmen des Umweltengagements in Bezug auf das Management orientierte Ansätze zur Unterstützung bei der Erkennung umweltentlastender Maßnahmen bei einigen – allerdings nicht nur großen, sondern auch kleinen und mittelständischen – Unternehmen Anklang findet. Unternehmen mit implementiertem UM-System bzw. Biosiegel setzen die Ökobilanzierung mit sehr bis höchst signifikant geringer Korrelation verstärkter ein als andere Unternehmen.

Viele Instrumente werden im gesamten Unternehmen bzw. gleich in mehreren Kontexten bzw. Bereichen verwendet – neben Kostenrechnung und Controlling auch Arbeits-/Verfahrensanweisungen, Checklisten und Kennzahlen (vgl. Abbildung 6.15). Hierzu gehören auch Risikoanalysen.[815] Dabei zeigt sich, dass je verbreiteter die Risikoanalyse im Unternehmen ist, der Nutzen im Umweltschutz durch die Risikovorsorge auch statistisch signifikant höher eingeschätzt wird (*). Andere Instrumente dominieren dagegen in einzelnen Bereichen, wie z. B. Audits und Prozessanalysen im Qualitätskontext oder die externe Berichterstattung und Ökobilanzierung im Umweltbereich. Lediglich hinsichtlich der Logistik hebt sich kein dominierendes

---

[812] Vgl. hierzu DIN EN ISO 14040 (2005, Art. 3.26); auch Abschnitt 5.5.2.3.
[813] Vgl. für Beispiele mit Abschnitt 5.5.2.3.
[814] Vgl. SCHEBEK (2005, S. 29).
[815] Dies steht nicht zuletzt im Kontext mit der Feststellung, dass die Risikoanalyse inzwischen von vielen Branchen als ein sehr attraktives Managementinstrument angesehen wird. Vgl. BIEBELER (2004, S. 15).

Instrument heraus und zeigt sich zugleich eine prinzipiell geringere Verbreitung der Instrumente. Die Instrumentenschwerpunktsetzung spiegelt damit die bereits bei der Untersuchung der eingesetzten Konzepte (vgl. Abschnitt 6.4.1) erkannte, hohe Bedeutung von Qualitäts- und Umweltaspekten in der ERI wider.

Weiterhin können hinsichtlich der Breite der Anwendung von Instrumenten statistisch signifikante Unterschiede und Korrelationen festgestellt werden. So zeigt sich, dass v. a. große Unternehmen einige ihrer Instrumente zumeist gleich in mehreren bzw. allen betrachteten Bereichen einsetzen, wohingegen kleine Unternehmen diese eher begrenzt auf einen oder zwei Bereiche nutzen: Dies zeigt sich bei signifikanter Korrelation im Speziellen für Audits (***), für die ABC-Analyse (**), Risikoanalyse (**) und Kennzahlen (*). Auch hinsichtlich des Umweltengagement-Typs und des SCM-Implementierungsgrades zeigen sich in der Anwendungsbreite der Instrumente statistisch signifikante Unterschiede: Je umweltengagierter ein Unternehmen ist, desto verbreiteter sind Beschaffungsrichtlinien (***), die SSA (***), externe Berichterstattung (**), Ökobilanzierung (**), die BSC (*), Audits (*) und Kennzahlen (*). Je SCM-vertrauter ein Unternehmen ist, desto eher setzt es die BSC (*), die Risikoanalyse (**), Audits (**), Kennzahlen (**), Benchmarking (**) und die SSA (*) ein. Von der Option weitere, im Unternehmen eingesetzte Instrumente zu nennen, wurde von keinem Unternehmen Gebrauch gemacht. Da die Unternehmen an anderer Stelle der zugrunde liegenden Befragung diese Option durchaus nutzten, wird daher an dieser Stelle angenommen, dass die wichtigsten, in den Unternehmen der ERI verwendeten Instrumente durch das Spektrum der vorgegebenen Aufzählung abgedeckt waren.

Ein Vergleich mit einer Untersuchung von PAPE zum Einsatz von Instrumenten und Konzepten in EMAS registrierten Unternehmen der ERI aus dem Jahr 2001 zeigt tendenziell sehr ähnliche Ergebnisse auf, woraus sich u. a. ableiten lässt, dass sich – trotz ihrer methodischen Weiterentwicklung und Verbreitung – neuere Ansätze (wie BSC, EFQM) in der ERI immer noch nicht durchsetzen konnten. Auch die Behauptung, dass der produktbezogene Umweltschutz in der ERI eine beachtenswerte Rolle spielt, wird in der vorliegenden empirischen Erhebung mit dem hohen Interesse am Biosiegel bestätigt.[816]

---

[816] Vgl. für diese Studie zum Einsatz von UM-Instrumenten speziell in nach EMAS registrierten Unternehmen der EW aus dem Jahr 2001 PAPE (2003, S. 24-25).

6. Unternehmensbefragung zum E-SCM in der Ernährungsindustrie

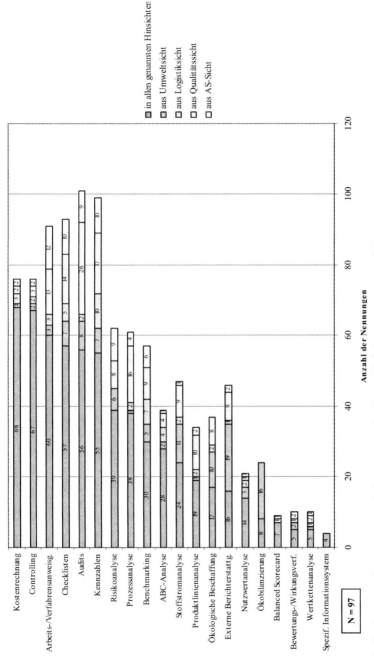

Abbildung 6.15: Verwendung von Instrumenten in verschiedenen Kontexten

Quelle: Eigene Darstellung (Anmerkung: Balkenwerte = absolute Werte; Mehrfachnennungen waren möglich).

Im Durchschnitt nutzt ein Unternehmen 3,8 bzw. 9,0 von den 19 bzw. 20 genannten Konzepten bzw. Instrumenten. Zwischen der **Anzahl der eingesetzten Konzepte einerseits und Instrumente** andererseits und der Unternehmensgröße bestehen signifikante Unterschiede und eine höchst signifikante Korrelation, d. h. mit zunehmender Unternehmensgröße steigt die Anzahl der genutzten Konzepte und Instrumente an (vgl. Tabelle 6.6). Eine solche Durchschnittsangabe, die insbesondere bei den Instrumenten eine Schwankungsbreite zwischen 0 und 20 aufweist und alle Konzepte/Instrumente gleichwertig betrachtet (z. B. 1-2 Kennzahlen im Vergleich zu einem Controllingsystem), ist gewiss nicht sehr aussagekräftig, sei aber aus Vergleichszwecken mit einer Studie mit ähnlichem Vorgehen an dieser Stelle erlaubt. In der Studie des IW KÖLN, die den Einsatz von Instrumenten des Nachhaltigkeitsmanagements untersuchte, zeigte sich, dass pro Unternehmen je nach Größe und Branche im Mittel etwa fünf „Nachhaltigkeitsinstrumente" verwendet werden.[817] Im Vergleich zu den hier vorliegenden Befragungsergebnissen lässt sich eine hohe Bedeutung von Managementinstrumenten in der ERI ableiten. Des Weiteren zeigt sich auch zwischen der Konzepte- und der Instrumenteanzahl eine höchst signifikant mittlere positive Korrelation: Das bedeutet, dass je mehr Konzepte ein Unternehmen besitzt, es obendrein umso mehr Instrumente anwendet. Die Adaptation und Implementierung neuer Konzepte ist demnach auch mit der Einführung neuer Instrumente eng verbunden.

Tabelle 6.6: Durchschnittliche Anzahl eingesetzter Konzepte und Instrumente pro Unternehmen differenziert nach der Unternehmensgröße

	< 51 MA	51-250 MA	> 250 MA	**Durchschnitt (gesamte ERI)**
Durchschnittliche Konzepteanzahl	2,8	3,8	4,6	3,8
Durchschnittliche Instrumenteanzahl	6,5	9,9	10,3	9,0

Quelle: Eigene Darstellung.

Ferner ist von Interesse, ob zwischen dem Umweltengagement-Typ bzw. dem SCM und der Anzahl eingesetzter Konzepte und Instrumente ein signifikanter Unterschied oder Zusammenhang besteht. Es zeigt sich, dass umweltengagiertere und SCM-vertrautere Unternehmen statistisch signifikant mehr Konzepte (***) und Instrumente (*) einsetzen. Es besteht allerdings kein statistisch signifikanter Unterschied in Hinblick auf die Anzahl eingesetzter Instrumente zwischen Unternehmen ohne und mit UM-System gemäß EMAS bzw. ISO 14000 ff.

An dieser Stelle kann festgehalten werden, dass einerseits der Logistik und AS noch wenig Beachtung geschenkt wird, andererseits die Bemühungen im Rahmen des Lebensmittelsicherheits-, Qualitäts- und Umweltmanagements in der ERI hoch sind. An der starken betrieblichen Einbindung des Umweltengagements in Form von adäquaten Konzepten und Instrumenten bestehen daher keine Zweifel. Die Beurteilung der Verankerung des SCM in den Unternehmen der ERI bedarf dagegen einer differenzierten Herangehensweise. Versteht man das SCM in

---

[817] Vgl. zum Instrumenteeinsatz im Nachhaltigkeitsmanagement in verschiedenen Branchen BIEBELER (2004, S. 9-11).

klassischer Sichtweise als eine Vereinigung von ganzheitlicher Logistikphilosophie mit dem Kooperationsgedanken (vgl. Abschnitt 2.2.2), so ist die Verankerung aus der Logistikperspektive als sehr schwach ausgebildet zu beurteilen. Aus der Logistiksicht bestehen hinsichtlich der betrieblichen Einbindung des SCM noch ungenutzte Potenziale. Nähert man sich dem SCM über deren Hauptauslöser in der ERI an – die Rückverfolgbarkeit von Lebensmitteln – ist die betriebliche Verankerung durch die Anknüpfung an die QS als bereits wesentlich stärker ausgeprägt zu charakterisieren. Auf internationale Anerkennung von außen und interne Systemkompatibilität zwischen dem Qualitäts- und Umweltbereich wird großer Wert gelegt.

6.5 Analyse des Environmental-Supply Chain Management-Niveaus

Um die Verknüpfungen und wechselseitigen Beziehungen zwischen dem SCM und dem Umweltengagement zu erkennen, wird nun im Folgenden das E-SCM-Niveau untersucht. Dazu werden zwei unterschiedliche Wege gewählt. Der erste Weg prüft die Integration in direkter Form: Zunächst wird die Meinung/Einstellung der Unternehmen zur prinzipiellen Zweckmäßigkeit und praktischen Realisierbarkeit der integrativen Verknüpfung ermittelt. Anschließend werden ausgewählte Umweltzielstellungen hinsichtlich ihrer Verfolgung durch die Unternehmen in SCM-integrativer oder in separater Form untersucht.

Der zweite, indirekte Weg basiert auf der Analyse markanter Ergebnisse aus dem vertikalen Kooperations- und dem vertikalen Umweltkooperationsniveau. In diesem Zusammenhang werden als erstes die Überschneidungen bzw. Wechselbeziehungen zwischen der Verbreitung des SCM und des Umweltengagements analysiert. Des Weiteren wird geprüft, ob sich durch eine Clusteranalyse verschiedene Unternehmenstypen identifizieren lassen. Eine Zusammenführung der Ergebnisse dieser beiden Wege erscheint nicht sinnvoll, da der zweite Weg Zusammenhänge zwischen Parametern ermittelt, die sich z. T. aus den Ergebnissen des ersten Weges „speisen". Es empfiehlt sich daher eine getrennte, vergleichende Auswertung.

6.5.1 Zweckmäßigkeit und Praktikabilität der integrativen Verknüpfung

Zunächst ist von Interesse, wie sich die Unternehmen der ERI zur integrativen Verknüpfung von Zielstellungen des Umweltschutzes und des SCM positionieren. Dabei wird zwischen der Zweckmäßigkeit und der derzeitigen Realisierbarkeit der Verknüpfung differenziert. Diese Unterscheidung soll den möglichen Trade-off zwischen Bewusstsein und (voraussichtlichem) Verhalten, wie er im Zusammenhang mit Umweltbelangen häufig anzutreffen ist,[818] aufdecken. Es zeigt sich, dass die integrative Verknüpfung von der überwiegenden Zahl der befragten Unternehmen als prinzipiell zweckmäßig, aber zurzeit als nur teilweise realisierbar eingeschätzt wird (vgl. Tabelle 6.7). Immerhin 21,6 % aller befragten Unternehmen halten die integrative Verknüpfung für grundsätzlich sinnvoll und umfassend praktikabel. Es besteht dabei ein höchst signifikanter Zusammenhang mit der Neigung, dass mit zunehmender Zweckmäßigkeitstendenz auch die praktische Realisierbarkeit tendenziell höher eingeschätzt wird. Es be-

---

[818] Vgl. zur beschriebenen Problematik ANTES (2003, S. 1-4).

steht zudem eine höchst signifikant geringe positive Korrelation zwischen dem SCM-Implementierungsgrad und der Einschätzung der Praktikabilität der Verknüpfbarkeit, d. h. SCM-vertrautere Unternehmen stehen der praktischen Umsetzbarkeit offener bzw. positiver gegenüber. Interessanterweise ist ein solcher Zusammenhang hinsichtlich der Zweckmäßigkeit nicht festzustellen. Demnach halten auch Unternehmen, die über kein SCM-System verfügen oder planen, deren Verknüpfung mit dem Umweltschutz für sinnvoll und umgekehrt. Ein relativ ähnliches Ergebnis zeigt sich im Übrigen auch zwischen dem Umweltengagement-Typ und der Zweckmäßigkeit/Praktikabilität der Verknüpfbarkeit.

Hinsichtlich der Zweckmäßigkeit/Praktikabilität und der Unternehmensgröße ist jedoch keine statistisch signifikante Korrelation erkennbar. Auch die KMU, bei denen die strategische Orientierung i. d. R. gering ausgeprägt ist,[819] haben hier Position bezogen. Außerordentlich viele kleine Unternehmen sprechen sich für die Sinnhaftigkeit der **integrativen Verknüpfung** aus, positionieren sich aber sehr divergent bei der Einschätzung der praktischen Umsetzbarkeit im Unternehmen. Auffällig ist zudem, dass sich viele Unternehmen zur Zweckmäßigkeit und Praktikabilität der Verknüpfung gar nicht positioniert haben („keiner Meinung" war jeweils etwa jedes vierte Unternehmen). Das lässt auf ein hohes Maß an Unentschlossenheit oder auch Unwissenheit über die Vorzüge der Verknüpfung schließen. Fast die Hälfte der Unternehmen (46,4 %) ohne Meinung sind diejenigen Unternehmen, die über kein SCM verfügen (wollen).

Tabelle 6.7: Meinung der Unternehmen der ERI zur Verknüpfbarkeit von Umwelt- und SCM-Zielstellungen differenziert nach der Unternehmensgröße

Die Verknüpfung ist ...	< 51 MA	51-250 MA	> 250 MA	k. A.	Summe – absolute Anzahl (Anteil)
... grundsätzlich sinnvoll	13	18	11	1	*43 (44,3 %)*
... nur teilweise sinnvoll	6	7	7	0	20 (20,6 %)
... nicht sinnvoll	1	2	3	0	6 (6,2 %)
keine Meinung	8	13	7	0	28 (28,9 %)
... umfassend realisierbar	6	8	9	0	23 (23,7 %)
... nur teilweise realisierbar	8	16	9	0	*33 (34,0 %)*
... derzeit nicht realisierbar	7	3	4	1	15 (15,5 %)
keine Meinung	7	13	6	0	26 (26,8 %)

Quelle: In Anlehnung an SOMMER/KRAMER (2006, p. 280) (Anmerkung: MA ... Mitarbeiter, k. A. ... keine Angabe).

Der hohe Zuspruch bei der **Zweckmäßigkeit** der Integration des Umweltschutzes in das SCM zeigt in jedem Fall ein hohes Integrationsinteresse der Unternehmen der ERI und damit gute Ausgangsbedingungen für eine breite Anwendung des E-SCM auf. Möglicherweise wird die Umweltschutz-Integration in das SCM von den befragten Unternehmen als Chance zur Steigerung der Akzeptanz des Umweltschutzes in der Lebensmittel-SC aufgefasst. Hierbei kann das Streben nach einer höheren Wirtschaftlichkeit in den Umweltschutzbemühungen zugrunde liegen, die die Unternehmen in der integrativen Verfolgung des Umweltschutzes im Rahmen des SCM-Konzeptes sehen. So produzieren einige der befragten Unternehmen Öko-Lebens-

---

[819] Vgl. hierzu ARNOLD/FREIMANN/KURZ (2001, S. 76); HAMER (1990, S. 115, 117-118).

mittel (vgl. Biosiegelverbreitung in Abschnitt 6.4.1), die trotz ihres Nischendaseins zunehmend in europäischen und nationalen Rationalisierungs- und Wettbewerbsdruck geraten, der den Preis nach unten drückt und daher von den Unternehmen eine stärkere ökonomische Ausrichtung v. a. in den Hauptproblembereichen – der Produktion, Logistik und Vermarktung der Öko-Lebensmittel – verlangt (vgl. Abschnitt 5.5.2.2).

Die Gründe für die überwiegend nur teilweise zugesprochene **Realisierbarkeit** sind nicht eindeutig ableitbar und daher zunächst hypothetischer Natur. Mögliche Ursachen sind einerseits sicherlich die in Abschnitt 6.2.4 identifizierten Hemmnisse, die für die Umsetzung eines klassischen SCM konstatiert wurden. Weiterhin könnten aktuell bestehende andere – derzeit als wichtiger erachtete – Problem- bzw. Zielstellungen höhere Managementprioritäten zugesprochen werden. Es ist auch möglich, dass die befragten Unternehmen der ERI die umweltbezogene Kooperationswilligkeit der Unternehmen der anderen Wertschöpfungsstufen über ein E-SCM reell als unzureichend bzw. unüberwindbar einschätzen. Weiterhin ist auch vorstellbar, dass sich die (v. a. kleinen und mittelständischen) Unternehmen nicht schlüssig über die Operationalisierung der integrativen Verknüpfung sind, d. h. Unklarheit herrscht, wie bei der strategischen und operativen Realisierung eines E-SCM-Systems vorzugehen ist. Dies bedeutet, dass sie derzeit nicht über hinreichendes Know-how und vielleicht auch nicht die erforderlichen Ressourcen verfügen, ein E-SCM-System umzusetzen. Dies läuft konform mit dem als erste mögliche Ursache angedeuteten Problem der bislang zurückhaltenden Implementierung von SCM-Systemen in KMU (vgl. Abschnitt 6.2.3). In letzterem Fall würde es sich um ein methodisches Problem handeln, das Handlungsbedarf induziert, um die sich aus dem Operationalisierungsproblem ergebende Implementierungslücke zu schließen.

6.5.2 *Verfolgung von Zielstellungen (pro)aktiven Umweltschutzes im Supply Chain Management*

Um die aktuelle Umsetzungssituation der integrativen Einbeziehung bzw. Verknüpfung von Umwelt- und SCM-Zielstellungen zu eruieren, wurden spezielle **Umweltzielstellungen** auf ihre Verfolgung im Unternehmen geprüft. Im Weiteren war zu differenzieren, ob dies im Rahmen des bestehenden oder geplanten SCM oder unabhängig davon erfolgt. Am verbreitetsten sind demnach die Orientierung auf regionales Wirtschaften (48,4 %) und die kooperative umweltverträgliche Produktentwicklung (40,2 %), die in der ERI beide aber eher unabhängig vom SCM verfolgt werden (vgl. Abbildung 6.16). Die größte Bedeutung im Rahmen des SCM wird der gezielten Positionierung von Umweltschutzmaßnahmen in der SC beigemessen (12,4 %). Neben prozessbezogenen werden demnach auch produktbezogene Umweltzielstellungen im E-SCM-System einzelner Unternehmen verfolgt. Dies entspricht der Philosophie des Green SCM.

Die Produkthaltbarkeitsdauer verlängernde Ziele und Maßnahmen, wie sie bei vielen Gebrauchsgegenständen (z. B. Elektrogeräte) zu finden sind, sind im Lebensmittelsektor (unter Ausschluss des Konservierungsmitteleinsatzes und den Möglichkeiten der Gentechnik, die v. a.

aus Ungewissheit über die Folgen dessen Einsatzes für Menschen und Umwelt zu meiden sind) am seltensten verknüpft mit Zielen des SCM anzutreffen (7,2 %). Der geringe Anteil kann darin begründet liegen, dass die Produktentwicklung (F&E) nicht zwangsläufiger Bestandteil des SCM sein muss bzw. nicht in diese integriert wird. Hier wird jedoch vor dem Hintergrund der Verderblichkeit und Kurzlebigkeit zahlreicher Lebensmittel noch ein erhebliches kooperatives Forschungspotenzial gesehen, wie aktuelle Entwicklungen bspw. in der Verpackungswirtschaft oder von modernen Trocknungsverfahren bei Obst und Gemüse zeigen.[820] Die organisatorische Verankerung des Umweltschutzes entlang des Lebensmittel-WS in Form der Benennung eines Verantwortlichen für die Verfolgung der Umweltbelange über das gesamte WS ist mit oder ohne SCM sehr gering ausgeprägt. Dies steht in engem Zusammenhang mit der geringen Forcierung zwischenbetrieblich vertikaler Materialkreislaufführung, da im WS eine zuständige bzw. koordinierende Instanz fehlt, die derartige Aspekte losgelöst vom einzelwirtschaftlichen Interesse im Blick hat. Von der Option weitere integrative Umweltzielstellungen zu nennen, wurde nicht Gebrauch gemacht.

Abbildung 6.16: Verfolgung von Umweltzielstellungen per SCM

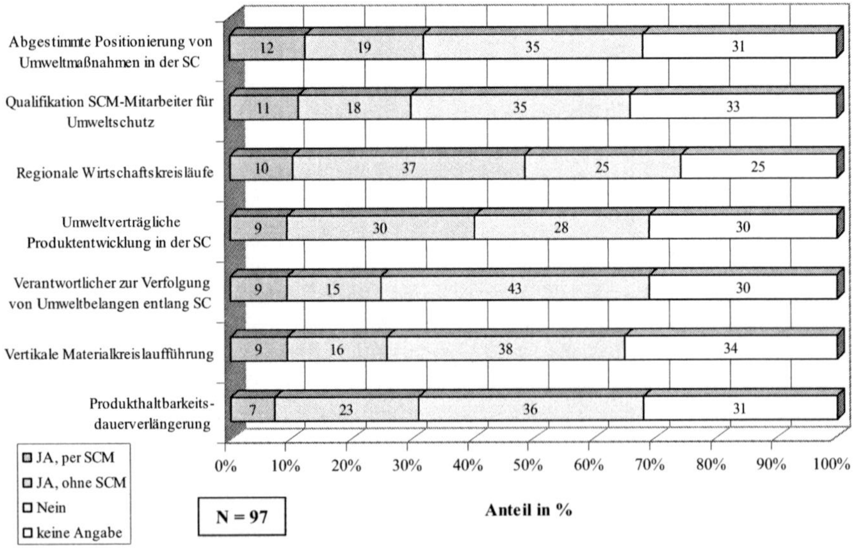

Umweltziel	JA, per SCM	JA, ohne SCM	Nein	keine Angabe
Abgestimmte Positionierung von Umweltmaßnahmen in der SC	12	19	35	31
Qualifikation SCM-Mitarbeiter für Umweltschutz	11	18	35	33
Regionale Wirtschaftskreisläufe	10	37	25	25
Umweltverträgliche Produktentwicklung in der SC	9	30	28	30
Verantwortlicher zur Verfolgung von Umweltbelangen entlang SC	9	15	43	30
Vertikale Materialkreislaufführung	9	16	38	34
Produkthaltbarkeitsdauerverlängerung	7	23	36	31

N = 97, Anteil in %

Quelle: Eigene Darstellung (Anmerkung: Balkenwerte = absolute Werte).

Interessanterweise berücksichtigen durchschnittlich ca. ein Drittel (36,6 %) derjenigen Unternehmen, die zum aktuellen Zeitpunkt über ein SCM-System verfügten, die genannten Umweltziele bereits integrativ im Rahmen der Umsetzung ihres SCM-Systems. Je nach Umweltziel handelt es sich dabei lediglich um zwischen 6 % und 9 % aller befragten Unternehmen, die diese Umweltzielstellungen im SCM gegenwärtig bereits beachten, d. h. über ein E-SCM-

---

[820] Vgl. ausführlicher hierzu http://www.tu-dresden.de/mw/ilb/ (22.07.2005).

System verfügen. Vor dem Hintergrund der Dominanz von SCM-vertrauten und umweltengagierteren Unternehmen in der vorliegenden Stichprobe, wird mit Blick auf die gesamte ERI die (tatsächliche) Verbreitung von E-SCM-Systemen noch wesentlich geringer ausfallen. Die SCM-Planer ziehen eine Integration dieser umweltbezogenen Zielstellungen beim Aufbau ihres SCM-Systems dagegen (bislang) kaum in Betracht. Beachtenswerterweise sind an dieser Stelle (mit Ausnahme der gezielten Positionierung von Umweltmaßnahmen im WS und der Orientierung auf regionales Wirtschaften (jeweils *) – siehe auch nachfolgend) keine statistisch signifikanten Unterschiede und Korrelationen mit der Unternehmensgröße festzustellen. Bei der näheren Betrachtung der Anwender dieser Umweltzielstellungen im Rahmen des SCM fällt auf, dass es sich dabei um Unternehmen weitgehend aller Größenklassen handelt. Im Gegensatz zur konstatierten Konzentration des SCM auf große Unternehmen der ERI (vgl. Abschnitt 6.2.3) ist diese Ausrichtung beim E-SCM in der Stichprobe nicht in dieser differenzierten Form festzustellen. Demnach führen viele der großen Unternehmen ihr SCM eher ohne Umweltausrichtung, während die wenigen KMU, die über ein SCM verfügen, dieses zugleich auch in umweltorientiertem Sinne anwenden. Das hängt möglicherweise damit zusammen, dass IM-Systeme, wie es ein E-SCM-System darstellt, für große Unternehmen aufgrund ihrer Organisationsstruktur nicht unbedingt die zweckmäßigste Form bilden (vgl. hierzu auch Abschnitt 4.2.2). Die Feststellung, dass auch einzelne KMU ein E-SCM-System besitzen, darf aber nicht darüber hinwegtäuschen, dass die Verbreitung von E-SCM-Systemen in der ERI allgemein noch sehr gering ist.

Überdies korrelieren und unterscheiden sich fast alle aufgeführten Umweltzielstellungen auf statistisch signifikantem Niveau mit dem Umweltengagement-Typ und dem SCM-Implementierungsgrad (mit Ausnahme der Orientierung auf regionales Wirtschaften – ns). Dies überrascht nicht, da bei der Angabe genau nach dem Merkmal SCM-Existenz differenziert wurde. Den SCM-vertrauteren und umweltengagierteren Unternehmen sind diese Ziele demnach eher eigen als Unternehmen mit wenig Interesse am SCM und Umweltschutz. Betrachtet man die Antwortsituation bzgl. des **regionalen Wirtschaftens** näher, so zeigt sich, dass sich die Verfolgung regionaler Wirtschaftskreisläufe nicht nur zwischen den Unternehmensgrößenklassen unterscheidet, sondern mit der Unternehmensgröße negativ korreliert (*), d. h., dass diese v. a. von den konsumentennahen KMU außerhalb des SCM umgesetzt werden. Große Unternehmen betreiben regionales Wirtschaften eher selten (vgl. hierzu auch Abschnitt 1.1.1). Das regionale Wirtschaften korreliert jedoch nicht mit dem Umweltengagement, d. h., es wird von den Unternehmen der ERI somit interessanterweise nicht im Zusammenhang mit dem Umweltschutzgedanken, sondern aus anderen Beweggründen (z. B. regionale Herkunft als Qualitätsmerkmal) verfolgt. Beachtenswerterweise zeigen sich keine statistisch signifikanten Unterschiede bei der Einschätzung hinsichtlich des Vertrauens als Hemmnis bei der Umsetzung des SCM zwischen regional und international wirtschaftenden Unternehmen. Demnach sind regionale KMU diesbezüglich etwa ähnlicher Meinung wie die international agierenden Großunternehmen. Die hohe Bedeutung des regionalen Absatzes von Lebensmitteln hat sich bereits in verschiedenen empirischen Studien gezeigt[821] und kann anhand der hier vorliegenden Untersuchungsergebnisse als nach wie vor verbreitetes Betätigungsfeld der KMU bestätigt werden. Daraus ergibt sich weiterer Forschungsbedarf in der Hinsicht, ob bzw. in welcher Ausgestaltung das im Kontext der Globalisierung entstandene SCM auch für regionale Verbunde aus mehreren KMU aufeinander folgender Lebensmittel-Wertschöpfungsstufen zweckmäßig ist.

6.5.3 Überschneidungen in der Verbreitung des Supply Chain Managements und des Umweltengagements

Die Untersuchung der Überschneidungen zwischen der **Existenz eines SCM und dem Engagement im Umweltschutz** zeigt signifikante Unterschiede und eine sehr signifikant geringe positive Korrelation: Je umweltengagierter ein Unternehmen demnach ist, umso vertrauter ist es auch mit dem SCM.[822] Im Einzelnen zeigt sich zudem, dass

- 9,3 % aller Unternehmen SCM-Nutzer und proaktiv umweltengagiert sind,
- 20,7 % aller Unternehmen mindestens SCM-Implementierer und mindestens aktiv umweltengagiert sind,
- 56,3 % der Unternehmen mit einem SCM-System proaktiv umweltengagiert sind, während 45,0 % der proaktiv umweltengagierten Unternehmen ein SCM-System besitzen,
- 48,0 % der passiv umweltengagierten Unternehmen kein SCM-System haben, aber nur 33,3 % der Unternehmen ohne SCM-System passiv umweltengagiert sind.

Die oben genannten 20,7 % Unternehmen bilden den Anteil an Unternehmen, die zum gegenwärtigen Zeitpunkt über ein E-SCM verfügen könnten. Ihnen stehen die in Abschnitt 6.5.2 erkannten 6 bis 9 % von Unternehmen, die einzelne Umweltziele in das SCM-Zielsystem integrieren, gegenüber. Demnach setzen zwischen 29,0 % und 43,5 % der Unternehmen, die eine integrative Verknüpfung realisieren könnten, diese bereits aktuell um. Es bleibt jedoch ein beachtliches Restpotenzial übrig.

Zudem besteht zwischen dem SCM-Implementierungsgrad und der Umweltkooperationsintensität mit den Akteuren aller vor- und nachgelagerten Wertschöpfungsstufen eine höchst signifikant geringe bis mittlere positive Korrelation. Das bedeutet, dass SCM-vertrautere Unternehmen auch im Umweltschutz stärker auf Kooperation setzen als „SCM-Desinteressierte" und diese Unternehmen auch den Umweltschutz in ihr kooperatives Tätigkeitsfeld integrieren. Vertikal-kooperativer Umweltschutz wird demnach vorrangig von Unternehmen, die über ein SCM verfügen, verfolgt. Daraus lässt sich im Einklang mit den Meinungen der Unternehmen zur Zweckmäßigkeit der integrativen Verknüpfung (vgl. Abschnitt 6.5.1) schlussfolgern, dass

---

[821] Vgl. u. a. HAUFF/KLEINE/JÖRG (2005, S. 95); auch Abschnitt 5.5.2.3. ZIMMERMANN sieht in der erstarkenden Konsumpräferenz der Konsumenten für regionale Lebensmittel ein Reflex aus der zunehmenden Undurchschaubarkeit der Produktionsvorgänge und der Auswirkungen auf Umwelt und Gesundheit (das komplexe Ursache-Wirkungsgefüge führt zu Verunsicherung). Vgl. ZIMMERMANN (2000, S. 7).

[822] Dieses Ergebnis sagt allerdings nichts zur Kausalität bzw. Sachlogik des Zusammenhangs aus, sondern lediglich, dass ein solcher besteht. So ist es möglich, dass beide Merkmale von einer dritten Größe beeinflusst werden. Vgl. SCHULZE (1990, S. 116).

das SCM nicht nur für die Verbesserung/Reorganisation der Geschäftsprozesse, sondern auch für die Verfolgung (pro)aktiven Umweltschutzes über die gesamte SC eine geeignete Basis darstellen kann.

Ein Vergleich der Nennung gleicher Nutzeffekte bzw. Hemmnisse (z. B. hoher Aufwand, Desinteresse der Mitarbeiter bei der Umsetzung) zwischen einerseits dem SCM und andererseits dem Umweltengagement zeigt bei den Hemmnissen keine statistisch signifikanten Zusammenhänge. Daraus lässt sich ableiten, dass z. B. der mit der Einführung eines SCM-Systems und dem Umweltschutz verbundene Aufwand/Kosten – auch wenn er häufig als Hemmnis genannt wird (vgl. Abschnitt 6.2.4 und 6.3.2) – kein grundsätzliches Ausschlusskriterium für jegliche Aktivitäten einzelner Unternehmen darstellt, sondern sich kontext- und einzelfallbezogen gestaltet. Bei den Nutzeffekten bestehen hinsichtlich der Steigerung der Kundenzufriedenheit, Kosteneinsparungen, Produktqualitätsverbesserungen und der Entstehung von Innovationen auch keine statistisch signifikanten Zusammenhänge. Während bspw. die Steigerung der Kundenzufriedenheit beim SCM einen der bedeutendsten Effekte darstellt, wird sie von den gleichen Unternehmen im Kontext des Umweltengagements weniger ausgeprägt wahrgenommen. Entweder ist den Konsumenten das Umweltengagement der Unternehmen der ERI im Einzelnen gar nicht bekannt, da es von den Unternehmen nicht ausreichend kommuniziert wird (insbesondere deren Mehrwert für die Umwelt und die Gesellschaft), oder es ist für sie nicht von besonderer, honorierbarer Relevanz bzw. als eine (zwingende) Selbstverständlichkeit angesehen. Dagegen zeigen sich bei der Ausweitung des Marktanteils statistisch signifikante Unterschiede und eine sehr signifikant geringe positive Korrelation. Das bedeutet, dass dieser beim SCM-Einsatz wie beim Umweltengagement signifikant gleich geringe Bedeutung beigemessen wird. Beide Bereiche sind einer Ausweitung des Marktanteils demnach wenig dienlich.

Wenngleich die Entstehung von Innovationen in beiden Bereichen eine eher untergeordnete Rolle spielt, sollen dieser an dieser Stelle exemplarisch weitere Analysen gewidmet werden. So zeigt sich eine signifikant geringe positive Korrelation zwischen der Innovationsentstehung als Nutzen aus dem SCM-Einsatz und der F&E als Kooperationsinhalt. Die Zweckmäßigkeit der Kooperation durch gemeinsame F&E ist somit offensichtlich. Auf die positive Wirkung der Zusammenarbeit mit den Wertschöpfungsakteuren in Bezug auf Umweltbelange auf den Nutzen des betrieblichen Umweltengagements, der u. a. auch die Entstehung von Umweltinnovationen umfasst, wurde bereits in Abschnitt 6.3.3 eingegangen. Während sich bei der Entstehung von Umweltinnovationen zeigt, dass diese umso stärker ausgeprägt ist, je intensiver die Kooperation mit den Akteuren der anderen Wertschöpfungsstufen (***) (außer den Sublieferanten) ist, ist dies bei den SCM-Innovationen nur bzgl. der Sublieferanten (*) festzustellen. Eine enge Zusammenarbeit mit den Wertschöpfungsakteuren zahlt sich demnach mit einem höheren Innovationsnutzen aus.

6.5.4 Identifikation von Unternehmenstypen zum Stellenwert des Environmental-Supply Chain Managements

Aus einer heterogenen Gruppe von befragten Unternehmen lassen sich mittels einer Typologisierung Gruppen von Unternehmen finden, die bzgl. mehrerer Merkmale eine hohe Ähnlichkeit bzw. ähnliche Verhaltensmuster aufweisen. Es ist im Weiteren von Interesse, ob eine Gruppenbildung bzgl. des Umgangs mit der Verknüpfung des Umweltengagements und des SCM vorgenommen werden kann. Ziel der Identifikation typischer Unternehmensgruppen bzw. -Muster ist es in erster Linie, eine Aggregation ähnlicher Unternehmensansichten und damit eine Vereinfachung des Gesamtbildes/-eindrucks zu erreichen. Das Ergebnis lässt sich bei Bedarf für weitere zielgruppenorientierte Untersuchungen, die zielgruppenspezifisch verallgemeinerte Aussagen erlauben, nutzen.

Mittels des statistischen Verfahrens der **hierarchischen Clusteranalyse** wurde eine Typisierung der Unternehmen in diesem Hinblick untersucht. Zur Eingrenzung der Aussagekraft der Analyse wurden nur die Variablen des Fragebogens mit besonderer Relevanz einbezogen. Es sind dies die Kriterien:

- Implementierungsgrad des SCM,
- Typen des Umweltengagements,
- Einschätzung der Zweckmäßigkeit der integrativen Verknüpfung,
- Einschätzung der Praktikabilität der integrativen Verknüpfung,
- Unternehmensgröße.

Die Unternehmen der ERI können demnach in drei Cluster eingeteilt werden, die anhand ihrer Charakteristika wie folgt bezeichnet werden können (vgl. auch Abbildung 6.17):

- sehr umweltorientierte SCM-Planer bzw. SCM-Nutzer („E-SCM-interessierte Unternehmen");
- mäßig umweltorientierte SCM-Nicht-Nutzer („E-SCM-desinteressierte Unternehmen");
- (mäßig) umweltorientierte, SCM-unentschlossene Unternehmen („E-SCM-unentschiedene Unternehmen").

Diese drei Unternehmensgruppen verhalten sich in ihren Merkmalsausprägungen statistisch signifikant unterschiedlich zueinander. Für eine Charakterisierung der Unternehmenstypen werden die drei Gruppen über Kreuztabellen mit den Kriterien näher betrachtet und signifikante Korrelationen der Gruppen zu einzelnen Merkmalen ersichtlich. Bei allen o. g. Merkmalen – außer hinsichtlich der Zweckmäßigkeit der Integration des Umweltschutzes in das SCM – zeigt sich eine signifikante bis höchst signifikant geringe bis hohe Korrelation sowie signifikante bis höchst signifikante Unterschiede. Bei der Zweckmäßigkeit der Integration ist kein statistisch signifikanter Unterschied zwischen den Unternehmen festzustellen, d. h. die Zweckmäßigkeit wird von Unternehmen aller Gruppen erkannt. Interessanterweise gibt es keine Gruppe(n) von Unternehmen, die sich nur mit dem SCM oder nur mit dem Umweltschutz beschäftigen (wollen). Darüber hinaus zeigen sich auch zu einzelnen weiteren untersuchten Merkmalen statistisch signifikante Abhängigkeiten[823] und Unterschiede zwischen den einzelnen Clustern (z. B. bei einigen SCM- und Umweltengagement-Nutzeffekten, bei den meisten Umweltzielstellungen, bei der umweltbezogenen Kooperationsintensität bei allen Wertschöpfungsakteuren, bei der Konzepteanzahl) (vgl. Anhang H).

Abbildung 6.17: Prozentuale Verteilung der Unternehmenscluster in der Stichprobe

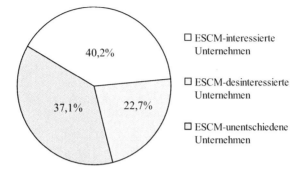

Quelle: Eigene Darstellung.

Der Unternehmenstyp der **E-SCM-interessierten Unternehmen** bzw. sehr umweltorientierten SCM-Planer bzw. SCM-Nutzer umfasst mit einem Anteil von 40,2 % den Großteil der befragten Unternehmen. Es handelt sich hierbei um die Gruppe der in mehreren Hinsichten engagierten Unternehmen, die die Verknüpfung eines SCM-Systems und des Umweltengagements als positiv erkannt haben und eine praktische Verzahnung beider Aspekte anstreben oder bereits erfolgreich umsetzen. Es handelt sich hierbei überwiegend um mittelständische bis große Unternehmen.

Der Gruppe der **E-SCM-unentschiedenen Unternehmen** umfasst Unternehmen, die sich bislang nicht mit dem SCM und/oder E-SCM auseinander gesetzt haben, unentschlossen bzw. unzureichend informiert sind. Sie enthalten sich daher bei einzelnen Fragen vielfach ihrer Meinung. Bspw. halten sie sich bei der Verknüpfbarkeit sehr bedeckt, in dem sie sowohl zu deren Zweckmäßigkeit als auch Praktikabilität i. d. R. keine Position beziehen. Ihr Umweltengagement ist passiv bis aktiv ausgerichtet. Es handelt sich bei dieser zweitgrößten Gruppe überwiegend um Unternehmen mittlerer, aber auch kleiner Unternehmensgröße.

Die Gruppe der **E-SCM-desinteressierten** bzw. passiv bis aktiv umweltengagierten und SCM-nichtnutzenden **Unternehmen** mit einem Anteil von 22,7 % zeichnet sich durch ein generell passiveres Verhalten aus. Diese Unternehmen beschränken sich auf das business as usual und verfolgen in diesem Zusammenhang selten mehr als die Einhaltung der wesentlichen Umwelt-

---

[823] Aufgrund der nominalen Skalierung der drei Cluster wurde zur Ermittlung der Assoziation zu anderen Variablen das Verfahren Cramers-V genutzt. Es ist dabei zu beachten, dass als Assoziationsmaß keine negativen Werte auftreten können, „da die Frage nach der Richtung der Assoziation wegen des Fehlens einer Ordnungsrelation sinnlos ist". Bei einem Wert um 1 gilt größte Abhängigkeit und bei einem Wert um 0 völlige Unabhängigkeit der Variablen. Vgl. BÜHL/ZÖFEL (2005, S. 250). Die Ergebnisse finden sich in Anhang H.

schutzansprüche, die von der Gesetzgebung an sie herangetragen werden. Darüber hinausgehende Aktivitäten anzustoßen und mit den Wertschöpfungsakteuren strukturiert und systematisch gesteuert durch ein SCM abzustimmen, empfinden sie nicht als ihre Aufgabe. Diesem Clustertyp gehören v. a. kleine, z. T. aber auch mittlere Unternehmen an. Demnach stehen die kleineren Unternehmen für die Realisierung des E-SCM am wenigsten zur Verfügung, da sie i. d. R. nicht über die notwendigen Voraussetzungen verfügen und die Praktikabilität anzweifeln, wenngleich sie die Sinnhaftigkeit kaum in Frage stellen.

Ausgehend von der bereits konstatierten Dominanz von Großunternehmen und von sehr umweltengagierten Unternehmen in der vorliegenden empirischen Erhebung (vgl. Abschnitt 6.1.4) muss die Clusterbildung nicht grundsätzlich in Frage gestellt werden, jedoch kann die prozentuale Verteilung zwischen den einzelnen Clustern im Vergleich zur Gesamtheit der ERI verzehrt sein. Es ist davon auszugehen, dass der Unternehmenstyp der E-SCM-interessierten Unternehmen in dieser Befragung überrepräsentiert und die Unternehmenstypen E-SCM-desinteressierte und E-SCM-unentschiedene Unternehmen unterrepräsentiert sind.

6.6 Zusammenfassung der Ergebnisse der empirischen Analyse, Abgleich mit den Hypothesen sowie Identifikation weiteren Handlungsbedarfs

Die detaillierte Auswertung der gewonnenen Primärdaten hat eine Vielzahl an Einzelergebnissen aufgezeigt und zugleich verschiedene Interpretations- und Diskussionspunkte geschaffen. Befragungsspezifische Einschränkungen, wie die Subjektivität der Selbsteinschätzungen durch die Teilnehmer und die Dominanz von großen und sehr umweltengagierten Unternehmen, wurden erkannt und sind bereits weitgehend in die Interpretation der Ergebnisse eingeflossen. Im Folgenden werden die wichtigsten Erkenntnisse und Schlussfolgerungen auf den drei Analyseniveaus verbal-argumentativ zusammengefasst.[824] Zudem werden die Ergebnisse der empirischen Analyse mit den Hypothesen aus dem theoretischen Teil abgeglichen (vgl. im Überblick auch Tabelle 6.8). Auf dieser Basis lässt sich in Verbindung mit den Ergebnissen aus Kapitel 5 (vgl. Tabelle 5.9) eine Gesamtbewertung des Potenzials, Stellenwerts und der Verbreitung von E-SCM-Systemen vornehmen und zugleich weitergehender Handlungsbedarf für eine stärkere Unterstützung der Umsetzung von E-SCM-Systemen in der ERI bzw. dem Lebensmittelsektor offen legen. Vorschläge und Empfehlungen zur Beseitigung bzw. Reduzierung der aufgedeckten Schwachstellen werden dann im nachfolgenden 7. Kapitel vorgestellt.

Im **vertikalen Kooperationsniveau** bestätigt die hohe Verbreitung vertikaler Kooperation der befragten Unternehmen der ERI die zugrunde liegende Hypothese (H 1). Hauptkooperationspartner sind die Unternehmen der unmittelbar vor- und nachgelagerten Wertschöpfungsstufen sowie die LDL. Demnach wird den Logistikleistungen in outgesourcter Form große Beachtung geschenkt bzw. der Logistikbereich zunehmend als wichtige Aufgabe und Bereich wahrgenom-

---

[824] Von einer Quantifizierung in Form einer Normierung bzw. Standardisierung der Einzelaspekte der drei Niveaus auf drei bzw. einen aggregierte(n) Niveauwert(e) wird Abstand genommen, da mit zunehmender Komplexität Interpretationsprobleme auftreten können (vgl. SCHNELL/HILL/ESSER (2005, S. 166)), die deren Nutzen in Frage stellen würden.

men. Handlungsbedarf besteht demnach im stärkeren Einbezug der weiter entfernteren Wertschöpfungsstufen sowie speziell der Abnehmerseite. Zur systematischen Gestaltung der Abläufe und Strukturen der SC greifen erst wenige, v. a. große Unternehmen und zu einem geringen Anteil auch KMU auf das SCM-Konzept zurück. Die Hypothese (H 2) trifft demnach nur eingeschränkt zu. Gleichwohl kann die KMU-dominante ERI bislang noch nicht in dem Maße von den Vorteilen eines SCM profitieren, wie sie von den SCM-Nutzern bspw. hinsichtlich der Unterstützung bei der Gewährleistung der Rückverfolgbarkeit von Lebens- und Futtermitteln gemäß der EU-Verordnung 178/2002 hervorgehoben werden. Die zentrale Ursache für die geringe Verbreitung des SCM bei den KMU liegt sicherlich in den fehlenden Ressourcen und Know-how dieser Unternehmensgrößengruppe begründet. Der Aufwand und die Kosten zur Implementierung des SCM-Konzeptes sind hoch und für KMU nur schwer aufzubringen. Diese Tatsache kommt den Großunternehmen durchaus gelegen, da sie sich mittels ihres SCM-Systems in ihrer SC gern behaupten und so zugleich zu konkurrierenden SC erfolgreich agieren können. Um auch den KMU den Zugang zum SCM zu eröffnen, sollte ihnen die Vorteilhaftigkeit stärker kommuniziert und KMU-spezifisches Know-how zur Verfügung gestellt werden.

Der ermittelte SCM-Implementierungsgrad lässt im Einklang mit Ergebnissen älterer Studien jedoch eine zunehmende Verbreitung erkennen, die mit einer ausgeprägten betrieblichen Akzeptanz des SCM konform geht. Die zunehmende Verbreitung des SCM in der ERI ist dabei nicht nur durch den Druck des Groß- und Einzelhandels hinsichtlich Qualität, Preis und Logistik ausgelöst, sondern v. a. eine Konsequenz aus den gesetzlichen Forderungen nach unternehmensübergreifender Abstimmung im WS im Zusammenhang mit der Wahrung der Lebensmittelsicherheit. Dies stellt im Vergleich zu anderen Wirtschaftszweigen, in denen das SCM verbreitet ist, eine markante Besonderheit dar. Zieht man zudem in Betracht, dass F&E kooperativ v. a. von Unternehmen mit einem SCM betrieben werden und auch vereinzelt Umweltaspekte Beachtung finden, bestätigt sich die Annahme (H 3), dass das SCM ein funktionsübergreifend und interdisziplinär ausgerichtetes Konzept darstellt.

Die betriebliche Verankerung bzw. Anbindung des SCM durch spezifische Konzepte und geeignete Instrumente speziell in logistischer Hinsicht ist allerdings noch gering ausgeprägt. Die Stellung der Logistik und damit des SCM bei der Anwendung von Konzepten und Instrumenten wird als defizitär eingeschätzt. Mögliche Ursachen für dieses Defizit werden im hohen Umfang an bereits im Zusammenhang mit der (verpflichtenden) QS oder freiwilligen Verfolgung von Umweltzielen genutzten Konzepten und Instrumenten und in der Fremdvergabe von Logistikdienstleistungen gesehen. Sie erklärt sich weiterhin zum einen aus der normativen Intentionierung des SCM im Kontext der Gewährleistung der Rückverfolgbarkeit der Lebensmittel und zum anderen im Einklang mit der Feststellung von AREND/WISNER möglicherweise auch daraus, dass die (wenigen SCM-vertrauten) KMU der ERI, die von anderen Unternehmen zur Einführung eines SCM „gezwungen" wurden, dieses häufig nicht ausreichend tiefgründig in ihre betrieblichen Strukturen integrieren.[825] Weiterer Handlungsbedarf wird in der Stärkung

---

[825] Vgl. AREND/WISNER (2005, pp. 404, 429) bzw. auch Abschnitt 2.2.5.

der betrieblichen SCM-Anbindung und der Verzahnung der Anforderungen und einzelnen Managementsysteme der genannten Bereiche mit dem betrieblichen SCM-System gesehen.

Die Analyse des **vertikalen Umweltkooperationsniveaus** zeigte unabhängig von der Unternehmensgröße ein ausgeprägtes einzelbetriebliches Umweltengagement der befragten Unternehmen. Damit muss die Hypothese (H 4), dass große Unternehmen umweltengagierter sind, für die untersuchte Stichprobe verworfen werden. Viele Unternehmen der ERI nehmen ihre Verantwortung für die Umwelt (noch) in sehr ausgeprägter Form wahr und sind an der Schnittstelle zur Primärproduktion und damit unmittelbar zur Natur ein bedeutender Förderer des Umweltschutzes in Lebensmittel-WS. Dies bestätigt auch die gute betriebliche Verankerung des Umweltschutzes in den Unternehmen. Jedoch wird deren Akzeptanz v. a. im Zusammenhang mit der fehlenden externen Honorierung bzw. Nachfrage am Markt zunehmend in Frage gestellt. Eine Konsequenz aus diesen Überlegungen könnte darin bestehen, dass im Unternehmen implementierte UM-Systeme zwar – im besten Fall – beibehalten und praktiziert, aber nicht mehr validiert bzw. zertifiziert werden. Dies deutete sich z. T. bereits im Vergleich der Statistikdaten zum Einsatz eines UM-Systems in der ERI der letzten Jahre an (vgl. Abschnitt 5.5.2.1). Auf diese Weise lassen sich in den Unternehmen Gebühren und Gutachterkosten reduzieren bzw. einsparen. Das hat zur Folge, dass Teilnahmeurkunden und Zertifikate entfallen. In der Außendarstellung wäre dies aus Sicht der anderen Wertschöpfungsakteure und Konsumenten nach derzeitigem Ermessen wenig problematisch, da diese ohnehin wenig Wert darauf zu legen scheinen. Jedoch darf man an dieser Stelle nicht vergessen, dass damit auch innerhalb der ERI die Transparenz über das Umweltengagement der Konkurrenten verloren ginge. Handelt es sich bei diesen Unternehmen um richtungsweisende Unternehmen der ERI, so kann sich diese Entwicklung sehr schnell auf andere Unternehmen der ERI ausweiten, die ihrerseits dem Umweltschutz im negativsten Fall völlig entsagen. Hieraus entwickelt sich ein Problem für die natürliche Umwelt im Sinne zukünftig unterbleibender Ausschöpfung von Umweltentlastungspotenzialen, der durch prophylaktische Suche nach geeigneten Lösungswegen möglichst umgehend entgegengewirkt werden sollte. Ein wichtiges Handlungsfeld bildet hierbei die regelmäßige Information und Überzeugung der Konsumenten von der besonderen Leistung der Unternehmen des Lebensmittelsektors im produkt- und transformationsbezogenen Umweltschutz, um auf diese Weise die Akzeptanz und hier v. a. die „harten" Nutzenfaktoren (wie Umsatzsteigerung, Marktanteilsausbau) zu stärken.

Trotz der hohen Kooperationsverbreitung und des guten umweltbezogenen Know-hows auf einzelbetrieblicher Ebene als Basis für vertikale Umweltkooperationen, sind diese kaum verbreitet. Demnach spielen Umweltbelange in den vertikalen Kooperationen der befragten Unternehmen bislang nur eine geringe Rolle. Die geringe Verbreitung des vertikal-kooperativen Umweltschutzes hängt in erster Linie sicherlich damit zusammen, dass die vor- und nachgelagerten Wertschöpfungsakteure und die Konsumenten den Schutz der Umwelt in Form umweltverträglicher Lebensmittel und Produktionsweisen scheinbar nur in mäßigem Umfang nachfragen. Um hierüber reelle Gewissheit bzw. einen objektiven Eindruck zu erhalten, könnte eine vergleichbare Unternehmensbefragung analog auch auf anderen Lebensmittel-Wertschöpfungsstufen durchgeführt und mit den Ergebnissen dieser Befragung zur Ableitung validierter Aussagen verglichen werden.

Interessanterweise orientiert sich die Kooperation beim SCM ebenso wie die Zusammenarbeit im Umweltschutz v. a. auf die Lieferantenseite. Handlungsbedarf ergibt sich demnach in beiden Bereichen hinsichtlich der stärkeren Einbindung der Kunden/Händler sowie Konsumenten. Da vertikale Umweltkooperationen in den sehr kooperationserfahreneren und zudem sehr umweltengagierten Unternehmen (mit Ausnahme der Zusammenarbeit mit den Sublieferanten und den LDL) nicht sehr verbreitet sind, kann die zugrunde liegende Hypothese (H 5) nur teilweise bzw. bedingt bestätigt werden. Weiterhin zeigte sich und bestätigte sich zugleich die Hypothese (H 6), dass der Nutzen des Umweltengagements mit der Umweltkooperationsintensität ansteigt. Der Umweltschutz ließe sich durch die Anknüpfung an das SCM noch besser als bisher (z. B. über mehrere Wertschöpfungsstufen hinweg) fokussieren und effizienter realisieren und durch die stärkere Generierung externer Honorierung zugleich die Haupthindernisse reduzieren. Die erkannte Vorteilhaftigkeit der engen umweltbezogenen Zusammenarbeit mit den anderen Wertschöpfungsakteuren sollte den (anderen) Unternehmen der ERI verstärkt kommuniziert werden.

Dass der Umweltschutz neben Qualitäts- und Lebensmittelsicherheitsaspekten in der ERI eine große Rolle spielt und in den Unternehmen fest verankert ist, spiegelt sich im (regelmäßigen) Einsatz unterstützender Konzepte und Instrumente wider. Zur Umsetzung der vielfältigen Anforderungen dieser Bereiche und zur Wahrnehmung der Verantwortung gegenüber der Gesellschaft und der Umwelt setzen die Unternehmen eine Reihe von branchenspezifischen, regionalen aber zunehmend auch branchenunspezifischen, internationalen Konzepten (z. B. ISO 9000 ff., ISO 14000 ff.) ein. Aus der hohen Anzahl in den einzelnen Bereichen eingesetzter Konzepte erklärt sich die hohe Anzahl angewendeter Instrumente pro Unternehmen, wenngleich die kleinen Unternehmen die wenigsten Konzepte und Instrumente und begrenzt auf ein bis zwei Bereiche einsetzen. Die Anwendung der Konzepte und deren Dokumentation in Form von Zertifikaten zur Schaffung von Glaubwürdigkeit nach außen sind in der ERI von starker Ausprägung. In Anbetracht der zweckmäßigen Schaffung von Kompatibilität und der Vernetzung der Vielzahl an QS-Konzepten sowie der Verknüpfung mit UM-Systemen wurden bereits einige Anstrengungen unternommen, es ist aber auf dieser Basis in Zukunft insbesondere hinsichtlich der Schaffung von Transparenz und Vertrauen bei den Konsumenten noch weiteres Engagement notwendig. Handlungsbedarf besteht hier demnach in der zweckmäßigen interdisziplinären Verzahnung der Anforderungen der verschiedenen Bereiche (u. a. mit dem SCM-System) sowie der Gewährleistung der Kompatibilität zwischen den Systemen der einzelnen Wertschöpfungsakteure. Auf diese Weise können sich zunehmend exzellente kooperative Beziehungen zu den Wertschöpfungsakteuren im gesamten Lebensmittel-WS herausbilden, so dass der einzelne Akteur von extern irgendwann scheinbar nicht mehr erkennbar sein wird. Es werden dann nicht mehr einzelne Unternehmen, sondern ganze Lebensmittel-WS in Konkurrenz stehen.

Die Untersuchung des **E-SCM-Niveaus** stellte die Zweckmäßigkeit und die derzeit zumindest teilweise Praktikabilität der integrativen Verknüpfung zwischen dem SCM und Umweltschutz heraus (H 7). Sie leitet sich aus der Meinung der befragten Unternehmen und der sehr signifikant positiven Korrelation zwischen dem SCM-Implementierungsgrad und dem Umweltengagement-Typ ab. Da die befragten Unternehmen der zielgerichteten, ganzheitlichen Integration des Umweltschutzes in das SCM demnach ein hohes Interesse zu sprechen, bestätigt sich die Hypothese, dass die Unternehmen dem E-SCM offen gegenüber stehen. Das SCM wird als eine geeignete Grundlage und Chance für die Verbreitung des hohen umweltbezogenen Knowhows der ERI auf die (E-)SC-Partner erkannt. Es wird im Weiteren davon ausgegangen, dass die eingeschränkte praktische Realisierbarkeit und die damit aufgezeigte Implementierungslücke v. a. durch methodische Schwierigkeiten der effizienten Implementierung eines SCM-Systems und der Operationalisierung deren integrativen Verknüpfung mit Umweltbelangen bedingt sind. Die Umsetzung eines E-SCM-Systems ist demnach vielmehr eine Frage der Verfügbarkeit von Ressourcen und Kapazitäten als eine Frage des Bewusstseins bzw. Willens.

Die integrative Umsetzung einzelner Umweltziele im Rahmen des SCM legt im Weiteren offen, dass von einer branchenweiten, umfassenden Implementierung und Anwendung von E-SCM-Systemen keinesfalls die Rede sein kann. Es wurde dabei deutlich, dass sich das E-SCM nicht nur auf Großunternehmen konzentriert, sondern in der untersuchten Stichprobe unabhängig von der Unternehmensgröße anzutreffen ist. Demnach kann die Hypothese (H 8) nur in sofern bestätigt werden, dass es erst wenige Anwender des E-SCM gibt, es sich dabei aber nicht nur um große Unternehmen handelt. Gleichwohl deutet die Diskrepanz zwischen Zweckmäßigkeit, Praktikabilität und tatsächlicher Verbreitung der integrativen Verknüpfung Handlungsbedarf hinsichtlich der Gewinnung von Know-how und Ressourcen an. Hierbei könnten geeignete externe Rahmenbedingungen die Verbreitung von E-SCM-Systemen zusätzlich unterstützen.

Es konnten weiterhin drei statistisch signifikant unterschiedliche Unternehmenstypen identifiziert und beschrieben werden, deren Vertreter ähnliche Auffassungen und Verhaltensweisen hinsichtlich der Nutzung des SCM, dem Engagement im Umweltschutz und der separaten oder in das SCM integrierten Verfolgung des Umweltschutzes aufweisen. Die E-SCM-interessierten Unternehmen haben die Bedeutung und Vorteilhaftigkeit der kombinierten Verfolgung beider Aspekte für ihre weitere Entwicklung erkannt und setzen diese um bzw. planen diese umzusetzen. Dagegen werden es die E-SCM-desinteressierten und -unentschiedenen KMU als „Einzelkämpfer" zukünftig im Wettbewerb mit starken Lebensmittel-(E-)SC – in denen die E-SCM-interessierten Unternehmen der ERI aktiv mitwirken werden – schwer haben, am gesättigten Markt bei tendenziell weiter zunehmenden ökonomischen, ökologischen aber auch sozialen Anforderungen weiterhin konkurrenzfähig zu bleiben. Auch sie müssen den Forderungen nach Transparenz und Rückverfolgbarkeit nachkommen und sollten sich den positiven Effekten aus dem Einsatz eines E-SCM-Systems öffnen.

Die Erkenntnisse aus der Aggregation der Ergebnisse auf den drei Niveaus erlauben eine abschließende Einschätzung zum gegenwärtigen Potenzial, Stellenwert und Status quo der Umsetzung des E-SCM aus Sicht der ERI. Das Potenzial ergibt sich aus den ersten beiden Analyseniveaus: Trotz des noch mäßig verbreiteten, aber akzeptierten SCM und eines zwar hohen, aber verhaltener akzeptierten Umweltengagements sind das vertikale Kooperationsniveau und das vertikale Umweltkooperationsniveau bei den befragten Unternehmen der ERI relativ gut ausgeprägt. Das aktuelle Potenzial für die Anwendung eines E-SCM-Systems in der ERI ist daher als beachtlich zu bezeichnen. Damit bestätigt das aktuelle Potenzial aus Sicht der ERI das bereits in Kapitel 5 ermittelte prinzipielle Potenzial des E-SCM-Einsatzes im Lebensmittelsektor. Es bestehen de facto gute Ausgangsbedingungen für eine breite Anwendung bzw. Ausweitung des E-SCM ausgehend von den Unternehmen der ERI. Der derzeitige praktische Stellenwert ist – in Kongruenz zum Potenzial – als ebenso gut einzuschätzen, v. a. wenn man bedenkt, dass die grundsätzliche Zweckmäßigkeit und auch aktuell zumindest teilweise praktische Realisierbarkeit der integrativen Verknüpfung im Grunde über alle Größenklassen der ERI hinweg zum Ausdruck gebracht wurden. Die derzeitige Verbreitung der Integration von Umweltzielen zeigt, dass das E-SCM in der ERI zwar keine Einzelerscheinung darstellt, aber doch (noch) sehr gering verbreitet ist.

Für eine breitere Anwendung von E-SCM-Systemen in der ERI bzw. dem Lebensmittelsektor können die zuvor aufgezeigten Handlungsfelder Ansatzpunkte für die Ableitung von Empfehlungen darstellen. Die Ableitung von Handlungsempfehlungen ist Gegenstand des nachfolgenden 7. Kapitels.

Tabelle 6.8: Ergebnisse der empirischen Analyse, Abgleich mit den Hypothesen sowie weiterer Handlungsbedarf

Hypothese	Zentrale Ergebnisse der empirischen Analyse	Abgleich zw. Hypothese & Ergebnis	Handlungsbedarf
Vertikales Kooperationsniveau			
H 1: Vertikale Kooperationen sind weit verbreitet.	R 1: - hohe Kooperationsverbreitung in Lebensmittel-WS - bevorzugte Kooperationspartner: unmittelbar vor- und nachgelagerte Wertschöpfungsstufen und LDL (v. a. Lieferantenseite) - keine signifikanten Unterschiede bei der Kooperationsverbreitung zwischen den einzelnen Unternehmensgrößenklassen (außer LDL*)	$H\,1 \equiv R\,1$	- stärkerer Einbezug der weiter entfernten Wertschöpfungsstufen
H 2: SCM-Systeme finden in Unternehmen jeder Größe Anwendung.	R 2: - geringe Verbreitung des SCM in der ERI - SCM-Implementierungsgrad nimmt mit zunehmender Unternehmensgröße zu, d. h. v. a. Großunternehmen und erst sehr wenige KMU sind Anwender des SCM - KMU interessieren sich überwiegend erst langfristig oder gar nicht für das SCM - zwischen dem SCM-Implementierungsgrad und der Kooperation mit den Wertschöpfungsakteuren besteht auf Lieferantenseite und mit LDL ein signifikant positiver Zusammenhang, nicht aber mit der Abnehmerseite - Hauptnutzen: transparente Warenflussverfolgung (Tracking & Tracing) - Hauptthemnis: hoher Aufwand/Kosten - Mitarbeiter stehen der Realisierung eines SCM-Systems aufgeschlossen gegenüber	$H\,2 \equiv R\,2$	- Sensibilisierung der KMU für SCM durch Kommunikation deren Vorteilhaftigkeit - KMU benötigen Know-how und Ressourcen zum Aufbau einer SC-Kooperation - prioritäre Ansprache/Mobilisierung der Abnehmerseite zur Mitwirkung in der SC - Kompatibilität zwischen den betrieblichen SCM-Systemen aller Partner gewährleisten
H 3: Das SCM stellt ein funktionsbezogen ausbaufähiges und interdisziplinär ausgerichtetes Konzept dar.	R 3: - ausgeprägte Akzeptanz, aber geringe logistische Anbindung des SCM in den Unternehmen - Gewährleistung der Rückverfolgbarkeit ist wesentlicher Nutzenfaktor - auch Umweltziele finden vereinzelt Beachtung im SCM (vgl. R 7 und R 8) - mit zunehmendem SCM-Implementierungsgrad spielen gemeinsame F&E-Tätigkeiten ebenso eine größere Rolle - auch Qualitäts- und Lebensmittelsicherheitsaspekte sind für die ERI wichtig - Systeme gemäß der ISO-Reihe verbreitet und miteinander gekoppelt	$H\,3 \equiv R\,3$	- Stärkung der betrieblichen SCM-Anbindung - Verzahnung der Anforderungen und einzelnen Managementsysteme der genannten Bereiche mit dem betrieblichen SCM-System - Anforderungen an eine möglichst gleich bleibend gute Qualität und Rückverfolgbarkeit der Lebensmittel unterstützbar durch Aufbau langfristiger, vertrauensbasierter Kooperations- und Koordinationsstrukturen
Vertikales Umweltkooperationsniveau			
H 4: Das betriebliche Umweltengagement nimmt mit der Unternehmensgröße zu.	R 4: - systematischer Umweltschutz per UM-Ansätzen nimmt im Lebensmittelsektor im Vergleich zu anderen Wirtschaftszweigen eine durchschnittliche Bedeutung ein - Umweltengagement ist bei befragten Unternehmen und in der ERI allgemein sehr aktiv ausgerichtet und dabei unabhängig von der Unternehmensgröße verbreitet - Hauptnutzen des Umweltengagements: v. a. weiche Faktoren (Rechtssicherheit)	$H\,4 \neq R\,4$	- Stärkung der Umweltengagement-Akzeptanz durch: a) stärkeren Einbezug bzw. Kommunikation mit den Konsumenten b) Sensibilisierung der Geschäftsführung für Umweltschutz in passiv umweltengagierten Unternehmen

Hypothese	Zentrale Ergebnisse der empirischen Analyse	Abgleich zw. Hypothese & Ergebnis	Handlungsbedarf
	- die betriebliche Verankerung des Umweltschutzes ist weit vorangeschritten, jedoch wird auch deren Akzeptanz v. a. im Zusammenhang mit dem hohen Aufwand/ Kosten, dem Desinteresse der Geschäftsführung und der fehlenden externen Honorierung bzw. Nachfrage am Markt zunehmend in Frage gestellt (werden)		
H 5: Vertikale Umweltkooperationen sind bei kooperationserfahrenen und sehr umweltengagierten Unternehmen weit verbreitet.	**R 5:** - vertikale Umweltkooperation gering verbreitet – Ursache: geringe Akzeptanz der Akteure vor- und nachgelagerter Wertschöpfungsstufen (v. a. auf Abnehmerseite) - bevorzugte Partner im vertikal-kooperativen Umweltschutz auf der Lieferantenseite zu finden - vertikale Umweltkooperationen sind nicht generell, sondern nur mit den Sublieferanten und LDL signifikant stärker bei kooperationserfahrenen und umweltengagierten Unternehmen verbreitet	H 5 ≈ R 5	- Sensibilisierung der Unternehmen der anderen Wertschöpfungsstufen sowie der Konsumenten zur Mitwirkung in der Kooperation
H 6: Vertikale Umweltkooperation bringt höhere Nutzeffekte des Umweltengagements mit sich.	**R 6:** - signifikant positive Korrelation zwischen dem Nutzen des Umweltengagements und der Umweltkooperationsintensität - zugleich ließen sich die Haupthindernisse durch die Generierung stärkerer externer Honorierung reduzieren - Sublieferanten gern als Umweltkooperationspartner gesehen, aber positiver Einfluss auf den Nutzen des Umweltengagements am geringsten	H 6 ≡ R 6	- Kommunikation der Vorteilhaftigkeit von Umweltkooperationen - Generierung externer Honorierung des Umweltengagements
E-SCM-Niveau			
H 7: Unternehmen stehen der integrativen Verknüpfung des Umweltschutzes mit dem SCM offen gegenüber.	**R 7:** - integrative Verknüpfung von der Mehrheit der Unternehmen als prinzipiell zweckmäßig, aber zurzeit als nur teilweise realisierbar eingeschätzt - SCM-vertrautere und umweltengagiertere Unternehmen stehen der praktischen Umsetzbarkeit offener/positiver gegenüber - auch Unternehmen, die kein SCM-System haben/planen, halten deren Verknüpfung mit dem Umweltschutz für sinnvoll - sehr signifikant positive Korrelation zwischen dem SCM-Implementierungsgrad und dem Umweltengagement-Typ	H 7 ≡ R 7	- Unternehmen, v. a. KMU, benötigen Know-how und Ressourcen zum Aufbau einer E-SC-Kooperation
H 8: Der Einsatz von E-SCM-Systemen begrenzt sich auf wenige große Unternehmen.	**R 8:** - Einordnung der Verfolgung ausgewählter Umweltzielstellungen zeigt eine geringe Praxisverbreitung des E-SCM – von möglichen 21 % verfügen nur zwischen 6-9 % der Unternehmen der Stichprobe über ein E-SC-System - Verfolger der Umweltzielstellungen im Rahmen des SCM sind Unternehmen aus allen Größenklassen - keine signifikanten Korrelationen/Unterschiede in den Umweltzielstellungen (außer bei regionalem Wirtschaften) mit der Unternehmensgröße	H 8 ≈ R 8	- Unternehmen benötigen Know-how und Ressourcen zum Aufbau einer E-SC-Kooperation - Schaffung von Rahmenbedingungen, damit Unternehmen zusätzliche Anreize erfahren, sich mit dem E-SCM zu beschäftigen

Quelle: Eigene Darstellung (Anmerkungen: H ... Hypothese; R ... Results (engl. für Ergebnisse); ≡ ... völlige Übereinstimmung; ≈ ... teilweise Übereinstimmung; ≢ ... keine Übereinstimmung).

7 Gestaltungsempfehlungen für die Umsetzung eines Holistic Environmental-Supply Chain Managements im Lebensmittelsektor

Die Ergebnisse der theoretischen und empirischen Analyse haben gezeigt, dass die Verfolgung in das SCM integrierten Umweltschutzes nicht nur theoretisch und konzeptionell zweckmäßig, sondern auch praktisch erwünscht ist. Aufgrund der Diskrepanz zwischen der praktischen Einschätzung der weitgehend uneingeschränkten Zweckmäßigkeit eines E-SCM einerseits und deren bescheinigten begrenzten Praktikabilität sowie geringen Verbreitung im Lebensmittelsektor andererseits ist es Ziel dieses Kapitels, darauf hin zu wirken, dass das bestehende Potenzial des E-SCM in der Praxis effektiver ausgenutzt werden kann. Im Mittelpunkt steht daher die Ableitung von praxisnahen Empfehlungen für die Umsetzung des HE-SCM-Ansatzes im Lebensmittelsektor. Das Kapitel ist vor diesem Hintergrund v. a. als eine pragmatische Hilfestellung speziell für Unternehmen der ERI bei der Konstitution einer Lebensmittel-HE-SC und der Realisierung eines HE-SCM-Systems zu verstehen.

Zu Beginn des Kapitels wird zunächst eine zweckmäßige Eingrenzung der weiteren Betrachtungen vorgenommen (Abschnitt 7.1). Um dem hohen Umweltschutzanspruchsniveau in der ERI gerecht zu werden, wird in Abschnitt 7.2 der in Abschnitt 4.4.5 definierte idealtypische Ansatz für die Umsetzung eines E-SCM-Systems, das HE-SCM, aufgegriffen und auf den Lebensmittelsektor adaptiert bzw. konkretisiert. In Abschnitt 7.3 werden anschließend verschiedene anwendungsorientierte Handlungsempfehlungen für die Umsetzung des HE-SCM-Ansatzes in der ERI bzw. dem Lebensmittelsektor abgeleitet, die auf den aus der empirischen Analyse in Kapitel 5 und 6 erkannten Handlungsbedarfsfeldern fußen. Das Kapitel schließt in Abschnitt 7.4 mit einer Beurteilung der möglichen Effekte der Umsetzung des HE-SCM-Ansatzes im Lebensmittelsektor ab.

7.1 Eingrenzung der weiteren Betrachtungen

Die unmittelbare Veranlassung und Notwendigkeit zur Ableitung von für die Praxis verwertbaren Gestaltungsempfehlungen ergibt sich in erster Linie aus der identifizierten Implementierungslücke, d. h. der Diskrepanz zwischen der Einschätzung der überwiegend uneingeschränkten Zweckmäßigkeit und der geringen tatsächlichen Verbreitung von E-SCM-Systemen bzw. der teilweisen Meinungslosigkeit zu beiden Aspekten einzelner Unternehmen der ERI. Diese Feststellung trifft insbesondere auf die beiden Unternehmenscluster der **E-SCM-interessierten und E-SCM-unentschiedenen Unternehmen** der ERI zu (vgl. Abschnitt 6.5.4), die daher in den Mittelpunkt der nachfolgenden Betrachtungen rücken. Es handelt sich hierbei insbesondere um mittelständische Unternehmen (51-250 Mitarbeiter), die sich bereits im Umweltschutz engagieren und mit Unternehmen vor- und nachgelagerter Wertschöpfungsstufen (selten allerdings umweltbezogen) kooperieren. Sie haben zwar i. d. R. (noch) kein SCM-System im Einsatz, interessieren sich aber dafür und sprechen sich für die Umsetzung von

E-SCM-Systemen aus oder enthalten sich ihrer Meinung. Sie verfügen demnach bereits über ein ausgeprägtes umweltbezogenes Know-how, das nun auf das SCM anzuwenden und ggf. darüber hinaus noch auszubauen ist. D. h. der Aufbau eines SCM-Systems steht bevor, welches von Anfang an dem Anspruch einer Realisierung möglichst ganzheitlichen Umweltschutzes folgend in integrativer Form als HE-SCM-System zu gestalten ist. Hinsichtlich der in Kapitel 6 untersuchten Eigenschaften gibt es bezogen auf die Gruppe der mittelständischen Unternehmen nur geringfügige Abweichungen von den dort für die gesamte untersuchte Stichprobe der ERI dargestellten Erkenntnissen. Die Unterschiede sind an den entsprechenden Stellen in Kapitel 6 thematisiert worden (z. B. mittelständische Unternehmen haben signifikant mehr bzw. weniger Konzepte und Instrumente als kleine bzw. große Unternehmen – vgl. Abschnitt 6.4.2).

Das mittelständische Unternehmen der **ERI** wird als Initiator der Kooperation in einer Lebensmittel-HE-SC angesehen und daher im Weiteren als **Initiatorunternehmen** bezeichnet. Es kann zugleich als fokales Unternehmen der Lebensmittel-HE-SC fungieren. Der nachfolgende Abschnitt konkretisiert den in Abschnitt 4.4.5 beschriebenen HE-SCM-Ansatz bezogen auf die Spezifika des Lebensmittelsektors.

7.2 Konkretisierung des Holistic Environmental-Supply Chain Management-Ansatzes für die Umsetzung im Lebensmittelsektor

Eine Lebensmittel-HE-SC kann prinzipiell global bis regional ausgerichtet sein. Die Entscheidung für eine räumliche Konzentration der HE-SC-Akteure bei der Konstitution der HE-SC steht durch geringe Transportentfernungen zwischen den Akteuren im Einklang mit den ökonomischen und umweltbezogenen Zielen eines HE-SCM auf der strategischen Ebene (vgl. Abschnitt 4.4.5.2). Produktionsgegenstand sind mit Bezug auf das Ziel der umweltverträglichen Produktgestaltung Öko-Lebensmittel. Vor diesem Hintergrund wird im Folgenden die regionale Ausprägung einer HE-SC von Öko-Lebensmitteln thematisiert.

Ausgehend von der idealtypischen HE-SC-Grundstruktur gemäß Abbildung 4.4 in Abschnitt 4.4.5.3 setzt sich die regionale Lebensmittel-HE-SC demnach wie in Abbildung 7.1 dargestellt zusammen. Die Akteure der konstituierten HE-SC entwickeln, produzieren, vermarkten, konsumieren und entsorgen ihr Öko-Lebensmittel partnerschaftlich und effizient innerhalb der Region. Wie in Abbildung 7.1 durch die Angabe „1 ... n" verdeutlicht, lässt sich jede einzelne Hauptwertschöpfungsstufe in (mehrere) Unterstufen aufteilen, die durch mindestens einen Akteur belegt ist. Diese vereinfachte Darstellung der Lebensmittel-HE-SC spiegelt die grundsätzliche Stufen-Zusammensetzung wider, die im Einzelfall, d. h. für spezielle Öko-Lebensmittel, zu spezifizieren ist.

Die Stufe der **landwirtschaftlichen (Vor)Produktion** umfasst mehrere landwirtschaftliche Betriebe in Ökozucht und Ökoanbau. Auf der Stufe der **Lebensmittelproduktion/-verarbeitung** ist das Initiatorunternehmen angesiedelt. Die Lebensmittelproduktion/-verarbeitung erfolgt bspw. bei der Herstellung von Brot in den Stufen Getreidemühle sowie anschließend Bäckerei. Die **Vermarktung** kann je nach Absatzmenge durch (kleine bis mittelgroße) Bio-

Läden bzw. -Supermärkte sowie Einrichtungen des Gastgewerbes in der Region erfolgen, die v. a. treue regionale Stammkonsumenten ansprechen. Den dritten Absatzkanal kann die Direktvermarktung bilden. In jedem Fall sollte auf einen breiten Absatzweg geachtet werden, damit das beworbene Angebot innerhalb der Region ausreichend verfügbar und für interessierte (Stamm-)Konsumenten gut erreichbar ist.

Abbildung 7.1: Idealtypische Struktur einer regionalen Lebensmittel-HE-SC

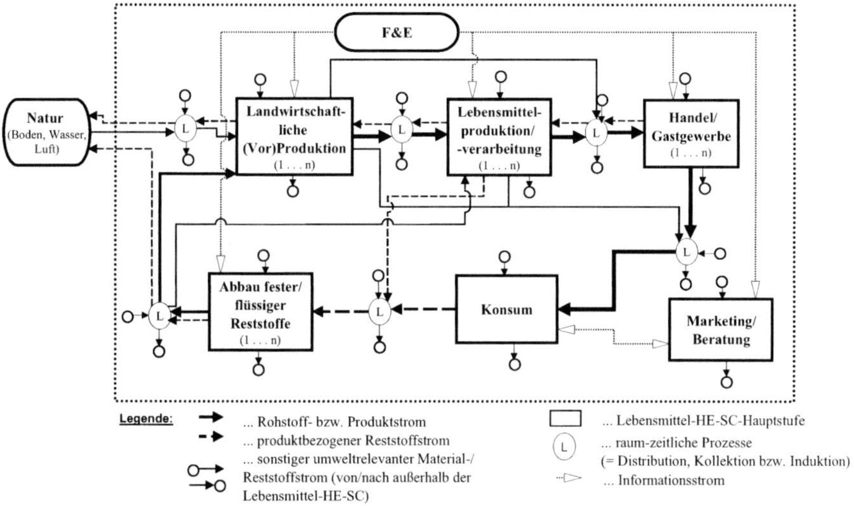

Quelle: Eigene Darstellung, ausgehend von Abbildung 4.4 (Anmerkungen: n ≥ 1 und steht für die Zahl der Wertschöpfungsstufen in dieser Phase (z. B. Pflanzen-, Tierproduktion bei landwirtschaftlicher Produktion)).

Marketing stellt für viele KMU keine Kernkompetenz dar. Diese dennoch sehr bedeutsame dienstleistende Funktion wird in der Lebensmittel-HE-SC daher durch eine eigene HE-SC-Stufe unterstützt. Die Stufe **Marketing/Beratung** bezieht sich auf die regionale Vermarktung des Öko-Lebensmittels und die Ernährungsberatung (z. B. mit alltagspraktischen Tipps zum Umgang (z. B. Lagerung, Zubereitung) mit dem Öko-Lebensmittel). Diese Stufe dient v. a. zur Information der Stammkonsumenten sowie zur (Neu)Ansprache umwelt- und gesundheitsbewusster aber auch der Sensibilisierung potenzieller Konsumenten für den Umweltschutz der Lebensmittel-HE-SC. Aufgabe dieser Stufe ist es, die Stärken des Lebensmittels der HE-SC und ihrer Prozesse als Mehrwert zu kommunizieren. Der **Konsumbereich** besteht i. d. R. nur aus einer Stufe, da Lebensmittel Verbrauchsprodukte darstellen, die aber durch viele Einzelakteure (= Konsumenten) gekennzeichnet ist, die z. B. in Form von Verbrauchergemeinschaften organisiert sein können und deren Mitglieder das Öko-Lebensmittel der Lebensmittel-HE-SC kaufen.

Zur Gewährleistung exzellenter Logistikabläufe in der HE-SC zwischen den einzelnen Stufen sind geeignete, regional-ansässige **LDL** in die Abläufe der HE-SC einzubeziehen. Bei einer

Konzentration auf nur einen LDL würde die Abhängigkeit sehr groß sein. Zwei bis drei LDL stellen einen sinnvollen Umfang dar. Ein LDL muss über eine ausreichende Zahl geeigneter Transportmittel verfügen, die den Transportgütern gerecht werden. Hierbei spielt auch die Steuerung durch adäquate Logistikkonzepte eine zentrale Rolle.

Die Stufe der **Entsorgung** umfasst die Sammlung und Aufbereitung des Abwassers bzw. der Bioabfälle in geeigneten regionalen Anlagen und die Rückführung des gewonnenen Rohstoffs in den Wirtschaftskreislauf, z. B. auf die Felder der landwirtschaftlichen Betriebe der HE-SC. Nach dem Abbau der organischen Substanz in ihre mineralischen Bestandteile stehen diese wieder zur Produktion neuer Lebensmittel zur Verfügung.

Damit ist die HE-SC bzw. der Lebensweg des Lebensmittels beschrieben. Da einige Lebensmittel ständig bzw. regelmäßig benötigt werden (z. B. Brot) und man dabei von einem geringen Wechselverhalten der Konsumenten ausgehen kann (z. B. Einkauf beim gleichen Bäcker), lassen sich über längere Zeiträume existente, regionale Lebensmittel-HE-SC aufbauen.

Im Vergleich zur idealtypischen HE-SC-Grundstruktur (vgl. Abbildung 4.4) sind bei Lebensmittel-HE-SC einige **Spezifika** im strukturellen Aufbau festzustellen: Zum ersten stellt die natürliche Umwelt als Produktionsfaktor (z. B. der Boden als Nährstofflieferant) eine unverzichtbare Voraussetzung für die Existenz einer Lebensmittel-HE-SC dar, was die gegenseitige Abhängigkeit extrem erhöht. Weiterhin können in Lebensmittel-HE-SC z. T. vielfach die Distributionswege für die Rückführung der „Reststoffe" (z. B. Mehrwegverpackung) genutzt werden. Die landwirtschaftliche Produktion fungiert dabei nicht nur als Produzent, sondern auch als bedeutender Reststoffverwerter (z. B. Treber als Futtermittel). After- bzw. „Besides"-Sales-Strukturen zur Verlängerung der Produktnutzungsdauer werden in einer Lebensmittel-HE-SC aufgrund des Konsums des Lebensmittels zunächst nur eine untergeordnete Rolle spielen, sind aber insbesondere in Form der oben bereits beschriebenen Beratung des Konsumenten hinsichtlich der korrekten Lagerung des Öko-Lebensmittels für eine möglichst lange Haltbarkeit von Bedeutung. Die Beratung ist in dieser Hinsicht Bestandteil des immateriellen Informationsstromes.

Das Management einer regionalen Lebensmittel-HE-SC lässt sich wie folgt beschreiben: Es plant, steuert und kontrolliert die Entwicklung, Erzeugung, Verarbeitung, Vermarktung, den Konsum und die Entsorgung des Öko-Lebensmittels innerhalb einer Region. Es baut dabei auf den Anforderungen des Ökoanbaus und der Ökoverarbeitung, wie sie durch die EU-Verordnung 2092/91 über die ökologische Erzeugung und Verarbeitung von Lebensmitteln und dessen Kennzeichnung oder durch Ökoanbauverbände (z. B. Bioland, Demeter) definiert sind (z. B. eigene Saatgutaufzucht, kein Einsatz synthetischer Düngemittel und PSM), auf. Das Öko-Lebensmittel wird auf Basis zwischen den einzelnen Stufen abgestimmter Nachfrageprognosen und Bestandsdaten produziert, wobei zur effizienten Handhabung der Prozesse spezielle, umweltökonomisch optimale Reorganisationsmaßnahmen, Konzepte (z. B. CPFR zwischen Lebensmittelverarbeiter und -händler – vgl. Abbildung 7.2) sowie Kommunikationsformen zwischen den einzelnen Akteuren zum Einsatz kommen.

7. Gestaltungsempfehlungen für die Umsetzung eines HE-SCM im Lebensmittelsektor 239

Abbildung 7.2: Konzepte und Aufgaben einer regionalen Lebensmittel-HE-SC am Beispiel von Öko-Brot

Stufe:	Landwirtschaft	Mühle(n)	Bäckerei	Handel	Beratung	Konsument	Wasser+Abwasser+ Kompostierung	LDL
Konzepte:	make-to-stock	SMI	SMI	CPFR				
Aufgaben in der Logistik:	Erstellung des Anbauplans	Erstellung des Produktionsplans und Beschaffungsplans	Erstellung des Produktionsplans und Beschaffungsplans	Erstellung der Verkaufsprognose und Auftragsprognose	Beratung der Konsumenten	*regionaler Konsum*		Erstellung des regionalen Tourenplans
	Lagerung nach Ernte, Einblick in Bestandsdaten	SMI-Anforderung des Getreides bei Landwirtschaft	Weitergabe der Pläne an Mühle(n)	Weitergabe der Prognose an Bäckerei	Erstellung von Marktanalysen	ordnungs-gemäße Lagerung des Brotes		Weitergabe des Tourenplans
	jeweils Gewährung des Einblicks in die eigene Bestandssituation							
	Qualitätsprüfung und Leistungsfeedback an jeweiligen Lieferanten							
	HE-SC-weite Messung der Leistungsfähigkeit und deren Kommunikation							
	Sammlung und Auswertung der Daten zur Jahresentwicklung und Planung des Rohstoffanbaus und der Saat- bzw. Pflanzgutanzucht für das nächste Vegetationsjahr							
	Qualifikation der Mitarbeiter für HE-SCM- und IT-Belange							
Aufgaben im Marketing und anderen Bereichen:	offener Umgang mit den Konsumenten/Stakeholdern: "Tag der offenen Tür" in allen Unternehmen							
	einzelbetriebliche Festlegung der Abläufe und Verantwortlichkeiten/Ansprechpartner für die Kooperation							
	Regionalmarketing/Verkaufsförderung des Öko-Brotes							
	gemeinsame Produktneu/weiterentwicklung							
	Bedienung, Pflege und Nutzung der gemeinsamen DIK-Plattform							
Weitere Potenziale:	gemeinsame Nachfrage nach Hilfs- und Betriebsstoffen, z. B. erneuerbare Energieträger (Nutzen: Preisreduzierung durch Einkaufsgemeinschaften)							

Quelle: Eigene Darstellung.

Abbildung 7.2 verdeutlicht im Weiteren auch, dass neben der kooperativen, d. h. aufeinander aufbauenden arbeitsteiligen, Aufgabenerfüllung zwischen den HE-SC-Partnern in einer regionalen Lebensmittel-HE-SC Aufgaben v. a. auch kollaborativ, d. h. gemeinschaftlich, bearbeitet werden können. Während die operativen Aufgaben (z. B. Gewährleistung des Warenflusses) im Netzwerk vornehmlich kooperativ zu bearbeiten sind, kann bei der strategischen Aufgabenbearbeitung (z. B. Produktentwicklung, Marketing, Planungen) sehr stark Kollaboration angestrebt werden. Bspw. können durch kollaborative Entwicklung eines Marketingkonzeptes für den regionalen Absatz des Lebensmittels Kompetenzen konzentriert und strukturiert zum gemeinsamen Nutzen angewandt werden. Mittelständische Unternehmen können dem heutigen Anspruchsverhalten der Konsumenten im Wettbewerb nur mit modernen Marketingmitteln (z. B. originelle Verpackungen, attraktives Ladendesign), die i. d. R. zugleich zusätzliche Kosten (z. B. für Technik, geschultes Personal) verursachen, entgegentreten. Dies ist vom einzelnen Unternehmen in dieser Form bzw. notwendigem Umfang häufig nicht leistbar. Hierbei ist die gezielt gemeinsame Bewerbung am POS sehr wichtig, d. h. nicht jeder HE-SC-Akteur vermarktet sein eigenes Erzeugnis, sondern es wird gemeinsam das Marketing des finalen Produktes beim Konsumenten vollzogen. Das zentrale Werbeinstrument bildet das Biosiegel oder ein vergleichbares Ökolabel, das im Lebensmittelsektor verbreitet und anerkannt ist. Ein zweiter, wichtiger Kollaborationsbereich ist die Lebensmittelforschung und -entwicklung. Im Lebensmittelsektor werden heutzutage permanent neue Varianten vorhandener Produkte und neue Trendprodukte (z. B. Lebensmittel mit Nebeneffekten wie Gesundheitsförderung) kreiert. Allerdings sind die „Flopraten" der neuen Angebote sehr hoch (vgl. Abschnitt 5.2.2.2). Risiken und Kosten der umweltgerechten Produktentwicklung ließen sich aber durch eine enge Zusammenarbeit insbesondere zwischen Erzeugern, Händlern sowie Konsumenten reduzieren. Beide Beispiele zeigen, dass sich durch kollaborative Aufgabenbearbeitung die „Individualkosten bzw. -risiken" bei zugleich gesteigertem Nutzenpotenzial gering halten lassen. Der nachfolgende Abschnitt stellt weitergehende Hinweise für die Realisierung des HE-SCM im Lebensmittelsektor vor.

7.3 Ableitung von Empfehlungen für die Realisierung eines Holistic Environmental-Supply Chain Management-Systems im Lebensmittelsektor

Ausgehend von dem in der empirischen Analyse offen gelegten Handlungsbedarf werden an dieser Stelle Gestaltungsempfehlungen für die Umsetzung des HE-SCM-Ansatzes im Lebensmittelsektor gegeben. In Anlehnung an Tabelle 6.8 werden Empfehlungen für folgende zentrale Handlungsbedarfsfelder vorgestellt:

- Empfehlungen zur **Know-how-Verbesserung** und zum effizienten **Ressourceneinsatz**,
- Empfehlungen zum stärkeren Einbezug bzw. **Ansprache/Mobilisierung** der weiter entfernteren Wertschöpfungsstufen und speziell der Abnehmerseite sowie der Konsumenten zur Mitwirkung in der HE-SC-Kooperation,

- Empfehlungen zur **Verzahnung der Anforderungen** und einzelnen Managementsysteme der verschiedenen Bereiche mit dem betrieblichen SCM-System sowie Sicherstellung der **Kompatibilität** zwischen den betrieblichen HE-SCM-Systemen der HE-SC-Kooperationspartner, inkl. Empfehlungen zum Aufbau vertrauensbasierter, langfristiger Kooperations- und Koordinationsstrukturen,
- Empfehlungen zur Stärkung der **betrieblichen Anbindung** des HE-SCM-Systems,
- Empfehlungen zur **Kommunikation der Vorteilhaftigkeit** von vertikalen Kooperationen gesteuert über das SCM und von Umweltkooperationen,
- Empfehlungen zur Schaffung adäquater **externer Rahmenbedingungen**, damit Unternehmen zusätzliche Anreize erfahren, sich mit der HE-SCM-Philosophie zu beschäftigen.

7.3.1 Empfehlungen zur Know-how-Verbesserung und zum effizienten Ressourceneinsatz

Die empirische Analyse zeigte, dass die Unternehmen ein Problem mit der Operationalisierung des E-SCM haben und methodische Unterstützung bei deren möglichst effizienten Realisierung benötigen. Abhilfe kann hier ein systematisches und strukturiertes Vorgehen schaffen, welches nachfolgend aus Sicht des Initiatorunternehmens vorgestellt wird.

Die Initiierung einer HE-SC-Kooperation und dauerhafte Integration eines HE-SCM-Systems stellt für das Initiatorunternehmen ein eigenständiges Projekt dar, das in den in Abbildung 7.3 dargestellten sieben Schritten ablaufen kann. Existierende Vorgehensweisen zur SCM-Implementierung[826] im Managementsystem der Unternehmen einerseits und zur Bildung von Netzwerken[827] andererseits sind – je nach ihrem Entwicklungsursprung – sehr heterogen und wurden i. d. R. für einzelne Unternehmensgruppen konzipiert. Sie finden für den vorliegenden Betrachtungsfokus nur eine marginale Beachtung, da hier eine Vorgehensweise gewählt werden muss, die dem Bedarf an Hinweisen zur Initiierung und Konstitution einer Lebensmittel-HE-SC und anschließend zugleich zur Errichtung eines HE-SCM-Systems gerecht wird. Die Schritte 1 bis 3 entsprechen dem Aufbau der Lebensmittel-HE-SC als einem im Wesentlichen einmaligen Prozess. Die Schritte 3 bis 7 bilden die Implementierung des HE-SCM-Systems als iterativen Prozess zum langfristigen Betrieb bzw. Management der HE-SC-Kooperation ab.

Dem Vorgehen liegt ab Schritt 3 der PDCA-Zyklus nach DEMING[828] zugrunde. Der PDCA-Zyklus stellt einen Regelkreis bzw. Problemlösungsprozess dar, der sich in die Phasen Plan (planen), Do (ausführen), Check (überprüfen) und Act (agieren, verbessern) gliedern lässt. Er zielt auf eine ständige Weiterentwicklung und kontinuierliche Verbesserung von Prozessen,

---

[826] Vgl. hierzu u. a. BOCK et al. (2003, S. 214-219); HORVATH (2004, S. 164-190); RODATUS (2005, S. 24-26).
[827] Vgl. hierzu u. a. HOWALDT/ELLERKMANN (2005); ADERHOLD/WETZEL (2005, S. 22).
[828] Das Modell des PDCA-Kreises wurde in den 50er Jahren vom US-Amerikaner W. E. Deming erstmals in Japan eingeführt. Es ist eines der wichtigsten Instrumente zur kontinuierlichen Verbesserung mit wiederkehrendem Rhythmus. Vgl. KOSTKA/KOSTKA (2002, S. 29).

Verfahren, Dienstleistungen bzw. Produkten ab.[829] Mit dem PDCA-Zyklus soll eine stetige Verbesserung bzw. eine Steigerung der Gesamtleistung der Lebensmittel-HE-SC unterstützt werden. Die Notwendigkeit zur „Kreislaufführung" eines HE-SCM-Systems ergibt sich auch daraus, dass in einer Lebensmittel-HE-SC eine permanente Dynamik herrscht, die ständig neue Anpassungen im Managementsystem erfordert.

Abbildung 7.3: Vorgehensmodell zur Initiierung einer HE-SC-Kooperation und zur Implementierung eines HE-SCM-Systems

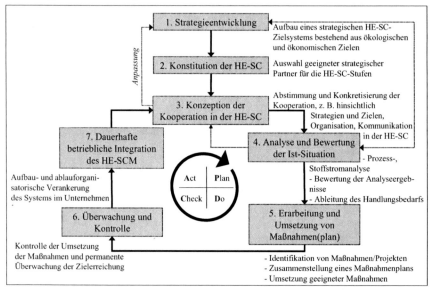

Quelle: Eigene Darstellung, in Anlehnung an ADERHOLD/WETZEL (2005, S. 22); VDI 4060 (2005, S. 7-13) und unter Beachtung des allgemeinen Managementzyklus (u. a. SCHIERENBECK (1995, S. 83)).

Den **1. Schritt** bildet die Formulierung der Strategie für die beabsichtigte HE-SC-Kooperation. Die HE-SC-Strategie gibt den groben Rahmen vor und ist in Form von strategischen Zielstellungen zu fixieren. Sie bildet den langfristigen Bezugsrahmen für die HE-SC und ihre Akteure. Im Rahmen der Strategiefestlegung sind vielfältige Anforderungsparameter in Betracht zu ziehen, die sich anhand einer Umfeldgrobanalyse ermitteln lassen. Die Umfeldgrobanalyse eruiert in einem ersten sondierenden Überblick die relevanten Stakeholdergruppen und ihre Ansprüche sowie das Wettbewerbsumfeld. Einen wichtigen Anhaltspunkt können dabei die in Abschnitt 4.4.5.2 zusammengestellten Anforderungen bilden. Zur Strategiebildung gehören bspw. die Festlegung des Leistungsspektrums (welche Produkte) und die Stärke der Umweltschutzausrichtung bzw. -integration. Bezüglich letzterem ist u. a. zu entscheiden, ob die Anforderungen der EU-Bio-Verordnung oder eines Ökoanbauverbandes als Basis des produktbezo-

---

[829] Vgl. KOSTKA/KOSTKA (2002, S. 29-31) und weiterführend speziell zum kontinuierlichen Verbesserungsprozess u. a. WITT/WITT (2001, S. 13-115).

genen Umweltschutzes angesetzt werden. Aus der strategische Zielstellungen des SCM sowie ganzheitlichen Umweltschutzes berücksichtigenden HE-SC-Strategie ergeben sich klare Anforderungen an das strategische Design einer Lebensmittel-HE-SC. Hierzu zählt u. a. die konkrete Festlegung der einzelnen HE-SC-Stufen sowie die räumliche Konzentration, d. h. regionale Ansiedlung, der HE-SC (vgl. Abschnitt 7.2).

Gegenstand des **2. Schrittes** ist daraufhin die gezielte Auswahl strategischer Partner für die einzelnen Stufen der Lebensmittel-HE-SC. Die Herausforderung besteht hier in der Identifikation, Kontaktierung und Bestimmung geeigneter (d. h. bestimmten Selektionskriterien auf Basis der HE-SC-Strategie entsprechender) Partner aus der Region, die gemeinsam in eine langfristige HE-SC-Kooperation eintreten wollen.

Die ausgewählten HE-SC-Partner müssen gemeinsam mit dem Initiatorunternehmen die Kooperation inhaltlich von der bestehenden HE-SC-Strategie bis zu den Zielsetzungen und Aufgaben der einzelnen Akteure sowie organisatorisch (z. B. Festlegung der Organisationsform, Verantwortlichkeiten, Projektbudgets) konkretisieren und in Form von Vereinbarungen (d. h. Kooperationsvereinbarung – vgl. hierzu auch Abschnitt 7.3.3.2, Pläne für die gemeinsame Realisierung von Projekten) fixieren (**3. Schritt**). Zu Beginn und ggf. im Laufe dieses Arbeitsschrittes können Anpassungen an der HE-SC-Strategie erforderlich werden, die ggf. auch die Partnerkonstellation der HE-SC beeinflussen. So ist es in diesem Schritt durchaus denkbar, dass vormals als Partner der HE-SC identifizierte Akteure die HE-SC-Kooperation nicht eingehen bzw. durch neue Akteure ersetzt werden (müssen). Die Basis der gewünschten Konkretisierungen in der Lebensmittel-HE-SC bildet eine Umfeldfeinanalyse. Sie analysiert eingehender als in Schritt 1 das gesamte HE-SC-Umfeld, d. h. die detaillierten externen Anforderungen (der verschiedenen Stakeholder) an die HE-SC sowie der Branchensituation bspw. hinsichtlich der Konkurrenten und des Produktabsatzes für die konkretisierte Zielsituation. Die ermittelten Stakeholderanforderungen sind in spezifische Produktmerkmale bzw. -eigenschaften (Nutzen, Zusammensetzung, Qualität) umzuwandeln, die umsetzbar und überprüfbar sind. Das Öko-Lebensmittel muss hinsichtlich seiner speziellen Eigenschaften exakt beschrieben werden bis hin zur Abstimmung des Preises. Daraus sind dann im Einklang mit den Vorstellungen der einzelnen HE-SC-Akteure und den Zielen der HE-SC klare Anforderungen bzw. Standards in Form eines **Anforderungskatalogs** (vgl. weiterführend hierzu auch Abschnitt 7.3.3.2) für die gesamte HE-SC sowie konkretisiert für die einzelnen HE-SC-Stufen zu fixieren.

Daraufhin sind beim Aufbau der HE-SC zum ersten Mal und später in regelmäßigen Abständen die Ist-Situation der Aktivitäten in der HE-SC zu ermitteln (**4. Schritt**, PLAN-Phase). Die intra- und interorganisationalen Abläufe sind dazu in Prozess(ketten)modellen abzubilden. D. h., die Prozesse und Ströme sind exakt zu beschreiben und zu modellieren und auf Basis der gemeinsamen Zielstellungen aus Schritt 3 zu bewerten (Soll-Ist-Vergleich) (vgl. Abbildung 7.4). Die Aufnahme und Erfassung der internen Situation der HE-SC-Abläufe (per Befragungen, Interviews) bringt Transparenz in die Prozesse und Wirtschaftsströme und stellt die Basis für die Erkennung von Reorganisationspotenzialen dar.

Abbildung 7.4: Soll-Ist-Abgleich in der Lebensmittel-HE-SC über die einzelnen Stufen und ihre Akteure

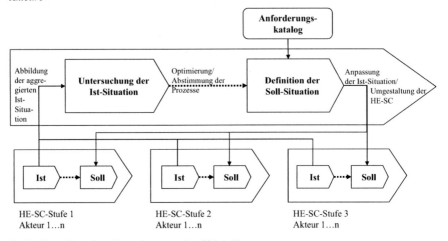

Quelle: Eigene Darstellung (Anmerkung: n … Anzahl (n ≥ 1)).

Für festgestellte Schwachstellen oder Inkompatibilitäten (in den Geschäftsprozessen oder der IT-Struktur) sind im **5. Schritt** (DO-Phase) geeignete Reorganisationsmaßnahmen abzuleiten, zu terminieren und umzusetzen. Hierzu sind im Einklang mit dem Anforderungskatalog adäquate Konzepte und Maßnahmen zur Unterstützung einer umweltorientierten F&E, Beschaffung, Produktion, Logistik, Vermarktung und Entsorgung auszuwählen. Erst eine Neu- bzw. Umgestaltung der Prozesse der HE-SC nach der Identifikation von Verbesserungspotenzialen macht eine Sicherung der Wettbewerbsfähigkeit der Akteure möglich.[830]

Der Stand und Erfolg der Maßnahmenumsetzung sowie der Zielkonformität und -erreichung sind im **6. Schritt** (CHECK-Phase) zu kontrollieren. Zur Selbstkontrolle bieten sich interne Audits in den betroffenen Abteilungen (des Initiatorunternehmens und der HE-SC-Partner) an. Audits sind ein im Lebensmittelsektor anerkanntes und praktiziertes Instrument (vgl. Abschnitt 6.4.2) und daher „nur" auf die neuen Ansprüche auszuweiten bzw. zu adaptieren. Zur Beschaffung der Informationen, die für die Bewertung der Leistung der HE-SC benötigt werden, kann sich die HE-SC eines HE-SC-Controllings (vgl. weiterführend hierzu auch Abschnitt 7.3.4) bedienen. Die Überwachung bezieht sich an dieser Stelle (noch) nicht auf den Stand der Umsetzung der Implementierung des HE-SCM-Systems im Initiatorunternehmen. Dies ist vielmehr Gegenstand des nachfolgenden 7. Schrittes. Zur dauerhaften Verankerung und anhaltenden Anwendung der durchgeführten Veränderungen im Initiatorunternehmen sind schließlich die erforderlichen technischen sowie ablauf- und aufbauorganisatorischen Anpassungen des Managementsystems in Form der Installation des HE-SCM-Systems festzulegen, um eine hohe Wirksamkeit des HE-SCM-Systems im Initiatorunternehmen zu erreichen (**7. Schritt**, ACT-

---

[830] Vgl. für dieses Verständnis ISKANDER (2004, S. 6).

Phase). Hier ist eine weitgehende Integration in die bestehenden Strukturen zu forcieren. In den gesamten betrieblichen Implementierungsprozess, aber speziell auch in diesem Schritt, sind die Mitarbeiter des HE-SC-Initiatorunternehmens eng einzubeziehen (vgl. weiterführend hierzu Abschnitt 7.3.2). Zudem ist auf die Kompatibilität zwischen dem HE-SCM-System des Initiatorunternehmens und den HE-SCM-Systemen der HE-SC-Partnerunternehmen zu achten (vgl. weiterführend hierzu Abschnitt 7.3.3).

Der iterative Aufbau des erläuterten Vorgehensmodells bedeutet, dass, nachdem alle Schritte zur Implementierung zum ersten Mal durchlaufen wurden, sich der Zyklus schließt und regelmäßig (auf einem jeweils höheren Niveau) wiederholt und eine dauerhafte Anpassung und kontinuierliche Weiterentwicklung des HE-SCM-Systems inkl. der Ableitung, Anpassung, Umsetzung und Kontrolle von stets neuen Zielen und Maßnahmen gewährleistet. Schritt 3 ist dabei der „Schlüsselschritt", der sowohl der PLAN- und auch der ACT-Phase des PDCA-Zyklus zuzuordnen ist. Das Modell ist als ein **Leitfaden** zu verstehen, der dem Initiatorunternehmen helfen soll, strukturiert und zielführend den HE-SCM-Ansatz umzusetzen und zugleich den Aufwand so gering wie möglich zu halten. Da das zielgerichtete Vorgehen in gewissem Maße von der Ausgangssituation im betreffenden Unternehmen abhängt, konnte das Modell das Vorgehen an dieser Stelle nur in sehr grob-allgemeingültiger Form wiedergeben.

Wie bereits in Abschnitt 7.2 angedeutet, können einige Aufgaben in der HE-SC in kollaborativer Form bearbeitet werden. Auf diese Weise lässt sich der Ressourceneinsatz bei gleichem oder sogar erhöhtem Nutzen für den einzelnen Akteur gering halten. Hierzu zählt bspw., dass die bislang lieferantenseitig konzentrierte F&E der Unternehmen der ERI (vgl. Abschnitt 6.2.2) insbesondere auch auf die Abnehmerseite ausgebaut wird. Auch die kooperierenden Händler, Gastronomie und insbesondere die Konsumenten sind verstärkt in die umweltbezogene Produktentwicklung einzubeziehen, um durch den engen Kontakt zu den Abnehmern die Risiken des Marktversagens einer Neuentwicklung einerseits weitgehend gering zu halten und andererseits die Kosten und Risiken gemeinsam zu tragen bzw. zu teilen. Der Öffnung von Wegen zur Mobilisierung von Akteuren zur Mitwirkung in einer Lebensmittel-HE-SC widmet sich der nachfolgende Abschnitt.

7.3.2 *Empfehlungen zur Mobilisierung weiterer Akteure zur Mitwirkung in der Lebensmittel-Holistic Environmental-Supply Chain*

Die empirische Analyse in Kapitel 6 zeigte in mehreren Hinsichten einen geringen Einbezug einzelner – v. a. weiter entfernter – Wertschöpfungsstufen in die Aktivitäten der Unternehmen der ERI sowie ein geringes Interesse der Konsumenten. Eine Sensibilisierung und Mobilisierung dieser Akteure zum Eingehen von freiwilligen Kooperationen lässt sich durch Kommunikation der Anreize und Verteilungsregeln zwischen den beteiligten Partnern erzeugen. Transparenz ist für das Wecken von Interesse und Vertrauen wichtig.

Eine auf freiwilliger Basis beruhende Mitarbeit in der Lebensmittel-HE-SC kann durch psychologisch-soziale, monetäre und regionale Motive angereizt werden (vgl. Tabelle 7.1). Zentrale **Anreize** für die einzelnen betrieblichen HE-SC-Akteure können bspw. in der Stabilisierung und Zusicherung von Preisen[831] und der Ausstellung eines langfristigen Rahmenkooperationsvertrages (vgl. ausführlicher hierzu Abschnitt 7.3.3.2) liegen. Der Mehrwert für die Konsumenten besteht bspw. in der kompetenten Beratung durch den Handel vor Ort im Geschäft und die eigene Beratungsstufe oder in der Gewährung von Nachlässen für engagierte Konsumenten, die z. B. in der Produktentwicklung mitwirken. Geeignete Maßnahmen zur Unterstützung/Erreichung der Anreize im Sinne der Forcierung der partnerschaftlichen Zusammenarbeit sind bspw. regelmäßige Gespräche/Treffen auf allen betroffenen Ebenen, gemeinsame Schulungen und Projekte, Gratifikationen. Es sollten allen HE-SC-Akteuren gleichberechtigte Regelungen für die HE-SC-Kooperation zugesichert werden. Die vielfältigen Anreize gilt es in ihrer Wirkung (Stärke und Kombination) zwischen den HE-SC-Akteuren gut abzustimmen und hinsichtlich ihrer Wirksamkeit, d. h. der tatsächlichen Auslösung bzw. Unterstützung des erwarteten Verhaltens, regelmäßig zu prüfen. Sie dürfen den Zielen und der gewählten Organisationsform der HE-SC-Kooperation nicht entgegenstehen.

Zudem sollten einzelne Faktoren, die einzelbetrieblich verbreitet sind, aber HE-SC-weit hemmend wirken können, möglichst eingeschränkt bzw. ausgeschlossen werden. Bspw. behindert das in der Praxis z. T. anzutreffende Jop Rotation der Mitarbeiter eines Unternehmens die psychologisch-soziale Bindung[832] und kann sich daher negativ auf die Funktionsweise des HE-SCM-Systems auswirken. Wenngleich oder gerade weil die Mitarbeiter entsprechend der Ergebnisse der empirischen Analyse dem Umweltschutz und dem SCM prinzipiell aufgeschlossen gegenüber stehen (vgl. Abschnitt 6.2.4 und 6.3.2), zählt hierzu im Weiteren auch, dass alle (betroffenen) Mitarbeiter über die bevorstehenden Aktivitäten rechtzeitig unterrichtet bzw. einbezogen werden sollten. Da sich Arbeitsplatzprofile stark ändern können, werden Motivations- und Trainingsmaßnahmen für die Mitarbeiter erforderlich. Bspw. sind Schulungen des Personals im Handel zur geeigneten Präsentation des Lebensmittels und zur Beratung der Konsumenten vorzusehen. Um die Mitarbeiter zu motivieren, müssen ihnen die Entscheidung zur HE-SCM-Implementierung sowie der Nutzen und die Strategie der HE-SC-Kooperation sowie die Notwendigkeit ihres (richtigen) Beitrags für das Funktionieren des Gesamtsystems und der persönliche Nutzen (z. B. Erhalt des Arbeitsplatzes) vermittelt werden. In diesem Kontext bieten sich auch netzwerkorientierte, vertrauensbildende Konzepte an, wie z. B. ein Mitarbeiteraustausch zwischen den HE-SC-Akteuren. Durch die Stimulation und Mobilisierung der **Mitarbeiter** für den Umweltschutz in den intra- und interorganisationalen Aktivitäten können konkrete Optimierungspotenziale und Handlungsansätze offen gelegt und Verbesserungen realisiert werden.

---

[831] Vgl. hierzu HORVATH (2004, S. 185).
[832] Vgl. GIERL/GEHRKE (2004, S. 203).

Tabelle 7.1: Mögliche Anreizmechanismen für die Kooperationsbeteiligung in einer Lebensmittel-HE-SC

Typen von Anreizen	Anreize/Mehrwert für betriebliche Akteure	Anreize/Mehrwert für Konsumenten
Psychologisch-soziale Anreize	• Anreize zum Vertrauensaufbau, z. B. vertragliche Regelungen zu Verstößen bei Vertrauensmissbrauch; • Qualitätsverbesserung des Endproduktes; • Imageverbesserung; • Beitrag zum Erhalt der natürlichen Umwelt/Nachhaltiges Wirtschaften im Sinne der Erhaltung natürlicher Ressourcenbestände; • Zugesicherte Preis- und Mengenvereinbarungen bringen höhere Planungssicherheit; • Erhöhung der Konkurrenzfähigkeit im Wettbewerb mit anderen Unternehmen oder (HE-)SC;	• Vorzugsstellung und Informationsvorsprung durch Transparenz über die HE-SC, z. B. mit regelmäßigen HE-SC-Newslettern, Online-Informationsplattform, Tag der offenen Tür; • Gewissheit über die Sicherheit/Leistungsqualität; • Beitrag zum Erhalt der natürlichen Umwelt;
Finanzielle Anreize	• Vertragliche Preiszusicherungen; • Gewinnung neuer Marktanteile mittels innovativem Öko-Lebensmittel; • Erzielen von Kosteneinsparungen, Zahlung von Gratifikationen an besonders engagierte HE-SC-Akteure, Ausgleichszahlungen an benachteiligte HE-SC-Akteure; • Vermeiden von Verlusten und Senkung von Risiken; • Stabilisierung bzw. Steigerung des Absatzes/des Gewinns;	• Geringerer Zeitaufwand bei der Produktsuche durch stabile Strukturen; • Fachlich kompetente Beratung durch Handel und spezielle Beratungsstufe; • Gewährung von Preisnachlässen, kostenlosen Sonderleistungen oder Gratifikationen (z. B. Aufwandsentschädigungen, Honorare oder Preise für die Entwicklung innovative Ideen) für treue und engagierte Konsumenten;
Regionale Anreize	• Leisten eines Beitrags für die Region, d. h. Stärkung der regionalen Wertschöpfung mit regionaler Kapitalbindung, Arbeitsplatzerhaltung, Belebung von regionalen Traditionen/Besonderheiten usw.; • Reduzierung der regionalen Umweltauswirkung bzw. Verbesserung der regionalen Umweltsituation; • Enger (persönlicher) Kontakt zwischen (Re)Produzent und Konsument; • Größeres Mitspracherecht in regionalen Belangen sowie Einbindung in vielfältige regionale Entwicklungsprozesse; • Stärkung der Ausstrahlung und Wettbewerbsfähigkeit der gesamten Region gegenüber anderen Regionen.	

Quelle: Eigene Darstellung.

Speziell auf der Stufe der **landwirtschaftlichen (Vor)Produktion** ist in Erwägung zu ziehen, dass die extensiv wirtschaftenden landwirtschaftlichen Betriebe zur Produktion des Öko-Lebensmittels einen Erzeugerzusammenschluss (EZZ)[833] bilden können. Hierbei sind die entsprechenden gesetzlichen Anforderungen zu beachten. Bspw. müssen EZG gemäß § 3 MSG aus mindestens sieben landwirtschaftlichen Betrieben bestehen und sind nur für die in der Anlage zum Gesetz bestimmten Erzeugnisse und in einer produktspezifischen Mindestanbau-

---

[833] Anerkannte EZZ als Oberbegriff über EZG und EZO unterliegen nicht § 1 des Gesetzes gegen Wettbewerbsbeschränkungen. Für eine Systematik der EZZ vgl. Anhang E.

fläche bzw. -erzeugungsmenge[834] zulässig. Für einige andere Erzeugnisse (z. B. Hopfen gemäß VO (EWG) Nr. 1696/71 (v. a. Art. 7 bis 10)) können jedoch EZO für die Vermarktung gebildet werden. Der Vorteil von EZZ besteht darin, dass sich deren Mitglieder über die Anwendung einheitlicher Erzeugungs- und Qualitätsregeln des Produktes verständigen und sie auf diese Weise die gewünschten Mengen des Öko-Lebensmittels in homogenen Partien gebündelt liefern können. Dabei tritt die spezielle Organisationsform der EZZ für ihre einzelnen Mitglieder an die Stelle des Kooperationspartners für den Verarbeiter bzw. das mittelständische Unternehmen der ERI. Für die Gründung einer EZG gemäß MSG können in den ersten fünf bzw. sieben Jahren ferner Startbeihilfen (z. B. für die Einführung eines QM- und UM-Systems) und Investitionsbeihilfen (z. B. Investitionen zur Qualitäts-, Absatzverbesserung, marktgerechten Verpackung des Angebotes) gewährt werden.[835] Letztere können im Übrigen auch die Abnehmer der Erzeugnisse der EZG beantragen. Die EZG-Mitglieder sind zur Beitragsleistung und Mindestmitgliedsdauer von vier Jahren verpflichtet.[836] Alle Mitglieder der EZZ führen zudem sehr ähnliche Prozesse aus, können dabei zweckmäßigerweise die landwirtschaftlichen Geräte/ Maschinen gemeinsam nutzen und somit den Investitionsbedarf gering halten. Diese Verfahrensweise bietet sich nur innerhalb einer abgegrenzten Region an, da sonst der Zeit- und Transportaufwand für den Austausch zu groß wird, was mit dem Anspruch der Regionalität der Lebensmittel-HE-SC konform geht.

Die zentrale Bedeutung und zugleich Herausforderung kommt der Mobilisierung/Sensibilisierung und Einbindung der **Konsumenten** zu. D. h., die Konsumenten sind auf die Besonderheit der HE-SC und ihr/e Öko-Lebensmittel aufmerksam zu machen und möglichst lange an die HE-SC zu binden, um den Absatz langfristig zu sichern. Wenngleich bei der Informationsversorgung der Konsumenten ein Trade-off zwischen Mindestinformationsgehalt und Überlastung besteht, kann eine Erweiterung des Informationsangebotes bei interessierten Konsumenten das latent vorhandene Informationsbedürfnis aktivieren und zudem zur Stärkung des Vertrauens und der Bindung zwischen den Produzenten und Konsumenten beitragen.[837] Die enge Einbindung der Konsumenten bietet zugleich die Chance, die Bedürfnisse mit den Angeboten regelmäßig abgleichen und flexibel und schnell auf Veränderungen reagieren zu können. Eine solide Bindung der Konsumenten an eine regionale Lebensmittel-HE-SC kann durch die Vermittlung und Gewährung verschiedener Anreize, wie sie in der Tabelle 7.1 ausgewiesen sind, gelingen. So sollte ihnen durch die betrieblichen HE-SC-Akteure der monetäre, psycho-soziale und regionale **Mehrwert** des Konsums des spezifischen Öko-Lebensmittels vermittelt und natürlich die spezifischen Mehrwertdienste (z. B. Errichtung einer Internet-Plattform mit vielfältigen

---

[834] Die Mindestanbaufläche bzw. -erzeugungsmenge bestimmt gemäß § 3 Abs. 3 MSG das Bundesministerium für Verbraucherschutz, Ernährung und Landwirtschaft durch die Bildung von Durchführungsverordnungen, z. B. „Sechste Durchführungsverordnung zum MSG – Getreide, Öl- und Hülsenfrüchte". Vgl. MARKTSTRGDV (1970, § 2).

[835] Die einzelnen Bundesländer regeln in landesspezifischen Richtlinien die Voraussetzungen, die Förderbereiche, das Antragsverfahren sowie Art, Umfang und Höhe der Zuwendung. Vgl. bspw. für Sachsen RL 20/2005 (2005).

[836] Vgl. MSG (1969, §§ 3, 5, 6).

[837] Vgl. HIRSCHFELD (2006, S. 106).

Information und hoher Transparenz (vgl. weiterführend hierzu Abschnitt 7.3.3.2), Tag der offenen Tür) eingerichtet werden, durch die sich die Lebensmittel-HE-SC von anderen, konkurrierenden (HE-)SC unterscheidet. Hierzu gehört auch die Beteiligung an öffentlichkeitswirksamen Aktivitäten (der Region oder des Lebensmittelsektors) zur Schaffung von Transparenz gegenüber den Konsumenten.[838] Die Konsumenten sind v. a. für die F&E und das Marketing der Lebensmittel-HE-SC von hoher Bedeutung, da sie kommunizieren können, wie beides am besten zu gestalten ist. Die aktive Beteiligung der Konsumenten eröffnet diesen sowie auch den betrieblichen HE-SC-Akteuren die Chance, ihre Wissensbasis zu erweitern, gegenseitiges Verständnis aufzubauen und ihre Denk- und Verhaltensmuster zu reflektieren.[839] In diesem Kontext besonders engagierten Konsumenten, die z. B. gemeinsam mit der F&E der HE-SC innovative Ideen für Produkte entwickeln, sollte angemessene Honorierung entgegen gebracht werden. Da die gesamte HE-SC von dem Engagement loyaler Konsumenten in verschiedenen Hinsichten profitieren kann, erscheint der dazu notwendige Aufwand (z. B. für die Bereitstellung einer Internet-Plattform) gerechtfertigt.

Aufgrund der hohen Bedeutung der **Stakeholder** für die Akzeptanz der Lebensmittel-HE-SC ist es erforderlich, neben den internen Stakeholdern (v. a. Mitarbeiter, Konsumenten) auch die externen Stakeholder über die Konstitution der HE-SC zu informieren und diese ggf. in die Auswahl der Partner zu involvieren. Potenzielle externe Stakeholder einer HE-SC sind v. a. Politiker, Behörden, Geldgeber, (Umwelt-)Verbände aber auch die allgemeine Öffentlichkeit. Vertreter der externen Stakeholdergruppen können bei Bedarf und Interesse auch in die Aktivitäten der weiteren Schritte zum Aufbau der Lebensmittel-HE-SC einbezogen werden. Dazu sollten die HE-SC-Akteure den offenen Dialog mit den Stakeholdern suchen.

Die **Beratung** bildet einen wichtigen Bestandteil innerhalb der Steuerung der HE-SC-Aktivitäten, da sie wichtig für die Akzeptanz und Existenz der regionalen HE-SC ist und die Kommunikationsschnittstelle zu den Konsumenten darstellt. Die Notwendigkeit der Berücksichtigung der Stufe Marketing/Beratung in der Lebensmittel-HE-SC (vgl. Abschnitt 7.2) ergibt sich auch daraus, dass – wie die empirische Analyse gezeigt hatte (vgl. Abschnitt 6.3.2) – das Umweltengagement der ERI durch die Konsumenten zu wenig honoriert wird, und dass sich Ernährungsgewohnheiten und -orientierungen nur schwer umstellen lassen[840]. Sie soll keinesfalls staatliche und nicht-staatliche Verbraucherschutzinstitutionen ersetzen, sondern vielmehr ergänzend wirken. Sie ist weiterhin auf eine breite Sensibilisierung der Konsumenten zu umweltverträglichem Konsum durch diese Institutionen angewiesen.[841] So werden durch die genann-

---

[838] Derartige Aktivitäten sind in einigen Branchen, v. a. der Landwirtschaft, noch sehr wenig verbreitet. Bspw. ist die Teilnahme der landwirtschaftlichen Betriebe am Tag der offenen Bauernhöfe bislang noch gering ausgeprägt. Im Jahr 2006 öffneten lediglich 1,2 % der landwirtschaftlichen Betriebe in Sachsen an diesem Tag ihre Betriebstore. Eigene Berechnungen auf Basis von O. V. (2006b) und http://www.statistik.sachsen.de (20.01. 2006).

[839] Vgl. ARNOLD (2006, S. 59).

[840] Diese Feststellung beruht auf der Tatsache, dass Einkaufsroutinen und Ernährungsstile früh und milieuspezifisch geprägt werden und i. d. R. nur unter besonderen Umständen veränderbar sind. Vgl. BRAND et al. (2006, S. 41).

[841] Für Empfehlungen bezüglich zusätzlicher, HE-SC-externer Ernährungskommunikation vgl. Abschnitt 7.3.6.

ten Institutionen sensibilisierte Konsumenten persönlichen Beratungsangeboten der regionalen Lebensmittel-HE-SC wesentlich offener gegenüber stehen. Durch glaubwürdige Wissensvermittlung kann es der Lebensmittel-HE-SC gelingen, Einstellungs- und Verhaltensänderungen herbeizuführen und auf diese Weise neue Konsumenten zu gewinnen sowie dauerhafte, vertrauensbasierte Beziehungen (im Sinne einer Stammkundschaft) aufzubauen. Diese Stufe der HE-SC kann personell durch qualifizierte Ernährungsberater abgedeckt werden. Sie bildet die zentrale Basis bzw. Kontaktstelle für die langfristige Einbindung der Konsumstufe zum Aufbau einer förderlichen Beziehung zwischen den Konsumenten und den betrieblichen HE-SC-Akteuren. Zudem sollte es Aufgabe dieser dienstleistenden Stufe in der Lebensmittel-HE-SC sein, deren Engagement für die Umwelt und die Region sowie den daraus resultierenden Mehrwert auch der interessierten Öffentlichkeit und anderen Stakeholdern (v. a. in der Region) zu kommunizieren. Auf diese Weise lassen sich positive Rückkopplungen hinsichtlich der Glaubwürdigkeit der HE-SC-Akteure in der regionalen Gremienarbeit usw. erreichen.

Neben den Anreizen sollten aber auch die **potenziellen Risiken** der Mitwirkung in einer Lebensmittel-HE-SC ermittelt und den HE-SC-Akteuren transparent kommuniziert werden. Neben dem prinzipiellen Aufzeigen der Risiken (z. B. Kooperationsprobleme, politische Risiken, Marktrisiken) gehören hierzu auch Angaben, unter welchen Bedingungen und bei welchen Partnern diese Risiken auftreten können.

7.3.3 Empfehlungen zur Verzahnung der Anforderungen in und zwischen den einzelnen betrieblichen Holistic Environmental-Supply Chain Management-Systemen

Einen weiteren wichtigen Handlungsbereich bildet die Ausrichtung auf funktionale und interorganisationale Kompatibilität der einzelbetrieblichen HE-SCM-Systeme einschließlich der Nutzung adäquater, auf Dauer und Vertrauen ausgelegter Kooperations- und Koordinationsstrukturen.

7.3.3.1 Vorschläge zur inhaltlichen Ausrichtung der Holistic Environmental-Supply Chain Management-Systeme

Aufgrund der vielfältigen Anforderungsbereiche im Lebensmittelsektor und der funktionsübergreifenden und interdisziplinären Offenheit des SCM wird empfohlen, dass das HE-SCM-System eines Unternehmens der ERI neben den SCM-Zielen und Umweltzielstellungen auch Aspekte der QS und Rückverfolgung des Öko-Lebensmittels verfolgen sollte. Fragen der Arbeitssicherheit sind mindestens im Maße der Absicherung der gesetzlichen Mindestforderungen ebenso zu beachten. Die Basis des HE-SCM-Systems im Initiatorunternehmen bildet ein **ganzheitlich prozessorientiertes SCM-System**. Es wird angeregt, das SCM-System um die miteinander kompatiblen Anforderungen für standardisierte Managementsysteme der DIN EN ISO-Reihe, also der ISO 9000 ff. (bzw. ISO 15161) und ISO 14000 ff. sowie ISO 22000 zu ergänzen. Tabelle 7.2 bietet in diesem Kontext eine Zusammenstellung der wichtigsten Pflichten und Aufgaben in der Umsetzung typischer Teilmanagementsysteme in der ERI. Dem Initiatorunternehmen durch das HE-SCM-System auferlegte Anforderungen betreffen das Erstellen und

Vorhalten von z. B. HE-SCM-Handbüchern, Produktions-, Transport- und Anbauprotokollen. Hieraus sind bereits einige Synergiebereich erkennbar, z. B. kombinierbare Dokumentationen, Anweisungen, Audits. Bspw. ist anstelle inkompatibler intraorganisationaler Handbücher ein integriertes, interorganisational ausgerichtetes HE-SCM-Handbuch im Unternehmen, das an die Vorgaben in den Handbüchern der Partnerunternehmen andockt, erstrebenswert.

Für die empfohlene Kombination der Systeme auf Basis der ISO-Reihe spricht, dass einzelne dieser Standards in den Unternehmen z. T. schon (in Kombination im klassischen Sinne oder getrennt) Anwendung finden oder diesen zumindest bekannt sind (vgl. Abschnitt 6.4.1). Gemein ist diesen Standards die funktionale Kompatibilität ermöglichende Prozessausrichtung. Begünstigt wird die gewählte Konstellation noch durch die Tatsache, dass die Standards branchenunabhängig gelten und daher auch von den HE-SC-Akteuren der anderen HE-SC-Stufen genutzt werden können. Dies unterstützt die Kompatibilität der Systeme zwischen den verschiedenen Stufen der Lebensmittel-HE-SC, wobei für einzelne Stufen (z. B. Entsorgung) einzelne Bestimmungen (z. B. ISO 22000) nicht relevant sind. Die einzelbetriebliche Verknüpfung zwischen diesen kompatiblen HE-SCM-Systemen gemäß der ISO-Normenreihe und eine interorganisationale Verzahnung mit den Akteuren der vor- und nachgelagerten Wertschöpfungsstufen können einen Beitrag zur Senkung des im Umweltschutz als hoch empfundenen Aufwands bzw. Kosten leisten (vgl. Abschnitt 6.3.2). Zu denken ist hier bspw. an eine optimale Platzierung von integrierten Umweltmaßnahmen in der Lebensmittel-HE-SC oder die Schaffung von Organisationsstrukturen und Möglichkeiten der Verzahnung kompatibler Systeme, die eine effiziente Informations- bzw. Wissensverteilung, -verarbeitung und sogar -weiterentwicklung zwischen den Partnern der HE-SC ermöglichen. Zudem erweckt die externe, privatwirtschaftlich-organisierte Kontrolle der Erfüllung der Anforderungen der ISO-Reihe in einem hohen Maß Vertrauen gegenüber den HE-SC-Partnern und den Konsumenten. Aufgrund der regionalen und mittelständischen Ausrichtung der Lebensmittel-HE-SC ist der von großen Handelsunternehmen initiierte und verbreitete IFS für die HE-SC-Akteure kaum relevant.

Um den produktbezogenen Umweltschutz zu gewährleisten, sind mindestens die Anforderungen gemäß EU-Bio-Verordnung zu berücksichtigen, die die HE-SC bzw. ihre Akteure zur Erlangung des werbewirksamen **Biosiegels** befähigen. Natürlich können darüber hinaus auch die strengeren Vorgaben eines Ökoanbauverbandes herangezogen werden. Aufgrund der Vielzahl bereits existierender Produktlabels sollte jedoch kein neues regionsspezifisches Label entwickelt, sondern bestehende genutzt werden und auf der Verpackung zugleich auf verbalem Wege auf die regionale Herkunft verwiesen werden. Für die Nutzung des Biosiegels spricht v. a., dass es sich gemäß der Ergebnisse der empirischen Analyse bislang hoher Akzeptanz und zunehmender Verbreitung erfreut (vgl. Abschnitt 5.5.2.2 und 6.4.1).

Tabelle 7.2: Anforderungen an typische (Teil-)Managementsysteme in der ERI zur Beachtung bei der Integration in einem HE-SCM-System

System Kriterien	Supply Chain Management (SCM)	Lebensmittelsicherheit (LS)	Qualitätsmanagement (QM)	Umweltmanagement (UM)	Arbeitssicherheit (AS)
Zielbereich	Optimierung der Prozesse entlang der SC; Kundenzufriedenheit	Schutz des Verbrauchers, Rückverfolgbarkeit	Kundenzufriedenheit und Sicherung der Produkt- und Prozessqualität	Schutz der Umwelt und Gesellschaft	Gesundheits- und Arbeitsschutz der Mitarbeiter
Politik/Philosophie	Grundsätze, wie u. a. Kundenorientierung	Grundsätze für die LS, Einhaltung der Lebensmittelrechtsvorschriften	Qualitätspolitik bzgl. Prozessen und Produkt(en)	Umweltleitlinien, Einhaltung der Umweltrechtsvorschriften	Sicherheitsgrundsätze, Einhaltung der AS-Vorschriften
Relevante Normen/Gesetze	/	Verordnung (EU) Nr. 852/2004 über Lebensmittelhygiene, LFGB, ProdHaftG, ProdSG, Hygienevorschriften in lebensmittelspezifischen Gesetzen/VO (vgl. Anhang C). Managementsystem gemäß **DIN EN ISO 22000**	**DIN EN ISO 9000 ff.** (bzw. DIN EN ISO 15161)	**DIN EN ISO 14000 ff.**, EU-Verordnung 2092/91 über den ökologischen Landbau	**ArbeitsschutzG**, ArbeitsstättenV, GefahrstoffV, Unfallverhütungsvorschriften
Instrumente / Konzepte	z. B. ECR, CPFR, VMI	HACCP		Checklisten, SSA, Ökolabel (vgl. Anhang D) usw.	Risikoanalyse und -bewertung am Arbeitsplatz
Verantwortlichkeiten	freiwillig: Supply Chain Manager	Bestellung Leiter der Lebensmittelsicherheitsgruppe	Bestellung Qualitätsmanagementbeauftragter	Bestellung Umweltmanagementbeauftragter	Bestellung Arbeitssicherheitsfachkraft
Schulungsbedarf	ggf. Softwareschulungen	jährliche Schulungen (zur Personal-, Produkt- und Betriebshygiene), Durchführung gemäß DIN 10514 „Lebensmittelhygiene – Hygieneschulung"	Qualitätsschulungen	umweltbezogene Schulungen	Schulung für Führungskräfte; Sicherheitsunterweisung von Mitarbeitern
Dokumentationsanforderungen	/	Dokumentation der Eigenkontrollmaßnahmen, wie Eigenkontrollcheckliste, Audit-, Mess-, Prüfberichte, Schulungen	QM-Handbuch mit AA, VA, Auditchecklisten, Audit-, Mess-, Prüfberichten, Zielen, Politik	UM-Handbuch mit AA, VA, Auditchecklisten, Audit-, Mess-, Prüfberichten, Zielen, Politik	Dokumentation der Aktivitäten, Notfallpläne
Prüf- und Lenkungsmaßnahmen	Lenkung der unternehmensübergreifenden und -internen Prozesse	Festlegung kritischer Prüfpunkte, Prüfanweisungen, AA, Protokolle, Berichte, Revisions-, Reviewplan, Lenkung von Fehlern, von Überwachung und Messung	Lenkung fehlerhafter Produkte, Lenkung von Aufzeichnungen und Dokumenten, Lenkung von Überwachungs- und Messmitteln, Lenkung der Produktion	Lenkung von Aufzeichnungen und Dokumenten, Ablauflenkung, Lenkung von Überwachung und Messung	Festlegung von Schutzmaßnahmen; Meldung, Erfassung, Untersuchung von Vorfällen
Interne Kontrolle	/	Regelmäßige interne Sicherheitsaudits (v. a. als System-, Compliance-Audit)	Regelmäßige interne Qualitätsaudits (System-, Performance-, Produkt-, Prozess-Audit)	Regelmäßige interne Umweltaudits (System-, Performance-, Compliance-Audit)	Regelmäßige Prüfung von Betriebsmitteln, Inspektion von Arbeitsbereichen, Arbeitsmedizinische Untersuchungen
Externe Kontrolle	/	staatliche Lebensmittelkontrollen	Rezertifizierung alle 3 Jahre, jährliches Überwachungsaudit	jährliches Überwachungsaudit und Rezertifizierung alle 3 Jahre, mind. jährliche Kontrollen	

Quelle: Eigene Darstellung, in Anlehnung an http://www.kompaktnet.de (20.01.2006); DIN EN ISO 9001 (2000); DIN EN ISO 14001 (2005); DIN EN ISO 22000 (2005); DIN EN ISO 15161 (2005); BAYERISCHES STAATSMINISTERIUM FÜR WIRTSCHAFT, INFRASTRUKTUR, VERKEHR UND TECHNOLOGIE (Hrsg.) (2003, S. 10) (Anmerkungen: / … keine speziellen Anforderungen bzw. Aufgaben).

Ein Schwerpunkt des UM gemäß ISO 14000 ff. liegt demnach auf der Absicherung der Einhaltung der Anforderungen an die Erzeugung des Öko-Lebensmittels. Das UM gemäß ISO 14000 ff. ist EMAS auch vor dem Hintergrund vorzuziehen, dass deren Umsetzung durch die Akteure der Lebensmittel-HE-SC mit geringerem Aufwand verbunden ist. Das UM gemäß ISO 14000 ff. ist in Deutschland und selbst bei grenzüberschreitender regionaler HE-SC-Kooperation auch weltweit anerkannt. Zur Außendarstellung des Umweltengagements bietet das Biosiegel ausreichende Möglichkeiten über die Anbringung am Öko-Lebensmittel, so dass der vermeintliche Nachteil des Fehlens eines werbewirksamen Logos bei der ISO 14000 ff. gegenüber EMAS im Kontext dieser vorgeschlagenen Kombination aufgehoben wird.

Durch die Ausrichtung der Produktion von Öko-Lebensmitteln in der Lebensmittel-HE-SC auf das Biosiegel werden die Anforderungen an die **Rückverfolgbarkeit** zum großen Teil bereits erfüllt. Die Basis dafür bildet die EU-Bio-Verordnung, die im Anhang III eine Dokumentation als Grundlage für die regelmäßigen Kontrollen fordert, die den Anforderungen gemäß Art. 18 der EU-Verordnung 178/2002 entspricht.[842] Die Umsetzung und Wirksamkeit der Rückverfolgbarkeit wird zudem durch die staatlich zugelassenen privaten Öko-Kontrollstellen überwacht. In dieser Hinsicht geht die EU-Bio-Verordnung über die Ansprüche der EU-Verordnung 178/2002 sogar noch hinaus. Demnach sind die Ansprüche der Rückverfolgung bei der Umsetzung eines HE-SCM-Systems auf diese Weise bereits zwangsläufig integriert.

Das HE-SCM-System des Initiatorunternehmens muss sich zweifellos mit der Erfüllung der gesetzlichen Rückverfolgbarkeitsansprüche beschäftigen, sollte sich verstärkt aber auch den ökonomischen Chancen widmen. Es ist dabei nicht ausreichend, nur adäquate IT-Systeme in der HE-SC zu implementieren und auf dieser Basis die Daten miteinander auszutauschen, sondern auch die komplexen Prozesse aufeinander abzustimmen, d. h. zu reorganisieren und zu verzahnen. Auf diese Weise lassen sich Einsparpotenziale erkennen und Innovationen generieren, die Gewinnsteigerungen und Wettbewerbsvorteile zur Folge haben können. Die Berücksichtigung des Umweltschutzes bei der Reorganisation der Aktivitäten in der Lebensmittel-HE-SC bietet die Chance, den Umweltschutz im Rahmen der Produktion, Logistik und Vermarktung des Öko-Lebensmittels langfristig ökonomisch tragbar zu machen. Es ist dabei von sehr hoher Bedeutung, dass ein HE-SCM-Implementierungsprojekt im ersten Schritt die Prozessreorganisation (= betriebliches Reengineering im HE-SC-Fokus) vorsieht und erst im zweiten Schritt die Errichtung des IT-gestützten (Rückverfolgbarkeits-)Systems (vgl. weiterführend hierzu nachfolgenden Abschnitt) in der reorganisierten HE-SC erfolgt.

7.3.3.2 Vorschläge zur Organisation der Holistic Environmental-Supply Chain-Kooperation

Die Kooperation in der regionalen Lebensmittel-HE-SC ist auf längerfristige, permanente und stabile Geschäftsbeziehungen zwischen einem festen Kreis von Akteuren ausgerichtet. Die auf Stabilität orientierte Lebensmittel-HE-SC muss aber zugleich anpassungsfähig sein. Dies wird sie, wenn sie sich regelmäßig mit den Veränderungen in ihrem Umfeld auseinander setzt und

---

[842] Vgl. BÖLW e. V. (Hrsg.) (2004, S. 8).

frühzeitig darauf reagiert. Eine Auflösung oder Beendigung der HE-SC-Kooperation ist nicht (zwingend) vorgesehen, kann jedoch die Konsequenz sein, wenn es mit der Zeit nicht gelingt die HE-SC-Kooperation zu stabilisieren und zu konsolidieren.

Aus organisations-struktureller Sicht handelt es sich bei einer HE-SC-Kooperation um ein regionales Netzwerk.[843] Die Flexibilität, Reaktionsfähigkeit und Konsumentenorientierung von virtueller Organisation nutzend in Kombination mit der auf Langfristigkeit und Vertrauen ausgelegten Beziehungsbildung in der regionalen Netzwerkorganisation stellt die **regionale, hybrid-virtuelle Netzwerkorganisation** eine zweckmäßige (Misch-)Organisationsform für eine Lebensmittel-HE-SC dar. Die hybrid-virtuelle Ausrichtung der Organisation betrifft die Koordination und Kommunikation in der HE-SC hauptsächlich – jedoch aber nicht alleinig – über eine gemeinsame IT-Infrastruktur, die nachfolgend in diesem Abschnitt noch vorgestellt wird. D. h., dass die Strukturen nicht 100 % virtuell konstruiert sind, sondern auch einen „realen" Face-to-Face-Anteil besitzen.[844]

Aus **ablauforganisatorischer Sicht** wird im Kontext der Prozessorientierung des HE-SCM-Systems (vgl. Abschnitt 7.3.3.1) eine prozessorientierte Organisation, d. h. eine Organisation nach den durchgängigen, funktionsübergreifenden Geschäftsprozessen, vorgeschlagen. Sie wird der Konsumentenorientierung der HE-SC am besten gerecht. Die **Prozessorientierung** ist verbreitet (im QM, im UM, im SCM) und hat sich in der Praxis als zweckmäßig erwiesen. Die Prozessorientierung des SCM einerseits und der ISO-Forderungen andererseits erlauben und erleichtern die Verzahnung in Form eines IM-Systems. Da aus Umweltsicht v. a. die physischen Ströme von Relevanz sind, bilden demnach die Prozess- und Flussorientierung den gemeinsamen Orientierungsrahmen und Schnittpunkt für alle Anforderungsbereiche im HE-SCM-System. Weiterhin müssen in der HE-SC Abläufe neu spezifiziert bzw. angepasst werden, wie z. B. die Einrichtung möglichst einfacher Kommunikationswege, die den Informationsaustausch ermöglichen und den Partnern Transparenz in den eigenen betrieblichen Prozessstrukturen schaffen. Dazu gehört bspw. die Festlegung der Berichts- und Kommunikationswege sowie der Dokumentation, Archivierung von Daten usw. In diesem Kontext ist über eine Unterstützung der Abläufe durch eine geeignete IT-Lösung zur Handhabung der hohen Informationskomplexität zu entscheiden. Die einzelbetriebliche Ablauforganisation muss dabei auf die Belange der interorganisationalen Abstimmung (Schnittstellen) ausgerichtet bzw. ergänzt werden. Wesentliche Voraussetzung für die prozessorientierte Organisation ist die Visualisierung und Dokumentation sämtlicher Stufen der Prozesskette zur Erreichung von Transparenz sowie zur Lokalisierung der Schnittstellen. Auf die Fixierung der Festlegungen in Form einer Kooperationsvereinbarung und eines Anforderungskataloges und die Nutzung einer adäquaten IT-Lösung wird nachfolgend näher eingegangen.

Das zu Beginn einer Kooperation eher distanzierte Verhältnis zwischen den Akteuren ist in eine enge partnerschaftliche Kunden- bzw. Lieferantenbeziehung umzuwandeln. Vertrauen,

---

[843] Vgl. zum regionalen Netzwerkverständnis KALUZA/BLECKER (1996, S. 13).
[844] Für dieses Verständnis vgl. REISS (2006, S. 38).

vertragliche Ausgestaltung und Kontrolle in der HE-SC-Kooperation sind dabei miteinander untrennbar verwobene Aspekte.[845] In der sog. **HE-SC-Kooperationsvereinbarung** sind die Rechte und Pflichten der einzelnen Akteure der Lebensmittel-HE-SC grundsätzlicher Art sowie organisatorische Aspekte der HE-SC-Kooperation zu dokumentieren. Die Kooperationsvereinbarung dient der graduellen Stabilisierung der Beziehung durch Formalisierung und Standardisierung. Sie enthält Aussagen zu den vereinbarten Leistungen (Formen, Umfang, Intensität) der HE-SC-Partner, der Laufzeit sowie den getroffenen Festlegungen zur Aufbau- und Ablauforganisation in der Lebensmittel-HE-SC. Von Bedeutung sind hierbei auch Regelungen zu Einlagen/Beiträgen von Finanz- und Sachmitteln, immaterielle Leistungen, bereitgestellte Personalressourcen, zur Gewinn-/Verlust- sowie Risikoverteilung, zu Bonus- und Ausgleichsmechanismen („Cost-Benefit-Sharing").[846] Weiterhin sind in der HE-SC-Kooperationsvereinbarung die Form der HE-SC-weiten Datenerfassung und des Datenaustausches (z. B. Standards wie EDI) und HE-SC-interne Kontrollen festzulegen. Zudem sind Regelungen im Falle deren Nicht- bzw. unzureichenden Erfüllung (z. B. Schadensersatzansprüche, Konventionalstrafen bei Vertragsverletzungen) vorzusehen.

Die gemeinsamen strategisch-inhaltlichen Festlegungen und Entscheidungen in der HE-SC sind in einem sog. **HE-SC-spezifischen Anforderungskatalog** für die gesamte Lebensmittel-HE-SC zu fixieren. Die prinzipielle Basis der Anforderungen bilden die relevanten rechtlichen Vorgaben (z. B. EU-Verordnung 178/2002, LFGB) ergänzt um weitere Aspekte der Qualitätssicherung und des Umweltschutzes (z. B. EU-Bio-Verordnung). Der Anforderungskatalog macht demnach Vorgaben hinsichtlich Zulassung bzw. Verbot von Einsatzstoffen, Produktionsmethoden, Qualitätsansprüchen der Produkte usw.

Den Zielen der HE-SC kommt dabei in den einzelnen HE-SC-Stufen unterschiedliche Relevanz zu. Bspw. sind in der Entsorgungsphase lieferzeitbezogene Zielstellungen weniger relevant als in der Produktionsphase. Daher bedarf es der Konkretisierung der HE-SC-Anforderungen nach den HE-SC-Stufen, d. h. der Entwicklung **stufenspezifischer Anforderungskataloge**. Die stufenspezifischen Anforderungskataloge sind für jede Stufe in Absprache mit den Akteuren der betroffenen Stufe zu formulieren. Die Anforderungen sind in jeder Stufe eigenverantwortlich zu realisieren und deren Umsetzung durch Eigenkontrollen und Dokumentation der Ergebnisse zu steuern bzw. zu belegen. Die stufenspezifischen Anforderungskataloge dienen dazu, dass alle HE-SC-Akteure ihre Verpflichtungen im Rahmen der Leistungserbringung in der HE-SC (er)kennen und im Konsens zu den anderen Akteuren umsetzen. Sie können von den Unternehmen als Anhaltspunkt für die einzelbetriebliche Ausgestaltung des HE-SCM-Systems und zur Initiierung von Reorganisationsmaßnahmen genutzt werden.

Zur Komplexitätsreduktion ist der Einsatz von IT-Lösung(en) langfristig unabdingbar. Es geht hierbei darum, dass Informationen nicht nur dem unmittelbar vor- und nachgelagerten Wert-

---

[845] In Anlehnung an FRITZ et al. (2006, S. 66); CORSTEN/GÖSSINGER (2001, S. 39). Gleichwohl lassen sich mit zunehmendem Vertrauen zwischen den Akteuren die Sicherheitsvorkehrungen reduzieren und zugleich die Leistung der Kooperation steigern. Vgl. SCHUMACHER (2006, p. 269).
[846] Vgl. KRIWALD/SCHUTH (2000, S. 166-167).

schöpfungspartner, sondern allen HE-SC-Akteuren zur Verfügung stehen. Auf diese Weise lässt sich HE-SC-weite Transparenz und Vertrauen erzeugen und zugleich der Bullwhip-Effekt minimieren. Neben der Informations- und Kommunikationsfunktion sollte die IT-Lösung auch Aufgaben der Dokumentation (z. B. im Rahmen der Rückverfolgbarkeit der Lebensmittel) unterstützen. Das HE-SC-spezifische Softwaresystem kann daher als **Dokumentations-, Informations- und Kommunikationssystem** (DIK-System) bezeichnet werden.

Bei der Softwareauswahl handelt es sich um eine (einmalige) Entscheidung mit langfristigen und weit reichenden Konsequenzen, die eines systematischen Vorgehens und einer eingehenden Analyse der im Unternehmen und auf dem Markt existierenden Softwarelösungen bedarf. In Einklang mit der (Größen)Struktur der HE-SC-Partner sind preiswerte, intuitiv und leicht handhabbare Lösungen gefordert. Ein wichtiger Aspekt dabei ist, dass den Kosten der Anschaffung und Nutzung der Softwarelösung möglichst adäquate Einsparmöglichkeiten gegenüber stehen.[847] Insbesondere aus Kostengründen und aufgrund des Umfangs an HE-SC-Stufen bietet sich für KMU-geprägte Lebensmittel-HE-SC der Einsatz des Internets (z. B. in Form eines gemeinsamen Online-Portals) an. Das DIK-System kann also als Internetplattform (**DIK-Plattform**) über das orts- und zeitunabhängig erreichbare Internet eingerichtet werden. Hiermit entfällt die teure und zeitaufwändige Implementierung dezentraler Lösungen bei den einzelnen Akteuren. Die Vorteile einer webbasierten DIK-Plattform bestehen in der zentralen Steuerung und Wartung, der ständigen Aktualität der Dokumente und jederzeitigen Zugriffsmöglichkeit.

Eine DIK-Plattform kann Stammdaten der Akteure, Qualitätsprüfberichte (aus Labors), Auditberichte sowie liefer- und produktionsspezifische, umwelt- und rückverfolgungsbezogene Daten vorhalten. Die DIK-Plattform könnte weiterhin auch Informationen zu realisierten, laufenden und geplanten Projekten anbieten. Sie muss einen geregelten nutzerspezifischen Zugriff (wie Datenansicht, Dateneingabe, Datenlöschung) erlauben, der zentral gesteuert wird. Generell hat jeder Akteur wenigstens Lese- und Schreibrechte für das, was er selbst eingegeben hat sowie zu Ergebnissen bei ihm durchgeführter Prüfungen bzw. Warenprüfergebnisse. Die Plattform sollte auch Managementfunktionen übernehmen können, z. B. Erinnerung an Fristen (z. B. Audittermine), Bereitstellung von relevanten Dokumenten (z. B. Anforderungskataloge). Das inhaltliche Anforderungsspektrum für eine passende HE-SC-IT-Lösung reicht demnach von der Gewährleistung der elektronischen Verfügbarkeit und Synchronisierung von Produkt- und Geschäftspartnerstammdaten über Planungsunterstützungsfunktionen und die Kommunikation von Bewegungsdaten bis hin zur Datenarchivierung. Die Plattform sollte zudem ein Tool mit Algorithmen für ökonomische und ökologische Optimierungen im Produkt-, Produktions- und Logistikbereich bereitstellen, um optimale Maßnahmen erkennen zu können. Die Basis der Datenlieferung bilden die heterogenen IT-Systeme (ERP-Systeme, z. B. Warenwirtschaftssysteme erfassen Warenbewegungen) der einzelnen HE-SC-Akteure sowie standardisierte Identifikationssysteme (z. B. Barcode, RFID-Technologie, EAN-Standard), die über standardisierte Schnittstellen mit der DIK-Plattform zu verbinden sind.

---

[847] Vgl. HORVATH (2004, S. 186).

Die Kommunikationsfunktion besteht auch darin, den Kontakt zu den Konsumenten über die Plattform zu gewährleisten und diesen relevante Informationen zur Verfügung zu stellen. Bspw. ist denkbar, auf Basis der Datenlage ein Tool zur Generierung von konsumenten-individuellen Produktökobilanzen bereitzustellen und somit Auskunft über die Umweltbeeinflussung des vom Konsumenten erworbenen Öko-Lebensmittels zu liefern. Dem Konsumenten wird auf diesem Wege durch ökologische Transparenz Mehrwert geschaffen. Die Problematik einer unzureichenden Glaubwürdigkeit der Ergebnisse (vgl. Abschnitt 5.5.2.3) kann durch eine externe Prüfung bzw. Zertifizierung des Tools abgeschwächt werden.

Da ein passendes Softwaresystem in der hier gewünschten Ausrichtung auf dem Markt möglicherweise nicht verfügbar ist, bedarf es im Vorfeld der Errichtung der DIK-Plattform der Erstellung eines Pflichtenheftes durch die HE-SC-Akteure, welches die Anforderungen an die Plattform definiert und dem Softwarehersteller als Anhaltspunkt dient. Nach Einrichtung der DIK-Plattform ist die Anbindung der einzelnen Akteure (d. h. die Einrichtung von Schnittstellen zwischen der gemeinsamen Plattform und den einzelnen betrieblichen IT-Systemen) zu organisieren. Die Schnittstellenanbindung ist in jedem Fall bereits bei der Entwicklung der DIK-Plattform zu berücksichtigen. Der mit der IT-Entwicklung und -Einsatz in der Lebensmittel-HE-SC verbundene Aufwand und Kosten können vor dem Hintergrund der Neuentwicklung/-Programmierung von Individuallösungen sehr hoch sein. Hier sollte zunächst nach bereits bestehenden SCM-Plattformlösungen gesucht und geprüft werden, ob sie im Blickwinkel des HE-SCM-Konzeptes ergänzt bzw. erweitert werden können. Aufwand und Kosten der IT-Einrichtung rechtfertigen sich aus der auf Langfristigkeit und Stabilität angelegten HE-SC-Kooperation und den im Laufe der Kooperation erzielten Verbesserungen bzw. Einsparungen.

7.3.4 Empfehlungen zur Stärkung der betrieblichen Anbindung des Holistic Environmental-Supply Chain Management-Systems

Die empirische Analyse hat gezeigt, dass interorganisationale **Logistikkonzepte** bei den befragten Unternehmen der ERI gering verbreitet sind. Auch **Instrumente** zur Unterstützung der Logistik werden eher selten genutzt (vgl. Abschnitt 6.4.1 und 6.4.2). Dies darf im Kontext der geringen Verbreitung des für die ERI noch jungen SCM-Konzeptes keinesfalls überbewertet werden. Dennoch stellt die geringe logistische Anbindung des SCM im Unternehmen einen Ansatzpunkt für Handlungsbedarf dar. Die Behebung des Mankos kann durch zweckmäßige Verknüpfung bzw. Verbindung der Logistikaspekte mit den bereits bestehenden Konzepten und die logistikbezogene Nutzung der vorhandenen Instrumente erreicht werden. Es sind v. a. solche Konzept und Instrumente wichtig, die einerseits eine Prozessorientierung für eine hohe Kosten- und Leistungstransparenz unterstützen und andererseits von einzelnen HE-SC-Partnern bereits im einzelbetrieblichen Fokus (z. B. im Logistik-, Qualitäts-, Umweltkontext) eingesetzt werden und für die interorganisationale Ausrichtung der HE-SC angepasst bzw. erweitert werden können. Hier zeigte die empirische Analyse eine zunehmende Bedeutung von internationalen Konzepten (vgl. Abschnitt 5.3 und 6.4.1). Wenngleich die HE-SC regional aufgestellt ist, so können die internationalen Konzepte einen guten methodischen Rahmen bieten.

Die Anbindung an die internationale ISO-Reihe und das EU-weit anerkannte Biosiegel wurde bereits in Abschnitt 7.3.3.1 thematisiert.

Verbreitete und auf interorganisationale Ansprüche erweiterbare Instrumente sind Audits, Checklisten, Kostenrechnung und Kennzahlen (vgl. Abschnitt 6.4.2). Ein weiteres, beachtenswertes Instrument, das von vielen umweltengagierten und SCM-vertrauten Unternehmen verwendet wird, ist die SSA. Sie kann durch ihre Orientierung auf die Untersuchung der physischen Ströme aus ökonomischer und ökologischer Sicht ein HE-SCM gut unterstützen. Auch das Controlling ist akzeptiert und verbreitet. Da der Controllingbedarf einer Lebensmittel-HE-SC nicht nur aus der Leistungserstellung in der HE-SC, sondern auch aus den Interdependenzen der Akteure resultiert, ist das einzelbetriebliche Controlling zum HE-SC-Controlling auszubauen. Das **HE-SC-Controlling** zielt auf die Verfolgung der ökonomischen und ökologischen Leistung der HE-SC, die Prüfung der Erfüllung der entwickelten HE-SC-Strategie im Allgemeinen bzw. einzelner Reorganisationsprojektziele im Speziellen. Daneben eröffnet das HE-SC-Controlling neue Ausrichtungen der Informationsnutzung bzw. erleichtert diese den HE-SC-Akteuren. Bspw. lassen sich unternehmensübergreifend verfügbare Umweltinformationen zu neuen umweltorientierten Auswertungen verwenden, z. B. zur Produktökobilanzierung. Den entscheidenden Vorteil gegenüber der Situation ohne HE-SCM bildet die Extraktion von Umweltinformationen (z. B. Transportentfernungen, Lagerbedingungen) aus dem Pool umfassender und sehr präziser Daten aus der lückenlosen Rückverfolgung des Öko-Lebensmittels im Rahmen des HE-SCM. Die Basis bildet die Chargennummer des einzelnen Lebensmittels, die die Rückverfolgbarkeit des Lebensmittels ermöglicht und zugleich Träger der für die ökologische Bewertung relevanten Informationen ist. Erst auf dieser Grundlage kann das in Abschnitt 7.3.3.2 erwähnte Tool zur Generierung von konsumenten-individuellen Produktökobilanzen Anwendung finden. Zentrale Voraussetzung ist die laufende Kommunikation und der Austausch von Daten zwischen den Partnern der Lebensmittel-HE-SC. Die Standards festschreibende HE-SC-Kooperationsvereinbarung sowie der Weg des HE-SC-internen und -externen Datenaustauschs über die DIK-Plattform wurde bereits in Abschnitt 7.3.3.2 erläutert.

7.3.5 Empfehlungen zur Kommunikation der Vorteilhaftigkeit von Supply Chain Management und Umweltschutz

Die empirische Analyse hat den Nutzen und die Vorteilhaftigkeit des Einsatzes eines SCM-Systems sowie den erhöhten Nutzen aus vertikaler Umweltkooperation für das betriebliche Umweltengagement gezeigt (vgl. Abschnitt 6.2.4 und 6.3.3). Der erwartete Nutzen des SCM wurde von den SCM-Planern dabei z. T. geringer als der tatsächliche Nutzen durch die SCM-Nutzer eingeschätzt (vgl. Abschnitt 6.2.4). Trotz dieser positiven Effekte sind das SCM und vertikal-kooperativer Umweltschutz noch gering verbreitet. Zahlreichen Unternehmen sind diese Feststellungen sicherlich nicht bewusst bzw. bekannt. In diesem Kontext ist eine stärkere Kommunikation derartiger empirischer Erkenntnisse in die Praxis anzustreben, damit weit mehr Unternehmen (und im Falle von Umweltkooperationen zugleich auch die Umwelt) von den Vorteilen profitieren können.

Es empfiehlt sich hierbei in erster Linie die Einbeziehung anerkannter **Branchenverbände**, die im Lebensmittelsektor eine große Rolle spielen und Akzeptanz besitzen. Ihnen kann die Aufgabe der Initiierung/Evaluierung derartiger empirischer Analysen und der Bildung/Organisation von thematischen Arbeitsgruppen(treffen) sowie im Weiteren insbesondere der Verbreitung der Ergebnisse bspw. über die Erstellung von best-practice-Leitfäden, den Versand von Informationsbroschüren, die Ausrichtung von öffentlichen Veranstaltungen zugesprochen werden. Die Branchenverbände sollten darüber hinaus ihre unternehmensneutrale Stellung stärker als bisher nutzen und die Konsumenten über das Engagement und Bestreben der Unternehmen ihrer Branche in Kenntnis setzen, um (auch) auf diesem Wege das Image und den Absatz im Lebensmittelsektor zu verbessern.

7.3.6 Empfehlungen zur Schaffung adäquater externer Rahmenbedingungen

Die Durchsetzung, Verbreitung und Akzeptanz des HE-SCM-Ansatzes im Lebensmittelsektor kann im Weiteren auch durch eine Reihe äußerer Faktoren beeinflusst werden. Wenn die äußeren Rahmenbedingungen, insbesondere die politischen und rechtlichen Gegebenheiten, es erlauben, werden sich Lebensmittel-HE-SC in einem breiteren Maße herausbilden können. Neben politischen Organen (d. h. staatlichen Regierungen) spielen auch nicht-staatliche Einrichtungen und Organisationen eine wichtige Rolle, wie nachfolgend in Form von Empfehlungen für deren Tätigkeitsfelder deutlich wird.

Die zentralen politischen Einflussbereiche auf den Lebensmittelsektor sind die deutsche und europäische **Umwelt-, Agrar-, Verbraucherschutz- und Gesundheitspolitik**. Klare und v. a. miteinander konforme politische Entscheidungen in diesen vier Bereichen stellen förderliche Rahmenbedingungen dar. Im Weiteren sollten diese politischen Bereiche die Vorteilhaftigkeit der freiwilligen Konstitution von Lebensmittel-HE-SC durch die nationale aber v. a. auch regionale bzw. kommunale politische Ebene anerkennen und durch entsprechende Anreize unterstützen. Neben der Wirtschaftsförderung sollte der Fokus auf der Ansprache der Konsumenten liegen, z. B. durch die Bewerbung des Vorteils des Konsums von Öko-Lebensmitteln (z. B. über Verbraucherschutzorganisationen, Schulbildung) und die Verankerung im Ernährungsalltag (z. B. Öko-Lebensmittel in staatlichen Einrichtungen wie Behörden, Schulen).

Generelle Aufgabe der **Umweltpolitik** muss es sein, langfristig ein Mindestmaß an Umweltschutz abzusichern (z. B. durch Einsatz geeigneter umweltpolitischer Instrumente) und für die darüber hinausgehenden Aktivitäten einen klaren Rahmen zu schaffen (z. B. Formulierung von langfristigen Umweltstrategien, Schaffung von Umweltförderprogrammen). Bspw. sollte für die Errichtung von regionalen Lebensmittel-HE-SC mit KMU-Beteiligung geprüft werden, ob über die Schaffung spezieller Förderprogramme der Regional-, Wirtschafts- und/oder Umweltförderung eine Anschubfinanzierung erfolgen kann.[848] Wirkungsvolle **Subventionierung** muss

---

[848] Dem Argument einer möglichen Wettbewerbsverzerrung durch (umwelt)politische Regulierungsaktivitäten staatlicher Akteure sollten flexible Regulierungsinstrumente entgegengesetzt werden, die den Zusammenhängen von Ökonomie und Ökologie einzelbetrieblich gerecht werden können. Hier besteht noch Forschungsbedarf. Vgl. CLAUSEN et al. (2004, S. 434). Der Forderung nach geeigneter Förderung kommt bspw. die EU-

sich dabei v. a. auf die Generierung von selbsttragenden, langfristigen Lösungen konzentrieren und sollte stets in sich rückkoppelnden Etappen realisiert werden.

Die Einrichtung derartiger Fördermaßnahmen muss den KMU des Lebensmittelsektors in jedem Fall auch angemessen kommuniziert und diesen bei der Beantragung weitgehende Unterstützung gewährt werden. Zudem sind die agrarpolitischen Rahmenbedingungen für eine breitere Umstellungsbereitschaft konventionell arbeitender Landwirte für den Ökoanbau zu festigen und das Beratungsangebot für Landwirte in Bezug auf artgerechte Tierhaltung, Ackerbau und Grünlandwirtschaft auszubauen. So sollte in der **Agrarpolitik** dafür gesorgt werden, dass bei der Subventionierung ökologischen gegenüber dem konventionellen Anbau wenigstens nicht benachteiligt oder möglichst sogar durch geeignete (nicht zwangsläufig nur finanzielle) Maßnahmen befördert wird. Zur politischen Förderung gehört im weitesten Sinne auch die Forschungsförderung, d. h. die finanziell-unterstützte Anregung konzeptioneller Forschung, z. B. im Bereich der Entwicklung von Identifikations- und Kommunikationsstandards (z. B. Sicherheit bei RFID-Einsatz speziell im Konsumentenkontakt).

Weiterhin sollten umweltpolitische „Vorzeigestaaten" wie Deutschland bzw. die EU darauf dringen, dass ähnlich hohe bzw. **gleichwertige Umweltstandards** nicht nur innerhalb der eigenen Region, sondern auch in der restlichen Welt zielgerichtet verfolgt und umgesetzt werden. Auf diese Weise kann der Tendenz vorgebeugt werden, Teile der oder auch ganze (HE-) SC in Regionen zu verlagern, die schlechtere Umweltstandards aufweisen, diese Produkte aber weiterhin in Deutschland verkauft werden. Das erfordert weltweite umweltpolitische Arrangements.[849] Auf diese Weise kann am Wirtschaftsstandort Deutschland eine Ausweitung umweltstandardbedingter Standortverlagerungen, die neben Großunternehmen auch für KMU zunehmend interessant werden,[850] eingegrenzt werden. Der Anreiz zur Standortverlagerung sinkt.

Ähnlich wie um Umweltrecht sind auch die gesetzlichen Forderungen und Hygienestandards im Lebensmittel(sicherheits)recht bereits sehr anspruchsvoll und sollten zukünftig Überregulierung vermeiden. Vielmehr sollte die Politik auf die **Eigenverantwortlichkeit** und Selbstkontrolle der Unternehmen des Lebensmittelsektors setzen. Dazu sind entsprechende Anreize für eine freiwillige Beachtung der Anforderungen an die Lebensmittelsicherheit zu geben. Hierzu gehört bspw. die uneingeschränkte Bekanntgabe der Namen der Unternehmen, in denen Missstände aufgedeckt bzw. Lebensmittelskandale ausgelöst wurden. Der dadurch entstehende Imageschaden bei den Unternehmen kann groß sein und ein existenzbedrohendes Ausmaß annehmen. Über diesen Weg sind die Unternehmen von sich aus angehalten derartigen Schäden vorzubeugen. In Deutschland spricht zwar das im Juni bzw. September 2006 durch Bundesrat und -tag verabschiedete Verbraucherinformationsgesetz den Konsumenten mehr Informations-

---

Verordnung 1698/2005 (über die Förderung der Entwicklung des ländlichen Raums durch den Europäischen Landwirtschaftsfonds für die Entwicklung des ländlichen Raums (ELER) für den Zeitraum 2007-2013 nahe, indem sie in ihren strategischen Leitlinien verstärkt auf Regionalität und die Zusammenarbeit im Lebensmittel-WS setzt. Vgl. EU-BESCHLUSS (2006, L 55/24).

[849] Vgl. SOMMER (2005, S. 237).
[850] Vgl. WILDEMANN (2005, S. 18).

rechte zu. Die Lebensmittelproduzenten in Deutschland sind jedoch durch den Datenschutz vor der Bekanntgabe derartiger Informationen an die Konsumenten weiterhin abgesichert.

Nicht zuletzt ergibt sich in diesem Kontext aber auch vor dem Hintergrund der Globalisierung die Forderung, mindestens deutschlandweit bzw. sogar international (insbesondere europaweit, da in Deutschland erzeugte Lebensmittel v. a. auf dem nationalen und europäischen Markt verkauft werden) eine bessere Abstimmung und einen Austausch über die Prüfstandards und die Ergebnisse der staatlichen **Lebensmittelkontrollen** und der nationalen Umsetzung der Rechtsvorschriften (wie der EU-Verordnung 178/2002 bzgl. Rückverfolgbarkeit) zu erzielen. Damit lassen sich aufgedeckte Missstände im Lebensmittelbereich grenzüberschreitend kommunizieren und die Hemmschwelle für die Verursacher erhöhen.

Ein weiterer, den Rahmen der Verbreitung von HE-SCM-Systemen im Lebensmittelsektor beeinflussender Bereich betrifft die gesellschaftliche Ernährungsverantwortung. Sie umfasst in erster Linie die Stärkung der **Ernährungskommunikation** durch die staatliche Verbraucherschutzpolitik sowie auch staatliche bzw. nicht-staatliche Verbraucherschutzorganisationen, um den Konsumenten umfassende und zugleich objektive Hintergrundinformationen (z. B. zum Biosiegel zur Steigerung deren Bekanntheit und Glaubwürdigkeit, Vermittlung des (regionalen) ökologischen und sozialen Mehrwertes des Öko-Konsums) zu liefern. Um eine hohe Effektivität und Effizienz der Ernährungskommunikation und die vielfältigen Verbrauchergruppen zielgruppengerecht zu erreichen, bieten sich Vernetzungen zwischen den (regionalen) Verbraucherschutzorganisationen an und sollten zudem beliebige Kommunikationswege und -instrumente (v. a. Massenmedien wie Fernsehen) genutzt werden.[851] Ziel der Ernährungskommunikation ist die Steigerung der prinzipiellen Sensibilität der Konsumenten für Öko-Lebensmittel und das Erreichen einer höheren gesellschaftlichen Wertschätzung. Ferner sollte neben dem Kauf auch der ordnungsgemäße Umgang (Lagerung, Zubereitung usw.) mit den Öko-Lebensmitteln als weiterem Einflussbereich umweltverträglichen Konsums kommuniziert werden. Von besonderer regionaler Relevanz und hoher Wirksamkeit sind dezentrale Bildungsinitiativen, wie die des DNR zum Ökoanbau,[852] die zur frühzeitigen Aufklärung, Sensibilisierung und Aktivierung der Konsumenten und damit zugleich auch in ihrer Person als Arbeitnehmer der beteiligten Unternehmen für die regionale Produktion und Vermarktung von Öko-Lebensmitteln dienen können. Veränderungen in Konsumverhalten und -anforderungen wirken auf die Produktion der Öko-Lebensmittel zurück und lassen einen entsprechenden Nachfrage- und Angebotszuwachs erwarten. Darüber hinaus können „machtvolle" Konsumenten wie staatliche und halbstaatliche Institutionen über ihre Beschaffungspolitik enormen Druck ausüben. Wenn eine ausreichende Gesamtheit an sensibilisierten Konsumenten Öko-Lebensmittel regelmäßig nachfragt, können Lebensmittel-HE-SC und ihre Akteure langfristig ihren Absatz und ihre Existenz sichern.

---

[851] Vgl. BRAND et al. (2006, S. 50-51).
[852] Ausführlicher zu dieser Initiative vgl. PRO NATUR GMBH (Hrsg.) (2006).

7.3.7 Systematisierung und Zusammenfassung der Empfehlungen zur Umsetzung eines Holistic Environmental-Supply Chain Managements im Lebensmittelsektor

Die Umsetzung der in den vorhergehenden Abschnitten aufgezeigten Empfehlungen zur Herausbildung und dem Management von HE-SC-Kooperationen im Lebensmittelsektor kann sich auf einzelne der o. g. Vorschläge konzentrieren. In ihrer Kombination werden sie jedoch die größte Wirkung erreichen können, zumal sie z. T. nicht unabhängig voneinander wirksam sind. Die Empfehlungen sowie die damit bezweckten bzw. zu erwartenden Wirkungen sind in Tabelle 7.3 zusammenfassend dargestellt. Bspw. erhalten die Unternehmen mit dem Leitfaden zum systematischen Vorgehen beim Aufbau der HE-SC-Kooperation und der HE-SCM-Implementierung gezielt Wissen zu deren effizienten Realisierung. Mittels eines HE-SCM-Systems kann im Weiteren nicht nur HE-SC-weiter Umweltschutz effizienter praktiziert werden, sondern zugleich die gesetzlich geforderte Rückverfolgbarkeit unterstützt und Lebensmittelskandale eingedämmt werden. Der systematisierten Darstellung der vielfältig erreichbaren Effekte des HE-SCM-Ansatzes widmet sich der nachfolgende Abschnitt.

7.4 Potenzielle Effekte der Umsetzung des Holistic Environmental-Supply Chain Managements im Lebensmittelsektor

Der Aufbau der HE-SC-Kooperation und die Einführung eines HE-SCM-Systems ist ein **iterativer Prozess**, der durch die schrittweise Verankerung im Unternehmen und die Verstetigung der Kontakte zwischen den Akteuren der Lebensmittel-HE-SC an Dynamik gewinnen kann. Der aus deren Einsatz zu erwartende Erfolg und die Akzeptanz sind vielfältig und hängen von verschiedenen Faktoren ab, z. B. vom Umfang der erreichten Ganzheitlichkeit im Umweltschutz, dem erreichten Integrationsgrad in die Geschäftsprozesse bei allen HE-SC-Partnern, der Offenheit und der Nutzung der eingerichteten IT-Unterstützung zur Kommunikation zwischen den Partnern usw. In Abhängigkeit davon kann der HE-SCM-Ansatz speziell im Bereich der Entwicklung, Produktion, Vermarktung, Konsum und Entsorgung ökologischer Lebensmittel für eine Lebensmittel-HE-SC bzw. für ihre Akteure in **ökologischer, ökonomischer und regionaler Hinsicht** potenziell die in Abbildung 7.5 bis 7.7 aufgeführten Effekte aufweisen.

Tabelle 7.3: *Empfehlungskatalog zur Unterstützung der Initiierung einer HE-SC-Kooperation und zur Implementierung eines HE-SCM-Systems im Lebensmittelsektor*

Handlungsbedarfsfelder	Einzelvorschläge	Unmittelbar erreichbare Wirkungen
Unternehmen benötigen Know-how und Ressourcen	• Nutzung des Leitfadens zur Initiierung einer HE-SC-Kooperation und zur Implementierung eines HE-SCM-Systems	• Klar strukturierte Vorgehensschritte ermöglichen effizienten Aufbau der HE-SC-Kooperation und HE-SCM-Implementierung unter Beachtung der wichtigsten Aspekte;
Mobilisierung der anderen Wertschöpfungsstufen und der Konsumenten	• Kommunikation der spezifischen Anreize und Risiken der Mitwirkung von Akteuren aller HE-SC-Stufen	• Vollständige Abdeckung der HE-SC-Stufen; • Breites Angebot an potenziellen Partnern zum Aufbau und aktiven Mitgestaltung der HE-SC-Kooperation; • Höhere Einsatzbereitschaft und Motivation der Akteure bei Zusammenarbeit;
	• Bildung von EZZ auf der Landwirtschaftsstufe	• Abstimmung und Absicherung einer einheitlichen Produktqualität; • Größere Einflusskraft als homogene Gruppe innerhalb der HE-SC; • Inanspruchnahme von staatlichen Zuwendungen; • Gemeinsame Nutzung von Geräten/Maschinen; • Reduzierung der Kosten/Risiken für den einzelnen landwirtschaftlichen Betrieb;
Verzahnung der Anforderungsbereiche im HE-SCM-System und Sicherstellung der Kompatibilität der einzelbetrieblichen Systeme sowie Aufbau vertrauensbasierter, langfristiger Kooperations- und Koordinationsstrukturen	• Prozessbasierte Verknüpfung der Anforderungen des QS-, SCM-, Umwelt-Bereichs im HE-SCM-System auf Basis der ISO-Normenreihe	• Nutzung von Synergien bzgl. Audits, Dokumentation usw.; • Vorbeugung von Lebensmittelskandalen über Tracking & Tracing entlang der HE-SC; • Gleiche strukturelle Basis des HE-SCM-Systems auf allen Stufen; • Effiziente interorganisationale Zusammenarbeit durch Kompatibilität zwischen den spezifischen HE-SCM-Systemen der Akteure der Lebensmittel-HE-SC;
	• Beachtung der Anforderungen gemäß EU-Bio-Verordnung	• Produktbezogener Umweltschutz mit werbewirksamem Einsatz des Biosiegels; • Schaffung spezifischer Ökolabels überflüssig; • Rückverfolgbarkeit ist inbegriffen; • Hohe Transparenz und enge Zusammenarbeit mit externer Kontrolle reduziert Risiko von Lebensmittelskandalen;
	• Fixierung von Festlegungen in der HE-SC-Kooperationsvereinbarung und dem HE-SC-weiten sowie stufenspezifischen Anforderungskatalogen	• Klar fixierte Anweisungen für HE-SC-weite Umsetzung auf allen Stufen; • Reduziert zentralen Organisationsaufwand; • Schaffung von Vertrauen und gewisser Zukunftssicherheit; • Absicherung vor Missbrauch durch Sanktionierung von Fehlverhalten; • Anforderungskataloge für Aufbau der akteursspezifischen HE-SCM-Systeme nützlich;
	• Organisation der HE-SC als regionales hybrid-virtuelles Netzwerk	• Errichtung langfristig stabiler Geschäftsbeziehungen, die den Einzelakteuren eine gewisse Zukunftssicherheit bietet; • Höhere Wettbewerbsfähigkeit der einzelnen HE-SC-Akteure als Gruppe gegenüber Konkurrenten;

Handlungsbedarfsfelder	Einzelvorschläge	Unmittelbar erreichbare Wirkungen
	• Errichtung einer internetgestützten DIK-Plattform	• Hohe Reaktionsfähigkeit durch virtuelle Komponente im regionalen Netzwerk; • Plattform bündelt effizient zentrale Aufgaben unter Beibehaltung der regional-dezentralen operativen Aufgabenbewältigung; • Effiziente zentrale Datenhaltung und -verwaltung; • Hohe Reaktionsfähigkeit und Flexibilität der HE-SC; • Verbesserung der unternehmensübergreifenden Verfügbarkeit von Informationen (z. B. zur Rückverfolgung, zum Umweltschutz); • DIK-Plattform unterstützt gewünschte Kompatibilität zwischen den betrieblichen HE-SCM-Systemen zur Reduzierung des hohen Aufwandes der einzelnen HE-SCM-Systems; • Nutzung als wichtiges Informations- und Kommunikationsmedium bei Ansprache und Kontakt mit Konsumenten;
Stärkung der betrieblichen Anbindung des HE-SCM-Systems	• Entwicklung eines HE-SC-Controllings • Nutzung und Erweiterung des Fokus bewährter Instrumente wie SSA und Kennzahlen	• Messung und Kontrolle der Leistung der HE-SC zur Unterstützung bei der gezielten Planung und Steuerung der HE-SC-Prozesse;
Kommunikation der Vorteilhaftigkeit	• Bildung thematischer Arbeitsgruppen • Verantwortung von Branchenverbänden	• Gewinnung und Systematisierung von Know-how, z. B. als best-practice-Leitfäden; • Sensibilisierung der Geschäftsführung und Konsumenten für den Umweltschutz;
Schaffung adäquater externer Rahmenbedingungen	• Öffnung von Förderprogrammen für die Bildung regionaler KMU-Netzwerke • Sicherung staatlicher Unterstützung des Ökoanbaus inkl. Abbau von Benachteiligungen • Stärkung der Eigenverantwortlichkeit und Selbstkontrolle der Unternehmen • Vereinheitlichung und Abstimmungen in der nationalen und internationalen Gesetzgebung und Kontrolle der Einhaltung • Ausbau der Ernährungskommunikation	• Anschubfinanzierung in der Startphase erleichtert Entscheidung für die Bildung der HE-SC-Kooperation; • Honorierung umweltverträglicher Produktionsweisen; • Vermeidung des Rückfalls zu konventionellen Produktionsweisen; • Entlastung der staatlichen Kontrolleinrichtungen; • Größere Freiheiten und Flexibilität für die HE-SC-Akteure; • Gleiche Rahmenbedingungen/Standards zum Umweltschutz und Lebensmittelsicherheit in allen Ländern für die Unternehmen des Lebensmittelsektors; • Vermeidung der Verlagerung der Produktion aus Umweltgesichtspunkten (z. B. aus Deutschland in andere Länder); • Information und Sensibilisierung der Konsumenten zu Öko-Lebensmitteln und deren Produktion steigern Ansehen des Öko-Lebensmittelsektors und verbessern Image der Öko-Lebensmittel; • Steigende Nachfrage bewirkt Ausweitung des Angebotes an Öko-Lebensmitteln und trägt zur Existenzsicherung der Lebensmittel-HE-SC-Akteure bei;

Quelle: Eigene Darstellung.

Aus ökonomischer Sicht können höheren Rohstoff-, Softwareinstallationskosten sowie Personalkosten in den Bereichen Beratung/Marketing und Kontrolle Einsparungen bei Transport-, Hilfs-/Betriebsstoff- und Entsorgungskosten und eine Stabilisierung bzw. Steigerung der Erlöse gegenüberstehen. Weitere Nutzeffekte im Rahmen der dauerhaften und zuverlässigen Versorgung mit dem qualitativ hochwertigen und preiswerten Öko-Lebensmittel innerhalb der Region sind in der Qualitätssicherung und -verbesserung im Einklang mit der Gewährleistung der Rückverfolgbarkeit des Öko-Lebensmittels, der Verbesserung der unternehmensübergreifenden Verfügbarkeit von umweltrelevanten Informationen und Nutzung für neuartige Auswertungen, der Reduzierung von Risiken (z. B. Absatz-, Beschaffungs-, Investitions-, Umweltrisiken), der Förderung von Innovationen und der Verbesserung des Images des Öko-Lebensmittels und der HE-SC-Akteure zu erwarten (vgl. Abbildung 7.5). In ökologischer Hinsicht ist mit einer Reduzierung negativer und dem Ausbau positiver Umweltwirkungen sowie der Reduzierung der Verlagerung von Umweltbelastungen zu rechnen (vgl. Abbildung 7.6). Aus regionaler Sicht könnten sich hinsichtlich der Stärkung der Wirtschaft und Identifikation mit der Region verschiedene positive Effekte ergeben (vgl. Abbildung 7.7).

Abbildung 7.5: Ökonomisches Effekteprofil einer Lebensmittel-HE-SC-Kooperation

	+	0	-
a) Typische Kostenentwicklung (nach Art verbrauchter Produktionsfaktoren)			
1. Materialkosten			
- Rohstoffkosten			←
- Hilfs- und Betriebsstoffkosten (Energie-, Wasserkosten usw.)			⇨
2. Personalkosten			
- für Kontrollen/Administration			←
- für Marketing/Beratung			←
- in der Produktion und Logistik			⇨
3. Dienstleistungskosten			
- Softwareinstallationskosten			←
- Transportkosten			⇨
- Entsorgungskosten			⇨
b) Stabilisierung bzw. Erhöhung der Erlöse	⇦		
c) Gewährleistung der Lebensmittelsicherheit, -qualität und Rückverfolgbarkeit (inkl. Compliance)	⇦		
d) Unternehmensübergreifende Verfügbarkeit und Nutzung von (umweltrelevanten) Informationen	⇦		
e) Reduzierung von unternehmerischen Risiken	⇦		
f) Förderung von Innovationen	⇦		
g) Verbesserung des Images	⇦		

Quelle: Eigene Darstellung (Anmerkungen: + ... Verbesserung/Erhöhung; - ... Verschlechterung/Reduzierung; Pfeile mit Füllung stehen für negative und Pfeile ohne Füllung für positive Effekte.).

Abbildung 7.6: Ökologisches Effekteprofil einer Lebensmittel-HE-SC-Kooperation

	+	0	-
a) Ausbau der positiven Umweltwirkungen			
- Transfer bzw. gemeinsame Entwicklung von Umweltmaßnahmen	⇐		
- Verbreitung des ökologischen Anbaus/Produktionsweisen	⇐		
b) Reduzierung der negativen Umweltbeeinflussung			
- Schonung der natürlichen Ressourcen	⇐		
- Erhalt der Landschaft und Biodiversität	⇐		
- Transportaufkommen			⇨
- Entstehung fester, flüssiger, gasförmiger Emissionen			⇨
c) Verlagerung/Zerstreuung der Entstehung von Umweltbelastungen			⇨

Quelle: Eigene Darstellung (Anmerkungen: Kriterien a, b und c in Anlehnung an Abschnitt 3.2 gewählt. + ... Verbesserung/Erhöhung; - ... Verschlechterung/Reduzierung; Pfeile mit Füllung stehen für negative und Pfeile ohne Füllung für positive Effekte.).

Abbildung 7.7: Regionales Effekteprofil einer Lebensmittel-HE-SC-Kooperation

	+	0	-
a) Stärkung der regionalen Wirtschaft			
- Steigerung der regionalen Wertschöpfung und Kapitalbindung	⇐		
- Erhalt bzw. Schaffung von Arbeitsplätzen in der Region	⇐		
b) Stärkung der Identifikation mit der Region			
- größeres Mitspracherecht bzw. Einflusskraft in regionalen Belangen	⇐		
- Stärkung der regionalen Identität	⇐		
- Entlastung der Straßen von Staus	⇐		
- Verbesserung der Lebensbedingungen und Gesundheit der regionalen Bevölkerung	⇐		

Quelle: Eigene Darstellung, Kriterien in Anlehnung an POPP (1999, S. 470-472) gewählt (Anmerkungen: + ... Verbesserung/Erhöhung; - ... Verschlechterung/Reduzierung; Pfeile mit Füllung stehen für negative und Pfeile ohne Füllung für positive Effekte.).

Der HE-SCM-Ansatz eröffnet den Unternehmen des Lebensmittelsektors somit vielfältige Chancen. Er ist dazu geeignet, die ökonomische und ökologische Leistungsfähigkeit der HE-SC-Akteure zu erhöhen und damit Wettbewerbsvorteile zu generieren und schließlich die Existenz der Lebensmittel-HE-SC und ihrer Akteure als Bestandteil eines intakten Ökosystems langfristig zu sichern. Zudem kann der HE-SCM-Ansatz bei hoher Verbreitung in der Praxis den Öko-Lebensmitteln aus ihrer Nischenposition verhelfen und zu einer insgesamt umweltverträglicheren Lebensmittelproduktion und Konsum beitragen. Durch die Wahl einer regionalen hybrid-virtuellen Netzwerkorganisation kann die regionale Lebensmittelversorgung und -konsumierung eine Wiederbelebung und Stärkung erfahren. Mit in HE-SC-Strukturen produzierten Öko-Lebensmitteln kann bei den beteiligten Akteuren auf diese Weise ein stärkeres Regionalbewusstsein entstehen. Besondere Herausforderungen werden im Rahmen des Aufbaus der HE-SC-Kooperation im Implementierungsaufwand, in der Generierung des gemeinsamen Zielsystems und der Vertrauensbildung im Netzwerk gesehen.

8 RESÜMEE UND AUSBLICK

Das letzte Kapitel widmet sich der zusammenfassenden Darstellung und kritischen Würdigung der in den vorhergehenden Kapiteln erzielten Ergebnisse. Die Ergebnisdarstellung in Abschnitt 8.1 erfolgt in Rückgriff auf die in Abschnitt 1.2 formulierten Forschungsfragen und den in Kapitel 2 bis 4 aufgestellten Hypothesen. In Abschnitt 8.2 wird darüber hinaus das gewählte methodische Vorgehen zur Bearbeitung der Themenstellung der vorliegenden Arbeit diskutiert sowie die Verallgemeinerbarkeit der Ergebnisse geprüft und weitergehende Forschungsarbeit angeregt.

8.1 Zusammenfassende Betrachtung und Würdigung der Ergebnisse

Vielfältige interne und v. a. externe Ansprüche sowie Entwicklungstendenzen zwingen Unternehmen ihre Prozesse, Produkte und Strukturen ständig zu hinterfragen und zu verbessern, um im Wettbewerb mit anderen Unternehmen oder Unternehmensnetzwerken langfristig bestehen zu können. Auf diesem Wege haben sich hoch-spezialisierte Unternehmen entwickelt, die zunehmend auf partnerschaftliche Beziehungen zu ihren Lieferanten und Kunden angewiesen sind. Aus kompetiven und opportunistischen Lieferanten-Abnehmer-Beziehungen entwickeln sich verstärkt langfristige, stabile Kooperationsbeziehungen, da damit – wie in Abschnitt 2.1.2 dargestellt – vielfältige Nutzenpotenziale (z. B. Effizienzvorteile, Risikostreuung, Kompetenzgewinne) verbunden sind.

Unternehmenskooperation als Interaktionsform zwischen Markt und Hierarchie wird dabei in der Literatur in vielerlei Hinsicht als die (beispiellose) alternative Lösung zur Bewältigung aktueller Marktansprüche und i. d. R. sehr optimistisch dargestellt. Praxisberichte und -untersuchungen – wie auch die Ergebnisse der empirischen Untersuchung dieser Arbeit – belegen jedoch, dass enorme Ansprüche an die Realisierung der Kooperationsbeziehungen bestehen. Der erforderlichen Transparenz sowie den formellen und informellen Austauschbeziehungen stehen mangelndes Vertrauen und Angst vor Verlust der Unabhängigkeit und von Wettbewerbsvorteilen (z. B. Datengeheimhaltung) der Kooperationspartner gegenüber. So lange diese Hindernisse nicht beseitigt oder wenigstens entscheidend abgeschwächt werden können, werden sich die mit der Kooperation verbundenen Nutzenpotenziale nicht oder nur unzureichend einstellen.

Nicht zuletzt in diesem Kontext ist zur Gestaltung und Handhabung der interorganisationalen Kooperationsbeziehungen eine Verankerung im betrieblichen Management eine wesentliche Voraussetzung. Praktikable Konzepte, wie das **SCM**, das die effiziente Zusammenarbeit mit Unternehmen vor- und nachgelagerter Wertschöpfungsstufen im Blick hat, verbreiten sich zusehends. So zeigt die empirische Analyse am Beispiel des Lebensmittelsektors, dass in Lebensmittel-WS nicht nur ein hoher Kooperationsgrad anzutreffen ist, sondern auch, dass zwischen dem SCM-Implementierungsgrad und der Kooperation mit den WS-Akteuren auf Lieferantenseite und mit LDL (nicht aber mit der Kundenseite) ein signifikant positiver Zusammenhang besteht. Die befragten Unternehmen der ERI, die eng kooperieren, setzen demnach zu deren Handhabung bevorzugt ein SCM-System ein. Am Beispiel des Lebensmittelsektors bestätigt sich demnach die Annahme, dass Unternehmenskooperationen trotz der angedeuteten Nachteile bereits eine hohe Verbreitung besitzen.

Wenngleich das SCM bislang vorrangig von (multinationalen) Großunternehmen im globalen Maßstab eingesetzt und die Kooperation in der zugrunde liegenden SC vielfach durch diese dominiert wird, hat seine Philosophie auch auf regionaler Ebene und hier speziell für KMU eine berechtigte Einsatzchance. Durch Adaptation des SCM auf die Bedürfnisse der regional tätigen KMU ließen sich noch erhebliche ungenutzte Potenziale erschließen, die im Vergleich zur Anwendung eines globalen SCM sicherlich andere Netzwerkstrukturen (strategische vs. regionale Netzwerke) und Reorganisationskonzepte bedingen. Die Ergebnisse der empirischen Analyse in der ERI zeigen, dass sich das SCM zwar nach wie vor auf große Unternehmen konzentriert, deren Anwendung aber auch andere Unternehmensgrößenklassen erreicht hat. Demnach kann die Hypothese, dass das SCM in Unternehmen jeder Größe Anwendung findet, bezogen auf die ERI bestätigt werden. Ein Abgleich mit früheren Untersuchungen legt überdies offen, dass das SCM für die Unternehmen der ERI zunehmend an Bedeutung gewinnt. Es hat sich erst in den letzten Jahren aufgrund des administrativen Drucks gekoppelt mit dem Effizienzgedanken verbreitet (vgl. Abschnitt 6.2). Es muss sich jedoch noch in den Unternehmen stabilisieren und über längere Zeiträume hinweg bewähren (vgl. Abschnitt 6.4). Deren betrieblichen Verankerung und seiner integrativen Verknüpfung mit anderen Konzepten kommt dabei zukünftig eine steigende Bedeutung zu.

Parallel dazu entwickelt sich das SCM zunehmend vom reinen Logistikkonzept zu einem funktionsintegrierenden, interdisziplinär ausgerichteten Konzept, das alle Geschäftsprozesse von der F&E bis zum Marketing im Blick hat. Diese theoretisch konstruierte Annahme bestätigen jedenfalls die Ergebnisse der empirischen Analyse in der ERI bspw. für die F&E, QS, Rückverfolgung und den Umweltschutz. Es gilt dabei jedoch zu beachten, dass Kooperationsbeziehungen in SC als Organisationsbasis des SCM vielfältige Vorteile bieten, aber kein „Allheilmittel" für jegliche innerbetrieblichen Probleme bei der Prozess(re)organisation oder dergleichen darstellen. Stabile betriebliche Strukturen und Prozessabläufe werden für die Anwendung des SCM vorausgesetzt.

- **In welcher Form kann der Umweltschutz in SC realisiert werden?**

Umweltschutz auf einzelbetrieblicher Ebene etabliert sich in Form eines standardisierten UM-Systems nur sehr graduell. Trotz gestiegener Sensibilität der Unternehmen für den Umweltschutz wird er von diesen noch immer als Nebenaufgabe und Kostenfaktor wahrgenommen. Am Beispiel der ERI konnte jedoch nachgewiesen werden, dass das Umweltengagement unabhängig von der Unternehmensgröße ausgeprägt anzutreffen ist. Nicht nur unter den großen Unternehmen, sondern auch bei den KMU sind gleichermaßen wenig und sehr umweltengagierte Unternehmen vorzufinden. Hier ist das Umweltengagement relativ hoch und i. d. R.

fest in den Unternehmen der ERI etabliert, wenngleich eine verhaltene betriebliche Akzeptanz zu bemerken ist, die v. a. in unzureichenden externen Anreizen begründet liegt (vgl. Abschnitt 6.3 und 6.4). Demgegenüber ist der Anreiz für die einzelbetriebliche Umsetzung der QS in der ERI durch den starken Konkurrenz-, Rechts- und Konsumentendruck sehr hoch (vgl. Abschnitt 5.2 und 5.3).

Für den Erhalt der natürlichen Umwelt als verantwortungsvolle und nicht auslagerbare Aufgabe der Unternehmen ist es zweckmäßig, mit den aktuellen Entwicklungstendenzen konform zu gehen und den Betrachtungsfokus auf die Kooperation mit den Akteuren vor- und nachgelagerter Wertschöpfungsstufen auszuweiten. Die Umweltrelevanz einer SC ergibt sich dabei aus dem strukturellen Design der SC, den Transformationsprozessen in und zwischen den SC-Akteuren und dem SC-Endprodukt (vgl. Abschnitt 4.1). Vertikale Umweltkooperationen sind allerdings entgegen der aus der Theorie abgeleiteten Hypothese selbst bei kooperationserfahrenen und sehr umweltengagierten Unternehmen – wie die empirische Analyse in der ERI zeigte – noch sehr gering verbreitet. Durch das fehlende Interesse der Akteure der anderen Wertschöpfungsstufen der Lebensmittel-WS konnte das über Jahre hinweg entwickelte umweltbezogene Know-how in der ERI bislang kaum transferiert und gemeinschaftlich zielführend angewandt werden. Dies überrascht vor dem Hintergrund, dass Umweltkooperation – ähnlich wie andere Kooperationsformen (wie z. B. F&E-Kooperation) bezogen auf ihren Aufgabenbereich – spezielle ökonomische Synergie-, Effizienz- und Skaleneffekte für die beteiligten Akteure eröffnet und darüber hinaus auch höhere Umweltentlastungen erwarten lässt, die der einzelbetrieblich fokussierte Umweltschutz nicht zu erreichen vermag. Dies bestätigen die Ergebnisse der empirischen Analyse in der ERI in der Form, dass die Unternehmen, die vertikale Umweltkooperationen besitzen, höhere Nutzeneffekte aufweisen. Ein im betrieblichen Management verankertes UM-System muss dazu um den interorganisationalen Fokus erweitert werden. In diesem Kontext werden die Anforderungen an die Zertifizierung bzw. Validierung eines betrieblichen, normkonformen UM-Systems in Zukunft weiter steigen. Die UM-Konzepte müss(t)en diesen veränderten Ansprüchen gemäß adaptiert bzw. gänzlich neue Normen entwickelt werden, die ggf. eine Zertifizierung bzw. Validierung von Unternehmensnetzwerken bzw. WS bezogen auf die Produktion aber auch das/die gemeinsame(n) Produkt(e) ermöglichen. Vertikal-kooperativer Umweltschutz lässt sich besonders effektiv und effizient betreiben, wenn er prozessorientiert und -integriert entlang der SC, d. h. integriert in das (Zielsystem des) SCM, realisiert wird (vgl. Abschnitt 4.2).

- **Welche konzeptionellen Ansätze zur Integration des Umweltschutzes in das SCM existieren?**

- **Werden die bestehenden Ansätze des E-SCM den Ansprüchen des Umweltschutzes in SC in vollem Umfang gerecht?**

Während der Umweltschutz im klassischen SCM-Konzept nur eine untergeordnete, passive Rolle spielt, haben sich in den letzten 15 Jahren verschiedene Ansätze zur integrierten Verzahnung des freiwillig aktiven Umweltschutzes mit dem SCM entwickelt. Sie lassen sich unter den Oberbegriff E-SCM zusammenfassen und in die drei Ansatzgruppen Green SCM, Reverse SCM und Closed-loop-SCM differenzieren (vgl. Abschnitt 4.4.1 bis 4.4.4). Diese Gruppen sind z. T. durch sehr unterschiedliche Intentionen und Betrachtungsbereiche gekennzeichnet. Dabei decken die bestehenden Ansatzgruppen die drei o. g. Umweltrelevanzfelder von SC nur unvollständig ab. Dieses konzeptionelle Defizit macht methodische Weiterentwicklungen hin zu einem ganzheitlichen und prozessintegrierten Umweltschutz in SC zwingend erforderlich. Als ein Vorschlag zur Behebung dieses Mankos kann der idealtypische Ansatz des Holistic Environmental-Supply Chain Managements (HE-SCM) angesehen werden (vgl. Abschnitt 4.4.5).

Das **HE-SCM** verfolgt die integrative Berücksichtigung des Umweltschutzes in strategischer Form bereits beim Aufbau, d. h. bei der strukturellen Konfiguration der SC, sowie in der Produktgestaltung und der Prozessreorganisation in den verschiedenen Funktionsbereichen der SC (z. B. F&E). Die idealtypische HE-SC bildet dabei die strukturelle Basis für die langfristig-nachhaltige Zusammenarbeit zwischen den HE-SC-Partnern. In einer HE-SC wird dem Ziel entsprochen, effizient und umweltverträglich Wirtschaftskreisläufe zu schließen. In diesem Kontext haben die HE-SC-Partner gemeinsam ein integriert ökonomisch-ökologisches HE-SC-Zielsystems aufzustellen und mit den Zielen konforme und miteinander kompatible strategische Konzepte (z. B. Logistikkonzepte) und Maßnahmen (z. B. Verpackungsstandards) auszuwählen. Deren Umsetzung unterliegt dem Anspruch der ökonomisch-ökologischen sowie interorganisationalen Abstimmung und Verbesserung der Prozesse in der HE-SC. Die organisatorische Verknüpfung der freiwilligen Umweltschutzaufgaben mit den Aufgaben des SCM in einem betrieblichen HE-SCM-System bringt zwar eine höhere Komplexität mit sich, bietet aber auch neue Chancen und Vorteile, die der HE-SC und seinen Akteuren Wettbewerbsvorteile verschaffen kann. Mittels HE-SCM sind nicht nur die Geschäftsprozesse der HE-SC, sondern zugleich auch die Umweltwirkungen der gesamten HE-SC scheinbar „in einer Hand" steuer- und reduzierbar. Auf diese Weise stellt das HE-SCM einen praxisorientierten Ansatz auf dem Weg der Umsetzung einer nachhaltigen Wirtschaftsweise auf zugleich intra- und interorganisationaler Ebene dar.

Eine Besonderheit und zugleich Herausforderung der HE-SCM-Philosophie stellt die aktive Berücksichtigung der Konsumphase in der Umsetzung der HE-SC-Prozesse und -Maßnahmen dar. Durch den Einbezug der Konsumenten entsteht aus der vormals rein auf privatwirtschaftlichen Einrichtungen konzentrierten, *zwischen*betrieblichen partnerschaftlichen Zusammenarbeit eine *über*betriebliche Kooperation (vgl. für dieses Verständnis Abschnitt 2.1.2). Das HE-SCM setzt ferner auf die starke Beteiligung und Kommunikation mit den Stakeholdern. Ein HE-SCM löst zudem die prioritäre Ausrichtung des im Kontext der Handhabung globaler Beziehungen entstandenen SCM auf die überregionale bis globale Anwendung auf. Dies macht den Ansatz insbesondere für regional-agierende, **umweltorientierte KMU** interessant. Hier eröffnet sich ein Hauptinteressenfeld des HE-SCM für den Einsatz in bzw. Aufbau von KMU-basierten regionalen HE-SC. Wenn sich KMU dem SCM bzw. E-SCM in Zukunft stärker widmen werden, wird sich die bislang i. d. R. bevorzugte Vorteilsnahme aus dem Einsatz eines SCM-Systems durch große Unternehmen mit der Zeit zu Gunsten der KMU abschwächen.

- **Wie positioniert sich die betriebliche Praxis zur Integration des Umweltschutzes in das SCM?**

Wenngleich die Literatur vereinzelt erfolgreiche Beispiele von E-SCM-Systemanwendungen ausweist, fehlen jedoch noch schlüssige Erkenntnisse zu deren tatsächlichen Akzeptanz und Verbreitung in der Praxis (vgl. Abschnitt 4.4.4). Ziel der empirischen Analyse war dementsprechend die Ermittlung des praktischen Potenzials, Stellenwerts und Status quo der Verbreitung der **Integration des Umweltschutzes in das SCM-Konzept** am Beispiel des Lebensmittelsektors. In einer ersten Analysestufe konnte zwar ein gutes prinzipielles Umsetzungspotenzial für das E-SCM im Lebensmittelsektor ermittelt, aber keine verlässlichen Aussagen zur Praxisverbreitung getroffen werden. Hier konnte die zweite Analysestufe anhand der Unternehmensbefragung in der deutschen ERI Aufschluss liefern.

Auf einzelne Ergebnisse der empirischen Analyse im SCM- und Umweltkontext wurde oben bereits verwiesen. Hinsichtlich der Einstellung der Unternehmen der ERI zur Integration des Umweltschutzes in das SCM zeichnete sich ein ambivalentes Bild ab: Obgleich der bescheinigten **prinzipiellen Zweckmäßigkeit** der vertikalen Integration des Umweltschutzes in das SCM weisen die Unternehmen der ERI jedoch auf eine **beschränkte Praktikabilität** hin (vgl. Abschnitt 6.5.1). Wenngleich die zugrunde liegenden Ursachen nicht augenscheinlich bekannt sind, so kann doch festgehalten werden, dass die befragten Unternehmen der integrativen Verankerung – wie vermutet – sehr offen gegenüberstehen. Die Einordnung der Verfolgung ausgewählter Umweltzielstellungen zeigt im Weiteren eine gegenwärtig geringe Praxisverbreitung des E-SCM in Form des Green SCM in der ERI. Es sind bei allen Umweltzielstellungen (außer beim regionalen Wirtschaften) keine statistisch signifikanten Unterschiede in den Unternehmensgrößen festzustellen. Anwender dieser Umweltzielstellungen im Rahmen des SCM sind demnach Unternehmen unabhängig von ihrer Größenklasse. Somit nutzen viele der großen Unternehmen ihr SCM eher ohne Umweltausrichtung, während die wenigen KMU, die über ein SCM verfügen bzw. planen, dieses zugleich auch in umweltorientiertem Sinne anwenden (wollen) (vgl. Abschnitt 6.5.2). Demnach kann die Hypothese, dass sich der Einsatz von E-SCM-Systemen auf einzelne, große Unternehmen begrenzt, bezogen auf die ERI nur hinsichtlich des Umfangs nicht aber der Unternehmensgröße bestätigt werden.

In jedem Fall ergeben die Befragungsergebnisse ein gutes Umsetzungspotenzial und einen hohen Stellenwert von E-SCM-Systemen speziell in der ERI. Das SCM wird von den Unternehmen der ERI als geeignete Basis für eine integrierte Verfolgung des Umweltschutzes über die eigenen Unternehmensgrenzen hinaus und zugleich auch als Chance, den kooperierenden Wertschöpfungsakteuren auf diese Weise mehr Umweltverantwortung zuzuweisen, angesehen (vgl. Abschnitt 6.5.1). In Zukunft werden v. a. solche Unternehmen erfolgreich sein, die ihre Anstrengungen nicht einseitig auf das SCM oder den betrieblichen Umweltschutz beschränken, sondern die ganzheitlich-integrative Verknüpfung zwischen SCM und Umweltschutz anstreben und die Erwartungen der Konsumenten (hinsichtlich Preis, Qualität, Umweltverträglichkeit usw. des Produktes) und anderer Stakeholder möglichst sogar übertreffen. Auf diese Weise sind auf Basis vertrauensbasierter Kooperation maßgebliche Wettbewerbsvorteile zu erwarten.

- **Welcher Handlungsbedarf zur stärkeren Etablierung des E-SCM in der Praxis besteht?**

Die empirische Analyse hat Schwachstellen aufgezeigt, die eine weitere Verbreitung von E-SCM-Systemen im Lebensmittelsektor derzeit behindern. Nicht zuletzt weisen die Unternehmen direkt auf deren nur beschränkte praktische Realisierbarkeit hin. Aus den erkannten Handlungsbedarfsfeldern wurden daraufhin **praxisnahe Handlungsvorschläge** für die Realisierung des HE-SCM-Ansatzes im Lebensmittelsektor abgeleitet (vgl. Abschnitt 7.3). Die Empfehlungen reichen von einem Leitfaden für die schrittweise Konstitution einer regionalen HE-SC und die Einführung eines HE-SCM-Systems über die Kommunikation von Anreizen gegenüber den Akteuren anderer Wertschöpfungsstufen und den Konsumenten, die bestmögliche inhaltliche und organisatorische Verzahnung der einzelnen betrieblichen Managementsysteme bis hin zu Vorschlägen zur Schaffung geeigneter externer Rahmenbedingungen für eine höhere Akzeptanz und Verbreitung von HE-SCM-Systemen in der Praxis. Zu letzterem zählen u. a. die Anpassung der Gesetzgebung und Förderpolitik im Umwelt-, Agrar-, Verbraucher- und Gesundheitsschutz und das Bestreben der internationalen Vereinheitlichung von Standards in diesen Bereichen. Für den HE-SC-Ansatz genauso wie für die einzelnen Empfehlungen fehlen bislang Erfahrungen zu deren Umsetzbarkeit in der Praxis – v. a. in ihrer Verknüpfung unter Beachtung der Schnittstellenbedingungen bzw. Kompatibilität zwischen den einzelnen Vorschlägen. Hieraus ergibt sich unmittelbarer, zukünftiger Handlungsbedarf.

Nach der bislang eher restriktiven Praxisverbreitung von E-SCM-Systemen gilt es im Kontext der **Ausweitung** des Leitbildes der Nachhaltigen Entwicklung in der Wirtschaft in Zukunft zu beobachten, ob und wie sich die E-SCM-Ansätze in der Praxis durchsetzen und weiterentwickeln werden. Auf jeden Fall ist zu erwarten, dass aufgrund der verstärkt kooperativen Geschäftsbeziehungen zunehmend segmentiertere und komplexere SC entstehen, in denen nicht nur für die typischen Geschäftsprozesse, sondern auch für die Umweltschutzaktivitäten strategischer und operativer Abstimmungsbedarf zwischen den Einzelakteuren besteht. Im Wettbewerb mit anderen SC werden diese (H)E-SC langfristig höhere Existenzchancen haben, die beides – unterstützt durch ein effektives, d. h. möglichst ein HE-SCM-System – integrativ zu verknüpfen verstehen. Die Erzielung einer hohen Akzeptanz von (H)E-SCM-Systemen kann im Weiteren als richtungsweisend für die Wahrnehmung weiterer verantwortlicher Aufgaben – bspw. die aktive Berücksichtigung der sozialen Dimension der Nachhaltigkeit in (H)E-SC (vgl. Abschnitt 8.2) – in der Unternehmens- bzw. (H)E-SC-Führung angesehen werden.

Die umfassende Untersuchung des Lebensmittelsektors lieferte einen bezeichnenden Eindruck zur derzeitigen wirtschaftlich Situation und den besonderen und vielfältigen Herausforderungen (vgl. Abschnitt 5.2). Die Thematisierung des E-SCM ist für den Lebensmittelsektor zum aktuellen Zeitpunkt nicht nur von **hoher Relevanz**, sondern z. T. auch von hoher Brisanz. Die Prozesse im Lebensmittelsektor sind durch die Missstände und Skandale der letzten Monate und Jahre stark ins Blickfeld gerückt (vgl. Abschnitt 5.3; aktuell (09/2006): „Gammelfleischskandal"). Die Konsumenten sind zunehmend verunsichert. Das drückt sich bspw. in der (vorübergehenden) Meidung einzelner Lebensmittel(gruppen) oder – wo dies nur schwer möglich ist – in der bewussten Nachfrage nach gesundheitsverträglich erzeugten Lebensmitteln mit hoher Transparenz aus. Letzterem Anspruch werden v. a. regional- und umweltverträglich erzeugte Lebensmittel in besonderem Maße gerecht. Die vorliegende Arbeit liefert in diesem Kontext indirekt nicht nur einen aktuellen Einblick in diese Thematik, sondern gibt den Akteuren, die zu deren Bewältigung eine Lebensmittel-HE-SC konstituieren wollen, Anhaltspunkte für die Initiierung, effiziente Handhabung und Steuerung der sicheren und umweltbewussten Produktion von Lebensmitteln durch Kooperation an die Hand. Der entwickelte Empfehlungskatalog unterstützt im Weiteren die bewusste Errichtung und Entwicklung einer HE-SC-Kooperation im Lebensmittelsektor, die bislang eher zufällig gewachsene Beziehungen systematisieren bzw. ergänzen kann. Auf Basis einer möglichst breiten Anwendung des HE-SCM-Ansatzes im Lebensmittelsektor kann die Herausbildung verlässlicher kooperativer Beziehungen innerhalb einer Lebensmittel-HE-SC dabei als eine zukunftsweisende Alternative zur aktuell schwierigen wirtschaftlichen Situation im Lebensmittelsektor bei gleichzeitig minimalen Umweltbelastungen gesehen werden.

8.2 Kritische Würdigung des gewählten methodischen Vorgehens, der Verallgemeinerungsfähigkeit der Ergebnisse und weiterer Forschungsbedarf

Aus methodischer Sicht ist festzuhalten, dass der Arbeit theoretisch-konzeptionelle Überlegungen und empirische Untersuchungen zugrunde liegen. Die theoretische Aufarbeitung des Standes der Forschung zum SCM, Umweltschutz und zur Umweltfokussierung des SCM sowie die empirische Prüfung am Beispiel des Lebensmittelsektors sind aufeinander abgestimmt und haben nur in ihrer Kombination die Ableitung der praxisnahen Empfehlungen für die Umsetzung einer HE-SC-Kooperation im Lebensmittelsektor (vgl. Abschnitt 7.3) ermöglicht. Das **zweistufige Vorgehen** im empirischen Teil erzeugte eine sehr fundierte Aufnahme und spezifische kontextbezogene Abbildung der speziellen Situation im Lebensmittelsektor. Die quantitativ-empirische Analyse am Beispiel der ERI brachte überdies hinsichtlich des Stellenwerts und der Praxisverbreitung des Umweltschutzes in integrierter Verknüpfung mit dem SCM erweiterte Erkenntnisse hervor. Gleichwohl sei an dieser Stelle nochmals angemerkt, dass die gewonnenen Einsichten aufgrund der fehlenden **Repräsentativität** der Befragung (vgl. Abschnitt 6.1.4) in erster Linie für die untersuchte Stichprobe der Unternehmen der ERI zutreffend und nicht ein-zu-eins auf die gesamte ERI übertragbar sind. Dieser negative Umstand konnte jedoch z. T. abgeschwächt werden, indem einerseits die erkannte Verzerrung in der verbalen Interpretation der Ergebnisse Berücksichtigung fand und andererseits ein Abgleich der Ergebnisse der Befragung unter Hinzuziehung der Ergebnisse der sekundärdatenbezogenen Betrachtungen aus der ersten Analysestufe vorgenommen wurde.

Wenngleich die vorliegende Arbeit einen einerseits vornehmlich strukturierenden und systematisierenden und andererseits empirischen Forschungsbeitrag zur Umweltfokussierung im SCM geleistet hat, zeigt sich aus theoretischer und auch empirischer Sicht noch **weiterer Forschungsbedarf**. Durch die Konzentration der Untersuchungen im empirischen Teil auf den Lebensmittelsektor und speziell die deutsche ERI mit ihren charakteristischen Besonderheiten sind die daraus resultierten Ergebnisse auch nur in diesem Kontext gültig und verwertbar. So erwecken notwendige Eingrenzungen der Untersuchungen dieser Arbeit, bspw. der durchgeführten Unternehmensbefragung, eine Reihe neuer, weitergehender Forschungsaufgaben. Die weitere empirische Forschung zum E-SCM könnte einzelne Aspekte stärker hinterfragen, um exaktere Aussagen über Trends und Problembereiche und damit weitere Ansatzpunkte für die Forschung innerhalb dieses Untersuchungsbereiches zu erhalten. Dazu zählen bspw. die Ermittlung der Inhalte der umweltbezogenen Kooperationen oder der Qualität der Kooperationen der Unternehmen der ERI. Weiterer Untersuchungsbedarf besteht auch hinsichtlich der Gründe, warum sich jüngere Konzepte (wie das EFQM-Modell) und Instrumente (wie die BSC) in der Unternehmenspraxis der ERI bislang nicht durchsetzen konnten bzw. können. Zur Gewinnung eines objektiveren Eindrucks zur Situation in den Lebensmittel-SC könnten zudem andere Lebensmittel-SC-Stufen befragt werden. Es sollte geprüft werden, wie sich die Landwirtschaft und der Lebensmittelhandel aktuell zu den Themenstellungen betrieblicher und zwischenbetrieblicher Umweltschutz und SCM und deren Verknüpfung positionieren. Neben einem Abgleich der Ergebnisse ließen sich unter Umständen auch strukturverändernde Effekte durch Kooperationen für die betroffenen Wirtschaftszweige erkennen und erklären. Denkbar sind im Weiteren auch Untersuchungen in und Vergleiche mit anderen Wirtschaftssektoren (z. B. Textilsektor). Vor dem Hintergrund der fortschreitenden Globalisierung und angesichts möglicher kulturspezifischer Unterschiede stellt auch die Begrenzung auf Deutschland eine nicht unwesentliche Einschränkung dar. So könnten adäquate Studien in anderen (v. a. europäischen) Ländern durchgeführt und Vergleiche mit den Ergebnissen aus Deutschland vollzogen werden. Über periodisch wiederkehrende Befragungen könnten weiterhin in Form von Zeitreihenanalysen Entwicklungstrends ermittelt werden. In jedem Fall sollte dabei auf zweckmäßige Maßnahmen zur Erzielung möglichst hoher Ausschöpfungsquoten (z. B. unter Einbindung von branchenbekannten Verbänden) und zur Eingrenzung der subjektiven Einflüsse auf ein Mindestmaß (z. B. durch Ergänzung der Befragung um die Analyse von Unternehmensunterlagen) Wert gelegt werden.

Von einer über den Lebensmittelsektor hinausgehenden generellen **Verallgemeinerung** der Ergebnisse wird Abstand genommen, da eine Übertragbarkeit auf bzw. Gültigerklärung der Ergebnisse für andere Bedürfnisfelder bzw. Wirtschaftssektoren nicht ohne weiteres belegt werden kann. Hierzu sind gesonderte, eingehende empirische Untersuchungen erforderlich. Selbst in Sektoren, in denen das SCM bereits verbreitet ist (z. B. Automobil(zuliefer)industrie), sind in Abhängigkeit von deren aktuellem Umweltengagement und Umweltkooperationsbereitschaft ambivalente Ergebnisse zu erwarten. Bspw. ist der Textilsektor von seiner SC-Struktur, den Eigenschaften und der aktuellen Wirtschaftssituation dem Lebensmittelsektor sehr ähnlich, so dass hier möglicherweise analoge Analyseergebnisse anzutreffen sind, die zwar eine breitere, leicht adaptierte Anwendbarkeit des vorgestellten HE-SCM-Ansatzes, jedoch sicher nicht der spezifischen Empfehlungen zu deren Umsetzung gestatten würden. Dies gilt im Weiteren auch für die Produktion anderer Verbrauchsgüter des `täglichen Bedarfs´, z. B. die Chemische Industrie mit der Herstellung von Wasch-, Putz- und Reinigungsmitteln oder die Pharmazie mit der Erzeugung von Medikamenten. Ein anderes Bild wird sich sicherlich in dynamischen Branchen (z. B. Auftragsfertiger im Fahrzeug-, Maschinen- und Anlagenbau) zeigen, in denen regionale und auf Dauer angelegte Zusammenarbeit mit anderen Unternehmen nicht üblich und auch nicht zweckmäßig ist. Bspw. erfordern Built-to-Order-Strategien, permanent wechselnde Kundenwünsche und das Ziel schneller Auftragserfüllung in diesen Wirtschaftszweigen weniger vertrauensbasiert-langfristige, sondern vielmehr temporäre und zugleich sehr adaptive, dezentrale E-SC mit einer hohen Integrationsfähigkeit der kooperierenden E-SC-Akteure. Dies ist v. a. für die Einzel- und Kleinserienfertigung im Sonder- und Spezialmaschinenbau charakteristisch. Die der Arbeit zugrunde liegende Untersuchungsmethode einschließlich des standardisierten Fragebogens können aber durchaus bei geringem Modifikationsaufwand auf die Untersuchung in anderen Branchen/Wirtschaftssektoren übertragen werden. Ebenso lassen sich einige branchenunspezifische Erkenntnisse der Arbeit mit geringen Anpassungen auch auf andere Branchen adaptieren und anwenden, z. B. der HE-SCM-Ansatz und die idealtypische Struktur einer HE-SC (vgl. Abschnitt 4.4.5). Somit kann trotz der vollzogenen Eingrenzungen der Arbeit auch ein Mehrwert für andere Branchen festgehalten werden.

Weiterhin sei an dieser Stelle auch nochmals darauf verwiesen, dass die praktische Umsetzung der HE-SC-Kooperation und des HE-SCM-Ansatzes bislang noch nicht erfolgt ist. Hierbei gilt es v. a. zu prüfen, ob die Erfolgswirkungen des HE-SCM-Konzeptes mit der theoretisch erwarteten Vorteilhaftigkeit für die natürliche Umwelt einerseits und die Wettbewerbsfähigkeit der betrieblichen Akteure andererseits übereinstimmen (vgl. Abschnitt 4.3.3 und 7.4). Ein sich in diesem Kontext induzierendes, weitergehendes Untersuchungsfeld bildet die Bestimmung messbarer **Erfolgsfaktoren** von HE-SC bzw. eines HE-SCM-Systems. Hierbei ist zu beachten, dass sich der Gesamterfolg einer HE-SC aus dem ökonomischen und dem ökologischen Erfolg speist, die ihrerseits auf der ökonomischen Leistung und der Umweltleistung der HE-SC aufbauen (vgl. Abbildung 8.1). Ergebnisse in diesem Bereich könnten zeigen, inwieweit die Anwendung des entwickelten Ansatzes eines HE-SCM zur Steigerung des Gesamterfolgs einer HE-SC beitragen kann.

Ferner muss sich die Forschung weiterhin der Lösung von **Zielkonflikten** zwischen Ökonomie und Ökologie widmen. Methodisch-konzeptioneller Forschungsbedarf besteht in der (Weiter-)Entwicklung, Erprobung und möglichst breiten praktischen Umsetzung von harmonisierenden Konzepten und Methoden zur ökonomisch-ökologischen Gesamtoptimierung über die gesamte

HE-SC. So benötigen die HE-SC-Akteure IT-Unterstützung bei der spezifischen ökonomisch-ökologischen Beurteilung von alternativen Maßnahmen und Aktivitäten (vgl. Anhang A) in ihrer HE-SC. Erste Vorstöße in diese Richtung liefern aktuelle Forschungsinitiativen, wie z. B. das Projekt ECOPERIMA, welches von Februar 2006 bis Januar 2007 an der Universität Klagenfurt bearbeitet wird. Hauptziel dieses Projektes ist die Entwicklung eines Konzeptes für ein integriertes ökonomisch-ökologisches Performance- und Risikomanagement in SC.[853]

Abbildung 8.1: Zusammensetzung des HE-SC-Erfolgs

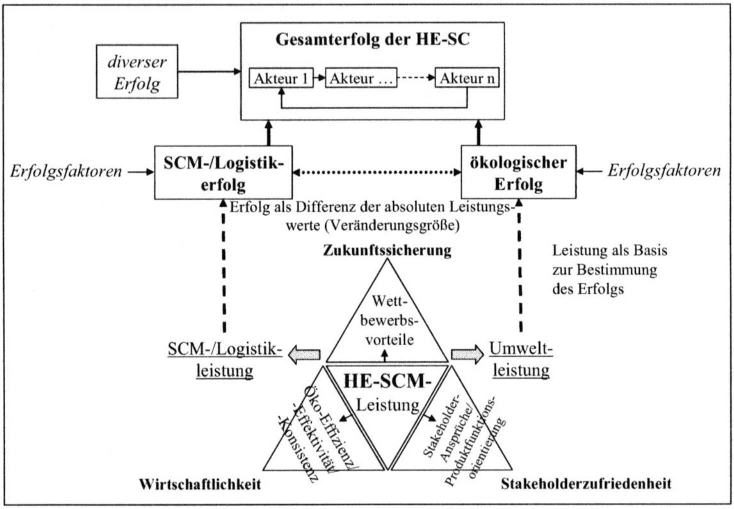

Quelle: Eigene Darstellung (Anmerkung: n ... Anzahl (n ≥ 1)).

Weiterer methodischer Forschungsbedarf zeigt sich hinsichtlich der Umweltausrichtung des SCOR-Modells. Beim SCOR-Modell handelt es sich um ein Referenzmodell zur Beschreibung und Analyse der Kommunikations- und Transaktionsprozesse zwischen den SC-Partnern bzw. zur Standardisierung der SC-Prozesse.[854] Das SCOR-Modell wird aufgrund der zunehmenden Ausweitung des SCM auf weitere Funktionsbereiche (wie F&E, Marketing) mittelfristig sowieso einer Anpassung unterliegen (müssen). Hierbei sollte sogleich die Option der Umweltfokussierung des SCM Eingang finden, indem das klassische bzw. dann erweiterte SCOR-Modell auch um Umweltaspekte ergänzt wird. Als zentralem Bestandteil des Modells soll auf diesem Wege einer breiten Menge von Unternehmen das Bewusstsein zum Umweltschutz in SC geöffnet und deren Umsetzung forciert werden. Ein umweltorientiertes SCOR-Modell muss die

---

[853] Vgl. hierzu und weiterführend http://www.uni-klu.ac.at/uniklu/fodok/aktivitaeten.do?FodokTabLayout=0 (12.09.2006).
[854] Der Nutzen des SCOR-Modells besteht darin, dass Unternehmen egal welcher Branche ihre SC auf der Prozessebene nicht nur schnell und eindeutig beschreiben können, sondern auch kontinuierliche Verbesserungen systematisch identifizieren und anstoßen sowie geeignete Stellen für den Einsatz von Softwarelösungen in der SC aufgezeigt werden. Vgl. RÜGGEBERG (2003, S. 25); BUSCH et al. (2003, S. 51); JUNGINGER/LINDEMANN/KARAGIANNIS (2002, S. 40). Weiterführend zum SCOR-Modell vgl. BENNINGER/GRANDJOT (2001, S. 87-95).

Umweltaspekte der Prozesse auf jeder Stufe der HE-SC im Blick haben. Die besondere Bedeutung des umweltorientierten SCOR-Modells liegt in der Unterstützung der Prozessorientierung bei der Umsetzung des HE-SCM-Ansatzes. Erste Arbeiten zur Umweltfokussierung des SCOR-Modells (sog. **Green SCOR**) sind bereits im angelsächsischen Raum angelaufen.[855]

Ein bedeutendes, sich an die Harmonisierung zwischen Ökonomie und Ökologie auf interorganisationaler Ebene anschließendes Forschungsfeld bildet die Ausweitung des Betrachtungsfokus auf die **sozialen Belange** in HE-SC. Im Kontext des Strebens nach **nachhaltiger Wirtschaftsweise** erscheint auch eine aktive und zugleich integrative Einbeziehung der sozialen Komponente in das Zielsystem eines nachhaltigkeitsorientierten SCM zweckmäßig. Die Forschungsrelevanz dieses Untersuchungsfeldes ergibt sich aus der Feststellung, dass soziale Fragestellungen in SC bislang erst wenig thematisiert bzw. erste konzeptionelle Überlegungen zur Ausgestaltung der SC unter Berücksichtigung aller drei Dimensionen der Nachhaltigkeit aktuell erst angeregt werden.[856] Die konzeptionelle Ausgangsbasis für den Einbezug der Sozialbelange kann dabei durchaus der HE-SCM-Ansatz bilden, dessen Zielsystem demnach um ganzheitliche Sozialzielstellungen zu erweitern ist. Auf diesem Wege kann eine schrittweise Annäherung an das Nachhaltigkeitsleitbild und die Umsetzung eines Nachhaltigkeitsmanagements erreicht werden.

---

[855] Vgl. u. a. http://www.supply-chain.org/site/files/Wilkerson_LMI_SCWNA03.pdf (12.09.2006).
[856] Die Feststellung geht auf eine Analyse von 240 Publikationen aus den Jahren 1992-2002 bzgl. der Verfolgung des Nachhaltigkeitsdankens in der Beschaffung bzw. dem SCM von SEURING/MÜLLER und eine empirische Analyse in der Automobilzulieferindustrie zurück. Vgl. SEURING/MÜLLER (2004, S. 153) und KOPLIN/SEURING/BESKE (2005). Für Untersuchungen zur Sozialverträglichkeit in Lieferanten-Abnehmer-Beziehungen vgl. SOBCZAK (2006); ROLOFF (2006, v. a. S. 291-524); zu Nachhaltigkeit im Beschaffungsmanagement vgl. KOPLIN (2006) sowie erste Überlegungen zu nachhaltigkeitsorientiertem SCM vgl. GOLDBACH (2001); BEAMON (2005).

ANHANGSVERZEICHNIS

Anhang A: Gegenüberstellung der Intentionen sowie der ökonomischen und ökologischen Effekte typischer Reorganisationsstrategien/-konzepte in SC 280

Anhang B: Ziel-Vergleichs-Matrix zwischen typischen ökonomischen und ökologischen Zielen eines HE-SCM-Systems 283

Anhang C: Bedeutende Regelungen des Lebensmittelrechts mit Relevanz für deutsche Lebensmittelproduzenten und -verarbeiter 284

Anhang D: Ökolabels des Lebensmittelsektors im Vergleich zu anderen Bedürfnisfeldern mit Gültigkeit in Deutschland 287

Anhang E: Systematik der Erzeugerzusammenschlüsse 288

Anhang F: Originalfassung des Fragebogens 289

Anhang G: Ergebnisse der statistischen Untersuchungen 296

Anhang H: Statistisch signifikante Assoziationen/Unterschiede zwischen den Unternehmensclustern 313

Anhang A: Gegenüberstellung der Intentionen sowie der ökonomischen und ökologischen Effekte typischer Reorganisationsstrategien/-konzepte in SC

a) Intentionen bedeutender Reorganisationsstrategien/-konzepte

Name	Verwandt-schaft	Idee	Basis	Ver-antwortung	Ansiedlung in der SC: Lieferant-Produzent	Ansiedlung in der SC: Produzent-Handel	Ansiedlung in der SC: Handel-Konsument	Besondere Merkmale	Voraussetzungen
JiT		bedarfssynchrone Materialanlieferung	Bedarfsdaten - Informationen über Kanbans	Kunde	X	X		unternehmensintern oder -übergreifend anzutreffen	steigter Bedarf, geringe Variantenvielfalt
QR	Weiterentwicklung des JiT-Prinzips	bedarfssynchrone Materialanlieferung	Austausch von POS-Daten	Kunde	X	X		mehrere SC-Partner kooperieren	für technisch-komplexe Non-Food-Produkte mit schwankender Nachfrage
CR	ähnlich QR	bedarfssynchrone Materialanlieferung durch Lieferant	Austausch von POS-Daten	Lieferant	X	X		Bestellvorgänge reduzieren sich bzw. entfallen, beschränkt auf 2 aufeinander folgende Unternehmen	umfangreiches Verkaufsvolumen, kont. Datenaustausch
CD		bedarfsgerechte Verteilung ohne Zwischenlagerung über zentralen Verteilerplatz	Lagerbestandsdaten	Lieferant	X	X		es erfolgt keine Lagerung	für schnelldrehende, leicht verderbliche Produkte gut geeignet; erfordert hohe Lieferqualität
VMI	ähnlich CR	verbrauchsgesteuerte Versorgung in Abnehmernähe	Lagerbestandsdaten, Verkaufsprognosedaten	Lieferant	X				
SMI	ähnlich/identisch VMI	verbrauchsgesteuerte Versorgung in Abnehmernähe	Lagerbestandsdaten, Verkaufsprognosedaten	Lieferant	X				
Milkrun		Direkttransport von Ausgangsstoffen auf einer festen Route mit vorgegebenen Zeiten bei mehreren Lieferanten eines Kunden		Kunde	X	X		Zusammenfassung von Bestellungen	Produkte mit großen Volumina und gleichmäßiger Verteilung der Nachfrage
Postponement		spätest mögliche Kundenspezifizierung, erlaubt stärkere Individualisierung des Produktes	Auftragsdaten	Kunde		X		sowohl in der Logistik als auch in der Produktion anzutreffen, typisch für Massenproduktion	Standardprodukte, hohe Segmentierfähigkeit der SC
CM		Strukturierung einer Geschäftsstätte im stationären Einzelhandel nach dem Prinzip der Warengruppen	Sortimentsgestaltung, Verkaufsförderungsaktionen, Neuproduktentwicklung und Preisgestaltung	Kunde		X	X	reines Marketingkonzept	
ECR	CR, CD können Bestandteil sein; CM ist Bestandteil	Harmonisierung des Warennachschubs, gemeinsame Sortimentsgestaltung, Verkaufsförderung, Produkteinführung	Lagerbestandsdaten, POS-Daten	Kunde		X	X	neben Logistik auch Marketing	
CPFR	Weiterentwicklung des ECR-Konzeptes	standarisierte Prozesse, gemeinsame Planung und Prognosen von Verkaufs- und Bestellmengen, gemeinsame Datenbasisnutzung	Lagerbestands-, Prognosedaten, POS-Daten	Kunde		X	X	neben Logistik auch Marketing. Gleichberechtigung der Partner, interorganisationale Planung und Prognose	

Quelle: Eigene Darstellung, in Anlehnung CORSTEN/GÖSSINGER (2001, S. 112-123), BUSCH et al. (2003, S. 13-21); CLAUS/KRAMER/KRIVANEK (2003, S. 56-57); CLAUS (2006, S. 58-60); XU/BEAMON (2006, pp. 10-11); SWOBODA (1997).

b) Ökonomische und ökologische Effekte der o. g. Reorganisationsstrategien/-konzepte

Name	Ökonomische Effekte	Ökologische Effekte
JiT	Kostensenkung (Kapitalbindung, Lagerhaltung, -personal) v. a. durch Verringerung der Lagerbestände-/fläche und geringerem Steuerungsaufwand, höhere Materialflusstransparenz, Eliminierung von Schwankungen, Verringerung der Durchlaufzeiten, aber: hohes Transportaufkommen mit erhöhten Transportmittelbedarf, hohe Anfälligkeit von Störungen sowie hohe Abhängigkeit vom Lieferanten	geringere lagerbedingte Umweltbelastungen, wesentlich höhere transportbedingte Umweltbelastungen durch höheres Transportaufkommen (Verbrauch von Kraftstoffen, Entstehung von Emissionen, Bodenversiegelung usw.)
QR	Verringerung der Durchlaufzeiten, Reduktion der Produktionskosten, Reduktion von Abfall und Nacharbeit, Verbesserung der zeitgerechten Lieferleistung, aber: hohes Transportaufkommen mit erhöhtem Transportmittelbedarf, hohe Anfälligkeit von Störungen sowie hohe Abhängigkeit vom Lieferanten	geringere lagerbedingte Umweltbelastungen, wesentlich höhere transportbedingte Umweltbelastungen durch höheres Transportaufkommen, Abfallreduzierung
CR	Verringerung der Durchlaufzeiten, der Lagerüberschüsse, der Produktionskosten, von Abfall und Nacharbeit, Verbesserung der zeitgerechten Lieferleistung, aber: hohes Transportaufkommen mit erhöhtem Transportmittelbedarf, hohe Anfälligkeit von Störungen sowie hohe Abhängigkeit vom Lieferanten	geringere lagerbedingte Umweltbelastungen, wesentlich höhere transportbedingte Umweltbelastungen durch höheres Transportaufkommen, Abfallreduzierung
CD	Reduktion des Transportaufkommens und -zeiten durch höhere Auslastung, Reduktion der Warenumschlagskosten und -dauer durch geregelte Anlieferzeiten, Ausschluss von Zwischenlagern mit den damit verbundenen Kostenreduzierungen, effizientere Koordination da weniger Ansprechpartner; aber: mehr Transaktionen und Lieferscheine in der SC	durch Transportbündelung geringere Transportbelastungen, zusätzliche Umschlagsplätze erfordern Flächenverbrauch und Infrastruktur
VMI	Verringerung der Bestellvorgänge, höhere Prozess- und Umsatzsicherheit, Reduzierung der Lagerbestände beim Händler, schnelle Reaktion auf Bedarfsschwankungen, kostengünstigere Losgrößen, verkürzte Distributionszeiten, Vermeidung von Fehl- und Doppeleingaben, Verringerung der Transaktions- und Gemeinkosten, langfristige Beziehung; aber: hohe Anfälligkeit von Störungen sowie hohe Abhängigkeit vom Lieferanten	geringere lagerbedingte Umweltbelastungen, höhere transportbedingte Umweltbelastungen durch höheres Transportaufkommen, Abfallreduzierung
SMI	Verringerung der Bestellvorgänge, höhere Prozess- und Umsatzsicherheit, Reduzierung der Lagerbestände beim Hersteller, schnelle Reaktion auf Bedarfsschwankungen, kostengünstigere Losgrößen, verkürzte Distributionszeiten, Vermeidung von Fehl- und Doppeleingaben, Verringerung der Transaktions- und Gemeinkosten, langfristige Beziehung; aber: hohe Anfälligkeit von Störungen sowie hohe Abhängigkeit vom Lieferanten	geringere lagerbedingte Umweltbelastungen, höhere transportbedingte Umweltbelastungen durch höheres Transportaufkommen, Abfallreduzierung
Milkrun	geringere Anzahl an Rampenkontakten, bessere Auslastung der Lkw-Kapazitäten, Reduzierung der Leerkilometer, hohe Warenverfügbarkeit	geringere lagerbedingte Umweltbelastungen, höhere transportbedingte Umweltbelastungen durch höheres Transportaufkommen
Postponement	hohe Lagerkosten durch Zentrallagerhaltung, geringes Transportaufkommen, Herstellung kundenindividueller Massenprodukte bei geringen Kosten	höhere lagerbedingte Umweltbelastungen, geringere transportbedingte Umweltbelastungen, Vermeidung von Überproduktion an unerwünschten Varianten bringt Ressourceneinsparung
CM	Steigerung der Kundenzufriedenheit, Kostensenkung durch effizientere Prozessgestaltung, Umsatz- und Gewinnsteigerung	führt i. d. R. zur Auswirkung des Sortiments mit größerem Lager- und Verkaufsflächenbedarf; Verkaufsförderung regt Mehrkauf ohne zusätzlichen Bedarf an, der in Produktion und Entsorgung zusätzliche Umweltbelastungen bewirkt
ECR	Senkung der Lagerhaltungs-, Transport-, Produktions-, Verwaltungskosten, Verbesserung des Services, Umsatz- und Gewinnsteigerung durch effizientere Ressourcennutzung	ähnlich CM (da Bestandteil); Reduktion der Transportaufkommen durch Senkung des Transportaufkommens, Verringerung des stofflichen und energetischen Ressourcenverbrauchs (z. B. standardisierte Verpackungen, Papier)
CPFR	ähnlich ECR, aber Verbesserungsprozesse werden nicht mehr einseitig zum Nutzen eines Partners, sondern aller Beteiligten durchgeführt	ähnlich ECR, aber durch stärkere gemeinsame Planungs-/Prognoseabstimmung sollten geringere Vernichtungsmengen anfallen mit geringeren Umweltbelastungen als bei ECR

Quelle: Eigene Darstellung, in Anlehnung SWOBODA (1997); CORSTEN/GÖSSINGER (2001, S. 112-123); BUSCH et al. (2003, S. 13-21); CLAUS/KRAMER/KRIVANEK (2003, S. 56); HEID (2005, S. 163); CLAUS (2006, S. 58-60); XU/BEAMON (2006, pp. 10-11).

c) Ökonomische und ökologische Effekte verschiedener Sourcing- und Entsorgungsstrategien

Strategien	Ökonomische Effekte	Ökologische Effekte
Outsourcing im Logistikbereich im Allgemeinen	bessere Auslastung der Kapazitäten, Vermeidung von Leerfahrten, Zugriff auf höhere Qualitäten und/oder Know-how, Auslagerung von Marktrisiken usw. führen zu Kostenreduzierung, Fixkosten-Variabilisierung; aber: höhere Abhängigkeit vom Spediteur und geringere Flexibilität, schwierigere Koordination und Kommunikationsprobleme, Verlust von Marktnähe und direkten Kontaktmöglichkeiten zum Kunden	Auslagerung von Lager- und Transportkapazitäten verringert Lagerplatz- und Fahrzeugbedarf sowie Transportaufkommen, geringerer Bedarf an Lagerhäusern reduziert den Flächenverbrauch, Verringerung der Schadstoffemissionen
Einkaufsstrategien		
Ausdehnung des Beschaffungsmarktes	Global Sourcing: geringere Lohnkosten, höhere Logistikkosten (v. a. Transport-, Umschlagkosten, schwankende Qualität, Lieferungenauigkeiten; aber: höhere Risiken sowie zahlreiche versteckte Kosten (Zoll- und Einfuhrgebühren, Versicherungsprämien, Logistikdienstleister, Zwischenlagerung, Verpackung), komplexere Kommunikation	Local besser als Global Sourcing, wegen geringerer Transportbelastungen durch geringeres Transportaufkommen
Anzahl der Lieferanten	Single Sourcing besser als Multiple Sourcing, da geringere Einkaufspreise, Transport-, Lager- und Beschaffungskosten, verringerte Komplexität des Produktionsmanagements sowie der Kommunikation des Verwaltungsaufwands, höhere Bindung durch langfristige Verträge; aber: höhere Abhängigkeit und Risiko von Produktionsausfall aufgrund eines Lieferantenausfalls und schwerere Realisierbarkeit von Innovationen	Single Sourcing besser als Multiple Sourcing, da geringere Transportbelastungen durch bessere Transportmittelauslastung
Wertschöpfungsumfang	Modular/System Sourcing bringt geringeren Informations- und Steuerungsaufwand, da nur wenige (Modul)Lieferanten, Reduzierung der Artikelvielfalt, Vereinfachung der Fertigungsprozesses, geringerer Lagerhaltungs- und QS-Aufwand usw. führen zu Kostensenkung und Leistungssteige-rung; aber: höhere Abhängigkeit von (Modul)Lieferanten und Risiko des Know-how-Verlustes	Modular/System Sourcing besser als Unit Sourcing, da geringere Produktions- und Transportbelastungen durch besser ausgelasteteres Produktionsgeschehen und geringeres Transportaufkommen
Einkaufskooperation	Collective Sourcing reduziert den Transportaufwand und damit die Kosten; aber: erfordert gute Tourenplanung und Absprachen zwischen den Einkäufern	Collective besser als Individual Sourcing, da geringere Transportbelastungen durch bessere Transportmittelauslastung
Zeitkonzepte	Stock-Sourcing bringt hohe Lagerhaltungskosten; aber: geringeres Transportaufkommen und -kosten	Stock-Sourcing besser als JiT/JiS-Sourcing, da lagerhaltungsbezogene Umweltbelastungen geringer als Transportbelastungen durch erhöhtes Transportaufkommen bei JiT-Sourcing
IT-Unterstützung	E-Sourcing erfordert zwar hohe IT-Investitionen, führt aber zu Personalkostenreduzierungen, da effizientere Kommunikation	E-Sourcing besser als papierbasiertes Sourcing, da Einsparung von Ressourcen (Papier, Druckertechnik usw.) und Abfallreduktion
Gemeinsame Produktentwicklung	Forward Sourcing bringt höhere Innovationsfähigkeit, kürzere Entwicklungszeiten und -kosten, höhere Qualität, Nutzung von Optimierungspotenzialen, Aufbau stabiler Lieferantenbeziehungen; aber: Gefahr des Verlusts von Kernkompetenzen, höherer Planungsaufwand	Forward Sourcing gegenüber lieferantenunabhängiger Entwicklung sinnvoller, da gemeinsame ökologische Produktgestaltung ökologisch effizienter umsetzbar
Entsorgungsstrategien		
internes vs. externes Recycling	externes Recycling erfordert keine Investitionskosten und Risikosenkung; bringt aber höhere Entsorgungskosten	externes Recycling erhöht Lagerhaltungs- und Transportaufwand und erzeugt damit höhere Umweltbelastungen
Strategie des Recyclings vs. Strategie der Beseitigung	Recycling bringt zusätzliche Kosten für Sammlung, Trennung, Transport und Aufarbeitung der Abfälle; Imageschaden, wenn nur beseitigt wird	Recycling bringt Reduzierung erforderlichen Deponieraums, Verringerung von Schadstoffemissionen
Verwendung vs. Verwertung	geringere Komplexität und Kosten der Prozesse zur Verwendung als zur Verwertung	einzelfallabhängig: Verwendung bringt i. d. R. geringere Umweltbelastungen als bei Stofftransformationen (in den Reduktionsprozessen)
Wieder- vs. Weiterverwendung/-verwertung	geringere Komplexität und Kosten der Prozesse zur Wiederaufbereitung als zur Weiteraufbereitung	einzelfallabhängig: Wiederverwendung/-verwertung bringt i. d. R. geringere Umweltbelastungen als bei Zuführung zu anderen Nutzungsformen

Quelle: Eigene Darstellung, in Anlehnung SUCKY (2006, S. 134); CLAUS/KRAMER/KRIVANEK (2003, S. 55-56); CLAUS (2006, S. 59-60); MOLL (2000, S. 157).

Anhang B: Ziel-Vergleichs-Matrix zwischen typischen ökonomischen und ökologischen Zielen eines HE-SCM-Systems

Umweltzielbereiche eines HE-SCM / Supply Chain Management-Ziele	Einhaltung Umweltrechtsvorschriften	Regionale Standort-/Partnerwahl	ökologische Produktgestaltung	Produkt-Funktionsorientierung und Service	Abfallvermeidung	Produkt-Recycling	Material-Reduzierung	Material-Substitution	Material-Recycling	ökologische Transportoptimierung	Organisation des Umweltschutzes (Management)	umweltbezogene Qualifikation des Personals
1) Typische SCM-Ziele												
Verbesserung der Kundenzufriedenheit	(+)	-	+	+	-	(+)	(+)	(+)	(+)	(+)	(+)	+
Verbesserung der Produktqualität	-	+	+	+	-	+/-	+/-	+/-	+/-	-	(+)	+
Optimierung bzw. Verstetigung des Materialstroms zur Vereinfachung der Steuerung	+/-	+	+/-	+/-	-	+	+	-	-	+/-	+	+
Einhaltung der Liefertermine bzw. Verkürzung der Lieferzeiten	-	+	-	-	-	-	-	-	-	+/-	+	(-)
Steigerung der Lieferflexibilität und des Lieferservices	-	+	-	-	-	-	-	-	-	+/-	+	-
Verkürzung der betrieblichen und SC-Durchlaufzeiten	-	+	+/-	-	-	-	+	+/-	-	+/-	+	(-)
Reduzierung der Lagerbestände und Kapitalbindung	-	+	-	+/-	+	-	+	+/-	-	-	+	-
Reduzierung der SC-Kosten	-	+	+/-	+/-	-	+/-	+	+/-	+/-	-	+/-	-
Reduzierung des Preises bei steigenden/gleich bleibenden Gewinnen	-	-	+/-	+/-	-	+/-	+	+/-	+/-	-	+/-	-
Steigerung des Gewinns	-	+	+	+/-	+	+/-	+	+/-	+/-	-	+/-	-
Erhöhung des Marktanteils	-	+/-	+	+	-	-	-	-	-	-	-	-
Risikoreduzierung/-teilung in der SC	+	-	-	-	+	+/-	+	+	+/-	+	+	+
2) Erweiterung der ökonomischen Ziele im HE-SCM												
gemeinsame Produktentwicklung (mit dem Ziel der Reduzierung der Entwicklungszeiten)	-	+	+	-	-	-	-	-	-	-	+	+
Organisation des Reststoffstroms	+	+	-	-	+	+	+	+/-	+	+/-	+	+

Quelle: Eigene Darstellung (Anmerkungen: + ... Zielkomplementarität; \ ... Zielneutralität; - ... Zielkonkurrenz; +/- ... sowohl Zielkomplementarität als auch -konkurrenz möglich).

Anhang C: Bedeutende Regelungen des Lebensmittelrechts mit Relevanz für deutsche Lebensmittelproduzenten und -verarbeiter

(Nationale Rechtsvorschriften des Lebensmittelrechts (ohne Tabak und Futtermittel), alphabetische Sortierung, Stand: 04/2006, Quellen: http://www.rechtliches.de/Gesetze_37.html; http://www.umwelt-online.de/recht/lebensmt; http://www.kennzeichnungsrecht.de)

- Alkoholhaltige Getränke-Verordnung – AGeV
- Aromenverordnung – AromenV
- BSE-Untersuchungsverordnung – BSEUntersV
- BSE-Verordnung – BSEV
- Bedarfsgegenständeverordnung – BedGV
- Butterverordnung – ButterV
- Diätverordnung – DiätV
- EG-Gentechnik-Durchführungsgesetz – EGGenTDurchfG
- EG-Obst- und Gemüse-Durchführungsverordnung – EGObstDV
- EG-TSE-Ausnahmeverordnung – EGTSEAV
- EG-TSE-Bußgeldverordnung – EGTSEBV
- Eichgesetz – EichG
- Eier- und Eiprodukte-Verordnung – EiProdV
- Ernährungsbewirtschaftungsverordnung – EbewirV
- Erukasäure-Verordnung – ErukaSV
- Fertigpackungsverordnung – FPVO
- Fischetikettierungsgesetz – FischEtikettG
- Fischetikettierungsverordnung – FischEtikettV
- Fischhygiene-Verordnung – FischHV
- Fleischhygiene-Statistik-Verordnung – FlStV
- Fleischhygiene-Verordnung – FlHV
- Fleischkontrolleur-Verordnung – FlKV
- Fruchtsaftverordnung – FruchtsaftV
- Geflügelfleischhygiene-Verordnung – GFlHV
- Geflügelfleischkontrolleur-Verordnung – GFlKV
- Gegenprobensachverständigen-Prüflaboratorienverordnung – PrüflabV
- Gesetz über den Übergang auf das neue Lebensmittel- und Futtermittelrecht – LFMUebG
- Gesetz über die Errichtung einer Bundesanstalt für Landwirtschaft und Ernährung – BLEG
- Hackfleisch-Verordnung – HFlV
- Handelsklassengesetz – HKlG
- Honigverordnung – HonigV
- Käseverordnung – KäseV
- Kaffeeverordnung – KaffeeV
- Kakaoverordnung – KakaoV
- Kartoffelstärkeprämienverordnung – KartStPrV
- Kollagen-Verordnung – KolV
- Konfitürenverordnung – KonfV
- Lebensmittel-Kennzeichnungsverordnung – LMKV
- Lebensmittel-, Bedarfsgegenstände- und Futtermittelgesetzbuch – LFGB (ersetzt seit 01.09.2005 das Lebensmittel- und Bedarfsgegenständegesetz (LMBG))
- Lebensmittelbestrahlungsverordnung – LMBestrV

Anhang C

- Lebensmitteleinfuhr-Verordnung – LMEV
- Lebensmittelhygiene-Verordnung – LMHV
- Lebensmittelkontrolleur-Verordnung – LkonV
- Lebensmitteltransportbehälter-Verordnung – LMTV
- Lebensmittelrechtliche Straf- und Bußgeldverordnung
- Lebensmittelspezialitätengesetz – LSpG
- Lebensmittelspezialitätenverordnung – LSpV
- Legehennenbetriebsregistergesetz – LegRegG
- Legehennenbetriebsregisterverordnung – LegRegV
- Los-Kennzeichnungs-Verordnung – LKV
- Milch- und Fettgesetz – MilchFettG
- Milch- und Margarinegesetz – MilchMargG
- Margarine- und Mischfettverordnung – MargMFV
- Milcherzeugnisverordnung – MilchErzV
- Milch-Güteverordnung – MilchGüteV
- Milchverordnung – MilchV
- Mineral- und Tafelwasser-Verordnung – MinTafWV
- Mykotoxin-Höchstmengenverordnung – MHmV
- Nahrungsergänzungsmittelverordnung – NemV
- Nährwert-Kennzeichnungsverordnung – NKV
- Neuartige Lebensmittel- und Lebensmittelzutaten-Verordnung – NLV
- Öko-Landbaugesetz – ÖLG
- Öko-Kennzeichengesetz – Öko-KennzG
- Öko-Kennzeichenverordnung – ÖkoKennzV
- Pflanzenbeschauverordnung – PflBeschauV
- Pflanzenschutzmittel-Gebührenverordnung – PflSchMGebV
- Pflanzenschutzmittelverordnung – PflSchMV
- Preisangabenverordnung – PAngV
- Rinderregistrierungsdurchführungsgesetz – RregDG
- Rindfleischetikettierungs-Strafverordnung – RiFlEtikettStrV
- Rückstands-Höchstmengenverordnung – RHmV
- Schadstoff-Höchstmengenverordnung – SHmV
- Speiseeisverordnung – SpeiseeisV
- Speisegelatine-Verordnung – GelV
- Technische Hilfsstoff-Verordnung – THV
- Binnenmarkt-Tierseuchenschutzverordnung – BmTierSSchV
- Trinkwasserverordnung – TrinkwV 2001
- Verordnung über Abweichungen von der Binnenmarkt-Tierseuchenschutzverordnung bei der Einfuhr bestimmter Waren, unter anderem im Reiseverkehr – BmTierSSchAbwV
- Verordnung über den Verkehr mit Essig und Essigessenz – EssigV
- Verordnung über die Überwachung bestimmter pflanzlicher Öle und Fette – PflÖlFÜV
- Verordnung über EG-Normen für Obst und Gemüse – EGObstGemV
- Verordnung über Fleisch und Fleischerzeugnisse – FleischV
- Verordnung über gesetzliche Handelsklassen für Rindfleisch – RindFlHKlV
- Verordnung über gesetzliche Handelsklassen für Schaffleisch – SchafFlHKlV
- Verordnung über gesetzliche Handelsklassen für Schweinehälften – SchwHHKlV
- Verordnung über gesetzliche Handelsklassen für Speisekartoffeln – SpKartoffelHKlV
- Verordnung über gesetzliche Handelsklassen für frisches Obst und Gemüse – ObstGemHKlV

- Verordnung über Höchstmengen an Schadstoffen in Lebensmitteln – SHmV
- Verordnung über koffeinhaltige Erfrischungsgetränke – KoffGetrV
- Verordnung über Milcherzeugnisse – MilchErzV
- Verordnung über Stoffe mit pharmakologischer Wirkung – PharmaStoffV
- Verordnung über tiefgefrorene Lebensmittel – TLMV
- Verordnung über Preisnotierungen für Butter, Käse und andere Milcherzeugnisse – MilchErzPrNotV
- Verordnung über Vermarktungsnormen für Eier – EierVNV
- Verordnung zur Durchführung der Vermarktungsvorschriften für Olivenöl – OlivenölDV
- Bierverordnung – BierV
- Weingesetz – WeinG
- Wein-Überwachungs-Verordnung – WeinÜbV
- Zinnverordnung – ZV
- Zuckerartenverordnung – ZuckArtV
- Zusatzstoff-Verkehrsverordnung – ZverkV
- Zusatzstoff-Zulassungsverordnung – ZZulV

Anhang D: Ökolabels des Lebensmittelsektors im Vergleich zu anderen Bedürfnisfeldern mit Gültigkeit in Deutschland

Bedürfnisfeld	Ökolabel
Essen und Trinken (36)	AlnaturA, ANOG – kontrollierte biologische Produkte, Bio – aus ökologischer Erzeugung, „bio" im Reformhaus, Bioness, Biosiegel, BioWertkost, Bio-Zeichen Baden-Württemberg, BioBio, Biokreis Ostbayern, Bioland, Biopark Mecklenburg-Vorpommern, Davert-Bio-Qualitätssiegel, Demeter, ECOVIN, EU-Label Ökologischer Landbau, Engelberts Naturprodukte, öko-logisch Füllhorn, Naturkost Grünes Land, Gallica – der neue Bio-Geschmack, Gaä – ökologischer Landbau, Hand-in-Hand-Zeichen, Lebensbaum, MSC (Marine Stewardship Council), N – Natur-Kost und Waren, Nur Natur, Naturland, Naturkind, Thönes Natur – der neue Bio-Geschmack, Öko-Punkt Sachsen, Öko-Qualität aus Bayern, Ökologische Agrarwirtschaft – EWG-Kontrollsystem, ÖMAX-Siegel, Terra Plus gepa, TransFair
Arbeit und Büro (4)	Blauer Engel, Europäisches Umweltzeichen, ECO-Kreis, GEEA-Label
Bauen und Wohnen (15)	Blauer Engel, GEEA-Label, Spiel gut, FSC-Zertifikat, Europäisches Umweltzeichen, Natureplus, RAL-Gütezeichen Holzschutzmittel, TÜV Umweltsiegel, Naturland (Waldbau), ÖkoControl, Teppich-Siegel, Greenline, Rugmark, GuT-Signet, Certificate of quality
Reisen und Verkehr (7)	Blauer Engel, Europäisches Umweltzeichen, Viabono, Steinbock-Label, Öko-Proof-Betrieb, Blaue Europa-Flagge (Häfen, Strände), Österreichisches Umweltsiegel für Tourismusbetriebe
Schmuck und Kunsthandwerk (3)	Spielgut, 5C-Zertifikat, Markenzeichen Fair & Green
Textilien und Kosmetik (11)	Eco-Proof, LamuLamu, Europäisches Umweltzeichen Textil, Europäisches Umweltzeichen Schuhe, Green Cotton, Naturtextil, Pure Wear, ÖkoTex Standard 100plus, Kaninchen unter schützender Hand, neuform, kontrollierte Natur-Kosmetik (BDIH)
Sonstige (2)	Rugmark (Siegel für kinderarbeitsfreie Teppichproduktion), FLP-Siegel (Blumen aus menschen- und umweltschonender Produktion)

Quelle: Eigene Darstellung, in Anlehnung an http://www.branchenbuch.oeko-fair.de/branchenbuch.php (31.08. 2006).

Anhang E: Systematik der Erzeugerzusammenschlüsse

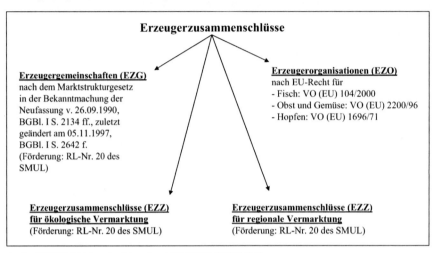

Quelle: HEYNE (2006); weiterführend auch RL 20/2005 (2005, S. 2).

Anhang F: Originalfassung des Fragebogens

Auf den nachfolgenden Seiten ist der standardisierte Fragebogen im Original abgebildet.

Unternehmensbefragung in der Ernährungsindustrie zur Zusammenarbeit in der Wertschöpfungskette

Fragebogen bitte am PC oder auf dem Papier ausfüllen und zurücksenden an:
sommer_p@ihi-zittau.de   oder   Fax: 03583/771535

Teil I: Fragen zur Einordnung des Unternehmens

1. **Welchem Segment des Ernährungssektors ist Ihr Unternehmen in seiner Haupttätigkeit zuzuordnen (gemäß NACE-Code)?** *Bitte setzen Sie nur ein Kreuz.*

15.1	Schlachten und Fleischverarbeitung	☐
15.2	Fischverarbeitung	☐
15.3	Obst- und Gemüseverarbeitung (mit Säften)	☐
15.4	Herstellung von pflanzlichen und tierischen Ölen und Fetten	☐
15.5	Milchverarbeitung	☐
15.6	Mahl- und Schälmühlen, Herstellung von Stärke und Stärkeerzeugnissen	☐
15.7	Herstellung von Futtermitteln	☐
15.8	Sonstiges Ernährungsgewerbe (ohne Getränkeherstellung) (z. B. Back-, Süßwaren, Kaffee, Zucker) *(bitte benennen)*:	☐
15.9	Getränkeherstellung *(bitte benennen)*:	☐
Keine Zuordnung möglich bzw. Sonstiges *(bitte benennen)*:		☐

2. **Stellt Ihr Unternehmen hauptsächlich Vor- oder Endprodukte her?**

Vorprodukte ☐	Endprodukte ☐

3. **Wie viele Mitarbeiter sind in Ihrem Unternehmen im Jahresdurchschnitt beschäftigt?**

bis 50 Mitarbeiter	51-100 Mitarbeiter	101-250 Mitarbeiter	251-500 Mitarbeiter	501-1.000 Mitarbeiter	über 1.000 Mitarbeiter
☐	☐	☐	☐	☐	☐

Teil II: Fragen zur Kooperation in der Wertschöpfungskette

Kooperation steht für die Zusammenarbeit bzw. Partnerschaft von einander rechtlich unabhängigen Unternehmen bzw. Organisationen zur Erfüllung spezieller Aufgaben unter gleichgerichteten Zielstellungen.

4. **Mit wem in der Wertschöpfungskette steht Ihr Unternehmen bereits in enger Kooperation bzw. ist diese angedacht?** *Bitte in jeder Zeile eine Auswahl treffen.*

	vor-handen	im Aufbau	geplant	nicht relevant	keine Angabe
Wichtige direkte Lieferanten (vorherige Wertschöpfungsstufe)	☐	☐	☐	☐	☐
Wichtige direkte Kunden (nachfolgende Wertschöpfungsstufe)	☐	☐	☐	☐	☐
Wichtige Lieferanten der Lieferanten (z. B. Landwirt)	☐	☐	☐	☐	☐
Wichtige Kunden der Kunden (z. B. Endverbraucher)	☐	☐	☐	☐	☐
Logistikdienstleister (z. B. Speditionen)	☐	☐	☐	☐	☐
Andere Wertschöpfungspartner *(bitte benennen)*:	☐	☐	☐	☐	☐

5. **Was sind die wesentlichen Inhalte dieser Kooperation(en) in der Wertschöpfungskette?** *Mehrfachnennungen sind möglich.*

Austausch von Daten (z. B. Planungs-, Bestandsdaten)	☐
Bündelung von Aktivitäten im Tagesgeschäft (z. B. gemeinsame Beschaffung, Marketing)	☐
Gemeinsame Forschungs- und Entwicklungsarbeit (z. B. Produktinnovationen)	☐
Regelmäßiger Wissensaustausch (z. B. über Fördermaßnahmen)	☐
Gemeinsame Nutzung von Beratern/Beauftragten (z. B. Umweltbeauftragter)	☐
Gründung neuer Unternehmen bzw. Vereins-/Verbandsgründung	☐
Andere Inhalte *(bitte benennen)*:	☐

Unter einem **Supply Chain Management** (SCM) wird in der Literatur ein betriebliches Managementkonzept verstanden, das auf eine Kooperation des einzelnen mit mehreren anderen Unternehmen der unternehmensübergreifenden Wertschöpfungskette (Supply Chain) durch gründliche Abstimmung der Güter-, Finanz- und Informationsflüsse ausgerichtet an den Endkundenbedürfnissen zielt. Bei konsequenter Anwendung des SCM werden die Verknüpfungen bzw. Prozesse in und zwischen den Partnerunternehmen der Supply Chain soweit optimiert, dass alle Beteiligten nicht mehr isoliert, sondern wie in einem Unternehmen agieren.

6. **Die obige SCM-Definition gibt die allgemeine Literaturauffassung wider. Verfügt Ihr Unternehmen bereits über ein derartiges Managementsystem bzw. ist dessen Einführung geplant?** *Bitte setzen Sie nur ein Kreuz.*

SCM vorhanden	☐
SCM derzeit in der Einführung	☐
SCM-Einführung innerhalb der nächsten 12 Monate geplant	☐
SCM-Einführung langfristig geplant	☐
SCM-Einführung abgebrochen bzw. gescheitert	☐
SCM nicht vorhanden bzw. geplant	☐
Keine Angabe	☐

7. **Welchen Nutzen bringt die enge Wertschöpfungskettenkooperation bzw. das Supply Chain Management Ihrem Unternehmen oder erhoff(t)en Sie sich von deren Einsatz?** *Bitte in jeder Zeile eine Auswahl treffen.*

	hoch	mittel	gering	kein	keine Angabe
Steigerung der Kundenzufriedenheit und -bindung	☐	☐	☐	☐	☐
Verkürzung der Durchlauf- bzw. Lieferzeiten	☐	☐	☐	☐	☐
Verbesserung der Produktqualität	☐	☐	☐	☐	☐
Verbesserung der Prozesse/Abläufe	☐	☐	☐	☐	☐
Verbesserung des Datenaustausches	☐	☐	☐	☐	☐
Erhöhte Transparenz im Warenfluss	☐	☐	☐	☐	☐
Reduzierung der Kapitalbindung und Kosten	☐	☐	☐	☐	☐
Entstehung von Innovationen (z. B. Produkt-, Prozessinnovationen)	☐	☐	☐	☐	☐
Ausweitung des Marktanteils	☐	☐	☐	☐	☐
Umsatzsteigerung	☐	☐	☐	☐	☐
Verbesserung der Partnerbeziehungen	☐	☐	☐	☐	☐
Unterstützung der Rückverfolgbarkeit (gemäß EG-Verordnung 178/2002)	☐	☐	☐	☐	☐
Anderer Nutzen *(bitte benennen)*:	☐	☐	☐	☐	☐

8. **Falls Sie sich bereits praktisch oder gedanklich mit der Einführung und Umsetzung eines Supply Chain Management beschäftigt haben, welche Hemmnisse sind Ihnen begegnet bzw. erwarten Sie?** *Bitte in jeder Zeile eine Auswahl treffen.*

	hoch	mittel	gering	kein	keine Angabe
Fehlendes Interesse der Partner bzw. Zielkonflikte	☐	☐	☐	☐	☐
Mangelndes Vertrauen bzw. Kommunikationsbereitschaft	☐	☐	☐	☐	☐
Keine ausreichenden Hinweise/Hilfestellungen für ein strukturiertes Vorgehen vorhanden	☐	☐	☐	☐	☐
Defizite in der Organisation (z. B. Verantwortlichkeiten)	☐	☐	☐	☐	☐
Technische Probleme (z. B. Softwareunterstützung)	☐	☐	☐	☐	☐
Heterogenität und Komplexität der übergreifenden Prozesse	☐	☐	☐	☐	☐
Fehlendes Engagement der eigenen Mitarbeiter	☐	☐	☐	☐	☐
Hoher Aufwand bzw. Kosten	☐	☐	☐	☐	☐
Andere Hemmnisse *(bitte benennen)*:	☐	☐	☐	☐	☐

Teil III: Fragen zum Umweltschutz

9. Wie würden Sie das Umweltengagement Ihres Unternehmens beschreiben? *Bitte setzen Sie nur ein Kreuz.*

Passiv, d. h. Umweltschutz durch Erfüllung der geltenden Umweltrechtsvorschriften	☐
Aktiv, d. h. über Regulierungsanforderungen hinausgehende freiwillige Verfolgung weitergehender Umweltentlastung	☐
Proaktiv, d. h. als Pilotunternehmen hebt sich unser Umweltengagement deutlich vom Rest der Branche ab	☐
Keine Angabe	☐

10. Welchen Nutzen bringt Ihnen Ihr Umweltengagement?
Bitte in jeder Zeile eine Auswahl treffen.

	hoch	mittel	gering	kein	keine Angabe
Rechtssicherheit/-konformität	☐	☐	☐	☐	☐
Senkung bzw. Vorsorge von Risiken	☐	☐	☐	☐	☐
Kosteneinsparungen	☐	☐	☐	☐	☐
Mitarbeitermotivation	☐	☐	☐	☐	☐
Verbesserung der Produktqualität	☐	☐	☐	☐	☐
Steigerung der Kundenzufriedenheit	☐	☐	☐	☐	☐
Positive Einstellung bei Behörden/Banken/Anwohnern	☐	☐	☐	☐	☐
Entstehung von Innovationen (z. B. Produkt-, Prozessinnovationen)	☐	☐	☐	☐	☐
Ausweitung des Marktanteils	☐	☐	☐	☐	☐
Wettbewerbsvorteile/Umsatzsteigerung	☐	☐	☐	☐	☐
Imageverbesserung	☐	☐	☐	☐	☐
Erhalt der natürlichen Umwelt (z. B. als wichtiger Rohstofflieferant)	☐	☐	☐	☐	☐
Anderer Nutzen *(bitte benennen)*:	☐	☐	☐	☐	☐

11. Wie intensiv verfolgt Ihr Unternehmen (pro)aktiv <u>überbetrieblichen</u> Umweltschutz innerhalb der Wertschöpfungskette? *Bitte in jeder Zeile eine Auswahl treffen.*

	sehr	mittel	gering	gar nicht	keine Angabe
Mit wichtigen direkten Lieferanten (vorherige Wert.-Stufe)	☐	☐	☐	☐	☐
Mit wichtigen direkten Kunden (nachfolgende Wert.-Stufe)	☐	☐	☐	☐	☐
Mit wichtigen Lieferanten der Lieferanten (z. B. Landwirt)	☐	☐	☐	☐	☐
Mit wichtigen Kunden der Kunden (z. B. Endverbraucher)	☐	☐	☐	☐	☐
Mit Logistikdienstleistern (z. B. Speditionen)	☐	☐	☐	☐	☐
Mit anderen Wertschöpfungspartnern *(bitte benennen)*:	☐	☐	☐	☐	☐

12. **Welche Hemmfaktoren identifizieren Sie im Zusammenhang mit der Verfolgung von Umweltzielstellungen im eigenen Unternehmen?** *Bitte in jeder Zeile eine Auswahl treffen.*

	hoch	mittel	gering	kein	keine Angabe
Fehlende Unterstützung von Seiten der Geschäftsführung	☐	☐	☐	☐	☐
Desinteresse der Mitarbeiter	☐	☐	☐	☐	☐
Unzureichende Akzeptanz in der Wertschöpfungskette	☐	☐	☐	☐	☐
Unzureichende Honorierung durch Konsumenten	☐	☐	☐	☐	☐
Unzureichende Honorierung durch Behörden	☐	☐	☐	☐	☐
Hoher Aufwand bzw. Kosten	☐	☐	☐	☐	☐
Andere Hindernisse *(bitte benennen)*:	☐	☐	☐	☐	☐

Teil IV: Fragen zum Einsatz von Konzepten, Standards und Instrumenten

13. **Welche der im Folgenden genannten Standards bzw. Konzepte finden in Ihrem Unternehmen Anwendung?** *Bitte in jeder Zeile eine Auswahl treffen.*

	vorhanden	in Einführung	geplant	nicht relevant	keine Angabe
DIN EN ISO 9000 ff.	☐	☐	☐	☐	☐
QuS-System „Qualität und Sicherheit"	☐	☐	☐	☐	☐
EFQM (European Foundation for Quality Management)	☐	☐	☐	☐	☐
HACCP (Hazard Analysis and Critical Control Point)	☐	☐	☐	☐	☐
IFS (International Food Standard)	☐	☐	☐	☐	☐
Anderes Qualitätskonzept/-programm *(bitte benennen)*:	☐	☐	☐	☐	☐
OHSAS 18001 (Occupational Health and Safety Assessment Series)	☐	☐	☐	☐	☐
Anderes Arbeitsschutzkonzept *(bitte benennen)*:	☐	☐	☐	☐	☐
Bio-Siegel (gemäß EG-Bio-Verordnung)	☐	☐	☐	☐	☐
Anderes Umweltkonzept/-Label *(bitte benennen)*:	☐	☐	☐	☐	☐
EG-Öko-Audit-VO (bzw. EMAS)	☐	☐	☐	☐	☐
DIN EN ISO 14001	☐	☐	☐	☐	☐
Ökoprofit	☐	☐	☐	☐	☐
JiT (Just in Time)	☐	☐	☐	☐	☐
ECR (Efficient Consumer Response)	☐	☐	☐	☐	☐
CPFR (Collaborative Planning, Forecasting and Replenishment)	☐	☐	☐	☐	☐
VMI (Ventor Managed Inventory)	☐	☐	☐	☐	☐
QR (Quick Response)	☐	☐	☐	☐	☐
CR (Continuous Replenishment)	☐	☐	☐	☐	☐
Andere Konzepte *(bitte benennen)*:	☐	☐	☐	☐	☐

14. Welche der im Folgenden genannten Managementinstrumente setzt Ihr Unternehmen zur Unterstützung zuvor genannter Konzepte in verschiedener Hinsicht ein? *Es sind in jeder Zeile Mehrfachnennungen möglich.*

	in allen genannten Hinsichten	nur Umweltsicht	nur Logistiksicht	nur Qualitätssicht	nur Sicherheitssicht	nicht relevant	keine Angabe
Audits	☐	☐	☐	☐	☐	☐	☐
Kennzahlen	☐	☐	☐	☐	☐	☐	☐
Externe Berichterstattung (z. B. Umweltbericht)	☐	☐	☐	☐	☐	☐	☐
Ökologische Beschaffungsrichtlinien	☐	☐	☐	☐	☐	☐	☐
Arbeits-, Verfahrensanweisungen	☐	☐	☐	☐	☐	☐	☐
Benchmarking	☐	☐	☐	☐	☐	☐	☐
Checklisten	☐	☐	☐	☐	☐	☐	☐
Stoffstromanalyse	☐	☐	☐	☐	☐	☐	☐
Prozessanalyse	☐	☐	☐	☐	☐	☐	☐
Akteurs- bzw. Wertkettenanalyse	☐	☐	☐	☐	☐	☐	☐
Nutzwertanalyse	☐	☐	☐	☐	☐	☐	☐
ABC-Analyse	☐	☐	☐	☐	☐	☐	☐
Risikoanalyse	☐	☐	☐	☐	☐	☐	☐
Kostenrechnung	☐	☐	☐	☐	☐	☐	☐
Controlling	☐	☐	☐	☐	☐	☐	☐
Ökobilanzierung	☐	☐	☐	☐	☐	☐	☐
Produktlinienanalyse	☐	☐	☐	☐	☐	☐	☐
Bewertungs- und Wirkungsverfahren (z. B. aus Umweltsicht: DIN EN ISO 14031)	☐	☐	☐	☐	☐	☐	☐
Balanced Scorecard	☐	☐	☐	☐	☐	☐	☐
Spezifisches Informationssystem (z. B. BUIS)	☐	☐	☐	☐	☐	☐	☐
Andere Instrumente *(bitte benennen)*:	☐	☐	☐	☐	☐	☐	☐

Teil V: Fragen zur Umweltfokussierung des Supply Chain Managements

15. Wie beurteilen Sie grundsätzlich die Verknüpfbarkeit von Zielstellungen (pro)aktiven Umweltschutzes mit Zielen eines (vorhandenen bzw. geplanten) Supply Chain Managements in Ihrem Unternehmen? *Bitte setzen Sie nur ein Kreuz.*

Ich persönlich halte die Verknüpfung	… und in unserem Unternehmen umfassend realisierbar.	… und in unserem Unternehmen teilweise realisierbar.	… und in unserem Unternehmen nicht realisierbar.	keine Meinung
… grundsätzlich für sinnvoll	☐	☐	☐	
… nur teilweise für sinnvoll	☐	☐	☐	☐
… nicht für sinnvoll	☐	☐	☐	

16. Werden in Ihrem Unternehmen folgend genannte Zielstellungen (pro)aktiven Umweltschutzes im Rahmen des ggf. vorhandenen Supply Chain Managements (SCM) oder in anderer Form verfolgt? *Bitte in jeder Zeile eine Auswahl treffen.*

	Ja, per SCM	Ja, ohne SCM	Nein	keine Angabe
Forcierung zwischenbetrieblich-vertikaler Materialkreislaufführung	☐	☐	☐	☐
Gentechnikfreie Verlängerung der Produkthaltbarkeitsdauer	☐	☐	☐	☐
Umweltverträgliche Produktentwicklung gemeinsam mit Wertschöpfungspartnern und Endverbrauchern	☐	☐	☐	☐
Zielgerichtete Positionierung sowie gemeinsame Planung, Investition und Realisierung von Umweltschutzmaßnahmen in der Supply Chain (z. B. im Transportbereich; Effekt: Nutzung von Größenvorteilen)	☐	☐	☐	☐
Orientierung auf regionale Beschaffung, Produktion, Vertrieb usw. (regionale Wirtschaftskreisläufe)	☐	☐	☐	☐
Berufung eines Beauftragten/Verantwortlichen für die Verfolgung des Umweltschutzes über mehrere SC-Stufen	☐	☐	☐	☐
Sensibilisierung bzw. Qualifikation der SCM-Mitarbeiter für Umweltschutz-Belange	☐	☐	☐	☐
Andere integrative Zielstellungen *(bitte benennen)*:	☐	☐	☐	☐

Abschluss

Platz für allgemeine Anmerkungen zu dieser Befragung *(bitte stichpunktartig)*:

Ich interessiere mich für die Umfrageergebnisse. Meine e-Mail-Adresse lautet:

Herzlichen Dank für Ihre Teilnahme!

Anhang G: Ergebnisse der statistischen Untersuchungen

Gegenüberstellung: Variable 1 & Variable 2	Korrelationen (Spearman)		Symbol	Unterschiede (Kruskal-Wallis-H-Test)		Symbol
	Korrelations-koeffizient	Näherungsweise Signifikanz		Chi-Quadrat	Asymptotische Signifikanz	
scm & groesse	0,436	0,000	***	20,876	0,001	***
scm & produktion	0,014	0,901	ns	0,016	0,900	ns
scm & branche				12,521	0,129	ns
umwelt & groesse	0,163	0,115	ns	4,561	0,472	ns
umwelt & produktion	0,101	0,332	ns	0,951	0,330	ns
umwelt & branche				5,156	0,741	ns
umwelt & scm	0,288	0,009	**	10,235	0,037	*
sinnvoll & praktik	0,436	0,000	***	13,498	0,001	***
sinnvoll & groesse	-0,105	0,396	ns	2,125	0,832	ns
sinnvoll & scm	0,199	0,118	ns	3,977	0,409	ns
sinnvoll & umwelt	0,303	0,011	*	6,340	0,042	*
sinnvoll & branche				3,876	0,868	ns
praktik & groesse	0,185	0,128	ns	4,086	0,537	ns
praktik & scm	0,429	0,000	***	11,816	0,019	*
praktik & umwelt	0,525	0,000	***	20,435	0,000	***
praktik & branche				5,413	0,713	ns
Partner und Inhalte der Kooperation						
lieferant & scm	0,276	0,016	*	7,458	0,114	ns
kunde & scm	0,197	0,096	ns	3,199	0,525	ns
sublieferant & scm	0,343	0,007	**	9,833	0,043	*
kundenkunde & scm	0,175	0,173	ns	5,840	0,211	ns
LDL & scm	0,444	0,000	***	15,012	0,005	**
lieferant & groesse	0,048	0,657	ns	2,825	0,727	ns
kunde & groesse	0,000	0,999	ns	2,770	0,735	ns
sublieferant & groesse	-0,110	0,364	ns	8,916	0,112	ns
kundenkunde & groesse	0,056	0,644	ns	9,035	0,108	ns
LDL & groesse	0,265	0,015	*	8,006	0,156	ns
lieferanten & branche				6,847	0,553	ns
kunden & branche				5,559	0,696	ns
subliefer & branche				9,525	0,300	ns
kundenkunde & branche				6,390	0,604	ns
LDL & branche				6,381	0,605	ns
datenaustausch & scm	0,444	0,000	***	17,155	0,002	**
datenaustausch & groesse	0,410	0,000	***	16,979	0,005	**
datenaustausch & branche				11,506	0,175	ns
tagesgeschäft & scm	-0,013	0,905	ns	4,271	0,371	ns
tagesgeschäft & groesse	-0,012	0,908	ns	1,710	0,888	ns
tagesgeschäft & branche				6,917	0,546	ns
FundE & scm	0,264	0,017	*	7,122	0,130	ns
FundE & groesse	0,184	0,073	ns	5,846	0,322	ns
FundE & branche				7,935	0,440	ns
wissen & scm	0,294	0,008	**	9,857	0,043	*
wissen & groesse	-0,015	0,883	ns	0,786	0,978	ns
wissen & branche				7,732	0,460	ns
berater & scm	0,011	0,926	ns	8,093	0,088	ns
berater & groesse	-0,179	0,081	ns	4,404	0,493	ns
berater & branche				9,525	0,300	ns

Gegenüberstellung: Variable 1 & Variable 2	Korrelationen (Spearman)		Symbol	Unterschiede (Kruskal-Wallis-H-Test)		Symbol
	Korrelations-koeffizient	Näherungsweise Signifikanz		Chi-Quadrat	Asymptotische Signifikanz	
UNgründg & scm	0,086	0,445	ns	4,123	0,390	ns
UNgründg & groesse	0,230	0,024	*	9,256	0,099	ns
UNgründg & branche				3,026	0,933	ns
lieferant & datenaustausch	0,111	0,305	ns	1,063	0,302	ns
lieferant & tagesgeschäft	0,172	0,111	ns	2,543	0,111	ns
lieferant & FundE	0,270	0,011	*	6,267	0,012	*
lieferant & wissen	0,164	0,130	ns	2,302	0,129	ns
lieferant & berater	0,148	0,171	ns	1,888	0,169	ns
lieferant & UNgründg	0,021	0,846	ns	0,038	0,845	ns
kunde & datenaustausch	-0,004	0,972	ns	0,001	0,972	ns
kunde & tagesgeschäft	0,147	0,180	ns	1,810	0,179	ns
kunde & FundE	0,197	0,070	ns	3,272	0,070	ns
kunde & wissen	0,152	0,166	ns	1,928	0,165	ns
kunde & berater	0,031	0,781	ns	0,079	0,779	ns
kunde & UNgründg	-0,009	0,933	ns	0,007	0,933	ns
LDL & datenaustausch	0,294	0,007	**	7,104	0,008	**
LDL & tagesgeschäft	0,169	0,127	ns	2,344	0,126	ns
LDL & FundE	0,254	0,021	*	5,289	0,021	*
LDL & wissen	0,153	0,166	ns	1,929	0,165	ns
LDL & berater	-0,030	0,786	ns	0,075	0,785	ns
LDL & UNgründg	0,073	0,511	ns	0,439	0,508	ns
sublieferant & datenaustausch	-0,055	0,654	ns	0,206	0,650	ns
sublieferant & tagesgeschäft	0,170	0,160	ns	1,989	0,158	ns
sublieferant & FundE	0,197	0,102	ns	2,680	0,102	ns
sublieferant & wissen	0,134	0,269	ns	1,239	0,266	ns
sublieferant & berater	0,150	0,216	ns	1,546	0,214	ns
sublieferant & UNgründg	-0,078	0,519	ns	0,423	0,515	ns
kundenkunde & datenaustausch	0,073	0,549	ns	0,366	0,545	ns
kundenkunde & tagesgeschäft	-0,053	0,665	ns	0,192	0,662	ns
kundenkunde & FundE	0,127	0,295	ns	1,112	0,292	ns
kundenkunde & wissen	-0,131	0,281	ns	1,177	0,278	ns
kundenkunde & berater	0,111	0,362	ns	0,844	0,358	ns
kundenkunde & UNgründg	0,009	0,938	ns	0,006	0,937	ns
lieferant & kunde	0,602	0,000	***	33,572	0,000	***
lieferant & sublieferant	0,074	0,547	ns	3,278	0,351	ns
kunde & kundenkunde	0,297	0,013	*	4,661	0,198	ns
Nutzen und Hemmnisse des Supply Chain Management						
ab_zufriedenheit & groesse	0,402	0,003	**	18,015	0,003	**
ab_zufriedenheit & scm	0,276	0,077	ns	3,261	0,353	ns
ab_zufriedenheit & branche				9,834	0,198	ns
ab_lieferzeit & groesse	0,021	0,881	ns	3,193	0,670	ns
ab_lieferzeit & scm	0,220	0,151	ns	2,324	0,508	ns
ab_lieferzeit & branche				5,150	0,642	ns
ab_produktqualität & groesse	-0,019	0,894	ns	5,424	0,366	ns
ab_produktqualität & scm	0,166	0,281	ns	1,826	0,609	ns
ab_produktqualität & branche				7,313	0,397	ns
ab_prozessverbesserg & groesse	0,135	0,335	ns	6,095	0,297	ns
ab_prozessverbesserg & scm	0,125	0,420	ns	2,326	0,508	ns
ab_prozessverbesserg & branche				4,074	0,771	ns
ab_datenaustausch & groesse	0,134	0,345	ns	5,787	0,328	ns

Gegenüberstellung: Variable 1 & Variable 2	Korrelationen (Spearman)		Symbol	Unterschiede (Kruskal-Wallis-H-Test)		Symbol
	Korrelations-koeffizient	Näherungsweise Signifikanz		Chi-Quadrat	Asymptotische Signifikanz	
ab_datenaustausch & scm	0,002	0,990	ns	0,019	0,999	ns
ab_datenaustausch & branche				4,809	0,683	ns
ab_warenfluss & groesse	0,167	0,238	ns	9,909	0,078	ns
ab_warenfluss & scm	0,022	0,886	ns	1,129	0,770	ns
ab_warenfluss & branche				4,436	0,728	ns
ab_kosten & groesse	0,184	0,073	ns	1,057	0,958	ns
ab_kosten & scm	0,283	0,066	ns	4,936	0,177	ns
ab_kosten & branche				8,257	0,311	ns
ab_innovation & groesse	-0,053	0,719	ns	5,196	0,392	ns
ab_innovation & scm	-0,100	0,527	ns	5,589	0,133	ns
ab_innovation & branche				7,179	0,410	ns
ab_marktanteil & groesse	-0,106	0,463	ns	1,282	0,937	ns
ab_marktanteil & scm	0,038	0,812	ns	0,924	0,820	ns
ab_marktanteil & branche				5,313	0,622	ns
ab_umsatzsteig & groesse	-0,031	0,833	ns	1,898	0,863	ns
ab_umsatzsteig & scm	0,140	0,387	ns	0,963	0,810	ns
ab_umsatzsteig & branche				5,596	0,588	ns
ab_partnerbeziehg & groesse	-0,044	0,761	ns	5,576	0,350	ns
ab_partnerbeziehg & scm	-0,006	0,972	ns	0,080	0,994	ns
ab_partnerbeziehg & branche				10,104	0,183	ns
ab_rückverfolg & groesse	-0,032	0,822	ns	8,885	0,114	ns
ab_rückverfolg & scm	0,149	0,340	ns	1,348	0,718	ns
ab_rückverfolg & branche				3,717	0,812	ns
scm_partnerkonflikte & groesse	-0,001	0,991	ns	8,540	0,129	ns
scm_partnerkonflikte & scm	-0,219	0,115	ns	3,194	0,526	ns
scm_partnerkonflikte & branche				10,122	0,257	ns
scm_vertrauen & groesse	-0,008	0,953	ns	3,095	0,685	ns
scm_vertrauen & scm	-0,199	0,154	ns	3,843	0,428	ns
scm_vertrauen & branche				3,147	0,925	ns
scm_hilfestellg & groesse	-0,228	0,075	ns	9,559	0,089	ns
scm_hilfestellg & scm	-0,100	0,478	ns	1,525	0,822	ns
scm_hilfestellg & branche				6,696	0,570	ns
scm_organisation & groesse	-0,089	0,498	ns	8,477	0,132	ns
scm_organisation & scm	-0,122	0,388	ns	5,267	0,261	ns
scm_organisation & branche				4,673	0,792	ns
scm_techprobleme & groesse	0,036	0,786	ns	0,111	1,000	ns
scm_techprobleme & scm	-0,113	0,425	ns	1,383	0,847	ns
scm_techprobleme & branche				7,396	0,495	ns
scm_prozesskomplexität & groesse	0,156	0,247	ns	3,803	0,578	ns
scm_prozesskomplexität & scm	-0,064	0,654	ns	2,691	0,611	ns
scm_prozesskomplexität & branche				6,561	0,585	ns
scm_MA_desinteresse & groesse	-0,316	0,014	*	7,555	0,183	ns
scm_MA_desinteresse & scm	-0,085	0,544	ns	5,197	0,268	ns
scm_MA_desinteresse & branche				6,242	0,620	ns
scm_aufwand & groesse	-0,256	0,041	*	5,289	0,382	ns
scm_aufwand & scm	-0,143	0,299	ns	4,519	0,340	ns
scm_aufwand & branche				9,306	0,317	ns
ab_zufriedenheit & lieferant	0,110	0,446	ns	0,990	0,609	ns
ab_zufriedenheit & kunde	0,021	0,887	ns	0,021	0,990	ns
ab_zufriedenheit & sublieferant	-0,179	0,250	ns	3,163	0,367	ns
ab_zufriedenheit & kundenkunde	-0,043	0,792	ns	0,213	0,975	ns
ab_zufriedenheit & LDL	0,351	0,015	*	5,880	0,053	ns

Gegenüberstellung: Variable 1 & Variable 2	Korrelationen (Spearman)		Symbol	Unterschiede (Kruskal-Wallis-H-Test)		Symbol
	Korrelations-koeffizient	Näherungsweise Signifikanz		Chi-Quadrat	Asymptotische Signifikanz	
ab_lieferzeit & lieferant	0,102	0,472	ns	2,604	0,272	ns
ab_lieferzeit & kunde	0,024	0,869	ns	0,110	0,947	ns
ab_lieferzeit & sublieferant	-0,118	0,446	ns	2,730	0,435	ns
ab_lieferzeit & kundenkunde	0,024	0,881	ns	0,425	0,935	ns
ab_lieferzeit & LDL	0,170	0,239	ns	1,532	0,465	ns
ab_produktqualität & lieferant	0,179	0,205	ns	3,349	0,187	ns
ab_produktqualität & kunde	-0,032	0,827	ns	1,407	0,495	ns
ab_produktqualität & sublieferant	0,277	0,065	ns	5,563	0,135	ns
ab_produktqualität & kundenkunde	-0,006	0,968	ns	1,521	0,678	ns
ab_produktqualität & LDL	-0,007	0,961	ns	1,426	0,490	ns
ab_prozessverbesserg & lieferant	0,099	0,484	ns	0,576	0,750	ns
ab_prozessverbesserg & kunde	-0,005	0,971	ns	1,253	0,534	ns
ab_prozessverbesserg & sublieferant	0,048	0,758	ns	3,622	0,305	ns
ab_prozessverbesserg & kundenkunde	0,213	0,175	ns	4,128	0,248	ns
ab_prozessverbesserg & LDL	-0,067	0,643	ns	0,222	0,895	ns
ab_datenaustausch & lieferant	0,043	0,766	ns	1,598	0,450	ns
ab_datenaustausch & kunde	0,187	0,203	ns	7,079	0,029	*
ab_datenaustausch & sublieferant	-0,319	0,037	*	6,606	0,086	ns
ab_datenaustausch & kundenkunde	0,053	0,742	ns	1,646	0,649	ns
ab_datenaustausch & LDL	0,203	0,157	ns	3,603	0,165	ns
ab_warenfluss & lieferant	-0,016	0,913	ns	0,957	0,620	ns
ab_warenfluss & kunde	0,044	0,766	ns	4,502	0,105	ns
ab_warenfluss & sublieferant	-0,166	0,286	ns	3,158	0,368	ns
ab_warenfluss & kundenkunde	-0,080	0,621	ns	4,067	0,254	ns
ab_warenfluss & LDL	0,005	0,975	ns	2,998	0,223	ns
ab_kosten & lieferant	0,104	0,470	ns	1,595	0,450	ns
ab_kosten & kunde	0,014	0,924	ns	0,925	0,630	ns
ab_kosten & sublieferant	0,030	0,846	ns	1,822	0,610	ns
ab_kosten & kundenkunde	0,016	0,919	ns	0,298	0,960	ns
ab_kosten & LDL	0,201	0,166	ns	1,944	0,378	ns
ab_innovation & lieferant	-0,006	0,969	ns	1,104	0,576	ns
ab_innovation & kunde	-0,156	0,299	ns	1,128	0,569	ns
ab_innovation & sublieferant	0,334	0,033	*	5,943	0,114	ns
ab_innovation & kundenkunde	0,037	0,821	ns	5,016	0,171	ns
ab_innovation & LDL	-0,003	0,986	ns	0,253	0,881	ns
ab_marktanteil & lieferant	-0,084	0,563	ns	0,482	0,786	ns
ab_marktanteil & kunde	-0,204	0,174	ns	1,952	0,377	ns
ab_marktanteil & sublieferant	0,369	0,017	*	8,619	0,035	*
ab_marktanteil & kundenkunde	0,012	0,943	ns	1,767	0,622	ns
ab_marktanteil & LDL	0,065	0,667	ns	1,548	0,461	ns
ab_umsatzsteig & lieferant	0,090	0,545	ns	0,850	0,654	ns
ab_umsatzsteig & kunde	0,052	0,733	ns	0,907	0,635	ns
ab_umsatzsteig & sublieferant	0,179	0,263	ns	1,490	0,685	ns
ab_umsatzsteig & kundenkunde	-0,176	0,283	ns	1,449	0,694	ns
ab_umsatzsteig & LDL	0,256	0,086	ns	3,451	0,178	ns
ab_partnerbeziehg & lieferant	0,190	0,187	ns	1,765	0,414	ns
ab_partnerbeziehg & kunde	0,035	0,817	ns	0,188	0,910	ns
ab_partnerbeziehg & sublieferant	-0,020	0,898	ns	2,450	0,484	ns
ab_partnerbeziehg & kundenkunde	-0,009	0,957	ns	0,908	0,824	ns
ab_partnerbeziehg & LDL	0,225	0,124	ns	5,125	0,077	ns
ab_rückverfolg & lieferant	0,364	0,009	**	6,667	0,036	*
ab_rückverfolg & kunde	0,279	0,055	ns	6,802	0,033	*

Gegenüberstellung: Variable 1 & Variable 2	Korrelationen (Spearman)		Symbol	Unterschiede (Kruskal-Wallis-H-Test)		Symbol
	Korrelations-koeffizient	Näherungsweise Signifikanz		Chi-Quadrat	Asymptotische Signifikanz	
ab_rückverfolg & sublieferant	0,033	0,833	ns	1,804	0,614	ns
ab_rückverfolg & kundenkunde	0,200	0,210	ns	2,282	0,516	ns
ab_rückverfolg & LDL	0,105	0,472	ns	4,762	0,092	ns
scm_partnerkonflikte & lieferant	-0,174	0,187	ns	5,476	0,140	ns
scm_partnerkonflikte & kunde	-0,200	0,136	ns	2,816	0,421	ns
scm_partnerkonflikte & sublieferant	0,086	0,546	ns	1,328	0,723	ns
scm_partnerkonflikte & kundenkunde	-0,066	0,647	ns	2,400	0,494	ns
scm_partnerkonflikte & LDL	-0,306	0,021	*	6,005	0,111	ns
scm_vertrauen & lieferant	0,097	0,457	ns	1,260	0,739	ns
scm_vertrauen & kunde	0,024	0,858	ns	5,183	0,159	ns
scm_vertrauen & sublieferant	0,116	0,412	ns	1,086	0,781	ns
scm_vertrauen & kundenkunde	-0,022	0,878	ns	1,993	0,574	ns
scm_vertrauen & LDL	0,007	0,958	ns	0,700	0,873	ns
scm_hilfestellg & lieferant	0,053	0,686	ns	5,670	0,129	ns
scm_hilfestellg & kunde	0,212	0,111	ns	6,550	0,088	ns
scm_hilfestellg & sublieferant	-0,031	0,833	ns	5,211	0,157	ns
scm_hilfestellg & kundenkunde	0,005	0,970	ns	1,388	0,708	ns
scm_hilfestellg & LDL	0,175	0,189	ns	3,880	0,275	ns
scm_organisation & lieferant	-0,219	0,096	ns	7,334	0,062	ns
scm_organisation & kunde	-0,045	0,742	ns	0,880	0,830	ns
scm_organisation & sublieferant	-0,030	0,839	ns	5,141	0,162	ns
scm_organisation & kundenkunde	0,039	0,785	ns	0,632	0,889	ns
scm_organisation & LDL	-0,094	0,489	ns	2,513	0,473	ns
scm_techprobleme & lieferant	-0,028	0,835	ns	1,773	0,621	ns
scm_techprobleme & kunde	-0,085	0,530	ns	0,704	0,872	ns
scm_techprobleme & sublieferant	-0,222	0,121	ns	2,586	0,460	ns
scm_techprobleme & kundenkunde	-0,032	0,823	ns	2,807	0,422	ns
scm_techprobleme & LDL	0,041	0,762	ns	1,890	0,595	ns
scm_prozesskomplexität & lieferant	-0,080	0,560	ns	0,352	0,839	ns
scm_prozesskomplexität & kunde	-0,036	0,799	ns	0,957	0,812	ns
scm_prozesskomplexität & sublieferant	-0,049	0,740	ns	3,776	0,287	ns
scm_prozesskomplexität & kundenkunde	0,000	1,000	ns	0,458	0,928	ns
scm_prozesskomplexität & LDL	-0,052	0,710	ns	2,005	0,571	ns
scm_MA_desinteresse & lieferant	0,076	0,568	ns	1,626	3,860	ns
scm_MA_desinteresse & kunde	0,049	0,722	ns	4,059	0,255	ns
scm_MA_desinteresse & sublieferant	0,112	0,440	ns	0,892	0,827	ns
scm_MA_desinteresse & kundenkunde	0,282	0,050	*	3,963	0,265	ns
scm_MA_desinteresse & LDL	0,003	0,982	ns	1,395	0,707	ns
scm_aufwand & lieferant	-0,062	0,632	ns	0,653	0,277	ns
scm_aufwand & kunde	0,045	0,739	ns	0,710	0,871	ns
scm_aufwand & sublieferant	-0,084	0,559	ns	1,513	0,679	ns
scm_aufwand & kundenkunde	0,012	0,936	ns	0,007	1,000	ns
scm_aufwand & LDL	-0,216	0,101	ns	3,605	0,307	ns
Partner im sowie Nutzen und Hemmnisse des Umweltschutzes						
ue__lieferanten & umwelt	0,543	0,000	***	29,621	0,000	***
ue__kunden & umwelt	0,361	0,001	***	10,872	0,012	*
ue__subliefer & umwelt	0,500	0,000	***	23,168	0,000	***
ue__kundenkunde & umwelt	0,532	0,000	***	25,051	0,000	***
ue__LDL & umwelt	0,384	0,000	***	12,614	0,006	**
ue__lieferanten & groesse	0,150	0,170	ns	12,940	0,005	**

Gegenüberstellung: Variable 1 & Variable 2	Korrelationen (Spearman)		Symbol	Unterschiede (Kruskal-Wallis-H-Test)		Symbol
	Korrelations-koeffizient	Näherungsweise Signifikanz		Chi-Quadrat	Asymptotische Signifikanz	
ue__kunden & groesse	0,115	0,311	ns	2,343	0,504	ns
ue__subliefer & groesse	0,071	0,543	ns	0,842	0,839	ns
ue__kundenkunde & groesse	0,066	0,566	ns	1,352	0,717	ns
ue__LDL & groesse	0,181	0,110	ns	2,935	0,402	ns
ue__lieferanten & branche				5,699	0,681	ns
ue__kunden & branche				11,161	0,193	ns
ue__subliefer & branche				6,689	0,462	ns
ue__kundenkunde & branche				4,271	0,748	ns
ue__LDL & branche				8,430	0,393	ns
ue__lieferanten & lieferant	0,063	0,584	ns	0,809	0,847	ns
ue__kunden & kunde	0,238	0,046	*	4,259	0,235	ns
ue__subliefer & sublieferant	0,658	0,000	***	25,350	0,000	***
ue__kundenkunde & kundenkunde	0,182	0,159	ns	3,099	0,377	ns
ue__LDL & LDL	0,470	0,000	***	17,349	0,001	***
ue__lieferanten & scm	0,417	0,000	***	14,630	0,002	**
ue__kunden & scm	0,487	0,000	***	18,634	0,000	***
ue__subliefer & scm	0,379	0,001	***	10,758	0,013	*
ue__kundenkunde & scm	0,554	0,000	***	22,427	0,000	***
ue__LDL & scm	0,395	0,001	***	14,299	0,003	**
ue_rechtssicherheit & umwelt	0,179	0,091	ns	4,048	0,132	ns
ue_rechtssicherheit & groesse	0,282	0,007	**	15,131	0,010	**
ue_rechtssicherheit & branche				11,977	0,152	ns
ue_risikovorsorge & umwelt	0,234	0,025	*	6,985	0,030	*
ue_risikovorsorge & groesse	0,252	0,016	*	10,928	0,053	ns
ue_risikovorsorge & branche				7,957	0,438	ns
ue_kosteneinsparg & umwelt	0,329	0,001	**	11,215	0,004	**
ue_kosteneinsparg & groesse	0,105	0,326	ns	6,802	0,236	ns
ue_kosteneinsparg & branche				11,457	0,177	ns
ue_mitarbeitermotiv & umwelt	0,468	0,000	***	22,867	0,000	***
ue_mitarbeitermotiv & groesse	0,048	0,649	ns	3,178	0,673	ns
ue_mitarbeitermotiv & branche				3,340	0,911	ns
ue_produktqualität & umwelt	0,265	0,011	*	13,823	0,001	***
ue_produktqualität & groesse	-0,146	0,166	ns	3,447	0,631	ns
ue_produktqualität & branche				4,898	0,768	ns
ue_kundenzufried & umwelt	0,299	0,004	**	12,702	0,002	**
ue_kundenzufried & groesse	-0,129	0,222	ns	3,384	0,641	ns
ue_kundenzufried & branche				3,241	0,918	ns
ue_behörden & umwelt	0,094	0,371	ns	2,981	0,225	ns
ue_behörden & groesse	0,041	0,699	ns	4,822	0,438	ns
ue_behörden & branche				6,546	0,586	ns
ue_innovation & umwelt	0,335	0,001	***	11,591	0,003	**
ue_innovation & groesse	-0,146	0,171	ns	4,515	0,478	ns
ue_innovation & branche				8,956	0,346	ns
ue_marktanteil & umwelt	0,295	0,005	**	8,043	0,018	*
ue_marktanteil & groesse	-0,224	0,032	*	9,498	0,091	ns
ue_marktanteil & branche				1,670	0,990	ns
ue_umsatzsteigerg & umwelt	0,288	0,006	**	7,960	0,019	*
ue_umsatzsteigerg & groesse	-0,175	0,099	ns	8,165	0,147	ns
ue_umsatzsteigerg & branche				4,389	0,820	ns
ue_image & umwelt	0,441	0,000	***	20,483	0,000	***
ue_image & groesse	-0,020	0,853	ns	2,506	0,776	ns
ue_image & branche				2,223	0,973	ns

Gegenüberstellung: Variable 1 & Variable 2	Korrelationen (Spearman)			Unterschiede (Kruskal-Wallis-H-Test)		
	Korrelations- koeffizient	Näherungsweise Signifikanz	Symbol	Chi-Quadrat	Asymptotische Signifikanz	Symbol
ue_umwelterhalt & umwelt	0,513	0,000	***	26,701	0,000	***
ue_umwelterhalt & groesse	-0,022	0,836	ns	3,765	0,584	ns
ue_umwelterhalt & branche				7,368	0,497	ns
u_e_GF_desinteresse & umwelt	-0,262	0,019	*	7,843	0,020	*
u_e_GF_desinteresse & groesse	-0,039	0,732	ns	4,032	0,545	ns
u_e_GF_desinteresse & branche				9,173	0,328	ns
u_e_MA_desinteresse & umwelt	-0,202	0,062	ns	3,485	0,175	ns
u_e_MA_desinteresse & groesse	-0,147	0,178	ns	4,738	0,449	ns
u_e_MA_desinteresse & branche				3,710	0,882	ns
u_e_akzeptanz_sc & umwelt	-0,058	0,600	ns	0,313	0,855	ns
u_e_akzeptanz_sc & groesse	-0,112	0,314	ns	4,653	0,460	ns
u_e_akzeptanz_sc & branche				9,247	0,322	ns
u_e_honor_konsument & umwelt	0,094	0,387	ns	0,763	0,683	ns
u_e_honor_konsument & groesse	0,039	0,724	ns	10,038	0,074	ns
u_e_honor_konsument & branche				10,884	0,208	ns
u_e_honor_behörde & umwelt	-0,028	0,796	ns	0,247	0,884	ns
u_e_honor_behörde & groesse	-0,111	0,308	ns	3,133	0,680	ns
u_e_honor_behörde & branche				6,355	0,608	ns
u_e_aufwand & umwelt	-0,167	0,124	ns	2,534	0,282	ns
u_e_aufwand & groesse	-0,261	0,016	*	11,619	0,040	*
u_e_aufwand & branche				4,992	0,758	ns
ue__lieferanten & ue_rechtssicherheit	0,094	0,405	ns	6,036	0,110	ns
ue__kunden & ue_rechtssicherheit	-0,027	0,818	ns	4,948	0,176	ns
ue__subliefer & ue_rechtssicherheit	0,159	0,182	ns	2,850	0,415	ns
ue__kundenkunde & ue_rechtssicherheit	-0,106	0,367	ns	5,101	0,165	ns
ue__LDL & ue_rechtssicherheit	0,261	0,023	*	8,049	0,045	*
ue__lieferanten & ue_risikovorsorge	0,263	0,017	*	10,562	0,014	*
ue__kunden & ue_risikovorsorge	0,222	0,049	*	14,471	0,002	**
ue__subliefer & ue_risikovorsorge	0,203	0,084	ns	3,808	0,283	ns
ue__kundenkunde & ue_risikovorsorge	0,128	0,270	ns	2,968	0,397	ns
ue__LDL & ue_risikovorsorge	0,435	0,000	***	15,742	0,001	***
ue__lieferanten & ue_kosteneinsparg	0,284	0,010	**	6,801	0,079	ns
ue__kunden & ue_kosteneinsparg	0,355	0,001	***	9,926	0,019	*
ue__subliefer & ue_kosteneinsparg	0,218	0,063	ns	4,688	0,196	ns
ue__kundenkunde & ue_kosteneinsparg	0,386	0,001	***	15,083	0,002	**
ue__LDL & ue_kosteneinsparg	0,256	0,025	*	8,172	0,043	*
ue__lieferanten & ue_mitarbeitermotiv	0,503	0,000	***	20,889	0,000	***
ue__kunden & ue_mitarbeitermotiv	0,377	0,001	***	11,316	0,010	**
ue__subliefer & ue_mitarbeitermotiv	0,234	0,044	*	9,409	0,024	*
ue__kundenkunde & ue_mitarbeitermotiv	0,351	0,002	**	9,818	0,020	*
ue__LDL & ue_mitarbeitermotiv	0,472	0,000	***	18,629	0,000	***
ue__lieferanten & ue_produktqualität	0,382	0,000	***	18,620	0,000	***
ue__kunden & ue_produktqualität	0,305	0,006	**	7,739	0,052	ns
ue__subliefer & ue_produktqualität	0,243	0,037	*	4,445	0,217	ns
ue__kundenkunde & ue_produktqualität	0,369	0,001	***	12,197	0,007	**
ue__LDL & ue_produktqualität	0,341	0,002	**	9,254	0,026	*
ue__lieferanten & ue_kundenzufried	0,334	0,003	**	9,089	0,028	*
ue__kunden & ue_kundenzufried	0,196	0,076	ns	4,461	0,216	ns

Gegenüberstellung: Variable 1 & Variable 2	Korrelationen (Spearman)		Symbol	Unterschiede (Kruskal-Wallis-H-Test)		Symbol
	Korrelations-koeffizient	Näherungsweise Signifikanz		Chi-Quadrat	Asymptotische Signifikanz	
ue__subliefer & ue_kundenzufried	0,164	0,148	ns	3,539	0,316	ns
ue__kundenkunde & ue_kundenzufried	0,089	0,453	ns	4,922	0,178	ns
ue__LDL & ue_kundenzufried	0,178	0,124	ns	2,619	0,454	ns
ue__lieferanten & ue_behörden	0,362	0,001	***	11,549	0,009	**
ue__kunden & ue_behörden	0,358	0,001	***	10,584	0,014	*
ue__subliefer & ue_behörden	0,441	0,000	***	17,546	0,001	***
ue__kundenkunde & ue_behörden	0,143	0,228	ns	1,892	0,595	ns
ue__LDL & ue_behörden	0,503	0,000	***	22,066	0,000	***
ue__lieferanten & ue_innovation	0,414	0,000	***	15,947	0,001	***
ue__kunden & ue_innovation	0,334	0,003	**	9,089	0,028	*
ue__subliefer & ue_innovation	0,196	0,076	ns	4,461	0,216	ns
ue__kundenkunde & ue_innovation	0,164	0,148	ns	3,539	0,316	ns
ue__LDL & ue_innovation	0,089	0,453	ns	4,922	0,178	ns
ue__lieferanten & ue_marktanteil	0,315	0,004	**	9,112	0,028	*
ue__kunden & ue_marktanteil	0,329	0,003	**	9,601	0,022	*
ue__subliefer & ue_marktanteil	0,205	0,082	ns	4,316	0,229	ns
ue__kundenkunde & ue_marktanteil	0,461	0,000	***	19,325	0,000	***
ue__LDL & ue_marktanteil	0,136	0,239	ns	2,899	0,407	ns
ue__lieferanten & ue_umsatzsteigerg	0,312	0,004	**	9,974	0,019	*
ue__kunden & ue_umsatzsteigerg	0,353	0,002	**	9,941	0,019	*
ue__subliefer & ue_umsatzsteigerg	0,172	0,146	ns	2,853	0,415	ns
ue__kundenkunde & ue_umsatzsteigerg	0,483	0,000	***	19,140	0,000	***
ue__LDL & ue_umsatzsteigerg	0,202	0,078	ns	3,952	0,267	ns
ue__lieferanten & ue_image	0,379	0,000	***	15,481	0,001	***
ue__kunden & ue_image	0,322	0,004	**	8,846	0,031	*
ue__subliefer & ue_image	0,262	0,024	*	8,150	0,043	*
ue__kundenkunde & ue_image	0,474	0,000	***	17,105	0,001	***
ue__LDL & ue_image	0,368	0,001	***	12,195	0,007	**
ue__lieferanten & ue_umwelterhalt	0,479	0,000	***	20,014	0,000	***
ue__kunden & ue_umwelterhalt	0,313	0,006	**	8,821	0,032	*
ue__subliefer & ue_umwelterhalt	0,419	0,000	***	15,973	0,001	***
ue__kundenkunde & ue_umwelterhalt	0,330	0,004	**	11,678	0,009	**
ue__LDL & ue_umwelterhalt	0,233	0,044	*	5,180	0,159	ns
ue__lieferanten & u_e_GF_desinteresse	-0,263	0,023	*	6,443	0,092	ns
ue__lieferanten & u_e_MA_desinteresse	-0,189	0,095	ns	4,973	0,174	ns
ue__lieferanten & u_e_akzeptanz_sc	-0,204	0,070	ns	6,054	0,109	ns
ue__lieferanten & u_e_honor_konsument	0,050	0,663	ns	0,497	0,919	ns
ue__lieferanten & u_e_honor_behörde	-0,055	0,628	ns	2,313	0,510	ns
ue__lieferanten & u_e_aufwand	-0,251	0,025	*	8,126	0,043	*
ue__kunden & u_e_GF_desinteresse	-0,039	0,747	ns	2,263	0,520	ns
ue__kunden & u_e_MA_desinteresse	-0,040	0,731	ns	0,453	0,929	ns
ue__kunden & u_e_akzeptanz_sc	-0,064	0,581	ns	1,115	0,773	ns
ue__kunden & u_e_honor_konsument	-0,082	0,480	ns	1,860	0,602	ns
ue__kunden & u_e_honor_behörde	0,004	0,972	ns	0,568	0,904	ns
ue__kunden & u_e_aufwand	-0,259	0,025	*	5,596	0,133	ns
ue__subliefer & u_e_GF_desinteresse	-0,133	0,281	ns	7,136	0,068	ns
ue__subliefer & u_e_MA_desinteresse	0,066	0,583	ns	2,182	0,536	ns
ue__subliefer & u_e_akzeptanz_sc	0,051	0,673	ns	2,899	0,407	ns

Gegenüberstellung: Variable 1 & Variable 2	Korrelationen (Spearman)		Symbol	Unterschiede (Kruskal-Wallis-H-Test)		Symbol
	Korrelations-koeffizient	Näherungsweise Signifikanz		Chi-Quadrat	Asymptotische Signifikanz	
ue__subliefer & u_e_honor_konsument	0,114	0,342	ns	2,130	0,546	ns
ue__subliefer & u_e_honor_behörde	-0,059	0,625	ns	1,884	0,597	ns
ue__subliefer & u_e_aufwand	0,027	0,825	ns	0,467	0,926	ns
ue__kundenkunde & u_e_GF_desinteresse	-0,046	0,707	ns	4,511	0,211	ns
ue__kundenkunde & u_e_MA_desinteresse	0,038	0,751	ns	0,171	0,982	ns
ue__kundenkunde & u_e_akzeptanz_sc	0,081	0,491	ns	1,217	0,749	ns
ue__kundenkunde & u_e_honor_konsument	-0,031	0,791	ns	0,542	0,910	ns
ue__kundenkunde & u_e_honor_behörde	0,045	0,706	ns	1,357	0,716	ns
ue__kundenkunde & u_e_aufwand	-0,189	0,111	ns	3,338	0,342	ns
ue__LDL & u_e_GF_desinteresse	-0,223	0,065	ns	5,345	0,148	ns
ue__LDL & u_e_MA_desinteresse	-0,205	0,080	ns	4,256	0,235	ns
ue__LDL & u_e_akzeptanz_sc	-0,009	0,941	ns	0,459	0,928	ns
ue__LDL & u_e_honor_konsument	-0,061	0,602	ns	0,842	0,839	ns
ue__LDL & u_e_honor_behörde	-0,114	0,329	ns	3,046	0,385	ns
ue__LDL & u_e_aufwand	-0,222	0,059	ns	4,014	0,260	ns
u_e_aufwand & ue_kosteneinsparg	-0,356	0,001	***	15,405	0,002	**
ue_kundenzufried & ab_zufriedenheit	0,094	0,518	ns	1,132	0,769	ns
ab_innovation & ue_innovation	0,184	0,211	ns	3,563	0,313	ns
ab_kosten & ue_kosteneinsparg	0,197	0,166	ns	2,426	0,489	ns
ab_marktanteil & ue_marktanteil	0,423	0,002	**	9,849	0,020	*
ab_produktqualität & ue_produktqualität	0,226	0,103	ns	4,868	0,182	ns
u_e_aufwand & scm_aufwand	0,207	0,115	ns	2,874	0,411	ns
u_e_MA_desinteresse & scm_MA_desinteresse	0,258	0,053	ns	7,633	0,054	ns
ue_rechtssicherheit & konz_oekoprofit	0,056	0,702	ns	0,150	0,698	ns
ue_risikovorsorge & konz_oekoprofit	0,212	0,136	ns	2,237	0,135	ns
ue_kosteneinsparg & konz_oekoprofit	0,240	0,093	ns	2,821	0,093	ns
ue_mitarbeitermotiv & konz_oekoprofit	0,107	0,453	ns	0,576	0,448	ns
ue_produktqualität & konz_oekoprofit	0,175	0,220	ns	1,529	0,216	ns
ue_kundenzufried & konz_oekoprofit	0,127	0,375	ns	0,805	0,370	ns
ue_behörden & konz_oekoprofit	0,012	0,931	ns	0,008	0,930	ns
ue_innovation & konz_oekoprofit	0,262	0,069	ns	3,283	0,070	ns
ue_marktanteil & konz_oekoprofit	0,056	0,698	ns	0,155	0,694	ns
ue_umsatzsteigerg & konz_oekoprofit	-0,038	0,793	ns	0,071	0,790	ns
ue_image & konz_oekoprofit	-0,161	0,259	ns	1,297	0,255	ns
ue_umwelterhalt & konz_oekoprofit	-0,012	0,935	ns	0,007	0,934	ns
FundE & ue_innovation	-0,030	0,779	ns	0,408	0,939	ns
FundE & ab_innovation	0,296	0,039	*	6,104	0,107	ns
Konzepte und Instrumente						
konzepteanzahl & instrumenteanzahl	0,534	0,000	***			
konzepteanzahl & groesse	0,418	0,000	***	21,385	0,001	***
konzepteanzahl & branche				17,693	0,024	*
konzepteanzahl & scm	0,446	0,000	***	19,369	0,001	***
konzepteanzahl & umwelt	0,353	0,000	***	11,863	0,003	**
instrumenteanzahl & groesse	0,385	0,000	***	21,113	0,001	***
instrumenteanzahl & branche				12,525	0,129	ns

Gegenüberstellung: Variable 1 & Variable 2	Korrelationen (Spearman)		Symbol	Unterschiede (Kruskal-Wallis-H-Test)		Symbol
	Korrelationskoeffizient	Näherungsweise Signifikanz		Chi-Quadrat	Asymptotische Signifikanz	
instrumenteanzahl & scm	0,282	0,011	*	7,514	0,111	ns
instrumenteanzahl & umwelt	0,235	0,022	*	6,788	0,034	*
instrumenteanzahl & konz_oekoprofit	-0,017	0,905	ns	0,015	0,903	ns
instrumenteanzahl & konz_biosiegel	-0,006	0,964	ns	1,754	0,625	ns
instrumenteanzahl & konz_iso14001	0,238	0,072	ns	4,644	0,200	ns
instrumenteanzahl & konz_emas	0,187	0,145	ns	6,542	0,088	ns
konz_ISO9000 & scm	0,300	0,013	*	8,128	0,043	*
konz_ISO9000 & umwelt	0,253	0,024	*	7,162	0,067	ns
konz_QuS & scm	0,105	0,437	ns	3,388	0,336	ns
konz_QuS & umwelt	0,212	0,090	ns	3,910	0,271	ns
konz_EFQM & scm	0,451	0,003	**	-> Achtg.: nur sehr wenige Werte (5)		
konz_EFQM & umwelt	-0,170	0,264	ns	2,314	0,510	ns
konz_HACCP & scm	0,282	0,019	*	6,629	0,085	ns
konz_HACCP & umwelt	0,093	0,403	ns	1,975	0,578	ns
konz_IFS & scm	0,143	0,279	ns	5,705	0,127	ns
konz_IFS & umwelt	-0,078	0,532	ns	6,609	0,085	ns
konz_qualität_andere & scm	-0,073	0,729	ns	0,127	0,721	ns
konz_qualität_andere & umwelt	0,134	0,507	ns	0,464	0,496	ns
konz_OHSAS & scm	0,435	0,002	**	-> Achtg.: nur sehr wenige Werte (7)		
konz_OHSAS & umwelt	0,116	0,424	ns	0,811	0,667	ns
konz_arbeitssich_andere & scm	0,180	0,351	ns	2,517	0,472	ns
konz_arbeitssich_andere & umwelt	0,568	0,001	***	-> Achtg.: nur sehr wenige Werte (11)		
konz_biosiegel & scm	-0,013	0,922	ns	1,111	0,774	ns
konz_biosiegel & umwelt	0,165	0,196	ns	3,718	0,294	ns
konz_umweltlabel_andere & scm	0,207	0,265	ns	1,281	0,527	ns
konz_umweltlabel_andere & umwelt	0,346	0,045	*	-> Achtg.: nur sehr wenige Werte (10)		
konz_emas & scm	0,129	0,363	ns	5,544	0,136	ns
konz_emas & umwelt	0,315	0,013	*	8,170	0,043	*
konz_iso14001 & scm	0,322	0,019	*	6,986	0,072	ns
konz_iso14001 & umwelt	0,333	0,011	*	8,105	0,044	*
konz_oekoprofit & scm	-0,064	0,675	ns	0,182	0,670	ns
konz_oekoprofit & umwelt	0,193	0,170	ns	1,901	0,168	ns
konz_JiT & scm	0,479	0,002	**	11,418	0,010	**
konz_JiT & umwelt	-0,032	0,838	ns	0,719	0,869	ns
konz_ECR & scm	0,645	0,000	***	17,667	0,001	***
konz_ECR & umwelt	0,054	0,730	ns	1,721	0,632	ns
konz_CPFR & scm	0,518	0,001	***	9,264	0,026	*
konz_CPFR & umwelt	0,197	0,229	ns	2,008	0,571	ns
konz_VMI & scm	0,165	0,360	ns	0,867	0,352	ns
konz_VMI & umwelt	0,187	0,269	ns	1,255	0,263	ns
konz_QR & scm	0,304	0,080	ns	3,647	0,302	ns
konz_QR & umwelt	-0,005	0,978	ns	5,142	0,162	ns
konz_CR & scm	0,423	0,010	**	6,783	0,079	ns
konz_CR & umwelt	0,099	0,549	ns	0,374	0,946	ns
konz_ISO9000 & groesse	0,343	0,002	**	16,730	0,005	**
konz_QuS & groesse	0,244	0,050	*	10,530	0,062	ns
konz_EFQM & groesse	-0,111	0,472	ns	1,742	0,884	ns
konz_HACCP & groesse	0,250	0,023	*	5,258	0,385	ns
konz_IFS & groesse	0,330	0,007	**	12,088	0,034	*
konz_qualität_andere & groesse	-0,092	0,656	ns	0,816	0,936	ns

Gegenüberstellung: Variable 1 & Variable 2	Korrelationen (Spearman)			Unterschiede (Kruskal-Wallis-H-Test)		
	Korrelations-koeffizient	Näherungsweise Signifikanz	Symbol	Chi-Quadrat	Asymptotische Signifikanz	Symbol
konz_OHSAS & groesse	0,384	0,006	**	10,283	0,068	ns
konz_arbeitssich_andere & groesse	0,176	0,351	ns	4,140	0,529	ns
konz_biosiegel & groesse	-0,059	0,644	ns	4,614	0,465	ns
konz_umweltlabel_andere & groesse	-0,071	0,693	ns	5,720	0,334	ns
konz_emas & groesse	-0,013	0,923	ns	2,494	0,777	ns
konz_iso14001 & groesse	0,253	0,057	ns	7,181	0,208	ns
konz_oekoprofit & groesse	-0,176	0,215	ns	5,384	0,371	ns
konz_JiT & groesse	0,280	0,065	ns	5,482	0,241	ns
konz_ECR & groesse	0,429	0,003	**	9,902	0,078	ns
konz_CPFR & groesse	0,316	0,047	*	5,072	0,407	ns
konz_VMI & groesse	0,174	0,295	ns	8,028	0,155	ns
konz_QR & groesse	0,401	0,011	*	10,640	0,031	*
konz_CR & groesse	0,135	0,406	ns	2,005	0,848	ns
konz_ISO9000 & branche				5,445	0,709	ns
konz_QuS & branche				4,321	0,742	ns
konz_EFQM & branche				6,791	0,451	ns
konz_HACCP & branche				10,673	0,221	ns
konz_IFS & branche				17,395	0,026	*
konz_qualität_andere & branche				2,169	0,903	ns
konz_OHSAS & branche				14,042	0,081	ns
konz_arbeitssich_andere & branche				6,564	0,476	ns
konz_biosiegel & branche				18,605	0,017	*
konz_umweltlabel_andere & branche				8,021	0,331	ns
konz_emas & branche				5,422	0,712	ns
konz_iso14001 & branche				9,749	0,283	ns
konz_oekoprofit & branche				10,578	0,158	ns
konz_JiT & branche				5,074	0,651	ns
konz_ECR & branche				7,692	0,361	ns
konz_CPFR & branche				3,352	0,851	ns
konz_VMI & branche				19,958	0,006	**
konz_QR & branche				3,479	0,837	ns
konz_CR & branche				3,859	0,696	ns
konz_ISO9000 & konz_HACCP	0,182	0,124	ns	3,354	0,340	ns
konz_QuS & konz_HACCP	0,022	0,864	ns	1,205	0,752	ns
konz_EFQM & konz_HACCP	0,125	0,415	ns	0,685	0,877	ns
konz_IFS & konz_HACCP	0,375	0,002	**	10,262	0,016	*
konz_qualität_andere & konz_HACCP	0,234	0,239	ns	1,428	0,232	ns
konz_OHSAS & konz_HACCP	0,148	0,304	ns	1,083	0,582	ns
konz_arbeitssich_andere & konz_HACCP	0,001	0,997	ns	0,367	0,947	ns
konz_biosiegel & konz_HACCP	0,015	0,908	ns	0,491	0,921	ns
konz_umweltlabel_andere & konz_HACCP	0,193	0,283	ns	1,200	0,549	ns
konz_emas & konz_HACCP	0,060	0,645	ns	0,863	0,834	ns
konz_iso14001 & konz_HACCP	0,103	0,467	ns	0,842	0,839	ns
konz_oekoprofit & konz_HACCP	-0,055	0,698	ns	0,155	0,694	ns
konz_JiT & konz_HACCP	0,198	0,204	ns	1,668	0,644	ns
konz_ECR & konz_HACCP	0,255	0,112	ns	2,856	0,414	ns
konz_CPFR & konz_HACCP	0,168	0,342	ns	0,939	0,625	ns
konz_VMI & konz_HACCP	0,138	0,451	ns	0,592	0,442	ns
konz_QR & konz_HACCP	0,174	0,333	ns	0,976	0,807	ns
konz_CR & konz_HACCP	-0,036	0,839	ns	1,479	0,687	ns

Anhang G 307

Gegenüberstellung: Variable 1 & Variable 2	Korrelationen (Spearman)		Symbol	Unterschiede (Kruskal-Wallis-H-Test)		Symbol
	Korrelations-koeffizient	Näherungsweise Signifikanz		Chi-Quadrat	Asymptotische Signifikanz	
konz_iso14001 & konz_emas	0,353	0,015	*	8,859	0,031	*
konz_ISO9000 & konz_emas	0,069	0,615	ns	3,120	0,373	ns
konz_ISO9000 & konz_iso14001	0,370	0,005	**	9,356	0,009	**
konz_ISO9000 & konz_oekoprofit	0,033	0,827	ns	0,219	0,975	ns
konz_ISO9000 & konz_biosiegel	0,078	0,570	ns	3,546	0,315	ns
umfg_audits & scm	0,302	0,008	**	9,159	0,057	ns
umfg_audits & umwelt	0,262	0,013	*	7,505	0,111	ns
umfg_kennzahlen & scm	0,356	0,003	**	11,558	0,021	*
umfg_kennzahlen & umwelt	0,255	0,022	*	5,211	0,074	ns
umfg_berichterstattg & scm	0,231	0,093	ns	3,925	0,416	ns
umfg_berichterstattg & umwelt	0,329	0,009	**	10,479	0,033	*
umfg_beschaffg_richtl & scm	0,104	0,454	ns	3,043	0,551	ns
umfg_beschaffg_richtl & umwelt	0,526	0,000	***	16,581	0,002	**
umfg_AA_AV & scm	0,020	0,869	ns	3,396	0,494	ns
umfg_AA_AV & umwelt	0,011	0,921	ns	2,288	0,683	ns
umfg_benchmarking & scm	0,393	0,006	**	10,763	0,029	*
umfg_benchmarking & umwelt	0,211	0,125	ns	6,008	0,199	ns
umfg_checklisten & scm	0,235	0,055	ns	4,415	0,353	ns
umfg_checklisten & umwelt	0,049	0,667	ns	1,560	0,256	ns
umfg_SSA & scm	0,285	0,040	*	5,319	14,739	ns
umfg_SSA & umwelt	0,449	0,000	***	14,739	0,005	**
umfg_prozessanalyse & scm	0,177	0,201	ns	4,436	0,350	ns
umfg_prozessanalyse & umwelt	0,191	0,128	ns	8,130	0,087	ns
umfg_wertkettenanalyse & scm	0,020	0,910	ns	0,052	0,974	ns
umfg_wertkettenanalyse & umwelt	0,180	0,286	ns	1,200	0,549	ns
umfg_nutzwert & scm	0,103	0,532	ns	0,629	0,730	ns
umfg_nutzwert & umwelt	0,222	0,147	ns	2,401	0,301	ns
umfg_abc_analyse & scm	0,343	0,026	*	6,934	0,074	ns
umfg_abc_analyse & umwelt	0,329	0,017	*	6,714	0,082	ns
umfg_risikoanalyse & scm	0,368	0,007	**	7,610	0,107	ns
umfg_risikoanalyse & umwelt	0,026	0,836	ns	0,104	0,999	ns
umfg_kostenrechng & scm	0,226	0,077	ns	3,577	0,466	ns
umfg_kostenrechng & umwelt	-0,018	0,882	ns	4,446	0,349	ns
umfg_controlling & scm	0,158	0,217	ns	2,511	0,643	ns
umfg_controlling & umwelt	-0,127	0,274	ns	5,830	0,212	ns
umfg_oekobilanzierg & scm	0,113	0,459	ns	1,713	0,634	ns
umfg_oekobilanzierg & umwelt	0,374	0,007	**	7,146	0,067	ns
umfg_PLA & scm	0,236	0,142	ns	5,062	0,281	ns
umfg_PLA & umwelt	0,091	0,553	ns	2,241	0,691	ns
umfg_bewert_verfahr & scm	0,108	0,525	ns	0,528	0,913	ns
umfg_bewert_verfahr & umwelt	0,307	0,057	ns	3,877	0,275	ns
umfg_BSC & scm	0,528	0,001	***	-> Achtg.: nur sehr wenige Werte (8)		
umfg_BSC & umwelt	0,343	0,041	*	-> Achtg.: nur sehr wenige Werte (8)		
umfg_BIS & scm	0,168	0,350	ns	0,903	0,342	ns
umfg_BIS & umwelt	0,293	0,092	ns	2,836	0,092	ns
umfg_audits & groesse	0,348	0,001	***	15,001	0,005	**
umfg_kennzahlen & groesse	0,258	0,022	*	10,272	0,068	ns
umfg_berichterstattg & groesse	0,085	0,513	ns	3,722	0,445	ns
umfg_beschaffg_richtl & groesse	-0,101	0,450	ns	1,313	0,859	ns
umfg_AA_AV & groesse	0,008	0,944	ns	5,461	0,243	ns
umfg_benchmarking & groesse	0,252	0,068	ns	13,386	0,010	**
umfg_checklisten & groesse	0,023	0,840	ns	1,927	0,749	ns

Gegenüberstellung: Variable 1 & Variable 2	Korrelationen (Spearman)		Symbol	Unterschiede (Kruskal-Wallis-H-Test)		Symbol
	Korrelations-koeffizient	Näherungsweise Signifikanz		Chi-Quadrat	Asymptotische Signifikanz	
umfg_SSA & groesse	0,036	0,783	ns	2,492	0,646	ns
umfg_prozessanalyse & groesse	0,167	0,187	ns	5,228	0,265	ns
umfg_wertkettenanalyse & groesse	0,065	0,706	ns	1,092	0,579	ns
umfg_nutzwert & groesse	0,186	0,232	ns	1,544	0,462	ns
umfg_abc_analyse & groesse	0,428	0,002	**	14,303	0,003	**
umfg_risikoanalyse & groesse	0,334	0,007	**	10,405	0,034	*
umfg_kostenrechng & groesse	0,202	0,087	ns	8,233	0,083	ns
umfg_controlling & groesse	0,086	0,463	ns	6,355	0,174	ns
umfg_oekobilanzierg & groesse	-0,042	0,771	ns	0,758	0,860	ns
umfg_PLA & groesse	0,339	0,024	*	6,183	0,186	ns
umfg_bewert_verf & groesse	0,160	0,336	ns	1,118	0,773	ns
umfg_BSC & groesse	0,324	0,057	ns	3,947	0,139	ns
umfg_BIS & groesse	-0,125	0,489	ns	0,498	0,480	ns
umfg_audits & branche				6,622	0,578	ns
umfg_kennzahlen & branche				10,206	0,251	ns
umfg_berichterstattg & branche				8,023	0,431	ns
umfg_beschaffg_richtl & branche				5,802	0,669	ns
umfg_AA_AV & branche				11,487	0,176	ns
umfg_benchmarking & branche				2,896	0,894	ns
umfg_checklisten & branche				7,163	0,519	ns
umfg_SSA & branche				7,478	0,486	ns
umfg_prozessanalyse & branche				6,168	0,628	ns
umfg_wertkettenanalyse & branche				4,643	0,590	ns
umfg_nutzwert & branche				4,354	0,738	ns
umfg_abc_analyse & branche				8,495	0,291	ns
umfg_risikoanalyse & branche				5,170	0,739	ns
umfg_kostenrechng & branche				7,007	0,536	ns
umfg_controlling & branche				3,261	0,917	ns
umfg_oekobilanzierg & branche				7,249	0,403	ns
umfg_PLA & branche				8,511	0,385	ns
umfg_bewert_verf & branche				2,983	0,887	ns
umfg_BSC & branche				11,444	0,120	ns
umfg_BIS & branche				7,685	0,361	ns
umfg_risikoanalyse & ue_risikovorsorge	0,252	0,043	*	9,859	0,043	*
umfg_oekobilanzierg & konz_biosiegel	0,403	0,007	**	8,176	0,043	*
umfg_oekobilanzierg & konz_emas	0,720	0,000	***	21,375	0,000	***
umfg_oekobilanzierg & konz_iso14001	0,589	0,000	***	14,711	0,002	**
umfg_oekobilanzierg & konz_oekoprofit	0,210	0,220	ns	5,075	0,079	ns
Zielstellungen (pro)aktiven Umweltschutzes						
verkn_kreislauffuehrg & branche				7,428	0,491	ns
verkn_kreislauffuehrg & produktion	-0,159	0,217	ns	1,540	0,215	ns
verkn_kreislauffuehrg & groesse	0,043	0,741	ns	1,470	0,916	ns
verkn_kreislauffuehrg & scm	0,389	0,003	**	9,322	0,054	ns
verkn_kreislauffuehrg & umwelt	0,369	0,003	**	9,283	0,010	**
verkn_produkthaltbark & branche				7,016	0,535	ns
verkn_produkthaltbark & produktion	-0,092	0,465	ns	0,014	0,907	ns
verkn_produkthaltbark & groesse	0,119	0,345	ns	6,287	0,279	ns
verkn_produkthaltbark & scm	0,197	0,131	ns	14,971	0,005	**
verkn_produkthaltbark & umwelt	0,094	0,453	ns	13,707	0,001	**

Gegenüberstellung: Variable 1 & Variable 2	Korrelationen (Spearman)		Symbol	Unterschiede (Kruskal-Wallis-H-Test)		Symbol
	Korrelations-koeffizient	Näherungsweise Signifikanz		Chi-Quadrat	Asymptotische Signifikanz	
verkn_gemein_produktentw & branche				6,755	0,455	ns
verkn_gemein_produktentw & produktion	-0,015	0,908	ns	0,545	0,461	ns
verkn_gemein_produktentw & groesse	0,138	0,268	ns	6,648	0,248	ns
verkn_gemein_produktentw & scm	0,469	0,000	***	3,080	0,544	ns
verkn_gemein_produktentw & umwelt	0,327	0,007	**	3,021	0,221	ns
verkn_pos_maßnahmen & branche				4,391	0,734	ns
verkn_pos_maßnahmen & produktion	-0,021	0,867	ns	0,029	0,865	ns
verkn_pos_maßnahmen & groesse	0,151	0,230	ns	14,244	0,014	*
verkn_pos_maßnahmen & scm	0,609	0,000	***	21,179	0,000	***
verkn_pos_maßnahmen & umwelt	0,359	0,003	**	8,522	0,014	*
verkn_regional_wirtschaften & branche				7,586	0,475	ns
verkn_regional_wirtschaften & produktion	-0,136	0,257	ns	1,303	0,254	ns
verkn_regional_wirtschaften & groesse	-0,258	0,030	*	12,830	0,025	*
verkn_regional_wirtschaften & scm	0,221	0,079	ns	3,319	0,506	ns
verkn_regional_wirtschaften & umwelt	0,196	0,098	ns	3,610	0,164	ns
verkn_beauftragter_SC & branche				4,943	5,685	ns
verkn_beauftragter_SC & produktion	-0,221	0,074	ns	3,178	0,075	ns
verkn_beauftragter_SC & groesse	0,183	0,141	ns	8,349	0,138	ns
verkn_beauftragter_SC & scm	0,646	0,000	***	27,158	0,000	***
verkn_beauftragter_SC & umwelt	0,379	0,002	**	9,508	0,009	**
verkn_qualifikat_MA & branche				0,764	0,682	ns
verkn_qualifikat_MA & produktion	-0,010	0,936	ns	0,007	0,936	ns
verkn_qualifikat_MA & groesse	0,214	0,093	ns	7,025	0,219	ns
verkn_qualifikat_MA & scm	0,636	0,000	***	23,934	0,000	***
verkn_qualifikat_MA & umwelt	0,284	0,023	*	5,165	0,076	ns
verkn_regional_wirtschaften & scm_vertrauen	-0,179	0,214	ns	1,740	0,419	ns

Quelle: Eigene Darstellung.

Weitere Untersuchungsergebnisse

Gegenüberstellung: Variable 1 & Variable 2	Unterschiede (Wilcoxon-Test)		Symbol
	Z	Asymptotische Signifikanz	
Subbranchendifferenzierung			
ERIgesamth & StichGesamtheit	-2,666	0,008	**
Unternehmensgrößendifferenzierung			
stichpro & Gesamtheit	-2,201	0,028	*

Quelle: Eigene Darstellung.

Ergänzende Erläuterungen

a) Erklärung der Abkürzungen

Variablen-Abkürzung	Bezeichnung gemäß Fragebogen (vgl. auch Anhang F) oder eigene Festlegung
branche	Subbranche der ERI gemäß NACE-Code
produktion	Produktionstyp
groesse	Unternehmensgröße anhand Beschäftigtenzahl

Variablen-Abkürzung	Bezeichnung gemäß Fragebogen (vgl. auch Anhang F) oder eigene Festlegung
scm	Einsatz des Supply Chain Management
umwelt	Umweltengagement
sinnvoll	Zweckmäßigkeit der integrativen Verknüpfung
praktik	Praktikabilität der integrativen Verknüpfung
Kooperationspartner	
lieferant	Mit wichtigen direkten Lieferanten (vorherige Wertschöpfungsstufe)
kunde	Mit wichtigen direkten Kunden (nachfolgende Wertschöpfungsstufe)
sublieferant	Mit wichtigen Lieferanten der Lieferanten (z. B. Landwirt)
kundenkunde	Mit wichtigen Kunden der Kunden (z. B. Endverbraucher)
LDL	Mit Logistikdienstleistern (z. B. Speditionen)
Kooperationsinhalte	
datenaustausch	Austausch von Daten (z. B. Planungs-, Bestandsdaten)
tagesgeschäft	Bündelung von Aktivitäten im Tagesgeschäft
FundE	Gemeinsame Forschungs- und Entwicklungsarbeit (z. B. Produktinnovationen)
wissen	Regelmäßiger Wissensaustausch (z. B. über Fördermaßnahmen)
berater	Gemeinsame Nutzung von Beratern/Beauftragten (z. B. Umweltbeauftragter)
UNgründg	Gründung neuer Unternehmen bzw. Vereins-/Verbandsgründung
Nutzen – Supply Chain Management	
ab_zufriedenheit	Steigerung der Kundenzufriedenheit und -bindung
ab_lieferzeit	Verkürzung der Durchlauf- bzw. Lieferzeiten
ab_produktqualität	Verbesserung der Produktqualität
ab_prozessverbesserg	Verbesserung der Prozesse/Abläufe
ab_datenaustausch	Verbesserung des Datenaustausches
ab_warenfluss	Erhöhte Transparenz im Warenfluss
ab_kosten	Reduzierung der Kapitalbindung und Kosten
ab_innovation	Entstehung von Innovationen (z. B. Produkt-, Prozessinnovationen)
ab_marktanteil	Ausweitung des Marktanteils
ab_umsatzsteig	Umsatzsteigerung
ab_partnerbeziehg	Verbesserung der Partnerbeziehungen
ab_rückverfolg	Unterstützung der Rückverfolgbarkeit (gemäß EG-Verordnung 178/2002)
Hemmnisse – Supply Chain Management	
scm_partnerkonflikte	Fehlendes Interesse der Partner bzw. Zielkonflikte
scm_vertrauen	Mangelndes Vertrauen bzw. Kommunikationsbereitschaft
scm_hilfestellg	Keine ausreichenden Hinweise/Hilfestellungen für ein strukturiertes Vorgehen vorhanden
scm_organisation	Defizite in der Organisation (z. B. Verantwortlichkeiten)
scm_techprobleme	Technische Probleme (z. B. Softwareunterstützung)
scm_prozesskomplexität	Heterogenität und Komplexität der übergreifenden Prozesse
scm_MA_desinteresse	Fehlendes Engagement der eigenen Mitarbeiter
scm_aufwand	Hoher Aufwand bzw. Kosten
Umweltkooperationspartner	
ue_lieferanten	Mit wichtigen direkten Lieferanten (vorherige Wertschöpfungsstufe)
ue_kunden	Mit wichtigen direkten Kunden (nachfolgende Wertschöpfungsstufe)
ue_subliefer	Mit wichtigen Lieferanten der Lieferanten (z. B. Landwirt)
ue_kundenkunde	Mit wichtigen Kunden der Kunden (z. B. Endverbraucher)
ue_LDL	Mit Logistikdienstleistern (z. B. Speditionen)
Nutzen – Umweltengagement	
ue_rechtssicherheit	Rechtssicherheit/-konformität
ue_risikovorsorge	Senkung bzw. Vorsorge von Risiken
ue_kosteneinsparg	Kosteneinsparungen
ue_mitarbeitermotiv	Mitarbeitermotivation
ue_produktqualität	Verbesserung der Produktqualität
ue_kundenzufried	Steigerung der Kundenzufriedenheit
ue_behörden	Positive Einstellung bei Behörden/Banken/Anwohnern

Variablen-Abkürzung	Bezeichnung gemäß Fragebogen (vgl. auch Anhang F) oder eigene Festlegung
ue_innovation	Entstehung von Innovationen (z. B. Produkt-, Prozessinnovationen)
ue_marktanteil	Ausweitung des Marktanteils
ue_umsatzsteigerg	Wettbewerbsvorteile/Umsatzsteigerung
ue_image	Imageverbesserung
ue_umwelterhalt	Erhalt der natürlichen Umwelt (z. B. als wichtiger Rohstofflieferant)
Hemmnisse – Umweltengagement	
u_e_GF_desinteresse	Fehlende Unterstützung von Seiten der Geschäftsführung
u_e_MA_desinteresse	Desinteresse der Mitarbeiter
u_e_akzeptanz_sc	Unzureichende Akzeptanz in der Wertschöpfungskette
u_e_honor_konsument	Unzureichende Honorierung durch Konsumenten
u_e_honor_behörde	Unzureichende Honorierung durch Behörden
u_e_aufwand	Hoher Aufwand bzw. Kosten
Standards bzw. Konzepte	
konz_ISO9000	DIN EN ISO 9000 ff.
konz_QuS	QuS-System „Qualität und Sicherheit"/QuS-Prüfzeichen
konz_EFQM	EFQM (European Foundation for Quality Management)
konz_HACCP	HACCP (Hazard Analysis and Critical Control Point)
konz_IFS	IFS (International Food Standard)
konz_qualität_andere	Anderes Qualitätskonzept/-programm
konz_OHSAS	OHSAS 18001 (Occupational Health and Safety Assessment Series)
konz_arbeitssich_andere	Anderes Arbeitsschutzkonzept
konz_biosiegel	Bio-Siegel (gemäß EG-Bio-Verordnung)
konz_umweltlabel_andere	Anderes Umweltkonzept/-Label
konz_emas	EG-Öko-Audit-VO (bzw. EMAS)
konz_iso14001	DIN EN ISO 14001
konz_oekoprofit	Ökoprofit
konz_JiT	JiT (Just in Time)
konz_ECR	ECR (Efficient Consumer Response)
konz_CPFR	CPFR (Collaborative Planning, Forecasting and Replenishment)
konz_VMI	VMI (Ventor Managed Inventory)
konz_QR	QR (Quick Response)
konz_CR	CR (Continuous Replenishment)
Managementinstrumente in Anzahl/Umfang der betroffenen Bereiche	
umfg_audits	Audits
umfg_kennzahlen	Kennzahlen
umfg_berichterstattg	Externe Berichterstattung (z. B. Umweltbericht)
umfg_beschaffg_richtl	Ökologische Beschaffungsrichtlinien
umfg_AA_AV	Arbeits-, Verfahrensanweisungen
umfg_benchmarking	Benchmarking
umfg_checklisten	Checklisten
umfg_SSA	Stoffstromanalyse
umfg_prozessanalyse	Prozessanalyse
umfg_wertkettenanalyse	Akteurs- bzw. Wertkettenanalyse
umfg_nutzwert	Nutzwertanalyse
umfg_abc_analyse	ABC-Analyse
umfg_risikoanalyse	Risikoanalyse
umfg_kostenrechng	Kostenrechnung
umfg_controlling	Controlling
umfg_oekobilanzierg	Ökobilanzierung
umfg_PLA	Produktlinienanalyse
umfg_bewert_verf	Bewertungs- und Wirkungsverfahren (z. B. DIN EN ISO 14031)
umfg_BSC	Balanced Scorecard
umfg_BIS	Betriebliches Informationssystem (z. B. BUIS)

Variablen-Abkürzung	Bezeichnung gemäß Fragebogen (vgl. auch Anhang F) oder eigene Festlegung
Zielstellungen (pro)aktiven Umweltschutzes	
verkn_kreislauffuehrg	Forcierung zwischenbetrieblich-vertikaler Materialkreislaufführung
verkn_produkthaltbark	Gentechnikfreie Verlängerung der Produkthaltbarkeitsdauer
verkn_gemein_produktentw	Umweltverträgliche Produktentwicklung gemeinsam mit Wertschöpfungspartnern und Konsumenten
verkn_pos_maßnahmen	Zielgerichtete Positionierung sowie gemeinsame Planung, Investition und Realisierung von Umweltschutzmaßnahmen in der Supply Chain (z. B. im Transportbereich; Effekt: Nutzung von Größenvorteilen)
verkn_regional_wirtschaften	Orientierung auf regionale Beschaffung, Produktion, Vertrieb usw. (regionale Wirtschaftskreisläufe)
verkn_beauftragter_SC	Berufung eines Beauftragten/Verantwortlichen für die Verfolgung des Umweltschutzes über mehrere SC-Stufen
verkn_qualifikat_MA	Sensibilisierung bzw. Qualifikation der SCM-Mitarbeiter für Umweltschutz-Belange
Sonstiges	
instrumenteanzahl	Anzahl an verschiedenen Instrumenten
konzepteanzahl	Anzahl an verschiedenen Konzepten
ERIgesamth	Branchenstruktur der gesamten ERI
StichGesamtheit	Branchenstruktur der untersuchten Stichprobe
Gesamtheit	Unternehmensgrößenstruktur der gesamten ERI
stichpro	Unternehmensgrößenstruktur der untersuchten Stichprobe

Quelle: Eigene Darstellung.

b) Erläuterung der Analysewerte

Irrtumswahrscheinlichkeit	Bedeutung	Symbolisierung	Werte des Korrelationskoeffizienten	Interpretation
$p > 0{,}05$	nicht signifikant	ns	$0 < r \leq 0{,}2$	sehr geringe Korrelation
$p \leq 0{,}05$	signifikant	*	$0{,}2 < r \leq 0{,}5$	geringe Korrelation
$p \leq 0{,}01$	sehr signifikant	**	$0{,}5 < r \leq 0{,}7$	mittlere Korrelation
$p \leq 0{,}001$	höchst signifikant	***	$0{,}7 < r \leq 0{,}9$	hohe Korrelation
			$0{,}9 < r \leq 1$	sehr hohe Korrelation

Quelle: BÜHL/ZÖFEL (2005, S. 113, 249, 322).

Anhang H: Statistisch signifikante Assoziationen/Unterschiede zwischen den Unternehmensclustern

Parameter/Variable	Assoziation (Cramers-V)		Symbol	Unterschiede (Kruskal-Wallis-H-Test)		Symbol
	Koeffizient	Näherungsweise Signifikanz		Chi-Quadrat	Asymptotische Signifikanz	
groesse	0,317	0,037	*	9,887	0,007	**
scm	0,643	0,000	***	54,853	0,000	***
umwelt	0,243	0,023	*	9,203	0,010	**
sinnvoll	0,218	0,160	ns	3,727	0,155	ns
praktik	0,326	0,005	**	14,598	0,001	***
branche	0,337	0,194	ns	1,080	0,583	ns
produktion	0,041	0,924	ns	0,157	0,925	ns
Kooperationspartner						
lieferant	0,207	0,298	ns	1,045	0,593	ns
kunde	0,229	0,293	ns	4,824	0,090	ns
sublieferant	0,084	0,986	ns	0,213	0,899	ns
kundenkunde	0,224	0,214	ns	6,482	0,039	*
LDL	0,223	0,193	ns	7,047	0,029	*
Kooperationsinhalte						
datenaustausch	0,353	0,002	**	11,961	0,003	**
tagesgeschäft	0,015	0,989	ns	0,022	0,989	ns
FundE	0,113	0,537	ns	1,231	0,540	ns
wissen	0,246	0,053	ns	5,814	0,055	ns
berater	0,181	0,203	ns	3,155	0,206	ns
UNgründg	0,079	0,738	ns	0,601	0,741	ns
Nutzen – Supply Chain Management						
ab_zufriedenheit	0,427	0,025	*	6,868	0,009	**
ab_lieferzeit	0,338	0,108	ns	1,940	0,164	ns
ab_produktqualität	0,046	0,990	ns	0,019	0,889	ns
ab_prozessverbesserg	0,119	0,863	ns	0,038	0,845	ns
ab_datenaustausch	0,161	0,719	ns	0,331	0,565	ns
ab_warenfluss	0,170	0,472	ns	0,549	0,459	ns
ab_kosten	0,262	0,320	ns	2,350	0,125	ns
ab_innovation	0,166	0,716	ns	0,028	0,867	ns
ab_marktanteil	0,297	0,221	ns	0,253	0,615	ns
ab_umsatzsteig	0,496	0,007	**	1,655	0,198	ns
ab_partnerbeziehg	0,335	0,057	ns	3,921	0,048	*
ab_rückverfolg	0,516	0,003	**	11,706	0,001	***
Hemmnisse – Supply Chain Management						
scm_partnerkonflikte	0,237	0,321	ns	2,259	0,323	ns
scm_vertrauen	0,131	0,901	ns	1,776	0,411	ns
scm_hilfestellg	0,240	0,297	ns	3,144	0,208	ns
scm_organisation	0,283	0,128	ns	7,071	0,029	*
scm_techprobleme	0,209	0,490	ns	4,788	0,091	ns
scm_prozesskomplexität	0,219	0,474	ns	2,739	0,254	ns
scm_MA_desinteresse	0,161	0,790	ns	0,654	0,721	ns
scm_aufwand	0,142	0,853	ns	1,140	0,565	ns
Nutzen – Umweltengagement						
ue_rechtssicherheit	0,197	0,314	ns	3,377	0,185	ns
ue_risikovorsorge	0,267	0,041	*	4,574	0,102	ns
ue_kosteneinsparg	0,232	0,133	ns	4,304	0,116	ns
ue_mitarbeitermotiv	0,263	0,046	*	6,256	0,044	*

Parameter/Variable	Assoziation (Cramers-V)		Symbol	Unterschiede (Kruskal-Wallis-H-Test)		Symbol
	Koeffizient	Näherungsweise Signifikanz		Chi-Quadrat	Asymptotische Signifikanz	
ue_produktqualität	0,190	0,347	ns	6,164	0,046	*
ue_kundenzufried	0,213	0,213	ns	6,232	0,044	*
ue_behörden	0,196	0,307	ns	1,136	0,567	ns
ue_innovation	0,163	0,565	ns	2,162	0,339	ns
ue_marktanteil	0,212	0,221	ns	5,683	0,058	ns
ue_umsatzsteigerg	0,318	0,005	**	8,137	0,017	*
ue_image	0,337	0,002	**	8,623	0,013	*
ue_umwelterhalt	0,168	0,539	ns	1,405	0,495	ns
Hemmnisse – Umweltengagement						
u_e_GF_desinteresse	0,143	0,775	ns	2,222	0,329	ns
u_e_MA_desinteresse	0,275	0,043	*	1,818	0,403	ns
u_e_akzeptanz_sc	0,274	0,050	*	3,660	0,160	ns
u_e_honor_konsument	0,151	0,678	ns	1,120	0,571	ns
u_e_honor_behörde	0,239	0,125	ns	2,307	0,316	ns
u_e_aufwand	0,244	0,114	ns	4,694	0,096	ns
Umweltkooperationspartner						
ue__lieferanten	0,386	0,000	***	14,500	0,001	***
ue__kunden	0,302	0,022	*	13,682	0,001	***
ue__subliefer	0,263	0,101	ns	7,501	0,024	*
ue__kundenkunde	0,350	0,004	**	15,760	0,000	***
ue__LDL	0,326	0,009	**	11,564	0,003	**
Konzepte-Vorhandensein						
konz_ISO9000	0,242	0,156	ns	4,736	0,094	ns
konz_QuS	0,224	0,357	ns	1,592	0,451	ns
konz_EFQM	0,223	0,614	ns	1,566	0,457	ns
konz_HACCP	0,195	0,390	ns	2,545	0,280	ns
konz_IFS	0,191	0,559	ns	0,759	0,684	ns
konz_qualität_andere	0,248	0,437	ns	1,596	0,450	ns
konz_OHSAS	0,243	0,206	ns	4,992	0,082	ns
konz_arbeitssich_andere	0,342	0,299	ns	1,547	0,461	ns
konz_biosiegel	0,135	0,890	ns	0,268	0,875	ns
konz_umweltlabel_andere	0,264	0,316	ns	3,452	0,178	ns
konz_emas	0,287	0,117	ns	1,334	0,513	ns
konz_iso14001	0,266	0,223	ns	4,885	0,087	ns
konz_oekoprofit	0,169	0,477	ns	1,452	0,484	ns
konz_JiT	0,323	0,162	ns	6,608	0,037	*
konz_ECR	0,332	0,128	ns	9,164	0,010	**
konz_CPFR	0,309	0,267	ns	3,561	0,169	ns
konz_VMI	0,125	0,742	ns	0,582	0,747	ns
konz_QR	0,305	0,298	ns	3,065	0,216	ns
konz_CR	0,296	0,321	ns	6,080	0,048	*
Instrumente-Vorhandensein	0,236	0,271	ns	6,236	0,044	*
umfg_audits	0,290	0,098	ns	4,013	0,134	ns
umfg_kennzahlen	0,310	0,146	ns	4,842	0,089	ns
umfg_berichterstattg	0,303	0,212	ns	1,700	0,427	ns
umfg_beschaffg_richtl	0,172	0,785	ns	0,746	0,689	ns
umfg_AA_AV	0,348	0,110	ns	5,827	0,054	ns
umfg_benchmarking	0,254	0,237	ns	2,604	0,272	ns
umfg_checklisten	0,240	0,522	ns	1,605	0,448	ns
umfg_SSA	0,287	0,220	ns	0,716	0,699	ns
umfg_prozessanalyse	0,283	0,205	ns	0,767	0,681	ns
umfg_wertkettenanalyse	0,123	0,855	ns	0,637	0,727	ns

Parameter/Variable	Assoziation (Cramers-V)		Symbol	Unterschiede (Kruskal-Wallis-H-Test)		Symbol
	Koeffizient	Näherungsweise Signifikanz		Chi-Quadrat	Asymptotische Signifikanz	
umfg_nutzwert	0,194	0,687	ns	2,161	0,339	ns
umfg_abc_analyse	0,263	0,333	ns	2,286	0,319	ns
umfg_risikoanalyse	0,265	0,240	ns	1,551	0,461	ns
umfg_kostenrechng	0,230	0,432	ns	1,423	0,491	ns
umfg_controlling	0,263	0,316	ns	0,835	0,659	ns
umfg_oekobilanzierg	0,215	0,842	ns	0,225	0,893	ns
umfg_PLA	0,184	0,852	ns	0,125	0,940	ns
umfg_bewert_verf	0,358	0,056	ns	8,842	0,012	*
umfg_BSC	0,212	0,465	ns	1,485	0,476	ns
umfg_BIS	0,236	0,271	ns	6,236	0,044	*
Verknüpfung von Zielen						
verkn_kreislauffuehrg	0,245	0,109	ns	6,305	0,043	*
verkn_produkthaltbark	0,199	0,265	ns	0,950	0,622	ns
verkn_gemein_produktentw	0,332	0,005	**	11,958	0,003	**
verkn_pos_maßnahmen	0,373	0,001	***	17,518	0,000	***
verkn_regional_wirtschaften	0,271	0,032	*	2,335	0,311	ns
verkn_beauftragter_SC	0,329	0,006	**	14,284	0,001	***
verkn_qualifikat_MA	0,372	0,001	***	16,910	0,000	***
instrumenteanzahl	0,510	0,092	ns	7,976	0,019	*
konzepteanzahl	0,425	0,009	**	11,554	0,003	**

Quelle: Eigene Darstellung.

Erläuterung der Analysewerte

Irrtumswahrscheinlichkeit	Bedeutung	Symbolisierung	Werte des Koeffizienten als Grad der Assoziation	Interpretation
p > 0,05	nicht signifikant	ns	r ≥ 0	völlige Unabhängigkeit
p ≤ 0,05	signifikant	*	r ≤ 1	größte Abhängigkeit
p ≤ 0,01	sehr signifikant	**		
p ≤ 0,001	höchst signifikant	***		

Quelle: In Anlehnung an BÜHL/ZÖFEL (2005, S. 113, 250).

Literaturverzeichnis

Gesetze, Normen, Richtlinien, Verordnungen

DIN EN ISO 9001 (2000): Qualitätsmanagementsysteme – Anforderungen. Berlin: Beuth Verlag, Dezember 2000.

DIN EN ISO 14001 (2005): Umweltmanagementsysteme – Anforderungen mit Anleitung zur Anwendung. Berlin: Beuth Verlag, Juni 2005.

DIN EN ISO 14031 (2000): Umweltmanagement – Umweltleistungsbewertung – Leitlinien. Berlin: Beuth Verlag, Februar 2000.

DIN EN ISO 14040 (2005): Umweltmanagement – Ökobilanz – Grundsätze und Rahmenbedingungen. Entwurf, Berlin: Beuth Verlag, Juni 2005.

DIN EN ISO 15161 (2005): Anleitung für die Anwendung von ISO 9001:2000 in der Lebensmittel- und Getränkeindustrie – Entwurf. Berlin: Beuth Verlag, Januar 2005.

DIN EN ISO 19011 (2002): Leitfaden für Audits von Qualitätsmanagement- und/oder Umweltmanagementsystemen. Berlin: Beuth Verlag, Dezember 2002.

DIN EN ISO 22000 (2005): Managementsysteme für die Lebensmittelsicherheit – Anforderungen an Organisationen in der Lebensmittelkette. Berlin: Beuth Verlag, November 2005.

EGV (1957): Vertrag zur Gründung der Europäischen Gemeinschaft, vom 25.03.1957.

EMAS (2001): Verordnung (EG) Nr. 761/2001 des europäischen Parlaments und des Rates über die freiwillige Beteiligung von Organisationen an einem Gemeinschaftssystem für das Umweltmanagement und die Umweltbetriebsprüfung (EMAS), vom 19.03.2001.

EU-Beschluss (2006): Beschluss des Rates über strategische Leitlinien der Gemeinschaft für die Entwicklung des ländlichen Raums (Programmplanungszeitraum 2007 – 2013), vom 20.02.2006.

EU-Empfehlung (2003): Empfehlung der Kommission der europäischen Gemeinschaften (2003/361/EG) betreffend die Definition der Kleinstunternehmen sowie der kleinen und mittleren Unternehmen, vom 06.05.2003.

EU-Richtlinie 2001/95/EG: Richtlinie 2001/95/EG des europäischen Parlaments und des Rates über die allgemeine Produktsicherheit, vom 03.12.2001.

EU-Verordnung 178/2002: Verordnung (EG) 178/2002 des europäischen Parlamentes und des Rates zur Festlegung der allgemeinen Grundsätze und Anforderungen des Lebensmittelrechts, zur Errichtung der Europäischen Behörde für Lebensmittelsicherheit und zur Festlegung von Verfahren zur Lebensmittelsicherheit, vom 28.01.2002.

EU-Verordnung 196/2006: Verordnung (EG) Nr. 196/2006 der Kommission zur Änderung des Anhangs I der Verordnung (EG) Nr. 761/2001 des Europäischen Parlaments und des Rates aufgrund der Europäischen Norm EN ISO 14001:2004 sowie zur Aufhebung der Entscheidung 97/265/EG der Kommission, vom 03.02.2006.

EU-Verordnung 852/2004: Verordnung (EG) Nr. 852/2004 des Europäischen Parlaments und des Rates über Lebensmittelhygiene, vom 29.04.2004.

EU-Verordnung 853/2004: Verordnung (EG) NR. 853/2004 des Europäischen Parlaments und des Rates mit spezifischen Hygienevorschriften für Lebensmittel tierischen Ursprungs, vom 29.04.2004.

EU-Verordnung 854/2004: Verordnung (EG) Nr. 854/2004 des Europäischen Parlaments und des Rates mit besonderen Verfahrensvorschriften für die amtliche Überwachung von zum menschlichen Verzehr bestimmten Erzeugnissen tierischen Ursprungs, vom 29.04.2004.

EU-Verordnung 882/2004: Verordnung (EG) Nr. 882/2004 des Europäischen Parlaments und des Rates über amtliche Kontrollen zur Überprüfung der Einhaltung des Lebensmittel- und Futtermittelrechts sowie der Bestimmungen über Tiergesundheit und Tierschutz, vom 29.04.2004.

EU-Verordnung 1804/99: Verordnung (EG) Nr. 1804/1999 des Rates zur Einbeziehung der tierischen Erzeugung in den Geltungsbereich der Verordnung (EWG) Nr. 2092/91 über den ökologischen Landbau und die entsprechende Kennzeichnung der landwirtschaftlichen Erzeugnisse und Lebensmittel, vom 19.07.1999.

EU-Verordnung 1830/2003: Verordnung (EG) Nr. 1830/2003 des europäischen Parlamentes und des Rates über die Rückverfolgbarkeit und Kennzeichnung von genetisch veränderten Organismen und über die Rückverfolgbarkeit von aus genetisch veränderten Organismen hergestellten Lebensmitteln und Futtermitteln sowie zur Änderung der Richtlinie 2001/18/EG, vom 22.09.2003.

EU-Verordnung 1935/2004: Verordnung (EG) Nr. 1935/2004 des Europäischen Parlaments und des Rates über Materialien und Gegenstände, die dazu bestimmt sind, mit Lebensmitteln in Berührung zu kommen, vom 27.10.2004.

EU-Verordnung 2081/92: Verordnung (EWG) Nr. 2081/92 des Rates zum Schutz von geografischen Angaben und Ursprungsbezeichnungen für Agrarerzeugnisse und Lebensmittel, vom 14.07.1992.

EU-Verordnung 2082/92: Verordnung (EWG) Nr. 2082/92 des Rates über Bescheinigungen besonderer Merkmale von Agrarerzeugnissen und Lebensmitteln, vom 14.07.1992.

EU-Verordnung 2092/91: Verordnung (EWG) Nr. 2092/91 des Rates über den ökologischen Landbau und die entsprechende Kennzeichnung der landwirtschaftlichen Erzeugnisse und Lebensmittel, vom 24.06.1991.

EU-Verordnung 3037/90: Verordnung (EWG) Nr. 3037/90 des Rates betreffend die statistische Systematik der Wirtschaftszweige in der Europäischen Gemeinschaft, vom 09.11.1990.

HGB: Handelsgesetzbuch, in der Fassung vom 04.12.2004.

KrW-/AbfG (1996): Gesetz zur Förderung der Kreislaufwirtschaft und Sicherung der umweltverträglichen Beseitigung von Abfällen (Kreislaufwirtschaft- und Abfallgesetz), vom 06.10.1996.

LFGB (2005): Lebensmittel-, Bedarfsgegenstände- und Futtermittelgesetzbuch, vom 01.09.2005.

LMHV (1997): Lebensmittelhygieneverordnung – Verordnung über Lebensmittelhygiene, vom 05.08.1997.

MarktStrGDV (1970): Sechste Durchführungsverordnung zum Marktstrukturgesetz – Getreide, Öl- und Hülsenfrüchte, BGBl. I 1970, 351.

MSG (1969): Marktstrukturgesetz – Gesetz zur Anpassung der landwirtschaftlichen Erzeugung an die Erfordernisse des Marktes, BGBl. I 1969, 423.

Öko-Kennzeichengesetz (2001): Gesetz zur Einführung und Verwendung eines Kennzeichens für Erzeugnisse des ökologischen Landbaus, vom 10.12.2001.

RL 20/2005 (2005): Richtlinie des Sächsischen Staatsministeriums für Umwelt und Landwirtschaft zur Förderung von Erzeugerzusammenschlüssen, Nr. 20/2005, Dresden, vom 15.06.2005.

VDI 3800 (2001): VDI-Richtlinie 3800 – Ermittlung der Aufwendungen für Maßnahmen zum betrieblichen Umweltschutz. Berlin: Beuth Verlag, Dezember 2001.

VDI 4060 (2005): VDI-Richtlinie 4060 – Blatt 1 – Integrierte Managementsysteme (IMS) – Handlungsanleitung zur praxisorientierten Einführung – Allgemeine Aussagen. Berlin: Beuth Verlag, Juni 2005.

LITERATURQUELLEN

Abramovici, Michael/Schulte, Stefan/Leszinski, Christoph (2005): Best Practice Strategien für die Einführung von Product Lifecycle Management. In: Industrie Management, Nr. 02/2005, S. 47-50.

Aderhold, Jens (2004): Form und Funktion sozialer Netzwerke in Wirtschaft und Gesellschaft. Wiesbaden: VS Verlag für Sozialwissenschaften.

Aderhold, Jens/Wetzel, Ralf (2005): Netzwerkmoderation. In: zfo, Nr. 1/2005, S. 18-24.

Adidas (Hrsg.) (2004): Sozial- und Umweltbericht 2004. Herzogenaurach.

Agriculture and Food Council of Alberta (Ed.) (2004): Value Chain Guidebook – A process for Value Chain Development. Nisku, Alberta (Canada) (Download unter: http://www.nova-institut.de/ra-attach/16606/vcguide.pdf, vom 20.05.2006).

Ahsen, von Annette/Lange, Christoph (2004): Mehrdimensionale Fehlermöglichkeits- und -einflussanalyse als Instrument des Integrierten Qualitätsmanagement. In: ZfB, Nr. 05/2004, S. 441-460.

Altmann, Jörn (1997): Umweltpolitik: Daten-Fakten-Konzepte für die Praxis. Düsseldorf: Verlag Lucius & Lucius.

Antes, Ralf (2003): Einflüsse ökologisch verträglichen Verhaltens. In: Kramer, Matthias/Eifler, Peggy (Hrsg.): Umwelt- und kostenorientierte Unternehmensführung – Zur Identifikation von Win-win-Potenzialen, Wiesbaden: DUV, S. 1-14.

Arend, Richard J./Wisner, Joel D. (2005): Small business and supply chain management: is there a fit? In: Journal of Business Venturing, No. 20/2005, pp. 403-436.

Arnold, Marlen (2006): Nachhaltiger Wandel durch Dialogverfahren mit Kund/innen. In: UWF, Nr. 02/2006, S. 56-62.

Arnold, Ulli/Warzog, Frank (2005): Supplier Relationship Management – Explorative Studie zum Stand des Supplier Relationship Management in der Industrie. Arbeitspapier 01/2005, Universität Stuttgart.

Arnold, Wolfgang/Freimann, Jürgen/Kurz, Rudi (2001): Vorüberlegungen zur Entwicklung einer Sustainable Balanced Scorecard für KMU. In: UWF, Nr. 04/2001, S. 74-79.

Arnold, Ulli et al. (2005): Supply (Chain) Controlling zwischen Rückstand und Fortschritt – Thesen zum Entwicklungsstand einer dynamischen Disziplin. In: Controlling, Nr. 01/2005, S. 41-48.

Arthur D. Little (Hrsg.) (2001): Einkauf – Produktion – Logistik: Wie erfolgreiche Unternehmen ihre Wertschöpfung internationalisieren. Wiesbaden: Gabler Verlag.

Arzheimer, Kai/Klein, Markus (1998): Die Wirkung materieller Incentives auf den Rücklauf einer schriftlichen Panelbefragung. In: ZA-Information, Nr. 43/1998, S. 6-31.

Baedeker, Carolin/Rohn, Holger/Busch, Timo (2005): Entwicklungspartnerschaft kompakt – Nachhaltigkeit in der Ernährungswirtschaft. In: UWF, Nr. 03/2005, S. 55-59.

Bahadir, Müfit/Parlar, Harun/Spiteller, Michael (Hrsg.) (2000): Springer Umweltlexikon. 2. Aufl., Berlin: Springer Verlag.

Baier, Andrea/Bennholdt-Thomson, Veronika (2003): Der „Stoff", aus dem die soziale Nähe ist. In: Kluge, Thomas/Schramm, Engelbert (Hrsg.): Regionalisierung nachhaltigen Wirtschaftens, 2. Auflage, München: oekom Verlag, S. 12-21.

Bamford, Colin (2001): Current practice: inter-firm relationships in food and drinks supply chain. In: Eastham, Jane/Sharples, Liz/Ball, Stephen (Eds.): Food Supply Chain Management: Issues for the Hospitality and Retail Sectors, Oxford: Butterworth-Heinemann, pp. 90-110.

Bartsch, Helmut/Bickenbach, Peter (2001): Supply Chain Management mit SAP APO – Supply-Chain-Modelle mit dem Advanced Planner & Optimizer 3.1. Bonn: Verlag Galileo Press.

Baumgarten, Helmut (2004): Entwicklungsphasen des Supply Chain Management. In: Baumgarten, Helmut/Darkow, Inga-Lena/Zadek, Hartmut (Hrsg.): Supply Chain Steuerung und Services, Berlin: Springer Verlag, S. 51-60.

Baumgarten, Helmut/Darkow, Inga-Lena/Zadek, Hartmut (Hrsg.) (2004): Supply Chain Steuerung und Services. Berlin: Springer Verlag.

Bayerisches Staatsministerium für Wirtschaft, Infrastruktur, Verkehr und Technologie (Hrsg.) (2003): Integriertes Managementsystem – Ein Leitfaden für kleine und mittlere Unternehmen. München (Download unter: http://www.stmwivt.bayern.de/pdf/wirtschaft/Qualitaetsmanagement_KMU.pdf, vom 27.03.2006).

BDE/Siemens (Hrsg.) (2005): Marktstudie über aktuelle Beschaffungstrends: Supplier Relationship Management 2006. Frankfurt/München, November 2005 (Download unter: http://www.competence-site.de/beschaffung.nsf/2797F4C27DEF11E2C12571390033A7AC/$File/srm%202006_bme.pdf, vom 20.05.2006).

Beamon, Benita M. (1999a): Designing the Green Supply Chain. In: Logistics Information Management, Vol. 12, No. 04/1999, pp. 332-342.

Beamon, Benita M. (1999b): Measuring Supply Chain Performance. In: International Journal of Operations and Production Management, No. 03/1999, pp. 275-292.

Beamon, Benita M. (2005): Environmental and Sustainability Ethics in Supply Chain Management. In: Science and Engineering Ethics, Vol. 11, No. 02/2005, pp. 221-234.

Beamon, Benita M./Chen, Victoria C.P. (2001): Performance Analysis of Conjoined Supply Chains. In: International Journal of Production Research, Vol. 39, No. 14/2001, pp. 3195-3218.

Beamon, Benita M./Fernandes, Clara (2004): Supply Chain Network Configuration for Product Recovery. In: Production Planning and Control, Vol. 15, No. 03/2004, pp. 270-281.

Beckmann, Holger (2004): Supply Chain Management: Grundlagen, Konzept und Strategien. In: Beckmann, Holger (Hrsg.): Supply Chain Management: Strategien und Entwicklungstendenzen in Spitzenunternehmen, Berlin: Springer Verlag, S. 1-98.

Beer, Sean (2001): Food and society. In: Eastham, Jane/Sharples, Liz/Ball, Stephen (Eds.): Food Supply Chain Management: Issues for the Hospitality and Retail Sectors, Oxford: Butterworth-Heinemann, pp. 21-36.

Behlert, Carsten/Petrovic, Tobias J. (2005): 10 Jahre EMAS – eine Bestandsaufnahme in der betrieblichen Praxis. In: UWF, Nr. 4/2005, S. 115-119.

Behrentzen, Christian/Reinhardt, Martin (2002): Kooperation in der Distributionslogistik von Strothmann Spirituosen und Melitta Haushaltswaren. In: Busch, Axel/Dangelmaier, Wilhelm (Hrsg.): Integriertes Supply Chain Management – Theorie und Praxis effektiver unternehmensübergreifender Geschäftsprozesse, Wiesbaden: Gabler Verlag, S. 439-454.

Benninger, Simone/Grandjot, Hans-Helmut (2001): Supply Chain Management Revolution durch E-Commerce. Hamburg: Deutscher Verkehrs-Verlag.

Biebeler, Hendrik (2004): Ergebnisse der Unternehmensbefragung zum nachhaltigen Wirtschaften. Köln.

BLE (Hrsg.) (2006): Marktimplementierung des Bio-Siegels – Monatskurzbericht Juni 2006. (Download unter: http://www.bio-siegel.de/uploads/media/monatsbericht-2006-06.pdf, vom 13.09.2006).

Blecker, Thorsten (2001): Unternehmung ohne Grenzen – Ein modernes Konzept zum erfolgreichen Bestehen im dynamischen Wettbewerb. In: Gronalt, Manfred (Hrsg.): Logistikmanagement – Erfahrungsberichte und Konzepte zum (Re-)Design der Wertschöpfungskette, Wiesbaden: Gabler Verlag, S. 109-128.

Blecker, Thorsten/Kaluza, Bernd (2003): Forschung zu Produktionsstrategien – Ergebnisse und Entwicklungsperspektiven. Diskussionsbeiträge des Instituts für Wirtschaftswissenschaften der Universität Klagenfurt, No. 2003/05, November 2003 (Download unter: http://www.manufacturing.de/blecker/pub_ble.htm, vom 16.01.2006).

Bleicher, Knut (1997): Zwischen Vision und Realität: Die virtuelle Unternehmung als Motor der Internationalisierung. In: Krystek, Ulrich/Zur, Eberhard (Hrsg.): Internationalisierung – Eine Herausforderung für die Unternehmensführung, Heidelberg: Springer Verlag, S. 585-599.

Bleis, Christian/Helling, Klaus (2002): Was kostet die Welt?: Moderne Kostenrechnung und Umweltkostenrechnung. Bd. 1 in der Schriftenreihe ECO^2-Studienbücher, Berlin: P-und-H-Verlag.

BMU (Hrsg.) (2004): Umweltbewusstsein in Deutschland 2004. Ergebnisse einer repräsentativen Bevölkerungsumfrage. Bonn, Juli 2004 (Download unter: http://www.umweltstudie2004.de, vom 21.11.2005).

BMU/BDI (Hrsg.) (2002): Nachhaltigkeitsmanagement in Unternehmen – Konzepte und Instrumente zur nachhaltigen Unternehmensentwicklung. Berlin (Download: http://www.emsland.de/pdf_files/nachhaltigkeitsstudie.pdf).

BMU/UBA (Hrsg.) (1996): Handbuch Umweltkostenrechnung. München: Verlag Vahlen.

BMU/UBA (Hrsg.) (2001): Handbuch Umweltcontrolling. 2. Aufl., München: Verlag Vahlen.

BMU/UBA (Hrsg.) (2005): Umweltmanagementansätze in Deutschland. Oktober 2005 (Download unter: http://www.bmu.de/files/wirtschaft_und_umwelt/emas/application/pdf/broschuere_umweltmanagementansaetze.pdf, vom 07.08.2006).

BMVEL (Hrsg.) (2002): Ernährungs- und agrarpolitischer Bericht 2002 der Bundesregierung. Berlin, Februar 2002.

BMVEL (Hrsg.) (2003): Ernährungs- und agrarpolitischer Bericht 2003 der Bundesregierung. Berlin, Februar 2003.

BMVEL (Hrsg.) (2004): Ernährungs- und agrarpolitischer Bericht 2004 der Bundesregierung. Berlin, März 2004.

BMVEL (Hrsg.) (2005): Agrarpolitischer Bericht 2005 der Bundesregierung. Berlin, 02.02. 2005 (Download unter: http://www.kressl.de/download/agrarpolitischer_bericht_2005.pdf, vom 20.01.2006).

BMVEL (Hrsg.) (2006): Agrarpolitischer Bericht 2006 der Bundesregierung. Berlin, 14.02. 2006 (Download unter: http://www.verbraucherministerium.de/data/00079DF82AA 81032A69C6521C0A8D816.0.pdf, vom 21.02.2006).

Bock, Dieter et al. (2003): Supply Chain Collaboration – Unternehmensübergreifende Zusammenarbeit. Studie im Auftrag der Bundesvereinigung Logistik, Bremen (Download unter: http://www.bvl.de/2843_1, vom 21.02.2006).

Bogaschewsky, Ronald (2002): Kollaborative Abstimmung in Supply Networks über virtuelle Plattformen. In: Industrie Management, Nr. 05/2002, S. 35-38.

Bogaschewsky, Ronald (2004): Beschaffung und Nachhaltigkeit. In: Hülsmann, Michael/ Müller-Christ, Georg/Haasis, Hans-Dietrich (Hrsg.): Betriebswirtschaftslehre und Nachhaltigkeit – Tagungsband zur Herbsttagung der wissenschaftlichen Kommission Umweltwirtschaft im Verband der Hochschullehrer für Betriebswirtschaft e. V. – Bremen 9. und 10.10.2003, Wiesbaden: DUV, S. 171-218.

BÖLW e. V. (Hrsg.) (2004): Handlungsempfehlung zur Umsetzung von Maßnahmen der Warenrückverfolgbarkeit/Herkunftssicherung in Unternehmen der Ökologischen Lebensmittelwirtschaft. Diskussionsvorschlag, Berlin (Download unter: http://www.boelw.de/uploads/media/diskussionsvorschlag_2004_02_20.pdf, vom 21.02.2006).

Bongaerts, Jan C. (2004): Umweltmanagement. In: Forum Geoökologie, Nr. 02/2004, S. 2-3.

Borg, Igwer/Treder, Christian (2003): Item-Nonresponse in Mitarbeiterbefragungen. In: ZUMA-Nachrichten 53, Jg. 27, November 2003, S. 77-95.

Bourlakis, Constantine A./Bourlakis, Michael A. (2004): The Future of Food Supply Chain Management. In: Bourlakis, Michael A./Weightman, Paul W. H. (Eds.): Food Supply Chain Management. Oxford: Blackwell Publishing Ltd., pp. 221-230.

Boutellier, Roman/Girschik, Stefan (2001): Trilaterale Beziehungskonstellationen in der Automobilindustrie, Tier-One-Supplier in der Zange zwischen Original Equipent Manufacturer und Vorlieferant. In: IO-Management, Nr. 1/2, S. 18-24.

Bowen, Frances E. et al. (2001): Horses for Courses – Explaining the Gap between the Theory and Practice of Green Supply. In: Greener Management International, issue 35, autumn/2001, pp. 41-60.

Brand, Karl-Werner et al. (2006): Von der Agrarwende zur Konsumwende? Berlin 2006 (Download unter: http://www.konsumwende.de/Dokumente/AgrarKonsumwendeBrosch %FCre.pdf, vom 27.02.2006).

Branscheid, Wolfgang (2002): Informationsmanagement in der Fleischwirtschaft – Inhalte, Akteure, Innovationsfelder. In: Wild, Karl/Müller, Rolf A. E./Birkner, Ursula (Hrsg.): Referate der 23. GIL-Jahrestagung in Dresden 2002, Bd. 15, Selbstverlag, S. 28-33.

Brauweiler, Hans-Christian (2002a): Innovationen im peripheren Raum – Eine Analyse am Beispiel der Grenzräume Süd- und Ostsachsens. Dissertation, Wiesbaden: DUV.

Brauweiler, Jana (2002b): Benchmarking von Strukturen eines internationalen Transfers umweltorientierten Wissens – eine exploratorische Untersuchung für deutsche, polnische und tschechische Unternehmen. Dissertation, Wiesbaden: DUV.

Brauweiler, Jana/Helling, Klaus/Kramer, Matthias (2003): Effizienzwirkungen von Umweltmanagementsystemen. In: Kramer, Matthias/Brauweiler, Jana/Helling, Klaus (Hrsg.): Internationales Umweltmanagement – Bd. II: Umweltmanagementinstrumente und -systeme, Wiesbaden: Gabler Verlag, S. 195-224.

Bubeck, Desmond (2001): Life Cycle Costing (LCC) im Automobilbau: Analyse und Planung der Lebenszykluskosten bei der Entwicklung von Produkten und Produktsystemen, Ansatz zur Integration des LCC innerhalb der ganzheitlichen Bilanzierung. Hamburg: Verlag Dr. Kovac.

Bühl, Achim/Zöfel, Peter (2005): SPSS 12 – Einführung in die moderne Datenanalyse unter Windows. 9. Aufl., München: Verlag Pearson Studium.

Bundesverband Naturkost Naturwaren Einzelhandel e. V. (Hrsg.) (2003): Ökologische Lebensmittelverarbeitung: Eine Arbeitshilfe für Mitarbeiterinnen und Mitarbeiter im Naturkostfachhandel. Köln, September 2003 (Download unter: http://www.oekolandbau. de/cfsubs/pdf/040303.pdf, vom 20.01.2006).

Bullinger, Hans-Jörg et al. (2002): Business Communities: Professionelles Beziehungsmanagement von Kunden, Mitarbeitern und B2B-Partnern im Internet. Bonn: Verlag Galileo Business.

Busch, Axel/Dangelmeier, Wilhelm (2002): Integriertes Supply Chain Management – ein koordinationsorientierter Überblick. In: Busch, Axel/Dangelmaier, Wilhelm (Hrsg.): Integriertes Supply Chain Management – Theorie und Praxis effektiver unternehmensübergreifender Geschäftsprozesse, Wiesbaden: Gabler Verlag, S. 3-21.

Busch, Axel et al. (2003): Marktspiegel Supply Chain Management Systeme: Potenziale – Konzepte – Anbieter im Vergleich. Wiesbaden: Gabler Verlag.

Busch, Sebastian/Hitz, Stefan (2002): Online-Marktforschung: Eine anwendungsorientierte Einführung. In: Thexis, Nr. 03/2002, S. 49-52.

Butler, Gillian et al. (2004): Factors Influencing Supply and Demand for Organic Food. In: Bourlakis, Michael A./Weightman, Paul W. H. (Eds.): Food Supply Chain Management. Oxford: Blackwell Publishing Ltd., S. 199-210.

Chatzimarkakis, Georgis (2000): Informationeller Globalismus – Kooperationsmodell globaler Ordnungspolitik am Beispiel des Elektronischen Geschäftsverkehrs. Dissertation, Philosophische Fakultät der Rheinischen Friedrich-Wilhelms-Universität zu Bonn, Bonn.

Chmielewicz, Klaus (1994): Forschungskonzeptionen der Wirtschaftswissenschaften. 3., unveränd. Aufl., Stuttgart: Schäffer-Poeschel-Verlag.

Christopher, Martin (1998): Logistics and Supply Chain Management. London: Financial Times Prentice Hall.

Claus, Thorsten (2006): Simultane Produktionsplanung und Geschäftsprozessmodellierung. Habilitationsschrift, Franfurt/Main: Peter Lang Verlag.

Claus, Thorsten/Kramer, Matthias/Krivanek, Tomas (2003): Umweltorientierte Beschaffung und Logistik. In: Kramer, Matthias/Strebel, Heinz/Kayser, Gernot (Hrsg.): Internationales Umweltmanagement – Bd. III: Operatives Umweltmanagement im internationalen und interdisziplinären Kontext, Wiesbaden: Gabler Verlag, S. 31-70.

Clausen, Jens et al. (2004): Win-win-Potenziale im Mittelstand? Zum Zusammenhang von Umweltleistung und Wettbewerbsfähigkeit im internationalen Vergleich. In: ZfU, Nr. 03/2004, S. 419-435.

Concada GmbH/Akademie Fresenius GmbH (2002): Umfrage: Managementsystem(e) im Unternehmen – Umsetzungsgrad und Akzeptanz. Dortmund.

Corsten, Hans/Gössinger, Ralf (2001): Einführung in das Supply Chain Management. München: Oldenbourg Verlag.

Corsten, Hans/Gössinger, Ralf (2002): ZP-Stichwort: Peitschenschlageffekt. In: ZP, Nr. 13/2002, S. 459-464.

Corsten, Hans/Gössinger, Ralf (2003): Lagerhaltungspolitik in Supply Chains. In: WiSt, Nr. 11/2003, S. 634-641.

Corsten, Daniel/Kumar, Nirmalya (2004): Geteilte Kosten, doppelter Nutzen. In: Havard Business Manager, Nr. 03/2004, S. 19-21.

Cousins, Paul D. (2001): Strategic supply and the management of relationships. In: Eastham, Jane/Sharples, Liz/Ball, Stephen (Eds.): Food Supply Chain Management: Issues for the Hospitality and Retail Sectors, Oxford: Butterworth-Heinemann, pp. 127-148.

Cramer, Franz-Stephan (2004): Entwicklung eines Modells zur transponderbasierten Informationsflussgestaltung in Produktionsnetzen. Dissertation, Dortmund (Download unter: https://eldorado.uni-dortmund.de/bitstream/2003/20174/1/Cramerunt.pdf, vom 10.05.2006).

Czymmek, Frank (2005): Ökoeffizienz – Notwendige oder hinreichende Bedingung für Nachhaltigkeit. In: UWF, Nr. 4/2005, S. 34-37.

Dangelmaier, Wilhelm et al. (2002): Optimierung einer Wertschöpfungskette am Beispiel der Frachtenoptimierung im Projekt CoagenS. In: Busch, Axel/Dangelmaier, Wilhelm (Hrsg.): Integriertes Supply Chain Management – Theorie und Praxis effektiver unternehmensübergreifender Geschäftsprozesse, Wiesbaden: Gabler Verlag, S. 455-469.

Dannegger, Christian/Preuß, Stefan/Schroff, Thomas (2001): Kollaborative Agenten eröffnen neue Möglichkeiten im Supply Chain Management. In: Industrie Management, Nr. 06/2001, S. 37-40.

De Brito, Marisa P./Dekker, Rommert (2003): A Framework for Reverse Logistics. In: Dekker, Rommert et al. (Eds.): Reverse Logistics, Berlin: Springer Verlag, pp. 3-27.

Deimling, Sabine/Vetter, Reinhold (2003): Regionalisierung aus verschiedenen Akteursperspektiven in der Wertschöpfungskette. In: Kluge, Thomas/Schramm, Engelbert (Hrsg.): Regionalisierung nachhaltigen Wirtschaftens, 2. Aufl., München: oekom Verlag, S. 52-57.

Delakowitz, Bernd (2006): REACH – The Thorney Road to a Coherent European Chemicals Policy based on the Principles of Precaution and Sustainability. In: Leal Filho, Walter/Greif, Dieter/Delakowitz, Bernd (Eds.): Sustainable Chemistry and Biotechnology – A Contribution to Rivers Management, Frankfurt/Main: Peter Lang Verlag, pp. 9-21.

Demmeler, Martin (2003): Ressourceneffizienz regionaler und ökologischer Lebensmittel – eine kombinierte Anwendung von Ökobilanzierung und Ressourcenökonomischer Analyse. In: Schriften der Gesellschaft für Wirtschafts- und Sozialwissenschaften des Landbaues e. V., Bd. 39 (Download unter: http://www.weihenstephan.de/wdl/wirueberuns/personen/demmeler/gewisola_ressourceneffizienz.pdf, vom 09.07.2004).

Deutscher Bauernverband (Hrsg.) (2004): Situationsbericht 2005: Trends und Fakten zur Landwirtschaft. Berlin, Dezember 2004 (Download unter: www.situationsbericht.de, vom 17.08.2005).

Deutscher Bauernverband (Hrsg.) (2005): Situationsbericht 2006: Trends und Fakten zur Landwirtschaft. Berlin, Dezember 2005 (Download unter: www.situationsbericht.de, vom 20.01.2006).

Dienel, Wolfram (2000): Organisationsprobleme im Ökomarketing – eine transaktionskostentheoretische Analyse im Absatzkanal konventioneller Lebensmittelhandel. Dissertation, Berlin (Download unter: http://edoc.hu-berlin.de/dissertationen/dienel-wolfram-2000-12-07/PDF/Dienel.pdf, vom 30.01.2006).

Dienel, Wolfram (2005): Hemmende und fördernde Faktoren einer Umstellung der Verarbeitung auf ökologische Erzeugnisse aus der Sicht von Unternehmen des Lebensmittelhandwerks und von Verarbeitungsunternehmen. Berlin, April 2005 (Download unter: http://www.orgprints.org/4839, vom 12.12.2005).

Diez, Willi (1998): Die neue Qualität globaler Markenführung. In: Absatzwirtschaft, Ausgabe Juli 1998, S. 44-45.

Dittrich-Krämer, Brigitte/Kircherer, Andreas (2002): Öko-Effizienz-Analyse zu Neukauf oder Weiternutzung von Kühlschränken. In: UWF, Nr. 01/2002, S. 40-43.

Duffy, Rachel/Fearne, Andrew (2004): Partnerships and Alliances in UK Supermarket Supply Networks. In: Bourlakis, Michael A./Weightman, Paul W. H. (Eds.): Food Supply Chain Management. Oxford: Blackwell Publishing Ltd., pp. 136-152.

Dyckhoff, Harald/Ahn, Heinz (2001): Sicherstellung der Effektivität und Effizienz der Führung als Kernfunktion des Controlling. In: krp, Nr. 02/2001, S. 111-121.

Dyckhoff, Harald/Souren, Rainer/Keilen, Jens (2004): The Expansion of Supply Chains to Closed Loop Systems: A Conceptual Framework and the Automotive Industry's Point of View. In: Dyckhoff, Harald et al. (Eds.): Supply Chain Management and Reverse Logistics, Berlin: Springer Verlag, pp. 13-34.

Dyllick, Thomas (1999): Wirkungen und Weiterentwicklungen von Umweltmanagementsystemen. In: Seidel, Eberhard (Hrsg.): Betriebliches Umweltmanagement im 21. Jahrhundert – Aspekte, Aufgaben, Perspektiven, Berlin: Springer Verlag, S. 117-130.

Eastham, Jane/Sharples, Liz/Ball, Stephen (2001): The catering and food retail industries: a contextual insight. In: Eastham, Jane/Sharples, Liz/Ball, Stephen (Eds.): Food Supply Chain Management: Issues for the Hospitality and Retail Sectors, Oxford: Butterworth-Heinemann, pp. 3-20.

Eberle, Ulrike et al. (2004): Umwelt-Ernährung-Gesundheit: Beschreibung der Dynamiken eines gesellschaftlichen Handlungsfeldes. Diskussionspapier Nr. 1, Freiburg et al., Februar 2004 (Download unter: http://www.ernaehrungswende.de/fr_ver.html, vom 11.06. 2004).

Eberle, Ulrike/Fritsche, Uwe R./Wiegmann, Kirstin (2005): Lebensmittel, Ernährungsstile und Stoffströme – woher, wie viel, wie weiter? In: ÖW, Nr. 01/2005, S. 19-20.

Eckert, Stefan (1997): Kapitalstruktur von Auslandsgesellschaften: Relevanz – Ziele – Strategien. Dissertation, Wiesbaden: Gabler Verlag.

Eden, Haro (1997): Kleine und mittlere Unternehmen im Prozeß der Internationalisierung. In: Krystek, Ulrich/Zur, Eberhard (Hrsg.): Internationalisierung – Eine Herausforderung für die Unternehmensführung, Heidelberg: Springer Verlag, S. 43-75.

Eggers, Thorsten/Engelbrecht, Arne (2005): Kooperation – Gründe und Typologisierung. In: Wiendahl, Hans-Peter/Dreher, Carsten/Engelbrecht, Arne (Hrsg.): Erfolgreich kooperieren – Best-Practice-Beispiele ausgezeichneter Zusammenarbeit, Heidelberg: Physica-Verlag, S. 1-12.

Eggers, Thorsten/Kinkel, Steffen (2005): Verbreitung und Erfolg von Kooperationen im Verarbeitenden Gewerbe. In: Wiendahl, Hans-Peter/Dreher, Carsten/Engelbrecht, Arne (Hrsg.): Erfolgreich kooperieren – Best-Practice-Beispiele ausgezeichneter Zusammenarbeit, Heidelberg: Physica-Verlag, S. 13-24.

Eifler, Peggy (2003): Umweltorientiertes Supply Chain Management: Charakteristik des Konzeptes und Ansatzpunkte für die Umsetzung am Beispiel der Nahrungsmittelkette. In: Budde, Hans-Joachim/Müller, Rolf A. E./Birkner, Ute (Hrsg.): Referate der 24. GIL-Jahrestagung in Göttingen 2003 – Mobile Information: Chancen für die Agrarwirtschaft und ihre Partner, Bd. 16, Selbstverlag, S. 27-31.

Eifler, Peggy/Kramer, Matthias (2003a): Ansatz und Spezifität der Implementierung einer Umweltkostenrechnung in kleinen und mittelständischen Unternehmen. In: Kramer, Matthias/Eifler, Peggy (Hrsg.): Umwelt- und kostenorientierte Unternehmensführung – Zur Identifikation von Win-win-Potenzialen, Wiesbaden: DUV, S. 167-194.

Eifler, Peggy/Kramer, Matthias (2003b): Stoff- und Energiebilanzierung als Ausgangspunkt für material- und energieflussorientierte Kostenrechnungen in einem umweltgerecht wirtschaftenden Agrarunternehmen. In: Kramer, Matthias/Strebel, Heinz/Kayser, Gernot (Hrsg.): Internationales Umweltmanagement – Bd. III: Operatives Umweltmanagement im internationalen und interdisziplinären Kontext, Wiesbaden: Gabler Verlag, S. 353-372.

Elsenbach, Jörg M. (1999): Kreislauforientierte Redistributionslogistik – eine empirische Untersuchung. München: TCW-Verlag.

EMAS-Helpdesk (Hrsg.) (2006): EMAS Statistics. Excel-Datei, Datei per e-Mail zugesandt von Blanca Morales, Stand: 10.09.2006.

Emmel, Markus/Pape, Jens/Doluschitz, Rainer (2002): Internetnutzung und E-Business in der Wertschöpfungskette der Agrar- und Ernährungsindustrie. In: Wild, Karl/Müller, Rolf A. E./Birkner, Ursula (Hrsg.): Referate der 23. GIL-Jahrestagung in Dresden 2002, Bd. 15, Selbstverlag, S. 43-46.

Engelbrecht, Arne/Eggers, Thorsten (2005): Erfolgsmuster und Erfolgsfaktoren der Sieger. In: Wiendahl, Hans-Peter/Dreher, Carsten/Engelbrecht, Arne (Hrsg.): Erfolgreich kooperieren – Best-Practice-Beispiele ausgezeichneter Zusammenarbeit, Heidelberg: Physica-Verlag, S. 129-150.

Enquete -Kommission „Schutz des Menschen und der Umwelt" des Deutschen Bundestages (Hrsg.) (1994): Die Industriegesellschaft gestalten. Perspektiven für einen nachhaltigen Umgang mit Stoff- und Materialströmen. Bonn: Economica Verlag.

Enzler, Stefan (2000): Integriertes Prozeßorientiertes Management – Die Verbindung von Umwelt, Qualität und Arbeitssicherheit in einem Managementsystem anhand der betrieblichen Prozese. Berlin: Verlag Mensch&Buch.

Erdmann, Mark-Ken (2003): Supply Chain Performance Measurement – Operative und strategische Management- und Controllingansätze. Lohmar-Köln: Josef Eul Verlag.

Erdmann, Lorenz et al. (2003): Nachhaltigkeit und Ernährung. Werkstatt-Bericht Nr. 57, Berlin, Mai 2003 (Download unter: http://www.izt.de/pdfs/IZT_WB57_Nachhaltigkeit_Ernaehrung.pdf, vom 25.02.2005).

Ernst, Michael (2006): OECD-Arbeiten zum Thema „Nachhaltiges Materialmanagement". In: Umwelt, Nr. 01/2006, S. 51-52.

Eßig, Michael (2005): Supply Chain Deman Creation. In: wissenschaftsmanagement, Mai/Juni 2005, S. 34-37.

Eversheim, Walter et al. (2000): Bilanzierung und Controlling. In: Bullinger, Hans-Jörg et al. (Hrsg.): Auftragsabwicklung optimieren nach Umwelt- und Kostenzielen – Organisationsmodelle und Informationssysteme für einen produktionsintegrierten Umweltschutz, Heidelberg: Springer Verlag, S. 119-138.

Fachverband der Agro-Service-Unternehmen e. V. et al. (Hrsg.) (2001): 10 Jahre Agro-Service 1990-2000. Selbstverlag.

Fargemand, Jacob/Jespersen, Dorte (2004): ISO 22000 to ensure integrity of food supply chain. In: ISO Management Systems, September-October 2004, pp. 21-24.

Faruk, Adam C. et al. (2002): Analyzing, Mapping, and Managing Environmental Impacts along Supply Chains. In: Journal of Industrial Ecology, Volume 5, No. 02/2002, pp. 13-36.

Fearne, Andrew/Hughes, David/Duffy, Rachel (2001): Concepts of collaboration: supply chain management in a global food industry. In: Eastham, Jane/Sharples, Liz/Ball, Stephen

(Eds.): Food Supply Chain Management: Issues for the Hospitality and Retail Sectors, Oxford: Butterworth-Heinemann, pp. 55-89.

Felser, Winfried/Kilger, Christoph/Ould-Hamady, Mohamed (1999): Strategische Auswahl von SCM-Systemen. In: PPS-Management, Nr. 04/1999, S. 10-14.

Ferus, Martin/Jakubczick, Dirk (1995): Stoffstrommanagement in der Textilindustrie – Ergebnisse einer Fallstudie in einem Textilveredlungsbetrieb. Schriftenreihe des Instituts für ökologische Wirtschaftsforschung gGmbH 93/95, Berlin.

Fichter, Heidi/Kujath, Hans-Joachim (1999): Regionalisierungsstrategien für ein nachhaltiges Stoffstrommanagement. Berlin (Download unter: http://www.irs-net.de/download/berichte_1.pdf, vom 21.02.2005).

Fickle, Kate (2000): Ziehharmonika-Effekt meiden. In: Beschaffung Aktuell, Nr. 09/2000, S. 43-44.

Figge, Frank/Hahn, Tobias (2005): Sustainable Value – ein wertorientierte Ansatz zur Ermittlung der Nachhaltigkeitseffizienz und der nachhaltigen Wertschöpfung von Unternehmen. In: Liedtke, Christa/Busch, Timo (Hrsg.): Materialeffizienz – Potenziale bewerten, Innovationen fördern, Beschäftigung sichern, München: oekom Verlag, S. 204-216.

Fischer, Dirk/Pfriem, Reinhard (1999): Jenseits von Push und Pull. In: ÖW, Nr. 01/1999, S. 24-25.

Five Winds International (Ed.) (2000): The Role of Eco-Efficiency: Global Challenges and Opportunities in the 21st Century – Part 1: Overview and Analysis. May 2000 (Download unter: http://www.fivewinds.com/uploadedfiles_shared/CSR%20Eco-efficiency%20Report%20Part%202.pdf, vom 26.03.2004).

Foodwatch (Hrsg.) (2004a): Auf der Suche nach der versprochenen Qualität – der Foodwatch-Report über das „QS-Prüfzeichen Qualität und Sicherheit". Berlin, Januar 2004 (Download unter: http://foodwatch.projektvier.de/e10/e97/e101/e107/foodwatch_QS-Report.pdf, vom 02.02.2004).

Foodwatch (Hrsg.) (2004b): Was kostet ein Schnitzel wirklich? Berlin, März 2004 (Download unter: http://www.foodwatch.de, vom 12.07.2004).

Francis, Mark (2004): New Product Development and Information Technology in Food Supply Chain Management: The Case of Tesco. In: Bourlakis, Michael A./Weightman, Paul W. H. (Eds.): Food Supply Chain Management. Oxford: Blackwell Publishing Ltd., pp. 153-164.

Freier, Ines (2005): Umweltpartnerschaften in den deutschen Bundesländern. In: UWF, Nr. 04/2005, S. 110-114.

Friedel, Rainer/Spindler, Edmund A./Wiedermann, Susanne (2002): UMS-Leitlinien Landwirtschaft. 2. Aufl., Langgöns: Wissenschaftlicher Fachverlag Dr. Peter Fleck.

Friege, Henning (1999): Stoffstrommanagement – Herausforderung für eine nachhaltige Entwicklung. In: Brickwedde, Fritz (Hrsg.): Stoffstrommanagement – Herausforderung für eine nachhaltige Entwicklung, 4. Internationale Sommerakademie St. Marienthal, Osnabrück: Steinbacher Verlag, S. 27-48.

Fritz, Melanie et al. (2006): Vertrauen und E-Commerce in der Agrar- und Ernährungswirtschaft. In: Wenkel, Karl-Otto et al. (Hrsg.): Land- und Ernährungswirtschaft im Wandel –

Aufgaben und Herausforderungen für die Agrar- und Umweltinformatik, LNI – Proceedings, Referate der 26. GIL-Jahrestagung in Potsdam, März 2006, S. 65-68.

Gampl, Birgit (2006): Empirische Analyse kettenübergreifender Informationssysteme zur Rückverfolgbarkeit von Lebensmitteln. In: Wenkel, Karl-Otto et al. (Hrsg.): Land- und Ernährungswirtschaft im Wandel – Aufgaben und Herausforderungen für die Agrar- und Umweltinformatik, LNI – Proceedings, Referate der 26. GIL-Jahrestagung in Potsdam, März 2006, S. 73-76.

Gege, Maximilian (Hrsg.) (1997): Kosten senken durch Umweltmanagement – 1.000 Erfolgsbeispiele aus 100 Unternehmen. München: Verlag Vahlen.

Gerstlberger, Wolfgang (2006): Nachhaltige Regionale Innovationssysteme: Anforderungen an die Institutionen- und Wissensgenese. In: Pfriem, Reinhard et al. (Hrsg.): Innovationen für eine nachhaltige Entwicklung, Wiesbaden: DUV, S. 147-169.

Gierl, Heribert/Gehrke, Gunter (2004): Kundenbindung in industriellen Zuliefer-Abnehmer-Beziehungen. In: Zeitschrift für betriebswirtschaftliche Forschung, Nr. 03/2004, S. 203-236.

Goldbach, Maria (2001): Akteursbeziehungen in nachhaltigen Wertschöpfungsketten. EcoMTex-Diskussionspapier Nr. 03, Oldenburg, Juli 2001 (Download unter: http:// www. uni-oldenburg.de/produktion/download/03_Goldbach_Akteursbeziehungen.pdf, vom 19.12. 2005).

Goldbach, Maria (2003): Coordinating Interaction in Supply Chains – The example of Greening Textile Chains. In: Seuring, Stefan et al. (Eds.): Strategy and Organization in Supply Chains, Berlin/Heidelberg: Springer Verlag, pp. 47-63.

Goldmann, Bernhard (1997): Betriebliche Umweltkennzahlen. In: BJU (Hrsg.): Umweltschutz-Berater: Handbuch für wirtschaftliches Umweltmanagement im Unternehmen, 44. Ergänzungs-Lieferung, September 1997, Kapitel 4.9.2.1., S. 1-42.

Göpfert, Ingrid (2001a): Die Anwendung der Zukunftsforschung für die Logistik. In: Göpfert, Ingrid (Hrsg.): Logistik der Zukunft – Logistics for the Future, 3. Aufl., Wiesbaden: Gabler Verlag, S. 40-77.

Göpfert, Ingrid (2001b): Zukunftsforschung. In: Göpfert, Ingrid (Hrsg.): Logistik der Zukunft – Logistics for the Future, 3. Aufl., Wiesbaden: Gabler Verlag, S. 1-37.

Göpfert, Ingrid (2001c): Zukunftsforschung und Visionsmanagement: Entwicklung und Umsetzung von Logistikvisionen. In: Göpfert, Ingrid (Hrsg.): Logistik der Zukunft – Logistics for the Future, 3. Aufl., Wiesbaden: Gabler Verlag, S. 79-116.

Göpfert, Ingrid (2002): Einführung, Abgrenzung und Weiterentwicklung des Supply Chain Management. In: Busch, Axel/Dangelmaier, Wilhelm (Hrsg.): Integriertes Supply Chain Management – Theorie und Praxis effektiver unternehmensübergreifender Geschäftsprozesse, Wiesbaden: Gabler Verlag, S. 25-44.

Grabo, Arnim (2002): Darstellung einer GIS-basierten Rückverfolgung im Acker- und Pflanzenbau. In: Wild, Karl/Müller, Rolf A. E./Birkner, Ursula (Hrsg.): Referate der 23. GIL-Jahrestagung in Dresden 2002, Bd. 15, Selbstverlag, S. 72-75.

Greshake, Tilo (2003): Konzept zur unternehmensübergreifenden umweltbezogenen Erweiterung der Methoden QFD, FMEA und Target Costing. Aachen.

Grießhammer, Rainer (1999): Stoffstromanalysen als Basis für ein erfolgreiches Stoffstrommanagement. In: Brickwedde, Fritz (Hrsg.): Stoffstrommanagement – Herausforderung für eine nachhaltige Entwicklung, 4. Internationale Sommerakademie St. Marienthal, Osnabrück: Steinbacher Verlag, S. 69-81.

Gronalt, Manfred (Hrsg.) (2001): Logistikmanagement – Erfahrungsberichte und Konzepte zum (Re-)Design der Wertschöpfungskette. Wiesbaden: Gabler Verlag.

Große-Wilde, Jörn (2004): SRM – Supplier-Relationship-Management. In: Wirtschaftsinformatik, Nr. 01/2004, S. 61-63.

Großpietsch, Jochen (2003): Supply Chain Management in der Konsumgüterindustrie. Lohmar: Eul Verlag.

Grünauer, Karl Maria (2001): Supply Chain Management: Architektur, Werkzeuge und Methode. Dissertation der Universität St. Gallen, Hochschule für Wirtschafts-, Rechts- und Sozialwissenschaften (HSG), Dissertation Nr. 2489, Bamberg: Difo-Druck GmbH.

Günther, Edeltraud (1994): Ökologieorientiertes Controlling – Konzeption eines Systems zur ökologieorientierten Steuerung und empirischen Validierung. München: Verlag Vahlen.

Günther, Hans-Otto/Tempelmeier, Horst (2003): Produktion und Logistik. 5. Aufl., Berlin: Springer Verlag.

Hage, Maria/Hoffmann, Esther (2004): Partizipative Produktentwicklung – Die Chance für nachhaltige (Unternehmens-)Entwicklung?. In: ÖW, Nr. 01/2004, S. 19-20.

Hagelaar, Geoffrey/van der Vorst, Jack (2002): Environmental Supply Chain Management: using life cycle assessment to structure supply chains. In: International Food and Agribusiness Management Review, No. 04/2002, pp. 399-412.

Hahn, Dietger (2000): Problemfelder des Supply Chain Management. In: Wildemann, Horst (Hrsg.): Supply Chain Management, München: TCW-Verlag, S. 9-21.

Hahn, Hannes (2004): Supply Chain Management als stretegischer Ansatz für den Mittelstand?. In: ImPuls, März 2004, S. 4-5.

Hahn, Marina (2006a): Döner im kontrollfreien Raum. In: Sächsische Zeitung, Ausgabe vom 02./03.09.2006, S. 23.

Hahn, Marina (2006b): Raus aus der Luxus-Nische. In: Sächsische Zeitung, Ausgabe vom 12./13.08.2006, S. 23.

Hamer, Eberhard (1990): Mittelständische Unternehmen: Gründung, Führung, Chancen, Risiken. Landsberg/Lech: mi-Poller Verlag.

Hammer, Michael (2002): Der Weg zum supereffizienten Unternehmen. In: Havard-Business-Manager, Nr. 02/2002, S. 40-52.

Hampicke, Ulrich (1998): Ökonomische Bewertungsgrundlagen und die Grenzen einer Monetarisierung der Natur. In: Theobald, Werner (Hrsg.): Integrative Umweltbewertung: Theorie und Beispiele aus der Praxis, Berlin: Springer Verlag, S. 95-117.

Hamschmidt, Jost (2003): Prozessorientiertes Umweltleistungsmanagement – Leitfaden zur Selbstbeurteilung. IWÖ-HSG-Diskussionsbeitrag Nr. 103, St. Gallen.

Hansen, Uwe (1999): Stoffströme durch Verpackung und Transport von Lebensmitteln. In: Brickwedde, Fritz (Hrsg.): Stoffstrommanagement – Herausforderung für eine nachhaltige

Entwicklung, 4. Internationale Sommerakademie St. Marienthal, Osnabrück: Steinbacher, S. 369-408.

Härdler, Jürgen (1999): Material-Management: Grundlagen, Instrumentarien, Teilfunktionen. München, Wien: Hanser Verlag.

Hardtke, Arnd/Prehn, Marco (2001): Perspektiven der Nachhaltigkeit – vom Leitbild zur Erfolgsstrategie. Wiesbaden: Gabler Verlag.

Hauff, von Michael/Kleine, Alexandro/Jörg, Andrea (2005): Förderung der Wettbewerbsfähigkeit in Kleinunternehmen durch Ökoeffizienz. Sternenfels: Verlag Wissenschaft & Praxis.

Häusler, Petra (2002): Integration der Logistik in Unternehmensnetzwerken – Entwicklung eines konzeptionellen Rahmen zur Analyse und Bewertung der Integrationswirkungen. Frankfurt/Main: Peter Lang Verlag.

Hauschildt, Jürgen (2004): Innovationsmanagement. 3. Aufl., München: Verlag Vahlen.

Heck, Peter (2002a): Grundlagen des Stoffstrommanagements. In: Heck, Peter/Bemmann, Ulrich (Hrsg.): Praxishandbuch Stoffstrommanagement 2002/2003 – Strategien, Umsetzung, Anwendung in Unternehmen, Kommunen, Behörden, Köln: Deutscher Wirtschaftsdienst, S. 13-24.

Heck, Peter (2002b): Regionales Stoffstrommanagement. In: Heck, Peter/Bemmann, Ulrich (Hrsg.): Praxishandbuch Stoffstrommanagement 2002/2003 – Strategien, Umsetzung, Anwendung in Unternehmen, Kommunen, Behörden, Köln: Deutscher Wirtschaftsdienst, S. 74-83.

Heid, Thorsten (2005): Elektronisch gesteuerter Prozess einer Geschäftsbeziehung. In: Hirzel, Matthias/Kühn, Frank (Hrsg.): Prozessmanagement in der Praxis, Wiesbaden: Gabler Verlag, S. 161-167.

Heiserich, Otto-Ernst (2002): Logistik – Eine praxisorientierte Einführung. Wiesbaden: Gabler Verlag.

Helling, Klaus (2001): Innovative prozessorientierte Unternehmensmodelle für den Aufbau integrierter Managementsysteme – am Beispiel des Qualitäts- und Umweltmanagements. In: Kramer, Matthias/Brauweiler, Jana (Hrsg.): Umweltorientierte Unternehmensführung und ökologische Steuerreform – Deutschland, Polen und Tschechien im Vergleich, Wiesbaden: DUV, S. 19-32.

Helling, Klaus (2002): Betriebliches Stoffstrommanagement. In: Heck, Peter/Bemmann, Ulrich (Hrsg.): Praxishandbuch Stoffstrommanagement 2002/2003 – Strategien, Umsetzung, Anwendung in Unternehmen, Kommunen, Behörden, Köln: Deutscher Wirtschaftsdienst, S. 42-59.

Herchenhein, Nicola/Schmalz, Andreas (2001): Integration elektronischer Marktplätze in das Supply Chain Management. In: Dangelmaier, Wilhelm/Pape, Ulrich/Rüther, Michael (Hrsg.): Die Supply Chain im Zeitalter von E-Business und Global Sourcing, Paderborn: Frauenhofer ALB-HNI-Verlagsschriftenreihe, S. 123-139.

Hernandez, Cecilia/Rickert, Ursula/Schiefer, Gerhard (2002): Effiziente Informationsorganisation im Qualitätsmanagement. In: Wild, Karl/Müller, Rolf A. E./Birkner, Ursula

(Hrsg.): Referate der 23. GIL-Jahrestagung in Dresden 2002, Bd. 15, Selbstverlag, S. 88-91.

Hesselbach, Jürgen et al. (2001): Stoffstrombasiertes Supply Chain Management – Materialkreisläufe schließen. In: Umwelt, Nr. 04-05/2001, S. 37-39.

Hesselbach, Jürgen et al. (2003): Substance Flow Oriented Closed-Loop Supply Chain Management in the Electrical and Electronic Equipment Industry. In: Proceedings of CRC 281-Colloquim e-ecological Manufacturing Berlin, pp. 71-73.

Hessenberger, Manfred/Bruns, Rüdiger (1997): Gestaltung gesamthafter Logistik-Prozessketten aus Sicht der Praxis. In: Industrie Management, Nr. 02/1997, S. 13.

Heyne, Christine (2006): Entwicklung von Erzeugerzusammenschlüssen im Freistaat Sachsen. Regierungspräsidium Chemnitz, Vortrag in Chursdorf, 28.06.2006.

Hildebrand, Knut (2001): Informationsmanagement – wettbewerbsorientierte Informationsverarbeitung mit Standard-Software und Internet. 2. Aufl., München: Oldenbourg Verlag.

Hinrichs, Alexander Maximilian (2004): Verhinderung von Lebensmittelskandalen mittels vertraglicher Bindung und vertikaler Integration. Dissertation, Kiel, Februar 2004 (Download unter: http://e-diss.uni-kiel.de/diss_1234, vom 29.11.2005).

Hirschfeld, Jesko (2006): Schlüsselkriterien der Anforderungen aus der Wertschöpfungskette an Produktionsprozess und Produktqualität. In: Wenkel, Karl-Otto et al. (Hrsg.): Land- und Ernährungswirtschaft im Wandel – Aufgaben und Herausforderungen für die Agrar- und Umweltinformatik, LNI – Proceedings, Referate der 26. GIL-Jahrestagung in Potsdam, März 2006, S. 105-108.

Hoffmann, Armin (2001): Marktorientiertes Umweltmanagement. In: Lutz, Ullrich/Nehls-Sahabandu, Martina (Hrsg.): Praxishandbuch Integriertes Produktmanagement, Düsseldorf: Symposium Publishing, S. 17-52.

Hohmann, Peter (1999): Geschäftsprozesse und integrierte Anwendungssysteme. Köln: Fortis Verlag.

Hopfenbeck, Waldemar/Jasch, Christine/Jasch, Andreas (1996): Lexikon des Umweltmanagements. Landsberg/Lech: Verlag Moderne Industrie.

Horváth, Ludwig (2004): Supply Chain Management in der Fleischerzeugung: Konzeption, Implementierung und Perspektiven. Dissertation, München (Download unter: http://tumb1.biblio.tu-muenchen.de/publ/diss/ww/2004/horvath.pdf, vom 25.06.2004).

Horváth, Ludwig (2002): Supply Chain Management in der fleischerzeugenden Kette: Möglichkeiten des Einsatzes webbasierter Informations- und Managementsysteme. In: Wild, Karl/Müller, Rolf A. E./Birkner, Ursula (Hrsg.): Referate der 23. GIL-Jahrestagung in Dresden 2002, Bd. 15, Selbstverlag, S. 100-103.

Howaldt, Jürgen/Ellerkmann, Frank (2005): Kooperationsformen. In: Becker, Thomas et al. (Hrsg.): Netzwerkmanagement, Berlin: Springer Verlag, S. 23-36.

Huber, Joseph (2000): Industrielle Ökologie: Konsistenz, Effizienz und Suffizienz in zyklusanalytischer Betrachtung. In: Kreibich, Rolf/Simonis, Udo Ernst (Hrsg.): Global Change, Berlin: Arno Spitz Verlag, S. 109-126.

Hülsmann, Michael (2004): Bezugspunkte zwischen Strategischem Management und Nachhaltigkeit. In: Hülsmann, Michael/Müller-Christ, Georg/Haasis, Hans-Dietrich (Hrsg.): Betriebswirtschaftslehre und Nachhaltigkeit – Tagungsband zur Herbsttagung der wissenschaftlichen Kommission Umweltwirtschaft im Verband der Hochschullehrer für Betriebswirtschaft e. V. – Bremen 9. und 10. Oktober 2003, Wiesbaden: DUV, S. 25-72.

Hünecke, Katja/Fritsche, Uwe R./Eberle, Ulrike (2004): Lebenszykluskosten für Ernährung. Diskussionspapier Nr. 2, Darmstadt/Freiburg, Juni 2004 (Download unter: http://www.ernaehrungswende.de/fr_ver.html, vom 12.07.2004).

Inderfurth, Karl (2005): Stochastische Bestandsdisposition in integrierten Produktions- und Recyclingsystemen. In: ZfB, Special Issue, Nr. 04/2005, S. 29-56.

International Business Leaders Forum (IBLF) (Ed.) (2002): Food for Thought: Corporate Social Responsibility for Food and Beverage Manufacturers. März 2002 (Download unter: http://www.csrforum.org/csr/csrwebassist.nsf/webprintview/a1d2a3c4.html, vom 15.07.2004).

International Organization for Standardization (Ed.) (2005): The ISO Survey of ISO 9000 and ISO 14001 Certificates 2004. Geneva (Switzerland), incl. CD.

Iskander, Mansour (2004): Abnehmer-Lieferanten-Prozessmanagement – eine theoretische und empirische Modellanalyse. München: TCW-Verlag.

IW Köln (Hrsg.) (2004): 2004 – Deutschland in Zahlen. Köln: Deutscher Instituts-Verlag.

Jacob, Klaus/Jörgens, Helge (2001): Gefährliche Liebschaften? Kommentierte Bibliografie zu Kooperationen von Umweltverbänden und Unternehmen. Discussion Paper FS II 01-304, Wissenschaftszentrum Berlin für Sozialforschung 2001 (Download unter: http://skylla.wz-berlin.de/pdf/2001/ii01-304.pdf, vom 28.02.2005).

Jahn, Gabriele/Peupert, Martina/Spiller, Achim (2003): Einstellungen deutscher Landwirte zum QS-System: Ergebnisse einer ersten Sondierungsstudie. Diskussionsbeitrag 0302, Institut für Agrarökonomie der Universität Göttingen, April 2003 (Download unter: http://gwdu05.gwdg.de/~uaao/spiller/english/publikationen/jahn.htm, vom 15.02.2005).

Jahn, Gabriele/Schramm, Matthias/Spiller, Achim (2004): Zur Ausgestaltung von Qualitätssicherungssystemen in der Lebensmittelwirtschaft: eine ökonomische Analyse. In: Schriften der Gesellschaft für Wirtschafts- und Sozialwissenschaften des Landbaues e. V., Bd. 29, S. 159-167 (Download unter: http://www.uni-hohenheim.de/i410b/download/gewisola/papers/spiller.pdf, vom 15.05.2006).

Jahns, Christopher (2005): Supply Controlling. In: Controlling, Nr. 06/2005, S. 349-358.

Jilkova, Jirina (2003): Umweltpolitik in der Tschechischen Republik. In: Kramer, Matthias/Urbaniec, Maria/Möller, Liane (Hrsg.): Internationales Umweltmanagement – Bd. I: Interdisziplinäre Rahmenbedingungen einer umweltorientierten Unternehmensführung im deutsch-polnisch-tschechischen Vergleich, Wiesbaden: Gabler Verlag, S. 287-306.

Jungbluth, Niels (2000): Umweltfolgen des Nahrungsmittelkonsums – Beurteilung von Produktmerkmalen auf Grundlage einer modularen Ökobilanz. Dissertation, Zürich, Februar 2000 (Download unter: http://www.jungbluth.de.vu/, vom 15.02.2005).

Jungbluth, Niels (2001): Umweltfolgen der Ernährung – Editorial. In: Zeitschrift für Ernährungsökologie, Nr. 02/2001, S. 79-80.

Junginger, Stefan/Lindemann, Markus/Karagiannis, Dimitris (2002): Prozessorientiertes Supply-Chain-Design. In: Industrie Management, Nr. 05/2002, S. 39-42.

Kahlenborn, Walter (2005): Umweltmanagementansätze in Deutschland: Stand und Perspektiven. Vortragsfolien zur Konferenz „Umweltmanagementansätze in Deutschland", März 2005, Berlin (Download unter: http://www.ums-fuer-kmu.de/front_content.php?idcat=131&lang=4&client=4, vom 20.05.2006).

Kaiser, Sven/Starzer, Otto (1999): Handbuch für betriebliches Energiemanagement. Energieverwertungsagentur (E.V.A.), Österreichischer Energiekonsumentenverband (ÖEKV), Wien.

Kaluza, Bernd/Blecker, Thorsten (1996): Interindustrielle Unternehmensnetzwerke in der betrieblichen Entsorgungslogistik. Diskussionsbeitrag der Gesamthochschule Duisburg, Nr. 229, Duisburg, September 1996 (Download unter: http://www.manufacturing.de/download/diskussionspapier_229.pdf, vom 03.03.2006).

Kaluza, Bernd/Blecker, Thorsten (1998a): Entsorgungsnetzwerke als Instrument des betrieblichen Umweltmanagements. In: Kaluza, Bernd (Hrsg.): Kreislaufwirtschaft und Umweltmanagement, Hamburg: S+W Steuer- und Wirtschaftsverlag, S. 263-301.

Kaluza, Bernd/Blecker, Thorsten (1998b): Stabilität und Funktionsmechanismen von Umweltmanagement-Netzwerken. In: Liesegang, Dietfried G./Sterr, Thomas/Würzner, Eckart (Hrsg.): Kostenvorteile durch Umweltmanagement-Netzwerke, Betriebswirtschaftlich-ökologische Arbeiten Bd. 2, Institut für Umweltwirtschaftsanalysen Heidelberg e. V., Heidelberg, S. 27-50.

Kaluza, Bernd/Winkler, Herwig (2005): Ökonomisches und ökologisches Performance Measurement am Beispiel von Verwertungs- und Entsorgungsnetzwerken, Diskussionsbeitrag der Gesamthochschule Duisburg, Nr. 2005/02, Duisburg, Dezember 2005 (Download unter: http://www.uni-klu.ac.at/plum/literatur/pub_dul.htm, vom 03.03.2006).

Kanning, Helga (2005): Umwelt und Entwicklung. In: UWF, Nr. 04/2005, S. 79-85.

Kerner, Axel (2002): Modellbasierte Beurteilung der Logistikleistung von Prozessketten. Dissertation, Hannover (Download unter: http://deposit.ddb.de/cgi-bin/dokserv?idn=964646447&dok_var=d1&dok_ext=pdf&filename=964646447.pdf, vom 20.12.2005).

Keßeler, Thomas (2000): Prozeßkettenübergreifende Produkt-Ökobilanz auf der Basis einzelbetrieblicher Umweltinformationen – Beispiel Fleischwirtschaft. Bonn: ILB.

Keuper, Frank (2000a): Emissionsminimale Losgrößen- und Bestellmengenplanung. In: Burchert, Heiko/Hering, Thomas/Rollberg, Roland (Hrsg.): Logistik – Aufgaben und Lösungen, München: Oldenbourg Verlag, S. 128-139.

Keuper, Frank (2000b): Umweltorientierte Transportplanung. In: Burchert, Heiko/Hering, Thomas/Rollberg, Roland (Hrsg.): Logistik – Aufgaben und Lösungen, München: Oldenbourg Verlag, S. 242-253.

Kiefer, Stefanie (2002): Vertragliche Bindungen – starke Kette. In: Fleischwirtschaft, Nr. 10/2002, S. 70-73.

Killich, Stephan (2005): Kooperationsformen. In: Becker, Thomas et al. (Hrsg.): Netzwerkmanagement, Berlin: Springer Verlag, S. 15-22.

Killich, Stephan/Schlick, Christopher (2006): Identifikation von Kooperationspotenzialen in bestehenden Netzwerken. In: Industrie Management, Nr. 03/2006, S. 15-18.

Kircherer, Andreas (2001): Die Öko-Effizienz-Analyse der BASF. In: UWF, Nr. 04/2001, S. 57-61.

Kircherer, Andreas (2006): Nachhaltigkeit auf Produktebene. In: Umweltmagazin, Nr. 01-02/2006, S. 14-16.

Kirchgeorg, Manfred (1999): Marktstrategisches Kreislaufmanagement: Ziele, Strategien und Strukturkonzepte. Wiesbaden: Gabler Verlag.

Klaffke, Kathrin (2001): Ökolebensmittel im Einzelhandel. Report imug, Öko-Institut (Download unter: http://orgprints.org/00000825/, vom 12.12.2005).

Klapper, Norbert (2001): Wie erfolgreiche Unternehmen ihre Wertschöpfung internationalisieren. In: Arthur D. Little (Hrsg.): Einkauf – Produktion – Logistik, Wiesbaden: Gabler Verlag, S. 11-19.

Kleine, Alexandro (2005): Das Integrierende Nachhaltigkeits-Dreieck. In: UWF, Nr. 04/2005, S. 22-27.

Klemisch, Herbert (2001): Umweltschutz in der Textil- und Bekleidungsbranche – Ein Handbuch für Betriebsräte und Beschäftigte. 2. akt., erw. Aufl., Köln: KNI Publications.

Klophaus, Richard (2002): Logistik und Stoffstrommanagement. In: Heck, Peter/Bemmann, Ulrich (Hrsg.): Praxishandbuch Stoffstrommanagement 2002/2003 – Strategien, Umsetzung, Anwendung in Unternehmen, Kommunen, Behörden. Köln: Deutscher Wirtschaftsdienst, S. 69-74.

Knickel, Karlheinz et al. (2006): Enhancing sustainable food supply chain initiatives. In: Roep, Dirk/Wiskerke, Han (Eds.): Nourishing Networks: Fourteen lessons about creating sustainable food supply chains, Rural Sociology Group: Wageningen (Netherlands), pp. 165-175.

Knispel, Matthias (2002): Ina-Berichterstattung. In: UWF, Nr. 01/2002, S. 86-89.

Kogg, Beatrice (2003): Power and Incentives in Environmental Supply Chain Management. In: Seuring, Stefan et al. (Eds.): Strategy and Organization in Supply Chains, Berlin/Heidelberg: Springer Verlag, pp. 65-81.

Koplin, Julia (2006): Organisationale Innovationen im Beschaffungsmanagement als Voraussetzung zur Integration von Nachhaltigkeit. In: Pfriem, Reinhard et al. (Hrsg.): Innovationen für eine nachhaltige Entwicklung, Wiesbaden: DUV, S. 339-357.

Koplin, Julia/Seuring, Stefan/Beske, Philip (2005): Umwelt- und Sozialstandards für ein nachhaltiges Beschaffungsmanagement. In: UWF, Nr. 04/2005, S. 49-54.

Kopytziok, Norbert (2000): Abfall und nachhaltige Entwicklung – Globale Aspekte für die regionale Umweltplanung auf der Grundlage stoffstrombezogener Prozessbeobachtungen. Berlin: Rhombos-Verlag.

Körber, Karl v./Kretschmer, Jürgen (2000): Zukunftsfähige Ernährung. In: Zeitschrift für Ernährungsökologie, Nr. 01/2000, S. 39-46 (Download unter: http://www.koerber.ernaehrungsoekologie.de/hintergrund/index.htm, vom 20.01.2006).

Körber, Karl v./Kretschmer, Jürgen (2001): Die Preise von Bio-Lebensmitteln als Hürde bei der Agrar- und Konsumwende. In: aid – Ernährung im Fokus, Nr. 11/2001, S. 278-282.

Korbun, Thomas/Steinfeldt, Michael/Kohlschütter, Niels (2004): Ökonomisch-ökologische Bewertung der Schweinemast – Der wahre Preis für ein Schnitzel. In: ÖW, Nr. 02/2004, S. 5.

Kostka, Claudia/Kostka, Sebastian (2002): Der Kontinuierliche Verbesserungsprozess. 2. Aufl., München: Carl Hanser Verlag.

Köster, Jörg (2002): Warum sich Anwender mit Supply Chain Management so schwer tun. In: Computerwoche, Nr. 10/2002, S. 72-73.

Krcal, Hans-Christian (2000): Regionale Netzwerke für das Stoffstrommanagement – Eine Kooperationsform für den Entsorgungsprozess. In: Liesegang, Dietfried G./Sterr, Thomas/ Ott, Thomas (Hrsg.): Aufbau und Ausgestaltung regionaler Stoffstrommanagementnetzwerke, betriebswirtschaftlich-ökologische Arbeiten des Instituts für Umweltwirtschaftsanalysen Heidelberg e. V., Bd. 4, Juli 2000, S. 26-35.

Kramer, Matthias (1991): Ein einzelbetrieblich basiertes Simulationsmodell der regionalen Agrarstrukturentwicklung. Münster: LIT-Verlag.

Kramer, Matthias (2002): Kann man Nachhaltigkeit messen? In: Zabel, Hans-Ulrich (Hrsg.): Betriebliches Umweltmanagement – nachhaltig und interdisziplinär, Berlin: Erich Schmidt Verlag, S. 285-303.

Kramer, Matthias (2005a): Internationalität und Interdisziplinarität – Notwendige Bedingungen für die Umweltmanagementausbildung an Hochschulen. In: Filho, Walter Leal/ Delakowitz, Bernd (Hrsg.): Umweltmanagement an Hochschulen: Nachhaltigkeitsperspektiven, Frankfurt/Main: Peter Lang Verlag, S. 91-112.

Kramer, Matthias (2005b): Virtuelle Netze – Chancen für interdisziplinäre Kooperationen in Hochschulen. In: Claus, Thorsten et al. (Hrsg.): Virtuelle Netze – Chance für interdisziplinäre Kooperationen in Institutionen, Frankfurt/Main: Peter Lang Verlag, S. 115-144.

Kramer, Matthias (2006): Umweltinnovation und -kooperation in Wertschöpfungsketten. In: Göllinger, Thomas (Hrsg.): Bausteine einer nachhaltigkeitsorientierten Betriebswirtschaftslehre, Marburg: Metropolis-Verlag, S. 217-233.

Kramer, Matthias/Brauweiler, Hans-Christian (1999): Grenznaher Raum und internationale Zusammenarbeit auf ökologischem Gebiet unter besonderer Berücksichtigung der deutsch-polnischen Kooperation. In: Kramer, Matthias/Brauweiler, Hans-Christian (Hrsg.): Internationales Umweltrecht, Wiesbaden: DUV, S. 207-223.

Kramer, Matthias/Brauweiler, Jana/Lehmann, Markus (2000): Portfolio- und ABC-Analyse als Instrument eines internationalen Branchenstrukturvergleichs am Beispiel Deutschland, Polen und Tschechien und der Euroregion Neisse. In: Osteuropa-Wirtschaft, Nr. 03/2000, S. 221-256.

Kramer, Matthias/Delakowitz, Bernd/Hoffmann, Anke (2003): Operatives Umweltmanagement im internationalen und interdisziplinären Kontext. In: Kramer, Matthias/Strebel, Heinz/Kayser, Gernot (Hrsg.): Internationales Umweltmanagement – Bd. III: Operatives Umweltmanagement im internationalen und interdisziplinären Kontext, Wiesbaden: Gabler Verlag, S. 1-10.

Kramer, Matthias/Eifler, Peggy (Hrsg.) (2003): Umwelt- und kostenorientierte Unternehmensführung – Zur Identifikation von Win-win-Potenzialen. Wiesbaden: DUV.

Krieger, Stephanie/Schiefer, Gerhard (2006): Effiziente Durchführung von Qualitätssystemen – Konzeption eines datenbankgestützten Beratungssystems. In: Wenkel, Karl-Otto et al. (Hrsg.): Land- und Ernährungswirtschaft im Wandel – Aufgaben und Herausforderungen für die Agrar- und Umweltinformatik, LNI – Proceedings, Referate der 26. GIL-Jahrestagung in Potsdam, März 2006, S. 129-132.

Kristof, Kora/Liedtke, Christa (2005): Wie könnte eine erfolgreiche Materialeffizienzpolitik für den Mittelstand aussehen? In: Liedtke, Christa/Busch, Timo (Hrsg.): Materialeffizienz – Potenziale bewerten, Innovationen fördern, Beschäftigung sichern, München: oekom Verlag, S. 47-61.

Krivanek, Tomas/Eifler, Peggy/Kramer, Matthias (2003): Umweltcontrolling und Umweltkennzahlensysteme. In: Kramer, Matthias/Strebel, Heinz/Kayser, Gernot (Hrsg.): Internationales Umweltmanagement – Bd. III: Operatives Umweltmanagement im internationalen und interdisziplinären Kontext, Wiesbaden: Gabler Verlag, S. 445-480.

Kriwald, Torsten/Schuth, Sascha (2000): Umweltorientierung in Kooperationen. In: Bullinger, Hans-Jörg et al. (Hrsg.): Auftragsabwicklung optimieren nach Umwelt- und Kostenzielen – Organisationsmodelle und Informationssysteme für einen produktionsintegrierten Umweltschutz, Heidelberg: Springer Verlag, S. 161-169.

Krog, E. Hermann/Jung, Klaus-Peter (2001): Logistische Zukunftsforschung aus Sicht eines Automobilherstellers – am Beispiel der Wachstumsregion Südamerika. In: Göpfert, Ingrid (Hrsg.): Logistik der Zukunft – Logistics for the Future, 3. Aufl., Wiesbaden: Gabler Verlag, S. 159-178.

Krüger, Rolf/Steven, Marion (2002): Funktionalitäten von Advanced Planning Systems. In: WiSt, Nr. 10/2002, S. 591-595.

Krut, Riva/Karasin, Leslie (1999): Supply Chain Environmental Management – Lessons from Leaders in der Electronics Industry. October 1999.

Krystek, Ulrich (1997): Vertrauen als vernachlässigter Erfolgsfaktor der Internationalisierung. In: Krystek, Ulrich/Zur, Eberhard (Hrsg.): Internationalisierung – Eine Herausforderung für die Unternehmensführung, Heidelberg: Springer, S. 543-562.

Krystek, Ulrich/Zur, Eberhard (1997): Internationalisierung als Herausforderung für die Unternehmensführung: Eine Einführung. In: Krystek, Ulrich/Zur, Eberhard (Hrsg.): Internationalisierung – Eine Herausforderung für die Unternehmensführung, Heidelberg: Springer Verlag, S. 3-17.

Kubitzki, Sabine/Anders, Sven/Hansen, Heiko (2003): Branchenspezifische Besonderheiten im Innovationsverhalten des Ernährungsgewerbes: Eine empirische Analyse des Mannheimer Innovationspanels. Agrarökonomischen Diskussionsbeiträge Nr. 72, Gießen, Dezember 2003 (Download unter: http://geb.uni-giessen.de/geb/volltexte/2005/2118, vom 12.12.2005).

Kuhlicke, Christian/Petschow, Ulrich (2005): Vom schleichenden Ende der Nahversorgung. In: ÖW, Nr. 04/2005, S. 39-42.

Kuntze, Uwe/Meyer-Krahmer, Frieder/Walz, Rainer (1998): Innovation and Sustainable Development – Lessons for Innovation Policies? Introduction and Overview. In: Meyer-

Krahmer, Frieder (Ed.): Innovation and Sustainable Development, Heidelberg: Physica-Verlag, pp. 3-33.

Kuschka, Sabine (2002): Stoffstrommanagement in einer Brauerei: Neumarkter Lammsbräu „Aus der Region für die Region". In: Heck, Peter/Bemmann, Ulrich (Hrsg.): Praxishandbuch Stoffstrommanagement 2002/2003 – Strategien, Umsetzung, Anwendung in Unternehmen, Kommunen, Behörden, Köln: Deutscher Wirtschaftsdienst, S. 13-24.

Kühbeck, Gert (1999): Stoffstrommanagement am Beispiel der Bitburger Brauerei. In: Brickwedde, Fritz (Hrsg.): Stoffstrommanagement – Herausforderung für eine nachhaltige Entwicklung. 4. Internationale Sommerakademie St. Marienthal, Osnabrück: Steinbacher, S. 449-465.

Lambert, Douglas M./Knemeyer, A. Michael (2005): Gemeinsam zur perfekten Partnerschaft. In: Harvard Business Manager, Heft September 2005, S. 24-35.

Landesanstalt für Umweltschutz Baden-Württemberg (Hrsg.) (1999): Betriebliches Material- und Energieflussmanagement. Karlsruhe, Selbstverlag.

Landesanstalt für Umweltschutz Baden-Württemberg (Hrsg.) (2000): Prozessorientierte Integrierte Managementsysteme. Karlsruhe, Selbstverlag.

Lasch, Rainer/Günther, Edeltraud (2004): Etienne – Effiziente Transportketten in Entsorgungsnetzwerken modular und umweltgerecht gestaltet (Verkehrsvermeidung und -verlagerung durch die Synthese technisch/technologischer, ökologischer und ökonomischer Entscheidungskriterien). Projektendbericht, Dresden, August 2004.

Leitner, Katharina E. (2003): Nachhaltigkeits-Marketing in der Schweizer Lebensmittelbranche. Diskussionsbeitrag Nr. 106 des IWÖ-HSG, St. Gallen.

Letmathe, Peter (2003): Die Erzielung von Lernkurveneffekten durch Umweltmanagementsysteme. In: Kramer, Matthias/Eifler, Peggy (Hrsg.): Umwelt- und kostenorientierte Unternehmensführung – Zur Identifikation von Win-win-Potenzialen, Wiesbaden: DUV, S. 15-38.

Letmathe, Peter (2005): Kostenrechnerische Implikationen für verschiedene Forschungsfelder der Reverse Logistics. In: ZfB, Special Issue, Nr. 04/2005, S. 1-28.

Lieback, Jan Uwe (2004): Die neue (alte) ISO 14001 – Ein Stück weiter im Umweltschutz. In: ÖW, Nr. 02/2004, S. 8-9.

Liesegang, Dietfried Günter (2003): Umweltorientierte Produktions- und Kreislaufwirtschaft. In: Kramer, Matthias/Strebel, Heinz/Kayser, Gernot (Hrsg.): Internationales Umweltmanagement – Bd. III: Operatives Umweltmanagement im internationalen und interdisziplinären Kontext, Wiesbaden: Gabler Verlag, S. 71-105.

Lieth, Helmut (2005): 25 Jahre rechnergestützte Netzwerk-Entwicklung für die Umweltsystemforschung in der Universität Osnabrück – ein Rückblick auf die Anfänge einer interdisziplinären Arbeitsgruppe. In: Claus, Thorsten et al. (Hrsg.): Virtuelle Netze – Chance für interdisziplinäre Kooperationen in Institutionen, Frankfurt/Main: Peter Lang Verlag, S. 37-48.

Linz, Manfred (2004): Weder Mangel noch Übermaß – Über Suffizienz und Suffizienzforschung. Wuppertal Papers Nr. 145, Wuppertal, Juli 2004 (Download unter: http://www.wupperinst.org/Publikationen/WP/WP145.pdf, vom 15.02.2005).

Loew, Thomas/Clausen, Jens/Westermann, Udo (2005): Ergebnisse und Trends im Ranking 2005. Berlin, Hannover, Februar 2005 (Download unter: http://www.ranking-nachhaltigkeitsberichte.de, vom 05.03.2005).

Lübke, Volkmer (2002): Marketing für den Fairen Handel. In: Verbraucher konkret, Nr. 3/2002, S. 24-31.

Lücke, Wolfgang/Moerschner, Johannes (1999): Stoffströme bei der landwirtschaftlichen Produktion von Nahrungsmitteln. In: Brickwedde, Fritz (Hrsg.): Stoffstrommanagement – Herausforderung für eine nachhaltige Entwicklung, 4. Internationale Sommerakademie St. Marienthal, Osnabrück: Steinbacher Verlag, S. 357-368.

Luks, Fred (2002): Nachhaltigkeit. Hamburg: Groenewold Verlag.

MacLean, Richard/Krut, Riva (1999): Thinking Outside the Box: Supply Chain Environmental Management Brings Strategic Thinking Beyond the Factory Walls. In: EM Magazine, December 1999, pp. 11-14.

Mahammadzadeh, Mahammad (2005): Outsourcing und Nachhaltigkeit. In: UWF, Nr. 4/2005, S. 55-61.

Mahammadzadeh, Mahammad/Biebeler, Hendrik (2004): Stoffstrommanagement – Grundlagen und Praxisbeispiele. Köln: Deutscher Instituts-Verlag.

Mandl, Christoph (2001): Integriertes Distributionsmanagement – Neue logistische Fragen. In: Gronalt, Manfred (Hrsg.): Logistikmanagement – Erfahrungsberichte und Konzepte zum (Re-)Design der Wertschöpfungskette, Wiesbaden: Gabler Verlag, S. 97-107.

Marshall, David (2004): The Food Consumer and the Supply Chain. In: Bourlakis, Michael A./Weightman, Paul W. H. (Eds.): Food Supply Chain Management. Oxford: Blackwell Publishing Ltd., pp. 11-31.

Martens, Jul (2003): Statistische Datenanalyse mit SPSS für Windows. 2. Aufl., München: Oldenbourg Verlag.

Mau, Markus (2002): Supply Chain Management – Darstellung und Analyse der Lebensmittelwertschöpfungskette am Beispiel der Gemüseproduktion. In: Penker, Marianne/ Pfusterschmid, Sophie (Hrsg.): Wie steuerbar ist die Landwirtschaft? Erfordernisse, Potenziale und Instrumente zur Ökologisierung der Landwirtschaft, Wien: Facultas Verlag, S. 181-188.

Mau, Markus (2003): Supply Chain Management – Prozessoptimierung entlang der Wertschöpfungskette. Weinheim: Wiley-Vch Verlag.

Maunsell, Bláithín/Pearce, Rachel/Bolton, Declan (2005): The Science of Food: Safety and Nutrition. Dublin (Ireland), December 2005 (Download unter: http://www.eu-rain.com/ publications/docs/M6ProceedBW.pdf, vom 31.07.2006).

Mayer, Horst O. (2004): Interview und schriftliche Befragung: Entwicklung, Durchführung und Auswertung. 2. Aufl., München: Oldenbourg Verlag.

Mayrhofer, Peter (2001): Vorsprung im Wettbewerb durch Prozessorientierung und Nutzung von Synergien in der Logistikkette am Beispiel der PCB-Fab Vienna. In: Gronalt, Manfred (Hrsg.): Logistikmanagement – Erfahrungsberichte und Konzepte zum (Re-) Design der Wertschöpfungskette, Wiesbaden: Gabler, S. 57-69.

McKinsey (Hrsg.) (2006): McK Wissen 16 – Logistik. Zeitschrift, Ausgabe März 2006.

Meadows, Donell H. et al. (1973): Die Grenzen des Wachstums – Bericht des Club of Rome zur Lage der Menschheit. Reinbek: Rowohlt Verlag.

Meadows, Donell H./Meadows, Denis L./Randers Jorgen (1992): Die neuen Grenzen des Wachstums. Stuttgart: Deutsche Verlags-Anstalt.

Meffert, Heribert/Kirchgeorg, Manfred (1998): Marktorientiertes Umweltmanagement – Konzeption, Strategie, Implementierung. 3., überarb. und erw. Aufl., Stuttgart: Schäffer-Poeschel Verlag.

Mehlhorn, Andreas (2002): Effizientes Wertschöpfungsmanagement – eine empirische Studie der Wahl und Erfolgswirksamkeit von Organisations- und Steuerungsformen. Wiesbaden: DUV.

Meier, Horst/Hahnenkamp, Nico/Schallner, Harald (2002): Unternehmensübergreifende Auftragskoordination in KMU-Netzwerken: Ein föderativer Ansatz. In: Industrie Management, Nr. 03/2002, S. 28-31.

Meißner, Simon (2002): Regionale Ressourcenvernetzung – eine Studie am Beispiel einer bayerischen Mittelstandsbrauerei. München: ökom Verlag.

Merget, Marion/Mahammadzadeh, Mahammad/Czymmek, Frank (2003): Strategische Positionierung des betrieblichen Umweltmanagements unter Berücksichtigung von Shareholder- und Stakeholderinteressen, Arbeitsberichte zum Umweltmanagement der Wirtschafts- und Sozialwissenschaftlichen Fakultät der Universität zu Köln, Bericht Nr. 14, Köln.

Mertens, Peter et al. (1998): Virtuelle Unternehmen und Informationsverarbeitung. Berlin: Springer Verlag.

Meuche, Thomas (1998): Prozessorientiertes integriertes Managementsystem. In: Schimmelpfeng, Lutz/Henn, Sylvia/Jansen, Christine (Hrsg.): Integrierte (Umwelt-)Managementsysteme, Taunusstein: Blottner Verlag, S.41-51.

Meuser, Friedrich/Martens, Udo (1999): Führung von Stoffströmen in Brotfabriken. In: Brickwedde, Fritz (Hrsg.): Stoffstrommanagement – Herausforderung für eine nachhaltige Entwicklung, 4. Internationale Sommerakademie St. Marienthal, Osnabrück: Steinbacher Verlag, S. 423-447.

Meyer, Angela (2003): Ökologisches Rechenspiel – ein längeres Computerleben verbessert die Umweltbilanz. In: c´t, Nr. 21/2003, S. 153.

Meyer, Arnt (1999): Kommunikation in der textilen Kette. In: Brickwedde, Fritz (Hrsg.): Stoffstrommanagement – Herausforderung für eine nachhaltige Entwicklung, 4. Internationale Sommerakademie St. Marienthal, Osnabrück: Steinbacher Verlag, S. 167-182.

Meyer, Rolf/Sauter, Arnold (2004): Entwicklungstendenzen bei Nahrungsmittelangebot und -nachfrage – Eine Basisanalyse. Frankfurt/Main: Deutscher Fachverlag.

Meyer-Krahmer, Frieder (1998): Industrial Innovation Strategies – Towards an Environmentally Sustainable Industrial Economy. In: Meyer-Krahmer, Frieder (Ed.): Innovation and Sustainable Development, Heidelberg: Physica-Verlag, pp. 69-85.

Meyr, Herbert/Wagner, Michael/Rohde, Jens (2000): Structure of Advanced Planning Systems. In: Stadtler, Hartmut/Kilger, Christoph (Hrsg.): Supply Chain Management and

Advanced Planning, Concepts, Models, Software and Case Studies, Berlin: Springer Verlag, pp. 75-78.

Michael, Matthias (2003): Thema SCM im Mittelstand – Logistische Kettenreaktion. (Download: http://www.competence-site.de/mittelstand.nsf/AA9103E27B812639C1256E 2C0041EAB2/$File/scm_mittelstand_10tipps_drmichael_ibm.pdf, vom 31.07.2006).

Milling, Peter/Größler, Andreas (2001): Management von Material- und Informationsflüssen in Supply Chains: System-Dynamics-basierte Analysen. Industrieseminar der Universität Mannheim, Mannheim, Nr. 2001-01 (Download: http://iswww.bwl.uni-mannheim.de/Forschung/Publikationen/scm_sd.pdf, vom 16.12.2002).

Ministerium für Umwelt und Verkehr Baden-Württemberg (Hrsg.) (2004): Kooperative Ansätze im Rahmen einer integrierten Produktpolitik. Stuttgart: Selbstverlag, September 2004.

Moll, Christian (2000): Efficient Consumer Response: neue Wege einer erfolgreichen Kooperation zwischen Industrie und Handel. Frankfurt/Main: Deutscher Fachverlag.

Möller, Andreas/Rolf, Arno (2003): Informationsversorgung eines erweiterten Umweltcontrolling. In: Schmidt, Mario/Schwegler, Regina (Hrsg.): Umweltschutz und strategisches Handeln – Ansätze zur Integration in das betriebliche Management, Wiesbaden: Gabler Verlag, S. 155-238.

Möller, Liane (2003a): Umweltpolitische Entwicklungen in der EU. In: Kramer, Matthias/ Urbaniec, Maria/Möller, Liane (Hrsg.): Internationales Umweltmanagement – Bd. I: Interdisziplinäre Rahmenbedingungen einer umweltorientierten Unternehmensführung im deutsch-polnisch-tschechischen Vergleich, Wiesbaden: Gabler Verlag, S. 235-252.

Möller, Liane (2003b): Umweltpolitik in Deutschland. In: Kramer, Matthias/Urbaniec, Maria/Möller, Liane (Hrsg.): Internationales Umweltmanagement – Bd. I: Interdisziplinäre Rahmenbedingungen einer umweltorientierten Unternehmensführung im deutsch-polnisch-tschechischen Vergleich, Wiesbaden: Gabler Verlag, S. 253-270.

Morana, Romy/Seuring, Stefan (2003): Organizing a Closed Loop Supply Chain for Used Textiles. In: Seuring, Stefan et al. (Eds.): Strategy and Organization in Supply Chains, Berlin/Heidelberg: Springer Verlag, pp. 369-384.

Mößmer, Helmut (2000): Supply Chain Management im Entwicklungs- und Kundenprozeß am Beispiel der BMW AG. In: VDI (Hrsg.): Supply Chain Management und e-Industrial Business, Düsseldorf: VDI Verlag, Bericht 1576, S. 23-40.

Mugler, Josef (1998): Betriebswirtschaftslehre der Klein- und Mittelbetriebe. Bd. 1, 3. Aufl., Heidelberg: Springer Verlag.

Mugler, Josef (1999): Betriebswirtschaftslehre der Klein- und Mittelbetriebe. Bd. 2, 3. Aufl., Heidelberg: Springer Verlag.

Müller, David (2004): Realoptionsmodelle und Investitionscontrolling im Mittelstand: Eine Analyse am Beispiel umweltfokussierter Investitionen. Dissertation, Wiesbaden: DUV.

Müller-Christ, Georg (2001): Nachhaltiges Ressourcenmanagement – eine wirtschaftsökologische Fundierung. Marburg: Metropolis-Verlag.

Müller-Christ, Georg (2004): Strategisches Management – auch Unternehmen selbst müssen nachhaltig werden. In: Hülsmann, Michael/Müller-Christ, Georg/Haasis, Hans-Dietrich

(Hrsg.): Betriebswirtschaftslehre und Nachhaltigkeit – Tagungsband zur Herbsttagung der wissenschaftlichen Kommission Umweltwirtschaft im Verband der Hochschullehrer für Betriebswirtschaft e. V. – Bremen 9. und 10. Oktober 2003, Wiesbaden: DUV, S. 3-24.

Müller-Christ, Georg/Behrens, Bastian/Nagler, Brigitte (2005): Best Practice, Kommunikation und Effizienzfalle: Ein Problemaufriss der Transferschwierigkeiten von Umweltmanagementsystemen in die Praxis, artec-paper Nr. 123, Mai 2005 (Download unter: http://www.artec.uni-bremen.de/files/papers/paper_123.pdf, vom 29.12.2005).

Müller, Martin/Spieller, Achim (2006): Innovative Produktpolitik durch virtuelle Communities? Empirische Ergebnisse aus einem Forschungsprojekt. In: Pfriem, Reinhard et al. (Hrsg.): Innovationen für eine nachhaltige Entwicklung, Wiesbaden: DUV, S. 301-317.

Naderi, Shahram (1998): Erfolgreiche und erfolglose Produktinnovationen in der Ernährungsindustrie – Literaturanalyse und Experteninterviews. Sumiswald, Dezember 1998 (Download unter: http://www.iop.unibe.ch/lehre/lizentiatsarbeiten/Liz-Naderi-Shahram.pdf, vom 12.12.2005).

Neumarkter Lammsbräu (Hrsg.) (2004): Nachhaltigkeitsbericht 2003 mit Umwelterklärung. Neumarkt (Download unter: http://www.lammsbraeu.de/cms/upload/pdf/OECB_2003.pdf, vom 15.02.2005).

Neunteufel, Marta G. (2000): Nachhaltige Landwirtschaft – von der Theorie zur Praxis. In: Härdtlein, Marlis et al. (Hrsg.): Nachhaltigkeit in der Landwirtschaft. Berlin: Erich Schmidt Verlag, S. 301-321.

Nienhaus, Jörg (2003): Trends im Supply Chain Management – Ergebnisse einer Studie mit 200 europäischen Unternehmen, Zürich 2003 (Download unter: http://www.competence-site.de/pps.nsf/fbfca92242324208c12569e4003b2580/89f6aa30274d110bc1256d82006584 5d!OpenDocument&Highlight=2,Supply,Chain,SCM, vom 10.01.2005).

Nienhoff, Hermann-Josef (2003): Qualitätssicherung in der Wertschöpfungskette – Erfahrungen der QS Qualität und Sicherheit GmbH. In: Dachverband Agrarforschung e. V. (Hrsg.): Kurzfassungen der Referate der wissenschaftlichen Tagung „Lebensmittelqualität und Qualitätssicherungssysteme", Braunschweig, S. 12 (Download unter: http://daf.zadi.de/download/kurzfassungen_03.pdf, vom 15.02.2005).

Nissen, Volker (2002): Supply Chain Event Management. In: Wirtschaftsinformatik, Nr. 05/2002, S. 477-480.

NRW Ernährungswirtschaft e. V. (Hrsg.) (2004): Logistikreport Ernährungsindustrie Nordrhein-Westfalen – Warenstrombetrachtung und Optimierungsmöglichkeiten für die Praxis. Düsseldorf, Dezember 2004 (Download unter: http://www.ernaehrungswirtschaft-nrw.de/index.php?id=99&backPID=1&tt_news=33, vom 15.02.2005).

Nüssel, Manfred (2004): Neuausrichtung der deutschen Agrarwirtschaft – Brauchen wir andere Verbünde für das neue Europa? Rede vom 15.01.2004 in Berlin (Download unter: http://www.raiffeisen.de/presse/redetexte/redetexte04/DLG%20Vortragstagung%2015-1-04%20Rede%20Nuessel.pdf, vom 27.04.2004).

Oppel, Kai (2006): Nachhaltigkeit beginnt beim Abbau der Rohstoffe. In: Financial Times Deutschland, vom 31.05.2006, S. A6.

Orbach, Thomas/Beucker, Severin/Lang, Claus (2002): Status quo-Analyse und Auswertung bezüglich Ressourceneffizienz. Ergebnisbericht aus Arbeitspaket KP 2 (Analyse der wissenschaftlichen Grundlagen) im Rahmen des Projektes „Computergestützte Ressourceneffizienzrechnung in der mittelständischen Wirtschaft (CARE)" (Download unter: http://care.oekoeffizienz.de/material/kp2_1.pdf, vom 29.07.2004).

o. V. (2003): Agrarwende – Millionen für den Ökolandbau. In: iwd, Nr. 03/2003, S. 6.

o. V. (2004): Bauen Sie die richtigen Beziehungen auf? In: Havard Business Manager, Heft Februar 2004, S. 92-105.

o. V. (2006a): Newsletter j&m Management Consulting. Mannheim, Ausgabe März 2006.

o. V. (2006b): Zwei Bauernhöfe öffnen morgen ihre Tore. In: Sächsische Zeitung, Ausgabe vom 19.05.2006, S. 15.

Palupski, Rainer (2002): Management von Beschaffung, Produktion und Absatz – Leitfaden mit Praxisbeispielen. 2. Aufl., Wiesbaden: Gabler Verlag.

Pape, Jens (2003): Umweltleistung bewerten: Welche Instrumente in der Ernährungswirtschaft Verwendung finden. In: Unternehmen & Umwelt, Nr. 04/2003, S. 24-25.

Pappis, Costas P. et al. (2003): LCA as a Tool for the Evaluation of End-of-life Options of Spent Products. In: Dekker, Rommert et al. (Eds.): Reverse Logistics, Berlin: Springer Verlag, pp. 333-356.

Pfaff, Donovan/Skiera, Bernd/Weiss, Jürgen (2004): Financial Supply Chain Management. Bonn: Verlag Galileo Press.

Pfeiffer, Jörg/Walther, Michael (2004): Akteurskooperationen im betrieblichen Umweltmanagement. In: UWF, Nr. 01/2004, S. 58-62.

Pfohl, Hans-Christian (2004): Logistiksysteme: Betriebswirtschaftliche Grundlagen. 7., korr. und akt. Aufl., Berlin: Springer Verlag.

Pfriemer, Manfred/Bauer, Reinhard (2001): Supply Chain Planning – Wie Unternehmen die Wertschöpfungskette transparent, schnell und flexibel steuern. In: Gronalt, Manfred (Hrsg.): Logistikmanagement – Erfahrungsberichte und Konzepte zum (Re-)Design der Wertschöpfungskette, Wiesbaden: Gabler Verlag, S. 71-79.

Pichardt, Klaus (1999): Produkthaftung und Produktsicherheit im Lebensmittelbereich – Rechtsfolgen fehlerhafter Lebensmittel. Berlin: Springer Verlag.

Pieper, Clemens B. (1995): Strategische Organisation der Logistikfunktion. München: Huss Verlag GmbH.

Pischon, Alexander (1999): Integrierte Managementsysteme für Qualität, Umweltschutz und Arbeitssicherheit. Berlin: Springer Verlag.

Pleschak, Franz/Sabisch, Helmut (1996): Innovationsmanagement. Stuttgart: Schaeffer-Poeschel Verlag.

Plötz, Armin/Teuscher, Ulrich (2001): Outsourcing mit Hilfe von E-Logistik-Marktplätzen. In: IO-Management, Nr. 7-8/2001, S. 23-29.

Plümer, Thomas (2003): Logistik und Produktion. München: Oldenbourg Verlag.

Pöchtrager, Siegfried (2002): Erfolgsfaktoren für das Qualitätsmanagement in der Ernährungswirtschaft. In: Wild, Karl/Müller, Rolf A. E./Birkner, Ursula (Hrsg.): Referate der 23. GIL-Jahrestagung in Dresden 2002, Bd. 15, Selbstverlag, S. 166-170.

Poignee, Oliver/Hannus, Thomas (2003): Qualitätsmanagement über die Produktionskette – Eine Fallstudie. Bonn: ILB.

Poignee, Oliver/Helbig, Ralf/Schiefer, Gerhard (2002): Qualitätskommunikation in der Produktionskette: eine Fallstudie. In: Wild, Karl/Müller, Rolf A. E./Birkner, Ursula (Hrsg.): Referate der 23. GIL-Jahrestagung in Dresden 2002, Bd. 15, Selbstverlag, S. 171-174.

Poirier, Charles C./Reiter, Stephen E. (1997): Die optimale Wertschöpfungskette: Wie Lieferanten, Produzenten und Handel bestens zusammenarbeiten. Frankfurt/Main: Campus Fachbuchverlag.

Porter, Michael E. (1992): Wettbewerbsstrategie. 7. Aufl., Frankfurt/Main: Campus Fachbuchverlag.

Porter, Michael E. (1993): Nationale Wettbewerbsvorteile: Erfolgreich konkurrieren auf dem Weltmarkt. Wien: Verlag Ueberreuter.

Porter, Michael E. (1999a): Unternehmen können von regionaler Vernetzung profitieren. In: Business Manager, Nr. 03/1999, S. 51-63.

Porter, Michael E. (1999b): Wettbewerbsstrategie: Methoden zur Analyse von Branchen und Konkurrenten. 10. Aufl., Frankfurt/Main: Campus Fachbuchverlag.

Porst, Rolf (2000): Praxis der Umfrageforschung. 2. Aufl., Wiesbaden: Teubner Verlag.

Preuss, Lutz (2006): Beschaffungsmanagement und ökologische Innovationen in Zulieferketten. In: Pfriem, Reinhard et al. (Hrsg.): Innovationen für eine nachhaltige Entwicklung, Wiesbaden: DUV, S. 359-375.

Pro Natur GmbH (Hrsg.) (2006): Schlussbericht – DNR-Bildungsinitiative Ökologischer Landbau. Frankfurt, 30. März 2006.

Probst, Gilbert (1987): Selbstorganisation. Ordnungsprozesse in sozialen Systemen aus ganzheitlicher Sicht. Berlin: Paray Verlag.

Prockl, Günter (2001): Enterprise Resource Planning und Supply Chain Management – Gemeinsamkeiten, Unterschiede, Zusammenhänge. In: Walther, Johannes/Bund, Martina (Hrsg.): Supply Chain Management, Neue Instrumente zur kundenorientierten Gestaltung integrierter Lieferketten, Frankfurt/Main: Frankfurter Allgemeine Zeitung – Verlagsbereich Buch, S. 59-78.

Quelch, John (2004): Die Rückkehr der globalen Marken. In: Havard Business Manager, Heft September 2004, S. 98-100.

Rauner, Max (2004): Langsamer ist schneller. In: Die Zeit, Nr. 25/2004, vom 09.06.2004, S. 39.

Rautenstrauch, Claus (1999): Betriebliche Umweltinformationssysteme – Grundlagen, Konzepte und Systeme. Berlin: Springer Verlag.

Rautenstrauch, Thomas (2002): Grundlagen der Koordination heterarchischer Unternehmensnetzwerke. In: Busch, Axel/Dangelmaier, Wilhelm (Hrsg.): Integriertes Supply Chain Management – Theorie und Praxis effektiver unternehmensübergreifender Geschäftsprozesse, Wiesbaden: Gabler Verlag, S. 345-361.

Recke, Guido/Wirthgen, Bernd (2002): Qualitätssicherung und Internet in der landwirtschaftlichen Direktvermarktung. In: Wild, Karl/Müller, Rolf A. E./Birkner, Ursula (Hrsg.): Referate der 23. GIL-Jahrestagung in Dresden 2002, Bd. 15, Selbstverlag, S. 175-177.

Rehn, Götz (2006): Die Ökologische Lebensmittelwirtschaft in Deutschland: Zahlen, Daten, Fakten (Download unter: http://www.boelw.de/uploads/media/boelw_oekodaten_2006. pdf, vom 16.02.2006).

Reisch, Gerhard G./Schmidt, Angela C. (2001): Auftragserfüllungsprozess. In: Gronalt, Manfred (Hrsg.): Logistikmanagement – Erfahrungsberichte und Konzepte zum (Re-)Design der Wertschöpfungskette, Wiesbaden: Gabler Verlag, S. 81-95.

Reiss, Michael (2006): Hybrid-virtuelle Netzwerkstrukturen. In: Industrie Management, Nr. 03/2006, S. 37-40.

Renker, Clemens (2004): Vertriebsmanagement – Konzept, Prozess, Kultur – Grundlagen ganzheitlich vertikalen Marketings. Görlitz: Neisse Verlag.

Rheinländer, Kathrin (2003): Ökologieorientiertes Marketing. In: Kramer, Matthias/Strebel, Heinz/Kayser, Gernot (Hrsg.): Internationales Umweltmanagement – Bd. III: Operatives Umweltmanagement im internationalen und interdisziplinären Kontext, Wiesbaden: Gabler Verlag, S. 555-588.

Richter, Knut/Gobsch, Barbara (2005): Kreislauf-Logistik mit Losgrößenrestriktionen. In: ZfB, Special Issue Nr. 04/2005, S. 57-79.

Rieken, Ludiger (1995): Die situative Gestaltung des Materialflusses zwischen Zulieferer und Abnehmer, Darstellung am Beispiel der deutschen Automobilindustrie. Köln: Verlag Josef Eul.

Rodatus, Christian (2005): Lieferketten-Management in fünf Schritten. In: Logistik für Unternehmen, Nr. 03/2005, S. 24-26.

Roep, Dirk/Wiskerke, Han (Eds.) (2006): Nourishing Networks: Fourteen lessons about creating sustainable food supply chains. Rural Sociology Group: Wageningen (Netherlands).

Rohwetter, Markus (2004): Was aus der Fabrik kommt, wird gegessen! In: Die Zeit, Nr. 06/2004, S. 20-21.

Roloff, Julia (2006): Sozialer Wandel durch deliberative Prozesse – die Einführung von Sozialstandards in marokkanischen Textilunternehmen. Marburg: Metropolis-Verlag.

Rosen, Christine Meisner/Bercovitz, Janet/Beckman, Sara (2001): Environmental Supply-Chain Management in the Computer Industry: A Transaction Cost Economics Perspective. In: Journal of Industrial Ecology, Vol. 4, No. 04/2001, pp. 83-103.

Roser, Annette/Schirrmeister, Elna (2005): Verbreitungsstand von Maßnahmen zur Steigerung der Materialeffizienz in der deutschen Industrie – eine empirische Untersuchung. In: Liedtke, Christa/Busch, Timo (Hrsg.): Materialeffizienz – Potenziale bewerten, Innovationen fördern, Beschäftigung sichern, München: oekom Verlag, S. 87-98.

Rüdiger, Christine (2000): Betriebliches Stoffstrommanagement: Betriebswirtschaftliche Einordnung, State of the Art und theoretische Fundierung. Dissertation, Wiesbaden: DUV.

Ruegg-Stürm, Johannes (2000): Was ist eine Unternehmung? Ein Unternehmungsmodell zur Einführung in die Grundkategorien einer modernen Managementlehre. Diskussionsbeitrag des Institutes für Betriebswirtschaft St. Gallen, Nr. 36 (Download unter: http://www.ifb. unisg.ch/org/IFB/ifbweb.nsf/SysWebRessources/beitrag36/$FILE/DB36RUEGG.pdf, vom 16.12.2002).

Rüggeberg, Christian (2003): Supply Chain Management als Herausforderung für die Zukunft. Wiesbaden: DUV.

Schäffer, Utz/Willauer, Bianca (2002): Kontrolle, Effektivität der Planung und Erfolg von Geschäftseinheiten – Ergebnisse einer empirischen Erhebung. In: ZP, Nr. 13/2002, S. 73-97.

Schaer, Burkhard/Knickel, Karlheinz/Strauch, Claudia (2006): Regional embedding as a marketing strategy. In: Roep, Dirk/Wiskerke, Han (Eds.): Nourishing Networks: Fourteen lessons about creating sustainable food supply chains, Rural Sociology Group: Wageningen (Netherlands), pp. 123-133.

Schaltegger, Stefan/Sturm, Andreas (1995): Öko-Effizienz durch Öko-Controlling – zur praktischen Umsetzung von EMAS und ISO 14001. Stuttgart: Schäffer-Poeschel-Verlag.

Schebek, Liselotte (2005): Materialeffizienz und das Konzept Ökoeffizienz" – Perspektiven aus Sicht von Wissenschaft und Praxis. In: Liedtke, Christa/Busch, Timo (Hrsg.): Materialeffizienz – Potenziale bewerten, Innovationen fördern, Beschäftigung sichern, München: oekom Verlag, S. 27-36.

Schick, Christian (2002): Die kooperative Supply Chain bei dm drogerie markt GmbH & Co. KG: Risiken und Chancen. In: Pfohl, Hans-Christian (Hrsg.): Risiko- und Chancenmanagement in der Supply Chain, Berlin: Erich Schmidt Verlag, S. 127-152.

Schierenbeck, Henner (1995): Grundzüge der Betriebswirtschaftslehre, 12., überarb. Aufl., München 1995.

Schimmelpfeng, Katja/Granthien, Mark/Höft, Jens (2000): Industrielle Logistikkonzepte im Rahmen der Globalisierung und Regionalisierung. In: Industrie Management, Nr. 06/2000, S. 33-36.

Schleusener, Heinz (2002): Wirtschaftlichkeitsanalysen zur Gewinnung regenerierbarer Industriestoffe aus tierischen Abprodukten. In: Fakulta Chemicko Inzenyrska (Hrsg.): Management pro 21. Stoleti – Teorie a praxe v chemickém a potravinárském prumyslu, Praha, 3.-4.9.2002, S. 178-185.

Schmidt, Mario/Schwegler, Regina (Hrsg.) (2003): Umweltschutz und strategisches Handeln – Ansätze zur Integration in das betriebliche Management. Wiesbaden: Gabler Verlag.

Schmidt-Bleek, Friedrich (2000): Das MIPS-Konzept: weniger Naturverbrauch – mehr Lebensqualität durch Faktor 10. München: Knaur Verlag.

Schmitt, Katharina (2005): Corporate Social Responsibility in der strategischen Unternehmensführung – Eine Fallstudienanalyse deutscher und britischer Unternehmen der Ernährungsindustrie. Berlin, April 2005 (Download unter: http://www.oeko.de/oekodoc/259/2005-011-de.pdf, vom 09.12.2005).

Schmitz, Thomas/Petersen, Brigitte (2005): Besser vorsorgen als nachsehen – Eigenkontrollsysteme durch softwaregestützte HACCP und FMEA. In: QZ, Nr. 10/2005, S. 35-39.

Schneider, Thomas (2000): Kernkompetenzen und Outsourcing. In: Controller-Magazin, Nr. 02/2000, S. 166-170.

Schneiders, Christian/Sommer-Dittrich, Thomas/Storch, Norbert (2004): Kreislauforientierte Entsorgungslogistik. In: Baumgarten, Helmut/Darkow, Inga-Lena/Zadek, Hartmut (Hrsg.): Supply Chain Steuerung und Services, Berlin: Springer Verlag, S. 81-90.

Schneidewind, Uwe (1995): Ökologisch orientierte Kooperationen aus betriebswirtschaftlicher Sicht. In: UWF, Nr. 04/1995, S. 16-21.

Schneidewind, Uwe (1998): Die Unternehmung als strukturpolitischer Akteur. Marburg: Metropolis-Verlag.

Schneidewind, Uwe (1999a): Internationales Stoffstrommanagementnetzwerk. In: Brickwedde, Fritz (Hrsg.): Stoffstrommanagement – Herausforderung für eine nachhaltige Entwicklung, 4. Internationale Sommerakademie St. Marienthal, Osnabrück: Steinbacher Verlag, S. 481-483.

Schneidewind, Uwe (1999b): Möglichkeiten und Grenzen eines Stoffstrommanagements in der textilen Kette. In: Brickwedde, Fritz (Hrsg.): Stoffstrommanagement – Herausforderung für eine nachhaltige Entwicklung, 4. Internationale Sommerakademie St. Marienthal, Osnabrück: Steinbacher Verlag, S. 155-166.

Schnell, Rainer/Hill, Paul B./Esser, Elke (2005): Methoden der empirischen Sozialforschung. 7., völlig überarb. Aufl., München: Oldenbourg Verlag.

Schnell, Rainer (2002): Antworten auf Nonresponse. Vortragsskript (Download unter: http://regional.bvm.org/Vortraege-2002_273_0_0.html, vom 15.09.2005).

Scholl, Gerd/Tischner, Ursula (2004): Nachhaltige Produkt-Dienstleistungs-Systeme – Potenziale und Perspektiven innovativer Servicekonzepte. In: UWF, Nr. 01/2004, S. 16-21.

Schröder, Barthel/Schulz, Rudolf (2001): Produktions- und Logistikstrategie zur Sicherung der Wettbewerbsstrategie. In: Gronalt, Manfred (Hrsg.): Logistikmanagement – Erfahrungsberichte und Konzepte zum (Re-)Design der Wertschöpfungskette, Wiesbaden: Gabler Verlag, S. 21-33.

Schulte, Christof (1995): Logistik. 2. Aufl., München: Oldenbourg Verlag.

Schulte, Christof (2005): Logistik. Wege zur Optimierung der Supply Chain. 4. Aufl., München: Verlag Vahlen.

Schulte, Gerd (2001): Material- und Logistikmanagement. 2. Aufl., München: Oldenbourg Verlag.

Schultmann, Frank (2003): Stoffstrombasiertes Produktionsmanagement – betriebswirtschaftliche Planung und Steuerung industrieller Kreislaufwirtschaftssysteme. Berlin: Erich Schmidt Verlag.

Schultmann, Frank et al. (2004): Integrating Spent Products' Material into Supply Chain: The Recycling of End-of-Life Vehicles as an Example. In: Dyckhoff, Harald et al. (Eds.): Supply Chain Management and Reverse Logistics, Berlin: Springer Verlag, pp. 35-59.

Schulze, Peter M. (1990): Beschreibende Statistik. München: Oldenbourg.

Schumacher, Christoph (2006): Trust – A Source of Success in Strategic Alliances? In: SBR, No. July/2006, pp. 259-278.

Schumacher, Ulrich/Winckler, Christoph (2003): Dem Anspruch der Nachhaltigkeit gerecht werden. In: Ökologie & Landbau, Nr. 03/2003, S. 32-33.

Schütz, Helmut/Moll, Stephan/Bringezu, Stefan (2003): Globalisierung und die Verlagerung von Umweltbelastungen – Die Stoffströme des Handels der Europäischen Union – Welche Globalisierung ist zukunftsfähig? Wuppertal Institut für Klima, Umwelt, Energie GmbH, Wuppertal-Papers No. 134, Wuppertal, Dezember 2003 (Download unter: http://www.wupperinst.org/Publikationen/WP/WP134.pdf, vom 20.08.2004).

Schwarz, Erich (2002): Stand und Perspektiven von Verwertungsnetzen. In: Zabel, Hans-Ulrich (Hrsg.): Betriebliches Umweltmanagement – nachhaltig und interdisziplinär, Berlin: Erich Schmidt Verlag, S. 249-260.

Schwegler, Regina/Schmidt, Mario (2003): Lücken im Umweltmanagement: Forschungsansatz für ein rationales Umweltmanagement auf Basis der St. Galler Management-Theorie. In: Schmidt, Mario/Schwegler, Regina (Hrsg.): Umweltschutz und strategisches Handeln – Ansätze zur Integration in das betriebliche Management, Wiesbaden: Gabler Verlag, S. 25-90.

Schweicher, Benedikt (2005): Supply Chain Management Navigator. In: Unternehmen der Zukunft, Nr. 02/2005, S. 15-17.

Schwerdtle, Hartwig (1999): Prozeßintegriertes Management – PIM ein Modell für effizientes Qualitäts-, Umwelt- und Arbeitsschutzmanagement. Berlin: Springer Verlag.

Seeck, Stephan (2004): Frischelogistik prädestiniert für Supply Chain Management. In: frischelogistik, Nr. 04/2004, S. 16-17.

Seidler, Christina/Peschke, Gerd (2003): Umweltsystemwissenschaftliche Grundlagen des Umweltmanagements. In: Kramer, Matthias/Urbaniec, Maria/Möller, Liane (Hrsg.): Internationales Umweltmanagement – Bd. I: Interdisziplinäre Rahmenbedingungen einer umweltorientierten Unternehmensführung im deutsch-polnisch-tschechischen Vergleich, Wiesbaden: Gabler Verlag, S. 1-44.

Seifert, Dirk (2001): Efficient consumer response: Supply Chain Management (SCM), Category Management (CM) und Collaborative Planning, Forecasting and Replenishment (CPFR) als neue Strategieansätze. 2., erw. Aufl., München/Mering: Rainer Hampp Verlag.

Seuring, Stefan (1999): Corporate Material and Energy Flow Analysis – Framework, Compilation and Evaluation. Oldenburg: SAS-Verlag.

Seuring, Stefan (2000): Stoffstrommanagement und Supply Chain Management – Unterschiede und Gemeinsamkeiten. In: Umwelt, Nr. 06/2000, S. 30-31.

Seuring, Stefan (2001): Die Produkt-Kooperations-Matrix im Supply Chain Management: Konzeption und instrumentelle Ausgestaltung. EcoMTex-Diskussionspapier Nr. 02, Oldenburg, Januar 2001 (Download unter: http://www.uni-oldenburg.de/produktion/download/02_Seuring_SCM_Matrix.pdf, vom 20.02.2004).

Seuring, Stefan (2004): Integrated Chain Management and Supply Chain Management – Comparative Analysis and Illustrative Cases. In: Journal of Cleaner Production, No. 12/2004, pp. 1059-1071.

Seuring, Stefan/Müller, Martin (2004): Beschaffungsmanagement und Nachhaltigkeit – eine Literaturübersicht. In: Hülsmann, Michael/Müller-Christ, Georg/Haasis, Hans-Dietrich (Hrsg.): Betriebswirtschaftslehre und Nachhaltigkeit – Tagungsband zur Herbsttagung der wissenschaftlichen Kommission Umweltwirtschaft im Verband der Hochschullehrer für Betriebswirtschaft e. V. – Bremen 9. und 10. Oktober 2003, Wiesbaden: DUV, S. 117-170.

Seuring, Stefan/Müller, Martin (2005): Entwicklungslinien und Schulen eines überbetrieblichen Stoffstrommanagements. In: logistik management, Nr. 01/2005, S. 68-82.

Seuring, Stefan/Schneidewind, Uwe (2000): Stoffstrommanagement – Aktueller Stand und Entwicklungslinien. In: Umwelt, Nr. 12/2000, S. 12-13.

Simpson, Dayna F./Power, Damien J. (2005): Use the supply relationship to develop lean and green suppliers. In: Supply Chain Management, No. 01/2005, pp. 60-68.

Sleszynski, Jerzy (2003): Umweltpolitik in Polen. In: Kramer, Matthias/Urbaniec, Maria/ Möller, Liane (Hrsg.): Internationales Umweltmanagement – Bd. I: Interdisziplinäre Rahmenbedingungen einer umweltorientierten Unternehmensführung im deutsch-polnisch-tschechischen Vergleich, Wiesbaden: Gabler Verlag, S. 271-286.

Smith, David/Sparks, Leigh (2004): Temperature Controlled Supply Chains. In: Bourlakis, Michael A./Weightman, Paul W. H. (Eds.): Food Supply Chain Management. Oxford: Blackwell Publishing Ltd., pp. 179-198.

Sobczak, André (2006): Are Codes of Conduct in Global Supply Chains really voluntary? From Soft Law Regulation of Labour Relations to Consumer Law. In: Business Ethics Qaurterly, No. 02/2006, pp. 167-184.

Sommer, Peggy (2005): Status quo und Entwicklungsperspektiven von Supply Chains im Umweltfokus. In: ZfU, Nr. 02/2005, S. 211-242.

Sommer, Peggy/Kramer, Matthias (2005): Cooperation in the Food Supply Chain – Results of a German Empirical Survey. In: The University of Economics (Ed.): Environmental Economics Policy and International Relations, Prague, pp. 123-136.

Sommer, Peggy/Kramer, Matthias (2006): Integrationspotenzial des Umweltschutzes in das Supply Chain Management in der Ernährungsindustrie. In: Wenkel, Karl-Otto et al. (Hrsg.): Land- und Ernährungswirtschaft im Wandel – Aufgaben und Herausforderungen für die Agrar- und Umweltinformatik, LNI – Proceedings, Referate der 26. GIL-Jahrestagung in Potsdam, März 2006, S. 277-280.

Souren, Rainer (2003a): Der Point of Return als austauschtheoretischer Erkenntnisgegenstand: Kreislaufwirtschaftliche Einordnung und ein Erklärungsansatz zum Entsorgungsverhalten privater Haushalte am Beispiel des Recyclings von Einwegverpackungen. In: ZfU, Nr. 01/2003, S. 25-44.

Souren, Rainer (2003b): Stoffstromanalyse komplexer Kreislaufsysteme – Darstellung eines hierarchischen Modellierungsansatzes am Beispiel des Verpackungskreislaufes. Arbeitsbericht Nr. 03/01 des Instituts für Wirtschaftswissenschaften der Rheinisch-Westfälischen Technischen Hochschule Aachen.

Spengler, Thomas et al. (2002): Stoffstrombasiertes Supply Chain Management zur kosteneffizienten Schließung von Kreisläufen am Beispiel der Elektronikindustrie. In: Bullinger, Hans-Jörg et al. (Hrsg.): Stoffstrommanagement – Effizient produzieren nach Umwelt- und Kostenzielen, Proceedings zum 4. Managementsymposium Produktion und Umwelt des Fraunhofer Instituts für Arbeitswirtschaft und Organisation (IAO), Stuttgart, 20.02. 2002, S. 121-144.

Spengler, Thomas/Schröter, Marcus/Stölting, Wiebke (2002): Bereitstellung recyclingrelevanter Produktdaten im Rahmen eines stoffstrombasierten Supply Chain Managements. In: Dangelmaier, Wilhelm et al. (Hrsg.): Modelle im E-Business, Proceedings zur 4. Paderborner Frühjahrstagung des Fraunhofer Instituts Anwendungszentrum logistikorientierte Betriebswirtschaft, Paderborn, 11.04.2002, S. 301-315.

Spengler, Thomas/Stölting, Wiebke (2003): Recycling-Oriented Information Management in Closed Loop Supply Chains in the Electrical and Electronic Equipment Industry. In: Seuring, Stefan et al. (Eds.): Strategy and Organization in Supply Chains, Berlin/Heidelberg: Springer Verlag, pp. 353-368.

Spiller, Achim (1998): Gesamtökologische Bewertung von Kreislaufwirtschaftskonzepten – Eine informationsökonomische Analyse. In: Kaluza, Bernd (Hrsg.): Kreislaufwirtschaft und Umweltmanagement, Hamburg: S+W Steuer- und Wirtschaftsverlag, S. 135-168.

Spiller, Achim (2003): Qualitätssicherung in der Wertschöpfungskette: Vor- und Nachteile unterschiedlicher Organisationskonzepte. In: Dachverband Agrarforschung e. V. (Hrsg.): Kurzfassungen der Referate der wissenschaftlichen Tagung „Lebensmittelqualität und Qualitätssicherungssysteme", Braunschweig, S. 15 (Download unter: http://daf.zadi.de/download/kurzfassungen_03.pdf, vom 15.02.2005).

Stahlmann, Volker (1999): Unterstützung des Umweltmanagements durch Umweltrechnung. In: Seidel, Eberhard (Hrsg.): Betriebliches Umweltmanagement im 21. Jahrhundert, Berlin: Springer Verlag, S. 231-254.

Stahlmann, Volker/Clausen, Jens (2000): Umweltleistung von Unternehmen – Von der Öko-Effizienz zur Öko-Effektivität. Wiesbaden: Gabler Verlag.

Statistisches Bundesamt (Hrsg.) (2004): Ad Hoc Befragung über Unternehmenskooperationen: Eine Pilotstudie im Auftrag von Eurostat, Berichtsjahr 2003, Wiesbaden, o. V. April 2004 (Download unter: http://www-ec.destatis.de/csp/shop/sfg/bpm.html.cms.cBroker.cls?cmspath=struktur,sfgsuchergebnis.csp, vom 25.04.2005).

Statistisches Bundesamt (Hrsg.) (2005a): Produzierendes Gewerbe: Beschäftigung und Umsatz der Betriebe des Verarbeitenden Gewerbes sowie des Bergbaus und der Gewinnung von Steinen und Erden 2004 (Fachserie 4, Reihe 4.1.1), Wiesbaden (Download unter: http://www-ec.destatis.de/csp/shop/sfg/bpm.html.cms.cBroker.cls?cmspath=struktur,sfgsuchergebnis.csp, vom 25.04.2005).

Statistisches Bundesamt (Hrsg.) (2005b): Produzierendes Gewerbe: Betriebe, Beschäftigte und Umsatz des Verarbeitenden Gewerbes sowie des Bergbaus und der Gewinnung von Steinen und Erden nach Beschäftigtengrößenklassen 2004 (Fachserie 4, Reihe 4.1.2), Wiesbaden (Download unter: http://www-ec.destatis.de/csp/shop/sfg/bpm.html.cms.cBroker.cls?cmspath=struktur,sfgsuchergebnis.csp, vom 25.04.2005).

Staudt, Erich/Schroll, Markus/Auffermann, Susanne (2000): Stoffstrommanagement zwischen Anspruch und Wirklichkeit – zur einzelwirtschaftlichen Bedeutung einer politischen Vision. Berichte aus der angewandten Innovationsforschung, Nr. 186, Bochum, Selbstverlag.

Staudt, Erich/Schroll, Markus/Auffermann, Susanne (2001): Stoffstrommanagement zwischen Anspruch und Wirklichkeit. In: UWF, Nr. 03/2001, S. 56-60.

Staudt, Erich/Schroll, Markus/Schwering, Markus G. (2000): Praxisleitfaden Stoffstrommanagement – Ein Wegweiser zur Optimierung von Material- und Energieströmen. Berichte aus der angewandten Innovationsforschung, Nr. 189, Bochum, Selbstverlag.

Sterr, Thomas (1999): Öko-industrielle Symbiosen – Industrielles Stoffstrommanagement im regionalen Kontext. In: Politische Ökologie, Nr. 62/1999, S. 61-62.

Sterr, Thomas (2000): Konzeptionelle Grundlagen für den Umgang mit dem Regionsbegriff vor dem Hintergrund eines regionalen Stoffstrommanagements. In: Liesegang, Dietfried G./Sterr, Thomas/Ott, Thomas (Hrsg.): Aufbau und Ausgestaltung regionaler Stoffstrommanagementnetzwerke, betriebswirtschaftlich-ökologische Arbeiten des Instituts für Umweltwirtschaftsanalysen Heidelberg e. V., Bd. 4, Juli 2000, S. 1-25.

Steven, Marion (2004): Networks in Reverse Logistics. In: Dyckhoff, Harald et al. (Eds.): Supply Chain Management and Reverse Logistics, Berlin: Springer Verlag, pp. 163-180.

Störmer, Eckhard (2001): Ökologieorientierte Unternehmensnetzwerke – regionale umweltinformationsorientierte Unternehmensnetzwerke als Ansatz für eine ökologisch nachhaltige Wirtschaftsentwicklung. München: Verlag V. Florentz.

Straube, Frank (1993): Optimierungsstrategien für die Lieferanten-Abnehmer-Beziehung, Strategische Aufgabe der Automobil- und Zulieferindustrie. In: Zeitschrift für Logistik, Nr. 06/1993, S. 29-34.

Straube, Frank et al. (2005): Trends und Strategien in der Logistik – Ein Blick auf die Agenda des Logistik-Managements 2010. Hamburg: Deutscher Verkehrs-Verlag.

Strebel, Heinz (1996): Industriebetriebliche Verwertungsnetze in ökologischer und ökonomischer Sicht. In: Kreikebaum, Hartmut (Hrsg.): Umweltmanagement in mittel- und osteuropäischen Unternehmen, Sternenfels: Verlag Wissenschaft & Praxis, S. 49-64.

Strebel, Heinz (2003): Umweltfreundliche Produktgestaltung. In: Kramer, Matthias/Strebel, Heinz/Kayser, Gernot (Hrsg.): Internationales Umweltmanagement – Bd. III: Operatives Umweltmanagement im internationalen und interdisziplinären Kontext, Wiesbaden: Gabler Verlag, S. 11-29.

Strobel, Markus (2001): Systemisches Flußmanagement. Augsburg: Ziel Verlag.

Strobel, Markus/Enzler, Stefan (1997): Drei auf einen Streich – Stoff- und Energieflussmanagement als Entwicklungsperspektive des Umweltmanagements. In: ÖW, Nr. 05/1997, S. 13-16.

Sucky, Eric (2006): Kontraktlogistik – Ein stochastisch dynamischer Planungsansatz zur Logistikdienstleisterauswahl. In: ZP, Nr. 02/2006, S. 131-153.

Sustainability Institute (Ed.) (2003): Commodity Systems Challenges – Moving Sustainability into the Mainstream of Natural Resource Economies. Hartland/Vermont, April 2003.

Swoboda, Bernhard (1997): Wertschöpfungspartnerschaften in der Konsumgüterwirtschaft – Ökonomische und ökologische Aspekte des ECR-Managements. In: WiSt, Nr. 06/1997, S. 449-454.

Sydow, Jörg (2002): Konzerne als Netzwerke – Netzwerke als Konzerne? In: WiSt, Nr. 12/2002, S. 693-698.

Sydow, Jörg/Windeler, Arnold (2000): Steuerung von und in Netzwerken – Perspektiven, Konzepte, vor allem aber offene Fragen. In: Sydow, Jörg/Windeler, Arnold (Hrsg.): Steuerung von Netzwerken – Konzepte und Praktiken, Opladen: Westdeutscher Verlag und Gabler Verlag, S. 1-24.

Teich, Tobias (2001): Das EVCM-Betreiberkonzept hierarchieloser Produktionsnetzwerke. In: Teich, Tobias (Hrsg.): Hierarchielose regionale Produktionsnetzwerke, Chemnitz: Verlag der GUC, S. 305-333.

Thaler, Klaus (2001): Supply Chain Management – Prozessoptimierung in der logistischen Kette. 3., aktualisierte und erweiterte Aufl., Köln: Fortis Verlag.

Theling, Thomas/Loos, Peter (2004): Determinanten und Formen von Unternehmenskooperationen. Paper 18, Working Papers of the Research Group Information Systems & Management, Mainz, Juli 2004 (Download unter: http://isym.bwl.uni-mainz.de/downloads/ Publikationen/Theling_Loos_2004_Unternehmenskooperationen.pdf, vom 17.01.2006).

Thematisches Kompetenznetzwerk Management akteursorientierter industrieller Netzwerke zum nachhaltigen Wirtschaften (Hrsg.) (2001): Projektbericht. Duisburg, Juli 2001 (Download unter: http://www.nachhaltig.org/ftp/cura/themkomp.pdf, vom 02.12.2003).

Theyel, Gregory (2001): Customer and Supplier Relations for Environmental Performance. In: Greener Management International, issue 35, autumn/2001, pp. 61-69.

Thiedig, Frank/Profeta, Adriano (2003): Leitfaden zur Anmeldung von Herkunftsangaben bei Lebensmitteln und Agrarprodukten nach Verordnung (EWG) Nr. 2081/92. 3. Aufl., München.

Thiel, Stephan (2001): Leitstand-Management-Systeme – Managementportale zur Führungsunterstützung im Mittelstand. Bonn: ILB.

Thimme, Peter M. (1998): Der Wettbewerb zwischen EG-Öko-Audit-Verordnung und DIN EN ISO 14001. In: Doktoranden-Netzwerk Öko-Audit e. V. (Hrsg.): Umweltmanagementsysteme zwischen Anspruch und Wirklichkeit, Berlin: Springer Verlag, S. 265-285.

Thoben, Klaus-Dieter et al. (2002): Planung und Steuerung unternehmensübergreifender Wertschöpfungsketten. In: Industrie Management, Nr. 03/2002, S. 44-48.

Thoma, Michael/Zimmermann, Matthias (1996): Zum Einfluss der Befragungstechnik auf den Rücklauf bei schriftlichen Umfragen – Experimentelle Befunde zur „Total-Design-Methode". ZUMA-Nachrichten 39, November 1996, S. 141-157.

Tietje, Hendrik (2004): Hofnachfolge in Schleswig-Holstein. Dissertation, Kiel, Februar 2004 (Download unter: http://e-diss.uni-kiel.de/diss_1277, vom 29.11.2005).

Tischler, Klaus (1996): Ökologische Betriebswirtschaftslehre. München: Oldenbourg Verlag.

Tischner, Ursula (2001): Win-win-Situationen durch EcoDesign. In: Lutz, Ullrich/Nehls-Sahabandu, Martina (Hrsg.): Praxishandbuch Integriertes Produktmanagement, Düsseldorf: Verlag Symposium Publishing, S. 113-141.

Triebswetter, Ursula/Hitchens, David (2005): Der Einfluss von Umweltgesetzen auf die Wettbewerbsfähigkeit der deutschen Industrie – Ergebnisse dreier Fallstudien. In: ZfU, Nr. 01/2005, S. 79-107.

Troge, Andreas (2000): Schritte zu einer nachhaltigen Weltumweltordnung. In: Fichter, Klaus/Schneidewind, Uwe (Hrsg.): Umweltschutz im globalen Wettbewerb, Berlin: Springer Verlag, S. 15-21.

Trowbridge, Philip (2001): A Case Study of Green SCM at Advanced Micro Devices. In: Greener Management International, issue 35, autumn/2001, pp. 121-135.

UBA (Hrsg.) (1995): Ökobilanz für Getränkeverpackungen – bestehend aus Teil A: Methode zur Berechnung und Bewertung von Ökobilanzen für Verpackungssysteme und Teil B: Vergleichende Untersuchung der durch verschiedene Verpackungssysteme für Frischmilch und Bier hervorgerufenen Umweltbeeinflussungen. Bearbeitet von: Stefan Schmitz, Hans-Jürgen Oels, Albrecht Tiedemann u. a., UBA-Texte Nr. 52/1995, Berlin, März 1995.

UBA (Hrsg.) (1997a): Aufgaben des betrieblichen und betriebsübergreifenden Stoffstrommanagements. Erarbeitet von: de Man, Reinier, UBA-Texte-Nr. 11/1997, Berlin, August 1997.

UBA (Hrsg.) (1997b): Umweltschutz und Beschäftigung. Berlin.

UBA (Hrsg.) (1999): Leitfaden – Betriebliche Umweltauswirkungen – Ihre Erfassung und Bewertung im Rahmen des Umweltmanagements. Berlin.

UBA (Hrsg.) (2000): Ökobilanz für Getränkeverpackungen II – Hauptteil. Erarbeitet von: Eckhard Plinke, Marina Schonert, Herrmann Meckel, Andreas Detzel, Jürgen Giegrich, Horst Fehrenbach, Axel Ostermayer, Achim Schorb, Jürgen Heinisch, Klaus Luxenhofer, Stefan Schmitz, UBA-Texte Nr. 37/00, Berlin, September 2000.

UBA (Hrsg.) (2002a): Entlastung der Umwelt und des Verkehrs durch regionale Wirtschaftskreisläufe. Erarbeitet von: Sprenger, Rolf-Ulrich/Arnold-Rothmaier, Hilde/Kiemer, Klaus/Pintarits, Sylvia/Wackerbauer, Johann, UBA-Texte Nr. 67/2002, Berlin, Januar 2003.

UBA (Hrsg.) (2002b): Managementleitfaden für regionale Kooperation. Berlin.

UBA (Hrsg.) (2003): Ansätze der Umweltkostenrechnung im Vergleich – vergleichende Beurteilung der Umweltkostenrechnung auf ihr Eignung für die betriebliche Praxis und ihren Beitrag für eine ökologische Unternehmensführung. Erarbeitet von Loew, Thomas/Fichter, Klaus/Müller, Uta/Schulz, Werner F./Strobel, Markus, UBA-Texte Nr. 78/2003, Berlin, November 2003.

UGA (Hrsg.) (2004): EMAS-aktuell – Informationen über das europäische Umweltmanagement. Ausgabe Nr. 2, März 2004.

Ulrich, Peter/Fluri, Edgar (1992): Management – Eine konzentrierte Einführung. 6., neubearb. und erg. Aufl., Bern: Haupt Verlag.

United States Environmental Protection Agency (Ed.) (2000): The Lean and Green Supply Chain Management. Washington D. C. (USA), January 2000.

Urban, Jiří/Šarapetka, Bořivoj (2003): Ekologické zemědělství I. (Ökologischer Landbau I.). Ministerstvo životního prostředí ČR (Tschechisches Umweltministerium), Praha, Selbstverlag.

Vahrenkamp, Richard (1998): Logistikmanagement. 3., neu bearb. Aufl., München: Oldenbourg Verlag.

van der Grijp, N. M./den Hond, F. (1999): Green supply chain initiatives in the European food and retailing industry, Report number R-99/07, Institute for Environmental Studies, Amsterdam (Download unter: http://www.falw.vu.nl/images_upload/28AA2D86-445D-4875-9619276BC3CD11D0.pdf, vom 21.02.2006).

Vaterrodt, Jan Christian (1995): Recycling zwischen Betrieben: Stand und Perspektiven der zwischenbetrieblichen Rückführung von Produktions- und Konsumtionsrückständen in die Fertigungsprozesse von Unternehmen. Berlin 1995.

von Carlowitz, Hans Carl (1713): Sylvicultura oeconomica. Anweisung zur wilden Baum-Zucht. – Reprint der Ausg. Leipzig, Braun, 1713 / bearb. von Klaus Irmer und Angela Kießling: TU Bergakademie Freiberg und Akademische Buchhandlung, Freiberg 2000.

Wade, Jennifer A. (2001): Stakeholders, ethics and social responsibility in the food supply chain. In: Eastham, Jane/Sharples, Liz/Ball, Stephen (Eds.): Food Supply Chain Management: Issues for the Hospitality and Retail Sectors, Oxford: Butterworth-Heinemann, pp. 111-124.

Wahmhoff, Werner (2000): Nachhaltigkeit und deren Umsetzung als Forschungsaufgabe. In: Härdtlein, Marlis et al. (Hrsg.): Nachhaltigkeit in der Landwirtschaft, Berlin: Erich Schmidt Verlag, S. 1-4.

Walther, Johannes (2001): Konzeptionelle Grundlagen des Supply Chain Managements. In: Walther, Johannes/Bund, Martina (Hrsg.): Supply Chain Management, Neue Instrumente zur kundenorientierten Gestaltung integrierter Lieferketten, Frankfurt/Main: Frankfurter Allgemeine Zeitung – Verlagsbereich Buch, S. 11-31.

Walter, Karin (2005): In der Kostenfalle. In: logpunkt, Nr. 02/2005, S. 48-51.

Walther, Michael (2005): Ansatzpunkte und Chancen für Nachhaltigkeitsnetzwerke. In: UWF, Nr. 03/2005, S. 20-23.

Warren, James P./Rhodes, Ed/Carter, Ruth (2001): A Total Product System Concept – A Case Study of the smart Automobile. In: Greener Management International, issue 35, autumn/2001, pp. 89-104.

Wassermann, Otto (2001): Das intelligente Unternehmen – Mit der Wassermann Supply Chain Idee den globalen Wettbewerb gewinnen. 4. Aufl., Berlin: Springer Verlag.

Weber, Jürgen (2002): Logistik- und Supply Chain Controlling. 5. Aufl., Stuttgart: Schäffer-Poeschel-Verlag.

Weber, Jürgen/Bacher, Andreas/Groll, Markus (2002): Supply Chain Controlling. In: Busch, Axel/Dangelmaier, Wilhelm (Hrsg.): Integriertes Supply Chain Management – Theorie und Praxis effektiver unternehmensübergreifender Geschäftsprozesse, Wiesbaden: Gabler Verlag, S. 145-166.

Weber, Jürgen/Deepen, Jan (2003): Erfolg durch Logistik: Erkenntnisse aktueller Forschung. Bern: Haupt Verlag.

Weber, Jürgen/Dehler, Markus (1999): Wunsch und Wirklichkeit – Special Erfolgsfaktor Logistik. In: Logistik Heute, Nr. 12/1999, S. 34-40.

Weber, Jürgen/Dehler, Markus/Wertz, Boris (2000): Supply Chain Management und Logistik. In: WiSt, Nr. 05/2000, S. 264-269.

Webster, Kathryn (2001): The scope and structure of the food supply chain. In: Eastham, Jane/Sharples, Liz/Ball, Stephen (Eds.): Food Supply Chain Management: Issues for the Hospitality and Retail Sectors, Oxford: Butterworth-Heinemann, pp. 37-54.

Weidenhaun, Jochen/Niehsen, Fritz (2003): ERP-Lösungen für die Nahrungsmittel- und Prozessindustrie. In: PSS Management, Nr. 04/2003, S. 36-39.

Weindlmaier, Hannes (2002): Perspektiven der Verarbeitung von Lebensmitteln tierischer Herkunft. In: Wilhelm Schaumann Stiftung (Hrsg.): Hülsenberger Gespräche 2002, Hamburg, S. 148-164 (Download unter: http://www.weihenstephan.de/blm/bwl/publikationen/hwlmtier.pdf, vom 21.02.2006).

Weinkauf, Katharina et al. (2005): Zusammenarbeit zwischen organisatorischen Gruppen: Ein Literaturüberblick über die Intergroup Relations-, Schnittstellen- und Boundary Spanning-Forschung. In: JfB, Nr. 02/2005, S. 85-111.

Weisbrodt, Bernd/Kessel, Frithjof von (2001): Die zukünftige Entwicklung von Distributionsstrukturen und -prozessen im Spannungsfeld zwischen Handel und Industrie. In: Göpfert, Ingrid (Hrsg.): Logistik der Zukunft – Logistics for the Future, 3. Aufl., Wiesbaden: Gabler Verlag, S. 141-157.

Werner, Hartmut (2001): Supply Chain Management: Grundlagen, Strategien, Instrumente und Controlling. Wiesbaden: Gabler Verlag.

Werner, Hartmut (2002): Elektronische Supply Chains. In: Busch, Axel/Dangelmaier, Wilhelm (Hrsg.): Integriertes Supply Chain Management – Theorie und Praxis effektiver unternehmensübergreifender Geschäftsprozesse, Wiesbaden: Gabler Verlag, S. 403-419.

Werners, Brigitte/Thorn, Jens (2002): Unternehmensübergreifende Koordination durch Vendor Managed Inventory. In: WiSt, Nr. 12/2002, S. 699-704.

Wertz, Boris (2000): Management von Lieferanten-Produzenten-Beziehungen – Eine Analyse von Unternehmensnetzwerken in der deutschen Automobilindustrie. Wiesbaden: Gabler Verlag.

Westhaus, Magnus/Seuring, Stefan (2002): Supply Chain Controlling – Ziel- und funktionsorientierte Konzeption. SCM-Diskussionspapier Nr. 04, Oldenburg, August 2002 (Download unter: http://www.uni-oldenburg.de/produktion/download/SCControl_04.pdf, vom 11.04.2003).

Wicke, Lutz et al. (1992): Betriebliche Umweltökonomie – eine praxisorientierte Einführung. München: Verlag Vahlen.

Wiendahl, Hans-Peter/Dreher, Carsten/Engelbrecht, Arne (Hrsg.) (2005): Erfolgreich kooperieren – Best-Practice-Beispiele ausgezeichneter Zusammenarbeit. Heidelberg: Physica-Verlag.

Wietschel, Martin/Rentz, Otto (2000): Verwertungsnetzwerke im Vergleich zu anderen Unternehmensnetzwerken. In: Liesegang, Dietfried G./Sterr, Thomas/Ott, Thomas (Hrsg.): Aufbau und Ausgestaltung regionaler Stoffstrommanagementnetzwerke, betriebswirtschaftlich-ökologische Arbeiten des Instituts für Umweltwirtschaftsanalysen Heidelberg e. V., Bd. 4, Juli 2000, S. 36-48.

Wildemann, Horst (1998): Entwicklungs-, Produktions- und Vertriebsnetzwerke in der Zulieferindustrie. München: TCW-Verlag.

Wildemann, Horst (2001): Supply Chain Management – Leitfaden für unternehmensübergreifendes Wertschöpfungsmanagement. 2. Aufl., München: TCW-Verlag.

Wildemann, Horst (2005): Wertschöpfung und Wettbewerb: Haben Unternehmen eine Heimat? In: Wildemann, Horst (Hrsg.): Wertschöpfung und Wettbewerb: Haben Unternehmen eine Heimat?, München: TCW-Verlag, S. 11-92.

Winkler, Herwig (2006): Entwicklung von Supply Chain Strategien für eine Virtuelle Supply Chain Organisation (VISCO). In: ZP, Nr. 01/2006, S. 47-72.

Winkler, Tobias (2002): Nachhaltige Unternehmensführung: Ein kybernetischer Ansatz für betriebliches und überbetriebliches Umweltmanagement. Stuttgart (Download unter: http://elib.uni-stuttgart.de/opus/volltexte/2002/1217/, vom 06.12.2005).

Wirth, Siegfried (2001): Der Kompetenzzellenbasierte Vernetzungsansatz für Produktion und Dienstleistung. In: Teich, Tobias (Hrsg.): Hierarchielose regionale Produktionsnetzwerke, Chemnitz: Verlag der GUC, S. 1-20.

Wiskerke, Han/Roep, Dirk (2006): Nourishing Networks – A grounded perspective on sustainable food provision. In: Roep, Dirk/Wiskerke, Han (Eds.): Nourishing Networks: Fourteen lessons about creating sustainable food supply chains, Rural Sociology Group: Wageningen (Netherlands), pp. 7-16.

Witt, Jürgen/Witt, Thomas (2001): Der Kontinuierliche Verbesserungsprozess (KVP): Konzept – System – Maßnahmen. Heidelberg: Sauer-Verlag.

Wrona, Thomas/Schell, Heiko (2003): Globalisierungsbetroffenheit von Unternehmen und die Potenziale zur Kooperation. In: Zentes, Joachim/Swoboda, Bernhard/Morschett, Dirk (Hrsg.): Kooperationen, Allianzen und Netzwerke, Wiesbaden: Gabler Verlag, S. 305-332.

Xu, Lei/Beamon, Benita M. (2006): Supply Chain Coordination and Cooperation Mechanisms: An Attribute-Based Approach. In: The Journal of Supply Chain Management, February 2006, pp. 4-12.

Zhu, Qinghua/Geng, Yong (2001): Integrating Environmental Issues into Supplier Selection and Management: A Study of Large and Medium-Sized State-Owned Enterprises in China. In: Greener Management International, issue 35, autumn/2001, pp. 27-40.

Zimmermann, Klaus (2003): Supply Chain Balanced Scorecard: Unternehmensübergreifendes Management von Wertschöpfungsketten. Wiesbaden: DUV.

Zimmermann, Svend (2000): Organisation eines innovativen Netzwerkes in der Land- und Ernährungswirtschaft. Published by the Institute for Regional Development and Structural Planning, Erkner, November 2000 (Download unter: http://www.irs-net.de/download/berichte_8.pdf, vom 18.02.2005).

ZMP (Hrsg.) (2006a): Bio-Fleisch 2005 stärker nachgefragt. In: ZMP-Nachrichten vom 03.03.2006 – Markt allgemein – Deutschland (Zugriff unter: http://www.zmp.de/news/News.asp?DatumsZahl=20060303&DataId=24031&rPos=0, vom 06.03.2005).

ZMP (Hrsg.) (2006b): Bio-Getreideprodukte gut gefragt. In: ZMP-Nachrichten vom 03.03.2006 – Markt allgemein – Deutschland (Zugriff unter: http://www.zmp.de/news/News.asp?DatumsZahl=20060303&DataId=24033&rPos=0, vom 06.03.2005).

ZMP (Hrsg.) (2006c): Newsletter Agrarwoche Nr. 19 (Zugriff unter: http://www.zmp.de/info/messen/PDF/ZMP-%D6komarktworkshop/Agrarwoche_19.pdf, vom 18.05.2006).

ZMP (Hrsg.) (2006d): Umsatzanteil von Bio-Milch wächst. In: ZMP-Nachrichten vom 17.03.2006 – Markt allgemein – Deutschland (Zugriff unter: http://www.zmp.de/news/News.asp?DatumsZahl=20060317&DataId=24089&rPos=0, vom 20.03.2005).

INTERNETQUELLEN

http://europa.eu.int/comm/environment/emas/about/participate/sites_en.htm (Zugriff: 20.06.2005).
http://foodwatch.projekt-vier.de/themen__aktivitaeten/qs_pruefzeichen/index_ger.html (Zugriff: 20.09.2005).
http://www.bioc.info (Zugriff: 20.01.2006).
http://www.biohotels.info/biohotel/8198/biokontrolle (Zugriff: 31.07.2006).
http://www.bioland.de (Zugriff: 31.07.2006).
http://www.bio-siegel.de (Zugriff: 31.07.2006).
http://www.branchenbuch.oeko-fair.de/branchenbuch.php (Stand: 31.08.2006)
http://www.bundesprogramm-oekolandbau.de/bundesprogramm.html (Zugriff: 20.01.2006).
http://www.bve-online.de/zahlen/index.html (Zugriff: 20.01.2006).
http://www.destatis.de/basis/d/fist/fist011.php (Zugriff: 20.01.2006).
http://www.destatis.de/basis/d/forst/forsttab1.php (Zugriff: 20.01.2006).
http://www.destatis.de/themen/d/thm_prodgew.php (Zugriff: 20.01.2006).
http://www.econsense.de (Zugriff: 31.07.2006).
http://www.emas-register.de (Zugriff: 10.08.2005).
http://www.financialsupplychain.com (Zugriff: 31.07.2006).
http://www.food-care.info (Zugriff: 20.01.2006).
http://www.functional-food.org (Zugriff: 09.12.2005).
http://www.gaea.de (Zugriff: 31.07.2006).
http://www.interessengemeinschaft-ige-sachsen.de/mitglieder.htm (Zugriff: 31.07.2006).
http://www.kennzeichnungsrecht.de (Zugriff: 28.04.2006).
http://www.kompaktnet.de (Zugriff: 20.01.2006).
http://www.lrz-muenchen.de/~wlm/ein_voll.htm (Zugriff: 27.06.2005).
http://www.myosp.de/website.php (Zugriff: 14.07.2005).
http://www.nachhaltigkeit.info (Zugriff: 31.07.2006).
http://www.non-financial-reporting.de (Zugriff: 20.01.2006).
http://www.oeko-fair.de (Zugriff: 31.01.2006).
http://www.oekolandbau.de (Zugriff: 20.01.2006).
http://www.oekolandbau.de/index.cfm/uuid/0008BDB703AC1F5FBFAA6521C0A8D816/and_uuid/000154C81B731D62865101A5C0A8E066/top_thema/lang (Zugriff: 29.03.2005).
http://www.oekolandbau.de/index.cfm/uuid/B7DE77163923488DB81A71EAC9BC5CAF/and_uuid/000C0A3ED7B113D0945C6666C0A87836/field_id/16 (Zugriff: 20.01.2006).
http://www.oekoprofit-berlin.de (Zugriff: 31.07.2006).
http://www.pprc.org/pubs/grnchain/ems.cfm (Zugriff: 31.07.2006).
http://www.psychonomics.de/article/emafo/almanach.php?suchbegriff=Online-Befragung (Zugriff: 27.06.2005).
http://www.q-s.info (Zugriff: 20.01.2006).
http://www.ranking-nachhaltigkeitsberichte.de (Zugriff: 20.01.2006).
http://www.rechtliches.de/Gesetze_37.html (Zugriff: 28.04.2006).

http://www.rueckverfolgbarkeit.de (Zugriff: 20.01.2006).
http://www.rueckverfolgbarkeit.de/portal/page?_pageid=155,54205&_dad=portal&_schema= PORTAL (Zugriff: 20.01.2006).
http://www.saiplatform.org/about-us/default.htm (Zugriff: 31.07.2006).
http://www.sonnenseite.com/index.php?pageID=news&news:oid=n4566&template=news_detail.html&flash=true (Zugriff: 21.02.2006).
http://www.sonnenseite.com/index.php?pageID=6&news:oid=n5259 (Zugriff: 20.05.2006).
http://www.statistik.sachsen.de (Zugriff: 20.01.2006).
http://www.stmugv.bayern.de/de/lebensmittel/pakt_sich_lebm.htm (Zugriff: 26.01.2006).
http://www.supply-chain.org/site/files/Wilkerson_LMI_SCWNA03.pdf (12.09.2006).
http://www.tu-dresden.de/mw/ilb/ (Zugriff: 22.07.2005).
http://www.ums-fuer-kmu.de (Zugriff: 31.07.2006).
http://www.umweltbundesamt.de/uba-info-daten/daten/ums-welt.htm (Zugriff: 11.09.2006)
http://www.umwelt-online.de/recht/lebensmt (Zugriff: 28.04.2006).
http://www.unserland.info (Zugriff: 31.07.2006).
http://www.wbcsd.org (Zugriff: 31.07.2006).
http://www.wbcsd.org/templates/TemplateWBCSD5/layout.asp?type=p&MenuId=NzA&doOpen=1&ClickMenu=LeftMenu (Zugriff: 31.07.2006).
http://www.wupperinst.org/Projekte/fg2/3216.html (Zugriff: 20.12.2005).
http://www.uni-klu.ac.at/uniklu/fodok/aktivitaeten.do?FodokTabLayout=0 (Zugriff: 12.09.2006)